가치창업

상

가치창업 (상)

발행일	2022년 10월 27일

지은이	권용석		
펴낸이	손형국		
펴낸곳	(주)북랩		
편집인	선일영	편집	정두철, 배진용, 김현아, 장하영, 류휘석
디자인	이현수, 김민하, 김영주, 안유경	제작	박기성, 황동현, 구성우, 권태련
마케팅	김회란, 박진관		
출판등록	2004. 12. 1(제2012-000051호)		
주소	서울특별시 금천구 가산디지털 1로 168, 우림라이온스밸리 B동 B113~114호, C동 B101호		
홈페이지	www.book.co.kr		
전화번호	(02)2026-5777	팩스	(02)3159-9637

ISBN	979-11-6836-532-2 04320 (종이책)	979-11-6836-528-5 05320 (전자책)
	979-11-6836-527-8 (세트)	

(주)북랩 성공출판의 파트너

북랩 홈페이지와 패밀리 사이트에서 다양한 출판 솔루션을 만나 보세요!

홈페이지 book.co.kr • **블로그** blog.naver.com/essaybook • **출판문의** book@book.co.kr

---

작가 연락처 문의 ▶ ask.book.co.kr

작가 연락처는 개인정보이므로 북랩에서 알려드릴 수 없습니다.

SMALL BUSINESS MARKET ENTRY

이론과 실전에 최적화된
융합적 창업 서적

가치
창업

상

권용석 지음

북랩

본서 이해를 돕기 위해

1. 본서 이해

소비자는 항상 옛것과 새로운 것에 대한 선택적 환경에 있다. 따라서 소비자의 점포, 상품, 브랜드 등에 대한 선택은 늘 한결같지 않고 변화하며, 나름의 가치를 부여하는 소비를 한다. 따라서 창업가가 제공하는 소비자 가치는 가격, 성능, 편의 등 다양한 요인을 결합하여 제공해야 한다. 본서는 슈왈츠(2012)가 제시한 보편적 가치에 기초하여 사회초점과 개인초점의 양립과 갈등 등을 기반으로 올바른 가치를 지향하는 데 집중해 다음과 같은 사항을 고려하여 작성하였다.

첫째, 본서는 소상공인 창업의 혁신과 실질적 성장을 위해 디자인 씽킹과 린스타트업 등을 통한 문제 해결 방안을 이해하고 오프라인 창업 환경에 적용할 수 있는 융합적 사고를 기반으로 작성하였다.

둘째, 본서는 부동산적 상권, 창업 상권의 구분 자체가 목적이 아니라 부동산에 대한 이해와 창업에 대한 이해를 통해 융합적 관점의 상권서를 지향하였다. 따라서 입지론적 이해를 통해 실패를 줄이는 창업을 지향하는 데 중점을 두었다.

셋째, 창업 현실을 설명하기 위해 다양한 용어를 사용하였다. 소상공인 창업은 국가 경제 발전에 있어 그 중요성에 비해 실제 창업 현실을 반영한 연구는 부족하다. 특히 소상공인 창업의 복잡성에 비해 충분히 설명할 수 있는 방법론과 용어가 부족하기 때문에 출처를 알 수 없는 용어와 제각기 다른 해석이 난무하고 있다. 이에 본서는 창업가 관점에서 보면 다소 난해하고 낯선 용어가 있을 수 있지만 창업의 전체적인 맥락을 이해하기 위해 최대한 선행 연구의 범주에서 적용과 해석을 하려고 노력하였다.

넷째, 어떤 사람이 어떤 마음과 준비로 돈을 벌었는지 그 과정과 배경을 이해할 필요가 있는데도 불구하고 지금까지 창업 관련서는 돈 버는 방법이나 테크닉을 중심으로 기술되었다. 또한 창업가도 빨리 결과에 치중하여 배우려다 보니 실패의 연속이었다. 따라서 더 장기적인 관점에서 소상공인 창업의 흐름과 전체적인 관점을 이해시키기 위해 '시장진입 15원칙'을 강조하여 작성하였다.

다섯째, 창업은 창업 전 과정과 창업 이후의 과정으로 나눌 수 있다. 즉 시장진입 방법 측면과 경영 측면으로 나눌 수 있다. 그러나 시중에는 전자는 상권분석 측면으로 적용하는 데 한정되어 있고, 후자는 지나치게 주관적인 측면이 강하기 때문에 이에 대한 기준이 될 수 있는 서적을 찾기가 쉽지 않다. 실제 창업 전 과정이 명확해야 이후의 과정에서 성과와 발전을 기대할 수 있기 때문에 본서는 창업 전 과정을 중심으로 작성하였다.

2. 본서 읽는 방법 제안

본서는 상·하권을 합쳐 1장 창업, 2장 상권, 3장 배후분석으로 구성되어 있다. 창업 가치를 찾고 실행하기 위해 문제를 해결하는 데 중점을 두고 작성하였으므로 최대한 이해를 돕기 위해 다음과 같이 읽기를 권한다.

첫째, 목차를 중심으로 전체적으로 훑어본다.
둘째, 초반은 1강, 2강을 가볍게 읽는다.
셋째, 4강의 시장진입 15원칙을 기준으로 페이퍼에 정리를 하면서 읽는다. 단 창업 목적, 컨설팅 목적, 교육 목적 등에 따라 각자의 여건에 맞게 정리한다.

넷째, 4강을 읽으며 필요에 따라 관심 있거나 필요한 부분을 찾아 보완하여 읽는다. 또한 창업가로서 이 책을 제대로 읽고 실행하기 위해서는 다음이 전제되어야 한다.

첫째, 인문학적 소양이 갖춰져야 한다. 미래는 어떤 분야건 다양한 분야에서 경험을 통해 전문화를 실행하여야 한다. 인문학적 소양은 다양한 안목을 하나의 안목으로 압축시켜 문제를 찾고 해결책을 제시하는 힘이다. 따라서 창업 전 사회에서 요구하는 것이 무엇이고 창업가로서 나는 육하원칙에 입각하여 누구에게, 무엇을, 왜, 언제, 어떻게, 어디서 제공할 수 있을지 고민해야 한다.

둘째, 업종과 창업 환경에 대해 이해가 병행되어야 한다. 최근 창업 교육은 단순히 상품 제공 방식이 아니라 상품개발 방식이 주류를 이루고 있다. 따라서 끊임없는 피드백으로 늘 발전시키기 위해 고민하는 것이 중요하다. 이것을 발전시키기 위해서 평소에 관심 있는 분야에 관한 관찰과 공부가 병행되어야 본서를 효과적으로 습득할 수 있다.

셋째, 겸손해야 한다. 겸손은 만인의 미덕이다. 창업가는 늘 배우는 자세로 임해야 진정성 있는 조언을 받을 수 있고 또 그것이 내 것이 될 수 있다. 본서에서 하나라도 얻는 마음으로 접근하기를 바란다.

넷째, 창업가 자세가 필요하다. 창업을 하기 전 마음가짐부터 해당 업종을 창업하기 위한 기본적인 준비 등을 통해 스스스 이겨 낼 수 있는 정신을 말한다.

일부 상권분석이 최고라고 얘기하고 전부인 것처럼 얘기하기도 하지만 본인이 직접 간절한 창업을 해보지 못한 분의 얘기이다. 과거는 창업 지원과 교육이 미흡했었기 때문에 점포창업에서 상권분석이 최고인 것으로 인식되어 왔지만, 실제 상권분석은 창업의 중요성을 떠나 창업의 한 부분임을 기억해야 한다. 사실 창업가 상위 10%는 상권분석을 잘해서 이루어진 것이 아니라 어려움을 끝까지 포기하지 않고 이겨 냈기 때문에 이루어진 것이다. 창업의 처음과 끝은 간절함이다.

아울러 좀 더 올바른 창업과 방향이 중요하다.

따라서 본서는 상권에 대한 올바른 평가와 가장 기본적인 창업 이해와 정확한 접근을 강조하여 초보 창업가에게 창업 상권으로 어떤 판단을 할 때 실패를 줄일 수 있는 방향을 제시하고자 한다.

이 책은 기한을 정하지 않고 배우고 경험한 점을 글로 남긴 것이다. 그러다보니 1,000페이지 분량이 되었기에 부득이 상·하권으로 나눌 수밖에 없던 점 이해 바란다. 모든 분이 편하게 읽을 수 있는 책은 아니지만 부족한 점 지적해주시면 앞으로도 독자의 의견 충실히 반영하도록 노력하겠다.

스스로 자발적 창업 컨설턴트가 되어 능력을 키우고 성공하는 창업가가 되는 데 이 책이 작은 도움이라도 될 수 있기를 바란다.

마지막으로 본서를 완성하는 데 10년이 넘는 시간이 흘렀다. 준비하는 동안 많은 분들의 가르침과 응원이 있었기 때문에 이렇게 완성할 수 있게 되었다. 늘 책이 나오기를 기대하고 응원해준 선후배 및 동기 여러분께 진심으로 감사드린다. 지금은 연세대학교 미래 캠퍼스 부총장이시며 창업학과 석사 논문 지도해 주신 권명중 교수님께 진심으로 감사드린다. 부족한 제자이지만 교수님의 가르침이 있었기에 석사학위 최우수 논문상의 영예를 안을 수 있었고 박사학위에 도전할 수 있었다. 단국대학교 창업학 박사학위 논문을 지도해 주신 남정민 교수님 진심으로 감사드린다. 처음부터 끝까지 믿고 이끌어주신 덕분에 이렇게 졸업할 수 있었다. 또한 박사논문 심사위원장이신 박재춘 교수님의 늘 한결같은 응원과 진심어린 조언은 저에게 큰 힘이 되었다. 진심으로 감사드린다. 함께 박사 논문 심사해 주신 이환수 교수님, 김용태 교수님, 김종성 교수님께도 진심으로 감사드린다.

마지막으로 누구보다 응원하고 이 책이 나오기를 고대하던 친구 이지영, 정말 고맙고, 늘 곁에서 묵묵히 지켜봐주고 응원해준 와이프 박은영에게 고맙다는 말 전하고 싶다.

contents

Chapter 2. 창업 · · · 84

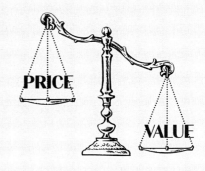

Part 2 상권   215

Chapter 3. 상권 원론 · · · 216

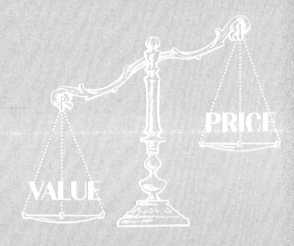

Part 1 창업

Chapter 1.

창업 경제와
창업가치

· 가 치 창 업 ·

Section   창업경제   1

1. 창업경제란

경제학은 현상을 연구하는 학문이므로 장기적인 관점에서 현재 손해를 보더라도 미래를 위해 투자를 하기도 하고 현재 이익을 보더라도 미래 손해를 보게 된다면 투자를 하지 않을 수 있다. 이 경제 현상은 크게 네 가지 시장 그룹market group즉 실물 시장, 금융 시장, 노동 시장, 외환 시장에서 발생한다고 볼 수 있다. 이 시장은 다음과 같은 기본 특성이 존재한다.

첫째, 고객의 선택choice이다. 생활에서 선택은 하루에도 여러 번 반복되고 결정해야 한다. 그 결정은 단순히 현재의 손해와 이익을 기준으로만 판단하지 않는다. 따라서 이렇게 손해와 이익의 접점에서 판단하는 것을 경제학에서는 기회비용으로 설명한다. 즉 기회비용은 포기하는 대신 더 나은 것을 선택하는 것을 말한다. 예를 들어 주말에 학교 수업이 있다고 가정한다. 그러나 날씨가 너무 좋아 가족과 나들이를 가야 하는 상황이라면 수업을 포기할지 나들이를 포기할지 결정해야 한다. 이때 수업을 포기하는 비용이 나들이를 가면서 얻게 되는 이득이 크다면 기꺼이 수업을 포기할 수도 있다 .그러나 초기 창업에서 기회비용은 잠시 미뤄둘 필요가 있다. 고객 가치를 찾아 문제를 해결하는 과정에서 고객 가치는 어떤 기회비용과도 비교해서는 안 된다. 오히려 고객이 원하는 것을 빠르게 개발하여 가치를 실현하기 위해서는 더 많은 기회비용을 포기하고 고객의 핵심 가치에 집중해야 한다. 창업가는 당장의 선택에서 혜택을 기대하지 말고, 어떤 기회에 집중할지 끝까지 고민해야 한다.

둘째, demand와 supply이다. 수요자와 공급자가 만나서 가격이 결정되고 그것은 시장에서 판매가 된다. 즉 공급자는 가치를 창출value creative하고 수요자로부터 대가를 획득value capture한다. 초기 창업에서 공급자는 고객 가치를 찾기 위해 수요자로부터 학습하는 데 있다. 수요자로부터의 진정한 피드백을 받을 수 없다면 가치 창출과 대가획득은 기대할 수 없기 때문이다.

셋째, 자기(경제주체)가 가장 잘하는 것을 하는 것이다. 황의서 외(2015)는 애덤 스미스는 경제발전을 이루는 원동력이 분업이라고 보았고, 분업의 동기는 자기애라고 하였다. 즉 경제행위 이전에 자신에게 충실한 사람은 전문화와 그에 따른 세분화로 생산성을 높일 수 있고 실패도 줄일 수 있다. 초기 창업에서도 각자 전문역할을 분담하는 것은 매우 중요하다. 그러나 더 중요한 것은 그런 팀의 역할은 생산적 가치뿐 아니라 고객 가치를 위한 '융합적 시너지'를 위해 존재한다.

여기에 현대 창업 경제에서 하나 더 추가되는 것이 platform business이다. 플랫폼platform이란 삭은 땅이란 뜻의 plat과 유형이나 서식이란 뜻의 form이 합쳐진 단어로, 승강장이나 강단 등과 같은 장소를 일컫는다. 이것은 비즈니스 측면에서 사람들이 모이는 장소, 사람들이 활동하는 장소처럼 특정 매개가 되는 모듈로 상호 네트워크 효과로 경제가 이루어지는 것을 플랫폼 비즈니스platform business라고 한다. 예를 들어 소셜 플랫폼(카카오톡, 카카오스토리 등), 콘텐츠 플랫폼(카카오페이지, 카카오게임, 카카오뮤직, 카카오TV), 커머스나 O2O플랫폼(카카오스타일, 카카오페이, 카카오택시), 마케팅 플랫폼(플러스친구, 옐로아이디, 스토리플러스) 등의 다양한 플랫폼이 유기적으로 연결되어 소비자 가치를 제공한다. 카카오의 사례에서 보듯이 미디어의 힘은 더욱 platform business의 발전을 가속화시키고 있다.

〈그림 1-1〉에서 보듯이 1990년대 이전은 매스 미디어 시대이다. 기업의 홍보는 거대 기업의 공중파 채널이나 일간지를 통한 정보 제공이 주류였다. 따라서 소비자 선택이 편향적일 수밖에 없다. 2000년대 이후 인터넷의 발달로 pc를 통해 소비자는 개별적이고 능동적으로 광고 매체에 접근할 수 있게 되었다. 소비자는 자발적이고 적극적으로 원하는 상품이나 정보에 접근할 수 있게 되었고 기업은 점차 이

<그림 1-1> 창업경제

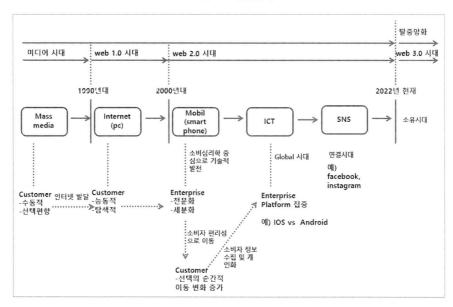

들의 소비행태와 심리에 관심을 가지고 데이터 분석을 통해 소비자를 유도하는 시장이 확산되었다. 2007년대 중반 애플의 smart phone의 등장으로 소비자는 더욱 편리하고 빠르게 소비할 수 있게 되었고 동시에 구글이나 아마존 등 거대 플랫폼 기업enterprise이 급성장하는 계기가 되었다. 2010년대 후반부터 ICTinformation and communication technologies발전으로 smart phone을 통한 앱으로 사용자 경험을 증가 시켜 기업은 이들의 소비패턴과 이동 경로에 따른 빅 데이터를 예측하여 자사 플랫폼으로 유치하기 위한 경제가 주류를 이루게 되었다. 이후 SNSsocial network service를 통해 좀 더 다양한 소통 채널로 소비자 참여의 기회가 증가하여 사회적 가치 창출하는 플랫폼social platform이나 자신만의 가치 창출 플랫폼personal platform의 증가는 소비자 선택과 참여를 더욱 증가시키고 있다. 『2025년 비즈니스 모델』의 저자 나카누마 히로유키는 현재 전 세계적으로 열을 올리는 빅데이터, AI, 로봇, 자율주행 등 미래형 기술은 전통적 화폐경제에 공유경제, 교환경제, 증여경제 등 각기 생태계가 고도로 융합된 경제에서 삶을 획기적으로 바꿔 놓을 것이라고 한다. 이와 함께 digital transformation(인공지능, 빅 데이터, 사물인터넷 등 기술적 발전으로 일의 방식이나 사람과 사람을 새롭게 연결하는 것)의 발전은 소비자를 향한 새로운 경영전략적 관점에서 접근하

게 하였다. 기존의 점포처럼 단순히 고객을 기다리거나 미디어를 통한 마케팅에 집중하기보다 개별 점포의 digital transformation 전략으로 상권 내 순간 이동 고객을 타깃으로 고객에게 맞춤형 상품 정보를 제공하여 고객 가치를 위해 즉각적인 정보를 제공하게 될 것이다. 이렇게 고객 행태를 사전에 파악하여 고객의 소비를 리드하는 것이다. 더구나 한국 창업시장은 매우 역동적이어서 최근 공유경제의 발전에 따른 '공유 주방' 사업이 활발하다. 우버Uber 창업자인 트래비스 칼라닉Travis Kalanick이 미국을 제외한 지역에서는 최초로 한국을 거점으로 진입하였다. 이들은 오프라인 창업가의 습득, 판로 개척, 관리 등 전반적인 업무를 합리적인 비용으로 제공하여 기존의 창업가의 애로사항을 한 번에 해결해 주고자 한다. 투자금이 높고 실패율이 높은 외식업 창업의 가장 큰 애로사항을 공략한 공유 주방은 이미 선진국에서는 활발히 진행되고 있는 사업으로 한국처럼 외식 배달업이 발달한 시장에서 적합한 사업 모델이라고 한다. 이런 환경에서 점포 창업은 변화와 환경에 맞춰 준비해야 할 것이다. 현재는 플랫폼 기업이 주도하고 있는 웹 2.0 시대에 살고 있다. 웹 1.0 시대는 사용자는 정보를 검색하고 읽는 데 한정되었다면, 웹 2.0 시대는 상호간 연결을 중요시 여기기 때문에 참여시대라고 할 수 있다. 그러나 웹 환경 참여자는 자신의 정보가 노출되고 플랫폼 기업을 그들의 정보를 무상이용하며, 웹 환경 참여자의 콘텐츠에 따른 수익도 플랫폼 기업이 쉽게 이익을 취하였다. 그러나 탈중앙화된 사회를 지향하는 웹 3.0 시대에서는 개인의 창작물이 온전히 인정받고 거래될 수 있기 때문에 노력하는 창업가는 더욱 그 가치를 인정받게 될 것이다. 따라서 개인 창업가는 자신만의 가치창출을 위해 노력해야 한다.

이와 같은 기술의 발전에 따른 경제의 흐름과는 별개로 창업경영의 환경도 많은 변화가 일어나고 있다. 임금 상승, 사회적 가치의 중요성, 기후 변화 등 더 나은 인간의 삶과 가치를 위해 ESG는 큰 화두가 되고 있지만 대기업, 정부 중심의 ESG 경영이 성과를 이루는 데 한계가 있다. 이를 위해서는 소비자의 ESG에 대한 인식과 이해가 확산되어야 한다. 따라서 ESG 경영을 통한 인간의 삶의 향상과 창업경제의 활성화를 위해 소상공인을 중심으로 한 낮은 단계에서 ESG를 실천해야 한다. 예를 들어 프랜차이즈 가맹점의 경우 매장의 경쟁력, 생존력, 가치실현을 위해 상권 환경, 상권

나눔, 근무자 권한 위임을 통한 경영 참여 등 전향적인 자세로 경영에 임해야 한다. 실제로 성공한 창업가는 자신만의 방식으로 ESG 경영을 실천하고 있다.

2. 비즈니스business란

2.1. 비즈니스 모델business model

비즈니스는 상품을 만들어 소비자에게 제공하고 기업은 수익을 내는 것을 말한다. 이것은 전통적인 비즈니스에 속한다고 볼 수 있다. 그러나 ictinformation and communication technologies 시대의 비즈니스는 단순 생산방식이 아니라 고객이 어떤 제품이나 서비스가 필요한지에 대한 의문과 그에 따른 해결책을 제시하는 데서 시작한다. 따라서 뉴미디어 시대의 비즈니스 모델 저자인 이홍규, 김성철(2011)은 비즈니스는 가치value를 창출creation하고, 그 가치value에 대한 대가를 획득capture하는 것이라고 하였다. 여기서 가치는 단순히 더 나은 것이 아니라 혁신을 기반으로 하는 것이 중요하다. '창업가에게 비즈니스를 위해 무엇이 필요할까what needs for business?'라는 물음에 대한 대답은 첫째, 소비자가 원하는 가치를 제공하는 것이며 둘째, 소비자가 경쟁자의 제품보다 자신의 제품을 선택하도록 경쟁우위를 획득하는 것이며 셋째, 소비자에게서 가치의 대가로 수입을 확보하는 것이다. 따라서 비즈니스 모델은 경쟁우위에 있거나 새로운 고객 가치를 창출하여 기업의 수익을 획득하는 과정이라고 할 수 있다.

1997년 콘스탄티노스 마르키데스Constantions Markides는 그의 논문인 「전략적 혁신Strategic Innovation」에서 성공적인 비즈니스를 하기 위해 전통 기업이 바꿔야 할 7가지를 방법론을 제안하였다. 그중에서 사업모델에 대한 혁신은 단순히 제품에 대한 혁신에 몰두한 기술적 파괴가 중요한 것이 아니라 사업모델 혁신을 강조하였다. 이에 대해 세 가지를 점검해야 한다고 했다. 'Who'는 목표고객은 누구인가? 'What'

은 목표고객에게 어떤 제품이나 서비스를 제공할 것인가? 'How'는 목표고객에게 제품이나 서비스를 어떻게 전달할 것인가? 이것은 〈그림 1-2〉에서 보듯이 이것은 비즈니스 모델 캔버스를 구성하는 큰 틀이 된다.

비즈니스 모델에 대한 연구에서 1998년 paul timmers는 「business models for electronic markets」 논문에서 business model은 다양한 비즈니스를 운영하는 주체와 역할을 합하여 제품, 서비스, 정보 흐름에 대한 구조를 설명하는 것이라고 하였다. 2008년 하버드 비즈니스 리뷰에서 크래이슨 크레이텐슨clauton christensen 교수 외는 *Reinventing your business model*에서 고객 가치제안customer value proposition, 이윤공식profit formula, key resources, key process를 제시하여 본격적인 비즈니스 모델에 대한 연구가 활발히 되었다. 일반적으로 비즈니스 모델을 구성하는 요소는 가치제안, 목표고객, 가치사슬/조직, 전달 방법 설계, 수익 흐름으로 구성되어 있으며 서로 유기적으로 연결되어 있다. 2010년 알렉산터 오스터왈더alexander osterwalder 교수와 예스 피그누어yves pigneur가 쓴 *business model generation*에서 비즈니스 모델 캔버스business model canvas를 제시하였으며, 이는 한 장의 캔버스에 기업의 진척 현황을 한눈에 알아보기 위해 고안하였다. 〈표 1-1〉에서 보듯이 비즈니스 모델은 크게 4가지 영역으로 구성되어 있고 구체적으로 9가지 블록으로 나눌 수 있다.

특히 2010년 전후 인터넷 붐으로 많은 창업가가 벤처 창업에 도전하였지만 성공한 창업가는 극히 일부에 불과했다. 이러한 상황에서 왜 스타트업의 성공 확률이 낮은지 다양한 연구가 진행되었고 미국의 데이터 정보 회사인 처비브레인chubbybrain에 의하면 2014년 스타트업 실패 요인 중 1위는 고객에 대한 무지라고 조사되었다. 실리콘밸리의 투자자인 빌 그로스Bill Gross는 그가 투자한 200개 이상의 스타트업을 조사하면서 스타트업 성공에 가장 중요한 5요소로 팀team/execution, 비즈니스 모델business model, 아이디어idea, 자금funding, 타이밍timing을 발견하였다. 이 중에 가장 중요한 요소는 timing(42%)이었으며, 다음은 team/execution(32%), idea(28%), business medel(24%), funding(14%)이라고 하였다. 여기서 타이밍은 고객이 원하는 시기에 제공하느냐를 말하고 있다. 따라서 훌륭한 제품 그자체가 아니라 고객이

<표 1-1> 비즈니스 모델 9블록

마르키데스 사업모델 질문	4가지 영역	비즈니스 모델 9블록	내용
What	제품product	가치제안value proposition	고객을 위한 제품과 서비스의 가치
Who	고객접점 customer interface	목표고객target customer	타깃 소비자
		유통채널distribution channel	고객과 연결하는 수단
		고객 관계relationship	고객 관계를 유지하는 수단
		가치 형태value configuration	고객 가치 창조를 위해 필요한 활동과 지원 준비 상태
How	인프라 관리 infrasture management	핵심역량key capability	본사가 가지고 있는 핵심 역량
		핵심파트너key partership	본사가 가지고 있는 핵심 파트너
–	재무적 측면 financial aspects	재무financial perpective	비즈니스 모델을 실행하기 위한 비용
		수익 흐름revenue stream	수익 흐름

<그림 1-2> 비즈니스 모델 캔버스

비즈니스 모델 캔버스(Business Model Canvas)

핵심파트너 (Key Partners)	핵심 활동 (Key Activities)	가치제안 (Value Proposition)	고객 관계 (Customer Relationships)	고객 세분화 (Customer Segments)
8	7	1	4	2
	핵심 자원 (Key Resources) 6		채널(Channels) 3	

비용구조 (Cost Structure)	수익원 (Revenue Streams)
9	5

★ **What 영역** - 가치제안(Value Proposition)
★ **Who 영역** - 고객 관계(Customer Relationships), 고객 세분화(Customer Segments), 채널(Channels)
★ **How 영역** - 핵심파트너(Key Partners), 핵심 활동(Key Activities), 핵심 자원(Key Resources)

원하는 시기에 고객 요구를 받아들여 제작되었는지에 초점을 맞추게 되었다.

　스다트업의 아버지라고 불리는 스탠퍼드대학교의 스티브 블랭크Steve Blank 교수는『창업가 매뉴얼』에서 고객개발 모델을 제안하였다. 고객을 찾아 검증한 후 고객 가치를 창출하는 것이 핵심이다. 너무나 당연한 고객 중요성을 왜 이렇게 강조할까? 조사에서 스타트업이 실패하는 가장 큰 이유를 조사 하였더니 그것은 고객에 대한 무지였다고 한다. 즉 고객 중요성은 알지만 제대로 초점을 맞추지 못하거나 그 관점을 유지하지 못하였기 때문이다. 창업가가 바라보는 고객 문제가 아니라 진정으로 느끼는 고객 관점의 문제를 파악하지 못한 것이고 제품 개발 단계는 물론이고 제품 출시 후에도 고객의 핵심적인 문제를 찾아 해결하는 데 집중하기보다는 새로운 기능이나 부가적인 기능에 집중하기 때문에 진짜 문제를 해결하지 못하게 된다. 스티브 블랭크Steve Blank는 스타트업은 "반복적이고 확장 가능한 사업모델을 추구하기 위해 구성된 조직a startup is an organization formed to search for a repeatable and scalable business model"이라고 하였다. 즉〈그림 1-3〉에서 보듯이 business model을 실행하는 데 있어 고객 발굴을 통해 고객을 검증하는 과정에서 고객 욕구를 충족시킬 때까지 반복 학습한 이후엔 고객을 창출하기 위해 실행한다는 것이다. 이 과정의 핵심은 고객 심층 인터뷰를 통한 검증이다. 즉 무턱대고 제품을 개발하지 않고 고객 가설을 세워 린lean 정신에 입각하여 진정으로 고객이 원하는 것인지 고객 검증을 거친다.

　IMVU라는 회사의 공동창업가인 에릭 리스Eric Ries는 스티브 블랭크의 강의를 듣고 고객개발모델을 응용하여 스타트업의 실패를 줄이고 성공률을 높이기 위해 lean 개념을 더욱 구체화하여 2011년 린스타트업lean start up을 제안하였다. 즉 군살을 뺀 스타트업을 강조하여 스타트업은 "한 치 앞도 알 수 없는 불확실성의 상황에서 새로운 제품을 고객에게 전달하기 위해 디자인된 조직a startup is a human institution designed to deliver a new product or service under conditions of extreme uncertainly"이라고 했다. 또한 "스타트업이 시장을 장악하는 유일한 방법은 다른 누구보다 더 빨리 학습하는 방법 뿐이다the only way to win is to learn faster than anyone else."라고 말했다. 그만큼 고객 관점에서 빠르게 학습하기 위한 방법론으로 제시한 것이〈그림 1-4〉의 BML모델이다. 아이디어Idea, 만들기Build, 상품Product, 측정Measure, 정보Data, 학습Learn 단계를

<그림 1-3> 스티브 블랭크 고객 개발

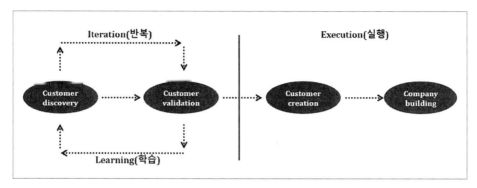

자료: Blank, S. & Dorf, B.(2020), The startup owner's manual: The step-by-step guide for building a great company, John Wiley & Sons.

거치며 상품을 만드는 것이다. 아이디어를 내고 만들기를 시작하여 핵심기능제품을 만들어서 측정하고 데이터를 통해 학습을 하여 문제점이 발견되면 피봇pivot을 하며 고객이 원하는 상품을 개발하는 방법론이다. 이것을 통해 상품 시장성을 검증하며 비용을 절약하며 최소 시간에 MVPminimal variable product를 만드는 것이다. 물론 사업 규모와 방향성에 따라 빠른 실패와 학습 로테이션의 기간은 달라질 수 있다. 예를 들어 아마존의 경우 마켓 플레이스나 아마존 프라임, 알렉사 등의 성공은 모두 생산적 실패를 통해 성공할 수 있었다.

그러나 기존 비즈니스 모델 캔버스는 불확실하고 급격하게 변화하는 환경에서 새롭게 시장에 진입하여 빠르게 시장을 확보해야 하는 초기 벤처창업기업start up에게는 적합하지 않은 방식이었다. 따라서 lean canvas가 등장한다. lean canvas는 스파크 59의 창업자인 애쉬 모라이Ash Maurya가 그의 저서 『러닝 린running lean』에서 소개한 것으로 lean start up과 비즈니스 모델 캔버스business model canvas를 발전시켜 실전에서 상품개발과 고객 가치 검증하는 절차를 매뉴얼화한 것이다. 〈그림 1-5〉에서 보듯이 문제를 찾는 것을 시작으로 고객문제를 근본적으로 접근하는 점이 눈에 띈다. 린 스타트업은 더욱 실행력을 높일 수 있고 실질적으로 창업가가 점검하고 검증해야 할 것을 구체적으로 제시하였다. 첫 번째는 아이디어에 대한 플랜 A를 린 캔버스에 작성하는 것이 중요하다고 강조한다. 〈그림 1-6〉에서 보면 린 캔

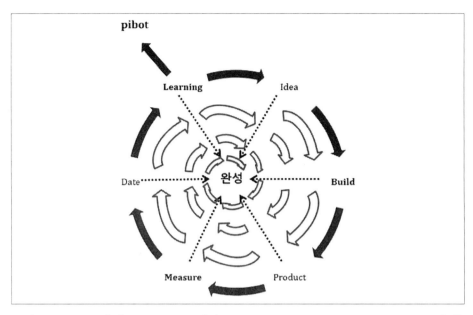

자료: Ries, E.(2011), The lean startup: How today's entrepreneurs use continuous innovation to create radically successful businesses, Currency.

버스를 통해 러닝 린을 수행하기 위해 '문제의 이해understand problem – 솔루션 정의 difine solution – 질적 입증validate qualitatively – 양적 확인verify quantitatively' 절차를 이해 하여야 한다. 이를 위해 '문제와 솔루션 적합성problem/solution fit – 제품과 시장 적합 성product/market fit – 비즈니스 검증scale up'을 린 스타트업 3단계로 검증을 위한 인 터뷰를 진행한다. 적합성에 대한 검증 방법은 단계별로 가설을 세우고 '고객 문제 인 터뷰problem interview – 솔루션 인터뷰solution interview – MVP인터뷰MVP interview'를 진 행하면서 '만들기build – 측정measure – 학습learn'을 반복하여 적용한다. 이렇게 러닝 린의 핵심은 고객 검증 프로세스이므로 학습하는 과정에서 플랜 A에서 정의한 고객 가치에 부합하는 제품이나 서비스를 만드는 과정에서 핵심을 벗어나는 것을 방지하 기 위해서 핵심 가치에 집중하여 빠르게 검증하고 반영하는 학습을 하는 것이 중요 하다고 강조한다.

린 캔버스(Lean Canvas)

문제 (Problem)	해결책 (Solution)	고유 가치제안 (Unique Value Proposition)	경쟁우위 (Unfair Advantage)	고객 (Customer Segments)
	4		9	
1	핵심 매트릭스 (Key Metrics)	3	채널(Channels)	2
	8		5	
비용구조 (Cost Structure)		수익원 (Revenue Streams)		
	7		6	

자료: Maurya, A.(2022), Running lean, O'Reilly Media, Inc.

2.2. 비즈니스 흐름business flow

비즈니스 플로어는 비즈니스 시작 전 창업가로서 역량을 키워서 관심 있는 분야에 대한 관찰과 충분한 경험이 바탕이 되어야 한다. 이때 〈그림 1-10〉에서 보듯이 사이먼 사이넥의 골든서클Golden Circle을 이해하고 why(왜)에 집중한다. 이렇게 생각의 총량이 축적되어야 브레인스토밍, 페르소나, 비주얼 씽킹, 디자인 씽킹 등 다양한 비즈니스 툴로 사고를 이끌어 낼 수 있다. 그리고 상품개발을 위해 명확한 고객 문제를 바탕으로 빠르게 반복 학습으로 개발하며, 일정 기간은 그것을 완성시키는 데 집중한다. 그리고 새로운 기능 추가나 추가적인 비즈니스 모델을 위해 핵심기능을 중심으로 고객 가치를 확장시키려 한다. 이렇게 비즈니스 플로어 관점에서 린 캔버스의 상품개발은 비즈니스의 완성적 측면이 아니라 비즈니스 모델을 위한 시작인 것이다. 이후의 비즈니스 모델은 기초를 잘 다지는 과정에서 꾸준히 학습하고 또 새로운

<그림 1-6> Running Lean

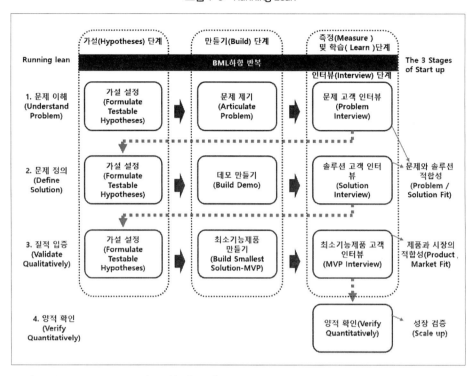

자료: Maurya, A.(2022), Running lean, O'Reilly Media, Inc.

문제를 찾고 해결해 나가는 과정의 연속이 된다. 즉 비즈니스 모델은 단순히 성공을 위한 모델이 아니라 비즈니스를 지속시킬 수 있는 모델이다. 그 지속은 고객 가치 중심 몰입을 통해 유지할 수 있기 때문에 창업가의 업에 대한 목표와 신념이 필요하다.

2.3. 상품개발 방식

1990년대 이전은 전통적 생산방식은 폭포수waterfall 개발방식의 비즈니스 모델이 주류를 이루었다. 도요타 린 생산방식과 제약이론Theory of constraint 등이 개발되면서 생산방식이 획기적으로 바뀌게 되었다. 그러나 이런 방식은 서비스 산업 등 소프트웨어적 프로젝트를 진행함에 있어서 여러 가지 한계에 부딪히게 되었다. 첫째, 프로젝트 초기에 구체적인 요구사항을 도출하기 어려웠다. 둘째, 프로젝트 중간에 발

\<그림 1-7\> 스타트업 비즈니스 학습 플로어

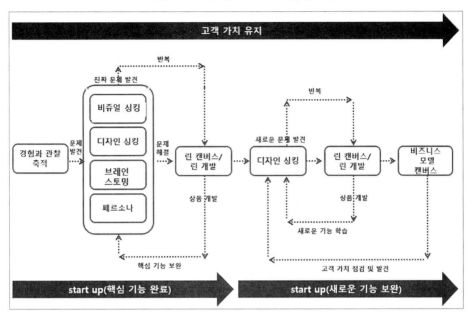

자료: Maurya, A.(2022), Running lean, O'Reilly Media, Inc.

생하는 요구사항의 변경을 반영하기 어려웠다. 셋째, 프로젝트 과정 중 중간 산출물을 많이 요구하였다. 넷째, 프로젝트 관리자 중심의 명령과 통제 방식 때문에 구성원은 수동적으로 바뀌어 커뮤니케이션이 매우 부족하였다. 이런 이유로 현재 비즈니스 환경은 ICT 기술의 발달로 다양한 형태의 비즈니스 모델이 발전하였다. 전통적인 생산방식과 문제 해결 방식으로는 효과를 보기 어려웠고 IT프로젝트의 개발에 새로운 방안이 모색되기 시작되었다.

이를 해결하기 위해 도입된 대표적인 프로젝트 관리 방법론Project Management Methodologies, PMMs인 DSDMDynamic Systems Development, 1994, 스크럼scrum, 1995, CCPMCritical Chain Project Management, 1996, FDDFeature Driven Development, 1997, ASDAdaptive Software Development, 2000, 린Lean SW Development, 칸반SW Kanban, 2006, 린 스타트업lean start up, 2011 등의 다양한 프로젝트 개발 모델이 개발되었는데 이를 애자일 개발 모델이라 한다. 이 모델의 핵심은 사람이 중심이 되어 기민성에 의한 빠른 실행과 학습에 있다.

세계적인 컨설팅사인 맥킨지는 기민성agility이 있는 조직은 다음 다섯 가지 특성이 있다고 하였다. 첫 째, 조직 전체가 목적과 비전을 명확히 공유하고 둘째, 권한위임을 받은 네트워크 구조로 실행하며 셋째, 빠른 의사결정과 학습 사이클을 보이며 넷째, 역동적인 사람 중심 모델이며 다섯 번째는 차세대 기술을 활용하고 있다고 하였다. 이런 이유로 IT기업뿐 아니라 다양한 분야에서 도입되었다. 이재왕(2017)은 그의 책『애자일 & 스크럼 프로젝트 관리』에서 IT프로젝트는 초기 요구사항의 불확실성과 개발팀의 역량, 기술적 리스크 등 여러 요인이 상호 복합적으로 작용하면서 일정과 비용의 정확한 예측이 불가능한 복잡적응계라고 하였다. 즉 "복잡계란 태풍의 불규칙한 진로나 기상이변, 부동산과 주식 가격의 불규칙한 변동 현상 등 구성 인자의 복잡한 상호작용으로 구성 요소의 특성과는 다른 새로운 현상과 질서가 나타나는 시스템을 의미"한다고 하였다. 이런 복잡계 과학은 부분최적화가 아닌 전체최적화 관점에서 접근한 것으로 기업의 성장도 경영자 문제 외에 사회경제적 요인, 정치 등 다양한 요인에 의해 복잡다양하게 나타나 미래를 예측할 수 없기 때문에 창업을 하며 일어날 수 있는 일들에 대한 기민한 대처가 필요했던 것에서 린 스타트업 등 애자일 방법론이 탄생한 것이다. 이와 같은 측면에서 창업 상권 또한 부동산 입지론, 창업 입지론과 상권의 개별성, 점포의 개별성, 상품의 개별성, 창업가의 개별성, 정책이나 경기 변화, 소비자 변화, 경쟁구조 변화 등으로 복잡계의 원리가 적용되어 각각의 상호작용과 변화로 인해 점포 창업 성패를 단순히 매출로 정량화할 수 없다.

이런 복잡한 창업생태계에서 창업가는 진정으로 많은 사람들에게 혜택을 제공하기 위해서 사업과 실천을 단순화할 필요가 있다. 리처드 코치와 그레그 록우드는 그들의 저서『무조건 심플』에서 '인류에게 가장 큰 경제적 편익을 제공하는 사람들은 심플한 사람들'이라고 하였다. 즉 단순화를 실행하는 사람들이야말로 진정으로 성공한 사람들이라고 한다. 따라서 창업학과 부동산학 이론적 근거를 토대로 융복합적으로 창업 시스템을 적용하기 위해서는 본서에서 언급한 일정한 경험적 프로세스가 더 효과적일 수 있다.

2.4. 문제 정의 방식

앞서 소개한 다양한 애자일 방법론은 고객 가치를 찾기 위해 기민성에 기반하여 상품을 반복 학습으로 빠르게 개발하는 데 중점을 두고 있다. 그러나 이는 이미 경험적 문제를 파악하고 있는 경우에 적합하며 아이디어를 도출하는 과정을 통해 올바르게 구체화하기 위해서 첫 번째로 어떤 과제를 수행하기 위한 문제부터 정의하는 것이 중요하다. 즉 애자일 방식은 문제를 해결하는 방식이 중심이므로 그전에 문제를 정의하는 과정이 필요하다. 이 방법을 수행하기 위한 가장 좋은 방법론으로는 브레인스토밍brain storming과 디자인 씽킹design thinking 등과 같은 사고의 본질적인 접근을 통해 문제를 찾는 방법과 Thinking precess나 MECEMutually Exclusive, Collectively Ex- haustive와 같이 논리적 접근을 통해 문제를 찾는 방법이 있다.

2.4.1. 디자인 씽킹design thinking

가. 디자인 씽킹 개념

디자인 씽킹은 2009년 하버드 대학교 로저 마틴Roger Martin이 그의 책 *The desgn of business*를 통해 비즈니스를 위한 디자인 전략으로써 디자인 씽킹이라는 개념을 창안한 것으로 알려졌으며, 이에 대한 구체적 활용은 세계적 디자인 회사인 IEDO에서 적극적으로 수행함으로서 확산되었다. IEDO의 설립자 데이비드 켈리David Kelly는 디자인 씽킹은 "디자인적 사고를 기반으로 인간중심 공감을 통해 새롭게 문제점을 해석하고 창의적인 혁신을 창조하는 마인드 셋"이라고 하였다. 즉 디자인적 사고는 5단계 절차로 일종의 프로세스가 될 수 있지만 그 과정은 인간이 중심이어야 하고, 여기서 공감은 깊은 상대적 입장이 되어 정말로 불편한 문제를 발견하여 혁신에 도달할 수 있다는 마음 자세를 말한다. 로저 마틴은 〈그림 1-8〉에서 보듯이 지식 퍼널을 제안하였다.

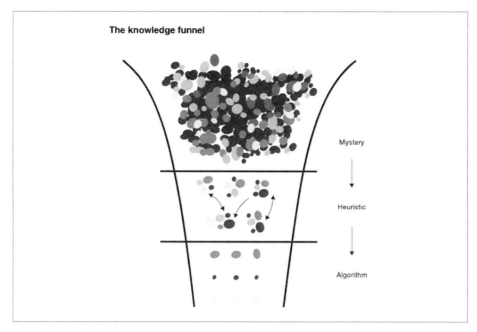

그림 출처: 필립 & 코틀러.(2010), 『마켓 3.0』. Time Content.

　　신비mystery 단계에서는 많은 관찰을 통해 정보가 저장이 되고, 직관heuristic 단계에서는 경험적 법칙을 통해 직관이 많은 정보를 퍼널한다고 한다. 마지막으로 알고리즘algorithm이 작동되어 필요한 지식이 생성된다는 것이다. 따라서 디자인 씽킹은 많은 정보에 대한 관찰과 수집을 하더라도 많은 경험이 축적되어야 효율적인 퍼널이 가능하고 의미 있는 결과를 도출할 수 있다는 것이다. 인간의 뇌는 좌우를 크게 두 가지 관점에서 분류할 수 있는데 좌뇌는 언어, 숫자, 논리에 강하고 우뇌는 직관, 감정, 사고 등 창의적인 측면이 강하다고 한다. 좌뇌의 과학적 논리는 주로 관찰을 통한 경험적 프로세스에 의해 어떤 문제 찾고자하므로 단기간에 달성할 수 있다.

　　프랑스 대표 인상주의 화가인 클로드 모네Claude Monet의 〈수련〉 시리즈는 관찰과 몰입을 통해 이루어진 명작으로 찰나의 순간을 화폭에 담은 것으로, 일반적인 관찰로 가능하지 않다. 〈그림 1-9〉에서 보듯이 과학적 논리와 예술가적(창의적) 직관의 교차하는 부분에서 인문학적 사고가 바탕이 된다면 양쪽 사고를 융합적으로 끌어낼

<그림 1-9> 개인 역량과 팀 역량 비교

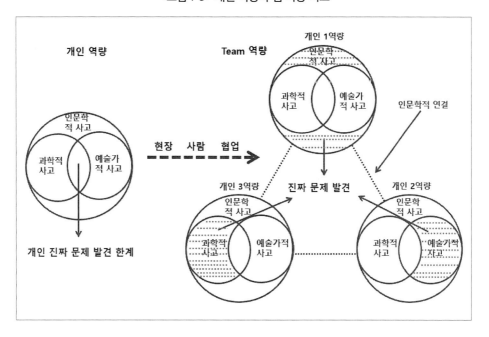

수 있기 때문에 인문학적 사고는 매우 중요한 것이다. 따라서 디자인 씽킹은 각각 분야가 발달한 사람들이 모여 팀을 이루어 협업을 통해 융합적으로 사람 중심의 문제를 찾을 수 있다. 실제 IEDO의 팀은 디자이너 뿐 아니라 인문학, 사회학 등 다양한 학과 출신이 협업을 통을 통해 프로젝트를 수행하고 있다.

나. 디자인 씽킹design thinking 수행 절차

디자인 씽킹은 공감empathize, 문제정의define, 아이디어 도출idate, 만들기prototype, 시험test하는 5가지 절차를 따르며 다음의 세 가지가 전제되어야 한다. 사람 중심, 수용적 자세, 현장관찰이다. 즉 모든 문제는 사람이 중심이면서 현장에서 관찰하되 수용적이며 단정하지 않는 것이다. 즉 어떤 문제의 해결하려는 관점이 아니라 진정한 문제를 발견하는 데서 시작되는 것이다.

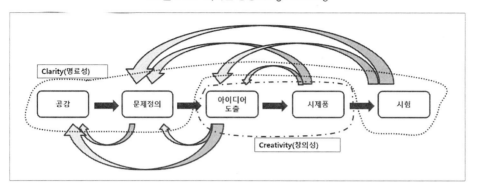

<그림 1-10> 디자인 씽킹design thinking

공감은 그 사람 중심에서 깊이 이해하는 것을 말한다. 이를 수행하기 위해서는 가장 중요한 것은 관찰이다. 이 관찰은 반드시 현장을 통해서 이루어져야 한다. 책상에서 앉으면 사고가 자기중심적으로 흐를 수밖에 없기 때문이다. 과학적 근거에 의한 관찰하기 위해서는 깊은 고객 입장에서 현장에서 체계적으로 문제를 찾으려고 노력해야 한다. 예를 들어 GE Healthcare의 Doug Dietz는 자신이 개발한 MRI 장비가 잘 돌아가는지 병원에서 관찰하던 중 어린아이가 무서워서 우는 모습을 보고 동화의 스토리를 입한 MRI를 개발한 것으로 유명하다. 동시에 사물을 눈에 보이는 것에 그치면 안 되고 예술가적 측면에서 몰입에 의해 직관적으로 느끼면서 관찰해야 한다. 이것이 중요한 것은 과거 번뜩이는 아이디어에 의한 제품개발 시대는 지났기 때문이다. 여기에 한발 더 나아가 인문학적인 측면에서 접근한다면 현장 경험이다. 사람 중심의 인터뷰와 그 사람 중심의 경험을 통해 진정으로 무엇이 문제인지를 찾는 것이다. 이것은 '굿 그립'이라는 불편한 노인을 위해 고안한 상품을 개발한 페트리샤 무어patricia moore, 1952의 사례에서 찾아볼 수 있다. 그녀는 관절이 안 좋은 노인의 문제를 찾기 위해 스물여섯의 나이에 노인과 똑같이 분장, 시야가 불편한 안경 등을 착용하고 무려 3년간 관절이 불편한 노인과 같이 체험함으로써 진정으로 불편한 노인의 문제를 찾은 것이다. 문제정의define는 공감을 통해 어떤 사람의 근원적 문제가 무엇인지 파악하여 일종의 가설을 세우는 것이다. 예를 들어 한 초등학교의 어린이들이 자신들의 학교에 잔반을 줄일 수 있는 방법에 대해 디자인 씽킹으로 논의하

였다. 이들이 접근한 문제는 어린이아마다 도시락 식판의 크기는 같지만 이들의 섭취량은 제각각이다. 따라서 각자 섭취량의 표시하여 '조금 주세요.'라는 기준을 명확히 하는 데서 문제를 찾을 수 있었다. 즉 어린이마다 조금의 기준이 다르다는 관점에서 문제를 정의하였기 때문에 무지개 식판이라는 제품을 개발하여 어린이들이 밥나 남긴 잔반의 양을 획기적으로 줄일 수 있었다. 이들의 아이디어는 매우 단순한 것이지만 어린이들의 동심적 사고가 없다면 어려웠을 것이다. 아이디어 도출idate은 수용적 도출이 중요하다. 따라서 주로 '브레인스토밍' 절차를 통해 다양한 아이디어를 비판 없이 수용하여 모으는 것이 중요하다. 비판 없는 환경이 중요한 것은 누구나 자연스럽게 아이디어를 낼 수 있어야 하기 때문이다. 그리고 그 아이디어들에 대해 단정하는 것을 지양해야 한다.

프로토타입prototype은 제품을 시각화하는 것이다. 아이디어가 도출됐다면 이것이 진정한 문제가 맞는지 확인해야 하는데 눈으로 보고 만져볼 수 있어야 개선할 수 있기 때문이다. 이때 프로토타입은 페이퍼 스케치 형태만 갖출 수 있다면 문제가 없다. 마지막으로 테스트는 이렇게 볼 수 있거나 만질 수 있다면 가능하다. 〈그림 1-10〉에서 보듯이 5단계로 진행을 하며 점선에서 보듯이 문제정의가 잘못됐다고 판단되면 공감 단계로 돌아가고 아이디어 도출 단계에서 잘못됐다고 판단되면 공감 단계와 아이디어 도출 단계로 돌아가고 프로토타입에서 잘못됐다고 판단되면 문제정의와 아이디어 도출 단계로 돌아가고 시험에서 잘못됐다고 판단되면 문제정의와 아이디어 도출 단계로 돌아가서 반복 수행한다.

그러나 이런 기법은 스타트업에서 고객이 가지고 있는 막연한 문제를 찾는 데서 시작하므로 사업초기의 핵심 가치를 찾고자 할 경우와 운영 중 새로운 문제점을 찾을 때 적합한 기법이다. 실제 초기 점포 창업에서는 초기 어떤 상권에서 구체적인 문제 없이 막연한 문제를 찾기에 적합하지 않을 수 있다. 초기 점포 창업에서는 디자인 씽킹 기법보다는 디자인 씽킹적 사고 자체가 중요하다. 따라서 최근 점포 창업은 초기 단계에서부터 관찰적 접근 기법을 강조하고 있다.

다. 골든서클Golden Circle

사이먼 시이넥Simon sinek은 *Start with why*('왜'로 시작하라)라는 책을 통해 골든서클을 소개하였고, TED에서 '위대한 리더들이 행동을 이끌어내는 법'이라는 강연에서 더욱 유명하게 되었다.

강연에서 그는 대부분의 사람이 문제에 접근할 때 'what-how-why'의 순서로 접근하지만 위대한 리더는 'why-how-what' 순서로 접근한다고 하였다. 즉 그가 제안한 골든서클Golden Circle 이론을 통해 why라는 목적을 가지고 how라는 과정을 통해 what라는 결과를 도출할 수 있다고 하였다.

애플의 제품에 대한 일반적인 마케팅 사고로 설명 한다면 다음과 같다고 하였다.

"우리는 훌륭한 컴퓨터를 만듭니다. 그것은 매우 아름다운 디자인을 갖고 있고, 쉽고 편리하게 이용할 수 있습니다."라고 설명하였다. 그러나 애플사의 실제 마케팅 메시지는 다음과 같다고 하였다.

"우리가 하는 모든 것들, 우리는 기존의 현상에 도전하고, 다르게 생각한다는 것을 믿습니다. 기존의 현상에 도전하는 우리의 방식은 제품을 아름답게 디자인하며, 간단히 사용할 수 있고, 편리하게 만드는 것입니다. 우리는 방금 훌륭한 컴퓨터를 만들게 되었습니다."

위 두 가지 메시지를 접근하는 순서의 차이는 정보를 제공하는 순서를 달리한 것이고, 다른 하나는 사람들은 우리가 무엇을 하고, 만드느냐 때문에 구매하지 않고, 우리가 그 일을 왜 하느냐에 대한 신념을 보고 구매한다는 것이다. 즉 우리가 무엇을 만드는지에 대한 정보 전달만으로는 소비자 구매의도를 높일 수 없고, 우리가 왜 이 일을 하고 이것을 만드는지에 대한 신념을 통해 소비자 구매의도를 높일 수 있다는 것이다.

이것은 우리 뇌의 원리에서 찾아 볼 수 있다고 하였다. 〈그림 1-11〉에서 보면 골든서클의 원을 예로 들면 뇌의 바깥 부분은 신피질로 우리의 모든 이성, 분석적인 사고와 언어를 담당한다. 중간 두 부분은 우리 뇌의 변연계로 모든 감정 즉 믿음, 신념, 직관을 조절한다. 따라서 인간의 행동과 모든 의사결정을 담당하지만 언어를 담당하지는 않는다. 사람들은 눈으로 보고, 먹고, 즐기는 것을 통해 복잡한 양의 정보를 이해할 수 있다. 그러나 어떤 행동을 이끌지는 않는다. 즉 내부로부터 밖으로 소통을 하게 되면, 합리화를 통해 실질적으로 행동을 이끌게 되는데, 이것을 직관에 의한 의사결정이 이루어지는 방식이라고 하였다.

결론적으로 디자인 씽킹을 통해 문제 해결을 성공적으로 이끌기 위해서는 관찰과 경험 중요하고, 왜why라는 사고를 통해 공감하고 문제정의를 해야 합리적인 방법how으로 결과what를 도출할 수 있을 것이다.

<그림 1-11> 골든서클Golden Circle

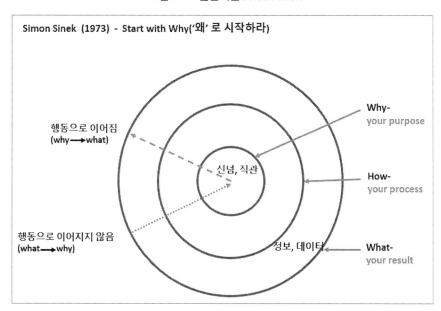

2.4.2. 비주얼 씽킹visual thinking

비주얼 씽킹은 생각이나 느낌을 간단한 글과 그림으로 표현하는 메시지를 말한다. 주로 사고력 증진의 방법론으로 많이 적용하기 때문에 교육용으로도 많이 활용되고 있는 방법론이다. 자신의 생각을 빠르고 쉽게 표현하여 쉽게 공감하게 되므로 팀원의 빠른 의사결정에 도움이 되는 효과를 기대할 수 있다. 따라서 디자인 씽킹이나 린 스타트업, 린 캔버스로 업무를 수행하는데 협업을 하는 과정에서 자주 활용되고 있다. 특히 디자인 싱킹 수행은 고몰입이 중요한데 비주얼 씽킹을 통해 업무 내용이 그림으로 표현되어 집중력을 높일 수 있다.

이상의 내용은 창업 상권에서 어떻게 적용할지 의문이 생길 수 있다. 디자인 씽킹의 관찰처럼 창업 상권의 관찰 단계에서 적용할 수 있는 사항으로 상품 관찰, 점포 관찰, 상권관찰이 있으며 이것은 짧은 관찰보다는 평소 경험에 의한 관찰적 데이터를 충분히 쌓는 것이 중요하다. 상권관찰은 창업가 안목과 상권변화 측면에서 매우 장기적인 관점에서 보는 것이 매우 중요하다. 스타트업과 비교하여 보면 린 스타트업에서 '상품과 시장의 적합성'을 파악하는 단계가 중요하듯이 점포 창업 현장에서도 '상품과 상권의 적합성'을 파악하는 것이 중요하다. 이과정은 단순히 인구통계학적 데이터를 해석하는 데 그 치기보다 현장에서 상품, 점포, 상권 관찰을 통해 내가 하고자 하는 업종의 상품 콘셉트가 어떤 상권에서 어떤 동선에서 어떤 형태의 매장으로 어떤 소비자를 대상으로 어떤 방식으로 상품을 알리고 서비스할지에 대해 상권 캔버스를 작성하기 위함이다. 내가 하고자 하는 업종과 상품을 얼마나 이해했는시에 따라 상권 스케치로 명확히 전달될 수 있을 것이다. 따라서 입지선정 15원칙 중 제1원칙과 2원칙이 중요한 이유이다. 상품 중심 창업은 상품 관찰과 점포 관찰과 디자인 씽킹 과정을 수행할 수 있고 사람 중심 창업인 경우 상권에 대한 이해가 중요하므로 전문가의 도움이 없이는 올바른 디자인 씽킹 과정을 거치기 어려우므로 충분히 논의를 하며 진행하는 것이 바람직하다.

이런 관점에서 보면 창업 상권 중 창업 입지 선정 프로세스에서 단순히 통계적 데이터에 의존하기보다 단계별로 디자인 씽킹적 사고, 애자일 개발 등을 적용시켜 다양한 능동적 모형을 통한 경험적 프로세스가 더 적합하다고 할 수 있다. 따라서 창업 과정은 성공과 실패를 예측할 수 없는 다양한 요인이 존재하므로 애자일적 사고와 방식을 응용하여 창업 이후도 적응과 유지를 위한 학습은 계속되어야 한다.

2.4.3. 브레인스토밍brain storming과 페르소나persona

브레인스토밍은 1941년 미국의 광고 회사 BBDO 대표인 알레스 오스본alax osbon이 창안한 것으로 서로 마주보고 창조적 회의를 위한 기법으로 개발되었다. 그는 회의실에서 신입사원이 자기 의견이나 아이디어를 꺼내지 못하는 것을 보고 생각해 낸 기법이라고 한다. 그는 이것을 해결하고자 다음의 규칙을 정했다. 첫째, 상대 아이디어 비판을 금지하는 것이다. 모든 팀원이 참여함으로써 보이지 않는 힘을 발휘하게 한다. 둘째, 자유로운 발표이다. 참여자 모두 비판을 하지 않고 의견을 수렴하는 분위기에서 발표자는 자유롭게 발표함으로써 더 나은 아이디어로 발전시킬 수 있고 참여자의 의견 교환으로 더 나은 아이디어로 발전할 수 있다. 셋째, 다량의 아이디어 창출이다. 앞의 두 가지로 인해 참여자는 다양한 아이디어를 자유롭게 발표하여 아이디어가 많아지게 된다. 이것은 브레인스토밍에서 과정적으로 가장 중요하게 다루는 것으로 아이디어 질보다 양을 강조한다는 점이다. 넷째, 아이디어 확장이다. 아이디어 양이 많이 지면 자연스럽게 아이디어를 그룹화하여 줄여나가면서 통일할 것은 통일하고 제거할 것은 제거함으로써 새로운 아이디어를 도출한다. 이 과정에서 무심코 던지 아이디어가 획기적인 아이디어로 발전하는 경우도 있고 의미 있다고 여긴 아이디어는 소멸되기도 한다. 또는 두 아이디어가 유기적으로 합쳐져 멋진 아이디어로 발전하기도 하므로 팀원이 함께 노력해야 한다.

브레인스토밍 절차적으로 다음의 단계를 권장한다. 우선 팀원 중에서 1명의 토론 진행자가 있어야 하고 1명은 기록을 해야 한다. 구체적인 의견을 나누는 참여자 3~5명이 필요하다. 특히 모든 참여자의 아이디어를 유도하고 도출하는 과정에서 진행자의 역량은 매우 중요하므로 진행자는 회의 주제와 방향성을 명확히 인식하고 팀원에게 전달해야 한다. 첫째, 오리엔테이션 단계이다. 회의 진행 방식과 회의 주제를 인지시키고 다음 회의를 위해 회의에 필요한 일정 개수이상의 아이디어를 준비한 후 제시하게 한다. 둘째, 개별 발상 단계이다. 회의를 시작하면 자연스러운 분위기속에서 자신의 아이디어를 제시한다. 셋째, 집단 토론 단계이다. 아이디어가 취합이 끝나면 본격적인 회의에 들어단다. 진행자의 지시에 따라 아이디어 분류를 한다. 이 과정에서 동질적인 아이디어 뿐 아니라 이질적인 아이디어도 정리를 하며 아이디어가 버려지는 일이 없도록 하며 다각도로 아이디어를 연결하며 발전시킨다. 넷째, 평가 단계이다. 발전시킨 아이디어에 대해 바로 결론을 내리기보다 아이디어에 대해 평가를 하기도 하며, 토론자 외의 외부인에게 다양한 의견을 들으면서 아이디어를 발전시키도록 한다. 또한 회의 시간은 1시간을 넘지 않게 하고 규칙적인 휴식과 병행하기를 권한다. 또한, 회의에 몰입만하기보다 오스본은 '샌드위치 기법, sandwich technique'이라고 하여 개인 작업을 교차로 병행해 가면서 회의를 진행해 가기를 권하고 있다. 그러나 브레인스토밍에서 개인이 아이디어를 모으는 과정은 현장 관찰과 경험을 통해서 발견하게 되므로 이 과정은 디자인 씽킹의 공감 단계를 거쳐야 하므로 브레인스토밍은 모두 아이디어를 끌어내고 취합하여 새로운 아이디어로 발전시키는 아이디어 회의 기법이라고도 할 수 있다. 따라서 협업을 요구하는 분야에서 적극적으로 활용해 보는 것이 좋다.

페르소나persona는 사람person과 성격personality이 어원으로 한 '가면'이라는 뜻을 가진 라틴어로 심리학에서는 타인에게 비치는 자아, 마케팅에서는 가상의 인물로 정의되어 다양한 분야에서 적용되고 있는 개념이다. 즉 현재 사회에 비치는 자신의 모습은 지위, 상황 등에 의해 감춰진 모습으로 본래의 모습이 아닌 타인에게 비치는 외적성격이라고 할 수 있다. 따라서 스타트업에서는 제품을 개발하기에 앞서 예상되는 제품을 어떤 고객이 사용하게 될지 단순히 겉모습에 치중하여 파악하기보다 우리가 개발하는 상품의 진정한 대상을 찾기 위해 미리 가상의 고객의 모습을 글과 그림으로 표현해 봄으로써 가설을 세우고 검증하기 위해 페르소나 개념을 도입하였다. 즉 현장에서 단순히 설문지를 통해 제품의견을 듣는 것은 그들의 본 모습이 아닐 수 있다는 것이다.

따라서 현장에서 관찰과 함께 문제를 발견하기에 앞서 가장 먼저 고민하게 되는 단계에서 널리 활용되고 있으며 여러 분야에서 응용되고 있다. 이것은 내가 아닌 다른 사람의 관점과 입장에서 사물이나 어떤 현상을 바라보고자 하는 것으로 자기중심적 사고에서 벗어나는 것이 선행되어야 한다. 창업 상권에서 응용하면 고객뿐 아니라 가상의 점포와 상권의 변화 등을 예측해 보는 데 적용할 수 있겠다.

2.4.4. TOCTheory of constraints의 씽킹 프로세스Thinking Process

제약이론은 이스라엘의 물리학자인 엘러 골드렛Eliyahu Moshe Goldratt이 1974년 개발한 경영이론이다. 제약이론은 가장 효율성이 떨어지는 공정을 개선하여 전체 공정을 개선하려는 것이다. 즉 '시스템의 생산성, 품질, 고객 만족 등의 목표에 도달하기 위한 고정에서 저해되는 요소를 찾아내어 그것을 개선하여 시스템을 극대화하는 기법'을 말한다. 이런 목표 달성을 위해 세 가지를 강조하고 있다. 첫째, 씽킹 프로세스Thinking Process이며 둘째, 제약조건의 구체적인 관리방법이며 셋째, TOC의 평가를 말한다. 이중에서 씽킹 프로세스를 통해 제약이론을 단순히 생산관리 이론에서 일반적인 문제 해결 방법론으로 확장하였다. 따라서 씽킹 프로세스는 현상과 문제의 다양한 연결고리에서 원인과 결과를 찾아 논리적 관점에서 생각하는 것이다. 어떤 일을 수행하기 위해서 문제를 파악하는 것은 린 스타트업과 마찬가지이다. 그러나 아이디어 도출 측면에서 디자인 씽킹과 가장 큰 차이점은 디자인 씽킹은 어떤 문제가 있는지 관찰을 통해 찾는 것에서 시작하지만, 씽킹 프로세스는 원인과 결과라는 논리에 치중하므로 문제가 있음을 먼저 정의하는 것이 큰 차이이다. 이렇게 씽킹 프로세스가 문제 해결 방법론으로 발전하였지만 인과관계의 중요성보다는 사람 중심의 고객 가치를 최우선으로 고려하여 초기 제품을 만들어 발전시키는 스타트업의 방식에는 적합하지 않을 수 있다. 또한 점포 창업을 준비하는 관점에서 디자인 씽킹의 프로세스와 같이 꾸준히 관찰하고 경험하면서 어떤 문제에 대해 공감하는 것이 가장 중요하다고 할 수 있다. 즉 꾸준한 상품, 점포, 상권관찰이 중요한 이유이다. 또한, 매장 오픈 후에도 고객경험에 대한 관찰을 통해 문제를 개선해야 빠르게 고객 욕구를 충족시킬 수 있는 제품을 제공할 수 있다.

Section 창업가치 2

1. 창업의 목표와 방향성

창업가는 실패를 위해 창업하지 않는다. 단지 실패를 감수할 뿐이다. 그러나 실패를 최소화하고 실패를 발판으로 성공적인 창업을 위해서는 몰입이 필요하다. 따라서 창업에 대한 동기가 명확해야 그에 따른 준비를 철저히 할 수 있다. 즉 창업 목적을 명확히 하기 위해서는 내가 왜 창업을 해야 하는지 자신에게 충분히 물어보고 검증할 수 있는 시간이 필요하다.

이것은 사이먼 사이넥Simon Sinek의 골든서클 이론을 참고할 필요가 있다. 사이먼 사이넥은 2009년 그의 책 *start with why*에서 리더는 실제 행동으로 이어지고 이것이 성공하기 위해서는 내가 왜 그것을 해야 하는지 명확히 정의되어야 일관성 있는 행동으로 목적을 이룰 수 있다고 하였다. 그러나 대부분의 사고방식은 결과 즉 부나 명예, 표면에 드러나는 것 등을 목적에서 출발하므로 올바른 행동으로 이어지지 않는 다는 것이다. 따라서 성공할 수 있는 행동으로 이어지기 위해서는 왜 해야 하는지에 대한 끊임없는 물음과 태도에서 신념과 직관이 생겨야 올바른 방향성을 가지고 창업할 수 있다는 것이다. 〈그림 1-11〉에서 보듯이 왜why에 대한 고민은 골든서클의 안쪽에 해당하는 사항으로 뇌의 한가운데인 변연계limbic brain에서 작용하여 올바른 감정과 의사결정을 통해 행동으로 이어진다고 하였다.

이것은 〈그림 1-12〉에서 보듯이 코틀러 교수가 말한 상품차원 중에서 핵심 가치를 찾기 위해 창업가는 고객이 원하는 것이 무엇이고 왜 고객이 구입해야 하는지에 대한 물음에서 시작하는 것과 일맥상통하다고 할 수 있다.

부동산학의 입지론적 관점에서도 농업입지와 공업입지는 최적의 개념에서 출발하였지만 이후에는 행태적 경쟁으로 인해 개인 기업가는 모두가 만족할 수 있는 입지보다는 개별 기업가의 목표가 다르다는 전인 측면이 강조되어 준최적의 개념으로 발전하였다. 즉 기업환경은 정보신뢰, 불확실한 환경과 제하에 다양한 입지를 선택할 수 있다. 애플바움(1961)도 소매업입지결정 10원칙 중 제1원칙을 목표결정이라고 하였다. 이렇게 창업에 있어 목표와 방향성은 성공을 위해서뿐 아니라 모든 상황에서 절차적으로 매우 중요한 사항이므로 나는 창업을 왜 하는지, 소비자에게 어떤 가치를 제공하려는지 충분한 고민과 검증을 하는 것이 중요하다.

2. 창업에서 업종(業種)과 업태(業態)란

업종과 업태는 매우 익숙한 말이다. 그러나 이것은 일반적인 사항을 알고 있거나 사업자 등록에 기재되어 있을 뿐 실제 진지하게 생각해 볼 기회가 없다. 즉 업종은 식품업, 음식업 등 상품 유형을 말하며 무엇을 파는지(제공)에 대한 것이다. 업태는 판매업, 서비스업 등 제공 방식을 말하는 것으로 어떻게 파는지(제공)에 대한 것을 말한다. 이렇게 구분하는 것 자체가 중요한 것이 아니라 소비자에게 어떤 가치를 제공하는지에 따라 경쟁이 심화될 수도 있고 그렇지 않을 수도 있다.

업종과 업태가 중요한 것은 창업의 개별성과 상대성으로 인해 그것을 찾고 올바른 관점에서 창업을 준비하기 위해서이다. 그것에 따라 창업이 소비자에게 어떤 가치를 제공하는지에 따라 경쟁이 심화될 수도 있고 그렇지 않을 수도 있다. 예를 들어 〈표 4-28〉, 〈사진 4-10〉 사례에서 보듯이 어떤 상권에 테이크아웃 커피 전문점의 장사가 잘 되지 않는다고 무조건 커피점 창업은 안 될 것이라고 볼 수 없다. 따라서 맛있는 커피보다 편하게 대화를 나눌 수 있고 조용히 공부를 할 수 있는 장소를 찾는 수요도 있을 수 있다. 이런 사례는 주변에서 쉽게 볼 수 있지만 단순히 1차적인 상품 관찰만으로 보기 때문에 놓칠 수 있다. 따라서 창업가는 단순히 이분법적 시야로 점포의 겉모습만 보지 말고 업태측면에서 소비자 관찰이 생활화되어야 한다.

3. 아이템item과 아이디어idea 그리고 상품product

　점포 창업에서 가장 중요한 것이 무엇이냐고 물어보면 많은 사람을 아이템이라 대답을 한다. 그렇다면 아이템item은 어떤 의미가 있는 것일까? 크게 두 가지 측면에서 살펴볼 수 있다. 첫째, 사전적인 의미이다. 사전적인 뜻은 품목이나 항목을 얘기하기도 하며 게임이 발달한 이후로 게임 속에서 사용하는 무기, 갑옷, 방패와 같은 장비나 캐릭터의 개성을 강화시키는 옷이나 액세서리 등 게임 캐릭터로 경쟁력을 높여주는 것을 통합적으로 일컫기도 한다. 이렇게 보면 점포 창업에서 아이템은 '경쟁력 있는 상품'이라고 얘기할 수 있을 것 같다.

　그렇다면 일반적인 점포 창업에서 경쟁력 있는 상품과 브랜드라면 성공적인 창업을 이끌 수 있을까? 그렇지 않은 것 같다. 초기 시장진입 측면에서는 중요할 수 있지만 점포 창업의 상권 한계로 인해 더 강력한 경쟁력이 있는 상품으로 새로운 경쟁자가 진입하게 되면 매출이 떨어지게 된다. 따라서 아이템이 새롭고 경쟁력 있는 것만을 추구하기보다 진정성을 추구하고 그것을 잃지 않는 노력이 중요하다.

　둘째, 아이템은 그 자체가 중요한 것이 아니라 기술성, 시장성, 사업성이 있어야 의미가 있다. 그러나 그런 아이템은 쉽게 찾을 수 없을 뿐 아니라 초보창업자가 시장에 진입하기가 쉽지 않다. 따라서 어떤 아이템이던지 고객측면에서 발전시키고 실행할 수 있어야 한다. 초기 점포 창업은 주로 첫째에 해당한다고 볼 수 있기 때문에 진입장벽이 낮고 성공 확률이 낮은 것이다. 따라서 아이템 그 자체는 생명력이 약하기 때문에 내가 발전시킬 수 있는 아이템인지 상생적으로 함께 융합할 수 있는 아이템인지가 중요하다.

　아이디어idea의 사전적 의미는 어떤 일에 대한 구상을 의미한다(네이버 백과사전). 기업가 정신 교육의 대가인 티몬스Timmons는 설립자Founder가 기업가정신을 실현하는 데 있어 기회opportunity, 자원resources, 팀team이 성공적인 창업을 위해 가장 중요한 요소라고 하였다. 여기서 기회는 성공할 수 있는 아이디어를 발견하는 것을 말한다. 즉 아이디어는 그자체가 중요한 것이 아니라 실천할 수 있는 팀, 자원이 잘 소화를 이루어야 성공적인 아이템이 완성될 수 있다. 즉 창업가라면 꾸준히 발전시키는 것이 중요하다.

상품product은 원재료를 써서 사고팔수 있도록 만든 것이라고 할 수 있다. 사고 파는 데 초점이 맞춰져 있으며 코틀러(1996)는 상품을 주의attention와 획득, 사용되는 소비를 위해 시장에 제공되고 고객의 욕구와 필요를 만족시킬 수 있는 것으로 정의하고 상품의 범위는 물리적 대상물뿐 아니라 고객 만족을 위해 부수적인 서비스, 인력, 장소, 조직, 아이디어 등이 총 망라된 것이라고 했다.

<그림 1-12> Kotler의 상품 차원

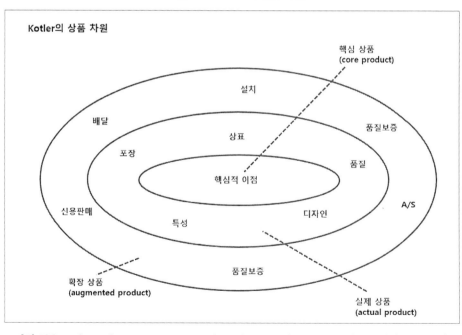

출처: Philip Kotler, Marketing Management : Analysis, Planning Implementation and Control, 6th ed., 1996, p. 275.

〈그림 1-12〉와 같이 상품 차원을 핵심 상품core product 실제 상품actual product, 확상 상품augmented product로 분류하고 있다. 핵심 상품은 소비자가 상품을 구매해야 하는 핵심적인 이유가 있는 상품으로 창업가가 추구하는 고객 가치가 반영된 상품을 말한다. 따라서 고객이 왜why 구매를 해야 하는지에 대한 것으로 우리 몸 중에서 머리에 해당한다고 볼 수 있다. 유형제품은 핵심 상품에 고객에게 핵심적인 편익이나 서비스를 제공하기 위하여 상표, 디자인, 제품특징, 품질수준, 포장 및 기타 속성을 결합한 상품이 된다. 따라서 고객이 실제 체감할 수 있는 가치이므로 우리 몸 중에서 눈, 코, 입, 손에 해당한다고 볼 수 있다. 확장 상품은 실제 상품에 고객 만족을 위하여 실제 상품에 설치, 배달, A/S, 신용판매, 품질보증 등이 결합된 상품을 말한다. 즉 확장 상품의 정도에 따라 소비자 타깃과 가격에 민감한 영향을 미친다고 볼 수 있다. 따라서 고객이 최종적으로 제품에 대해 만족과 행복함을 느끼게 되는 것으로 우리 몸 중에서 가슴에 해당한다고 할 수 있다.

정리하면 아이템이니 아이디어는 ㄱ 자체가 중요한 것이 아니다. 상품도 보이는 것이 다가 아니다. 창업에 있어 아이템, 아이디어, 상품은 하나의 연장선상에서 '경쟁력 있는 상품을 선정하여 지속적인 아이디어로 고객 가치를 실현할 수 있는 상품'을 제공하는 것이라고 할 수 있다. 따라서 점포창업가는 상품에 대한 이해를 눈에 보이는 것 자체에서 시야를 넓히는 것이 중요하다.

4. 시장조사와 마켓 사이즈market size

일반적으로 마케팅에서 시장조사는 고객customer조사, 자사company분석, 경쟁사 competitor분석을 말하며 이를 3c라고 한다. 고객customer조사는 상품개발의 기본은 고객이므로 소비자의 니즈needs를 찾는 것이다. 이는 상품 시장에 대한 조사이며 특별히 점포 창업에서 시장조사는 크게 상품 시장과 상권 시장으로 구분할 수 있다.

고객customer조사는 고객 니즈를 찾는 방식과 시기측면에서 스타트업에서는 상품

개발 전 고객 관찰에서 문제를 찾지만 점포 창업은 소비자의 행태적 측면의 관찰을 통해 이를 구체화할 수 있다.

자사company분석은 자사의 상품이 시장에서 얼마나 경쟁력이 있는지 파악하는 것이므로 자사의 역량으로 실현 가능해야 한다. 스타트업이나 초기 점포창업은 상품분석이 곧 자사 역량이 될 수 있기 때문에 이점은 초기 점포 창업이나 스타트업 모두 똑같이 해당한다고 볼 수 있다. 따라서 스타트업에서는 최소기능제품으로 검증을 거친 이후 상품이 기준이 될 수 있고, 초기 점포 창업에서는 창업 상품성 테이블 점검을 통해 자사 상품의 경쟁력을 분석할 수 있겠다.

경쟁사competitor분석은 경쟁사를 조사하여 차별화된 영역을 찾아 공략하기 위한 분석을 말한다. 따라서 이것은 시장 유형 측면에서 접근할 수 있겠다. 즉 기존시장 existing market, 신규시장new market. 기존시장의 확장 이동된 시장이나 틈새시장re-segmented market, 기존시장을 그대로 옮긴 시장clone market이 있다. 그러나 이런 유형적 측면을 떠나 이미 새로운 것을 발견하기 어려운 시장에서 시장을 좁게 보고 빠르게 확보하라는 측면에서 페이팔의 공동창업자인 피터 틸peter thiel은 그의 서적 *ZERO to ONE*에서 "경쟁하지 말고 독점하라."라고 말했다. 단순히 경쟁사와 경쟁 관계로 시장을 공략하는 것이 아니라 적절한 시장을 찾아 상품력을 갖춰서 시장을 선점하고 독점하라는 말로 초기 점포 창업에서 명확한 틈새를 찾기 어려운 경우 이와 같은 관점에서 접근할 수 있겠다.

점포 창업에서는 상품시장과 상권시장에 따라 구분한다. 상품시장에 진입한 점포 창업은 스타트업과 유사한 방식으로 공략하지만 상권시장에 진입하기 위한 점포 창업은 입지적 측면에 대한 분석이 더욱 강조된다.

시장 크기가 명확하다면 좋겠지만 대부분 창업에서 이를 명확히 찾는 것은 어렵다. 사업 규모와 시기 등이 달라지므로 구체적일 필요는 없지만 제품의 포지션을 명확히 하는 측면에서 반드시 구분해 봐야 한다. 〈표 1-2〉는 주로 스타트업 시장 규모 측정 방법으로 활용되고 있는 항목으로 가장 적은 시장을 SOMServiceable Obtainable Market이라고 한다. SAM 내에서 스타트업이 공략할 수 있는 초기진입시장으로 구체적 목표시장이라고도 할 수 있다. 구체적 목표가 지역이라면 거점 시장, 대상 즉 사람이라면 타깃시장, 제품이나 서비스라면 복합시장이 될 수 있다. 특히 타깃시장은 스타드업에서 가장 중요한 시장으로 정말 내 제품을 구매할 고객이 누구이며 얼마나 되는지 명확히 파악할 수 있어야 하기 때문이다. 즉, 얼리어텝터가 없다면 시장진입조차 어려울 수 있기 때문이다. SAMServered Available Market은 스타트업이 궁극적 목표로 삼고 있는 유효시장을 말한다. 목표 유효시장이 지역이라면 최대 서비스 가능 지역, 대상이라면 최대 서비스가 가능한 대상, 제품이나 서비스라면 두 가지를 모두 고려하는 것이 더 정확히 시장을 구분할 수 있다. TAMTotal Available Market은 전체 시장 또는 잠재시장을 말한다. 잠재시장이 지역이라면 확장시장, 대상이라면 연관시장, 제품이나 서비스라면 복합시장이 될 수 있겠다.

<표 1-2> 시장 영역 세분화

구분	TAM			SAM			SOM		
	전체 시장(잠재시장)			유효 비즈니스 시장			조기 신입 시장(목표시장)		
시장 관점	제품이나 서비스	대상	지역	제품이나 서비스	대상	지역	제품이나 서비스	대상	지역
시장	복합 시장	연관 시장	확장 시장	복합 시장	최대 서비스 가능 대상	최대 서비스 가능 대상	복합 시장	타깃 시장	거점 시장
예1 (대상확장)			전국			서울			강남
예2 (지역확장)		전체 노인			부유한 남성 및 여성 노인			부유한 남성 노인	
예3 (상품확장)	종합 헬스 케어 앱			시력 측정 앱			혈당 측정 앱		
사례	전국 전체 노인 종합 헬스 케어 앱			서울 부유한 남성 및 여성 노인 시력 측정 앱			강남구 부유한 남성 노인 혈당 측정 앱		

예1에서 지역측면의 SOM은 강남구, SAM은 서울시, TAM은 전국으로 구분할 수 있다. 예2에서 대상측면의 SOM은 부유한 남성 노인, SAM은 부유한 남성 및 여성

노인, TAM은 전체 노인으로 구분할 수 있다. 예3에서 제품이나 서비스측면의 SOM은 혈당 측정 앱, SAM은 시력 측정 앱, TAM은 종합 헬스 케어앱으로 구분할 수 있다.

위 시장 기준으로 사례를 보면 SOM은 강남구 부유한 남성 노인을 위한 혈당 측정 앱 시장, SAM은 서울시 부유한 남성 및 여성 노인 혈당 및 시력 측정 앱 시장, TAM은 전국 전체 노인 종합 헬스 케어 앱으로 사장 사이즈가 형성된다. 최소 시장과 최대 시장이 구분된다. 따라서 시장 관점 항목을 유기적으로 적용하면 대상 노인을 부유한 남성으로 한정할 경우 SOM은 강남구 부유한 남성 노인을 위한 혈당 측정 앱 시장 그대로이고, SAM은 서울시 부유한 남성 노인을 위한 혈당 및 시력 측정 앱 시장으로 TAM은 전국 부유한 남성 노인을 위한 혈당 및 시력 측정 앱 시장으로 세분화될 수 있다.

같은 방식으로 제품을 혈당 앱으로 한정할 경우 SOM은 강남구 부유한 남성 노인을 위한 혈당 측정 앱 시장 그대로이고 SOM은 강남구 부유한 남성 및 여성 노인을 위한 혈당 측정 앱 시장으로 TAM은 전국 노인 종합 헬스 케어 앱 시장으로 세분화될 수 있다.

이렇게 표를 활용하면 시장 상황에 따라 시장 규모를 줄이고 타깃을 세분화할 수 있지만 SOM은 명확히 하더라도 SAM과 TAM을 너무 줄이게 되면 시장성이 떨어지기 때문에 줄이지 않는 것이 낫다.

창업가가 초기시장을 빠르게 공략하기 위해 위 시장에서 고객 성격, 제품 성능, 가격, 디자인, 혁신성 등으로 대입하여 타깃시장을 더욱 세분하여 공략할 수 있다.

초기점포창업에서 전체 시장TAM은 상권의 최대 범위가 될 것이다. 그러나 상품을 중심으로 총수요를 측정하는 것은 소규모 점포창업에서는 큰 의미가 없다. 단지 business area측면에서 채널(배달, 택배, 이커머스 등)확대를 통해 시장을 넓힐 수 있을 뿐이다. 유효시장SAM은 10%가 존재하는 지역까지의 상권을 말한다. 업종의 성격, 규모, 매장여건, 경쟁여건 등에 따라 달라질 수 있다. 초기 진입 시장SOM은 독점적으로 공급될 수 있는 범위를 말한다. 이 부분이 전체매출에서 차지할 수 있는 포지션이 높을수록 안정적인 시장진입이 예상된다. 따라서 프랜차이즈 사업이라면 상품시장과 상권시장 모두를 고려해야 한다.

시장 크기가 명확하다면 좋겠지만 대부분 창업에서 이를 명확히 찾는 것은 어렵다.

시장 크기 측정 방식 측면에서 스타트업은 Top down 방식과 Bottom up 방식 모두 활용한다. 톱다운 방식은 전국 사이즈에서 점차 작은 규모의 사이즈로 내려오며 측정하는 방식이다. 전체 경제지표와 통계로 출발하여 측정한다. 〈표 1-12〉에서 보듯이 지역적 범위로서 측정한다면 우리나라에서 어떤 상품을 출시한다고 가정하여 우리나라 전체 시장 규모-서울시 시장 규모-강남구 시장 규모 순서로 내려오며 측정한다. 상품 중심의 분유시장이라면 우리나라 전체 만 1세 미만 유아를 둔 가구가 될 것이다. 이들의 전체 가구수와 연 지출 분유 비용으로 최대 시장 규모를 측정할 수 있다. 회사가 목표로 하는 유효수요를 프리미엄 유기농 분유시장이라면 일정 소득 이상인 가구가 될 것이며, 회사가 생산하는 분유가 산양 분유인지 젖소 분유인지에 따라 더 세분화될 수 있을 것이다.

버튼업 방식은 작은 규모에서 점차 큰 단위의 사이즈 시장으로 올라가면서 측정하는 방식으로 빅데이디롤 기준으로 측정하지 않는다. 따라서 이미 소비자 사용데이터를 확보한 작은 시장에 중점을 둔다면 더욱 적합한 방식이라고 할 수 있다. 상품중심의 분유시장이라면 우리 동네 만 1세 미만 유아를 둔 가구의 분유 소비 금액을 서베이를 통해 평균 소비금액을 측정할 수 있다. 이와 같은 방식으로 상향식으로 TAM, SAM, SOM을 측정할 수 있다. 이 방식은 해당 지역은 적합할 수 있으나 전체 시장 측면에서 보면 오류가 발생할 확률이 하향식보다 높을 수 있기 때문에 상품의 성격과 타기시장과 규모를 정확히 정하는 것이 중요하다.

점포 창업에서는 〈그림 4-8〉 시장진입 제4원칙에서 보듯이 창업 방향성에 따라 개발시장을 상품개발시장과 상권 개발시장에 따라 구분한다. 상품개발시장에 진입한 점포 창업은 스타트업과 유사한 방식으로 공략하지만 상권 개발시장에 진입하기 위한 점포 창업은 입지적 측면에 대한 분석이 더욱 강조된다. 따라서 〈표 1-2〉에서 보듯이 시장관점 중에서 지역 측면에 한정하는 것이 더 명확할 수 있다. 특히 초기 점포 창업에서 신규시장은 특정 지역 점포를 선정하여 최소 규모 상권에서 3차 상권까지 넓혀 가기 때문에 주로 버튼업 방식을 적용한다. 즉 비교가 가능한 시장(상권)을 기준으로 전체 규모와 침투 가능한 규모를 예측하는 것이 적합하기 때문에 지나치게 파이를 크게 예측하는 것은 위험하다. 점포창업의 시장 규모 측정은 시장진입 15원칙 중 10원칙을 참고하기 바란다.

5. 가격price과 가치value

가격의 사전적 의미는 물건이 지니고 있는 가치를 돈으로 측정한 것을 말한다. 반면 가치의 사전적 의미는 사물이 지니는 쓸모 있는 것을 말하는데 이는 가격 이외의 다양한 개념을 포함한 것을 말한다. Schwztz(1994)는 가치에 대해 주어진 특정 상황 하에서 이를 극복하기 위해 선택하거나 어떤 대상이나 사람, 사건 행동 등을 바람직하게 평가할 수 있도록 하는 믿음이라고 하였다. 특히 Carman(1978)은 가치는 쉽게 변하지 않는 지속적인 신념이기 때문에 인간의 행동에 영향을 미치는 중요한 역할을 한다고 하였다. 양윤(2008)은 개인의 행동의도에 미치는 여러 가지 요인들보다 가치가 더 잘 예측할 수 있다고 하였듯이 가치는 매우 굳건하고 쉽게 변하지 않음을 알 수 있다. 하버드대학의 Josiah Royce(1982) 교수는 가치와 원칙에 대한 충성도를 가장 높은 충성도라고 하였듯이 가치는 가격이외에 높은 충성도에 따른 심리적 만족감이 반영된 것이라고 할 수 있다. 따라서 가치는 소비자가 점포나 상품을 선택하는 데 중요한 속성이므로 창업가는 상품과 상권 등을 파악하는 데 있어 다양한 가치적 관점에서 이해하고 접근해야 한다.

가격과 가치를 부동산과 창업시장을 비교하여 적용하면 부동산 시장에서 가격은 시장에서 수요와 공급에 의해 결정된 현재 값이다. 창업시장에서 가격은 구매자가 상품이나 서비스를 제공하는 제공자에게 지불하는 수단을 말한다. 즉 가장 손쉽게 상품이나 서비스를 대신할 수 있으며 정량적으로 측정할 수 있는 수단이다. 상품이나 서비스를 구매하는 소비자는 다양한 상품이나 서비스를 비교한 후 나에게 가장 적합한 것을 선택하게 된다. 그것은 같은 조건하에 더 낮은 가격일 수도 있고, 판매자의 영업력, 빠른 제공, 입지적 우위 등 다양한 원인이 있을 수 있지만 비용과 수익이 고려되지 않은 가격은 죽은 가격이나 마찬가지이다. 따라서 창업시장에서 가격은 소비가가 상품이나 서비스 대가에 대한 지불의사가 있는 가격과 교집합이 형성되어야 한다.

부동산 시장에서 가치는 미래 기대되는 값이 반영된 현재의 값이다. 여러 가지 경제환경으로 인해 미래에 기대되는 값이 (+)값일 수도 있고 (-)값일 수도 있다. 창업시장에서 창업가가 가져야 할 가치는 모든 것을 가치적 관점에서 바라보고 고객지향적이어야 한다. Woodside & Pitts(1976)는 가치는 제공된 편익과 지불한 비용에 기초한 고객의 전반적인 평가로 구매를 결정하는 데 있어 직접적인 영향을 주는 요인이라고 하였다. 이렇듯 창업가는 고객욕구를 해결하기 위해 끊임없이 노력한다. 그러나 실제 창업시장에서 경쟁자는 늘어나고 고객은 새로운 경험을 통해 참여와 사회에 기여하기를 원하고 있다. 따라서 창업가는 창업 가치에 대한 자신만의 신념을 가지고 노력해야 한다. 주의해야 할 것은 상품의 포장에 따른 지나친 기획적 사고는 상품의 본질을 훼손할 수 있기 때문에 어떤 대상을 바라보든 수치적 관점보다 진정성authenticity을 가지고 접근할 필요가 있다.

<표 1-3> 부동산(상품)과 창업(상품) 가격과 가치 비교

구분	부동산(상품)		창업(상품)	
	가격	가치	가격	가치
정의	수요와 공급에 의해 결정된 값	소유에서 비롯되는 장래 기대되는 편익에 대한 현재가치	창업자의 비용과 수익 등에 의해 결정	고객 만족이 반영된 현재의 가치
시점	과거 값이 반영된 현재 값	미래 값이 포함 된 현재 값	현재 가격	현재 가치
측정	가치를 화폐로 나타낸 값	가치는 가격에 (+) 또는 (-) 오차 반영	가격	가격+고객기대

6. 소비자의 소비가치와 경험가치

소비가치는 삶이 질적으로 향상되면서 소비자가 상품이나 음식을 구매하거나 즐기는 것은 단순히 비용이나 편리성 측면보다 소비자의 복잡한 감정요인에 따라 나르게 나타나고 있다. 이에 많은 연구자가 소비자 구매 등에 관해 다양한 학문을 혼용하여 연구하였다. Sheth et al.(1991)는 소비가치 이론Theory of consumption value을 제안하였는데, 경제학, 사회학, 심리학 측면에서 소비자 선택행동에 영향을 미치는 요인으로 기능적 가치, 사회적 가치, 감정적 가치, 탐험적 가치, 상황적 가치로 범주화하였다. Holbrook(1999)은 Sheth et al.(1991)의 소비가치 이론을 소비자 경험 측면에서 경험적 가치로 발전시켜서 소비가치를 상호적, 선택적, 상대적 경험적인 성질을 가진 것으로 보았다. 이렇게 소비가치의 핵심은 소비자 경험에서 나오는 것으로 보는 것이 일반적이다. 김태숙(2016)은 맛집의 경험가치로 인지 및 심리학적 측면에서 5가지를 제안하였다. 첫째, 본질적 가치는 맛집에 대해 소비경험을 통해 인지된 맛, 품질, 식자재 질 등에 대한 가치로 정의하였고, 둘째, 경제적 가치는 효용, 만족, 차별화 등에 대한 가치로 정의하였고, 셋째, 사회적 가치는 사회적 지위감, 소속감 등의 가치로 정의하였고, 넷째, 탐험적 가치란 즐거움, 흥미유발, 새로운 경험 등에 대한 가치로 정의하였고, 다섯째, 감정적 가치는 감정적 즐거움, 만족감, 행복감 등의 감정에 대한 가치로 정의하였다. 그러나 이 다섯 가지 가치는 창업가의 창업방향성에 따라 상품과 창업하고자 하는 지역의 상권가치에 부합하도록 탄력적으로 적용할 수 있다. 최근 인스타그램 등으로 자신의 경험을 공유하기를 즐기는 세대는 탐험적 가치를 추구하는 경향이 강하기 때문에 프랜차이즈 본사나 개인 창업가는 이를 충분히 고려하고 있는 추세이다. 또한 기업은 ESG 경영이 빠르게 확산되고 있듯이 소비자도 환경과 사회에 대한 가치도 중요시 여기고 있다.

7. 가치 커뮤니케이션value communication

가치 커뮤니케이션은 창업가가 추구하는 가치를 소비자와 공유하거나 소통하는 것을 말한다. Nagle & Holden(1987)은 저서 *The strategy and tactics of pricing*에서 가치 커뮤니케이션은 판매 가격 및 판매자의 가격 실현에 큰 영향을 미친다고 하였다. 따라서 창업시장에서 창업가의 가치 커뮤니케이션은 경쟁환경에서 다른 차별성과 다양성으로 남다르게 나타나는데 고객은 그 가치를 인식하지 못할 수 있다. 특히 할인과 같이 눈에 띄는 금전적 가치에 대한 것과 암시적이거나 심리적 측면의 정량적 가치를 알려야 한다. 예를 들어 리조트는 비수기에 예약률을 높이기 위해 할인을 제공한다. 그러나 비가 오거나 날씨가 안 좋다면 그나마 비수기 여행은 매우 불행해질 수 있다. 따라서 비수기, 비 오는 날은 특별한 추가 할인을 제공하여 고객이 심리적으로 할인에 따른 만족감을 느낄 것이다. 가치 커뮤니케이션은 상품가치를 중요시 여기는 점포창업가에게는 더욱 중요하다. 유명 맛집에 가면 그곳이 제공하는 가장 중요한 가치를 돋보이게 하기 위해 재료 선별과정이나 상품의 질적인 강점을 포스터 등으로 적극적으로 알리고 있다. 따라서 창업가가 제공하는 음식의 재료, 준비 과정 등이 고객에게 무엇을 제공하고자 하는 것인지 매장에서 명확히 알릴 필요가 있으며, 맛집이 아니어도 괜찮다. 이것은 고객에 대한 배려와 믿음이지 불필요한 정보가 아니기 때문이다.

8. Market 3.0

코틀러(2010)는 그의 저서 *market 3.0*에서 1.0 시장은 상품중심시장으로 4P전략을 활용하였고, 2.0 시장은 소비자 지향 시장으로 STP전략을 활용하였고, 3.0 시장은 가치주도 시장으로 소비자 가치와 스토리를 강조하였다. 따라서 1.0 시장에서 핵심 콘셉트는 제품 개발이고, 2.0 시장에서는 차별화, 3.0 시장에서는 가치라고 하였지만 3.0 시장에서 단순히 2.0 시장의 소비자처럼 차별적인 제품만을 찾지 않는다. 세상은 변하고 환경적인 영향으로 미래를 걱정하고 준비하며 늘 커뮤니케이션을 하면 공존하기를 원한다. 따라서 기업은 자신의 비전과 가치를 통해 소비자에게 단순히 더 나은 제품을 파는 것이 아니라 정서적 만족감과 영적 가치를 제공하기 위해 노력하고 있다.

이를 위해 기업은 집단 간 연결성과 상호작용성을 용이하게 해주는 뉴 웨이브new wave 기술로 시장에 적용하고 있다. 이것이 가능한 것은 저렴한 컴퓨터와 휴대전화, 저비용 인터넷, 오픈소스open source가 상용화되었기 때문이다. 이러한 변화는 〈표 1-4〉에서 보듯이 기업 마케팅의 변화를 가져왔다.

3.0 시장에서는 마케팅은 제품관리, 고객관리, 브랜드관리로 나누어 설명하고 있다. 제품관리는 단순히 4p에 해당하는 유형적인 측면이 아니라 모두가 공감할 수 있는 새로운 가차를 창조하는 공동창조의 개념이다. 공동창조는 소비자, 공급업체, 협력사 간 협업으로 제품과 경험을 창출하는 것을 말한다. 여기서 제품 경험product experience은 소비자의 경험이 축적된 것이 제품에 반영되어 가치를 창출하는 과정이다. 이렇게 제품이 공동 창조되기 위한 과정은 크게 3단계를 거친다고 하였다. 첫째, 플랫폼platform 창출 단계이다. 플랫폼은 소비자가 참여할 수 있는 핵심적인 제품을 말하므로 소상공인 점포창업에서는 함께 참여할 수 있는 시그니처 메뉴 또는 전략 메뉴를 제공하여 고객의 참여와 소통을 함께 할 수 있도록 시스템을 갖춰야 한다. 둘째, 다양한 채널로 고객 참여가 반영될 수 있어야 한다. 그래야 더 많은 참여를 이끌 수 있기 때문이다. 셋째, 고객 피드백을 반영하여 생산할 수 있어야 한다. 따라서 피드백 시스템과 창업가의 개선 의지가 중요하다. 이와 같은 접근법은 실제 현장에서 개인 창업으로 사업화를 준비하는 창업가가 적극적으로 적용하고 있다.

2021년 코틀러Kotler는 코로나로 인해 market 4.0을 넘어 market 5.0 시대에 접어들었다고 말한다. market 4.0 시대가 전통적 마케팅 시대에서 디지털 마케팅으로 바뀌는 전환의 시대라면, market 5.0 시대는 인간과 기술이 합쳐지는 융합의 시대라고 하였다. 따라서 베이비 부머 세대, X세대, Y세대, Z세대, 알파 세대별 특징을 이해하고 이들이 수용하고 요구하는 기술을 융합하여 가치를 제공할 수 있어야 한다.

점포창업에서도 현재 그릴 기술, 배달 기술, 포장 기술, 결제 기술의 발달로 고객 편리함에 대한 추구를 넘어 새로운 가치를 창출할 수 있어야 한다. 특히 블록체인 발달에 따른 NFT[1] 등 메타 생태계는 프랜차이즈 활성화와 함께 소상공인 점포창업에 경험하지 못한 기회를 제공할 것이기 때문에 변화하는 기술을 등한시해서는 안 된다.

<표 1-4> 부동산(상품)과 창업(상품) 가격과 가치 비교

마케팅 분야	오늘날의 마케팅 개념	미래의 마케팅 개념
제품 관리	4p(제품, 가격, 장소, 판촉)	공동창조
고객 관리	STP(시장 세분화, 목표시장 선정, 포지셔닝)	커뮤니케이션
브랜드 관리	브랜드 구축	캐릭터 구축

출처: 필립 & 코틀러(2010), Market 3.0, Time Content.

9. 상권분석 하지 마라

우리가 흔히 접할 수 있는 대표적인 투자 대상은 주식, 부동산이 있다. 이들에 대한 투자 방법 중에 가치투자라는 것이 있다. 그것은 현재 기업의 이익과 기업의 내재가치를 분석하고 장기적인 성장성을 보고 투자하는 것을 말한다. 그렇다면 경제 분석은 하지 않을까? 세계적인 투자가들의 공통점은 주식투자에서 가장 하지 말아야할 것을 경제지표를 보고 투자하는 것이라고 말한다. 코스탈라니는 경제상황을 보고 시장을 예측하는 사람은 사기꾼이거나 바보라고 말했다. 그만큼 주식 시장은 단순 경제 지표로 움직이는 것이기보다는 불확실성에 의해 움직인다는 말이기도 하

---

1 NFTNon Fungible Tokens는 웹 3.0 시대에 암호화폐에 사용되는 기술인 블록체인을 통해 거래 내역이 검증된 고유한 디지털 아이템이다.

다. 워런 버핏은 가치 있는 정보는 중요하고 알 수 있어야 한다고 말했다. 따라서 경제 분석은 중요하지만 알 수 없기 때문에 이것을 위해 시간을 허비하지 말라고 한다. 따라서 기업 가치와 그에 따른 시장 가치를 파악하고 기업과 함께 성장하는 측면에서 접근해야 한다. 하워드 막스가 운용하는 회사에는 사회학, 철학, 심리학 등 다양한 분야의 전문가를 채용하고 있다. 그러나 경제학 출신은 채용하지 않는다고 한다. 이러한 정보에서 보듯이 주식투자와 관련해서 경제 분석이 가장 중요한 것은 아님을 유추할 수 있다.

이런 측면에서 점포 창업에서 상권분석 또한 비슷한 관점에서 생각해봐야 한다.

창업은 복잡계이므로 단순히 분석적 관점에서는 고객을 위한 가치를 제공할 수 없다. 오히려 경쟁만 하여 창업시장만 혼탁해진다. 따라서 평가적 관점에서 접근할 필요가 있다. 스타트업에서 기술창업 또는 서비스 창업을 할 경우 린 창업lean start up 으로 제품을 개발하는 과정에서 보듯이 제품 개발의 핵심은 고객 가치를 찾는 과정이다. 이 과정이 분석적 관점이 포함되는 경우는 판매에 대한 소비자 경험을 수치화하여 제품을 끊임없이 업그레이드하는 것이다. 그리고 최적의 제품을 시장에 출시한다. 즉 고객이 진정으로 필요로 하는 가치를 제공할 수 있는 것을 찾아 개발해야 하기 때문에 이 과정에서 가장 중요한 것이 고객관찰이다. 시장 판매 데이터나 시장성은 다음 문제인 것이다.

점포 창업도 시장진입 15원칙에서 보듯이 why(왜) 창업하는지에 대한 고민과 창업가 검증을 통해 고객 가치가 명확한 상품으로 가장 적합한 상권을 찾아 최적의 입지를 선정하는 과정이다. 시장에 진입하는 과정에서 상권분석은 방법, 목적, 범위, 대상 등 다양한 기법으로 일부에 적용할 수 있을 뿐이다. 이 또한 정보 부족, 경험부족 등 다양한 이유로 상권분석을 통해 창업 성과는 기대이하의 결과가 나오기도 한다. 따라서 점포 창업 또한 성공적인 창업을 위해서 상권분석에 올인 하는 것이 아니라 상품가치와 상권가치에 맞게 고객경험을 제공할 수 있도록 창업가의 끊임없는 노력이 중요하다.

10. 재료 원가 낮추며 메뉴 개발하지 마라

최소한 외식업을 준비하는 창업가라면 어떤 메뉴든 최상의 재료와 최고의 정성을 들여 개발하는 데 집중해야 한다. 최상의 재료를 구해서 최고의 상품을 만들겠다는 각오가 있어야 고객이 만족할 수 있는 상품을 만들 수 있는 것이다. 단지 메뉴 개발을 완료 후에는 타깃 고객에게 전달하고자 하는 상품 가치에 따라 상품의 양적 가치 즉 재료의 가짓수 등은 변화시킬 수 있다.

원가항목에서 보듯이 일반적으로 손익을 높이기 위해서는 매출을 높이는 방법과 고정비나 변동비를 낮추는 방법이 있다. 그러나 실전에서 손익을 높이기 위해 매출액, 변동비, 고정비가 손익에 미치는 영향은 차이가 크다. 여러 데이터를 보면 매출액 1%를 높이는 경우 11.1% 손익이 증가하고, 변동비 1% 낮추는 경우 7.8% 손익이 증가하고, 고정비 1% 낮추는 경우 2.3% 손익이 증가하고, 가격 1% 높이는 경우 1.1% 손익이 증가한다는 것을 알 수 있다. 따라서 단순히 상품 판매가격을 높이는 것은 효율적이지 못하고 고객 저항이 클 수 있으며, 고정비를 낮추어 손익을 증가시키는 것도 크게 영향을 미치지 못한다는 것을 볼 수 있다. 따라서 실제로 손익을 높이기 위해서는 매출액을 높이고 변동비를 줄이는 것이 중요하다는 것을 알 수 있다.

그러나 위 결과의 수치는 지나치게 원가에 치중하는 경우 창업가가 추구하는 고객 가치가 반영되기 어렵기 때문에 상품의 질의 저하로 이어저 고객이 떠날 수 있다는 것이다. 따라서 많은 성공한 창업가는 재료비용을 줄이기보다 오히려 질적으로 더 높은 가치를 제공하기 위해 높이는 전략을 구사하고 있다. Loecker & Unger(2020)은 *The rise of market power and the macroeconomic implications*에서 미국 상장기업 대상으로 1980년 이후 2016년 마크업[2]을 통한 기업 수익성 분석에서 간접비는 총 비용의 15%에서 21%로 증가한 경우, 평균 이윤

---

2 마크업mark up은 일반적으로 산출 가격을 한계 비용으로 나눈 것을 말한 것으로 기업이 생산하는 제품의 판매가격을 설정할 때 사용한다.

$$마크업\,\%\,(mark\ up\ \%) = \frac{판매\,가격\,(sales\ price) - 단위당\,비용\,(unit\ cost)}{단위당\,비용\,(unit\ cost)} \times 100\ 으로 표시한다.$$

율은 1%에서 약 8%로 증가했다는 것을 발견했다. 즉 간접비 지출이 높은 기업은 초과이윤도 높다는 것이다. 이것은 음식점 대박집에서 재료를 충분히 사용하여 당장의 마진율은 낮더라도 매출을 늘려 수익을 높이는 전략과 같다고 할 수 있다.

따라서 판매전략 측면에서는 재료의 진정 가치를 변화시키지 않으면서 수익을 높일 수 있는 방법임에도 불구하고 많은 창업가는 비용을 줄이는 데 급급한 나머지 상품의 질을 간과하는 경우가 많은데 이는 반드시 시정해야 한다. 현재는 원재료 상승으로 제품 원가가 40%에 이르고 있기 때문에 원가를 고려하지 않을 수 없다. 따라서 인건비, 임차료 등 고정비를 줄이기 위한 키오스크 도입에 따른 셀프서비스, 테이크아웃 시스템 등을 활용하는 것은 상황에 따라 유연하게 적용하여 장기적인 측면에서 고객 가치를 실현하는 데 노력해야 할 것이다.

11. 창업데이터와 창업적 사고

미래는 데이터 사회라고 할 만큼 데이터의 중요성은 아무리 강조해도 지나치지 않다. 개인 창업도 마찬가지이다. 그러나 데이터 자체가 중요한 것이 아니라 어떻게 어디에 어느 시점에 활용을 하느냐가 중요하다. 따라서 창업은 지속적인 가치 창출을 통해 고객에게 제공하는 과정이므로 전체적인 창업 플로어 측면에서 특정 시점의 데이터 자체가 중요한 것이 아니라 그것을 활용하는 창업가적 사고가 중요한 것이다. 즉 창업적 사고는 고객 가치를 제공하기 위해 상품이나 서비스를 개발, 시장, 관리하는 전 과정에서 창업가가 지녀야 하는 마인드 셋으로 끊임없는 피드백과 개선을 위한 전제가 된다. 이 사고의 기본은 불확실한 상품이나 서비스, 시장(상권), 고객 만족에 대해 가설과 검증으로서 발전시키고자 하는 유연한 통계적 사고를 기반으로 한다. 상품이나 서비스를 개발할 때는 상황에 맞는 데이터를 토대로 가설을 세우고 검증하는 절차를 반복하며 고객이 요구하는 제품을 완성한다.

점포 상권 선정, 점포 위치 선정 과정도 마찬가지이다. 상품이나 서비스를 시장에 출시할 때는 최소기능제품 또는 최소완성제품으로 고객 시장 검증을 반복하는 과정에서 창업적 사고가 필요히다. 상품이나 서비스를 관리할 때는 지정으로 고객이 만족해하는지 만족 검증을 반복하여 더 나은 가치를 제공해야 한다. 이처럼 창업적 사고가 중요한 것은 가설과 검증을 통해 창업자 또는 개발자가 자기중심적 사고에서 벗어나 최대한 과학적인 절차로 고객 가치를 실현할 수 있기 때문이다.

12. 창업 상권의 수요란

흔히 수요는 고객을 말한다. 그러나 그 고객은 매출에 어느 정도 영향을 주느냐에 따라 다음과 같이 나눌 수 있다. 상권 수요, 상품 수요, 타깃 수요로 나눌 수 있다. 상권 수요trade area demand는 상권에 몰려드는 수요를 말한다. 즉 유입률로 특별히 목적을 두는 것이 아니라 매출에 영향을 줄 수도 있고 전혀 연관이 없는 수요 일수도 있다. 막연한 잠재적 수요라고 할 수 있고, 막연한 통행량이라고 말할 수 있다. 일반적으로 충동구매에 민감한 편의점, 간편 테이크아웃 식음료점이 상권 수요에 민감한 편이다. 대학가 상권에서 볼 수 있으며 맛 집 검색에 상위 노출되는 매장이 유리할 수 있다. 상품 수요product demand는 상권에 몰려드는 수요 중에 구매의사가 있는 수요를 말한다. 가령 식사나 회식을 위해 상권에 유입은 되었지만 상품을 정확히 정하지 않은 수요를 말한다. 즉 막연한 통행량이라고 말할 수 있다. 이런 수요는 전통적인 지역 대표 상권에 많다. 친구들이나 직장인의 만남 자체가 목적이므로 일반적인 만남의 장소로 모이는 곳이다. 이런 곳은 처음부터 타깃 음식이 명확하지 않고 얼마든지 바뀔 수도 있고 다른 상권으로 이동할 수도 있다. 타깃 수요target demand는 처음부터 상품을 인지하고 찾아오는 수요이므로 소비하고자 하는 목표점이 명확하다. 따라서 이들의 수요를 흡수할 수 있는 업종은 이들이 소비하는 것과 중복되지 않는 업종이다. 가령 퓨전 음식점을 방문한다면 다음 코스로 이와 전혀 연관 없는 것 중 디저트 등 후식거리나 볼거리 상점에 방문하게 된다. 따라서 타깃 업종이 많은 지역은 고객은 많이 몰려들지만 그들의 2차 소비는 까다로운 편이므로 타깃 업종과 잘 어울리는 업종 선정이 되어야 이들의 수요를 흡수할 수 있다. 주로 신규 상권이거나 상권 성장률이 높은 융합 상권에서 많이 볼 수 있다.

13. 개인 창업에서 대세general trend와 트렌드trend

・대세(大勢)

대세는 어떤 분야나 현상에서 선택적 사항보다는 중심이 되는 자연스런 흐름go with the flow으로 사람들이 당연히 따라야 하는 무언의 분위기라고 할 수 있다. 예를 들어, 자원 고갈, 환경을 고려한 전기자동차, 결제 편리성에 따른 핀테크, 탈중앙화를 통해 개인 편리성을 강조한 블록체인화, 기업의 ESG 경영 등은 앞으로 인류가 지향하는 대세라고 할 수 있다.

그러나 창업에서는 탄력적으로 해석할 필요가 있다. 옛길은 대체로 불편하고 오래 걸리는 길이다. 많은 사람은 새롭고 넓고 빠른 길로 옮기게 되지만 일부 필요한 사람은 옛길도 다닌다. 잘 다니지 않을 뿐 없어지지는 않는다. 마찬가지로 창업시장에서도 남들이 하지 않는 창업은 시장이 좁고 가는 길이 다를 뿐 방향은 같기 때문에 무조건 잘못된 창업이라고 할 수 없다. 오히려 다 가는 길이 아니므로 틈새 창업이 될 수 있고, 어쩌면 나만의 소신으로 창업 영역을 확보할 수도 있다. 따라서 창업에서 대세는 고객의 욕구로 형성되는 일관된 가치를 말하므로 새로운 흐름을 이끄는 리더leader 그룹이 어떻게 선도하는냐에 따라 다를 수 있다.

・트렌드trend

트렌드trend는 유행의 범위와 그 기간에 따라 구분하며 유행을 추종하는 지지자가 명확한 편이므로 포괄적이며 당연히 따라야 하는 무언의 분위기인 대세와는 다르게 바라봐야 한다. 2015년 10월 23일 『한경 비즈니스』에 실린 한경호 기자의 기사에 따르면 트렌드를 네 가지로 구분하여 언급했다. 마이크로 트렌드micro trend는 일부 세층에 영향을 미치는 요인으로 2년 이내의 기간에 일어나는 변화를 말하며, 화려하게 시작하고 금세 사라지는 일시적인 유형(流行)인 패드fad와 구분할 수 있다. 이런 사례는 몇 년 전 유행하였던 한 라면 회사의 라면이나 과자와 같이 주로 식음료의 사례에서 흔히 볼 수 있다. 매크로 트렌드macro trend는 더 넓은 계층에 영향을 미치는 요인으로 마이크로 트렌드가 3~5년 이상 지속되는 경우를 말한다. 이 시장은 주로 소상공인 창업에서 적용하기에 유용한 경우로 볼 수 있다. 메가 트렌드mega trend는 사회 모든 분야에 영향을 미치는 요인으로 마이크로 트렌드가 10년 이상 지속되는 경우를 말한다. 이처럼 10년 이상 지속되는 트렌드는 소득과 의료 발달과 소비자 행태의 변화에 따른 것으로 기업이 이 변화에 어떻게 대응하느냐에 따라 게임 체인 저가 바뀔 수 있다. 따라서 비교적 긴 시간 변화를 이끌지만 새로운 기업은 그 변화를 예의주시하여 언제든지 바뀔 수 있다. 메타 트렌드meta trend는 생태계를 바꾸는 요인으로 볼 수 있나. pc 등장에 따른 인터넷 발달, 스마트폰에 의한 sns 확산, 통신 시스템 발전에 따른 자율주행 발전, 전기차 등장에 따른 교통 환경 변화 등을 말할 수 있다. 간혹 낮은 생존율을 보여주고 있는 점포 창업의 현실에서 트렌드의 중요성을 얘기하기도 하지만 이는 철저히 운영적 측면에서 적용해야 한다. 그렇지 않고 눈에 쉽게 보이는 마이크로 트렌드에 빠져 버리면 주요 고객은 떠나게 되고 신규 고객 또한 유치하는 게 어렵게 된다.

이렇게 트렌드는 나무의 줄기보다는 가지에 해당하며 그 가지가 얼마나 유지될지 차이가 있을 뿐이다. 따라서 오래 유지하기 위해서는 나름대로 가치를 창출해야 한다.

프랜차이즈 브랜드 중 일부는 일시적인 유행을 쫓아 화려한 포장으로 시장에 진입하는 경우도 있다.

실제로 한 아이스크림 브랜드는 화려함과 호기심을 자극한 상품력으로 시장에 진입하였으나 상품 자체의 질적가치보다 보여주기에 집착한 나머지 오래 버티지 못하고 브랜드를 내렸다. 반대로 마이크로 트렌드 단계에서 상품의 정체성으로 입혀 브랜드화한 경우도 있다. 가령 국민 간식으로 부상한 치킨 시장에서 교촌치킨, 굽네치킨 등은 각각의 특색에 맞는 새로운 트렌드를 창출하여 새로운 브랜드로서 확실히 시장에서 자리를 잡은 케이스이다. 이렇게 치킨 시장의 성장이 지속되는 대세에서 개성 있는 가치를 창출하는 트렌드를 적용했기에 지금도 치킨 브랜드는 생겨나고 있다.

최근에는 무인점포가 증가하고 있다. 현재 무인화는 소비자 니즈보다 인건비 상승, 운영 편리성에 따른 창업가의 수익성 개선에 대한 생존 욕구가 반영된 결과라고 할 수 있다. 무인 편의점, 무인 카페, 무인 반찬가게는 일상화되었고, 무인 신발, 무인 의류점, 무인 식당 등 고객 편리성 중심으로 확장되고 있지만 무인 아이템의 시작은 소비자 편리성 측면보다 창업가의 니즈로 인해 탄생한 측면이 강하다. 그러나 점차 소비자 니즈가 높아지고 창업가의 수익성이 보장된다면 언제 대세로 자리 잡을지 알 수는 없다.

결론적으로 점포창업가 입장에서 대세와 트렌드를 구분해야 하는 이유는 올바른 시장진입 때문이다. 올바른 시장진입은 어떤 아이템이 창업가와 소비자 모두 만족시킬 수 있는 가능성이 높은지 파악하여 실패를 줄이고 창업 목표를 달성하기 위함이다. 따라서 잠깐의 유행은 2년에서 3년을 가지 못하는 아이템이 대부분이므로 너무 트렌드에 민감한 업종을 찾는 데 열중하여 시간을 낭비하지 말자. 우리가 쉽게 접하는 아이템을 가지고 좀 더 창의적이고 혁신적인 아이템으로 접근하는 것이 중요하다. 트렌드는 대세가 아니고 트렌드에 맞게 운영하면 된다.

14. 패스트푸드 패러다임 변화

패스트푸드가 아닌 순댓국은 트렌드에 민감할까? 순댓국은 그 자체로 강한 대중식으로 자리 잡고 있다. 그 자체로 소비층이 명확하여 상품 트렌드에 민감하지 않다. 단지 잘 되어 파이가 커지면 경쟁 브랜드와 직접적인 그릇 싸움을 해야 한다. 패스트푸드와 디저트 전문점은 변화가 빠른 패러다임 업종이다. 따라서 유행에 민감하다. 2016년 신한카드 자료에 의하면 패스트푸드점은 객단가는 줄고 결제 건수의 증가률은 높게 나타나있다.

<표 1-5> 업종별 신용카드 건수 증가율

구분	제과	카페	페스트 푸드	분식
건수 증가율	31%	30%	16%	8%
건당 결제액 하락률	7%	5%	1%	17%

출처: 2016년 신한카드

이렇게 결제 건수가 늘어나는 것은 단순히 특정 메뉴의 시장의 파이가 늘어난 것이 아니라 다양한 메뉴의 증가 때문이다. 즉 fast food이므로 늘 신메뉴에 대한 개발을 해야 경쟁력이 있다.

〈사진 1-1〉은 이태원 경리단길 상권 초입에 2014년 생긴 한 추로스 진문점이다. 영업이 잘되니 경쟁 추로스점도 생겼다.

전국적으로 추로스 붐까지 일어났다. 이 점포 주변에는 동일 업종과 유사 업태인 패스트푸드점도 계속 생겨나서 디저트 소비가 분산된다. 상권이 확장되면서 다핵상권으로 뻗어나가는 초기까지는 유입률이 급격히 늘어나지만 일정 시점부터는 유입률에 따른 유사 업태 진출도 늘어나 소비는 더욱 분산된다. 쉽게 말해 아무리 추로스 맛 집이라도 추로스만 소비하러 오지 않고 식사를 하면서 다양한 후식을 찾게 된다. 따라서 후식거리가 많으면 방문할 때마다 선택하는 후식거리는 바뀌게 된다. 그러므로 꾸준히 상품을 업그레이드하거나 개발하여 출시해야 한다. 특히 유행성 아이템의 프랜차이즈는 더욱 그렇다. '1대 6 법칙'이 있다. 1년을 주기로 상품이 바뀌고 6개월 주기로 신상품을 출시하는 법칙이다. 즉 여름과 겨울 주력 상품은 매년 개발하여 출시하면 결과적으로 6개월마다 신상품이 출시되는 것과 같기 때문인데 패스트푸드fast food처럼 상품 유행성 높고 모방성 높은 상품을 취급할 경우 이점을 충분히 고려하고 진입해야 한다. 이 추로스 전문점도 일정 시점부터는 준 식사대용으로 추로스에 소시지를 넣은 상품을 개발하여 추로스 콘셉트를 유지하면서 전혀 새로운 상품으로 소비자를 유혹하고 있다. 상권 개발시장에서 린 방식 상품개발 방식을 잘 적용하고 있는 케이스이다. 이 부분은 상품개발시장에서 다시 언급하겠다. 〈사진 1-1〉에서 보면 이 추로스점 앞집은 오징어를 테바또 하는 디저트를 선보였다. 유사 경쟁률은 낮지만 상품성이 약하고 간단히 즐기기에는 부담스러웠다.

상권 내 업종 적합성 측면에서 같은 튀김 식품이므로 상생적 업종이 되기 어려웠기 때문에 위치가 맞지 않아서 오래 운영하지 못하고 다른 업종으로 바뀌었다. 특히 융복합 상권의 트렌드를 이끌 수 있는 변화에 대응하지 못한 것이 아쉽다. 상품 측면에서 보면 꾸준히 신상품을 출시해야 하는 린 방식이 적합했으나 그렇지 못한 것이 아쉽다. 〈사진 1-2〉에서 보듯이 이태원의 외식업과 주점이 발달한 세계음식문화거리 상권 초입에 바스티유라는 아이스크림 전문점이 들어섰다.

<사진 1-1> 대박 추로스점

사진 자료: 카카오 로드뷰

<사진 1-2> 이태원 아이스크림

지도 자료: 카카오 로드뷰

약 1년은 매우 잘되었다. 그러나 2년 차부터는 서서히 고객이 줄어들었다. 이태원 상권처럼 융복합 상권으로 발전하는 상권은 불특정 고객의 방문율이 높지만 맛집을 타깃으로 소비하는 경향이 강하다. 즉 상대적으로 타깃 수요가 강한 상권이다. 특히 이태원 세계음식문화거리 상권은 더욱 그렇기 때문에 지나다니다가 충동적으로 소비하는 고객을 타깃으로 하기에는 무리가 있다. 따라서 이런 아이스크림 전문점은 타깃을 명확하여 상권 퀄리티나 가성비를 높여야 한다. 그런데도 불구하고 위 아이스크림 전문점은 상품에 변화가 없고 개점할 때 그대로였다. 단지 위치의 힘으로 버티고 있는 와중에 불과 50미터 거리에 더욱 화려하고 다양한 디저트 아이스크림점이 생겼다. 따라서 먼저 출점한 아이스크림 점은 상권의 성격에 맞지 않는 상품력과 포장력으로 인해 또 다른 젤라또 전문점으로 바뀌게 된다. 위 추로스 전문점은 트렌드에 그치지 않고 상품 정체성을 살린 브랜드로서 자리를 잡았지만 그 밖의 추로스 전문점들은 찾아볼 수 없게 되었다. 또한 위 젤라또 전문점 또한 상품 자체에 집중하여 3년이 지난 현재까지 꾸준히 사랑을 받고 있다. 따라서 트렌드 창업이 성공하기 위해서는 트렌드 공략에 적합한 상권, 트렌드 공략이 적합한 상권 진입 시점, 상품 트렌드에 맞는 네임, 트렌드에 맞는 상품성과 운영 등을 꾸준히 개발해야 성공할 수 있음을 보여주고 있다.

15. 맛집, 멋집 그리고, 정성집

맛집은 음식이 맛있기로 유명한 집(강재희, 강진희, 2017)이라고 하며, 더 적극적으로는 많은 사람이 맛있다고 인정하는 음식 등을 제공하는 집이라고 말 할 수 있다. 그런데 요즘 맛집은 대박집으로 인식되는 듯하다. 그래서 그런지 맛집이 되기 위해 또는 음식의 맛을 내기 위해 부단히 노력하고 또 그런 노하우를 배우려는 창업가가 많다. 그러다 보니 맛집은 창업의 기본이 아닌 기본이 되었고 꿈이 아닌 꿈이 되는 듯하다. 그러나 진정으로 모두가 인정할 수 있는 즉 전문가와 대중이 인정할 수 있는 맛집이 얼마나 될까? 근래는 맛의 상향평준화로 그 차이를 찾기 더욱 어렵다. 창업가는 마케팅에 더 많은 비용을 들여야 하는 상황에 이르렀고, 이런 마케팅이 상품의 본질을 알리기보다는 단순히 고객 노출과 전환율에 집중하다 보니 고객 가치는 뒷전이 되고 상품 시장보다 마케팅 시장의 비중이 더 높아지고 있다. 우스갯소리로 맛집에서 서비스는 기대하지 말라고 한다. 아마 우리나라에서만 통하는 이상한 말일 것이다. 이 경우 고객 가치를 이해한 창업가일 리가 없기 때문에 대박 집을 2세가 고스란히 물려받는다고 똑같이 잘되라는 법이 없다. 맛의 상향평준화, 맛집 블로그에 대한 불신, 고객변화, 한 집 걸러 맛집을 찾을 수 있는 환경에서는 더욱 그렇다. 앞으로는 기술창업이나 점포창업 모두 막연한 고객보다는 진정한 고객 즉 충성고객이 얼마나 있느냐에 따라 창업 생존과 상생이 공존할 것이다. 따라서 창업 현실에 비춰보면 맛집이라는 타이틀로 영업이 되는 시대는 이제 얼마 남지 않았다. 소비자는 진정한 고객 가치를 위하는 맛집을 가보고 싶어 한다.

정성집은 더도 말고 덜도 말고 정성이 가득한 집이다. 갓난아이를 위해 엄마가 만드는 이유식만큼 정성이 들어간 음식이 있을까? 재료 선별, 조리 과정, 품질 관리 모두가 중요하다. 따라서 창업 상품성 중 맛을 세 가지로 구분한 이유는 바로 이 정성 때문이다. 맛delicious이 중심인 음식은 순간 맛에 집중하므로 새방문이 세한직이게 된다. 따라서 창업자는 마케팅에 민감하게 된다. 정성이 먼저인 음식은 몸이 먼저 느끼게 되어 주변에 적극적인 추천을 한다. 정성이 먼저인 음식을 제공하는 곳은 마케팅도 필요 없고 소문도 안 낸다. 많은 고객에게 충분히 제공하지 못하므로 그러기를 바라지 않기 때문이다. 그런 의미로 볼 때 일시적 대박집이 아닌 진정한 대박집은 정성+a(비법)로 이루어진다.

〈표 1-3〉에서 보듯이 비법은 다섯 가지 유형이 있다. 첫째, 기능형function type로 장비(시설)나 재료의 고급화와 차별화의 비법이다. 둘째, 본질적 프로세스형process type에 의한 비법이다. 음식의 기본적인 특징을 이해하고 재료의 가공 전후 준비 방법과 어느 재료를 먼저 조리를 하고 준비해야 하는지에 따른 비법으로 가장 일반적이지만 가장 놓치기 쉬운 비법을 말하다. 셋째, 다른 사람들이 발견하지 못한 비법이다. 즉 수많은 경험을 봉해 특별한 계기로 찾게 된 발견형discovery type을 말한다. 주로 고객관찰과 외부의 다양한 음식 체험 등을 통해 발견하게 된다. 넷째, 수많은 실험을 통해 발명한 소스, 육수, 조미료 등으로 결정적인 핵심적 문제점을 해결할 수 있는 발명형invention type을 말한다. 즉 제품 접근성과 상품 친근성을 높여주고 맛을 극대화 시킬 수 있는 비법을 말한다. 이는 주로 제품에 대한 끊임없는 개선과 상품에 대한 본질적인 문제를 찾는 데서 발견하게 된다. 다섯째, 가치형value type이다. 상품 이해를 통한 진정한 고객 가치customer value를 제공하는 것으로 창업가의 진심이 담긴 비법을 말한다. 카페 이름에서 보듯이 경기도 김포에서 시작한 '카페 진정성'이라는 카페가 그렇다. 이렇게 상품은 말로 설명할 수 없는 진정한 창업가의 정성에서 느낄 수 있기 때문에 전수받는 창업가가 스스로 터득해야 하는 사항이다. 프랜차이즈인 가맹점 창업인 경우 위 사항이 시스템화되어 있기 때문에 평균적인 만족도를 줄 수 있지만 개인 전수 창업인 경우 전수자의 상품 전수 비법이 어떤 유형에 해당하는지 창업 전 반드시 점검하고 시작해야 한다. 또한 전수자initiator의 비법은 하나로 정의할 수 없는 사항이며 전수받는다고 무조건 좋은 결과를 기대해서는 안 된다. 십수 년간 얻은 결과를 일정 기간 전수를 통해 모두 습득하기 어렵기 때문이다. 따라서 전

수를 받는다고 모두가 충실히 수행한다고 볼 수 없기 때문에 전수율도 천차만별일 수밖에 없다. 단지 전수받고자 하는 창업자로서 창업자세가 얼마나 잘 갖춰졌는지에 따라 그 해법을 빨리 찾을 수 있을 것이다. 즉 특별한 노하우를 기대하는 자세보나 기본을 익히는 데 집중해야 한다. 경험적인 측면에서 보면 일시적인 전수보는 오래가지 못한다. 전수를 통해 본서에서 제안하는 다양한 프로세스를 활용하여 본인의 반복적 학습을 통해 내가 고객을 위해 가장 중요하게 생각하는 가치를 찾는 데 집중하는 것이 중요하다.

<표 1-6> 비법 유형

구분	기능형 function type	프로세스형 process type	발견형 discovery type	발명형 invention type	가치형 customer value type
내용	장비나 재료의 고급화 및 차별화	재료의 가공 전후 준비와 조리 프로세싱	기능적, 프로세싱 측면의 특별한 발견	상품 핵심 가치를 해결한 특별한 비법 발명	상품이해를 통한 진정한 고객 가치 중심
전수율	높다	높다	높다	중간	스스로 터득

16. 경쟁competition과 협업coopetition

경쟁은 같은 목적을 달성하기 위해 서로 겨루는 것을 의미한다. 그러나 완벽하게 같은 목적이 있다고 볼 수 없기 때문에 경쟁은 정도에 따라 다양하게 구분하기도 한다. 특히 점포창업에서 상권분석을 하는 데 있어 경쟁점을 분석하는 것은 매우 중요하다. 그러나 기본적인 상품성을 확보한 이후에 차별화를 통해 고객이 무엇을 원하는지 파악하여 그것을 충족시키기 위함이어야 한다. 일부는 상품의 정체성을 정하지 않거나 지나치게 경쟁을 고려한 나머지 원가 손실, 출혈경쟁으로 고객 가치가 훼손되어 공멸하는 경우도 있다. 이런 사례는 상권이 좁은 동네창업에서 많은데 이런 곳일수록 명확한 고객 가치를 제공해야 경쟁점 진입에서 살아남을 수 있다. 따라서 창업가 스스로 고객에게 더 좋은 상품을 공급하기 위한 노력, 더 많은 고객에게 전달하고자 하는 노력을 해야 한다. 같은 상권 내에 있는 섬포들도 각자 고객 가치를 극대화하기 위한 노력을 한다면 고객은 더 늘어날 것이고 상권은 넓어질 것이다.

협업은 collaboration이라는 단어로 적용되며, 협력이라는 용어와 혼용되어 사용되기도 한다. 창업시장에서는 두 가지 측면에서 적용할 수 있다. 첫째, 협력은 경쟁점과 시장의 확대를 위해 노력하는 것이다. 경쟁점을 죽이면 나만 살 수 있을 것이라는 생각은 착각이다. 더 센 경쟁자가 나타나면 나도 죽기 때문이다. 따라서 시장의 파이를 키우고 모두 공생할 수 있는 노력과 방향성을 가지고 창업하는 것이 중요하다. 이것은 협력coopetition과 경쟁competition의 합성어인 협력형 경쟁co-opetition[3]과 같은 의미이다. 둘째, 협력은 소비자의 참여를 말한다. 연결성의 일상으로 소비자는 매우 똑똑해지고 있기 때문에 미래는 단순히 제품을 제공하고 소비하는 시장이 아니고 새로운 가치를 공유하고 창조하는 시대이다. 코틀러가 그의 책 *market 3.0*에서 협력은 혁신의 새로운 원천이라고 하였듯이, 새로운 상품은 혁신을 통해 만들어진다고 하였다. 『새로운 혁신의 시대The New Age of Innvation』에서 혁신을 위한 접근방식으로 공동창조를 제안하였다. 즉 제품과 연결된 모든 소비자, 공급업체, 협력사 간 협력을 통해 제품과 경험을 창출하는 방식이라고 하였다. 따라서 점포를 오픈하면 항상 고객의 소리를 경청하고 반영하여 함께할 수 있는 방안을 모색해야 한다.

최근 곳곳에서 무인 카페를 볼 수 있다. 그러나 대부분의 무인 카페는 잘 되지 않는데 대표적인 이유는 최대한 저렴한 매장을 고르지만 주변 매장과 협력이 가능성이 높은 자리 선택에 대한 고려는 부족했기 때문이다. 『거리를 바꾸는 작은 가게』의 저자 호리베 야스시는 작은 가게가 거리를 바꾼다고 하였는데 그 원동력은 점포 간 협력이라고 했다. 따라서 무인 카페 운영으로 고객의 참여를 유도하기 위해서는 다양한 편의를 제공할 수 있어야 하기 때문에 주변 점포와 협력이 중요하다. 예를 들어 〈사진 1-3〉에서 보듯이 해당 무인 카페는 단지 내 상가에 위치하여 옆엔 베이커리

---

3 김금영, 장병수(2017)은 협력형 경쟁은 경제학의 게임이론에서 시작되어, 협력하면서 동시에 경쟁하는 복합적인 관계라고 하였다.

가 있고, 건물 내부에는 애견 간식 판매점, 화방 등이 있다. 무인 카페는 베이커리에서 구매한 빵을 섭취할 수 있게 배려하였고, 강아지 간식을 구매하여 카페 내에서 케어할 수 있게 하였다. 카페 앞은 화단처럼 꾸며, 무인 카페의 단점인 고객 유입률을 높이기 위한 노력으로 경쟁력을 높였다. 또한, 이용하는 고객이 소통할 수 있도록 메모지를 비치하여 즐겁게 이용할 수 있도록 고객 참여의 기회를 제공하고 있다. 이렇게 협력은 여러 창업가의 협력, 배려, 고객의 참여가 전제되어야 협력의 진정성이 발휘될 수 있다.

<사진 1-3> 상생하는 무인 카페

17. 고객 서비스

일반적으로 창업가 특성은 배경적 특성과 심리적 특성으로 나눌 수 있다. 배경적 특성은 성별, 나이, 학력, 전직 경험, 유사 업종 경험 등을 말하며, 심리적 특성은 성취욕구, 위험 감수성, 모호성 등을 말한다. 창업가 성공에 영향을 미치는 요인 중에 영업력이라는 항목은 전직 경험이나 유사 업종 경험으로 성취욕구와 위험 감수성을 지녀야 극대화될 수 있다. 영업력의 발휘는 크게 고객 서비스와 상품 홍보 측면으로 구분할 수 있다. 고객 서비스는 매장에 방문하는 고객부터 상품이 고객에게 도달한 이후 모든 과정에서의 서비스를 말한다. 즉 매장 내에서 제공되는 서비스는 물론 고객이 상품을 포장한 이후나 배달로 상품을 받고 난 이후의 서비스를 포함한다. 매장 인테리어, 종업원 서비스, 상품 조리 연출, 오감과 분위기 등이 조합되어 극대화될 수 있다. 즉 상품에 대한 만족을 극대화시킬 수 있는 조합을 말한다. 예를 들어 성신여대에 있는 윤휘식당 윤정태 대표는 고객 음식의 맛을 극내화시키기 위해 조명과 음악 연출, 소품 등을 이용한 차별화된 가치를 제공하고 있다. 매장에 들어서면서 고객에 대한 배려가 느껴진다. 그러나 아무리 좋은 음식과 분위기 등 모든 것이 갖춰지더라도 직접 고객을 상대하는 종업원이 고객에 대한 서비스가 부실하다면 반쪽 만족에 지나지 않는다. 따라서 윤희식당의 윤정태 대표는 종업원에 대한 맨투맨 교육과 관심으로 고객 서비스를 유지하고 있다. 특히 고객의 방문에서부터 계산 후 문 앞을 나가기까지 고객에 대한 배려는 계속되어야 진정한 고객 가치가 실현된다고 강조하고 있다. 이처럼 고객 지향적인 배려는 소비자에게 만족을 주어 방문하기를 잘했다고 생각하게 만들고, 반복적으로 재방문하거나 다른 사람에게 소개하게끔 만든다. 상품을 구매하기 전 단계인 상품 콘셉트는 점포 외부 아웃테리어, 음식 냄새, 매장 연출 등으로 소비자를 직접적으로 자극하여 방문하게 하지만 상품과 그에 따른 상품 퍼포먼스가 부족하면 추가 방문은 없을 것이다. 소상공인 창업은 비용의 한정성이 있기 때문에 이점에 중점을 두는 전략으로 시장에 진입할 필요가 있다.

<사진 1-4> 성신여대 윤휘 식당

자료: 매장 홈페이지

상품 홍보는 배달을 전문으로 하거나 배달 중심인 업종인 경우 더욱 고려해야 한다. 예를 들어 상봉냉면칼국수 대표인 윤태승 씨는 냉면과 칼국수를 배달 판매 방식만으로 일 평균 300만 원 이상의 매출을 올리고 있다. 매장에서 판매하는 경우 고객은 상품 조리 방식과 분위기를 눈으로 보고 느낄 수 있기 때문에 음식에 대한 신뢰를 직접 확인할 수 있지만 배달 음식의 경우는 그것을 확인할 수 없다. 그러나 윤태승 대표는 상품고유 가치taste value와 상품고객 가치authenticity value에 대한 신뢰를 리뷰라는 평가시스템으로 쌓았다. 이를 통해 매장 판매방식의 한계를 극복하여 매장에서 고객에게 제공할 수 있는 가치보다 더욱 높은 신뢰를 제공하고 있다. 또한 고객리뷰를 작성하는 고객에게는 일정 금액을 적립금을 주고 그 적립금으로 기부를 하면서 장사의 참 의미를 이해하게 되었다고 한다. 이렇게 고객 서비스는 그 자체가 중요한 것이 아니라 고객에게 상품 가치에 대한 진심이 전달되고 소비자와 함께 참여할 때 매출로 돌아온다.

<사진 1-5> 상봉냉면 & 칼국수 사진

자료: 카카오, 지도 자료: 카카오 로드뷰

18. 점포창업의 신상품개발과 메뉴 개발

김준희(2009)는 "신상품개발이란 팔리는 상품을 시장에 내놓는 작업"이라고 하였다. 즉 초기 시장진입 시 연구를 통해서 개발하는 상품이므로 체계적인 매뉴얼이 필요한 작업이라고 볼 수 있다. 또한 외식업에서 신상품개발은 외식산업의 경영이 시작된다 할 만큼 중요한 요소이다. 메뉴를 개발하기 위해서는 무엇보다 상품으로서의 충분한 가치가 있느냐 하는 것을 중요시 생각하여야 한다(송기옥, 2003). 황현철(2003)은 외식산업 및 관련 산업에서 신상품개발의 개념은 메뉴개발의 개념보다 더 광범위하고 포괄적인 개념으로 볼 수 있다고 하였다. 이렇게 신상품개발은 넓은 의미로서 설명할 수 있기 때문에 외식 기업의 전략 상품이나 개별 점포 입장에서 보면 점포의 콘셉트 변경에 관한 상품이 될 수 있다.

이런 측면에서 상품개발은 〈표 1-7〉에서 보듯이 점포의 나아갈 방향에 대한 전략적인 측면에서 어떤 상품을 개발할지 정해야 한다. 크게 대응전략과 선제전략으로 나눌 수 있고, 대응전략은 상권 내 특정 경쟁점을 기준으로 대응하는 전략이므로 점포 창업에서 메뉴 개발을 위한 전략으로 고려할 수 있다. 선제전략은 장기적인 관점에서 사업화 또는 대형화를 통해 고객 가치를 극대화시킬 수 있는 상품개발 전략으로 고려할 수 있다.

<표 1-7> 신상품개발 기본전략

대응전략Reactive Strategy	선제전략Ppractive Strategy
- 방어전략Defensive	- 연구개발 전략R&D
- 모방전략Imitative	- 마케팅 전략Marketing
- 더 좋은 2위 전략Second but better	- 기업가 전략Entreprenerial
- 반응전략Responsive	- 매입전략Acquisition

출처: Urban, G. L. & Hauser, J. R.(1993), Design and Marketing of New Products, 2nd., Prentice Hall International, p.20.

19. 점포창업과 기술창업의 시작(5W 1H 시장진입)

육하원칙은 모든 사회현상의 행위를 설명하는 데 있어 기본적인 가치를 판단하는 수단으로 사용되고 있다. 창업에서는 크게 두 가지 방향으로 바라볼 수 있다. 하나는 나를 중심으로 하는 소규모 점포 창업자의 기회창출방식에서 적용할 수 있고 다른 하나는 타인 즉 고객을 중심으로 하는 기회창출방식에서 적용할 수 있다. 이렇게 구분한 이유는 〈그림 1-13〉 왼쪽 그림에서 보듯이 소규모 점포 창업은 상권과 매출 규모가 낮을 것으로 예상되며 개인 창업가의 기업가정신이 상대적으로 낮다고 할 수 있기 때문이다. 따라서 시장진입에 있어 혁신성보다는 진취적이고 위험을 감수하며 도전하기 때문에 내가 하고 싶고, 내가 잘 할 수 있고, 좋아하는 분야에서 기회를 창출하는 것이 집중도를 높여 생존확률을 높다고 할 수 있다. 따라서 창업가 중심으로 what(무엇)부터 고민을 하는 것이다. who(누구)는 내 상품을 원하는 주요 고객이 누구인지를 말하지만 실제는 타깃시장이기도 하다. 이는 시장의 사이즈이므로 섬포창업 득성상 지나친 세분화는 지역을 선정하는 데 많은 어려움이 따를 수 있는 점은 유의해야 한다. where(어디)는 상권을 말하며, when(언제)은 고객이 구매하는 시간대 등을 파악한다. how(어떻게)는 매장의 연출과 콘셉트를 말한다. 본서에서는 시장진입 15평가 원칙에서 창업 상품성을 5W 1H로 구분하여 상품의 중요성을 강조하였다.

기술형 창업은 고객의 문제를 찾아 해결하는 데 중심을 두고 창업을 해야 고객 가치를 극대화시킬 수 있는 상품이나 서비스를 제공할 수 있다. 따라서 고객관찰을 통해 who(누가)부터 고민을 하는 것이다. 즉 누가 얼마나 많은 소비자가 얼마나 적극적인 니즈가 있는지에 따라 시장 사이즈가 결정된다고 할 수 있다. 이런 소비자를 통해 what(무엇)을 만들지 고민을 한다. 그들이 why(왜) 사용을 하게 될지 또는 어떤 가치를 제공해야 할지 고민하게 된다. 넓은 시장과 고객 가치를 실현할 수 있는 상품이나 서비스를 만들기 위해서는 〈그림 1-11〉의 simon sinek's golden circles을 토대로 why(왜)에 집중하고 고객 문제를 해결하기 위해 how(어떻게) 만들지에 대한 고민을 통해 구체적 상품에 대한 콘셉트인 what(무엇)이 정해지게 된다. 이후에 where(어디), when(언제), how(어떻게)를 통해 판매에 대한 마케팅을 고민한다.

기술 창업은 넓은 시장을 타깃으로 하므로 구조적으로 분업화와 전문화로 팀중심의 협업이 중요하며, 대표의 기회창출 능력과 팀원을 이끌 수 있는 리더십이 매우 중요하다. 반면에 점포 창업은 하고 싶고, 좋아 하고, 잘 할 수 있는 일을 찾아 시장에 진입하기 때문에 내가 직접 메인이 되어 주도해야 안정적인 시장진입을 할 수 있다. 따라서 소규모 점포창업가는 자신에게 많은 질문을 통해 자기 자신에 대한 확신을 가져야 한다. 그래야 자기 주도적 창업이 가능하다.

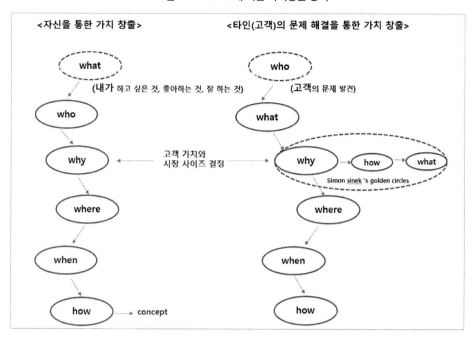

20. 관찰과 검증

관찰은 창업 전부터 창업 이후 일관되게 유지되어야 할 사항으로 매우 중요한 것이다. 특히 점포창업가는 평소 관찰의 생활화로 창업감을 익혀야 상품과 상권의 적합성에 대한 핵심요인을 빠르게 찾을 수가 있다. 관찰에 대한 구체적인 것은 〈그림 2-12〉를 참고하기 바란다.

검증은 어떤 상품이나 서비스가 고객 가치를 극대화시키는 데 적합한지 확인하는 과정을 말한다. 스타트업에서는 스티브 블랭크의 고객개발모델을 린lean하게 변형한 에릭 리스의 Build(만들기)-Measure(측정)-Learn(학습)을 모델을 활용하고 있다.

점포 창업은 오프라인에서 고객과 접점이 중요하므로 상품 검증, 상권 검증, 점포 검증 순서로 진행한다. 상품 검증은 본서에서는 상품개발SOIVDI프로세스와 3단계 상품가치 개발 모델(3 stages product value development model)을 활용하여 점포창업 상품개발 특성에 맞게 적용하였고 창업 이후는 운영점검MCSPMII 프로세스를 활용하여 검증한나, 상권 검증은 창업상권평가를 활용하였고, 창업 이후는 상권 변화 PCSLMI 프로세스를 활용하여 검증한다. 점포 검증은 점포평가를 활용하였고, 창업 후에는 운영점검MCSPMI 프로세스로 지속적인 검증 절차를 거친다. 특별히 점포창업가의 경우 창업 현실 인식, 창업 준비와 그에 따른 창업 전 교육의 필요성 인식이 부족하여 실패율이 높다. 따라서 창업가 검증을 통해 창업 의지와 동기부여를 가지고 창업에 임할 수 있도록 스스로 검증하는 절차가 매우 중요하다고 할 수 있다.

본서에서는 창업가 스스로 창업 검증으로 창업가 검증과 창업 준비 검증으로 검증의 편리성을 높였다. 이 부분은 〈표 4-7〉 시장진입 15원칙 중에서 제1원칙에 해당하는 것으로 매우 중요하다고 할 수 있다. 창업가 검증은 자아실현을 통한 창업가 목표 검증, 창업가 적합성 검증, 창업가 역량(심리적 측면, 행동적 측면) 검증, 창업 준비 검증을 말한다. 창업가 적합성에 대한 검증은 〈그림 1-14〉에서 보듯이 1what에서는 가장 하고 싶은 것 세 가지를 1, 2, 3 순서대로 기입하며 가운데 역삼각형엔 그중에서 가장 하고 싶은 것을 선택한다. 2what에서는 가장 좋아하는 것 세 가지를 1, 2, 3 순서대로 기입하며 가운데 역삼각형엔 그중에서 가장 좋아하는 것을 선택한다. 3what에서는 가장 잘 할 수 있는 것 세 가지를 1, 2, 3 순서대로 기입하며 가운데 역삼각형엔 그중에서 가장 잘할 수 있는 것을 선택한다. 다음으로 1why에서는 1what와 2what의 가운데 역삼각형의 공통된 사항을 1why의 가운데 역삼각형에 기입한다. 만약 해당하는 사항이 없다면 1what과 2what를 다시 고려하며 가장 중요하다고 생각하는 사항을 기입한다. 이렇게 1why의 가운데 기입사항은 그 선택한 이유를 세 개의 삼각형에 1, 2, 3 순서대로 기입한다. 만약 1why의 선택사항이 없다면 준비가 미흡하다고 판단할 수 있으며 다음 단계로 넘어간다. 2why와 3why도 마찬가지로 기입한다. 이렇게 창업가 self 검증이 중요한 것은 진정으로 하고 싶은 분야여야 후회가 없고, 진정으로 좋아하는 분야여야 인내를 가지고 헤쳐나갈 수 있으며, 실제 잘하는 분야여야 몰입을 하여 빠르게 성장할 수 있기 때문이다. 소상공인 점포 창업은 시장성보다 본인의 능력 검증이 우선이므로 위 세 가지 교집합이 해당될 수 있는 분야를 찾기 바란다. 비즈니스모델business model로 사업을 검증하는 것은 그다음이다.

<그림 1-14> 창업가 적합성 검증(1+6 트라이앵글 모델)

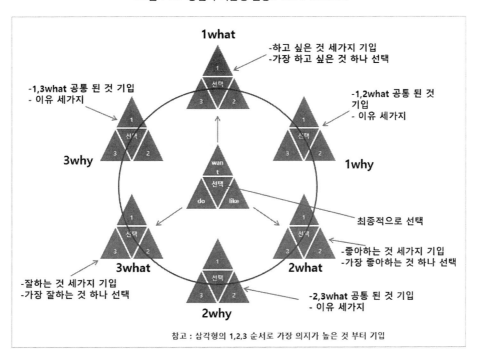

창업가 역량에 대한 검증은 창업가 자세역량(심리적 측면)과 창업가 운영역량(행동적 측면)으로 구분할 수 있다. 창업가 자세 역량(심리적 측면)에 대한 검증은 이용희(2014)가 그의 연구에서 창업자의 성공 가능성을 높이기 위해 교육가능성이 있는 요인으로 제안한 성취욕구적 특성인 일에 대한 의욕, 노력정신, 과감성, 용감함, 위험 감수성, 자율성, 도전정신, 일에 대한 정열, 모험심과 목표 지향적 특성인 새로운 문제 해결 능력, 판단력, 리더십, 확고한 비전과 목표, 창조성, 통찰력, 책임감, 타인에 대한 이해심, 독창적 사고로 구분하였다. 이 요소들을 중심으로 창업가 스스로 각각 항목을 5단계로 나누어 검증한다.

창업가 역량에 대한 검증 중에서 창업가 운영 역량(행동적 측면)에 대한 검증은 그 업종의 핵심운영자원이 본인이 될 수 있는지에 대한 것을 말하기 때문에 창업가 경력이 중요하다고 할 수 있다. 경력 특성에 대해 Bowen & Hisrich(1986)가 제안한 창업가의 연령, 교육수준, 전직경력, 창업이전 경험, 가족경험 등으로 검증한다. 창업 준비 검증은 핵심자원, 창업환경, 창업전략에 대한 검증으로 창업점포 창업의 경영선략 측면에서 고용 불확실성, 임금상승, 경쟁 등으로 가장 중요한 업무는 경영자가 주도적이어야 즉시 대응하여 리스크를 최소화할 수 있다. 이외에 근무자 관리, 창업가 스킬 등은 선척적인 노력에 의해 향상시킬 수 있다. 더 자세한 것은 시장진입 15원칙 중에서 제1원칙에서 다루겠다.

21. 초집중

소비자는 때때로 매장을 고르는 데 피로감을 느끼고, 메뉴를 선택하는 시간을 줄이기를 원한다. 따라서 매장에서 고객이 메뉴를 선택하는 시간을 줄일 수 있도록 상품을 준비하는 것은 매우 중요하다. 관찰은 창업 전부터 창업 이후 일관되게 유지되어야 할 사항으로 매우 중요한 것이다. 따라서 이러한 문제를 해결하기 위해 창업가는 초집중을 선택하는 것은 중요한 전략이 될 수 있다.

행동엔지니어링 분야의 전문가인 Eyal(2019)은 그의 책 *indistractabl*(초집중)에서 만족을 높이기 위해서 집중의 중요성을 강조하였다. 창업가가 하나에 초집중하여 제공하는 상품은 고객의 선택 피로도를 낮추고 상품에 대한 믿음을 제공하기 때문이다. 예를 들어 〈사진 4-5〉의 일산 칼국수집이 지난 40년간 닭칼국수 한 메뉴만으로 꾸준히 사랑을 받고 있는 것은 오직 하나에 집중한 결과이다. 〈사진 1-6〉에서 보듯이 경기도 시흥의 한 두부전골요리 전문점은 메뉴 선택에 대한 고민이 필요없다. 두부와 만두를 중심으로 반반 샤브샤브를 시키면 그만이기 때문이다. 이렇게 단일 메뉴에 집중하여 고객이 멀리서 찾아오게 할 수 있게 하는 힘은 하나의 메뉴에 집중하여 신선하고 건강한 재료로 제공하였기에 가능한 결과라고 할 수 있다. 〈사진 2-6〉의 오리구이 전문점도 1999년 이후 오리만을 테마로 3가지 메뉴만으로 운영하고 있다. 강원도 평창 휘닉스파크에서 20분 거리의 산속에 있는데도 불구하고 별다른 홍보를 하지 않고 예약제로 운영되는데도 늘 만석이다. 평창처럼 한우 전문점이 즐비한 지역에서 소비자가 오리구이 전문점을 선택하게 하는 것은 하나의 상품을 제공하는 신뢰와 소비가가 검색의 시간을 줄여주고 있기 때문이다.

세계적인 햄버거 프랜차이즈 중에 미국 서부를 거점으로 경영하는 인앤아웃 버거기 있디. 1948년 창업 이래 햄버거에만 집중하여 74년 농안 난 3가지 햄버거 메뉴로 연 1조 원이 넘는 매출을 올리고 있다. 프랜차이즈 체인 확장을 지양하고 기본에 충실한 햄버거가 최고의 혁신이라는 모토로 오로지 맛있고 신선한 햄버거에 집중하여 이룬 결과라고 할 수 있다.

<사진 1-6> 꽁깍지 두부전골 전문점

Chapter 2.

창업

창업의 이해

1. 창업이란

1.1. 창업개념

Vesper(1980)는 창업이란 자원, 노동, 재료 그리고 자산을 결합시켜 더 가치 있는 조직으로 변환시키는 것이며, 변화의 혁신, 새로운 질서를 수반하는 것이라고 히였다. 한국생산성본부(1990)는 창업이란 재화 또는 서비스를 생산, 판매하는 하나의 시스템을 구축하는 일을 의미한다고 정의하였다. 경영학에서 이 시스템에 반영하는 여러 요소로 4Mman, machine, material, money을 들고 있다. 이렇게 창업은 누군가가 주도적으로 수행해야 하므로 창업가가 매우 중요하다. 따라서 창업학은 창업가 및 창업기업을 발굴, 육성, 지원하여 창업가 및 창업기업의 경제적, 사회적 만족과 국민 편의를 증진시키고 국가발전에 이바지하는 학문이고 할 수 있다. 세부적으로 기업가정신, 창업기회발견, 사업계획, 창업투자, 창업컨설팅, 창업프로세스 등을 연구한다.

연구자	정의
Schumpeter(1934)	새로운 상품, 서비스, 자원, 생산방법, 시장, 조직형태로 회사형 조직을 탄생시키는 행위
Vesper(1980)	창업이란 자원, 노동, 재료 그리고 자산을 결합시켜 이전보다 가치 있는 조직으로 변환 시키는 것이며, 변화의 혁신, 새로운 질서를 수반
Ducker(1985)	새로운 부를 창출하는 능력을 가지고 기존의 모든 자원을 투입하는 혁신적인 행위
Greenberger & Sexton(1988)	개인의 개성과 환경적 요인들이 상호작용을 하며 새로운 벤처기업의 불확실성 상황 하에서 성장과 이윤을 추구하는 혁신적 경제적 조직체의 탄생
Dollinger(1995)	위험과 불확실성 상황 하에서 성장과 이윤을 추구하는 혁신적 경제적 조직체의 탄생
Timmons et al.(2004)	가치 있는 것을 이루어 내기 위한 인간적이고 창조적인 행동

자료: 김재현(2020), 『소상공인 창업성과 관련 변인들 간의 구조적 관계: 전통시장 청년몰 창업자 중심으로』, 재정리.

법률적으로는 「중소기업창업 지원법」 정의하고 있는 주요 창업 용어를 살펴보면 다음과 같다.

1. "창업"이란 중소기업을 새로 설립하는 것을 말한다. 이 경우 창업의 범위는 대통령령으로 정한다.

1의 2. "재창업"이란 중소기업을 폐업하고 중소기업을 새로 설립하는 것을 말한다. 이 경우 재창업의 범위는 대통령령으로 정한다.

2. "창업자"란 중소기업을 창업하는 자와 중소기업을 창업하여 사업을 개시한 날부터 7년이 지나지 아니한 자를 말한다. 이 경우 사업 개시에 관한 세부 사항은 대통령령으로 정한다.

2의 2. "재창업자"란 중소기업을 재창업하는 자와 중소기업을 재창업하여 사업을 개시한 날부터 7년이 지나지 아니한 자를 말한다. 이 경우 사업 개시에 관한 세부 사항은 대통령령으로 정한다.

2의 3. "초기창업자"란 창업자 중에서 중소기업을 창업하여 사업을 개시한 날부터 3년이 지나지 아니한 자를 말한다.

3. "중소기업"이란 「중소기업기본법」 제2조에 따른 중소기업을 말한다.

4. "중소기업창업투자회사"란 창업자에게 투자하는 것을 주된 업무로 하는 회사로서 제10조에 따라 등록한 회사를 말한다.

4의 2. "창업기획자"(액셀러레이터)란 초기창업자 등의 선발 및 투자, 전문보육을 주된 업무로 하는 자로서 제19조의2에 따라 등록한 자(이하 "액셀러레이터"라 한다)를 말한다.

5. "중소기업창업투자조합"이란 창업자에게 투자하고 그 성과를 배분하는 것을 주된 목적으로 하는 조합으로서 제20조에 따라 등록한 조합을 말한다.

6. "중소기업상담회사"란 중소기업의 사업성 평가 등의 업무를 하는 회사로서 제31조에 따라 등록한 회사를 말한다.

7. "창업보육센터"란 창업의 성공 가능성을 높이기 위하여 창업자에게 시설, 장소를 제공하고 경영, 기술 분야에 대하여 지원하는 것을 주된 목적으로 하는 사업장을 말한다.

이 법률에서 창업은 중소기업을 새로 설립하는 것이라고 정의하였고 중소기업은 매출 기준에 따라 표와 같이 소상공인, 소기업, 중소기업으로 구분하고 있다.

이 법 제2조 제2항에서 보면 창업자(창업자)는 중소기업을 창업하는 자와 창업한 지 7년이 지나지 아니한 자로 정의하고 있다. 여기서 창업자는 업을 설립한 자로 founder라고 할 수 있다.

학문적으로 보면 창업자 전에 창업가를 구분하였는데 최초로 창업가Entrepreneur 라는 말이 등장한 것은 Jacques des Bruslons가 출판한 *Dictionnaire Universel de Commerce*(1723)라는 프랑스어 사전이다. 여기서 "기업가는 비지니스를 조직하거나 운영하는 개인이다Entrepreneur is an individual who organizes or operates a business or businesses."라고 정의하였다. Murphy(1986)는 프랑스 경제학자인 리차드 칸틸 론Richard Cantillon, 1680~1734은 "기업가는 재정수익을 극대화하기 위해 의도적으로 기회를 활용하여 자원을 할당할 수 있는 위험을 감수하는 자이다Entrepreneur is a risk taker who deliberately allocates resources to exploit opportunities in order to maximize the financial return."라고 처음으로 정의하였다고 하였다.

1.2. 소상공인 창업 정의

1970~1980년대 경제성장을 거치면서 중소기업 문제를 해결하기 위해 1989년 「중소기업의 경영안정 및 구조조정촉진에 관한 특별조치법」이 제정되었다. 1995년

에는 「중소기업의 구조개선 및 경영안정 지원을 위한 특별조치법」이 제정되었으며 1996년에는 중소기업정책을 전담하는 중소기업청을 분리하였다.

중소기업 내에서도 소기업에 대한 지원을 강화하기 위해 1997년 4월 10일 「소기업지원을 위한 특별조치법」이 제정되었다. 그 후 1999년 2월 소상공인지원센터를 개소하면서 소상공인을 별도로 구분하여 지칭하게 되었다. 이 법이 2000년 12월 29일 「소기업 및 소상공인지원을 위한 특별조치법」(법률 제6314호)으로 개정되었다. 2016년 12월 2일 「소상공인 보호 및 지원에 관한 법률」이 가장 최근의 개정이다.

「소상공인 보호 및 지원에 관한 법률」에서 정의 하는 '소상공인'이란 「중소기업기본법」 제2조 제2항에 따른 소기업 중 다음 각 호의 요건을 모두 갖춘 자로 정의하고 있다.

1. 상시 근로자 수가 10명 미만일 것
2. 업종별 상시 근로자 수 등이 대통령령으로 정하는 기준에 해당할 것

「소상공인 보호 및 지원에 관한 법률 시행령」에서는 (1) 「소상공인 보호 및 지원에 관한 법률」(이하 "법"이라 한다) 제2호에서 "대통령령으로 정하는 기준"이란 다음 각 호의 구분에 따른 주된 사업에 종사하는 상시 근로자 수를 말한다.

1. 광업, 제조업, 건설업 및 운수업: 10명 미만
2. 그 밖의 업종: 5명 미만

(2) 제1항에 따른 주된 사업의 기준에 관하여는 「중소기업기본법 시행령」, 제4조 및 제7조(제2항 제2호는 제외한다)를 준용한다. 이 경우 "평균매출액등"은 "매출액"으로, 같은 영 제7조 제2항 제1호에서 "직전 3개 사업연도"는 "직전 사업연도"로, "36개월"은 "12개월 이상"으로, "총 매출액을 3으로 나눈 금액"은 "매출액"으로, 같은 항 제3호 각 목 외의 부분에서 "제2호"는 "제1호"로 본다.

위 법을 토대로 소상공인 창업을 정의하면 광업, 제조업, 건설업, 운수업은 10인

미만이며, 이외의 업종은 5인 미만인 창업으로 매출액이 일정규모 이하(제8조 1항)인 사업체의 창업을 말한다.

　소기업과 중소기업의 경우는 2016년 1월 1일 이후 창업한 기업은 기존의 근로자 기준에서 매출액을 기준으로 바뀌었다.

　이외에 중소기업에 대한 최상위법인 「중소기업기본법」과 벤처기업 지원을 위한 「벤처기업육성에 관한 특별조치법」이 있다.

<표 2-2> 주된 업종별 평균매출액등의 중소기업 규모 기준(제3조제1항제1호가목 관련)

해당 기업의 주된 업종	분류기호	규모 기준
의복, 의복액세서리 및 모피제공 제조업	C14	평균매출액 등 1,500억 원 이하
2. 가죽, 가방 및 신발 제조업	C15	
3. 펄프, 종이 및 종이제품 제조업	C17	
4. 1차 금속 제조업	C24	
5. 전기장비 제조업	C28	
6. 가구 제조업	C32	
7. 농업, 임업 및 어업	A	평균매출액 등 1,000억 원 이하
8. 광업	B	
9. 식료품 제조업	C10	
10. 담배 제조업	C12	
11. 섬유제품 제조업(의복 제조업은 제외한다)	C13	
12. 목재 및 나무제품 제조업(가구 제조업은 제외한다)	C16	
13. 코크스, 연탄 및 석유정제품 제조업	C19	
14. 화학물질 및 화학제품 제조업(의약품 제조업은 제외한다)	C20	
15. 고무제품 및 플라스틱제품 제조업	C22	
16. 금속가공제품 제조업(기계 및 가구 제조업은 제외한다)	C25	
17. 전자부품, 컴퓨터, 영상, 음향 및 통신장비 제조업	C26	
18. 그 밖의 기계 및 장비 제조업	C29	
19. 자동차 및 트레일러 제조업	C30	

해당 기업의 주된 업종	분류기호	규모 기준
20. 그 밖의 운송장비 제조업	C31	평균매출액 등 1,000억 원 이하
21. 전기, 가스, 증기 및 수도사업	D	
22. 건설업	F	
23. 도매 및 소매업	G	
24. 음료 제조업	C11	평균매출액 등 800억 원 이하
25. 인쇄 및 기록매체 복제업	C18	
26. 의료용 물질 및 의약품 제조업	C21	
27. 비금속 광물제품 제조업	C23	
28. 의료, 정밀, 광학기기 및 시계 제조업	C27	
29. 그 밖의 제품 제조업	C33	
30. 하수, 폐기물 처리, 원료재생 및 환경복원업	E	
31. 운수업	H	
32. 출판, 영상, 방송통신 및 정보서비스업	J	
33. 전문, 과학 및 기술 서비스업	M	평균매출액 등 600억 원 이하
34. 사업시설관리 및 사업지원 서비스업	N	
35. 보건업 및 사회복지 서비스업	Q	
36. 예술, 스포츠 및 여가 관련 서비스업	R	
37. 수리(수리) 및 기타 개인 서비스업	S	
38. 숙박 및 음식점업	I	평균매출액 등 400억 원 이하
39. 금융 및 보험업	K	
40. 부동산업 및 임대업	P	
41. 교육 서비스업	L	

비고: 해당 기업의 주된 업종의 분류 및 분류기호는 「통계법」 제22조에 따라 통계청장이 고시한 한국표준산업분류에 따른다.

<표 2-3> 주된 업종별 평균매출액등의 소기업 규모 기준(제8조 제1항 관련)

해당 기업의 주된 업종	분류기호	규모 기준
식료품 제조업	C10	평균매출액 등 120억 원 이하
2. 음료 제조업	C11	
3. 의복, 의복액세서리 및 모피제품 제조업	C14	
4. 가죽, 가방 및 신발 제조업	C15	
5. 코크스, 연탄 및 석유정제품 제조업	C19	
6. 화학물질 및 화학제품 제조업(의약품 제조업은 제외한다.)	C20	
7. 의료용 물질 및 의약품 제조업	C21	
8. 비금속 광물제품 제조업	C23	
9. 1차 금속 제조업	C24	
10. 금속가공제품 제조업(기계 및 가구 제조업은 제외한다.)	C25	
11. 전자부품, 컴퓨터, 영상, 음향 및 통신장비 제조업	C26	
12. 전기장비 제조업	C28	
13. 그 밖의 기계 및 장비 제조업	C29	
14. 자동차 및 트레일러 제조업	C30	
15. 가구 제조업	C32	
16. 전기, 가스, 증기 및 수도사업	D	
17. 농업, 임업 및 어업	A	평균매출액 등 80억 원 이하
18. 광업	B	
19. 담배 제조업	C12	
20. 섬유제품 제조업(의복 제조업은 제외한다)	C13	
21. 목재 및 나무제품 제조업(가구 제조업은 제외한다)	C16	
22. 펄프, 종이 및 종이제품 제조업	C17	
23. 인쇄 및 기록매체 복제업	C18	
24. 고무제품, 및 플라스틱제품 제조업	C22	
25. 의료, 정밀, 광학기기 및 시계 제조업	C27	
26. 그 밖의 운송장비 제조업	C31	
27. 그 밖의 제품 제조업	C33	

28. 건설업	F	평균매출액 등 80어 원 이하
29. 운수업	H	
30. 금융 및 소매업	K	
31. 도매 및 소매업	G	평균매출액 등 50억 원 이하
32. 출판, 영상, 방송통신 및 정보서비스업	J	
33. 하수. 폐기물 처리, 원료재생 및 환경복원업	E	평균매출액 등 30억 원 이하
34. 부동산업 및 임대업	L	
35. 전문. 과학 및 기술 서비스업	M	
36. 사업시설관리 및 사업지원 서비스업	N	
37. 예술, 스포츠 및 여가 관련 서비스업	R	
38. 숙박 및 음식점업	I	평균매출액 등 10억 원 이하
39. 교육 서비스업	P	
40. 보건업 및 사회복지 서비스업	Q	
41. 수리(修利) 및 기타 개인 서비스입	S	

자료: 해당 기업의 주된 업종의 분류 및 분류기호는 「통계법」 제22조에 따라 통계청장이 고시한 한국표준산업분류에 따른다.

1.3. 자영업自營業과 자영업자自營業者

자영업에 대한 정의는 법률적. 학문적으로 명확히 정의되지 못하고 있다. 개인기업 또는 개인 사업자라고 할 수 있다. 국세청의 기업생멸행정통계에서는 조직형태나 종업원 유. 무에 관계없이 종업원 수 10명 미만이고 매출액 1.5억 원 이하인 기업으로 정의하고 있다. 자영업자self-employment의 법률적 정의는 없지만 일반적으로 사업자로서 '근로자가 아닌 자'로 OECD나 ILO 등에서는 고용주employers, 자영업주own-account works, 생산자조합 회원members of producers' co-operatives, 무급가족노동자unpaid family works로 정의되고 있다(중소기업연구원, 2014). 현실적으로는 조직형태나 사업체 등록 여부에 관계없이 종사상 지위에 따라 '임금근로자가 아닌 자'(경제활동인구조사)라고 말할 수 있다. 따라서 법인이 제외되며, 규모적 측면에서 상시근로자와 무관하게 취급되며, 사업자등록 여부와 무관하다는 점에서 '소상공인'과 구별된다(중소기업진흥연구원, 2016).

창업의 본래 개념을 보면 새로운 사업기회를 추구하는 측면이 강하지만 자영업 창업은 생계형 창업이 대부분이므로 새로운 사업기회를 추구하기보다는 현실에 쫓기는 스스로 감내해야 하는 어려운 창업이라고 할 수 있다. 따라서 '자영업 창업(자영업 창업)'이라기보다는 혁신과는 거리가 먼 '자영업(自營業)'이나 자영업자(自營業者)라는 말로 통용되고 있다고 할 수 있다.

<표 2-4> 자영업자와 소상공인

구분	자영업자	소상공인
정의	근로자를 고용하고 있거나 자기혼자 사업 하는 사람(통계청) OECD: 통계청 기준 자영업자 +무급가족종사자	상시근로자 5인 미만 업체(제조업, 광업, 건설업, 운수업 10인 미만)
통계출처	경제활동인구조사(고용통계)	전국사업체조사(사업체통계)
조사방법	조사주기: 매월 32만 개의 표본가구 방문조사 조사시점과 공표시점간의 시차는 1개월	조사주기: 매년 일정 장소에서 영업하는 사업체 전수조사 조사시점과 공표시점간의 시차는 2년
규모	통계청 기준 562만 명(2015. 8) OECD 기준 683만 명(2015. 8)	종사자 수 578만 명(2013) 사업체 수 296만 개(2013)
법인	법인 제외	법인 포함
상시 근로자	규모와 무관	상시근로자 5인 또는 10인 이상은 제외
사업장	사업장 유무는 상관없음	사업장 필요(단, 무점포소매업은 조사 대상)
사업자 등록	사업자등록 여부는 무관	사업자등록 필요(단, 무등록업체도 조사대상)
장점	매월 발표하므로 적시성 높음 월/분기/년 단위의 장기시계열자료 풍부 국제비교가 용이하고, 원자료를 분석하면 자영업자의 연령, 업종, 지역 등 파악 가능	사업체(기업체) 단위 조사여서 중소기업 정책 판단기준의 준거로 활용 규모별, 업종별, 지역별 자료획득이 용이
단점	가계를 대상으로 한 조사여서 중소기업 정책 판단기준으로 활용 곤란	조사시점과 발표시점간의 시차가 매우 큼(2년) 2007년 표준산업분류가 변경되면서 2007년 이전 통계와 그 이후 통계가 불일치

자료: 중소기업청(2015.9)

<표 2-5> 생활밀착형 43개 업종 및 재분류

생활밀착형 업종		표준산업분류	
		소	중
외식업(10)	한식음식점	음식점업	음식점 및 주점업
	중국집	음식점업	음식점 및 주점업
	일식집	음식점업	음식점 및 주점업
	양식집	음식점업	음식점 및 주점업
	분식집	음식점업	음식점 및 주점업
	패스트푸드점	음식점업	음식점 및 주점업
	치킨집	음식점업	음식점 및 주점업
	제과점	음식점업	음식점 및 주점업
	호프간이주점	주점 및 비알콜음료점업	음식점 및 주점업
	커피음료	주점 및 비알콜음료점업	음식점 및 주점업
도소매업(11)	슈퍼마켓	종합 소매업	소매언: 자동차 제외
	편의점	종합 소매업	소매업: 자동차 제외
	컴퓨터판매수리	기계 및 장비 수리업	수리업
	휴대폰	정보통신장비 소매업	소매업: 자동차 제외
	정육점	음·식료품 및 담배 소매업	소매업: 자동차 제외
	과일채소	음·식료품 및 담배 소매업	소매업: 자동차 제외
	의류점	섬유, 의복, 신발 및 가죽제품 소매업	소매업: 자동차 제외
	패션잡화	섬유,의복,신발 및 가죽제품 소매업	소매업: 자동차 제외
	약국	기타 상품 전문 소매업	소매업: 자동차 제외
	문구점	문화,오락 및 여가 용품 소매업	소매업: 자동차 제외
	화장품	기타 상품 전문 소매업	소매업: 자동차 제외
서비스업(22)	입시보습학원	일반 교습 학원	교육 서비스업
	외국어학원	일반 교습 학원	교육 서비스업
	예체능학원	기타 교육기관	교육 서비스업
	치과의원	의원	보건업

한의원	의원	보건업
일반의원	의원	보건업
보육시설	비거주 복지시설 운영업	사회복지 서비스업
부동산중개업	부동산 관련 서비스업	부동신입
인테리어	실내건축 및 건축마무리 공사업	전문직별공사업
노래방	유원지 및 기타 오락관련 서비스업	스포츠 및 오락관련 서비스업
pc방	유원지 및 기타 오락관련 서비스업	스포츠 및 오락관련 서비스업
당구장	스포츠 서비스업	스포츠 및 오락관련 서비스업
골프연습장	스포츠 서비스업	스포츠 및 오락관련 서비스업
헬스클럽	스포츠 서비스업	스포츠 및 오락관련 서비스업
노인요양시설	거주 복지시설 운영업	사회복지 서비스업
미용실	미용, 욕탕 및 유사 서비스업	기타 개인 서비스업
네일숍	미용, 욕탕 및 유사 서비스업	기타 개인 서비스업
피부관리실	미용, 욕탕 및 유사 서비스업	기타 개인 서비스업
여관업	숙박시설 운영업	숙박업
세탁소	그 외 기타 개인 서비스업	기타 개인 서비스업
자동차수리	자동차 및 모터사이클 수리업	수리업
자동차미용	자동차 및 모터사이클 수리업	수리업

서비스업(22) 행은 위 표의 왼쪽 병합셀에 해당

자료: 김현철 & 안영수(2019), 「상점 밀도와 업종 다양성을 이용한 서울시 골목상권의 동태적 변화 모니터링 연구」, 『서울도시연구』, 20(4), pp.149~170.

1.4. 점포 창업 목적

창업가가 개인 수익창출, 사회적 기여, 본사 매출 실현, 자기만족, 경험 등을 통해 가족 등 구성원의 경제적 지위를 확보하기 위하여 점포를 기반으로 모두의 최적점에서 사회적 기여를 극대화시키는 데 있다.

2. 창업 분류

<표 2-6> 창업 분류

구분			내용
창업 추구 성격 (학문적 영역)	생계형창업(소규모 점포 창업)		한정된 소비자 대상으로 대면중심 창업
	기회형창업start up		범용적 소비자 대상으로 기술중심 창업
창업 가치 (목적)	생계형 창업	생계 의존형창업	수익이 생계 90% 이상 목적
		생계 사이드형 창업	수익이 생계 50% 목적
		생계 여가형 창업	수익이 생계 30% 이하 목적, 여가 목적, 자기개발
	사업형 창업	장인형 창업	고객 가치에 중점을 두며 수익의존도 낮은 창업
		개인화체인화 창업	3~4개 직영점 형태의 창업
		프랜차이즈체인화 창업	양적, 질적 체인, 가맹 사업 목적 창업
	재테크형 창업		창업 스킬 공유와 부동산 투자 관점의 창업
	공유 가치형(사회적 가치)		사회적 가치실현, 지역 소통, 재능 공유 또는 기여 등
창업 운영 가치(노동)	생계형		창업가 노동투입량이 극대화되는 운영
	투자형		창업가 노동투입량이 최소화되는 운영
창업 구성원	1인 창업		창업가 본인이 주방, 홀 등을 전적으로 운영 관리하는 창업
	내외 창업		내외가 주방, 홀 등을 전적으로 분담하는 창업
	형제 창업		형제가 주방, 홀 등을 전적으로 분담하는 창업
	가족 창업		가족 구성원이 주방, 홀 등을 전적으로 분담하는 창업
	동료 창업		직장이나 단체의 동료와 공동 창업으로 주방, 홀 등을 전적으로 분담하는 창업
	친구 창업		친구와 공동 창업으로 주방, 홀 등을 전적으로 분담하는 창업
	매칭 창업		채널을 통해 알게 된 파트너와 전문 분야를 최적화하는 맞춤형 창업
창업 준비 형태	전수 창업	완전 전수	창업가에게서 도제식과 계약식으로 전수 받음
		부분 전수	창업가에게서 창업 일부만 전수 받아 창업
	중계 창업		중계 컨설팅에 의한 창업
창업 준비 형태	독립 창업		독자적 창업
	가맹 창업		프랜차이즈 가맹계약에 의한 창업
	기획 창업		전략적 구성원에 의한 창업(입찰, 입찰자의 전대 등)

구분				내용
시장 환경	소자본 창업			5천만 원 미만 창업
	스몰 창업			적은 규모의 1인 창업
	규모 창업			스크랩 앤 빌드에 의한 규모 창업
	빅 창업			도심 외 지역의 상대적 규모 우위의 창업, 차별적 고객 경험 제공
	공유 창업	공유 주방		주방을 공유하여 사업을 영위
		공유 매장		주방과 매장을 공유하여 사업을 영위
창업 준비 경험	간접 경험	아르바이트 등		지인 점포, 아르바이트 경험
		전수		전수를 통해 가접 경험
	직접 경험	공유 주방/매장 창업		적은 투자금으로 창업 경험, 상품개발, 교육, 판로 개척 등
		초기 점포 창업		직접 점포 창업
창업 준비 경험	lesn method product development market entry			린 방식의 상품개발 시장
	research method product development market entry			연구 방식의 상품개발 시장
	lesn method market area development market entry			린 방식의 상권 개발 시장
	research method market area development market entry			연구 방식의 상권 개발 시장
상품 제공 방식	제공 방식	진열		매장에 진열하여 판매하는 창업
		생산	완전가공	매장에서 상품을 순수 제조하여 판매하는 창업
			준 가공	매장에서 상품을 간편 가공하여 판매하는 창업
		생산 진열		매장에서 생산하여 진열 판매하는 창업
상품 제공 방식	점포 유형	Ta		고객이 매장에서 소비하는 창업
		D		배달에 의해 판매되는 창업
		TO		고객이 상품을 방문 수취하는 창업
		TaD		매장 내 소비와 배달에 의한 창업
		TTO		매장 내 소비와 방문 수취하는 창업
		DTO		배달과 방문 수취하는 창업
		TaDTO		매장, 배달, 방문 수취하는 창업

2.1. 창업 추구 성격

일반석으로 생계형 창업과 기회형 창업으로 나눌 수 있다. 생계형 창업necessity-based entrepreneurship은 요소주도형[4] 경제에서 활발하게 이루어지는 유형으로 생계유지의 목적으로 이루어지는 창업을 말하며, 기회형 창업opportunity-based entrepreneurship은 혁신주도형 경제에서 활발하게 이루어지는 유형으로 더 낮은 경제적 목적 및 비경제적 목적으로 이루어지는 창업을 말한다. 즉 생계형 창업은 생계를 목적으로 하는 소규모 점포 창업에서 많이 볼 수 있고, 기회형 창업은 고객 가치 측면에서 사회 및 경제에 이바지하고자 하는 창업으로 스타트업[5]과 같은 기술형 창업에서 많이 볼 수 있다. 실무에서는 초기 창업 형태에 따라 전자는 한정적 소비자 대상으로 하는 대면 중심의 점포창업이고, 후자는 범용적 소비자 대상으로 하는 기술 중심의 벤처창업으로 나눌 수 있다.

2.1.1. 생계형 창입(소규모 점포 창업)

초보 점포 창업은 창업을 처음 하는 창업을 말한다. 창업 실패율의 50% 이상을 차지하기 때문에 처음 창업이 재창업으로 가는 선순환적인 창업이 되어야 사회경제에 긍정적인 영향을 미칠 수 있다. 그러나 전혀 준비도 되지 않고 묻지 마 창업 후 실패한 경우 사회적 문제만 증가하기 때문에 초보 점포 창업은 매우 정확한 방향성을 가지고 경험에 치중하는 것이 중요하다. 특히 점포 창업 특성상 완벽히 준비한 후 창업하는 경우가 드물어서 오픈 후 린 스타트업의 BML모델을 통한 업상권 운영점검 모델과 업 상권발전 모델을 참고하여 충분히 체험적 학습하는 것이 중요하다. 이단계가 중요한 것은 점포 창업은 기간과 초기 투자비용이 높기 때문이다.

상품의 큰 변화를 주는 것은 고객 신뢰를 잃게 되므로 처음부터 상품 완성도에 집

---

4 Schwab & Porter(2008)는 세계의 경제를 요소주도형, 효율주도형, 혁신주도형 경제로 구분하였다. 요소주도형은 후진국형 경제로 생계형 창업이 주류를 이루는 형태를 말하고, 효율주도형은 규모의 경제를 통해 성장과 고용기회를 창출하는 형태를 말하고, 혁신주도형은 선진국형 경제로 기술 중심 창업이 주류를 이루는 형태로 신제품과 신시장을 창출하는 데 초점을 맞추는 형태를 말한다(남정민, 이환수, 2017).

5 스타트업start up은 2010년 미국 오바마 대통령이 처음 사용한 이래, 사업단계별로 분류할 때 사업초기로 분류되는 신생 창업기업을 의미한다(이상조, 남정민, 2016)

중하기보다는 고객 타깃을 명확히 하여 상품 정체성을 명확히 하는 것이 중요하다. 즉 소상공인 점포창업은 고객 피드백을 반영하여 꾸준히 개선해야 고객이 요구하는 상품을 완성할 수 있다. 대부분의 대박집은 2~3번의 실패를 통해 이루어졌으며 오픈 이후에도 지속적이 고객 관찰과 개발 노력 끝에 이루어진다는 것을 기억해야 한다.

2.1.2. 기회형 창업start up

기술 창업의 다양한 프로세싱을 충실히 이행하면서 하는 창업이다. 즉, 고객 개발에 대한 이해를 중심으로 페르소나, 디자인 씽킹, 비즈니스 모델 캔버스, 린 스타트업, 린 캔버스 등 적용하여 창업에 적용하는 경험적 과정이 중요하다. 따라서 핵심사업, 핵심기능, 핵심고객을 집중하여 이것이 완벽할 때까지 BML모델의 실행을 유지하는 것이 중요하다.

2.2. 창업 가치(목적)

점포 창업은 일반적으로 생계형 창업을 말하며 특별히 창업의 어떤 가치를 목적으로 하는지에 따라 생계형 창업, 장인형 창업, 사업형 창업, 재테크형 창업, 공유가치(사회적 가치) 제공형 창업으로 나눌 수 있다. 생계형 창업(소규모 점포 창업)은 기본적으로 생계유지를 목적으로 하는 창업을 말하며, 박일순, 민성기(2009)는 생계형 창업의 특징으로 가족이나 친척들이 함께 창업하는 경우가 대부분이므로 사업수입이 가족의 절대적인 소득원이 되는 점을 들었다. 그러나 현재는 창업 참여자의 면면이 다양하여 생계 정도의 차이가 있기 때문에 생계의존 형태에 따라 생계 의존형, 생계 사이드형, 생계 여가형으로 구분할 수 있다.

생계 의존형 창업은 말 그대로 생계를 목적으로 하는 창업으로 창업개시 후 수익 의존도가 90% 이상인 경우의 창업을 말한다. 경쟁에 따른 매출하락, 경기변동, 점포 폐쇄, 사회적 이슈 등으로 매출 등락률이 높기 때문에 수익 다각화 등 다양한 관점의 대비가 필요하다. 생계 사이드형 창업은 개시 후 수익 의존도 50%를 목적으로 하는 창업을 말한다. 예를 들어 부부 중 한사람은 창업이나 직업을 유지하고 다른 한 사람이 새로운 창업을 이끌어 50% 추가 수익을 기대하는 창업을 말한다. 생계 여가형 창업은 수익의존도가 30% 이하인 창업을 말한다. 자산유지 측면이 강하고 당장 생계를 목적으로 하지 않으므로 경험이나 취미를 활용하므로 주로 고액 은퇴자의 창업이나 장기적인 관점에서 준비하는 창업에서 볼 수 있는 편이다. 그러나 일부는 자신만의 기술이니 기능이 반영되지 않는 프랜차이즈 점포를 오토매장으로 운영하여 품위유지 등의 목적으로 운영하는 경우가 있지만 투자비 대비 수익성과 효율성 등이 낮고 사회보장비용, 임차료 등 비용이 증가하므로 실패할 확률이 높다. 부부형 창업은 내외가 전적으로 주방, 홀 등을 분담하여 점포를 운영하는 창업을 말한다. 가족형 창업은 가족 구성원이 전적으로 주방, 홀 등을 분담하여 점포를 운영하는 창업을 말한다. 부부창업과 마찬가지로 주방 등 메인 업무의 안정적인 습득으로 상품을 제공할 수 있어야 하므로 준비기간이 길지만 가족 공동체 형성으로 비교적 안정적인 창업을 이끌 수 있다. 장인형 창업은 장인 정신에 입각한 창업을 말한다. 창업자가 해당 분야 10년 이상의 업력으로 자신만의 독창성이 돋보이는 창업을 말한다. 대체로 규모가 크지 않고 제공할 수 있는 서비스가 한정되어 있다. 창업가의 업에 대한 진정성이 높기 진정성이 높기 때문에 창업가의 자세가 중요하다.

　사업형 창업은 외식사업 경험이나 프랜차이즈 본사 직원으로서 경험을 통해 축적된 지식을 활용한 체인화 사업을 목적으로 하는 창업을 말한다. 체인화를 목적으로 하는 창업으로 체인 유형에 따라 볼런터리 체인voluntary chain, 레귤러 체인regular chain, 프랜차이즈 체인franchise chain, 플랫폼 체인platform chain으로 구분할 수 있다. 볼런터리voluntary chain는 브랜드만 공유하고 점포 선정 및 물류 시스템은 개인 선택적으로 운영할 수 있는 시스템을 말한다. 단순 물류 지원 시스템에 의한 업종인 편의점, 마트, 문구점이나 기술 전수로 브랜드만 공유하는 외식업 등에서 볼 수 있다. 예를 들어 00족발, 00설농탕, 00도넛 등이 그렇다. 그러나 본사에 대한 로열티 지급 의무는 없지만 본사 원자재에 대한 구매 조건인 경우가 있어서 변형된 볼런터리 체인으로 진화되고 있다. 레귤러 체인regular chain은 본사가 직접 점포를 개발하고 운영, 관리를 하는 직영형 시스템을 말한다. 현장에서는 더 구체적으로 개인화 직영 체인과 규모의 사업화 직영 체인으로 구분할 수 있다. 개인화 직영 체인은 개인인 또는 법인 사업자가 직접 관리가 가능한 2~4개 정도의 점포 운영을 유지하고자 하는 형태를 말한다. 매장의 규모가 큰 경우 가족 경영 형태로 운영되며 기존의 고객 가치를 유지하는 데 중점을 두기 때문에 무리한 확장을 자제한다. 상권 네트워크(도미넌트 전략)를 적용하는 나점포 확장 출섬 전략으로 효율을 극대화하는 것이 중요하다. 규모의 사업화 직영 체인은 혁신성에 따라 타깃시장의 규모가 다르게 나타난다. 예를 들어 블루보틀이라는 미국의 커피브랜드는 커피업계의 애플이라고 할 만큼 혁신을 강조한다. 세상에 없는 커피를 제공하겠다는 모토로 고객 가치를 제공한다. 특히 스타벅스와는 명확한 차별점을 가지고 있다. 첫째, 매장 내에서는 커피에 집중하게 한다. 스타벅스는 고객의 업무와 스터디를 허용하며 그 어떤 매장보다 편안함을 제공한다. 그러나 블루보틀은 매장 내 와이파이 제공을 하지 않거나 전기 코드를 최소화하여 커피로서 고객과의 소통을 강조하는 분위기를 연출한다. 둘째, 세상에 없는 커피를 제공한다. 스타벅스는 고품질 커피를 세계어디를 가더라도 동일한 맛을 제공하고자하나 블루보틀은 커피의 특성과 바리스타의 특성에 따라 다를 수 있기 때문에 고객이 원하는 커피를 제공할 때까지 추가로 제공하는 것을 원칙으로 한다. 셋째, 커피의 본질에 충실하고자 한다. 스타벅스는 계절마다 신메뉴와 다양한 음료를 제공한다. 블루보틀은 커피의 본질을 흩트리는 시럽을 배제하여 5~6가지 커피음료만 제공하는 것을 원칙으로 한다. 이렇게 스타벅스와 완전히 다른 고객 가치로 시장을 노리기 때문에 현재 블루보틀은 전 세계에 80여개 매장에 불과하지만 기업 가치는 약 8,000억 원에 이른다. 국내 외식업도 이와 같은 질적 체인을 지향하고 있다. 경복궁, 샷포로, 고구려 등 12개 브랜드를 운영하고 있는 주식회사 엔타스가 그렇고, 2015년 오픈한 도쿄등심, 갓포 서울, 대가원 등 8개 브랜드를 운영하는 주식회사 ㈜오픈은 고객에게 더 나은 가치를 제공하고자 차별화된 출점전략으로 질적 프랜차이즈로서 꾸준히 성장하고 있다. 특히 도쿄등심이라는 브랜드는 현재 7개 점포 모두 다른 콘셉트, 인테리어로 고객에게 새로운 경험과 가치를 제공하기 위해 노력하고 있다. 앞으로도 고객에게 새롭고 더 나은 경험을 제공하기 위해 끊임없이 연구하는 모습이 기대된다.

<사진 2-1> 질적 프랜차이즈 체인 사례 사진

자료: 본사 홈페이지

　　프랜차이즈franchise란 "프랜차이저franchisor인 본사와 프랜차이지franchisee인 가맹점 상호간에 프랜차이즈 계약을 맺고 프랜차이저는 상품의 판매권, 경영기술의 제공, 상호 사용권, 각종 판매촉진 등의 영업활동을 지원해 주고, 프랜차이지는 그 대가로서 일정한 로열티royalty를 내고 판매에만 전념하는 영업 형태이다. 즉, 프랜차이즈 사업franchis business은 가맹본사의 브랜드 가치에 부합하는 창업가를 선별하여 계약을 통해 특정 지역에 가맹점을 개점시켜서 가맹점의 역할을 수행하게 하는 사업 말한다. 따라서 점포 개점의 목적은 개인의 이익과 본사의 이익을 모두 충족시켜야 하므로 전문적이고 체계적인 출점 전략이 필요하다. 본사의 출점 확장성에 따라 질적 프랜차이즈와 양적 프랜차이즈로 구분할 수 있다. 질적 프랜차이즈는 연구기반의 상품개발로 꾸준히 고객 가치를 위해 노력을 요구하는 프랜차이즈를 말한다. 보통 지역 기반의 맛집으로 기술전수를 통한 체인에 중점을 두기 때문에 교육 기간이 길고 상품 단가는 비교적 높은 편이다. 점포 확산에 중점을 두지 않기 때문에 가맹점과 브랜드 관리에 더욱 신경을 쓴다. 양적 프랜차이즈는 대중성 높은 상품을 최적화 물류, 유통 등 본사 지원 시스템을 갖춰서 가맹점을 개설하므로 경쟁이 치열한 시장이므로 대기업의 진출이 용이하다. 창업자의 운영적 측면과 가성비를 중요하게 생각하며 대중을 타깃으로 하는 편의점, 베이커리, 커피 전문점, 피자 등이 여기에 해당한다고 볼 수 있다. 그러나 양적 프랜차이즈는 경쟁사 또는 신규 경쟁사의 모방이 쉽기 때문에 혁신적인 가치를 가지고 전략적인 마케팅으로 선점할 수 있어야 성공할 수 있다. 예를 들어 '고피자'라는 1인 피자 전문점은 가맹점 운영측면에서 1인이 쉽게 운영할 수 있고 고객은 혼자 먹을 수 있는 질 좋은 상품을 저렴하고 빠르게 제공받을 수 있기 때문에 시장에서 빠르게 성장할 수 있었다. 무엇보다 화덕운영의 단점을 보완하여 자체 개발한 오픈기로 최적의 피자를 제공할 수 있기 때문에 혁신성과 경쟁력이 높다고 볼 수 있다.

이렇게 체인화는 고객유지 측면과 신규 고객 발굴 측면에서 초기 프랜차이즈 본사의 경우 직영점에서 충분히 검증하여 진행하더라도 경쟁 변화, 고객 변화, 상권 변화 등에 대한 충분한 준비를 한 후 가맹사업을 하는 경우가 드물기 때문에 초기 프랜차이즈의 경우 초기 가맹 사업을 진행할 때 가맹점의 상황을 꾸준히 점검하여 BML을 통해 상품에 대한 상품 고객 학습을 병행해야 한다. 이 부분은 스타트업이 창업이후에도 초기엔 기능 추가적인 측면보다 핵심지표를 통해 핵심기능을 보완하는 데 집중해야 하는 것과 같다. 가맹점과 상권의 적합성 측면에서 〈그림 2-7〉에서 보듯이 개별 점포의 운영 점검MCSPMI 프로세스로 개발make, 구성composition, 배치setting, 판매촉진promotion, 측정measure, 개선improvement로 점검해야 한다. 이를 토대로 전략적으로 점포 출점 계획측면에서 〈그림 2-8〉에서 보듯이 상권 변화PCSLM 플로어에 따라 상품product, 고객customer, 점포store, 입지location, 상권market area으로 상권 개발을 병행해야 한다. 플랫폼 체인platform chain은 플랫폼 비즈니스를 추구하는 테크 기업의 플랫폼 서비스에 소비자가 일정 수수료 또는 사용료를 지불하는 형태를 말한다. 모두 공유경제를 기반으로 하며 직영 형태로 운영되는 경우와 개별 사업자의 참여로 운영되는 형태가 있다. 전자는 현재 위 워크wework, 패스트파이브fastfive 등 공유 오피스 사업을 하는 프롭테크prop-tech[6] 기업과 위쿡, 심플키친 등 공유 주방 등 오프라인을 기반으로 온라인과 오프라인의 융·합한 옴니 채널[7]로 온디멘드[8] 서비스를 지향하는 기업을 말한다. 물론 이 플랫폼을 활용하고 참여하는 것은 개인 사업자이다. 후자는 에어비앤비airbnb라는 플랫폼에 온라인으로 등록하고 해당 플랫폼 기업의 서비스를 활용하여 일정 수수료를 지불하며 개인이 운영하는 형태이다. 앞으로 공유경제를 중심으로 다양한 외식업이나 서비스업도 플랫폼 비즈니스를 기반으로 하는 체인 형태로 더 많은 소비자가 참여하여 공공의 이익을 추구할 것으로 보인다.

재테크형 창업은 창업 활동을 통해서 매입한 부동산의 자산 가치 상승, 점포 권리 가치 상승, 창업 기술 이전 등으로 영업외적 수익을 기대할 수 있는 창업을 말한다. 따라서 창업지역 선정은 도시 계획 측면과 창업 정책 등을 고려하여 업종의 콘셉트에 부합하는 지역에서 창업해야 장기적인 가치상승을 기대할 수 있다. 이렇게 부동산 투자에 대한 이해가 높아야 하고, 창업 목적이 명확해야 하고 창업 경험도 있어야 하기 때문에 가장 어렵지만 가치 측면에서 매우 유용한 방식이다. 글로벌 프랜차이즈인 맥도널드는 직접 건물을 매입하여 진출하는 대표적인 케이스이지만, 중요한 것은 투자가 중심이 아니라 창업을 통한 고객 가치가 중심이라는 것을 잊으면 안 된다. 공유가치(사회적 가치) 제공형 창업은 사회적 가치를 제공하는 목적의 창업을 말한다. 수익성을 우선으로 두기보다 나눔을 우선으로 하므로 외식형, 공예품, 의류, 액세서리, 단순 판매형 창업 등 다양한 분야에서 활용될 수 있다. 가치를 제공하는 데 있어 지역민들과 소통을 통해 문제를 찾고 해결하기도 한다. 지나친 경쟁의식보다 고객 가치에 중점을 두기 때문에 창업가가 추구하는 창업 가치가 중요하다.

---

6 프롭테크Prop Tech는 부동산property과 기술technology을 합친 용어로 IT기술을 부동산에 결합한 서비스를 말한다.

7 옴니 채널omni-channel은 온라인online과 오프라인off line 모두 아우르는 채널을 말한다.

8 온 디맨드on demand는 사전적 의미로 요구만 있으면 언제든지를 말하며, 서비스산업에서 고객의 요구가 있다면 언제든지 제공할 수도 있고 달려가겠다는 의미로 활용되고 있다.

<표 2-7> 체인chain 유형

구분	오프라인 체인off line chain					온라인 체인on line chain	
	볼런터리 체인 voluntary chain	직영 체인 regular chain		프랜차이즈 체인 franchise chain		플랫폼체인 platform chain	
		개인화 직영 체인	사업화 직영 체인 (가치추구)	질적	양적	직영	가입형
특징	본사와 가맹사업자 관계 형성이 낮아 소속감이 떨어짐, 로열티 없음	본사 운영 효율 중요시함 현재 지위에 안정을 추구함	자본 투입금이 높음. 형신성이 높음	대체로 고가형 상품 취급, 자본 투입이 높음, 로열티 있음, 레귤러 체인에 많음	대체로 저가형 상품 취급 편리한 운영, 가성비, 로열티 있음	공유형 테크 기반 프롭테크, 공유 주방 등 직영 체계, 옴니 채널omni channel 기반	공유형 테크 기반 개인 소비자 참여형
사례	독립형 개인 편의점, 마트, 기술전수형 외식, 디저트 등	지역 맛집	엔타스의 경복궁, 고구려 등 오픈의 도쿄등심, 갓포서울 등, 스타벅스, 블루보틀, 쉑쉑버거 등	개인화에 의한 기술 전수 에 의한 맛집형	편의점, 간편식, 테이크아웃점	위워크, 패스트파이브, 클라우드 키친, 위쿡, 심플키친	에어비앤비

2.3. 창업 구성원

함께 창업하는 구성원의 성격과 역할에 따라 1인 창업, 내외(부부) 창업, 형제 창업, 가족(부모, 형제) 창업, 동료 창업, 친구 창업, 매칭 창업으로 구분할 수 있다. 1인 창업은 창업가 본인이 주방, 홀 등 모든 것을 직접 준비해서 운영 관리하는 창업을 말한다. 소자본 창업이면서 스몰 창업인 경우가 많기 때문에 생계 사이드형 또는 사업 초년생의 창업이 많은 편이다. 내외 창업은 부부가 주방, 홀 등 모든 것을 직접 준비해서 운영 관리하는 창업을 말한다. 일반적으로 소자본 창업, 스몰 창업에서 쉽게 볼 수 있다. 형제 창업은 형제가 주방, 홀 등을 전적으로 분다하는 창업을 말한다. 일반적으로 한사람은 이미 경험을 하고 있는 분야기거나 준비를 하고 있는 경우가 많다.

가족 창업은 가족 구성원이 주방, 홀 등을 전적으로 분담하는 창업으로 구성원 중 일부는 이선 경험이 충분하거나 오랜 준비로 창업하므로 비교적 넓은 매장을 선호하는 경우가 많다. 따라서 부모의 업을 이어받는 경우가 여기에 해당한다. 동료 창업은 직장이나 단체의 동료와 공동으로 창업하여 주방, 홀 등을 전적으로 분담하는 창업을 말한다. 따라서 업에 대한 이해가 높은 팀원이 서로 시너지를 추구하는 창업이다. 친구 창업은 친구와 공동으로 창업하여 주방, 홀 등을 전적으로 분담하는 창업을 말한다. 이 경우 한 사람은 중요한 파트를 담당하고, 친구는 서포트하는 형태가 많다. 매칭 창업은 창업 경진대회, 창업 사관학교 등 다양한 기관에서 최적의 창업을 위해 매칭하는 창업을 말한다. 창업 경험이나 관련 경험이 부족한 경우 매칭률이 떨어지지만 장기적인 성장성 측면에서 더욱 고려해야 할 창업이다. 이상의 창업을 보면 지인에 의한 창업이 대부분이므로 업무 분담에 대한 명확성과 전문성을 높이지 않으면 성공하기 어렵다.

2.4. 점포 창업 준비 형태

전수형learning type 창업, 중개형mediation type 창업, 독립형self type 창업, 가맹형 franchise type 창업, 기획형plan type 창업이 있다. 전수형 창업은 특별한 노하우를 가지고 있는 창업가에게 상품, 고객이해, 운영 노하우 등 창업 기술을 이전 받아 창업하는 것을 말한다. 전수 대상은 상품 전수와 서비스 전수로 구분한다. 상품 전수는 일정 과정을 거쳐 고객에게 제공하는 제품을 만드는 것을 말하고, 서비스 전수는 홍보, 고객 서비스, 쇼핑몰의 경우 상품 컨택과 상품 상세페이지 작성 등을 말한다. 후자의 경우는 온라인 채널이나 교육센터에서 다양한 교육을 통해 기본적 스킬을 익혀서 본인이 직접 적용하는 것이 중요하므로 전수 대상에서는 제외한다. 따라서 상품기준으로 보면 크게 완전 전수full learning type와 부분 전수part learning type가 있다. 완전 전수는 상품과 고객이해를 중심으로 전반적인 사항을 전수받는 것으로 도제식 apprentice system과 계약식contract system이 있다. 도제식은 전통적 전수방식으로 전수자의 매장에서 유급 또는 무급으로 일을 하면서 수개월에서 수년에 걸쳐 단계적으로 배우는 과정이 필요하다. 진정한 장인에게 배우지만 스스로 깨우치는 것이 중요하며 특정 기간의 정함이 없기 때문에 창업가의 의지와 간절함이 중요하다. 계약식은 특정 브랜드에 대한 사용을 전제하에 특정 기간 동안 창업과 관련된 전반적인 사항을 계약에 의해 배우는 과정이다. 전수 창업가의 창입 목적과 이해가 바탕이 되어야 전수 효과가 극대화될 수 있다. 부분 전수는 전수자에게서 계약에 의해 상품, 고객이해를 중심으로 하는 특정 부분만을 전수받아 창업하는 것을 말한다. 창업가의 유사창업 경험으로 보완적 기대를 목적으로 하는 창업에 적합하다. 일반적으로 창업에서 가장 중요한 것은 상품이므로 전수는 상품에 대한 것으로 한정된다. 그러나 상품은 고객을 위한 상품이어야 하므로 고객 가치에 대한 것은 준비하는 창업가가 스스로 발견하고 해결해야 함을 잊으면 안 된다.

중개형 창업은 창업 중계 컨설팅에 의한 창업을 말한다. 단순 중개형과 컨설팅형이 있다. 단순 중개형보다는 컨설팅형이 일반적이며 계약에 대한 점검을 철저히 하고 무리한 욕심을 내지 않는다면 크게 실패할 확률은 낮은 창업형태이다. 이미 운영 중인 점포를 인수하는 창업이기 때문이다. 단지 업종을 바꾸는 경우는 해당 업종의 전문가 조언은 필수이다. 독립형 창업은 스스로 모든 것을 해결하여 창업하는 것을 말한다. 가맹형 창업은 프랜차이즈 가맹 계약을 체결하고 특정 브랜드의 고객 가치를 고객에게 제공하는 창업을 말한다. 개인의 프랜차이즈 창업은 프랜차이즈 본사에 대금(시공, 가맹비 등)을 지불하고 점포를 개설하며, 본사 운영 지원을 받는 대가로 로열티를 지불하며 운영한다. 기획형 창업은 일반적인 개인 소유 점포를 이전받는 것이 아니라 법인이나 공공기관의 점포를 입찰이나 수의계약 형태로 점포 운영권을 취득하여 창업하는 것을 말한다. 대체로 지역이나 상권 특수성이 반영되기 때문에 수익성이 떨어진다.

2.5. 시장 환경

소자본small & money 창업, 스몰small & skill 창업, 규모scale 창업, 빅big 창업, 공유 창

업이 있다. 소자본 창업은 정의와 자금 규모가 명확히 정의되어 있지는 않지만 소상 공인 창업의 특징 중 하나인 생계형이면서 실패 이후에도 감당할 수 있는 정도의 창업이라고 할 수 있다. 그러나 창업 자금은 창업 분야, 프랜차이즈 유무, 창업자 개인적 성향, 실패 후 감당할 수 있는 수준 등이 다를 수 있다.

감당할 수 있는 금액의 수준을 연령대로 본다면 본인이 회사에 다닐 경우 1년 연봉을 기준으로 20~30대 청년에게 소자본은 2~3천만 원, 40대 이상은 5천만 원 내외의 금액을 혹시 실패를 하더라도 감당할 수 있는 금액으로 볼 수 있다. 초보 창업가에게 생계형 창업 중에서 생계 의존형 창업과 사이드형 창업은 비교적 적은 금액이라고 볼 수 있으므로 감당할 수 있는 금액과 생계형 측면을 종합하면 창업 규모와 관계없이 총자본이 약 3~4천만 원 정도의 자금이 투입되는 창업이라고 말할 수 있다. 부부창업이나 1인 창업의 형태가 일반적이므로 단순 동네 창업이 많으며 타깃 상권이 배후형 상권에 많기 때문에 소비자가 고르게 분포된 지역이 좋다. 스몰 창업은 자본금 규모와 관계없이 매장 면적이 비교적 적은 규모의 1인 기술형 창업을 말한다. 실력은 있으나 자본이 충분하지 않는 경우 상품을 적극 알릴 수 있기 때문에 독창성을 알릴 수 있는 상권에서 창업을 한다. 규모 창업은 다양한 상품 경쟁력과 입지적 우위를 통해 스크랩 앤 빌드 전략으로 진입하므로 큰 규모의 창업을 말한다. 스타벅스, 맥도널드 등 대형 프랜차이즈와 테마가 가미된 대형 카페의 창업을 말한다. 따라서 단순히 규모가 큰 것이기보다는 많은 준비와 자금이 투입되어야 하므로 숙련된 창업가의 창업이라고 할 수 있다. 예를 들어 파주 더티트렁크와 레드파이프 등이 여기에 해당한다고 할 수 있다. 최근에는 지역 특징을 가미한 창업이 대세를 이루고 있다. 춘천의 감자집, 강화도 수산공원, 속초 칠성조선소 등이 여기에 해당한다. 빅 창업은 주로 로드 사이드 입지에서 상대적 규모 우위의 창업을 말한다. 충분한 배후 세대를 확보한 지역의 주요 도로변에 충분한 주차공간을 확보하여 창업한다. 상대적으로 평당 임차료와 평당 시설비가 낮은 창업을 말한다. 공유 창업은 서비스 제공자(내 것을 제공하여 공유하는 자)나 서비스 이용자(제3자의 것을 공유하는 자)가 가치를 특정 부동산이나 동산 등을 공유하여 수익을 창출하는 업이라고 할 수 있다. 점포 창업에서는 공유 주방이라는 명칭으로 사업이 확산되고 있다.

공유 주방의 기원은 19세기 초 프랑스의 사회주의자였던 샤를 푸리에Charles Fourier의 팔랑스테르Phalanste're까지 거슬러 올라가지만, 본격적으로는 공동주택이나 집합주택의 사회적 확산과 관련된다(장상은, 정경운, 2018). 장상은, 정경운(2018)은 공유 주방 유형을 마을형, 거점형, 창업형, 1인 가구형으로 구분하여 공유 주방의 구성요소로 공유자원(식재료, 음식, 주방, 경험 등), 공간유형, 운영주체, 참여주체로 연구하였다. 공간유형은 마을 유휴지, 거점공간, 공공시설로 구분하였지만 본서에서는 공유수익을 창출하는 대상에 따라 부동산과 동산으로 구분하였고 세부적으로 부동산은 근린시설(매장, 주방 등), 주거시설, 오피스시설, 물류센터 등이 있고 동산은 자동차, 자전거, 전동스쿠터 등으로 구분하였다. 본서에서 공유 주방 유형은 창업형에 해당하는 것으로 현재 업계에서 활동하는 업체들의 현황을 토대로 대상 명칭, 사업 방식, 사업 주체에 따라 〈표 2-8〉과 같이 구분하였다.

근린시설은 공유 주방과 공유 매장형으로 나눌 수 있다. 공유 주방은 주방 소유나 사용권을 확보한 주체가 제 3자와 단독 주방이나 공공 사용 주방을 공유하여 사업을 영위하는 것을 말한다. 매장 공유형은 주방과 매장을 공유 받아 사업을 영위하는 것으로 일반적인 사업 방식은 단독 주방을 공유 받아 입점한 업체들이 매장을 공유하여 사업을 영위하는 것을 말한다. 위쿡, 고스트 키친 등과 같은 서비스 제공자에게 일정 비용을 지불하고 사업을 영위하는 창업과, 나누다 키친과 같은 공유 주방 매칭 플랫폼에 가입한 점포에 일정 비용을 지불하고 사업을 영위하는 창업을 말한다.

사업방식에 따라 서비스 제공자와 서비스 이용자로 구분할 수 있다. 서비스 제공자는 시스템을 제공하는 회사로 임대형, 대여형이 있으며, 서비스 이용자(시스템에 가입한 개별 창업가)는 서비스 제공자가 제공하는 시스템에 가입하여 배달형, 제조유통형, 테이블 제공형으로 사업을 영위할 수 있다. 주로 배달형을 제공하는 업체는 상품 개발 지원에 대한 부분보다는 마케팅, 관리에 중점을 두고 지원한다.

또한 사업참여 주체에 따라 서비스 제공자 측면과 서비스 이용자 측면에서 구분해 볼 수 있다. 서비스 제공자 측면에서는 서비스 제공자가 확보한 공간을 제3자에게 일정 비용을 받고 수익을 창출하는 업을 말한다. 공유 오피스인 위워크가 여기에 해당한다고 볼 수 있다. 위워크는 공유시스템을 제공하는 업체이자 서비스를 제공하는 업체로서 오피스 건물을 임대하여 개별 창업가를 모집하여 일정 비용을 받고 다양한 서비스를 제공하는 업체이다. 위쿡, 심플키친, 고스트 키친 등도 공유시스템을 제공하는 업체이자 서비스를 제공하는 업체로서 근린시설을 확보하여 개별 창업가를 모집하여 일정 비용을 받고 다양한 서비스를 제공하는 업체로 여기에 해당한다고 볼 수 있다. 반면 제공자와 이용자를 연결하는 매칭플랫폼으로 에이비앤비와 우리나라의 '나누다키친'이 있다. 에어비앤비에 가입한 호스트(집주인)는 직접 공유시스템을 제공하지는 않지만 에어비앤비 플랫폼 내에서 이용자로부터 일정 비용을 받고 서비스를 제공하는 사업자로 여기에 해당하는 창업이라고 볼 수 있다. 나누다 키친에 가입한 점포 사장님은 현재 운영하고 있는 점포의 유휴 공간 또는 유휴 시간대에 이용자를 위한 점포를 제공하여 사업을 영위하는 것도 여기에 해당하는 창업이라고 볼 수 있다. 서비스 이용자 측면에서 서비스 이용자가 서비스 제공자에게 일정 비용을 지불하고 수익을 창출하는 업을 말한다. 주로 공유 주방형 사업에서 볼 수 있는데 주방 공유형, 매장 공유형으로 나눌 수 있다.

공유창업은 공유 주방 시스템 제공자의 시설에서 하는 창업으로 일종의 소자본 창업에 해당한다고 볼 수 있다. 단순히 비용 절감측면보다 교육, 판로개척, 관리 등에 대한 지원으로 창업 기회를 극대화시켜 소비자 욕구를 충족시키는 데 목적이 있다. 어떤 창업 유형보다 빅데이터 활용도가 높기 때문에 IT기술의 발전으로 더욱 고객 만족도를 높이고 다양한 서비스를 보일 것으로 기대된다. 현실적인 시장진입측면에서 초보창업자나 체계적이고 효율적인 시스템을 접할 수 있고 직접 경험의 일환으로 적용하기에 가장 좋은 유형이라고 할 수 있다.

2.6. 창업 준비 경험

창업 경험 준비 과정에 따라 간접 경험 창업과 직접 경험 창업으로 나눌 수 있다.

간접 경험은 지인의 점포에 근무나 아르바이트를 하면서 창업 아이템을 간접적으로 점검하며 준비한 경우나 전수 창업이 여기에 해당한다. 단순히 일용직으로 근무하면서 직접 상품을 개발하기에 한계가 있지만 관심 분야에서 일을 한다면 고객 니

<표 2-8> 공유 창업

구분	대상	대상 명칭	사업 방식에 따라		사업참여 주체에 따라	
			서비스 제공자	서비스 이용자	서비스 제공자 (내 깃을 공류)	서비스 이용자 (제3자 깃울 공유)
부동산	근린시설 (매장, 주방 등) 근린시설 (매장, 주방 등)	공유 주방형	임대형, 대여형 (시간)	배달형, 제조 유통형	위쿡, 심플키친, 고스트 키친 등	입점한 개별 창업가
		공유 매장형	임대형, 대여형 (시간)	배달형, 테이블 제공형	나누다 키친에 가입한 개별 점포주	입점한 개별 창업가, 나누다 키친에 가입한 개별 점포주와 계약한 개별 창업가
	주거시설	공유 주거형	대여형	대여 고객	에어비앤비의 호스트(집주인)	대여 고객
	오피스	공유 오피스형	임대형, 대여형	임대 및 대여 고객	위워크, 패스트파이브 등	입점한 개별 창업가
	물류 센터, 토지 등	공유 물류형	임대형, 대여형	임대 및 대여 고객, 입점한 개별 창업가	물류보관 업체	임대 및 대여 고객, 입점한 개별 창업가
동산	자동차, 자전거, 전동스쿠터 등	공유 자전거 등	대여형, 구독형	사용 고객	따르릉 등	사용 고객

즈 파악하고 집에서 만들어 보는 과정을 통해 제품을 개발할 수 있다. 전수창업은 처음부터 아이템이 정해진 것이므로 어떤 장인에게 어떻게 전수받는지가 중요하다. 더욱 중요한 것은 전수 받기 전 고객 가치와 목적을 분명히 하고 주요 타깃 고객을 명확히 하여 전수받는다.

직접 경험은 본인이 직접 제품을 개발하고 만들어 판매하는 창업으로 공유 주방형과 직접 점포 창업형이 있다. 공유 주방형은 점포개설과 판로 개척 등 비용이 최소화되고 상품개발에 대한 교육을 지원받을 수 있기 때문에 상품개발과 운영에 대한 체계적인 경험과 지원을 받을 수 있다. 점포 창업형은 직접 점포를 오픈하는 창업이므로 주요 고객과 제품 가치에 대한 고민과 준비를 얼마나 했는지에 따라 결과가 달라질 수 있다. 점포 유형은 테이크아웃 형태가 더욱 적합하며 제품과 적합한 지역에서 창업 경험을 한다면 더욱 완성도 높은 상품을 개발할 수 있을 것이다.

중요한 것은 간접 경험과 직접 경험을 하더라도 상품개발에 대한 과정은 〈그림 2-6〉의 '신상품(메뉴) 개발 플로어'를 기준으로 해야 상품 고유 가치, 상품 고객 가치, 고객 고유 가치를 경험할 수 있고 이후 본격적인 창업과 재창업에서 완성도를 높일 수 있게 된다.

2.7. 시장 개발 관점

시장 개발 관점에 따라 린 방식의 상품개발 시장, 연구 방식 상품개발 시장, 린 방식의 상권 개발 시장, 연구 방식 상권 개발 시장으로 나눌 수 있다. 시장진입 15원칙 중 제4원칙을 참고하기 바란다.

2.8. 상품제공 방식과 점포유형

상품 제공 방식에 따라 진열형과 가공형 있다. 진열형은 완제품을 매장에 진열하는 판매하는 형태를 말한다. 가공형은 완전 가공형과 준 가공형이 있다. 완전 가공형은 매장에서 재료를 직접 손질하여 상품을 제공하는 형태이고 준 가공형은 가공 포장된 재료를 매장에서 간편히 조리하여 제공하는 형태를 말한다. 점포 유형은 소비자 상품 접점에 따른 것으로 TaTable테이블을 제공하는 매장에서 상품 서비스를 제공하는 형태이고, DDelivery는 상품 배달로 소비자에게 직접 전달하는 형태이고, TOTake out은 고객이 매장에 방문하여 상품을 수취하는 형태이고, 이하 TaDTable Delivery, TaTOTable Take Out, DTODelivery Take Out, TaDTOTable Delivery Take Out는 각각이 혼합된 형태를 표시한 것이다.

3. 스타트업과 초기점포창업

스타트업이나 초기 점포 창업은 옴니[9] 창업을 기본으로 한다. 즉 고객이 원하는 것을 언제 어디서나 빠르게 제공하는 것이 중요하다. 시장 규모, 단지 상품개발 방식 등에 따라 차이가 있기 때문에 다양한 차이점이 있다. 일반적으로 점포 창업은 생계형이 많고 스타트업과 옴니 창업은 기회형(기술중심 서비스형) 창업이 많다. 점포 창업은 상품, 상권 관찰을 통해 경쟁적 관점 또는 다양한 관점에서 비교하는 것이 중요하지만 start up(기회형 창업)은 무에서 유를 창조하는 것이므로 도전적 영역에 진입하는 경우가 많기 때문에 가설을 통한 검증으로 빠르게 반복 개선하여 고객 가치를 충족시킬 수 있는 상품을 개발하는 것이 중요하다. 따라서 running lean[10] 방식으로 개발한다. 점포 창업의 경우는 상품개발에 대한 체계적인 프로세스가 정착되어 있지 않다. 단지 옴니 창업측면에서 보면 시장 성격측면, 제품 가치 측면, 창업 성격 측면에서 running lean 방식을 더욱 세분화하여 적용하는 것이 적합하다고 할 수 있다. 다음은 스타트업과 점포창업을 비교한 내용이다.

3.1. 시장진입 방법론적 측면

스타트업은 말 그대로 창업한 지 얼마 안 된 벤처기업으로 혁신적인 제품이나 서비스로 가치를 창출하여 급성장을 기대하는 창업으로 대체로 애자일 개발 방식을 적용한 상품개발과 고객발견, 고객검증, 고객창출 절차를 따른다. 즉, 스타트업은 시장을 넓게 보고 시장에 진입하기 때문이다. 따라서 시장 유형(기회)에 따른 타깃시장

---

9   옴니omni는 모든 것을 의미하는 용어로 마케팅에서 온라인, 오프라인을 아무르는 유통채널로서 '옴니 채널omni-channel'이라고도 부른다.

10   에릭 리스Eric Lies의 '린 스타트업'을 토대로 실리콘벨리 창업자인 애쉬 모리아Ash Maurya가 빠르게 MVP 구축 및 검증 방법을 제안한 과정에 대한 개념으로 스타트 업이 실패를 최소화하여 고객 가치를 극대화할 수 있는 제품이나 서비스를 제공하는 데 목적이 있다. understand problem(문제 이해)-define solution(솔루션 정의)-validate qualitatively(질적 검증)-verify quantitatively(양적 검증) 순서로 진행한다.

을 선정하고, 시장 규모에 따라 구체적인 타깃시장을 선정한다. 초기 점포 창업은 점 포창업의 특성으로 상권 내 창업이므로 상품개발과 입지론적 관점을 복합적으로 고 려하며, 일시적으로 많은 자본금을 투입하기 때문에 창업 검증을 통한 상품 시장진 입 15단계를 따른다.

3.2. 시장 유형(기회)

시장유형은 기존시장, 틈새시장 또는 저가시장, 신규시장, 기존시장을 복사한 시 장으로 구분할 수 있다. 여기에서 시장진입측면을 고려하는 데 가장 중요한 것은 시 장진입 시기와 독점 정도이다. 이 두 가지 측면은 시장유형을 파악할 때 유기적으로 고려해야 한다. 스타트업은 기존시장existing market, 틈새 또는 저가시장resegmented market, 신규시장new market, 복제시장clone market 모두 고려하지만 특히, 기존시장에 서 민감하게 파악할 필요가 있다. 스타트업은 작은 시장이라도 장악하는 것이 중요 하기 때문에 타깃으로 하는 시장을 명확히 정의하는 것이 중요하지만, 점포창업은 지역이 한정되어 있지 않기 때문에 신규시장과 틈새시장을 구분하여 진입하는 것이 적합하다고 할 수 있다.

스타트업에서 기존시장은 도입기, 성장기, 성숙기, 쇠퇴기로 나누어 고려할 수 있 다. 기회형 창업은 점포창업과 다르게 생활, 업무, 학업 등 다양한 불편한 점을 해소 할 수 있는 시장이 풍부하기 때문에 많은 분야가 도입기에 있다. 기존시장이 도입기 인 경우 고객은 인지를 못하고 있기 때문에 고위험 시장이며 경쟁자는 적지만 혁신 적이고 차별적이어야 한다. 그러나 이미 블록체인, 우주항공 등 하이테크 분야과 생 활이나 교육 분야에서는 아직도 도입기에 해당하는 서비스가 많은 편이다. 블록체 인과 우주항공 등은 기술과 시스템의 전환비용 등 다양한 문제로 시장이 확장되기 위해서는 매우 오랜 시간이 걸릴 수 있다. 그러나 세탁수거서비스, 청소대행 등은 실 생활과 밀접한 분야는 기술의 문제보다는 소비자 경험의 문제가 중요하기 때문에 빠르게 소비자와 접점을 늘리고 개선하여 니즈를 충족시키는 것이 중요하다. 따라

<表 2-9> 시장 유형(기회)

시장 market	기존시장 existing market				틈새 또는 low cost 시장 re- segmented market	신규시장 new market	기존시장을 복사한 시장 clone market
	도입기 (개척기)	성장기 (준 개척기)	성숙기	쇠퇴기			
창업 적용	스타트업/ 초기 점포창업	스타트업/ 프랜차이즈	스타트업/ 프랜차이즈	스타트업/ 후기 점포창업	스타트업/ 초기 점포창업	스타트업/ 초기 점포창업	기존기업
고객	비인지	인지	인지	인지	인지	모르는	아마 알고 있는
고객 니즈	혁신적, 차별적	고품질	고품질	혁신적	더 적합한 (타깃 구체적)	혁신성과 개척성	현지 실정
경쟁자	적음	많음	많음	적음	적음(구체적)	없음	
위험	고위험	저위험	중위험, 고위험	고위험	시장과 상품 재정 상황에 따라	고위험	중위험 (리스크 감소)

서 비교적 높은 혁신성과 차별성으로 접근해야 한다. 기존시장이 성장기인 경우 인지하고 있는 고객이 증가하고 있어서 저위험 시장이라고 할 수 있지만, 경쟁점이 증가하기 때문에 고품질의 상품으로 진입해야 한다. 예를 들어 배달시장은 성장성과 시장성이 증명되었기에 규모의 경제를 이루기 위해 기업인수 합병이 이루어지고 있고, 이미 다른 플랫폼을 장악한 쿠팡과 같은 기업은 신규로 확장하고 있다. 따라서 성장기에 있는 시장에 진입하기 위해서는 매우 많은 자본과 인프라가 필요하다. 기존시장이 성숙기인 경우 상품 인지를 넘어 선별하는 시기이므로 경쟁점이 많아 중위험에서 고위험 시장으로 이동하고 있는 시기라고 할 수 있다. 따라서 단순히 차별적인 상품으로 시장에 진입하기에는 한계가 있기 때문에 핵심타깃을 명확히 장악할 수 있는 고품질 상품으로 진입해야 한다. 예를 들어 구글은 이미 형성된 검색시장에 검색의 기본기능에 집중하여 빠르고 정확한 검색 기술로 시장을 공략하였다. 현재 한국과 같은 온라인 쇼핑시장은 전통적인 오프라인 기업인 대형마트, 백화점 등 기업의 온라인 진출과 IT 기업인 네이버, 쿠팡 등과 경쟁으로 성장기와 성숙기가 공

존하고 있다. 장기적인 측면에서 온라인 쇼핑의 비중은 더욱 늘어날 것이지만 시장 독점 문제로 신규로 진입하는 데는 한계가 있기 때문에 더욱 세분화하여 시장을 공략하는 것이 중요하다. 기존시장이 쇠퇴기인 경우 시장을 장악한 선두 업체만 생존하게 되므로 기존시장에서 새로운 영역을 개척하기가 쉽지 않기 때문에 고위험 시장이라고 할 수 있다. 따라서 기존 선두업체가 제공하는 서비스에 불만을 가지는 고객을 타깃으로 사이드 시장을 장악하는 것이 적합할 수 있다. 예를 들어 한물간 채팅 시장에 젊은 층을 집중 공략하여 새로운 고객 경험을 제공하는 '아자르Azar'와 같은 채팅 앱이나, 기존의 이유식 시장에 아이의 건강을 최우선으로 여기는 도시 엄마들을 집중 공략하여 전혀 다른 가치를 제공하는 '에코 맘의 산골이유식'이 그렇다고 볼 수 있다. 또한, 더 이상 확장되지 않고 정체되어 있는 기존의 무선 이어폰 시장에서 새로운 방식의 카테고리를 형성하고 있는 애플의 에어팟Air Pods이 여기에 해당한다고 볼 수 있다. 단순히 고성능을 중요시한 것이 아니라 고객의 니즈를 창출하여 새롭게 진입하는 시장을 말한다. 선혀 없는 새로움이 아니라 새로운 방식으로 진입하므로 성공 유무를 예측할 수 없고 장기적인 전략이 필요한 시장이다. 따라서 애플과 같이 이미 아이폰 생태계를 구축한 회사에서 영역을 확장하기에 적합한 시장이라고 할 수 있다. 이렇게 스타트업과 같은 기술 창업시장에서 기존시장은 시장 형성 단계에 따라 차별적인 전략으로 접근해야 함을 알 수 있다.

독점 시장은 선두 업체의 시장 독점 정도에 따라 다음과 같이 나눌 수 있다. 기존 시장의 1위 회사가 전체 시장의 74%를 점유했다면 완전한 독점 시장이라고 할 수 있다. 이런 시장에서 진입비용도 많이 들기 때문에 초기 기업이 감당할 수 없는 수준이므로 틈새나 우회적으로 작은 시장을 공략하는 전략이 필요하다.

기존시장을 독점 정도에 따라 살펴보면, 〈표 2-10〉에서 보듯이 과점시장은 기존 시장의 1위, 2위 회사가 전체 시장의 74%를 점유하고, 1위 회사와 2위 회사의 점유율 격차가 1.7배 미만이라면 과점 시장이라고 할 수 있다. 이런 시장은 1위 회사와 2위 회사의 사이에서 틈새를 노리는 전략이 주요하고 할 수 있다.

시장 선도자 시장은 1위 회사가 전체 시장의 41%를 점유하고, 2위 회사에 비해 최소 1.7배의 점유율을 가졌다면 1위 회사는 시장 선도자라고 할 수 있다. 틈새시장이나 혁신성 있는 제품이나 서비스로 시장에 진입할 수 있다. 불안정한 시장은 전체 시장에서 26%를 점유한 1위 회사가 있지만 시장 상황이 불안정한 경우이므로 신규로 진입하는 회사는 기회를 노릴 수 있다. 일반 시장은 1위 회사가 26% 미만의 점유율을 가졌다면 시장 지배력은 없다고 할 수 있다. 성숙되지 않은 시장이므로 신규 창출하는 시장보다 기존시장을 공략하는 것이 나을 수 있다. 불안정한 시장과 일반 시장은 다른 시장에 비해 진입비용이 상대적으로 적게 들지만 선도회사가 없기 때문에 시장획득을 위한 경쟁심화가 우려된다고 할 수 있다.

<표 2-10> 기존시장의 독점 정도에 따른 진입전략

시장 구분	1위 회사 시장 점유율	필요한 진입 비용(시장 선도자의 판매/홍보 예산 대비)	가능한 진입전략
독점 시장	>75%	3배	시장 재분류, 신규시장 창출
과점 시장	>75%	3배	시장 재분류, 신규시장 창출
시장 선도자 있는 시장	>41%	3배	시장 재분류, 신규시장 창출
불안정한 시장	>26%	1.7배	기존 시장진입, 시장 재분류
일반시장	<26%	1.7배	기존 시장진입, 시장 재분류

출처: Blank, S. & Dorf, B.(2020), The startup owner's manual: The step-by-step guide for building a great company, John Wiley & Sons.

스타트업에서 틈새시장은 특정 분야의 시장을 공략하여 점차 고객층이나 제품대상을 달리하여 네트워크로 확장 연결되는 개념이다. 이 경우 작은 시장을 빠르게 공략하는 것이 중요하다. 예를 들어 '오누이'라는 스타트업은 수학과외 시장에 온라인으로 문제풀이를 즉시 제공해 주는 서비스를 제공한다. 이후 다른 과목으로 점포 네트워킹 확장하여 서로 시너지를 일으키는 시장을 말한다.

스타트업에서 신규시장은 매우 혁신적인 제품이나 서비스로 공략하는 시장으로 해당 분야의 최상위 플랫폼을 지향한다. 따라서 실패율도 높고 리스크도 높지만 성공할 경우 하키스틱과 같은 성장 곡선을 그리며 급격한 성장을 하게 되고 엄청난 확장력이 생기게 된다. 카카오 메신저의 경우처럼 오랜 기간 고객을 확보하여 플랫폼이 형성되면 다양한 플랫폼 네트워크로 사업을 확장하는 것이 있고 우버 uber, 에어비앤비airb&b, 넷플릭스netflix처럼 단순하고 저렴한 제품이나 서비스로 시장의 밑바닥을 공략한 후 빠르게 시장 전체를 장악하는 방식인 '파괴적 혁신disruptive innovation'[11]으로 신규시장을 이끄는 경우도 있다. 현실적으로 스타트업이 본격적으로 시작된 지 10년이 되어 많은 사업모델이 시장에서 실패를 거듭하였다. 그런 정보를 토대로 초보 창업가가 기술창업을 준비한다면 틈새시장관점에서 준비하는 것이 조금 유리할 수 있다. 신규시장은 성장 곡선에 오르기 위해서는 많은 자본과 장기적인 관점이 필요하고, 기존시장은 고성능을 요구하기 때문이다. 따라서 틈새시장을 명확히 하여 빠르게 장악한 후 이후 점차 시장공략을 넓혀가는 전략적으로 접근하는 것이 유리할 수 있다.

초기 점포 창업에서 기존시장은 도입기, 성장기, 성숙기, 쇠퇴기로 나누어 고려할 수 있다. 따라서 기존시장은 4단계를 거치기 때문에 일정규모 이상인 시장이어야 한다. 기존시장이 도입기인 경우 고객은 인지하지 못하고 있는 소비자가 많기 때문에 고위험 시장이며 경쟁자는 적지만 혁신적이고 차별적이어야 한다. 예를 들어 수제버거는 이미 오래전부터 있었지만 시장성 측면에서 보면 2021년도는 도입기에 있다고 볼 수 있다. 그러나 수제버거는 버거시장의 일부이기 때문에 기존버거와 차별성과 가치를 제시해야 하기 때문에 매우 어려운 창업이지만 최근에는 동네 상권에도 진입하고 있는 추세이다. 그러나 대중적인 버거 체인점과 별도로 규모의 경제를 이루기에는 한계가 있기 때문에 매장별로 차별적인 콘셉트를 제공해야 하므로 매우 위험이 높은 창업 분야이다. 최근에는 프리미엄 버거로 시장이 재편되고 있는데, 명성과 상징성을 고려한 초프리미엄 버거가 등장하고 있다. 2016년도에 한국에 선보인 쉑쉑버거를 시작으로 2022년 초에 오픈 한 고든램지버거는 3만 원이 넘는 가격에도 불구하고 사전 예약이 완료될 정도로 인기를 끌고 있다.

기존시장이 성장기인 경우 인지하고 있는 고객이 증가하고 있어서 저위험 시장이

---

11 클레이튼 크리스텐슨Clayton M. Christensen 교수가 창시한 용어로 단순하고 저렴한 제품이나 서비스로 시장의 선도 기업이 장악한 시장의 틈새를 공략한 후 서서히 시장을 장악하여 선도 기업을 무너뜨리는 것을 말한다.

<그림 2-1> 기술형 창업시장

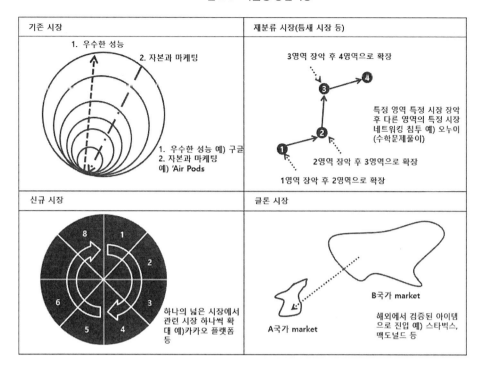

라고 할 수 있지만, 경쟁점이 증가하기 때문에 상품 수준이 높다고 할 수 있다. 따라서 단순히 고품질의 상품으로 진입하는 데는 한계가 있기 때문에 소비자 니즈를 고려하여 가격과 서비스가 동반되어야 한다. 외식업 업종 중에서 숯불구이 전문점 시장처럼 성장기인지 성숙기인지 경계가 불분명한 시장은 늘 폐업과 창업이 공존하고 있다. 외식업 중에서 숯불구이 전문점 시장은 너무 많은 브랜드가 실패를 거듭하고 있지만 새롭게 생기는 브랜드는 맛과 가격, 편리성을 고려하여 진입하기 때문에 소비자 타깃과 니즈를 정확히 반영하는 것이 중요하다. 예를 들어 고반식당이라는 브랜드는 평균 이상인 반찬과 고기를 제공하고 있으며 직원이 고기 그릴링 서비스를 하면서도 합리적인 가격에 제공하고 있기 때문에 소비자 만족을 높이고 있다. 기존시장이 성숙기인 경우 상품 인지를 넘어 선별하는 시기이므로 경쟁점이 많아 중위험에서 고위험 시장으로 이동하고 있는 시기라고 할 수 있다. 따라서 단순히 차별적인 상품으로 시장에 진입하기에는 한계가 있기 때문에 핵심타깃을 명확히 장악할

수 있는 고품질 상품으로 진입해야 한다. 예를 들어 치킨전문점 시장은 생산물가가 높고 너무나 많은 브랜드가 존재하고 있지만 늘 새로운 브랜드가 생기고 있다. 그러나 새로운 브랜드는 저마다 다른 가치와 차별화로 시장에 진입하고 있기 때문에 시장 파이는 커지고 있다. 그러나 치킨과 같은 모든 연령층에 대중적인 브랜드는 소비자 니즈를 넘어 욕구를 창출하고 있기 때문에 많은 노력과 경험이 필요하다. 기존시장이 쇠퇴기인 경우 시장을 장악한 선두 업체만 생존하게 되므로 기존시장에서 새로운 영역을 개척하거나 틈새를 공략하는 것이 유리하다. 그러나 현실적으로 점포창업에서 일정 기간 규모의 경제를 이루고 있는 분야에서 쇠퇴기에 있는 분야는 찾기 어렵다. 단지 시장이 작고, 트렌드에 민감한 유행성 아이템은 여기에 해당한다고 볼 수 있다. 예를 들어 디저트 카테고리에 있는 추로스는 디저트 시장의 한 모퉁이에서 형성되어 있었지만 이태원 경리단길에서 스트리트 추로스를 시작으로 급격히 성장하였다. 상품 생애주기가 짧기 때문에 다양한 브랜드가 난립하는 경우 바로 쇠퇴기에 접어들 수 있기 때문에 이 시점에 진입하는 것은 매우 위험하다고 할 수 있다. 따라서 이시기는 다양한 니즈를 반영하여 새로운 추로스라는 단순 디저트 한계를 넘어 혁신적인 아이템과 강력한 브랜딩이 필요하다.

스타트업과 같은 기회형 창업에서 기존시장은 넓은 시장을 대상으로 진입하지만 점포창업에서는 한정된 지역을 기준으로 진입하기 때문에 기존시장의 개념이 더욱 좁다고 할 수 있다. 따라서 프랜차이즈를 기획한 본사 창업이라면 기회형 창업 관점에서 접근하는 것이 타당하지만, 프랜차이즈 가맹점 창업이나 초기 점포 창업이라면 작은 시장을 타깃으로 하므로 틈새시장은 기존시장에 진입하는 측면에서 전략적으로 접근하고, 재분류시장은 별도로 구별하지 않는다. 시장유형은 상품차원의 시장 방향성을 말하지만 점포창업은 점포에서 상품이나 서비스를 제공하기 때문에 상권차원의 틈새시장과는 별도로 구분해야 한다. 이 점은 〈그림 12-16〉 독점(률)을 참고하기 바란다.

초기 점포 창업에서 틈새시장은 상품차원에서 전략적으로 접근할 수 있다. 예를 들어 치킨시장은 늘 신규 브랜드가 진입하고 성공과 실패를 반복하고 있으며, 시장은 더욱 커지고 있지만, 신규로 진입하기에는 리스크가 높은 시장이다. 치킨 시장에서 가장 큰 시장은 프라이드치킨이고 구이용 치킨 시장은 매우 작은 시장이기 때문에 프랜차이즈 사업이 쉽지 않다. 누룽지 통닭과 같은 장작구이 치킨은 건강과 맛을 고려한 틈새시장이라고 할 수 있다. 초기 점포 창업에서 신규시장은 실질적으로 존재하지 않는다. 단지 콘셉트를 다르게 하여 욕구를 충족시킬 뿐이나. 또한, 현재처럼 수제버거가 유행인 시점에 단순히 밥버거로 차별화하기에는 한계가 있다. 따라서 서울 은평구에 위치한 한 매장은 쫀득하고 고소한 누룽지를 기본으로 소세지 등을 토핑한 식사 대용 음식을 선보였다. 기존의 밥버거와 차별화하여 고객 취향과 가격, 차별적인 상품력과 기술력으로 고객의 니즈를 정확히 공략한 상품이라고 할 수 있다.

초기 점포 창업에서 재분류시장도 매우 드물며 어려운 시장이다. 터키 케밥은 이태원을 중심으로 활성화되어 있으나 외국인과 이 상권에 방문하는 소비자들이 타깃이므로 전국 단위로 확장되는 데 한계가 있다. 따라서 케밥과 유사한 그리스의 수불라키라는 음식도 이태원에 진출하였으나 소비자 니즈가 부족했고 새로운 욕구를 충족시키기에도 부족하였기에 시장이 확대되기 어려운 아이템이었다. 또한, 타코는 멕시코 음식으로 미국에서는 매우 대중적인 음식이지만 한국에서는 식사와 간식의 중간에서 명확한 포지셔닝을 하지 못하고 있기 때문에 리스크가 큰 시장이다.

이외에 틈새시장도 신규시장의 도입기, 쇠퇴기도 아닌 상품으로 진입하는 사례도 있다. 만두와 버거의 혼합된 개념으로 시장에 진입한 경우도 있으나 타깃으로 하는 시장유형이 명확하지 않았고 시도하기에 적합하지 않은 동네 상권에서 진입하였기에 일찍 폐업한 사례도 있다. 이상에서 보듯이 시장유형을 선택하는 것은 매우 중요한 문제이다. 이것은 고객과 상품을 명확히 이해하는 것에서 출발하기 때문이다.

이상에서 보듯이 시장유형은 생애주기에 따른 시장 방향성을 잡는 것이 중요하며, 추가로 기회형 창업의 경우 기술수명주기 이론[12]을 참고하여 더욱 구체적인 시장유형을 찾을 수 있을 것이다.

---

12 혁신확산이론Diffusion of Innovation Theory: DIT은 사회시스템에서 시간이 경과함에 따라 새로운 아이디어와 사물이 확산되는 방식에 대한 일반적인 설명뿐 아니라 혁신이 수용될 시간의 길이를 예측하기 위한 틀을 제공하기 위해 Rogers(1995)가 제안한 이론이다. 이 이론에 따르면 신제품이 확산되는 과정에 따라 소비자를 혁신자Innovators, 초기구매자Early Adopters, 초기다수자Early Majority, 후기다수자Late Majority, 후기구매자Laggards 등으로 구분하였다.

3.3. 혁신 측면

스타트업은 사업 모델business model 자체가 상대적으로 높은 혁신성을 추구한다고 볼 수 있다. 따라서 미국의 유명한 전략커뮤니케이션 전문가인 Simon Sinek's Golden Cicles에 따르면 애플 아이폰의 사례를 통해 상품을 특정 지어 개발하기 전에 고객은 왜 기존의 디지털 전화기를 사용해야 하는지 문제접근 방식을 'Why - How - What' 순서로 접근해야 한다고 하였다. 즉, 무엇what을 정하기보다 항상 왜 why에서부터 시작하여 어떻게 할지 고민해야 고객의 니즈를 창출할 수 있는 혁신성을 이룰 수 있다. 초기 점포 창업은 일반적으로는 혁신성이 낮은 편이다. 특히 단순 가맹 창업은 더욱 그렇다고 볼 수 있기 때문에 도전성과 위험감수성의 역량이 더욱 요구되기 때문에 창업가 본인에 대한 이해가 우선이어야 하므로 핵심고객 가치를 찾는 과정이 'What - Who - Why - How - When - Where' 순서로 문제에 접근한다. what는 상품의 고유 가치와 상품 고객 가치를 말한다. why는 고객 고유 가치에 해당한다. 이 부분은 1강 가치창출 방식과 4강 창업상품성을 참고하기 바란다.

3.4. 창업준비 측면

스타트업은 제품 중요성이 70% 이상의 높은 비중을 차지하므로 고객 접점의 차이로 제품 자체의 중요성은 더욱 높을 수밖에 없다. 따라서 초기 단계에 디자인 싱킹 등 프로세스를 활용하여 어떤 문제에 대해 몰입하여 관찰한다. 이후 창업기회 발견을 통해 고객발견과 검증에 따른 창업가의 팀 리더십이 중요하다. 즉 평소 관심 분야, 업무 분야의 idea에 대한 동기부여로 일정 시점부터는 팀을 리드할 수 있는 적극적인 참여가 중요하다. 이런 과정으로 고차원 MVP(최소기능제품)가 검증이 되었을 경우 핵심기능 중심으로 50% 미만의 완성도로도 출시한다. 이후에는 또다시 피드백 feed back을 통해 제품 기능을 보완해 간다. 한정된 자금으로 MVP(최소기능제품)[13]를 만

---

13 Minimum Viable Product의 약자로 최소기능제품이라고 한다. 고객에게 완벽한 상품이나 서비스를 제공하기 전 최소한의 기능을 갖추어 테스트 및 검증을 하기 위한 제품을 말한다.

들고 검증해야 하므로 상대적으로 비용이 적게 든다. 따라서 고차원 MVP(최소기능제품) 완성 이후 고객검증이 완료되면 본격적으로 시장 확장 단계에서 마케팅, 개발 비용, 대규모 시설 비용 등 많은 금액이 필요하다. 초기 점포 창업은 고객 대면을 전제로 하므로 상품자체는 전체 창업의 30~50%를 차지하며 이외는 고객 접근성, 매장 콘셉트, 영업력, 서비스력, 창업가 역량 등의 비중이 높다고 볼 수 있다. 따라서 상품 이외에도 시장에 진입하기 전에 점포, 상권에 대한 중장기적인 관찰이 필요하다. 특히 점포는 부동성과 이동성이 자유롭지 않기 때문에 처음 창업에서 신중해야 한다. 따라서 점포창업은 다양한 상권과 상품의 접합성을 점검하여 해당 상품이 상권에 진입하는 데 실패확률을 낮출 수 있어야 하므로 상권가치를 명확히 이해하고 노력하는 자세가 필요하다. 따라서 상품개발에 대한 직접적인 준비기간이 중요하다. 즉 직접 배우고 기술을 익히는 과정이 길수록 좋다. 점포에서 가장 중요한 파트는 창업가가 직접 이끌어야 하기 때문이다. 그러나 고가의 상품일수록 높은 완성도에서 오픈을 하며, 저가이며 테이크아웃 형태의 상품을 판매하는 경우 상대적으로 낮은 완성도(70% 이상)의 상품으로 오픈하기도 한다. 초기 투자금은 임대, 시설금 등 초기 비용이 높지만, 운영 중엔 전략적 상품개발, 일반적인 고정 비용이 지출되므로 상대적으로 적은 금액이 든다. 떡볶이, 호떡, 붕어빵 등 소비 간격이 짧고, 대중적인 음식은 BML모델을 통해 타깃 고객의 욕구에 충족될 수 있도록 반복 학습하는 것도 중요하다. 따라서 입지적으로 열세인 지역은 고객 창출이 충족되지 못해 경영에 어려움을 겪을 수 있기 때문에 상대적으로 적은 금액으로 진입하는 것이 좋다.

3.5. 고객 가치customer value 측면

고객 가치는 크게 소비자 측면과 창업가 상품개발 측면에서 구분해 볼 수 있다. 소비자 측면에서 고객 가치는 스타트업과 초기 점포 창업 모두 왜 고객이 제품이나 브랜드를 선택해야 하는지 구체적인 가치를 말한다. 그러나 창업가의 상품개발측면에서 스타트업은 넓게 분포된 고객을 타깃으로 핵심 가치를 찾는데 반복한다. 초기 점포 창업은 한정된 시장(상권)에서 좁게 분포된 고객을 타깃으로 핵심 가치를 찾는데 반복한다. 특히 오프라인 시장에서 직접 상품을 체험하고 그에 따른 소비자 행동과 반응이 즉각적이기 때문에 개발 측면에서 더욱 세부화되어야 한다. 〈그림 2-2〉에서 보듯이 점포 창업에서 고객 가치는 3단계로 나타낼 수 있다. 점포창업에서 가치value는 고객 가치customer value와 상품 가치product value로 나눌 수 있다. 고객 가치는 고객 고유 가치customer unique value로 핵심적인 가치라고 할 수 있으며 이는 혁신적 가치, 차별적 가치, 본능적 가치로 나눌 수 있다. 고객이 우리 제품이나 서비스를 왜why 사야 하는지, 왜 방문해야 하는지 생각하게 하는 것으로 customer value라고 한다. 필립 코틀러의 상품차원으로 보면 핵심제품에 해당하는 것으로 머리에 해당한다고 할 수 있다. 상품 가치는 상품 고객 가치와 상품 고유 가치로 나눌 수 있다. 상품 고객 가치는 고객이 체감할 수 있는지에 해당하며 실전에서 맛, 서비스, 접근성에 대한 것이므로 product taste value라고 한다. 따라서 필립 코틀러의 상품 차원으로 보면 유형제품에 해당하는 것으로 눈, 코, 입, 손 등에 해당한다고 할 수 있다. 상품 고유 가치는 기본적 가치에 해당하며 실전에서 정성, 재료, 재료 본질에 대한 것이므로 product authenticity value라고 한다. 따라서 필립 코틀러의 상품차원으로 보면 확장제품에 해당하는 것으로 제품 제공 과정의 정성과 재료의 충실도로 인해 고객에게 감동을 전달하기 때문에 가슴에 해당한다고 할 수 있다.

3.6. 상품개발 절차 측면

스타트업은 애시 모리아의 running lean에 따라 개발 및 검증한다. 핵심기능에 중점을 두며 경험적 과정에서 고객 문제를 찾아 해결하는 데 중점을 둔다. 따라서 매우 빠르고 반복적인 과정을 거치며 최소기능제품을 만드는 데 중점을 두며 과학적 검증이 중요하다. 〈그림 1-6〉에서 보듯이 제품을 만드는 과정은 Articulate Problem(문제 제기)-Build Demo(데모 만들기)-Build Smallest Solution(최소기능제품)'에 대해 단계별로 가설을 세우고 만들며 측정한다. 린 스타트업의 3단계 절차에 따라 problem/solution fit(문제와 솔루션 적합성)-product/market fit(상품과 시장 적합성)-scale(성장)을 검증하면서 제품을 출시하며 핵심지표를 점검한다.

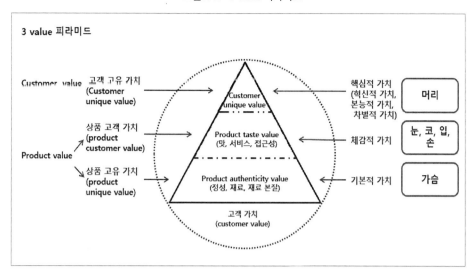

초기 점포 창업은 메인 상품과 서브 상품을 별도로 구분하여 개발하며 음식이라는 특수성으로 고객의 문제를 인지하며 상품 본래의 가치를 찾기 위한 과정이 중요하다. 따라서 상품 본연의 문제를 찾아 해결하는 과정은 일정 기간의 투자와 노력을 요구하므로 장기간의 연구를 감수해야 하므로 정성과 신뢰가 중요하다. 초기 점포 창업에서 음식과 관계된 경우 더욱 그렇다. 더본의 '빽다방'이라는 커피 음료 브랜드를 만들기 위해 테스트를 거치며 완성하는 데 7년이 걸렸다고 한다. 이태원의 유명한 '오월의종' 또한 3년이 넘는 상품개발과정 속에 탄생한 베이커리 전문점이다. 창업 초기 무화과 호밀빵 10개를 만들어 2개만 팔려도 상품의 본질을 찾는 과정을 3년 넘게 이어 갔다. 여기서 '오월의종'의 정웅 대표는 고객이 자신이 제공하는 상품을 이해하는 데 시간이 많이 필요하다는 것을 배웠다고 한다. 이렇게 음식 창업에 있어 고객 고유 가치는 상품의 본질을 찾는 데서 시작이 된다. 그 과정에 상품 고객 가치를 완성하고 그 상품을 어떻게 서비스 하는지에 따라 개발 기간은 길어질 수 있다. 따라서 초기 점포 창업은 직접 경험검증을 권하는 이유이기도 하다.

〈그림 2-3〉은 애시 모리아의 running lean을 응용하여 상품가치에 따라 초기 점포창업 상품개발 프로세스로 응용한 것이다. 〈그림 1-6〉의 과정을 〈그림 2-2〉의 각

단계에 적용한다.

메인 상품을 개발하는 과정은 1단계 상품 고유 가치product unique value인 정성, 재료, 재료 본질을 말하고, 2단계는 상품 고객 가치product customer value인 상품의 맛delicious product, 상품의 서비스service product, 상품 접근성accessibility product 중에서 맛 상품delicious product에 집중한다. 3단계는 상품 고객 가치product customer value 중에서 상품의 서비스service product, 상품 접근성accessibility product에 집중하여 개발한다.

1단계인 상품 고유 가치product unique value에서 제품 만드는 과정은 창업 상품성 문제제기, 핵심 가치 상품 만들기, 최소 완성 제품 만들기로 이어진다. 기본적 가치에 해당하는 사항이지만 판매할 수 있는 제품이 아니므로 정성, 재료, 재료 본질을 추구하는 상품 기본 가치에 대한 전문가 검증에 집중한다.

2단계인 상품 고객 가치product customer value에서 제품 만드는 과정은 창업 상품성 문제제기, 핵심 가치 상품 만들기, 최소 완성 제품 만들기로 이어진다. 상품 고객 가치는 맛 상품delicious product, 서비스 상품service product, 접근성 상품accessibility product을 중심으로 상품의 최소 완성 제품의 가치를 말한다. 이를 통해 고객이 진정으로 요구하는 고객 가치를 추구한다. 그리고 점포 창업의 특성으로 제1가치인 상품 고유 가치(진정성)에서 고객구매의사를 확인할 수 없기 때문에 2단계는 차별적인 최소 완성제품 만들기로 본격적인 고객 검증 절차를 거친다. 2단계에서는 고객이 맛에 대해 체감할 수 있는 검증delicious product에 집중한다. 3단계인 상품 고객 가치product customer value에서 제품 만드는 과정은 상품 서비스 및 접근성service & accessibility product에서 창업 상품 서비스 문제제기, 서비스/친근성 핵심 가치 만들기, 최소 완성 서비스 만들기로 이어진다. 이렇게 상품 고객 가치에 해당하는 사항을 2단계와 3단계로 구분하여 고객을 위한 product taste value를 극대화하는 단계이다. 마찬가지로 서브 상품serve product 개발 단계에서도 메인 상품main product의 고객 가치를 완성하는 데 유지하면서 그것을 기준으로 시장 적합성을 검증한다. 그러나 주력 상품의 성격에 따라 서브 상품의 구성적 차이가 클 수 있다. 예를 들어 청국장의 경우 다양한 밑반찬이 필요하지만 해장국은 김치나 깍두기만 조화를 이룰 수 있으면 된다. 따라서 청국장의 경우처럼 다양한 구성을 요구하는 상품은 메인 상품의 상품 고유 가치와 서브상품의 상품 고객 가치를 적절히 조화하여 개발해야 한다.

중요한 것은 초기 점포 창업에서도 초기 상품 고유 가치는 상권을 고려하지 않고 기본 가치에 충실해야 하고 상품 고객 가치는 구체적인 시장 즉 상권을 고려한 상품 자체 개발에 초점을 맞춰야 더욱 완성도 높은 제품을 만들 수 있다는 것이다. 상권 내 고객의 성격에 따라 taste value는 다르게 느껴지기 때문이다.

최근에는 서비스 경영 측면에서 상품이외의 감동을 받고 싶어 하는 고객이 늘고 있다. 따라서 고객 행동 서비스는 별도의 솔루션을 진행하며, 매장 연출 등 매장의 모든 콘셉트는 상품개발 완료 후 '고객 감동'을 극대화시킬 수 있는 방안을 반복적으로 테스트하며 완성한다.

3.7. 가설과 검증 측면

스타트업은 running lean 방식으로 검증한다. 초기 점포 창업은 〈그림 2-4〉에서 보듯이 3단계 가치 개발 모델에서 상품 검증은 3단계로 나누어 검증한다. 우선 1단계는 상품고유 가치인 진정성을 정성, 재료, 재료본질을 한 단계로서 검증하고, 2단계는 상품 고객 가치인 맛taste 중 미각delicious에 대해 검증하고, 3단계는 상품 고객 가치인 맛taste 중 서비스, 접근성에 대해 검증한다. 상품 고객 가치는 2단계로 3단계로 구분하여 검증하는 이유는 맛과 서비스, 접근성은 성격이 다르기 때문이다. 또한 각 단계의 상품 핵심 가치 만들기에 대한 검증은 전문성과 효율성 측면에서 솔루션 전문가와 솔루션 핵심 고객을 통해 검증한다. 각 단계의 최소 완성제품 검증 방법으로는 간접 경험 상품 검증과 직접 경험 상품 검증이 있다. 간접 경험 검증은 창업 전 직접 체험 정도에 따라 최소 완성 제품의 완성도에 차이가 있을 수 있으며 직접 현장 검증을 원칙으로 한다.

가. 1단계 상품 고유 가치(진정성 가치-정성, 재료 충실, 재료 본질)

문제제기와 검증측면에서 스타트업은 린 스타트업 방식을 적용해 고객 문제에 대한 가설에 따른 인터뷰 검증절차를 거친다. 초기 점포 창업은 상품개발 모델에서 보듯이 문제 제기와 검증 방식은 기본적으로 BML모델을 따르며 메인 상품과 서브 상품을 별도로 신행한다. 각각은 3단계 과정을 거친다. 메인 상품이면서 1단계인 상품 고유 가치의 문제 제기는 창업상품성what 점검을 통해 상품 고유 가치(진정성 가치) 측면에서 소비자who에게 어떤 문제가 있는지 가설을 세우고 기존의 상품에 어떤 문제가 있는지 전문가 및 고객 인터뷰를 통해 문제를 발견하고 검증한다.

데모(프로토타입)와 솔루션 검증 측면에서 스타트업은 소비자 문제를 찾아 핵심 가치를 제공하는 것이 중심이므로 핵심기능에만 집중하게 되며 시각적인 제작과 설명으로도 어느 정도 검증이 가능하므로 비용과 시간이 최소화될 수 있다. 따라서 제품 최적화가 아니라 반복적 학습이 중요하다. 초기 점포 창업에서도 1단계의 데모는 핵심 상품 가치에 해당하는 것으로 상품 진정성을 위한 핵심 재료의 구매, 손질, 관리에 해당한다. 이에 대한 가설을 세우고 검증한다. 그러나 점포 창업의 특성상 핵심 상품 가치는 판매할 수 있는 상품이 아니므로 프로토타입prototype[14]은 큰 의미가 없다. 특히 제품이 음식인 경우 고객 검증이 불가능하기 때문이다. 뼈 해장국, 설렁탕, 곱창 등 상품성이 깊은 음식일수록 기초 단계의 검증이 중요하므로 전문가 조언과 검증은 필수이다. 따라서 정성과 재료에 대한 이해를 중심으로 재료 배합과 과정에 대한 솔루션 전문가 인터뷰 중심으로 검증한다. 이 단계부터 중요한 것은 '상품 고유 가치 테이블(레시피 데이터)'을 작성한 데이터 관리가 필수이다.

최소기능제품과 검증 측면에서 최소기능제품은 스타트업 중에서 소프트웨어 창업에 최적화되어 있다고 볼 수 있다. 적은 비용으로 빠르고 반복적으로 수행하기 위해서는 핵심기능에 집중해야 한다. 그러나 하드웨어 창업은 소비자 검증 단계에서 최소기능제품의 완성도가 낮은 경우 정확한 검증이 어려운 점이 있고, 높은 비용이 들 수 있기 때문에 부분적으로 활용할 수 있겠다. 초기 점포 창업에서는 최소 완성 제품의 검증을 한다. 완벽한 상품이 아니라 상품 고유 가치(진정성 가치)를 위한 최소 완성 제품 단계이므로 재료 배합에 따른 결과물에 대한 가설을 세우고 이 단계에서는 비교적 전문적 식견이 있는 검증이 중요하므로 전문가 인터뷰로 재료 본질에 대

---

14 상품을 출시하기 전 다양한 검증을 통해 상품 개선시키기 위해 미리 제작하는 시제품을 말한다.

한 상품 고유 가치(진정성 가치)에 집중하여 검증을 거친다. 추가로 핵심 고객 검증을 보완한다. 예를 들어 뼈해장국, 설렁탕 전문점 창업이라면 설렁탕 음식의 가장 중요한 핵심 상품가치인 사골 육수에 대한 검증을 말한다. 간편 식품인 꽈배기라면 재료와 반죽이 상품 고유 가치에 해당할 것이다. 마찬가지로 '상품 고유 가치 실행 테이블(레시피 실행 검증 데이터)'로 데이터 관리가 필수이다.

나. 2단계 상품 고객 가치product taste value-delicious product

상품 특성상 스타트업은 핵심 가치에 대한 단일 과정을 반복 학습하므로 2단계부터는 초기 점포 창업에만 적용된다. 상품 고객 가치에 대한 문제 제기와 검증을 한다. 메인 상품이면서 1단계인 상품 고객 가치의 문제 제기는 창업상품성what 점검을 통해 상품 고객 가치taste value-delicious product 측면에서 소비자who에게 어떤 문제가 있는지 가설을 세우고 기존의 상품에 어떤 문제가 있는지 고객 인터뷰를 통해 문제를 발견하고 검증한다.

데모(프로토타입)와 솔루션 검증 측면에서 순수 미각 가치delicious product에 대한 상품 핵심 가치에 대한 가설을 세우고 검증한다. 상품성에 따라 시간이 오래 걸릴 수도 있고 빠르게 진행될 수도 있다. 비교적 높은 수준의 프로토타입을 만들고 솔루션 전문가 인터뷰, 솔루션 핵심 고객 인터뷰를 병행하여 객관성을 높인다. 솔루션 전문가 인터뷰로 1단계의 연장선상에서 2단계 핵심 가치를 검증하지만 2단계의 상품 고객 가치 단계에서는 핵심 고객 인터뷰에 집중한다.

이 단계에서도 '상품 고객 가치 테이블(과정 데이터)'을 작성하여 데이터 관리가 필수이다.

초기 점포 창업에서 최소 완성 제품의 검증을 한다. 완벽한 상품이 아니라 상품 고객 가치taste product를 위한 최소 완성 제품 단계이므로 재료 배합에 따른 결과물에 대한 가설을 세우고 이 단계에서는 비교적 전문적 식견이 있는 검증이 중요하므로 전문가 인터뷰로 재료 본질에 대한 상품 고객 가치delicious product에 집중하여 검증을 거친다. 예를 들어 설렁탕 전문점 창업이라면 설렁탕의 면과 고기는 상품 고객 가치에 해당한다고 볼 수 있다. 간편 식품인 꽈배기와 같은 디저트라면 기름, 설탕 등

<그림 2-3> 초기 점포 창업의 3 단계 상품 가치개발 모델3 stages value development model

첨가물 등 맛의 가미가 상품 고객 가치에 해당한다고 할 수 있다. 마찬가지로 '상품 고객 가치 실행 테이블(레시피 실행 검증 데이터)'로 데이터 관리가 필수이다. 상품성에 따라 시간이 오래 걸릴 수도 있고 빠르게 진행될 수도 있다. 설렁탕과 같이 깊은 상품 가치를 요구하는 제품은 빠른 학습이 중요하지 않지만 간편식품인 패스트푸드는 상대적으로 빠른 만들기, 검증, 학습이 중요하다. 1단계 가치 검증에서 과학적이고 경험적인 검증을 위해서 전문가 검증은 필수이며, 2단계 검증에서도 지나친 자기 오류에 빠질 수 있기 때문에 전문가 검증은 이루어지는 것이 좋다.

서브 상품은 메인 상품 고유 가치를 극대화시키는 사항으로 감자탕이나 설렁탕의 경우 깍두기, 김치 등에 해당한다고 할 수 있다. 서브 상품의 상품 고유 가치는 상권 성격, 창업 콘셉트, 창업 방향성에 따라 유동적일 수 있다. 청국장 등과 같은 상품은 상품 접근성(섭취 방법 등)이 청국장찌개의 내용물을 다양한 반찬과 함께 비벼서 먹는 것이 일반적이므로 이에 맞는 다양한 서브 상품이 필요하다. 그러나 과정은 메인 상품개발 과정과 같기 때문에 일손이 많이 필요하므로 검증된 상품을 개인적으로 들이는 것으로 노력과 시간을 단축시키는 것도 고려해 볼 수 있다.

다. 3단계 상품 고객 가치product taste value-service product, accessibility product

상품 고객 가치에 대한 문제 제기와 검증을 한다. 메인 상품이면서 1단계인 상품 고객 가치에 대한 문제 제기는 창업상품성what 점검을 통해 상품 고객 가치taste value-service product, friendliness product 측면에서 소비자who에게 어떤 문제가 있는지 가설을 세우고 기존의 상품에 어떤 문제가 있는지 고객 인터뷰를 통해 문제를 발견하고 검증한다.

데모(프로토타입)와 솔루션 검증은 상품 고객 가치 중 맛 가치service product, accessibility product에 대한 상품 핵심 가치에 대한 가설을 세우고 검증한다. 상품성에 따라 시간이 오래 걸릴 수도 있고 빠르게 진행될 수도 있다. 높은 수준의 프로토타입을 만들어 솔루션 전문가 인터뷰, 솔루션 핵심 고객 인터뷰를 병행한다. 그러나 3단계의 상품 고객 가치 단계에서는 핵심 고객 인터뷰에 집중한다. 특히 고객의 행태적 측면의 관찰로 고객 니즈를 검증한다.

이 단계에서도 '상품 고객 가치 테이블(과정 데이터)'을 작성하여 데이터 관리가 필수이다.

초기 점포 창업에서 최소 완성 제품의 검증을 한다. 상품 고객 가치가 완성된 제품이므로 서비스 상품 핵심 가치에 대한 최종 가설을 세우고 이 단계에서는 간단한 전문가 검증을 거치고 핵심 고객 검증에 집중한다. 예를 들어 설렁탕 전문점 창업이라면 설렁탕 뚝배기, 뚝배기 온도 유지, 소금 등 첨가물, 설렁탕 제공 온도 등 모든 시각, 청각, 후각, 미각, 촉각적 요소를 포함한 것을 말한다. 간편 식품인 꽈배기라면 꽈배기 보관, 포장지, 소스나 설탕 같은 첨가제 등 소비자 선택적 요소가 상품 고객 가치service product, friendliness product에 해당한다고 할 수 있다. 마찬가지로 '상품 고객 가치 실행 테이블(레시피 실행 검증 데이터)'로 데이터 관리가 필수이다

3단계 서비스 상품service product은 개발과정에 따라 상품의 전달 과정, 상품 체험 과정, 체험이 완료 된 후 과정으로 나눌 수 있다. 전달 과정은 상품을 제공하는 주방 연출, 용기, 도구 등과 관련된 사항으로 상품에 대한 기대 만족도를 높이는 과정을 말한다. 상품 체험 과정은 상품을 체험하는 동안 시각, 후각, 청각 등 서비스 상품과 매장 분위기 등을 말하고 체험이 완료 된 후 과정은 후식, 계산 등 점포를 나서는 과정을 말한다. 서비스는 상품과 상황에 따라 프로토타입을 건너뛸 수 있다.

이 부분은 고객 관점의 상품 완성도를 높이는 과정으로 음식과 관련된 업인 경우 매우 중요한 사항임에도 불구하고 창업가는 제대로 준비하는 경우가 드물다. 제품과 타깃시장에 따라 중요성은 더 높을 수도 있다. 따라서 상품 고유 가치의 강력한 기준을 세우며 고몰입으로 완성도를 높이는 데 더욱 신경 써야 할 점이다. 상품 접근성accessibility product도 서비스 상품의 연장선상에서 고객 서비스에 대한 보완적인 사항이라고 할 수 있다. 추가적으로 설명하면 초기 점포 창업은 스타트업에 비해 창업 방식과 개별 상품 항목이 명확하고 좁기 때문에 상품개발 과정에서 적용 방식이 매우 유기적으로 바뀔 수밖에 없다. 예를 들어 초기 점포 창업은 창업 방식이 크게 세 가지로 나눌 수 있다. 생애 최초 점포 창업, 최초 프랜차이즈 창업, 재창업으로 나눌 수 있다. 상품 고유 가치검증을 거친 후 상품 완성도를 높여 상품 고객 가치를 완성하는 데 중점을 둔다. 단지 꽈배기와 같이 간편식품은 70% 수준의 완성도에서

창업하는 것도 가능하다. 상품 심플성, 투자금, 노동투입량이 적은 창업인 경우 오픈 후에 빠르게 현장에서 검증하는 것도 도움이 될 수 있다. 아무리 완벽하게 준비해도 부족함은 끝이 없기 때문에 현장에서 직접 부딪치면 빠르게 피봇하는 것이 완성도를 높이는 데 더 빠를 수 있다. 중요한 것은 린 스타트업 방식을 적용하여 목표 상품개발을 3개월 이내 콘셉트를 완성하는 것이 좋다. 이때는 자리 잡는 기간으로 고객도 충분히 상품을 인지할 시간이 필요하기 때문이다. 따라서 너무 정량적 측면보다는 핵심 고객과 피드백을 통해 정성적 접근이 더욱 효과적일 수 있다. 주의해야 할 것은 이런 기간이 길수록 소비자도 변하는 모습에 대한 인내심에 한계가 있고 길면 길수록 자리 잡는 게 어려워질 수 있다는 점이다. 또한 이런 형태의 창업은 통행량이 민감한 상권이나 상권 발달도가 높은 상권에서 되도록 지양해야 한다. 객관적이고 올바른 피드백을 받기가 어렵기 때문이다. 초기 프랜차이즈 점포 창업가라면 이미 상품이 정해져 있으므로 시스템 적응에 중점을 둔다. 초기 3개월은 본사 시스템을 완벽히 적응하고 이후 3개월은 간접 검증으로 지역에 접합한 콘셉트로 가벼운 피봇은 필요할 수 있다. 재창업인 경우 최소 기능 제품은 의미가 없기 때문에 최소 완성 제품으로 검증하며 상품성이 높은 외식업인 경우 오픈 상품성이 90% 이상인 경우 창업하는 것이 적합하므로 오픈 후 별도의 상품 점검이 중요하다.

3.8. 신상품개발 측면

스타트업은 디자인 씽킹, BML모델 등을 적용한다. 초기 점포 창업에서 신상품개발은 신메뉴 개발과 혼용되어 적용될 수 있으며 점포의 전환기적 관점에 따라 중요성을 다르게 적용할 수 있다. 일반적으로 점포가 안정권에 접어든 이후 시행하며 다음의 프로세스를 따른다.

첫째, 평소에 외적 학습learning과 내적 학습을 한다. 외적 학습은 점포 외부의 창업 환경, 신규 창업, 소비자 트렌드, 소비 심리, 상권 변화 등에 대한 학습으로 자료, 기사, 상담 등을 통해 확인할 수 있고, 내적 학습은 점포 내부의 문제에 대한 학습으로 고객 행태변화, 창업가의 가치 변화 등을 말한다.

둘째, 현재 위치한 상권 내 상품, 점포, 상권에 대한 유기적인 관찰3 observation model을 한다. 추가로 외부 상권의 상품, 점포, 상권의 유기적인 관찰을 통해 우리 상권 내 변화를 점검하여 반영할 사항은 반영한다. 셋째, 개발하고자 하는 상품의 외부 상품 비교를 통해 아이디어를 도출하고 문제를 정의한다. 이 단계부터 고객 가치를 중심으로 단계를 거친다. 넷째, 초기 점포 창업 상품개발프로세스에 따라 상품 고유 가치product unique value인 진정성authenticity value을 개발한다. 검증과정에서 검증이 완료되지 않으면 아이디어idea 단계에서 반복 수행할 수 있다. 이과정은 상품 가치가 깊은 상품(A)이나 상품가치가 낮은 상품(B)이나 마찬가지이다. 다섯째, 상품 고객 가치product customer value인 오감 맛taste value을 개발한다. 오감 맛taste value 중 첫 번째로 미각delicious product을 검증하며, 검증과정에서 검증이 완료되지 않으면 상품 가치가 깊은 상품(A')은 전단계인 진정성authenticity value 단계에서 반복 수행하고, 상품 가치가 낮은 상품(B')은 아이디어idea 단계에서 반복 수행할 수 있다. 상품의 특성 상 오랜 기간의 노력이 필요하고 비교적 높은 단가의 제품은 비교적 천천히 상품개발 방식research method을 진행하며, 상품의 특성이 간단한 간식류이거나 테이크아웃 형태의 제품이므로 빠른 상품개발 방식lean method을 진행하는 것이 적합하다. 여섯째, 연속하여 상품 고객 가치product customer value인 오감 맛taste value을 개발한다. 오감 맛taste value 중에서 서비스service product와 접근성 상품accessibility product을 개발한다. 검증과정에서 검증이 완료되지 않으면 상품 가치가 깊은 상품은 전단계인 오감 맛taste product 단계에서 반복 수행할 수 있으며 진정성 단계에서 완료된 이후 다음 단계로 이어질 수 있고 개발 과정이 오래 걸리므로 전 단계에서 점검하는 것이 더욱 적합하다고 할 수 있다. 상품 가치가 낮은 상품은 아이데이션ideation 단계에서 반복 수행할 수 있다. 상품개발 과정이 빠르므로 아이디어 단계에서 다시 점검하는 것이 더 빠를 수 있기 때문이다. 데이터단계에서 판매 촉진과 고객 판매 데이터를 통해 상품 가격, 마케팅 등을 진행한다.

단지 상품가치가 깊은 상품은 A와 A'단계에서 반복한다. 즉 상품 고객 가치를 완료하지 못할 경우 idea단계에서 다시 시작하고 깊은 고객 가치를 제공하는 제품일수록 천천히 깊게 제품을 개발한다. 시험점검 단계에서 완료하지 못할 경우 상품, 고객 고유 가치 단계에서 다시 시작한다. 상품 가치가 낮은 상품은 B와 B´단계에서 반복한다. 즉 상품, 고객 고유 가치를 완료하지 못한 경우 idea단계에서 다시 시작하고, 시험점검 단계에서 완료하지 못한 경우 다시 idea단계에서 다시 시작한다. 이는 상품 회전이 빠른 상품은 상품 본질에 대한 점검보다 상품의 Idea단계 점검이 더욱 중요하기 때문이다.

일곱째, 운영 점검을 한다. 운영 점검MCSPMI 프로세스로 만들기make, 구성composition, 배치setting, 판매촉진promotion, 측정measure, 개선improvement 절차로 진행한다.

<그림 2-4> 신상품(메뉴) 개발LOIPD 플로어

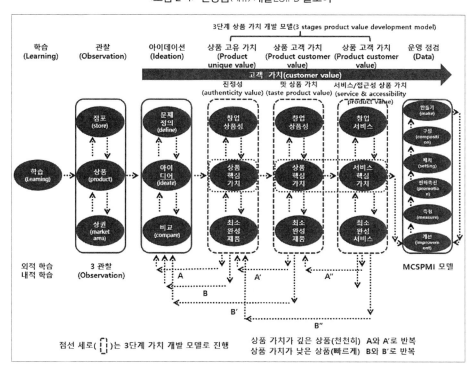

3.9. 제품검증 장소 측면

스타트업은 랜딩페이지 개설로 페이스북 등 광고를 활용하여 데이터 측정으로 제품 검증을 거친다. 초기 점포 창업은 랜딩페이지가 의미가 없기 때문에 주변인물, 직접 지인을 통한 검증이 최선일 수 있다. 따라서 초기 점포 창업은 창업 전 단계라면 간접 경험 제품 검증을 권하고 창업이후에도 첫 창업의 경험적 가치를 중요하게 여긴다면 직접 경험 제품 검증을 권한다. 점포 창업 특성상 점포는 직접 고객을 만나고 시험할 수 있는 완벽한 테스트 베드test bed가 되어야 한다. 따라서 최소 비용으로 상품개발과 판매 활동을 극대화하기 위해서는 최소비용 매장이나 공유 주방을 통해 개발과 판매 경험을 축적할 수 있다. 주로 전자는 점포 유형이 테이크아웃일 경우 적합하고 후자는 배달 중심 업종일 경우 적합하다. 간접 경험 제품 검증은 창업 전 타인의 비교 점포를 기준으로 즉 직접 아르바이트를 하면서 테스트를 하거나 지인 점포를 섭외하여 상품 본실에 내한 테스트와 인터뷰를 병행한다. 직접 경험 제품 검증은 창업 이후에 본인 매장에서 연구개발을 병행하는 방법이다. 연구개발을 위한 창업을 하는 것이 아니고 첫 창업에서 경험 축적과 창업방향에 중점을 둔다면 가능하다. 어차피 대부분 성공한 창업가는 여러 번 창업으로 실패를 통해 학습을 반복해왔기 때문에 이룬 성과이다. 따라서 초기 점포 창업은 1인 창업이 가능한 매우 작은 규모로 점포 엑시트exict가 수월한 점포에서 경험 쌓기가 중요하다. 이점을 편하게 받아들이지 않게 되면 여러 번 실패할 각오를 해야 한다.

3.10. 창업 적합성 평가

점포창업을 하는 데 있어 크게 3가지 평가가 유기적으로 움직여야 한다. 진입하고자 하는 시장이 상품중심 개발시장인지 상권중심 개발시장인지에 따라 다음과 같이 진행된다. 전자는 상품평가, 상권평가, 점포평가 순서로 이루어진다. 각 단계마다 적합할 때까지 반복적으로 상품개발, 상권 개발 등을 반복하여 최종적으로 점포평가로 완료할 수 있다. 후자는 상품평가, 상권평가, 배후분석, 점포평가 순서로 이루

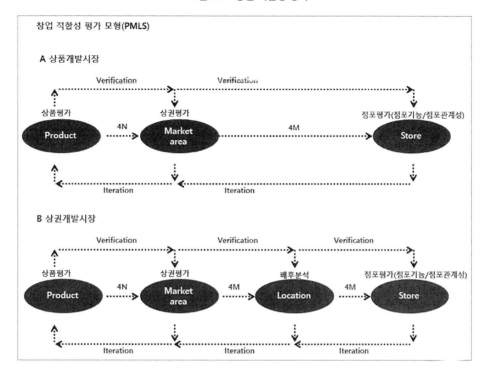

<그림 2-5> 창업 적합성 평가

어진다. 마찬가지로 각 단계마다 적합할 때까지 반복적으로 상품개발, 상권 개발, 배후분석, 점포개발 등을 반복하여 최종적으로 점포평가를 완료할 수 있다. 이것은 〈그림 4-5〉 시장진입 15원칙을 실행하는 데 있어 단계를 거치면서 유기적으로 접근한다.

3.11. 창업 후 점검 모델측면

스타트업에서는 해적지표 등 각종 지표를 활용하여 핵심기능을 점검한다. 초기 점포 창업은 상품에 대한 충분한 데이터를 통해 서서히 업그레이드하는 것이 중요하므로 운영 점검 모델MCSPMI로 만들기make, 구성composition, 배치setting, 판매촉진 promotion, 측정measure, 개선improvement 순서로 점검한다. 만들기make는 평소 고객 구매 데이터를 통해 새로운 상품을 만든다. 구성composition은 메뉴 구성의 변화, 상품 위치 등 고객 편리성 중심으로 점검한다. 배치setting는 구성을 완료하여 타깃에 맞는 상품배지 및 재구성으로 배치한다. 판매촉진promotion은 상품의 홍보 채널 가동, 포장 등을 통해 적극 판매를 촉진한다. 측정measure은 현재 상품의 적합도, 수익성 등을 측정한다. 개선improvement은 측정 자료를 개선하여 적용한다.

다만 이 모델은 상품의 고유의 가치와 브랜드의 정체성을 흔들리지 않는 선에서 실행해야 한다. 매출이 이후 현저히 저하되는 경우 상품과 상권 적합성이 낮기 때문이므로 원점에서 다시 점검하는 것이 낫다.

<그림 2-6> 운영 점검MCSPMI 프로세스

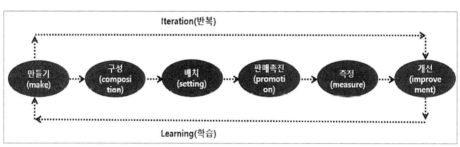

더불어 대부분의 상권market area은 소비자 취향, 경기 변동, 정부 정책, 트렌드 등으로 변하고 있다. 점포창업가 입장에서는 창업 전 입지 선정을 위해서 또는 창업 후 상권의 변화에 대응하기 위해서 up(業)상권 변화 모델PSCLM로 상품product, 고객customer, 점포store, 입지location, 상권market area을 점검하면서 상권 현황에 부합할 수 있는 상품을 개발하고 미래 상권 변화에 대응할 수 있는 자세가 중요하다. 이런 상권 변화 모델의 기본 공리는 소비자는 새롭고 더 좋고 더 편리한 것을 요구하기 때문이다. 더 나아가 고객은 상품 지불에 남다른 가치를 요구하기 때문이다. 따라서 우리 점포에서 새로운 상품product을 개발하면 새로운 상품을 제공하는 경쟁점store은 생길 것이고, 고객customer은 그 점포로 이동을 반복하며 고유의 입지적 특성뿐 아니라 점포의 입지location를 바꾸게 되며, 상권market area은 더 넓어지기도 하고 더 발달하기도 한다. 때로는 쇠퇴하기도 한다. 보통 상권 변화 요인은 내부적 요인과 경

기 변화, 제도 변화, 소비자 의식, 트렌드 등 외부 환경 요인 등으로 인해 모든 상권은 변화 속도와 정도의 차이가 있을 뿐 늘 변하고 있다. 따라서 상권 관찰 3요소를 통해 상권 변화에 능동적으로 대응해야 한다. 그러나 신규 상권의 발전과정에서 별도의 상권관찰은 매우 주의 깊게 점검해야 한다.

<그림 2-7> 상권 변화PCSLM 플로어

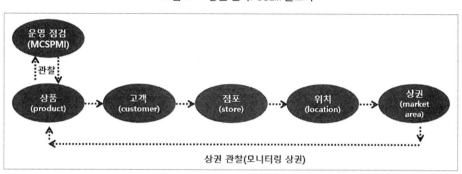

3.12. 비즈니스 모델 점검

〈그림 1-2〉에서 보듯이 비즈니스 모델은 인터넷 기업시대에 만들어진 모델이다. 따라서 창업규모, 창업가 역할, 초기 투입자금 규모, 고객접점 등 다양한 측면에서 점포창업에 적용하기에는 한계가 있기 때문에 〈그림 2-8〉과 같이 살펴볼 필요가 있다.

① 상품(가치)

고객만족을 위한 상품을 말한다. 그러나 코틀러는 market 3.0 시대에서 고객은 단순히 더 좋은 제품이나 편익이 아닌 창업가의 영혼이 담긴 가치를 받기를 원한다고 하였다. 따라서 〈그림 2-2〉처럼 더욱 세분화된 가치를 전달할 수 있어야 한다.

② 고객 세분화

〈표 4-11-2〉에서 보듯이 구체적으로 고객을 정의한다. 사업 규모가 작은 상

권일수록 더욱 그렇다. 명확한 가치를 제공할 수 있다면 이미 동네 상권을 넘어 business area[15]로 넘어가는 상품이기 때문에 고객을 세분화하는 것은 상품완성도 측면에서 매우 중요한 문제이다.

③ 상권(시장)

상권은 비즈니스 모델의 채널에 해당하는 것으로 〈표 4-11-6〉에서 보듯이 어디 where에서 판매할지에 관한 것이다.

④ 참여(공동창조)

참여(공동창조)는 비즈니스 모델BM의 관계에 해당하는 것으로 고객과 연결, 소통을 통해 공동의 결과물을 창조하는 데 있다. 이런 참여는 〈표 1-4〉에서 보듯이 Kotler(2010)의 Market 3.0의 공동창조에 해당하는 것으로 고객의 끊임없는 만족을 위한 고객과 함께 창조하는 것을 말한다. 즉, 상품 개선에 대한 참여, 상품 확산에 대한 참여, 커뮤니티를 위한 참여를 통해 고객과 연결성을 강조한다. 서서히 고객은 단순히 한끼를 넘어 기꺼이 시간을 감수할 수 있는 어떤 가치를 찾는 데 익숙해지고 있기 때문이다.

⑤ 수익 흐름

수익 흐름은 비즈니스 모델의 수익 흐름에 해당하는 것으로 전반적인 매출, 마진, 손익을 파악한다. 단지, 점포창업은 초기 창업비용이 높고, 사업방향성을 완성하여 자리를 잡는 데 오래 걸릴 수 있기 때문에 손익매출, 목표매출, 기대매출로 세분화하여 장기적인 운영을 고려하여 사업구조를 이해해야 한다.

⑥ (나의) 핵심역량

핵심역량은 Prahalad & Hamel(1990)이 제안한 핵심역량이론에서 기존의 경영

---

15 〈표 4-3〉 참조, 상권경계를 넘는 비니니스 측면의 상권를 말함.

자원론적 관점의 이론보다 더 동태적으로 기업의 성장을 분석할 수 있는 이론적인 틀을 제공하고 있으며, 장세진(2000)은 핵심역량은 기업의 경쟁우위를 가져다주는 기업의 능력이라고 정의하였다. 구성진(2009)은 이런 핵심역량은 기술, 마케팅 등 기능별 능력functional capability뿐 아니라 실제 활용힐 수 있는 조작 능력organizational capability을 모두 포함한다고 하였다. 그러나 기업과 달리 개인은 다양한 능력을 보유하기가 어려운 측면이 있다. Mcgregor & Tweed(2001)는 기존 기업에 비해 규모가 작은 창업기업에서 창업가의 개인역량은 그 자체가 기업의 역량과 같다고 하였듯이 개인 중심의 소상공인 점포창업에서는 창업가 개인의 핵심역량이 무엇보다 중요하다. 따라서 스몰 비지니스 모델 캔버스SBMC에서 (나의) 핵심역량은 전통적인 비즈니스 모델 캔버스BMC의 핵심자원에 해당하는 것으로 창업가의 원천적인 역량을 말한다. 창업하는 데 있어 내가 가장 하고 싶고, 잘 할 수 있고, 좋아하는 것에 관한 것을 극대화할 수 있는 역량을 말한다. 즉 창업가 검증에 해당하는 것으로 업을 함에 있어 가장 중요한 분야라는 생각하는 분야는 창업가인 내가 할 수 있는 핵심자원이 되어야 한다. 소상공인 창업 특히 소규모 점포창업에서 필수인력을 채용하여 그것에 의존하는 창업은 초기에 자리를 잡기도 어렵지만 지속성이 떨어지기 때문에 성공하기 어렵기 때문이다. 결과적으로 소상공인 점포창업에서는 '⑦ (나의) 핵심활동', '⑧ (나의) 핵심파트너'도 개인 중심으로 집중된 핵심역량의 연장선상에서 바라보는 것이 중요하다.

⑦ (나의) 핵심활동

스몰 비지니스 모델 캔버스SBMC에서 (나의)핵심활동은 비즈니스 모델 캔버스BMC의 핵심활동에 해당하는 것으로 점포창업에서 나의 포지션을 말한다.

⑧ (나의) 핵심파트너

스몰 비지니스 모델 캔버스SBMC에서 (나의)핵심파트너는 비즈니스 모델 캔버스BMC의 핵심파트너에 해당하는 것으로 업을 원활히 창업하고 영위함에 있어 가장 중심이 되는 자원에 해당한다.

⑨ 확장성

스몰 비지니스 모델 캔버스SBMC에서 확장성은 비즈니스 모델 캔버스BMC의 비용구조에 해당하는 것으로 업이 일정한 시점에 도달한 이후 사업의 확장성을 고려하는 것에 해당한다. 스타트업에서는 사업모델이 검증되면 일정 시점에 대규모 투자를 하여 비용구조를 파악하여 장기적인 플랜을 세울 수 있다. 그러나 초기 점포창업에서는 초기 창업시점에 가장 많은 투자를 하며, 목표매출 또는 기대매출에 도달한 이후에는 상품 확장, 운영 확장, 사업 확장을 통해 장기지향적인 방향성을 가질 수 있다.

스타트업의 사업구조상 팀이 중심이며 그에 따른 포지션이 명확하지만, 초기 점포 창업을 빠르게 정착시키기 위하여 small business model canvas를 점검하는 데 있어 핵심은 ⑥, ⑦, ⑧의 항목으로 핵심역량, 핵심활동, 핵심파트너는 창업가 자신이 중심이 되어야 한다는 것을 잊으면 안 된다. ⑨ 항목과 같이 일정 시점부터 고려해도 늦지 않기 때문이나.

<그림 2-8> small business moded canvas

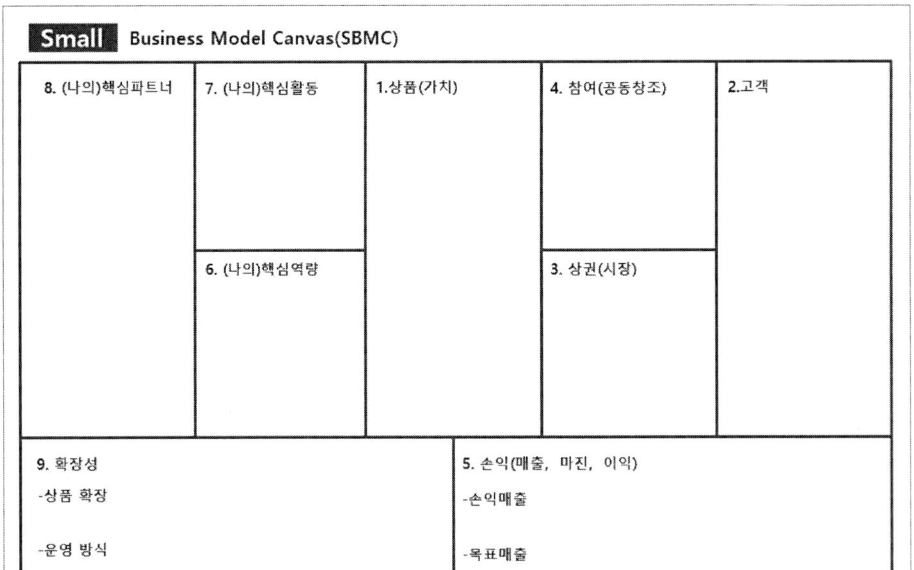

Small Business Model Canvas(SBMC)				
8. (나의)핵심파트너	7. (나의)핵심활동	1.상품(가치)	4. 참여(공동창조)	2.고객
	6. (나의)핵심역량		3. 상권(시장)	
9. 확장성 -상품 확장 -운영 방식 -사업 확장			5. 손익(매출, 마진, 이익) -손익매출 -목표매출 -기대매출	

4. 점포 기능store function

    점포는 판매자가 소비자에게 편안하고 편리하게 상품이나 서비스를 경험하거나 제공하는 장소를 말한다. 미국에서는 store는 여러 가지 물건을 판매하는 가게의 의미로 사용하고, shop는 상품이나 서비스를 전문적으로 제공하는 가게의 의미로 사용하고 있다. 본서에서는 shop를 별도로 구분하지 않고 store로 통합하여 설명하겠다. 이런 store는 그 자체의 의미보다 고객이 상품이나 서비스를 접하기 전에 점포의 외관의 다양한 모습을 통해 점포이미지가 형성되기도 한다. 점포이미지는 마케팅 측면과 고객 가치측면에서 중요한 요소이다. martineau(1958)는 점포이미지는 점포의 개성personality of store으로 정의하고 점포의 기능적 측면과 점포의 심리적 측면을 구분하였다. 점포의 기능은 객관적인 측정이 가능한 상품 구색, 가격정책, 점포 배치, 품질 등으로 구분하였고, 점포의 심리적 측면은 포근함, 친밀감 등과 같은 것이라고 주장하였다. plummer(1985)는 브랜드 이미지는 점포 이미지보다 포괄적인 개념으로서 브랜드와 관련된 특성, 혜택, 중요성을 포함하였다. 따라서 점포이미지는 브랜드 이미지에 영향을 미치기 때문에 점포 기능은 브랜드와 함께 점검해야 할 사항이라고 볼 수 있겠다. 이외에도 사와우치 타가시(2004)는 점포의 판매촉진과 판매경로믹스로서 점포기능을 선전소구 기능, 판매촉진 기능, 쾌적 환경 제공 기능, 관리 기능 중심으로 구분하였다. 본서에서는 창업의 본질과 고객 가치 측면을 강조하여 점포의 기능을 소비자 행태와 최근의 사회적 경제화, it 기술의 발전에 따른 기능, 창업 생존 등에 따른 실질적 사항을 반영하여 다음과 같이 재정립하였다.

<표 2-11> 점포 기능store function

구분	내용
1.소비자 편리성 제공	소비자가 편하고 쉽게 방문, 쉽게 이용 할 수 있어야 함
2.마케팅극대	상품이나 서비스에 맞게 마케팅을 극대화할 수 있는 위치나 매장연출을 하여야 하고 상품이 점포 콘셉트와 어울려야 함(브랜드 빌딩)
3.고객 가치제고	상품 자체 구입해야 하는 것에서 느낄 수 있는 경험과 그 이외에 상품을 사야 하는 가치를 제안 (기부, 기여 등)
4.협력적 공간	상권 내 업소 간 협력 공간, 소비자 공동창조 공간
5.사회적기여	지역 경제 활성화 및 낙후된 상권 재생
6.개발 공간	판매자 측면에서 상품을 업그레이드하고 시험함
7.제2 공간	판매자 측면에서 삶의 활력을 불어넣는 공간
8. 커뮤니티	소비자와 소통을 통해 유의미한 데이터로 개인화 전략 수립
9.자금조달	사업 확장과 매장 경쟁력 강화에 필요한 자금을 조달할 수 있어야 함
10.엑시트 최적화	최악의 상황과 차선을 고려함(권리관계와 입지 권리금 등)

소비자 편리성 제공은 소비자가 쉽게 방문하고 편하게 이용할 수 있어야 하는 것으로 점포의 가장 기본적인 기능이다. 마케팅 극대화는 업종 특성과 상품 특성, 창업가의 창업 방향성에 따라 점포도 마케팅(판매)에 최적화 될 수 있는 상품 콘셉트, 매장 콘셉트, 위치, 오너 타겟팅(자신만의 집중 타깃 고객) 등이 적합해야 한다. 즉 마케팅을 위한 마케팅이 아니라 고객의 인증 샷이나 구전으로 자연스럽게 홍보가 되기 때문이다. 특히 타깃 고객에게 감성을 자극할 수 있는 매장연출을 위해서는 세심하게 준비해야 한다.

코틀러는 *market 3.0*에서 마케팅의 미래는 공동창조, 커뮤니케이션, 캐릭터 구축을 통해 소비자와 연결과 소비자 간 연결로 감성 그 이상의 가치를 전달할 수 있다고 하였다. 예를 들어 최근에 간판 없는 매장 또는 외관은 허름한데 내부는 세련된 인테리어로 반전의 이미지를 보이는 매장을 쉽게 볼 수 있다. '오헨'이라는 빵집은 허름한 외관에 간판을 걸지 않아 빵집 이미지와 정반대로 연출하였지만 실제 매장 내부는 매우 평범하게 디자인하였다. 오너는 그 이유에 대해 진정으로 빵을 좋아하고 찾아오는 손님께 소통하고 집중하여 최선을 다하기 위해 겉모습만 보고 판단하는 손님은 걸러내기 위함이라고 했다. 이렇듯 획일적인 매장 연출보다는 창업가의 방향과 개성이 반영된 나만의 연출로 충성도 높은 고객을 확보하는 전략으로 집중할 수 있다. 또한 도쿄등심이라는 프랜차이즈를 운영하는 홍성설 내쇼노 실패 사례를 통해 차별화 전략으로 같은 브랜드이지만 모두 다른 특색의 인테리어와 매장 연출로 어디를 가든 차별화된 도쿄등심이라는 브랜드를 경험할 수 있는 가치를 제공하고 있다. 또한, 판매 목적보다는 브랜드 이미지 제고를 위해 활용하기도 한다. 일본의 도요타 자동차의 렉서스 미츠Lesus Meets에서 보듯이 자동차를 전시하지만 판매를 목적으로 하지 않는다. 오히려 다른 상품이나 서비스를 전시하여 고객과 소통하는 경험을 제공한다. 이것은 어떤 목적을 드러내지 않고 자연스럽게 고객과 소통하는 체험을 통해 고객에게 다가가는 것이다. 이렇게 마케팅 최적화는 상표, 상품 특허, 상표 로고, 매장 디자인 등이 명확해야 각종 홍보활동에 최적화할 수 있기 때문에 인위적 홍보가 아니라 매장 차별화를 통해 장기적인 사업화를 고려하여 더욱 철저히 준비해야 한다.

고객 가치제안은 상품을 단순히 판매한다는 개념이 아닌 고객 욕구를 충족시키고 우리 상품이나 서비스의 특별한 가치를 제공해야 한다. 이제 고객은 동네 매장을 이용하더라도 무의식적으로 남다른 가치를 요구하기 때문이다. 협력적 공간은 독립성 업종이 아닌 이상 모두가 상생할 수 있는 분위기가 중요하다. 협력이 없는 경쟁은 소비자의 선택의 폭을 감소시키고 소비자도 금세 실증을 내기 때문에 다른 점포와 서로 상생할 수 있는 점을 기억해야 한다. 사회적 기여는 낡은 건물을 개선하고 상권 활성화를 통해 소비자에게 더 나은 삶의 공간을 제공하고 점포내외부의 공유를 통해 새로운 콘텐츠를 유입시켜 지역경제 활성화나 도시 재생을 통해 사회에 기여할 수 있다.

개발공간은 상품을 꾸준히 업그레이드하고 시험하는 장소에 대한 인식도 중요하다. 제2공간은 창업가뿐만 아니라 함께 일하는 직원들도 삶이외의 또 다른 활력소를 생성시킬 수 있는 공간이어야 한다. 따라서 얼마나 파트너 공간을 편안하게 제공하느냐에 따라 직원의 고객 응대, 매장 애착 등이 향상될 수 있다. 점포 즉 직장으로 향하는 길이 편한 매장은 그자체로도 경쟁력이기 때문이다. 커뮤니티는 경험과 체험을 통해 소비자와 소통해 의미 있는 나만의 데이터를 축적할 수 있는 유일한 장소이다. 데이터 축적에 대해 소홀히 하지 않는다면 혹시 실패를 하더라도 소비자 개인화를 통해 차별화할 수 있는 가장 훌륭한 경쟁력이 될 수 있기 때문이다. 자금조달은 크게 두 가지 측면에서 볼 수 있다. 하나는 지자체나 정부의 창업 기관의 정책자금을 염두에 둔 조달이다. 장기적인 사업을 염두에 둔다면 지역 특산물, 지자체 창업 정책 등에 부합하는 상품으로 위치를 선정하는 것이 중요하다. 다른 하나는 사업확장 측면에서도 고려해야 하기 때문에 운전자금, 시설자금 대출 등 금융권의 다양한 대출 지원을 이해할 필요가 있다. 엑시트 최적화는 판매 극대화 측면에 집중하다 보면 장기적인 투자 집행이 체계적일 수 없다. 따라서 효율적이고 장기적인 생존을 고려한다면 점포의 법적 권리 상태와 입지 권리(비소멸성 투자금)가 안정적인 최소한의 엑시트 전략을 고려할 필요가 있다. 법적 권리는 소유주 권리 유무, 건축법적으로 하자, 건물 시설물 안전, 시유시 포함여부 등을 파악히어 안정적인 건물에서 영업을 해야 한다. 입지 권리는 보편적 입지는 높은 권리금이 형성되어 있어 투자 수익률은 맞추기 어렵다. 그러나 특정 업종에 최적화된 입지는 만에 하나 잘못되었을 경우 자금 회수가 어려울 수 있기 때문에 2~3가지 업종이 고려될 수 있는 입지여야 엑시트가 수월하다. 이렇게 점포 기능은 점포를 단순히 매출이 일어나는 장소이기 전에 고객 가치 측면에서 함께 고려해야 함을 명심해야 한다.

5. 단순노동과 경영

노동과 경영을 구분할 수 있는 기준은 어떤 가치를 추구하느냐이다. 노동가치의 의미는 "노동이 가치가 있다."와 "노동이 가치를 생산한다."는 의미로 나누어 생각해 볼 수 있다. 전자 의미는 노동 자체가 가치가 있다는 의미로 철학적영역이라면, 후자 의미는 노동은 우리가 필요로 하는 것이나 욕구를 생산한다는 의미로 경제학적인 영역을 말한다. 즉 상품이 교환될 땐 각각 노동의 가치 평가될 수 있는데 마르크스의 고전 경제학은 시간의 중요성이 반영하여 이를 노동 시간이라고 규정하였다. 한편, 효용학파는 가치는 상품의 고유한 특성이며, 사람에 따라 다른 주관적이 욕망의 크기로 효용이라고 하였다. 창업에서 노동은 경제적인 측면일 수밖에 없으며 창업을 준비하면서 창업가는 어느 정도 역량을 투입하여 일을 할지 명확하게 고민할 필요가 있다. 창업을 알아보는 단계에 있는 분들의 질문 중에 편의점을 하는 데 노동은 어느 정도 투입하느냐고 물어본다. 묻기는 쉽지만 대답하기 어려운 질문이다. 단순노동도 강도에 따른 차이가 있다. 아마 그분은 아르바이트수준의 노동을 기준으로 물어보았을 것이다. 그러나 현실은 다르기 때문에 노동의 개념을 명확히 이해하고 창업을 준비해야 한다. 전문노동은 그 업을 잘하기 위해서 요구되는 일정 수준 이상 전문적인 노동을 말한다. 그러나 단순노동은 특별하지 않은 일반적인 업무를 요구하는 노동이므로 질적으로 양적으로 다르다. 따라서 단순히 아르바이트를 경험하다가 잘 되는 것을 보고 가게를 차린 사람은 실제 경영을 하면서 받는 스트레스를 이기지 못하고 포기하는 경우도 많다. 이렇게 창업가의 노동은 가치로 환산이 어렵고 소멸되는 것이 아니라 지속되어야 하므로 점포 투자의 대상도 아니다. 따라서 소규모 점포를 창업하는 사람이라면 투입되는 노동을 시간으로 대입하는 것은 손익계산 시 근로자 노동시간에 적용하는 데 한정될 수밖에 없기 때문에 경영자의 노동은 노동의 개념으로 접근하기보다 창업 그 자체라는 것을 잊어서는 안 된다.

6. 점포 투자금store business funds과 재투자store investment

6.1. 점포 투자금

점포 투자금은 창업 시 이해해야 할 기본적인 사항이다. 투자금은 창업 종료 시점에 크게 보장이 되지 않는 비보장성 투자금과 보장이 되는 투자금이 있다. 비보장성 투자금은 일정 기간이 지나면서 소멸되는 소멸성 투자와 소멸하지 않는 비소멸성 투자로 나눌 수 있다. 소멸성 투자는 냉장고, 에어컨 등 기계 등을 말한다. 대체로 커피 머신과 같은 고가의 중집기가 여기에 해당하는데 관리 정도에 따라 감가상각이 최소화 될 수 있지만 에어컨, 냉장고 등은 5년 이후의 잔존 가치는 10% 이하로 매우 낮은 편이다. 따라서 잘 관리를 하면서 고장 없이 오래 사용하는 것이 중요하다. 비소멸성 투자자금은 입지 권리금, 영업 권리금, 시설 권리금으로 나눌 수 있다. 입지 권리금은 보장되지는 않지만 영업 현황과 상권 현황에 따라 수취할 수 있는 것으로 위치적인 프리미엄으로 업종 성격과 인수하고자 하는 창업가의 성향에 따라 달라질 수 있다. 그러나 입지 권리금의 기본적인 성격은 업종 성패유무와 관계없이 입지적인 요인에 의해 권리금으로 최소한 2~3가지의 업종은 적합성이 높아야 한다. 영업 권리금은 영업이익에 따른 가치를 환산한 것으로 영업이익이 높을수록 높게 받을 수 있는 권리금을 말한다. 시설 권리금은 영업 기간에 따라 창업가의 자산 활용성에 따라 달라질 수 있는 권리금이다.

보장성 투자금은 특별한 변동이 없는 한 회수할 수 있는 것으로 건물주와 체결한 임대차 보증금이나 프랜차이즈 계약인 경우 본사 예치금이 여기에 해당한다. 투자금 성격에 대해 대부분의 창업가는 점포 투자에 대해 오픈 이후의 상황에 대해서는 고민하지 않는 경우가 대부분이다. 그러나 점포 창업에서 점포 관리와 관련된 투자는 일정 시점 또는 지역 시장 현황, 경쟁 현황 등을 토대로 함께 집행되어야 할 또는 사전에 투자되어야 할 중요한 요소이다. 실제 창업할 때 장기적인 창업을 염두에 두는 경우 소멸성 투자금은 점포 경쟁력 향상을 위해 꾸준히 예치를 하여 추후 목돈이 들어가지 않게 준비하는 것이 좋다. 또한 초보 창업가인 경우 무리한 영업 권리금 지출보다는 입지권리금의 비중이 높은 점포가 더 유리하다. 다른 사람의 영업력이 내가 그대로 형성될지 장담할 수 없기 때문이다. 영업 현황을 고려하여 점포 전환을 고려한다면 영업 권리금과 시설 권리금 등을 고려하여 3년을 넘기지 않고 전환하는 것이 유리하다.

<표 2-12> 점포 투자금과 감가상각

구분			3년(감가)	5년(감가)	7년(감가)	비고
투자금	비보장성 투자금	소멸성 투자				
		중집기	40%	10%	2%	사용 기간과 활용가치에 따른 반영
		⊥품	10%	5%	0%	
		인테리어	20%	10%	0%	
		가맹비 (프랜차이즈)	0%	0%	0%	
	비소멸성 투자	입지 권리금	상권변화 영향			입지 자체 가치만 반영
		영업 권리금	영업 현황 영향			현 업종 영업 가치만 반영
		시설 권리금	소멸성 투자 감가상각 반영			현 업종 시설 현황만 반영
	보장성 투자금	임차 보증금	변동 없음			예금 가치 손실
		본사 예치금	변동 없음(프랜차이즈)			예금 가치 손실

6.2. 점포 재투자

재투자율은 장비나 시설물의 감가상각이 0원이 되는 시점 이후 지출하는 비용을 말한다. 재투자는 크게 소모성 교체, 보수 재투자, 전면 재투자로 나눌 수 있다. 소모성 교체는 기간의 정함이 없다. 보수 재투자는 보통 3년 차부터 시작한다. 전면 재투자는 보통 5년 차부터 시작된다. 또한 시설물을 사용하면 사용할수록 낡게 되는 것을 감가된다고 하며 사용가치를 환산한 것을 감가상각비라고 한다. 즉, 오래 사용할수록 감가상각비는 줄어들게 되는데 일반적으로 <표 2-12>에서 보듯이 5년이 지나면 시설물의 잔존 가치는 10% 이내로 떨어진다. 다시 말해 오픈 할 때 100만 원 주고 구입한 장비는 5년이 지나면 10% 이내의 가치밖에 없다는 것이다. 물론 커피 머신이나 아이스크림 조제 장비는 제품 수명이 길고 사용 횟수와 관리 정도에 따라 감가상각이 줄어들기도 한다. 또한 운영자의 사용법과 관리 정도에 따라 기간적으로는 감가상각이 0원이 되는 시점이라 하더라도 교체할 필요가 없는 경우도 있으므로 이런 비율이 정해진 것은 아니다. 장비 이외에 일반 인테리어 소품은 프랜차이즈냐 비 프랜차이즈냐에 따른 차이와 시설물의 관리와 기간에 따라 차이는 있다.

가. 프랜차이즈

• 보수 재투자

프랜차이즈는 본사와 계약에 의해 로열티나 월정액을 지불한다. 이 금액엔 시설물이나 장비의 보수에 필요한 비용을 지불하는 것으로 수선비가 포함된다. 본사는 별도의 시설물 보수 업체와 계약을 맺고 가맹점의 서비스를 도우므로 신속하고 정확한 처리를 한다. 또한 가맹점 수가 많은 업체 일수록 이에 대한 서비스는 훨씬 신속하고 정확히 처리된다. 그러나 이런 보수 비용은 일반적인 소모품은 가맹점주가 부담을 하며 시설물 보수는 본사와 가맹점주가 각각 50:50 내지 40:60으로 비용을 지불하는 경우가 많다. 경우에 따라서는 일체의 비용을 본사가 지불하기도 한다.

• 전면 재투자

프랜차이즈 본사와 가맹계약을 맺은 가맹점주는 일정 기간 보통 5년이나 10년을 기준으로 본사의 정책에 맞는 내외부 인테리어를 다시 한다. 이것이 필요한 이유는 전반적인 재투자의 이유 외에 가맹본사 입장에서 본사의 브랜드 이미지 재고라는 보이지 않는 관리와 공사 수익도 기대하기 때문이다. 즉 본사 입장에서는 새 점포를 선보일 수 있어 소비자에게 신선한 이미지를 보여줄 수 있으며 공사에 따른 수익도 챙길 수 있기 때문이다. 이렇게 일정 가맹계약기간이 지나면 시설물이 노후되거나 다시 설치해야 한다.

이것은 바뀌는 소비 트렌드와 경쟁업체에 대응하기 위한 방편으로 반드시 필요한 사항이다. 문제는 비용을 누가 얼마나 지불하느냐 인데 가맹거래법이 제정되기 전 많은 프랜차이즈 본사는 5년 이후 재투자를 가맹점주에게 떠넘기는 것이 일반적이었다. 그러나 가맹거래법이 제정된 이후에는 가맹계약은 상당히 완화되어 본사와 가맹점주의 투자금의 분배와 전면 재투자 기간이 5년에서 10년으로 늘어난 경우도 있다.

그렇지만 평균 이상 수익이 나오지 않는 점포는 이것도 매우 큰 부담인 것이 현실이다. 따라서 업종의 특성과 브랜드 선정할 때 투자 회수율 측면에서 매우 심도 깊은 조사를 해야 한다.

나. 비프랜차이즈

• 보수 재투자

개인은 시설물이나 장비의 보수가 필요할 경우 본인이 직접 하거나 설비 업체에 서비스를 의뢰한다. 장비의 경우 일부 a/s 기간이 적용되기도 하지만 일정 기간이 지나면 비용을 지불해야 한다. 시설물은 관련 업체에 직접 연락하여 비용을 지불하여 보수를 한다. 그렇기 때문에 갑작스럽게 보수할 일이 생기게 되면 비용과 시간적인 문제로 매장 업무에 전념하지 못하게 되는 단점이 있다. 따라서 개인 창업이라도 하더라도 평소 수선비를 충당하여 지출에 대비하는 것이 좋다. 이유는 예상보다 높은 비용이 지출되는 경우 큰 부담이 될 수도 있고 체계적인 지출이 안 되어 돈을 모으기 어렵게 되기 때문이다. 보통 보수 재투자는 내외부 도색, 테이블, 카운터 시스템을 보수한다. 그러나 보수의 개념은 사용이 불가한 경우도 있지만 효율성을 높이는 데 있기도 하므로 과소모성 시설물의 교체로 전기비용을 줄이거나 매장 사용을 효율성을 높이기 위해 시설물 철거 등의 방법을 택하기도 한다.

• 전면 재투자

개인은 5년이 지났다고 하여 시설물이나 장비를 교체해야 할 의무는 없다. 그러나 소비자의 더 나은 환경을 요구하는 욕구와 경쟁점의 진출로 기존 시설물로 인한 매출 변화는 감수해야 한다. 단순히 상품력으로 승부하는 업종이라도 최소한의 시설물은 보수를 하기 때문에 장기적으로 운영하는 사람이라면 일정 수선비를 충당하는 자세가 바람직하다. 보통 전면 재투자는 중요 시설물의 교체와 내 외부 인테리어를 보수한다.

이와 같이 재투자는 실제 창업에서 5년 후 조금 번 돈이 있어도 다시 재투자를 하게 되거나 운영 중에 조금씩 재투자를 할 경우 많은 창업가는 남는 것이 없다는 말을 한다. 즉 실질 투자 회수율이 낮은 것이다. 이것은 당연한 현상으로 이런 점을 처음부터 정확히 인지하지 않고 손익계산서 항목에만 집중하다가 운영할 경우 겪는 과정이다. 따라서 예상 수익과 운영기간에 대한 구체적인 준비와 이해가 선행되어야 하므로 창업가 입장에서 스토어 창업을 계획하는 사람이라면 점포 투자수익률을 충분히 고려하고 운영해야 한다.

7. 점포 투자수익률store return on investment

투자수익률을 계산하기 위한 기법은 회수기간법, 순현가법, 수익성지수법, 내부수익률법, 할인현금수지분석법 등이 있다. 그러나 소규모 점포창업은 월 투자 수익률을 통해 투자금 회수기간을 추정하는 방법이 유용하다.

예를 들어 수현 씨는 공방창업을 위해 자본금 5,000만 원, 월 순이익 300만 원을 예상하고 창업을 고려하고 있다. 이 경우 연 수익률과 투자금 회수기간을 구하고자 한다.

월 투자 수익률=월 순이익/투자금

월 투자 수익률=3,000,000/50,000,000*100%=6%*12개월=72%이므로

1년 이면 투자금의 72% 수익률을 달성하므로 17개월 이면 투자금의 102% 수익률을 달성하게 된다. 그러나 실제 운영하다보면 연수익률이 50%에도 못 미치는 경우가 많고 4년 이후부터는 시설물 보강에 따른 투지, 개발비용 등으로 연수익률은 현저히 떨어져 30%에도 못 미치는 경우가 많다. 특히 프랜차이즈 가맹점 창업의 경우 일정 시점부터는 의무적으로 점포 리뉴얼을 위해 재투자를 고려해야 하므로 이런 점에 더욱 취약하다고 할 수 있다. 따라서 창업으로 실질적으로 자본이득을 얻기 위해서는 낮은 재투자비용, 적은 개발비용, 5년 이상 생존율을 높일 수 있는 방안 등 종합적으로 고려하여 투자수익률을 책정하는 것이 중요하다.

8. 손익계산과 원가항목

손익계산서를 통해 매출 총이익, 영업이익, 경상이익, 당기순이익을 파악한다. 일반적으로 처음 창업하는 사람은 매출 총이익을 중요하게 여기는 경향이 있지만 실제 세금을 제외한 당기순이익을 통해 실질적으로 기대할 수 있는 현실적인 수익을 이해해야 한다. 납부 부가가치세는 매출이 높을수록 부담이 크기 때문에 세액은 별

도의 저축하여 납부시기에 낼 수 있도록 관리해야 하고, 직원 사회보장비용(의료보험, 연금 등)은 직원이 많을수록 부담이 크기 때문에 정규직과 비정규직(단기 파트타이머) 관리를 통해 사전에 비용관리를 해야 한다. 매출 총이익율, 영업이익율, 경상이익율 등은 업계 평균을 기준으로 현실적인 관리를 해야 하고, 생존율을 높일 수 있는 창업 영위를 위해 감가상각비, 개발비 등을 반영하여 장기적인 수익성 추구를 위해 노력해야 한다.

<표 2-13> 손익계산서

과목	이익
매출액	총 판매액
(-)매출원가	매입원가나 제조원가
=매출 총이익	매출에 대한 총이익
(-)판매비/일반관리비	고정비(정규직 인건비, 임차료 등), 변동비(재료비, 각종 수수료, 보험료, 광고선전비, 수도광열비, 변동 인건비, 부가가치세 등)
=영업이익	변동비와 고정비를 제외한 이익
(+)영업외수익	본업 이외의 일로 벌어들인 수익(이자수익, 인센티브 등)
(-)영업외비용	본업 이외의 일로 지급한 비용(이자비용, 벌금 등)
=경상이익	영업이익에 영업외수익 더하고 영업외비용을 차감한 이익
(+)특별이익	비경상적이고 일시적으로 발생한 이익
(-)특별손실	비경상적이고 일시적으로 발생한 손실
=세전이익	세금을 차감하기 전 당기순이익
(-)법인세 등	법인세(법인사업자), 종합소득세(개인사업자), 주민세 등
=당기순이익	최종 수익(세금을 차감한 당기순이익)

원가 항목은 손익분기점에 따른 매출액, 매출수량 등을 파악하여 경영효율, 매출추정을 위해 살펴볼 필요가 있다. 구체적인 매출추정 사례는 매출추정 편을 참고하기 바란다.

<표 2-14> 원가항목

구분	원가 항목			
매출액	총비용	변동비	재료비	생산량에 따라 증가하는 비용(원재료비 등)
			가공비	생산량에 따라 증가하는 비용(연료비 등)
		고정비		조업도의 변화와 관계없이 일정한 원가(임금, 임차료, 감가상각비 이자, 보험료, 수도광열비 등)
	영업이익			
	(매출액)=변동비+고정비+영업이익			매출액 영업 이익률=영업이익/매출액*100
	(매출액)=매출수량*단위당 판매액			

매출액=총비용+영업이익

=(변동비+고정비)+영업이익

매출액-변동비=고정비+영입이익

매출액=매출수량*단위당 판매액이고, 변동비는 매출수량*단위당 변동비이므로 영업이익이 0이 되는 손익분기점을 가정하면 매출액=변동비+고정비이다.

이때 매출액-변동비=고정비를 공헌이익이라고 하고

매출수량*단위당 판매액=매출수량*단위당 변동비+고정비

매출수량(단위당 판매액-단위당 변동비)=고정비

매출수량=고정비/(단위당 판매액-단위당 변동비)

여기서 단위당 판매액-단위당 변동비=단위당 공헌이익이라고 한다.

이상에서 보듯이 손익계산서 항목을 이해하는 것은 매우 중요하지만, 실전에서 손익을 높이기 위한 노력은 또 다른 문제이다. 원가항목에서 보듯이 일반적으로 손익을 높이기 위해서는 매출을 높이는 방법과 고정비나 변동비를 낮추는 방법이 있다. 그러나 실전에서 손익을 높이기 위해 매출액, 변동비, 고정비가 손익에 미치는 영향은 차이가 크다. 여러 데이터를 보면 매출액 1%를 높이는 경우 11.1% 손익이 증가하고, 변동비 1% 낮추는 경우 7.8% 손익이 증가하고, 고정비 1% 낮추는 경우

2.3% 손익이 증가하고, 가격 1% 높이는 경우 11.1% 손익이 증가한다는 것을 알 수 있다. 따라서 막연히 매출 지향적인 영업보다는 창업가 역량과 매장 상황에 맞게 다양한 요인을 고려하여 판매가격 설정과 영업전략을 세우는 것이 필요하다.

9. 매장 형태store type

하이브리드(복합) 매장

서로 다른 시스템의 장점을 결합하여 더욱 높은 시너지를 기대하는 매장을 말한다. 주로 같은 회사의 브랜드가 각기 다른 상품을 상품 공급 측면에서 차별화를 두어 일석이조의 효과를 기대한다. 즉 고객 수요의 다양성을 모두 흡수하고자 하는 형태의 매장이다. 가령 쥬스식스와 커피식스처럼 생과일 주스와 커피의 장점을 결합하여 매장 아웃테리어와 인테리어 그리고 브랜드에 반영하였다. 명동칼국수와 보쌈도 칼국수와 보쌈을 결합하여 매장 아웃테리어와 인테리어 그리고 브랜드에 반영하였다. 본죽은 비빔밥을 론칭하여 본죽 & 비빔밥 매장을 선보이고 있다. 숍인숍과 차이는 하이브리드 매장은 메인 아이템에 추가 아이템의 개념으로 하나의 주방에서 상품을 준비하지만, 숍인숍은 분리된 공간에서 전혀 다른 아이템을 제공한다.

컬래버레이션 매장

컬래버레이션은 협업이라는 뜻으로 전혀 다른 브랜드끼리 서로 시너지를 기대하고 협업하는 공간으로 꾸며진 매장을 말한다. 대체로 보편적인 브랜드끼리 이루어지며, 도넛 브랜드와 떡 브랜드 매장, 휴대폰 매장과 도넛 브랜드, 은행과 카페와 서로 협업으로 고객에게 편의성을 제공하고 있다.

팝업 매장

팝업의 의미는 온라인 마켓에서 소비자에게 이벤트나 기타 전달사항을 알리기 위한 창을 의미한다. 미국의 대형할인점 타겟TARGET이 2002년에 신규 매장을 설치할 공간을 마련하시 못하자 단기긴 임대한 임시 매장을 열었는데 의외의 인기를 끌었고, 이를 기업들이 벤치마킹하면서 생겨난 개념이다. 백화점이나 쇼핑몰의 경우 고객 동선이 많이 몰리는 위치 중에서 유휴 공간 일부를 활용한다. 최근에는 백화점 등 장소를 제공할 수 있는 업체와 팝업 매장을 열고자하는 업체를 연결하는 벤처기업도 활발히 생기고 있다.

멀티 매장

같은 종류의 상품을 여러 브랜드로 구성하여 제공하는 매장을 말한다. 한 곳에서 직접 다른 브랜드를 경험할 수 있는 장점이 있으며 신발 브랜드인 ABC마트 등이 여기에 해당한다. 보통은 대중적인 상품을 취급한다.

스토리 매장

상품에 대한 다양한 이야기 거리를 제공하거나 유도하여 소비자들 간 이야기를 유도하여 매장에 오래 머물게 하는 형태의 매장을 말한다. 사진을 촬영하여 이미지를 저장하고 더 나아가 매장을 나가서도 이야기를 전파하는 역할을 한다. 주로 캐릭터, 이슈가 될 수 있는 상품을 취급하는 매장이 여기에 해당한다. 마케팅 수단으로 자주 활용되고 있는 매장이다. 여의도 '더 현대'의 지하 쇼핑공간에 가면 다양한 스토리를 입힌 편의점 등을 만나볼 수 있다.

커넥트 매장

상품 판매를 직접 판매방식이 아닌 간접적으로 기기 등을 이용하여 상품을 서치하고 다양한 스토리를 전달하며 상품을 판매하는 매장을 말한다. 즉 고객이 매장에서 상품 정보를 열람하고 직접 체험하기를 원하면 창고에서 상품을 가져와 소비자에게 제공해 주는 매장을 말한다. 매장 운영비를 절감하여 소비자가 다양한 제품을 직원의 간섭 없이 충분히 검색해 보고 편하게 선택할 수 있는 매장이다. 롯데하이마트의 옴니 매장도 이와 같은 형태이다. CJ 올리브 마켓은 매장 내 VR 기기로 직접 상품 조리와 시식 방법을 보고 상품을 구매할 수 있게 한다. 단순히 경제성을 넘어 재미와 관심을 유도하는 형태의 매장으로 응용되고 있다.

편집 매장

한 매장에 두 개 이상의 브랜드 제품을 모아 판매하는 매장형태를 말한다. 상품 선별에 따라 브랜드를 들여와 소량씩 판매하기도 하므로 셀렉트 숍이라고도 한다. 최근에는 먹거리, 입을 거리등 경계를 넘어 토털 라이프 스타일 숍으로 발전하고 있다. 멀티숍과 다른 점은 더 희소가 가치가 높거나 비교적 고가의 제품을 취급한다.

플래그십 매장

브랜드 가치를 극대화시키거나 제고하여 시장을 리드하는 매장을 말한다. 애플스토어 등과 같이 인지도가 높은 회사가 자사 브랜드 이미지를 높이고 상품 트렌드를 제시하는 목적으로 진출한다.

파일럿 매장/안테나 매장

파일럿 매장은 자사 제품의 소비자 인식과 기호도 및 수요조사를 위한 매장을 말하며, 안테나 매장은 브랜드 홍보와 고객과 소통을 중심으로 하는 매장을 말한다. 따라서 두 매장 모두 홍보 역할을 하므로 매장이 잘 보이고 통행량이 많은 상권에 출점한다.

융복합 매장

하나에 집중되어 고도로 융합된 매장을 말한다. 매장의 형태를 하고 있지만 판매를 목적으로 하지 않고 고객에게 편안한 장소를 제공하는 매장이다. 예를 들어 도요타 meets는 카페에 잡화를 진열하고 매장 중간에 자동차를 전시했다. 이는 도요타가 제조회사 이미지를 탈피하여 자동차 서비스 회사로 이미지 개선을 위한 경우이다.

공유 협동형 매장

큰 매장을 공간을 나누어 협업하여 상호 시너지를 유도하는 매장을 말한다. 공간 분배 재임차형, 유휴 재임차형, 기간 분배형으로 나눌 수 있다. 공간분배 재임차형 매장은 가장 일반적인 형태의 매장으로 대형 임대 공간을 임차한 특정 사업주는 서로 시너지를 일으키는 다양한 업종 창업가에게 저렴한 비용으로 재임대하여 참여자는 투자비를 줄일 수 있고 안정적인 임차를 할 수 있는 취지의 매장을 말한다. 대표적으로 연남동에 있는 '어쩌다 가게'가 여기에 해당한다. 유휴 재임차형 매장은 문을 닫는 요일이나 시간대에 일정 기간 사용권을 임대하는 형태이다. 저녁에 호프 주점으로 운영을 하는 매장을 낮에는 점심 뷔페로 사용권을 공유하는 매장을 말한다. 기간 분배형은 특정 매장의 활용권을 각각 요일에 나누어 하고자 하는 사업주와 분배하여 운영하는 형태의 매장을 말한다. 인천의 동구에 있는 '다 괜찮아'라는 가게가 여기에 해당한다. 이 매장은 각 요일에 맞는 콘셉트로 운영하고 있다.

양립형 매장

유사업종이지만 각기 다른 콘셉트로 소규모 매장이 모여 있는 매장을 말한다. 단일 매장이 아니므로 작은 푸드코트의 성격이 많지만 유사업종이 모여 있는 점이 다르다. 예를 들어 동대문 두산타워에 있는 '면면'은 전국 면 요리 맛집 7곳이 양립하여 하나의 매장을 콘셉트로 고객을 유인하고 있다.

커스텀 매장

나만의 추억, 소장품을 갖고자 하는 고객을 타깃으로 그들만의 캐릭터를 반영한 상품을 제공해주는 매장을 말한다. 따라서 매장에서 상품 구매 후 나만의 캐릭터를 살려 재디자인하여 제공하는. 의류, 신, 지갑 등 액세서리뿐 아니라 가구 등 다양한 분야로 확장되고 있다. 특히 복합쇼핑몰과 같은 특수상권에서 고객경험을 극대화시키기 위해 커스텀 매장을 적극적으로 유치하고 있다.

숍인숍 매장

매장 안에 또 다른 매장을 운영하는 방식의 매장을 말한다. 보통은 메인 테마를 가진 매장을 중심으로 상호 시너지가 될 수 있는 매장을 입점하여 운영한다. 예를 들어 명품떡볶이 청년다방이라는 프랜치이그는 떡볶이 전문점이면서 커피매장을 함께 운영하는 형태로 매장을 개설하고 있다.

참고: 음식점(레스토랑)[16]의 경우 메뉴 가격대와 종업원 서비스 제공유무와 정도에 따라 다음과 같이 구분할 수 있다.

가. 패스트푸드 매장

레스토랑의 하나로 가격은 6달러 이하로 저렴하고 카운터에 지불 후 음식을 받는 매장을 말한다.

나. 패스트 캐주얼 매장

레스토랑의 하나로 가격은 7달러에서 10달러로 저렴한 편이고, 카운터나 키오스크에서 지불 후 음식을 직접 받는 매장을 말한다.

다. 캐주얼 매장

레스토랑의 하나로 가격은 10달러에서 20달러 전후의 가격으로 중가의 가격이고, 종업원에 의해 테이블로 안내되고 비스를 제공하는 매장을 말한다.

라. 파인 다이닝 매장

레스토랑의 하나로 가격은 20달러 이상이고, 최고 수준의 종업원의 서비스를 제공받는 매장을 말한다.

마. 셀프형 매장

셀프형 매장은 홀 서빙 직원이 없는 매장으로 주문, 계산, 픽업, 리턴을 고객이 직

---

16 레스토랑의 종류는 김승범, 김연성(2014)의 연구에서 정리한 내용이다.

접 하는 매장을 말한다. 일반적으로 무인편의점, 무인카페 등 소비자의 쇼핑과 계산이 간편한 매상 많다. 외식업에서는 역전우 동과 같이 간단히 해결할 수 있는 메뉴중심으로 개설되기는 하였지만 최근에는 인건비의 증가로 다양한 메뉴로 확장되고 있는데 고향옥이라는 순댓국 전문 프랜차이즈가 그렇다.

10. 점포개발

전창진 외(2014)는 점포개발store develop이란 고객이나 특정회사가 의뢰한 점포를 콘셉트에 맞게 발굴하여 개발하는 업무로서 상권. 입지, 권리, 수익성 분석 등을 행하는 일련의 활동이라고 정의하였다. 즉 점포개발은 특정 업종의 용도로서 점포기능을 극대화 시킬 수 있는 점포를 찾아 적합한 운영지를 매칭시켜 창업을 도와주는 행위를 말한다. 크게 점포 개발 성격과 점포개발 주체에 따라 두 가지 관점에서 나눠 볼 수 있다. 점포개발 성격에 따른 내용 중에서 완전 점포개발은 가장 전통적인 점포개발이지만 가장 오래 걸리고 어려운 개발 방법중하나이다. 전환 점포개발 중 점포 소유주 전환은 경영주의 의지로 본사에 브랜드 변경을 의뢰하여 이루어지므로 점포개발자의 노력이 가장 적은 개발이라고 할 수 있다. 소유주 변경 개발은 매출이 검증되거나 입지적 가치가 입증된 경우가 많기 때문에 성공률은 높으나 높은 비용지불이 관건이다. 따라서 점포 소유주의 마음을 변경하여 본사 브랜드로 변경하는 것이므로 끊임 없는 설득과 대안을 제시하는 것이 중요하다. 노 워킹no walking 점포개발 중 공실 점포개발은 가장 손쉬운 개발이나 성공 확률의 열쇠는 저렴한 임차료와 상품력 극대화에 있다. 분양 점포개발은 사전에 수요를 예측하여 입지적으로 적합한 위치의 점포를 선점하여 개발하는 것으로 기타 권리금은 없지만 임차료가 높은 편이며 상권 활성화에 시간이 오래 걸리는 단점이 있다. 주택 변환 점포개발은 융복합 상권으로 발전성이 높은 상권의 활성화가 시작되는 초기에 적극 공략하므로 초기 임차료는 저렴할 수 있으나 임차료 상승률이 높은 단점이 있다. 점포개발 주체 중에서 본사 점포개발은 프랜차이즈 본사가 직영점 운영 또는 가맹점 확보를 위해 직접 점포를 개발하는 것을 말한다. 창업 점포개발 중 직접 창업 점포개발은 창업가 본인이 직접 운영할 점포를 확보하는 것으로 전문적인 경험이 없는 상태에서는 매우 주의해야 할 개발이다. 간접 창업 점포개발은 본사 점포개발 물건 중에서 창업가 본인이 선별하여 개발로 소극적 개발이라고도 한다. 이 경우 본사가 구체적 데이터를 확보한 상태에서 점포를 소개하므로 창업가는 창업 방향성 검증만 하면 되므로 비교적 손쉬운 개발이라고 할 수 있다.

<표 2-15> 점포개발 분류

구분	종류		내용
점포개발 성격	완전 점포개발		본사 브랜드 정체성에 부합하는 부동산 또는 동산을 선별하여 신축, 개축, 차량 개발(푸드트럭) 등으로 창업 목적을 달성하는 점포개발
	전환 점포개발	점포 소유주 전환 점포개발	이미 운영 중인 점포 경영자가 의지로 본사 브랜드로 변경하는 점포개발
		점포 소유주 변경 점포개발	이미 운영 중인 점포 경영자를 설득하여 소유주를 변경하여 본사 브랜드로 변경하는 점포개발
	노 워킹 no walking 점포개발	공실 점포개발	비어있는 점포를 본사 브랜드로 개발하는 행위
		분양 점포개발	건설 중인 상가를 사전에 확보하여 본사 브랜드로 점포를 개발하는 경우
		주택 변환 점포개발	주거용 건물의 전부 또는 일부를 상업용 용도로 바꾸어 본사 브랜드로 점포를 개발하는 경우
점포개발 주체	본사 점포개발		본사 직원이 본부 정체성에 부합하는 점포를 개발하는 경우
	창업 점포개발	직접 창업 점포개발	창업가가 직접 창업하기 위해 점포를 개발하는 경우
		간접 창업 점포개발	본사 개발 물건 중에서 내게 맞는 점포를 선정하여 (준)점포개발

11. 점포 선택

점포 선택은 소비자측면에서 의식적 또는 무의식적으로 해당 점포에 대한 지각을 통해 선택 방문하는 것을 말한다. 따라서 점포를 지각하는 것은 점포의 이미지로서 점포의 이미지가 좋으면 방문할 것이고 그렇지 않으면 방문하지 않을 수 있다는 것이다. 점포이미지는 점포속성[17]으로 측정되기 때문에 점포속성에 관한 연구는 활발히 진행되었다. 소매점에서의 점포속성이란 점포를 구성하고 있는 여러 가지 특성을 말하는 것으로서, 소비자가 점포를 선택하거나 평가할 때 기준이 되는 점포 이미지를 구성하는 요소이다(전태유, 2010; Shim & Kotsiopulos, 1992). Hansen & Deutscher(1978)는 점포속성에 관한 연구에서 점포 선택의 중요 특성이 소비자의 인구통계학적 특성에 상관없이 유사한가를 분석한 결과, 소득수준은 낮으나 나이가 많고 해당 지역에서 상당 기간 거주한 소비자들은 소매점 광고와 조정정책에 상대적으로 높은 비중을 보인 반면, 교육 수준과 소득이 높은 젊은 소비자들은 가격과 효율성에 관련된 요인들을 상대적으로 높게 평가하는 것으로 확인되었다. 또한 장시간 쇼핑하는 것을 싫어하는 소비자들은 점포에 빨리 쉽게 도착하여 가능한 빨리 계산하며 반품이나 조정활동이 문제없이 진행되기를 바라는 반면, 쇼핑을 즐기는 소비자들은 저가격 제품, 특별가격 품목, 광고 및 판매원에 대한 관심이 높은 것으로 나타났다(신민식, 2006). 이는 소비자의 인구통계학적 특성과 개개인의 성향에 따라 점포속성의 중요도는 차이가 있다는 것을 보여주고 있다. 따라서 현장에서도 상권의 성격과 소비자의 성향을 파악하여 전략적으로 진입해야 할 것이다.

점포속성에 관한 많은 연구를 통해 다양한 점포 선택 모델이 연구되었다. Monroe & Guiltinan(1975)의 점포 선택 모델은 기간/경로 분석 기법을 이용하여 소비자의 점포 선택 모형을 제시했다. 구매자의 위치, 인구 통계적 특성, 라이프 스타일, 개성, 경제적 특성 등에 따라 소비자의 쇼핑 욕구는 다르게 나타난다고 하였

---

17 점포속성은 점포이미지의 구성요소로서 engle et al.(1982)연구에서 매출에 영향을 주는 소비자 감성에 영향을 주는 요인으로 입지location, 상품, 편의 서비스, 판매 촉진 활동, 종업원 태도, 매장 분위기로 연구하였다

<표 2-16> 점포속성 차원

구분	점포속성
Martineau(1958)	배치와 건축물, 상징과 색채, 광고, 판매원
Kelly & Stephenson(1967)	점포의 일반적인 특성, 점포의 물리적인 특성, 점포의 접근 용이성, 제품선택, 가격, 판매원, 광고, 점포와 친구들
Kunkel & Berry(1968)	제품의 가격, 제품의 품질, 제품 종류의 다양성, 제품 유행성, 판매원, 점포 위치, 서비스, 판매촉진, 광고, 점포 분위기, 조정행동에 대한 평판, 기타 편의성 요소
Engel & Blackwell(1982)	입지, 상품, 편의 서비스, 촉진활동, 종업원 태도, 매장 분위기 등
Schiffman, Dash & Dillon(1997)	입지의 편의성, 가격, 보증정책, 판매원의 전문성, 제품의 다양성 등
Azeem & Sharma(2015)	품질, 진열 길이, 서비스, 가격, 위치, 면적, 판촉, 로열티, 인사 관리, 분위기, 운영력 등
전태유(2009)	입지, 가격, 상품, 광고, 촉진, 점포디자인, 진열, 고객 서비스, 대면판매 등

출처: 안성우(2013), 『소비자의 점포 선택 요인분석을 통한 독립자영슈퍼마켓의 활성화 방안 연구』를 참고하여 재정리.

다. 이러한 개개인 쇼핑욕구는 점포속성에 대한 지각이 다르게 나타나고 점포이미지[18]에 영향을 미친다고 하였다. 즉 점포이미지가 소비자 욕구에 가까우면 그 점포를 선택할 가능성이 높아진다는 것이다. 만약 구매 제품의 만족도가 높으면 점포이미지는 더욱 강화되어 재방문할 가능성이 높아지게 될 것이고 점포 내 소비자 구매정보를 통해 점포 속성을 지속적으로 강화한다면 쇼핑욕구가 지속되어 해당점포의 경쟁력은 더욱 높아질 것이라고 하였다. 즉 점포 이미지는 직원 서비스, 상품력, 독특한 인테리어, 소품 등 상품 퍼포먼스에 해당하는 사항으로 추가 방문과 지인소개로 이어질 수 있다.

이 이론은 재방문의 중요성을 강조한 이론으로 현재 기술적으로 이용되고 있기도 하다. 고객 정보 즉 비콘 기술, 고객 와이파이 수집, CCTV 고객동선 관찰 데이터로 소비자 행동을 분석(사후 상권분석)하여 매장 구성, 상품 위치, 고객 동선 등 재배치함으로서 고객 소비욕구를 증가시켜서 재방문을 통해 매출을 증대시키고 있다. 〈그림

---

18 점포이미지는 소비자가 중요하다고 생각하는 여러 점포속성에 관해 소비자가 지니는 종합적인 태도를 말하는 것이다(이주은, 1998).

2-9〉은 점포 선택 모델 연구 개념도이며 〈표 2-16〉은 점포 선택에 대한 다양한 모델을 정리한 것이다.

<그림 2-9〉 점포 선택 모델 연구 개념도

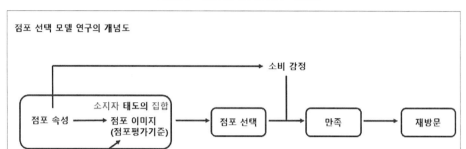

<표 2-17〉 점포 선택 모델

구분	이론	내용
Engel, Blackwell, & Miniard(1995)	Consumer Behavior	소비자 점포 선택은 소비자 자신이 가지고 있는 점포 선택 평가기준과 특정점포의 이미지화된 점포 특성을 비교한 후 점포 선택
Bitner(1995)	"Building service relationships: It's all about promises,"	특정점포의 물리적환경인 공조환경, 공간, 기능, 신호, 상징, 인공물 등은 소비자 태도와 종업원 태도에 영향을 미치게 되어 소비자 요구에 따르는 물리적 환경을 제공하는 점포전략의 중요성 강조
Monroe & Guiltinan(1978)	A path-Analystic Exploration of Retail patr-onage influences	점포 선택속성과 제품에 대한 중요성을 강조하여 점포속성이 소비자 기준에 부합한다 해도 구매제품에 대한 만족도가 낮으면 점포충성도는 떨어짐
Spiggle & Sewall(1987)	A choice sets model of retail selection)	소비자의 심리상태와 소비자의 특성 그리고 소매점 특성은 점포 선택에 직접적인 영향을 미친다고 함
Darden, Howell & Miller(1981)	Consumer Socialization Factors in Patronage Model of Consumer Behavior	소비자 점포 선택의 포괄적 요인을 강조

자료: 안성우(2013), 『소비자의 점포 선택 요인분석을 통한 독립자영슈퍼마켓의 활성화 방안 연구』에서 점포 선택이론 재정리.

안성우(2013)는 점포 선택은 소비자 측면에서 일련의 점포특성에 대한 소비자의 주관적 평가에 의해 결정되는 것으로 보고 있으며, 소비자의 주관적 평가에 영향을 주는 점포에 관련된 요인들을 통제함으로써 궁극적으로 소비자가 점포를 선택하는 행동을 유발시킬 수 있는 요인들을 설명하고 있다. 특히 Bitner(1992)는 소매 점포에서 물리적 환경 특성을 어떻게 배치하고 개선하는지에 따라 소비자 만족도에 영향을 미친다고 하였다. 물리적 환경 특성을 서비스스케이프servicecape[19]와 일치하는 개념으로 보고 접근하였는데 서비스스케이프를 매장 주변 환경 요소ambient condition로는 실내온도, 조명, 소음, 음악, 향기, 색상, 전망 등을 말하며, 공간배치와 기능성 요소spatial layout and functionality로는 기계, 장비, 가구 등 배열방법, 형태 등을 말하며, 사인/상징/인공물 요소signs, symbols and artifacts를 포함하는 개념으로 보았다.

김성호 외 3인(2011)은 초기 연구에서는 서비스스케이프를 서비스가 제공되는 상황이라는 좁은 의미로 간주되었다고 하였고, 기업의 이미지와 목적을 전달하는 데 중요한 역할을 담당한다고 하였다.

Bitner(1992)의 이론 외에도 Kotler(1996)는 매장 분위기에 대한 4가지 차원을 강조하며 처음으로 서비스스케이프의 의미를 시각, 청각, 후각, 촉각의 인식을 포함하는 분위기atmospherecs라고 정의하여 사용하였다. 이는 코틀러의 확장상품에 해당하는 것으로 고객은 단순히 상품에 대한 편익적 가치 이외에 물리적 환경의 중요성을 강조한 것이라고 할 수 있다. 매장 분위기는 소비자 감성을 자극하지만 매장연출은 소비자 구매 욕구를 자극하기 위해 창업가의 행동적, 의도적 콘셉트가 강하게 함유된 것으로 볼 수 있다.

앞서 고객 서비스에서 설명한 〈사진 1-3〉의 윤휘식당의 사례를 그대로 설명한 이론이라고 볼 수 있다.

---

19 서비스스케이프servicecape란 물리적 환경과 일치하는 개념으로 자연적, 사회적 환경과는 별개로 서비스 전달을 둘러싼 인위적인 서비스 시설을 말한다(김성호외 3인, 2011; Bitner 1992).

표 2-18

<표 2-18> Kelly & Stephenson의 점포 선택 요인

속성차원	구성요소
점포의 일반적 특성	지명도, 체인점포 수, 영업 연수
점포의 물리적 특성	청결정도, 실내장식, 제품발견의 용이성, 실내보행의 용이성, 계산의 신속성
점포의 접근 용이성	거리정도, 도착시간 정도, 운전의 용이성, 주차의 용이성, 다른 상점으로의 접근 용이성 정도
제품선택	제품 종류의 다양성 정도, 재고 정도, 관련제품, 품질, 상표 수, 유명상표
가격	다른 상점과의 가격비교, 가격에 대한 가치정도, 특별가격의 제품 수
판매원	정숙함, 친숙함, 조력정도, 판매원 수
광고	정보제공정도, 구매계획의 도움 정도, 호소력, 신뢰성, 노출 용이성
점포와 친구들	친구들에게 알려진 정도, 친구들의 추천정도, 그 점포에서 쇼핑하는 친구 수

자료: 전우조(2011), 「점포특성요인이 소매점 선택에 미치는 영향에 관한 연구」, 전게서, p.15.

〈표 2-18〉의 Kelly & Stephenson(1967)의 점포 선택 요인에 관한 연구에서 광고와 점포와 친구들이라는 속성이 있다. 최근 나들이객들이 많이 몰리는 지역에 가면 대형 카페 베이커리를 볼 수 있다. 이곳에 방문하는 고객은 자신만의 경험을 간직하고 싶기도 하고 알리기 때문에 자연스럽게 SNS 또는 구전으로 전파가 되어 강한 점포 충성도가 아니어도 훌륭한 마케팅이 될 수 있기 때문에 고객 경험에 대한 측면은 창업가가 반드시 짚어야 할 항목이다. 이렇게 소비자 점포 선택은 소비자의 행태적 측면에서 접근한 것이라고 볼 수 있다. 이것은 최근 부각되고 있는 행태경제학의 한 흐름과도 일치하는 것으로 볼 수 있다.

이러한 요소들을 통해 소비자의 행동적 관점에서 점포 관찰을 참고하기 바란다.

12. 점포 충성도store loyalty

충성도 개념은 하버드대학교 royce(1908)가 그의 책『충성도에 관한 철학philosphy

of loyalty』에서 처음 소개했다(강용수, 2005; reichheld 1996). 하버드대학의 Royce(1982) 교수는 충성도 수준을 수직적 개념으로 3가지로 분류하였다. 첫째, 개인에 대한 충성도, 둘째, 집단에 대한 충성도, 셋째, 가치와 원칙에 대한 충성도이며, 이중 최고 수준의 충성도는 가치와 원칙에 대한 충성도라고 하였다.

Cunningham(1961)는 점포 충성도를 개념을 처음으로 도입하였으며 충성 대상에 따라 서비스 충성도, 기업 충성도 등으로 확장되어 연구하였다. 전태유, 박노현(2010)는 점포 충성도란 비교적 높은 선호도로 어떤 소비자가 특정 점포에서 구매하려는 의도된 노력을 할 정도의 선호도로 보통 소매점 소비자 행동의 중요한 차원으로 받아들여지고 있으며 점포 충성도store loyalty와 점포 선호도store preference는 동의어로 혼동할 수 있다고 하였다. bloemer & de ruyter(1998)는 일정시간 내에 고객이 다른 점포를 제외하고 특정 점포만을 고려하는 의사결정에서 나타나는 의도적인 행동 반응을 점포충성도의 개념으로 정의하고 있다. 이렇게 점포 충성도의 핵심 부분은 점포 몰입이며 점포 몰입이 없는 경우 가짜 충성도가 야기될 수 있다는데 그것은 재방문 행동이 점포 충성도와 무관하게 고객의 습관으로 인해 유인 가능성이 있기 때문이라고 하였다. 주로 편의점과 같은 업종에서 볼 수 있는 현상이다. 이와 같이 점포 충성도는 소매업 연구에서 매우 중요한 구성개념들 중의 하나이기 때문에 소매업자들은 충분한 매출과 이익을 달성하기 위하여 충성도가 높은 고객들을 창조하고 계속 유지해야 한다. 김제범, 정연승(2021)은 무인편의점에 대한 연구에서 고객의 정서적 경험은 점포 충성도에 유의한 정(+)의 영향을 미친다고 하였듯이 직원에 의한 친절뿐 아니라 직원이 없는 매장에서 고객 경험도 점포 충성도에 영향을 미친다고 하였다.

베인 & 컴퍼니 연구에 따르면 고객 충성도가 높은 기업은 그렇지 않은 기업에 비해 매출성장률이 평균 2배 이상 높은 것으로 조사됐으며, 충성도가 높은 고객은 그 회사의 제품을 오랫동안 반복적으로 구매하고 주변에도 적극 권유한다고 밝히고 고객 충성도가 높은 기업은 영업마케팅 비용도 15%적게 쓴다고 하였다. 이런 사례는 아마존 회원제 서비스인 프라임 회원의 경우 일반 소바자보다 더 높은 구매를 하는 것과 같은 케이스라고 할 수 있다. 안성우(2013)는 특정 점포를 지속적으로 반복해서 이용하여 주변 사람들에게 이용할 것을 적극 권장하는 소비자 행동으로 정의한 것에서 알 수 있듯이 충성도의 또 다른 중요성은 홍보효과라고 하였다.

이렇게 점포 충성도는 상품, 브랜드, 가격, 점포 위치, 서비스 등 다양한 요인에 의해 소비자의 충성욕구를 자극하지만 산업의 변화와 소비자의 성향에 따라 그 각 요소마다 차이가 존재한다. 과거뿐 아니라 현재도 경쟁점 고객을 유치하기 위한 중요 전략으로 가격차별화를 두고 있듯이 가격이외의 요소로 소비자의 변심을 줄일 수 있는 노력을 병행해야 할 것이다.

13. UP(業) 상권 관찰 3요소와 점포 관찰store observation

13.1. UP(業) 상권 관찰 3요소

관찰은 단순히 보는 것과 다르다. 보는 것은 그냥 흘러가는 정보인 것이고 관찰은 내 머릿속에 의미 있는 정보로 저장하고 가슴으로 느끼는 것이다. 앞서 design thinking에서 언급하였듯이 아이디어를 도출하며 문제를 찾는 데 있어 관찰은 가장 중요한 사항이다. 이미 다양한 정보를 인지하고 있어야 축적된 정보를 꺼내어 아이디어를 구체화할 수 있기 때문이다. 마찬가지로 점포 창업에서 아무리 좋은 창업도구design thinking, lean canvas 등, 상권정보프로그램(소상공인 상정보시스템, 나이스 비즈맵 등) 등이 있어도 창업에 대한 이해, 업종에 대한 이해가 바탕이 되어야 한다. 따라서 평소 상품, 점포, 상권 등에 대한 관찰로 창업가적 시야와 인식이 충분히 축적되어 있어야 시장진입 시 실수를 줄일 수 있다. 창업상권에서 관찰은 크게 세 가지로 나눌 수 있다. 첫째, 상품 관찰, 둘째, 점포 관찰, 셋째, 상권관찰이다. 상품 관찰은 4강의와 창업 상품성what 항목을 관찰하는 것을 말한다. 단발성 관찰이 대부분이지만 오랜 시간이 필요하다. 상권관찰은 5강의 특정 지역의 상권의 변화와 흐름을 통해 다양한 가치 상권을 관찰하는 것으로 넓은 안목과 장기적인 관찰 자세를 요구한다. 이 두 가지는 해당 페이지를 참고하기 바란다. 점포 관찰은 점포와 관련된 일련의 사항에 대한 관찰을 말한다. 중요한 것은 이 세 가지 관찰은 고객 중심 관찰임을 잊어서는 안 된다.

<그림 2-10> 3 관찰 모델observation model

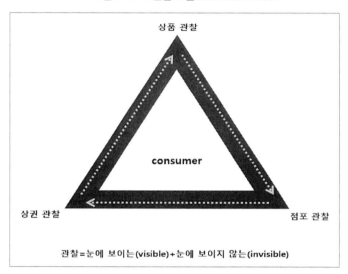

13.2. 점포 관찰

점포 관찰은 행태적 점포 관찰(창업가 행태 측면, 소비자 행태 측면, 입지 행태 측면)과 입지적 점포 관찰로 구분할 수 있다. 상품 관찰, 상권 관찰과 연계하여 창업방향을 잡기 위한 관찰을 말한다. 즉 창업 전 평소 관심 있는 분야의 점포를 보는 관점과 창업 후에는 점포의 경영 능력을 향상시키기 위한 경쟁점 등에 대한 관찰을 말한다.

<표 2-19> 점포 관찰

입지적 점포 관찰		점포 관계성		인접 점포와 연관선 관찰
		동선 관찰		창업자 동선에서 관찰
행태적 점포 관찰	소비자 입지 행태 측면	충족성		이동 방향에서 목적구매
		충동성	동적	오감을 통한 충동적 구매
			정적	매체를 통한 충동적 구매
		목적성		목적성 구매
	소비자 행태 측면	소비자 행태		소비자 행동
		소비자 감정		*소비과정의 소비감정*
		안전성		건물노후
		편리성		길찾기, 편리한 진출입
		시인성	외부	외부 공고물
			입지	위치에 의한
			관심	현재 욕구에 따라
		인지성		무의식적 인지
		소비자욕구		상품(상품 콘셉트) /공간(매장 콘셉트) / 서비스(서비스 콘셉트)
	창업가 행태 측면	창업가 행태		창업가 운영심리
		점포 운영		운영 편리성, 운영 어려움, 마케팅 등
		점포 적합성		매장 규모, 점포공사, 점포 임차료, 권리금 등

13.2.1. 행태적 점포 관찰 behavior side observation

행태적 관찰은 창업가로서 다른 창업가의 입장에서 점포 관찰인 창업가 측면의 관찰과 인지성, 가시성, 편리성, 안전성, 점포 충성도, 소비자 행태 등으로 소비자 측면에서 심리적이고 행태적인 관찰인 소비자 측면의 관찰과 입지 행태적 측면의 관찰로 나눌 수 있다.

• 창업가 행태 측면의 관찰entrepreneur side observation

- 점포 적합성은 매장 규모, 점포 공사, 점포 홍보, 점포 비용 등이 창업을 하는 데 적합한지에 대한 관찰을 말한다. 특히 비용(임차료, 권리금 등)은 점포의 임차료와 권리금에 대한 관찰을 말한다. 대부분의 창업가는 점포를 관찰하면서 매출과 수익적 측면의 관찰에 치중한다. 가장 중요한 점이지만 작은 창업일수록 비용적 측면을 함께 고려하는 자세가 중요하다. 대부분 창업은 매출 한계는 정해져 있지만 임차료나 권리금이 상대적으로 높다면 수익이 안 날 것이고 낮다면 기대이상의 수익이 날 것이다. 이렇게 임차료나 권리금에 대한 적절성을 파악하는 것 또한 창업가의 안목이다.

- 창업가 입장에서 창업가 운영상 어려움, 운영의 편리성, 마케팅 등 운영을 하는 데 있어 고려해야 할 사항에 대한 관찰을 말한다.

- 창업가 행태는 창업가의 운영 심리에 대한 관찰을 말한다. 즉 어떤 점포를 관찰한다면 그 점포의 경영주의 경영 마인드와 운영 심리를 볼 수 있도록 노력해야 점포의 경쟁력을 파악하기 쉽다. 예를 들어 주말에 점포 영업을 하는 경영주의 행태를 보며 창업 상품성과 지역 업종의 경쟁력을 파악할 수 있다. 상품 위치성(소비자의 마음속에 형성된 상품 위치)을 파악할 수 있는 상권은 독립시설 상권이다. 단일 오피스나 아파트의 독립 상권으로 흔히 지하에 형성된 아케이드와 같은 상권을 말한다. 근무하는 직원의 수가 명확하고 외부 소비자와 접근성이 명확히 드러나므로 건물 소비자의 구체적 취향과 업종이나 브랜드의 상권 적합도를 파악할 수 있다. 이렇게 오피스 상권의 일부 매장은 일반적으로 주말에는 운영을 하지 않는 경우가 많아 창업가의 현황을 파악하기 위해서는 주말 상권 관찰로 점포 상황을 짐작할 수 있다. 크게 다음과 같다. 첫째, 평일에 장사가 잘 되지 않는 경우이다. 이 경우 조금이라도 더 장사를 하여 수익을 내기 위해 오픈을 한다. 둘째, 평일에 잘 되는 편이다. 이 경우 더 많은 수익을 내기 위해 오픈을 한다. 셋째, 고객을 유지하기 위해서이다. 즉 휴일이라도 옆 경쟁점에 빼앗기기 싫어서이다. 어찌 보면 상품에 대한 자신과 확신이 부족하기 때문일 수도 있다. 이 경우는 평일에 잘 되는 점포이기도 하고 그렇지 않은 경우이기도 하다. 넷째, 고

정 비용을 고려해서이다. 월세와 인건비를 고려하여 비용대비 매출이 나온다면 오픈을 한다. 이 경우도 평일에 잘 되는 점포이기도 하고 그렇지 않은 경우이기도 하다. 이런 네 가지 기준으로 창업가의 운영 행태를 보며 평일과 주말 고객 분포를 비교해 보면 이 상권 내 어떤 업종이 잘 되며 어떤 업종이 잘 안 되는지 상품 위치성을 파악하기 쉽다. 이를 통해 소비자의 상품 또는 브랜드 선호에 대한 확실한 기준은 발견할 수 있을 것이다.

• 소비자 행태 측면 관찰customer side observation

가. 소비자 욕구

소비자가 해당 매장에 방문하는 목적이 상품에 대한 욕구 때문인지 공간이나 서비스에 대한 욕구 때문이지 관찰한다. 작은 커피 전문점이 즐비한 상권에 넓고 독립적인 공간을 제공하는 커피 전문점이 잘되는 이유는 단순히 커피라는 상품 소비욕구보다 공간 이용이나 서비스에 대한 욕구가 높은 소비자 수요가 많기 때문이다. 이 부분은 카테고리를 구분하여 접근할 수 있다. 예를 들어 어떤 상권에서 소비자 필요를 점검할 경우 욕구 카테고리를 최상위부터 점차 좁혀 간다. 3단계 가치 영역을 점검하는 잠재적 소비자의 수요층 파악이 중요하다. 이 부분은 〈사진 4-10〉 사례를 참고하기 바란다.

나. 인지성

점포가 얼마나 고객에게 무의식적으로 인지하게 하는지를 말한다.

다. 시인성

관심 시인성, 입지 시인성, 외부 시인성으로 나눌 수 있다. 관심 가시성은 고객이 관심을 가지고 보는 시점에 고객에게 어떤 메시지를 전달하는지 말하며 다음의 소비자 변심 포인트 중 매장 앞에서의 시점에 영향을 미친다. 입지 가시성은 코너형 점포 등 입지적 환경에 따른 가시성을 말하며 외부 가시성은 간판의 크기와 위치 등 점포 외적인 여건에 따른 가시성을 말한다.

라. 편리성

소비자가 점포 찾기와 매장 내 방문이 편리함으로 주변의 인지도 있는 시설물이나 지명이 도움이 된다. 특히 홍대 상권처럼 좁은 도로에 산재되어 있는 지역에서는 내비게이션으로 찾기가 쉽지 않은 경우가 많다. 또한 매장 출입구가 늘어가 있거나 높은 계단이 형성된 경우도 소비자 재방문율을 낮추는 요소이다.

마. 안전성

건물의 노후 정도에 따른 시설물 안정 상태를 말한다. 이점은 위생적인 측면에서 매우 중요한 부분이므로 매장 공사 시 특히 주의해야 할 부분이다. 그러나 보통 창업가는 현장에서 점포 관찰하면 매출과 통행량 등을 생각하게 하지만 이는 상권 관찰의 하나로 파악하는 것이며 점포에 방문하는 소비자에 대한 객수나 성격은 매출 측정이나 상권측정에서 파악할 일이다. 평소 창업의 안목을 키우기 위해서는 매출이나 수익을 파악하기보다 점포 고유의 창업 속성을 관찰해야 한다. 이것은 현대 마케팅에서 가장 중요한 점으로 상품, 점포, 상권은 항상 유기적으로 변하기 때문이다. 창업가는 그 흐름을 이해하고 적합한 상품으로 적합한 상권에서 적합한 점포로서 소비자 변화에 능동적으로 대처해야 하기 때문이다. 〈그림 2-8〉에서 보듯이 이 세 가지는 관찰적으로는 별개의 개념이지만 실제 현장에는 동일 연장선상에서 유기적인 관찰이 중요하다.

바. 소비 감정

소비 감정consumption emotion은 소비 과정에서 경험하는 긍정적인 반응과 부정적인 반응을 말한다. 이것은 소비자가 상품을 접하고 이것을 직접 경험하면서 느끼는 감정을 말이나 표정으로 드러나는 경우가 많기 때문에 이에 대한 관찰을 말한다. 소비자의 감정적 경험에 가장 대표적인 측정방법인 PAD척도는 Mehrabian & Russell(1974)이 개발한 모델로 소비자들의 감정적 반응을 즐거움Pleasure, 각성Arousal, 지배Dominance의 3가지 차원으로 구성되어 있다고 하였다. 즐거움은 행복한, 만족한, 흡족한, 희망적, 안도감의 느낌을, 각성은 자극적, 등분된, 열광적 등의 느낌이 포함되어 있으며, 지배는 긴장, 후회, 공포, 화남 등의 부정적 느낌이 포함되어 있다, 이후 PA적도russell & pratt, 1980를 제안하여 소비자는 방문한 매장에서 긍정적인 느낌을 받느냐 부정적인 느낌을 받느냐에 따라 소비자 감성은 달라지며, 소비자의 즐거움과 적당한 각성은 소비자로 하여금 쇼핑 시간을 길게 유도하여 매출액을 높일 수 있게 된다는 것이다. 이것은 상권에 오래 머물게 하기 위해 함께 적용해볼 수 있는 사항이다.

학계에서는 이모형을 매장의 환경에 대한 연구로 적용하였는데 Kotler(1974)는 시각적, 청각적, 후각적, 촉각적 요소로 4가지 차원으로 분류하기도 하였다. 매장 분위기는 소비자 감성을 자극하지만 매장연출은 소비자 구매 욕구를 자극하기 위해 창업가의 행동적, 의도적 콘셉트가 반영된 행위를 말한다. 매장 분위기는 매장연출을 어떻게 행하는지에 따라 달라질 수 있다.

<표 2-20> 필립 코틀러 매장 분위기 4가지 차원

구분	항목
시각적 요소	색채color, 명도brightness, 매장 면적size, 모양shape, 대조contrast
청각적 요소	음량valume, 배경음악BGM, 속도pitch, 소음noise
후각적 요소	냄새scent, 신선함freshness, 향기aroma
촉각적 요소	부드러움softness, 평활함smoothness, 온도temperature, 습도humidity

자료: Kotler, P.(1974). Marketing during periods of shortage. Journal of marketing, 38(3), 20-29.

이렇게 매장 분위기는 긍정적인 감정으로 쌓이면 좋은 점포 이미지가 발생하여 재방문이나 지인에게 소개로 이어지게 되지만 부정적인 감정으로 쌓이면 반대의 결과가 발생할 수 있다고 하였다. 본서에서 소비감정은 매장 내에서 소비자가 먹고 마시는 일련의 행동 관찰이므로 단순히 주관적인 상품에 대한 평가보다 그 상품에 대한 다른 고객은 어떻게 받아들이고 행동하는지 관찰하는 것이 중요하다는 점을 강조하고자 한다. 실제 현장에서는 지나친 마케팅에 의해 일시적 고객 유입이나 일반적인 상품성보다 상품 위치성이 낮은 상권에서 기대이상의 성과를 내는 점포도 존재하기 때문에 소비자 감정에 대한 관찰은 계속되어야 한다.

사. 소비자 행태customer behavior

다음과 같은 소비자의 일상에서 행태에 대한 관찰을 말한다.

a) 검색에 의한 소비자 접점 포인트searching touch point

시내 외식이나 관광지에서 인터넷 검색을 통해 외곽 음식점을 방문하는 경우 소비자는 최대한 만족할 수 있는 매장을 찾으려고 고민을 하게 된다. 이때 세 가지 시점에 고민이 깊어지고 소비자 이동 방향이 달라질 수 있다. 첫째, 검색 순간이다. 검색이 편해야 하고 소비자에게 쉽게 노출되어야 한다. 둘째, 검색을 통해 내비게이션을 켜고 찾아오는 과정이다. 찾는 시간을 최대 20분(10~15킬로미터 이내)을 넘기면 소비자는 지루함을 느끼게 된다. 셋째, 대면 순간이다. 도착하여 점포 앞에서의 시점에 점포 앞의 분위기는 비록 먼 거리로 이동을 하였어도 얼마든지 변심이 생길 수 있다. 넷째, 내방 순간이다. 즉 차에서 내리고 문에 들어서는 순간에도 소비자는 변심할 수 있다. 따라서 내부의 분위기를 오픈해야 할지 가려야 할지 잘 판단해야 한다. 다섯째, 메뉴 선택시점이다. 기대 반 우려 반 방문하게 되면 매장에 들어오더라도 한 번 더 고민하게 된다. 이때 메뉴 선택이 복잡하거나 까다로워서 고민을 많이 하는 시점에도 소비자는 이동할 수 있다. 고객이 넘치는 맛집은 세팅 메뉴를 간소화하거나 쉽게 고를 수 있도록 메뉴를 준비하고 있다.

b) 일반적 상권 방문 업종성에 의한 행태

일반적으로 목적지 없이 막연히 상권 내 방문하는 소비자는 무엇을 먹을지 한번 둘러보게 된다. 그리고 관심 있는 점포가 눈에 들어온다면 소비할 확률이 높게 된다. 눈에 들어오는 점포가 없다면 검색을 하게 되고 고민할 시간이 길어지게 된다. 이렇게 눈에 띄는 점포가 되기 위해서는 업종성 이해 중에서 위치성을 파악하는 것이 중요하다. 식사 상권이라면 안심하고 부담 없이 선택할 수 있는 업종이 중요하기 때문이다. 따라서 특별히 소비자 가성비로 틈새 상권을 공략하지 않는다면 식사상권에서 막국수와 같은 확장성이 낮은 계절상품은 눈에 띄지 않기 때문에 성공하기 어렵다.

c) 계절요인에 따른 업종성에 의한 행태

겨울에는 따뜻한 음식, 따뜻한 분위기, 친근성 높은 음식이 소비자에게 인식되는 상품 위치성이 명확하다. 특히 오피스가인 경우 메뉴 결정을 빨리하므로 선택의 폭이 좁다. 가령 오피스와 주택을 배후로 식사, 회식형 상권이 있다. 어떤 창업가가 24시간 감자탕, 하나는 24시간 김치찌개 전문점을 창업하려 한다면 어느 업종이 상권에 더 적합할까?

우선 24 운영적 여건을 점검해보면 24시간 영업은 소비자에게 필요하게 하는 콘셉트가 아니라 필요한 콘셉트는 다음과 같다. 첫째, 24시간 수요가 있는 상권인지 파악한다. 둘째, 친근한지 점검한다. 식사상권에서 친근함은 여름에 시원함하고 간단히 해결할 수 있는 것이 중요하고 겨울에 따뜻하고 편리하게 해결할 수 있는 것이 중요하다. 셋째, 점심메뉴라면 십에서 흔히 먹을 수 있는 메뉴인지 그렇지 않은 메뉴인지가 중요하다. 오피스 소비자는 메뉴 선택의 고민이 많은 편이며 그곳에서 결정하는 기준 중하나는 집에서도 먹을 수 있는 업종은 제외하는 경향이 강하기 때문이다. 이런 점을 볼 때 위 오피스 상권에서는 감자탕 전문점이 소비자에게 인식되는 상품 위치성이 명확해야 더욱 적합하다고 볼 수 있다.

d) 인구통계학적 해석

인구통계학적인 소비자 데이터는 창업에서 기본중의 기본이다. 그러나 그것을 활용하여 창업 상품성에 접목시켜서 고객을 발굴하는 과정으로 접근해야 의미가 있다. 예를 들어 〈사진 2-1〉에서 보듯이 어린이 레고 블록방과 같은 업종은 목적성 구매 성격이 뚜렷하므로 통행량에 의한 점포 선정보다는 어린아이들이 많고 단지 내 상가 중에서 임차료가 저렴한 곳에서 창업한다. a레고 블록방은 1,500세대를 독점으로 하는 단지 내 상가에 오픈하여 매우 안정적인 매출을 올리고 있다. 이후 어떤 창업가가 주변 2,000세대를 독점으로 하는 단지 내 상가에 b블록방이 오픈하였고, 이후 또 다른 창업자가 2,000세대를 독점으로 하는 또 다른 단지에 c블록방을 오픈하였다. 그러나 c블럭방은 고전을 면치 못하다가 2년도 안 되어 문을 닫았고, b블록 방도 고전을 면치 못하고 있다. 왜 세대와 아이들이 더 적은 배후를 확보한 a블록방 은 잘 되고, 세대와 아이들이 더 많은 배후를 확보한 다른 블록방은 그렇지 않은 걸 까? 그것은 인구 통계학적 측면에서 해석에 답이 있다.

블록방 이용자는 아이들이지만 비용지불은 학부모가 한다. 유치원, 초등생 부모들 이 많은 지역이라고 가정할 경우 파악해야 할 것은 첫 번째로 맞벌이 부부의 비율이 다. 맞벌이 부부가 많은 지역은 아이들이 스스로 참여할 수 있는 블록방 같은 놀이시 설 창업은 잘 되지 않는다. 홑벌이 부부 중에 아이들이 여러 명인 엄마가 각각 아이를 보살피기 위해 아이가 안전하고 즐겁게 보낼 수 있는 공간이 필요하기 때문이다.

따라서 역세권에 있는 b, c블록방은 아이들이 더 많음에도 불구하고 맞벌이 부부 가 많아 잘 되지 않는 것이다. 이외에도 '고은별 샌드위치'라는 브랜드의 수제 샌드 위치 전문점이 있다. 단순히 점포에서 샌드위치를 구매하는 고객을 관찰하면 직장 인 여성이 많은 상권을 선택할 것이다. 그러나 이 샌드위치 전문점의 충성고객은 육

\<사진 2-1\> 블록방

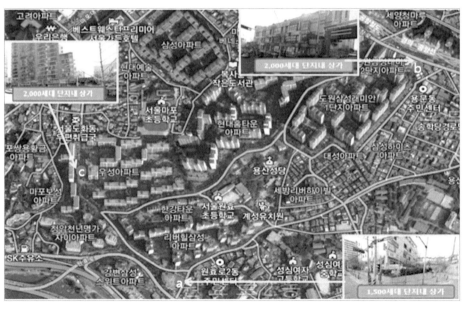

지도 자료: 카카오 맵, 사진 자료: 카카오 로드뷰

아에 지친 주부라고 한다. 따라서 유치원, 초등생 부모가 많이 거주하는 아파트 등 주거시실을 배후로 하는 지역에서 임차료도 저렴한 점포일 것이다. 이렇게 상품의 정체성에 맞는 인구 통계학적 데이터를 해석하는 것은 소비자의 여건을 고려한 것이어야 한다.

e) 이동목적 동선 성향 파악하기

오피스 상권에서 커피점 창업은 이동목적 동선의 성격 파악에 따른 업종성 파악이 중요하다. 예를 들어서 보통 오피스가에서 커피 음료의 매출은 크게 출근할 때 출근 동선, 식사 후 식사 동선, 회사 내에서 잠시 휴식시간에 나와서 구매하는 상주 동선에서 일어난다. 출근할 때는 맛있고 신선한 커피로 오전을 해결하며 특히 커피 전문점과 먼 거리에 있는 직장인은 자주 나오기 어려우므로 조금 비싸더라도 질 좋고 맛있는 커피를 원한다. 이런 현상은 남성 오피서보다 여성 오피서가 더욱 그런 경향이 있다. 그러나 예외적으로 출근 동선에 편의점이 발달해 있거나 삼각 김밥이나 김밥 등 소비가 많은 지역이라면 비싼 커피는 부담스러울 수 있기 때문에 저가형 커피가 유리할 수도 있다. 일반적으로 식사 후 커피 소비는 후식 개념이 강하고 오전에 소비한 측면을 고려한다면 식비와 동시에 비싼 커피보다는 입가심으로 간단히 해결할 수 있는 커피를 선호하므로 가성비가 뛰어난 상품이 유리하다. 만약 주변에 질 좋고 맛있는 커피 전문점이 없다면 저가형 커피도 수익성을 기대할 수 있다. 주로 저가형 커피는 통행량이 많고 빠른 지역이나 본능적 본질을 추구하는 소비자는 많거나, 시원하거나 따뜻한 것을 필요로 하므로 시간과 가격에 민감하다. 따라서 위치가 가까운 저가형 커피가 유리할 수 있다. 또 하나 예를 들면 주말 오후 공원 근처 맛집에서 식사 후엔 어떤 커피 전문점이 유리할까?

상권 성격과 입지 여건에 따라 다르지만 소비자 행태적 측면을 고려하면 여가형 외식의 성격상 저가형 커피보다 여유롭게 맛있는 커피를 즐기고 싶어 하므로 좀 더 퀄리티 있고 맛있는 커피를 선호하는 경향이 강하다. 일반적으로 매출이 높은 점포 주변에는 늘 경쟁점의 타깃이 된다. 그렇다고 경쟁점이 잘 되는 경우도 매우 드물다. 따라서 경쟁점이 생존하기 위해서는 최소한 두 가지 조건은 기본적으로 갖춰야 한다. 첫째, 선 점포와 상품고객 가치의 수준은 유사해야 한다. 둘째, 선 점포의 손님이 넘쳐야 한다. 그렇지 않으면 한정된 고객을 상대로 출혈 경쟁 만하게 되기 때문이다. 그러나 모든 고매출 점포가 이런 원칙이 적용되는 것은 아니다. 예를 들어 오피스가에서 매출이 높은 식당이 있는 경우 경쟁점은 근처에 진입하려 할 것이다. 그러나 점심시간 밥집의 경우 대체로 고객은 기존 맛집 식당에 익숙하다. 따라서 상품의 동질성이 높고, 기존 식당의 대기하는 줄이 길다고 새로 생긴 식당으로 가지 않는다. 보통 오피스가 상권은 다양한 음식점이 있기 때문에 굳이 무리해서 새로 생긴 곳으로 가지 않기 때문이다. 따라서 새로 진입하는 경쟁점은 상품 고유 가치, 상품 고객 가치뿐 아니라 차별화된 고객 고유 가치를 제공할 수 있어야 한다. 그러나 여행 중 맛집 방문이나 특별히 주말에 나들이로 방문하는 것이라면 기다리는 것도 아깝지 않을 수 있다.

이렇게 소비자 행태적 측면의 소비는 소비자의 동선에 따른 행태적 측면에서 상품의 특성을 파악하여 시장을 공략해야 한다.

f) 매장 방문 소비자 특성에 따른 행태

2019년 4월 10일 네이버 비즈니스에 실린 디지털 리테일 컨설팅 그룹Digital Retail Consulting Group의 제공 기사를 보면 스타벅스는 2018년 테사스 오스틴Austin과 뉴저지 글렌리지Glenridge에서 실시한 고객 인사이트 마이닝Customer insights-mining을 기반으로 시간에 따라 변화하는 고객행동에 맞춘 유연한 매장 디자인 모델을 실험하였다. 즉 고객은 시간대에 따라 매장을 방문하는 고객과 이용방식이 다르다는 것을 파악하여 오전에는 매장주문의 편리함을 강화하고 오후에는 편안하게 즐길 수 있는 형태로 매장디자인을 개선하려고 노력하였다. 이것은 주로 사후적 상권분석에 해당하는 것으로 대형마트, 뷰티 매장, 드럭 스토어 등과 같이 통행량과 객단가에 민감한 매장에서 고객경험을 극대화시키기 위해 활용하고 있다.

g) 주차장 유무에 따른 소비자 행태

주차장은 로드사이드 점포의 경우 필수가 아닌 생존요소이다. 도심에 있는 경우

고가 음식점이나 판매업인 경우도 마찬가지이다. 그 외에는 그때그때 상황에 따라 다르다. 좋은 자리에 주차장이 있는 경우 오히려 방해가 되기도 하기 때문이다. 어떤 경우는 주차장이 있음으로서 점포가 초라해 보여서 주차장이 있는 경우 오히려 방해가 되기도 하다. 도시 편의점의 경우 정차 정도가 가능하다면 충분하다. 그 외에도 주차장은 비용적 부담이 너무 크기 때문에 고객 편리와 매출 측면만으로 접근하는 것은 지양해야 한다. 특히 칼국수나 국수와 같은 저가 음식점인 경우 시장진입 15원칙의 개발시장과 창업상권방향성에 따라 타깃 고객이 명확히 다를 수 있다.

h) 점심 장사와 저녁 장사

똑같은 식당이라도 점심과 저녁 식사를 위한 고객의 행태적 측면을 고려해야 한다. 일반적으로 식당의 타깃이 되는 고객은 배고픈 고객이다. 그러나 같은 고객이라도 점심 식사 고객은 배가 매우 고픈 상태에서 식당에 방문하므로 메뉴고민 시간이 짧고 즉흥적이라고 할 수 있나. 따라서 싱품 위치성이 상대적으로 낮은 편이고 상권이 좁은 편이라도 점심 장사는 잘 될 수 있다. 그러나 이들도 저녁 식사 고객이 되는 순간 메뉴 선택 시간이 길어지고 까다롭기 때문에 상대적으로 상권이 넓어야 하므로 저녁 장사는 상권 측면에서 충분히 고민을 해야 한다. 이렇게 같은 고객이라도 점심 타깃 소비자와 저녁 타깃 소비자의 욕구를 고려하여 메뉴 선정과 상권을 충분히 고려해야 한다. 여기서 중요한 것은 처음부터 점심 장사와 저녁 장사를 중심으로 할지 구분하여 그에 맞는 상권을 선택한 후 다른 장사 시간대에 맞는 상품 위치성을 고려하여 메뉴를 개발해야 한다. 따라서 점포를 오픈 한 이후는 다시 이동하기 어렵기 때문에 점포를 오픈한 이후 점심 장사 메뉴나 저녁 장사 메뉴를 보강하기보다 처음부터 염두에 두고 상품을 개발하고 상권을 선정해야 한다.

i) 소비자 입지 행태 측면

소비자의 구매 패턴을 행태적 입지 3요소인 목적성 입지, 충동성 입지, 충동족 입지로 구분하여 이런 지점에서 소비자의 목적성 구매, 충동성 구매, 충족성 구매에 따라 구분한 것을 말한다. 〈표 10-3〉과 시장진입 제9원칙인 창업 상권조사에서 행태적 인구 조사 항목인 〈표 4-16〉 소비자 행태적 인구 조사 항목을 참고하기 바란다.

13.2.2. 입지적 점포 관찰location side observation

입지적 점포 관찰은 점포의 위치 특성에 대한 것으로 업종의 변화와 성격을 통한 관찰로 창업가의 이동 동선상 관찰과 점포 관계성에 대한 관찰을 말한다. 창업가의 이동 동선상 관찰은 평소 생활 속에서 관찰을 말한다. 집으로 들어가는 길에 많은 점포와 업종이 있다. 그럼에도 불구하고 우리가 일상 생활하면서 무심코 보는 점포는 눈에 들어오는 점포만 기억하게 된다. 이 점이 우리 기억 속에 부정확한 인식과 통계가 쌓이게 한다. 즉, 좋은 위치에 있는 점포, 장사가 잘되는 점포, 자주 가는 점포만 눈에 들어오고 또 그런 점포들만 머릿속에 있기 때문에 업종과 위치에 대한 폭넓은 사고를 할 수가 없게 된다. 이것은 흔히 동네 거주하는 분이 동네 상권을 잘 이해한다고 착각하고 창업하는 경우로 이 경우 대부분이 실패로 이어지는 사례로 설명될 수 있다. 따라서 초기의 점포 관찰은 처음에 주변에 아무것도 없다고 가정하고 해당 점포만 존재한다는 가정을 하고 점포의 필요성을 관찰해 본다. 그리고 바로 옆 점포를 하나씩 살펴보며 점포의 관계성을 살펴본다. 그리고 걸어 다니는 길에 앞에 보이는 점포는 모조리 상호를 읽으면서 지나간다. 예를 들어 철물점, 약국, 분식점, 중개업소 등등….

이렇게 한 달간 해보자, 평소에 무심코 지나간 점포들도 눈에 들어오기 시작하며 이때부터는 차를 타고 다니거나 여행을 다니더라도 이렇게 관찰하게 된다. 특히 임대 표시가 있는 점포는 더욱 눈여겨본다. 각각의 점포 위치나 업종, 브랜드가 정석적인 위치에 있는 것은 아니지만 나름대로 업종, 점포 위치, 브랜드에 대해 창업 상권을 이해하기 위한 기본을 익히게 된다. 그러면서 궁금증과 의문이 생기기 시작하면서 전반적인 상권을 함께 관찰하게 된다. 이때부터 창업감이 생기기 시작하며 여러 번 점포 운영 경험을 통해 진짜 창업감이 생긴다. 그 과정은 5년이 걸릴 수도 있고 그 이상이 될 수도 있다. 따라서 좋은 점포 관찰은 평소 관심과 목적을 가지고 관찰해 보는 생활화이다. 충분한 관찰이 쌓여야 상품개발 아이데이션이 될 수 있고 점포 페르소나store persona를 통해 적합한 점포선정을 할 수 있다.

14. 점포선정

점포선정은 창업자가 평소 점포기능과 점포 선택 요인에 대한 꾸준한 점포 관찰을 통해 고객에게 상품이나 서비스의 고객 가치를 제공하는 데 극대화시킬 수 있는 점포의 위치를 선정하는 것을 말한다. 점포선정은 제공하고자 하는 상품이나 서비스가 명확해야 가장 적합한 위치 선정을 할 수 있다. 자세한 것은 10강에서 다시 다루겠다.

15. 창업 9력에 따른 상권접근법

점포 창업의 방향을 설정하기 위한 전략적 자원의 접근법으로 크게 아홉 가지의 힘에 의해 움직인다. 그 여덟 가지는 상품력, 영업력, 브랜드력, 상권력, 배후력, 위치력, 희소력, 콘셉트력, 창업가 역량이 있다.

(1) 상품력product power

상품력은 창업 상품성 테이블에 해당하는 사항의 레벨에 의해 그에 맞는 상권에 출점하여 고객의 소비를 유도하는 힘을 말한다. 김준희(2009)는 상품력은 팔리는 상품으로 '구매하기 전에 갖고 싶다고 생각하게 하는 힘'과 '구매 후 사기를 잘했다고 생각하게 하는 힘'으로 구성되어 있다고 하였다. 전자는 상품 콘셉트concept고 후자는 상품완성도performance이다. 즉 상품력이 뛰어나다는 것은 소비자 욕구를 자극할 수 있어야 하고 구매 후 만족을 통해 재구매를 위한 지속성이 있어야 한다. 상품력은 대상이 다양하기 때문에 단순히 상품의 질적 수준이 좋은 것에 초점을 맞추는 것이 아니라 상품의 대중적 가치의 정도로 상품의 질과 대중적인 맛을 포함한 개념으로 매우 개별적인 사항이다. 뒤에서 언급할 창업 상품성은 평가 전략의 상대성 개념으로 상품 자체의 경쟁력을 말하는 상품력과는 구분된다. 가령 요즘 쉐프의 전성

시대인대 이런 쉐프들은 자신의 상품을 믿고 있으며 프라이드도 대단하다. 특히 유명 쉐프 일수록 더욱 그런데 그들의 창업이 모두 성공하지는 않는다. 즉 상품력이 뛰어난 것이 반드시 성공과 비례한다는 것은 아니다. 이런 분들의 직접 창업을 할 경우는 상권분석직 접근도 중요하게 여기지만 개성 있는 위치 또는 개성 있는 인테리어 즉 포장력에 더욱 중점을 둔다. 일반 음식점이라면 보통은 배후를 겨냥하며 또 사업주가 배후를 겨냥한다면 그 동네에서 맛으로 고객을 유입시킬 수 있다. 그렇더라도 창업하여 소비자의 지갑을 열게 하려면 최소한 갖춰야 할 상품력이 있다. 더본의 백종원 대표는 그의 책에서 창업 성공에 있어 상품 맛은 30% 비중을 차지한다고 하였다. 그렇다고 맛의 비중이 낮다는 것이 맛의 중요성이 낮다는 것을 말하지 않는다. 이 얘기는 맛은 기본이며 그 맛에 맞는 소비자 타깃을 명확히 하는 것이 중요하다는 말이다. 그에 따른 서비스, 영업, 홍보, 매장 내 연출 등 다양한 요인의 중요성이 높다는 것을 의미한다. 마포구 용강동에 지역 맛집으로 통하는 아귀찜 전문점이 있다. 전체적인 평가는 평균을 헐 쉰 상회하는 경쟁전략 측면에서 '평균 이상의 경쟁력'이 있는 점포이다. 특히 맛과 메뉴의 가격 조화가 잘 이루어진 점포이다.

이런 상품력은 상권의 범위를 넓힐 수도 있지만 주로 평일 상권을 넓힐 수 있을 뿐 주말 외식 고객을 넓히기 위해서는 별도의 노력과 전략이 필요하다. 즉 상품력 자체만으로 상권의 범위는 평일에 가볍게 찾을 정도의 맛집이라는 말이다. 따라서 임차료가 부담되는 지역과 대로변보다는 이면도로의 상권에 있으며 주로 주택과 오피스가 혼합된 혼재형에서 전략적으로 접근한다. 요즘 대박집은 단순히 상품력에 의한 대박집은 찾아보기 힘들다. 따라서 다른 경쟁 요소들이 조화를 이루면 대박집이 되는 경우가 더욱 많다. 특히 일반 음식점과 달리 퓨전 음식점처럼 조금은 대중적이지 않은 아이템이라면 보통은 상권 창업을 겨냥하며 또 사업주가 상권(상행위가 미치는 범위)을 겨냥하므로 단순히 상품의 힘만으로는 성공하기엔 한계가 있다. 즉 더욱 창업 9력이 고르게 적용되며 특히 영업력과 포장력이 매우 중요하다. 가령 이태원의 퓨전 멕시코 타코 전문점인 바토스가 있다. 젊은 교포 3세 들이 함께 운영하는 점포로 경쟁 전략 측면에서 9의 1 틈새 전략이며 이 점포는 기존의 정통 타코만 즐기던 소비자에게 신선한 퓨전 타코로 소비자의 입소문이 빨리 퍼진 경우이다. 물론 김치를 곁들인 타코가 한국인 입맛과 외국인 입맛을 동시에 사로잡을 수 있는 상품력을 갖춘 것도 경쟁력이지만 불과 4년 만에 한 점포에서 연 매출 00억 원이 넘는 점포로 탄생할 수 있었던 것은 단순히 평균 이상의 경쟁력을 넘어 영업력과 포장력은 특별했기 때문에 가능했다. 주한 미군과 미국 등 해외의 SNS에 적극 알려 한국을 방문하면 반드시 방문해야 하는 매장으로 홍보를 한 것이나 이태원 상권의 특징상 평일 매출을 보전하기 위해 외국계 기업의 단체 회식을 유치하여 안정적인 매출을 이어갈 수 있었다. 〈사진 2-2〉와 〈사진 2-3〉에서 보듯이 포천 이동갈비타운에 가면 정통 이동 갈비집이 모여 있다. 10년 전만 해도 호텔링의 입지상호의존이론에 따라 많은 고객들이 외지에서 찾아왔다. 이런 대표적인 집재성 상권에서는 규모의 경제와 착시효과로 규모가 큰 점포에 사람들이 몰리는 경향이 있고 또 그런 매장도 생겨나고 있다. 문제는 너무 많아 소위 말하면 되는 집만 된다. 이렇게 경쟁이 치열한 환경에서 갈비타운 중앙에 1987이동갈비집이 있다.

〈사진 2-2〉 포천이동갈비 타운	〈사진 2-3〉 1987 상차림

지도 자료: 카카오 맵

과거엔 정통 이동갈비집으로 운영하였으나 지금은 퓨전 이동갈비집으로 바뀌었다. 기존의 이동갈비뿐 아니라 가족이 즐겁고 편하고 맛있고 즐길 수 있는 콘셉트로 새롭게 고객을 맞고 있다. 이 사례는 상품력을 중심으로 창업 9력이 고르게 상위에 있는 점포로서 성공한 사례로 볼 수 있다. 따라서 변해야 살고 고객 가치 중심의 상품과 인테리어가 복합적으로 어우러질 때 흔히 말하는 대표 맛집이나 멋 집이 될 수 있다. 특히 과거의 집재성 상권의 영향력은 줄어들고 있기 때문에 더욱 그렇다. 모든 고객에게 만족할 수 있도록 준비하지 않으면 경쟁에 밀리고 트렌드에 밀리게 되기 때문이다. 결코 on demand는 인터넷 업계만 해당하지 않는다.

(2) 영업력sales power

영업력은 사업주의 운영에 의해 고객이 더욱 즐겁게 방문을 하거나 자주 방문하게 하는 힘을 말한다. 상권의 범위와 상권 제압력을 높이는 요소 중 하나로 크게 운영 기획operative planing, 서비스 운영operation service, 홍보public relations로 나눌 수 있다.

운영 기획은 편의점이나 커피 전문점, 아이스크림 전문점 등에서 다양한 기획력으로 쿠폰 지급, 계절 음료 캐릭터 상품 등을 시기별로 타깃 고객에 따라 적극적으로 공략하는 것을 말한다. 서비스 운영은 고감도 서비스로 고객을 유인하는 친절함을 말한다. 홍보는 창업으로 목적을 달성하기 위해 다양한 마케팅 수단을 활용하는 것을 말한다. 여기에서 배후분석법에 민감한 업종은 지역과 그 역량에 따라 매출에 상당히 큰 영향을 미치는데 상품력에 의한 업종은 영업력과 분리해서는 절대로 성공할 수 없는 요소이다. 그러나 규모가 큰 업소나 단순 공산품을 판매하는 업종 즉 문구점이나 편의점은 영업력에 의한 매출은 일부이다. 따라서 스몰 창업처럼 사장이 몸소 기술을 익혀서 창업하는 소규모 창업에서 더욱 중요하게 접근하는 힘이다. 임차료 상승, 투자비 절감, 인건비 상승, 전문화 전략, 고객 스킨십 강화 등으로 최근엔 스몰 창업이 매우 강세를 보이고 있다. 가령 소규모 주점이나 개인 베이커리 전문점이라면 고객 서비스, 신뢰, 배려 등 고객과의 스킨십에 의해 매출이 차지하는 비중이 높아지고 있기 때문에 사업주의 영업력을 적절히 잘 활용하지 않으면 절대로 성공할 수 없다. 또한 매출을 일으키기 위한 서비스 전략은 그 자체로도 엄청난 노력과 인내가 필요하므로 간단하게 생각해서는 안 된다. 마케팅 자체는 하나의 힘으로 볼 수도 있지만 창업의 본질을 벗어날 수 있기 때문에 본서에서는 영업력의 일부로 본다. 그러나 퓨전 요리 전문점이나 독창적인 아이템의 상품으로 상권력과 상품력에 치중한 창업이라면 마케팅 활용력에 따라 성패가 좌우되기도 하므로 철저히 준비해야 한다.

(3) 브랜드력brand power

브랜드력은 상표의 인지도와 힘에 의해 고객의 소비를 이끄는 힘을 말한다. 주로 도로변 점포를 공략한다. 상품이 곧 브랜드인 경우 상품력과 동일할 수도 있으나 일반적으로 대중적이거나 극 고퀄리티를 추구한다. 그러나 퓨전 음식점처럼 조금은 대중적이지 않은 아이템이라면 보통은 상권 창업을 겨냥하며 또 사업주가 상권(상행위가 미치는 범위)을 겨냥하므로 단순히 상품의 힘만으로는 한계가 있다. 그래서 브랜드력이 중요하다. 이 부분을 보충해 줄 수 있기 때문이다. 따라서 상품력이 최상은 아니더라도 대중적인 브랜드인 파리바게트, 빕스, 아웃백스테이크하우스, 세븐스프링스, 올리브영 같은 대형 프랜차이즈 브랜드는 다양성이 부족한 지방에서 더욱 빛을 본다. 상품력이 극고퀄리티인 경우 체인보다는 개인 독립점포로 운영되므로 단가가 높기 때문에 주로 대도시에서 성행하고 있다. 예를 들어 유튜버 승우아빠로 유명한 목진화 쉐프가 강남구 압구정동에서 운영하고 있는 '키친마이야르'라는 레스토랑이 그렇다. subway(미국 샌드위치 체인점)는 미국에서는 매우 대중적인 브랜드이지만 한국에서 대중적인 인지도는 부족한 브랜드로 인식되어 있다. 그러나 바게트에 개인적 취향에 맞게 신선한 야채와 소스를 선택할 수 있는 아이템과 희소력으로 브랜드 인지도는 상승한 케이스이다. 만약 미국의 샌드위치 브랜드가 아닌 한국 고유의 브랜드였다면 지금처럼 도로변 입지를 공략하기보다 배후를 공략하였을 것이다. 그래서 서브웨이subway라는 브랜드력은 상품의 희소력과 함께 브랜드력에 의해 가시율 좋은 도로변에 입지가 적합하다. 따라서 점포선정은 입지적으로 우위에 있을 필요는 없고 눈에 띨 수 있는 대로변에 있으면 된다. 단지 전략적 출점을 고려한다면 안김 전략도 가능하다. 샌드위치는 햄버거를 주로 소비하는 젊은 층이 많기 때문에 맥도널드나 버거킹 등의 대형 햄버거 체인이 있는 상권에 안겨 차별화된 상품력을 어필한다.

(4) 희소력scarcity power

희소력은 상품의 희소성과 비대중적인 특징으로 특정 목적 고객에 의한 소비를 유도하는 힘을 말한다. 희소성이 있기 때문에 구석진 곳에 있기보다는 오히려 대로

변이나 동선 배후형처럼 지역민이 인지하기 쉬운 위치에 있는 경우가 많다. 여기에는 비경쟁 희소력과 경쟁 희소력으로 구분할 수 있다.

비경쟁 희소력은 전기 철물점 같은 경우로 전기 철물점은 일반인의 소비가 달 주기(소비 간격)를 넘기는 상품이므로 방문횟수가 매우 적다. 따라서 최대한 많은 배후민이 인지하기 쉬운 위치에 있어야 하므로 대체로 도로변에 있거나 사람들이 가장 많이 다니는 동선에 점포를 선정한다. 혁신성이 부족한 업종이므로 자리 잡는 데 오랜 시간이 걸리기 때문에 창업이 많지 않다. 일반 사진관은 소비 간격이 매우 길고 특별한 소비자를 대상으로 하므로 가망 소비자가 인지하기 쉬운 위치에 있어야 경쟁력이 있기 때문에 대형 마트 내 자리하거나 재래시장 주변에 위치한다. 특히 객단가가 낮고 소비 간격이 불규칙하고 긴 편이기 때문에 규모보다는 영업력(서비스)에 민감하다.

경쟁 희소력은 주로 동물 병원, 애견숍 등을 말한다. 애견숍 같은 경우로 애견숍은 애견을 키우는 특별한 소비자를 대상으로 하므로 상권이 넓어야 하고 안정적인 운영을 위해서는 배후가 넓어야 한다. 이렇게 특별한 소비자를 타깃으로 하므로 상권 내 경쟁이 불가피하므로 고객은 단순히 동선보다는 규모와 다양하고 차별화된 가치 제공(서비스)에 민감하다.

(5) 콘셉트력 concept power

콘셉트력은 상품이나 매장의 눈에 보이는 요소에 가치를 변화시키거나 더해 고객만족을 높이는 힘을 말한다. 다른 말로는 콘셉트라고 할 수 있으며, 크게 상품 콘셉트와 매장 콘셉트로 구분할 수 있다.

상품(메뉴) 콘셉트는 상품을 담거나 포장하는 것에 대한 기획과 상품(메뉴) 기획으로 구분할 수 있다.

상품 포장은 영업 전략과 민감하여 고객의 충동구매를 유발하는 요소로 매우 중요한 요소이다. 주로 테이크아웃이 가능한 음료나 음식에서 많이 활용되고 있다. 즉 상품을 구입하여 사용하거나 먹는 방법으로 홍보와 함께 충동구매 욕구를 자극한다. 〈사진 2-4〉는 강원도 춘천에 있는 감자빵 전문점이다. 감자를 주요 테마로 다양한 야채로 만든 빵과 음료를 제공하고 있다. 대표메뉴로 감자빵과 감자라떼가 있다.

<사진 2-4> 춘천 감자집

<사진 2-5> 연남동 커피리브레

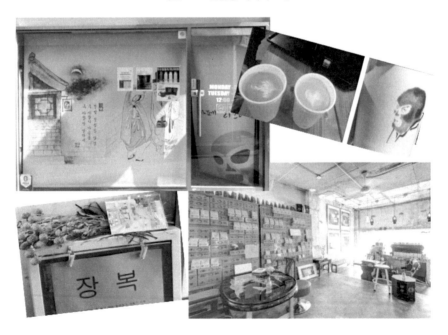

〈사진 2-5〉는 커피리브레라는 원두커피 제공 커피 전문점으로 간단히 종이컵에 마스코트를 새겨 넣었을 뿐이다. 매장 내부는 한약방 콘셉트로 건강하게 즐길 수 있는 커피를 제공하고 있고, 문을 닫는 경우 매장 전면은 고전그림과 점포 캐릭터를 활용하여 강인한 인상을 남겨주고 있다.

상품(메뉴) 기획은 메뉴의 구성과 가격 책정과 관계된 것으로 경쟁 상품 비교 우위, 가격 저항 상쇄, 세트 메뉴 구성으로 객단가 향상, 상품 전략적 배분 등으로 고객 만족을 높이기 위해 매우 중요한 과정이다. 특히 잘 구성된 세트 메뉴는 고객에게 신뢰감을 줄 수 있으며 마진율 낮은 메뉴와 높은 메뉴의 세트 구성으로 이익률을 높일 수 있기 때문에 고객이 늘어나기 시작하면 반드시 준비해야 할 항목이다.

특히 상품(메뉴) 기획은 여행 중에 소비자의 맛집 검색으로 선택률을 높이고 메뉴 선정에 고민을 덜어주는 데 효과가 있다. 예를 들어 강원도 평창 휘닉스파크에서 휴가를 즐기는 소비자는 평창한우라는 먹기리 이외에 부담없는 가격, 맛, 건강, 경험을 요구하는 소비자가 많다. 〈사진 2-6〉에서 보듯이 강원도 평창 휘닉스 파크에서 15분 거리에 있는 다키덕팜이라는 오리구이 전문점은 예약제로 운영되면 산속에 있음

〈사진 2-6〉 강원도 평창 오리구이 전문점 다키덕팜

에도 불구하고 도시적인 매장에서 정갈하고 맛있는 오리구이를 즐길 수 있다. 출입구에서 대우받는 느낌이 들며, 외인진열대로 둘러싸인 대기실에서 고객에 대한 배려가 가득하다. 특히 메뉴 선택의 고민 줄여주는 메뉴와 매장 연출은 신뢰감을 주기에 충분하며, 여행 중 외식으로 가족과 함께하는 데 손색이 없다.

　매장 콘셉트는 상품 기대나 욕구를 증대시키는 것으로 매장 내외부의 모든 연출을 말한다. 홀에서 직원 서비스와 퍼포먼스, 인테리어적인 요소, 슬로건, 매장 캐릭터, 소품, 배치, 복장, 고객 이용 편리성 등을 활용한 연출력(매장연출)을 말한다. 예를 들어 〈사진 2-7〉에서 보듯이 롱타임노씨long time no see라는 수제맥주와 수제피자를 제공하는 전문점은 상품 콘셉트뿐 아니라 매장 콘셉트가 잘 된 예이다. 수제 맥주 장인과 수제 피자 장인이 만남을 수염으로 이미지화 하여 모든 다양한 소품과 인테리어에 이들의 스토리를 담았다. 고객의 만남 또한 소중한 사람들의 만남으로 이어지고 고객과 소통하는 데 노력하고 있는 모습이 돋보인다.

<사진 2-7> 매장 콘셉트

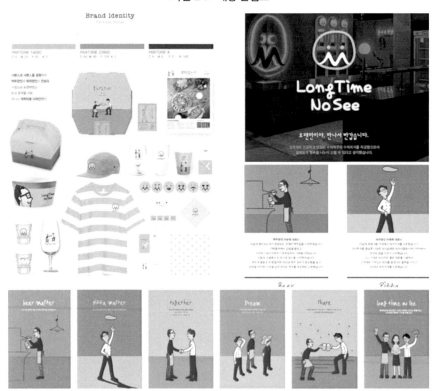

사진 자료: 롱타임노씨 본사홈페이지

주방에 대한 콘셉트에서는 후각, 시각, 청각을 활용하여 고객에게 기대감을 높여 고객 만족을 높이기 위한 연출력을 말한다. 매장 외부에서는 상품의 콘셉트에 따라 주방 노출, 홀 노출, 슬로건이나 상표를 활용하여 고객 욕구를 자극하는 연출력을 말한다. 다양하게 적용되는 업종 중 하나가 중식, 만두 전문점 등이 있다. 중식전문점 중에서 홍마반점은 주방이 오픈되어 있다. 중식점의 인식(약간 비위생적인…)을 없애주어 요리에 대한 신뢰성을 높일 수도 있고 직접 불판에서 볶는 모습과 소리에서 식감을 느낄 수 있기 때문이다. 이는 북촌 손 만두나 베이커리 전문점, 순댓국 전문점 등에서도 쉽게 볼 수 있다. 그러나 커피 전문점은 색깔이 명확하고 전문성이 매우 중요하다. 단순히 고급 전문티만을 강조하기 위해 커피 볶는 기계를 보이는 것도 중요하지만 상품에 대한 콘셉트보다는 매장의 테마가 더욱 중요해졌다. 커피 수요는 다양성이 높아 졌고 단순 상품력과 상품 포장만으로는 경쟁하기 어려운 측면이 있기 때문이다. 구체적인 가격을 제시하는 콘셉트도 중요하다. 아웃 테리어 적으로는 브랜드 이미지 전략과 밀접한 관계가 있다. 따라서 아웃 테리어에서 점포를 방문하게 하는 목적을 명확히 제시하고 내부에서 소비자의 변심 또는 다양한 욕구를 충족시킨다. 이것을 쉽게 말하면 외부는 주력 상품 표시를 명확히 하고 내부는 의외의 다양성을 갖추어 10% 아쉬운 부분도 흡수하자는 데 있다. 한 국밥 전문점에 들어가면 국밥만 있는 것이 아니라 수육, 부침개 등 다양한 먹거리가 있어 주류 매출을 유도할수 있다. 빽다방은 커피를 전문으로 외부 아웃 테리어가 강력하다. 내부엔 의외로 다양한 먹거리가 있어 고객에게 만족감을 준다. 본죽은 자타가 공인 하는 죽 전문점이다. 죽을 먹고 싶다면 본죽이 떠오른다. 그러나 가족 모두가 죽을 먹는데 의견을 모으기 쉽지 않다. 회사에서 직원과도 마찬가지이다. 본주 카페에서는 이를 보완하는 육개장류, 비빔밥류를 제공하고 있다. 대부분의 소비자는 본죽에서 육개장 팔거나 비빔밥 판다고 죽에 대한 신뢰를 의심하지 않는다. 이미 죽에 대한 확실한 신뢰를 심어줬기 때문이다. 이렇게 브랜드력이 강력한 프랜차이즈도 10%의 고객 확보를 위해 다양화로 승부를 하고 있다. 단 이런 전략은 적극적인 pop를 제공하여 상품에 대한 신뢰를 높이는 것이 아주 중요하다. 유명 순댓국 전문점은 누가 봐도 유명한 순댓국 전문점인 것을 다 알고 있다. 그러나 내부에 들어가면 의외로 다양한 메뉴를 준비한 경우도 종종 볼 수 있다. 그렇다고 순댓국에 대한 신뢰가 떨어지지도 않는다. 그러나 이런 경우는 브랜드력이 낮거나 상품력이 명확하지 않을 경우 상품에 대한 신뢰가 떨어질 수 있다.

〈사진 2-8〉 브랜드 콘셉트력

사진 자료: 카카오 로드뷰

예를 들어 〈사진 2-8〉에서 보듯이 순댓국, 동태국, 삼겹살 등 모든 것을 알려주고 이것을 보고 들어온 고객은 반신반의 하며 메뉴를 고른다. 즉 음식을 먹으며 불필요한 판단을 하게 되어 전문 순댓국, 전문 감자탕집을 찾게 한다. 한 메뉴가 상품력이 뛰어나더라도 다른 상품으로 인해 신뢰가 떨어질 수 있다.

한번 방문하면 다른 메뉴가 있는 것도 파악할 수 있는데 외부 간판에 이렇게 무리할 필요는 없다. 그러나 이런 콘셉트도 창업 측면에서 상품 위치성이 낮은 틈새 상권을 찾는다면 의외의 결과를 기대할 수 있다는 것도 무시해서는 안 된다. 결론적으로 상품(메뉴) 콘셉트는 핵심 메뉴 개발 후 반드시 실행해야 할 항목이지만 초보 창업자가 무리하게 준비하는 것은 바람직하지 않을 수 있다. 일정 기간은 핵심 메뉴의 완성도에 집중하고 안정화되는 시점부터 보완해 가기를 권한다. 그러나 상품이나 매장 콘셉트는 브랜드의 정체성을 명확히 제시하여 고객 가치를 완성해 가는 것이므로 매장 확장, 추가 점포 개설 등 사업을 확장하고자 하는 경우 장기적인 관점에서 조금

씩이라도 준비하기를 바란다. 특히 창업 후 상권 변화 과정(상권 변화 모델-PCSLM)에서 상품 기획으로 고객 변화에 선제적으로 대응할 수 있기 때문에 창업가는 늘 고객 변화를 관찰해야 한다.

(6) 상권력trade area power

상권력은 상권이 발달하거나 업종 매칭성이 높은 틈새에서 유효고객의 유입에 의한 매출이 늘어나는 것을 말한다. 따라서 단순히 상권 발달도가 중요한 것이 아니다. 가령 24시간 업종은 24시간 수요가 있는 상권인지가 중요하지 소비자가 24시간 운영하는 매장을 필요하게끔 하는 것이 아니라는 것이다. 24시간 업종은 대체로 1인 방문에 부담 없이 편하게 즐길 수 있어야 하므로 비교적 넓고 대중적인 콘셉트여야 한다. 구체적으로 식당이라면 오후 1시 이후 1인 식사 손님을 유치할 수 있어야 하므로 교대식사 근무자가 많은 상권이 유리하다. 기본적으로 상권이 발달한 힘에 의해서 매출이 일어나는 것을 말하지만 업종의 성격에 따른 상권력에 한정하는 것이 더욱 적합하다. 따라서 단순히 상권을 구분한 개념 상권이 아니고 실질적인 상권력이 발휘되는 가치 상권에 부합하는 상품성이 적합해야 한다. 예를 들어 속초 중앙 시장 입구에 방송에 노출된 유명 씨앗호떡 점포가 있다. 그러나 얼마 전 길 건너 약 100 미터 떨어진 곳으로 이전을 하였고 본래 자리는 건물 주인이 아르바이생을 두고 운영을 하고 있다. 물론 시장에 방문하는 소비자는 이전의 주인인지 또는 경영주인지는 크게 인지하지 못하고 여전히 같은 자리에서 운영하는 씨앗 호떡 점포에서 장사진을 이루고 있다. 호떡이라는 디저트 성격에 부합하는 상권력과 위치의 힘이다. 반면 1년이 지난 지금 건너편으로 이전한 원조 씨앗호떡점은 어떻게 되었을까?

(7) 배후력rear power

배후력은 순전히 배후 주민이나 오피스 상주민의 규모에 의한 힘을 말한다. 즉 밀도율과 응집률이 높은 지역이 배후력이 극대화될 수 있다. 단지 매출이 극대화되기 위해서는 최적의 위치에 있어야 하므로 상품의 동질성이 높은 편의점과 같은 업종에 민감하다. 대체로 경쟁이 치열하지 않는 지역이므로 상가시설이 발달하지 않은 주거형 상권에 존재한다.

(8) 위치력location power

위치력은 입지의 4요소와 행태적 입지의 3요소에 부합하는 위치에서 매출이 극대화되는 힘을 말한다. 위치력은 임차료와 민감한 편이며 업종의 성격과 창업 방향에 따라 매출이 극대화될 수도 있고 그렇지 않을 수도 있기 때문에 탄력적으로 적용해야 한다.

(9) 창업가 역량

이지안 & 안영식(2017)은 창업가 역량은 많은 분야에서 다양하게 사용되고 있기 때문에 개념 정의가 일관되게 제시되고 있지 못하다고 하였다. 그러나 공통적으로 강조하는 개념은 과정의 중요성을 강조하고 있다. Kizner(1978)은 사업기회를 창조하기보다는 그 기회를 인지하고 도전하는 것으로 실천을 강조하였다. 이지안, 안영식(2017)은 창업역량은 충분히 교육을 통해 키울 수 있는 것이라고 하였고, 남정민(2014), 김용태(2017), 박재춘, 김성환(2017), 이혜영, 김진수(2018) 등 많은 연구에서 창업의지와 성과에 영향을 미치는 대표적인 요인이 '창업가 역량'이라고 하였다. 이러한 역량에는 점포운영, 종업원 관리 등 행동적 측면의 역량과 도전 정신, 자신감, 창업의지, 창업가 정신 등 심리적 측면의 역량을 포괄하는 개념으로 이중에서 기업가 정신과 창업 스킬을 가장 중요한 요소로 보았다.

오스트리아 태생의 미국 경제학자 조셉 슘페터joseph schumpeter, 1934는 자신의 저서 *the theory of economic development*에서 창업가란 "기회를 추구하며 자원을 새롭게 결합하는 '창조적 파괴creative destruction'를 통해 경제발전을 주도하는 혁신자"라고 정의하였다. 그도 창업역량의 핵심요소로서 창조성과 실천성을 강조하였다.

박영수, 고재윤(2011)은 창업 스킬은 창업교육을 이수하고 난 후 습득한 지식과 기술이라고 했다. 즉 창업 교육을 통해 얼마나 업종을 잘 이해하고 충실히 준비하여 운영상 여러 가지 문제를 해결하여 더욱 발전시킬 수 있는 능력을 말한다. 이렇게 창업가 역량은 매우 중요하여 최근 변지유 & 이장희(2020) 연구에서 보듯이 창업가 역량 기반의 연구가 활발히 이루어지고 있다. 실제 창업현장에서 성공한 창업가 대부분은 창업은 타고난 역량이 필요한 것이 아니라 고객 피드백을 빠르게 수용하고 반영하고 노력하는 것이 가장 중요한 역량이라고 하였다. 창업은 불확실성이 높다. 외식업은 그 어떤 창업보다 성공 확률이 낮은 편이다. 경쟁에 쉽게 노출되고 업종의 생애주기 또한 짧은 편이어서 창업가는 불확실성을 이겨나가기 위해 내가 중심이 아니라 고객 관점에서 끊임없는 노력을 해야 한다. 기업가정신의 시작과 끝은 고객이기 때문이다.

16. 영업 생존율營業生存律과 폐점률閉店律

사업체의 생존 관점에서, 창업 후 생존기간은 시장진입 이후 성과를 판단하는 대표적인 특성 중 하나이고Low & Brown, 김동준 외(2019)는 자영업의 짧은 생존기간 즉, 낮은 지속성은 성공적인 성과를 나타내지 못하는 것이라고 하였다. 이동현 외(2020)는 상권의 성장, 쇠퇴기 상업시설의 생존 및 폐업과 밀접하게 관련되어 있기 때문에 상업시설의 생존에 관한 연구에서는 시간의 흐름에 다른 상권의 변화를 고려해야 한다고 하였다. 따라서 창업가의 성공측면에서 보면 생존율과 폐점률의 의미는 중요하다고 할 수 있다. 영업 생존율은 특정 업종을 창업이 실제 운영하기까지의 기간을 기간 내에서 오픈한 총점포 수 대비 특정 기간 내 생존한 점포 수를 백분율로 표시한 것을 말한다. 어떤 업종이 특정 기간 동안 영업하는 생존 여부의 점포 수를 알 수 있는 것이지만 창업가의 경영 능력이 반영될 수 있다는 점에서 일반화하기에는 무리가 있다. 따라서 상권, 분야, 규모 등을 고려해야 하므로 상대적인 측면에서 바라봐야 한다.

예를 들어 어떤 업종의 2000년도 현재 5년 영업 생존율이 50%라고 하면 특정 해부터 2000년 기준 5년 전 이후인 1995년까지 창업한 점포를 기준으로 한다. 따라서 1995년 이전 창업 점포는 영업 생존율이 높더라도 즉 5년이 되지 않는 1996년도부터 2000년노까시 추가 개점힌 점포는 부실하여 폐점률이 높다면 지금 시점에서 창업하려는 사람에게 과거 창업한 분들의 영업 생존율은 무슨 의미가 있겠는가?

이렇게 영업 생존율은 운영 기간을 중점적으로 보는 데이터이므로 수치자체보다는 다양한 요인을 반영하여 유기적으로 해석해야 한다.

폐점률(폐업률)은 총 점포 수(신설점포 수 포함)대비 해당 년도 폐점한 점포 수 즉 가맹계약이 종료 되거나 해지된 점포 수를 백분율로 표시한 것을 말한다. 영업 생존율과 비슷하게 볼 수도 있지만 데이터 수치로 업종의 분위기와 성장성을 파악하는 기준이 되는 데이터이므로 절대적인 측면에서 바라봐야 한다.

폐점률의 내적 요인과 외적 요인을 보면 다음과 같다. 내적 요인은 점포 내부의 요인으로 폐점하는 것을 말한다. 일반적으로 고정비 인상, 건물 자체 문제, 업무 과도함, 운영미숙, 창업가의 업종 피로도, 개인적 이유, 가맹계약 종료 등이 있다. 고정비 인상은 인건비, 임차료 등의 인상이 매출 증기분을 초과하기 때문이다. 건물자체 문제는 건물주가 바뀌거나 재개발, 재건축 등으로 폐점하는 경우를 말한다. 업무 과도함은 매출대비 현저히 높은 노동력 투입으로 비효율적인 경영으로 인한 것과, 근무자를 구하기 어려운 업종의 경우 경영주가 이를 대신 하는 데에 따른 한계를 말한다. 운영미숙은 아무리 열심히 일해도 적성이 맞지 않아 매진하는 데 한계가 있기 때문에 매출이 정체되기 때문이다. 업종 피로도는 일정 기간 이상 업을 운영하게 되면 겪게 되는 것이나 매출이 정체될수록 그 피로도는 배가 된다. 개인적 이유는 건강 등 이유를 말한다. 가맹계약 종료는 프랜차이즈 창업인 경우 가맹계약이 종료되는 경우 폐점하는데 보통 수익이 나지 않는 경우 폐점한다. 이렇게 폐점률의 외적 요인은 경쟁점의 진입, 상권환경(발달상권[20], 골목상권[21]), 경기 하락 등으로 매출이나 수익이 하

---

20 교통이 발달하고 배후 인구와 유동 인구가 많은 곳에 형성되어 있는 상권으로, 입지조건이 좋은 편이어서 평균 임대료가 상대적으로 높은 편이므로 자본력을 갖춘 업체의 진입률이 높다(서울특별시, 2015).

21 큰길을 들어가 동네 안을 이리저리 돌아다니는 좁은 길 이라는 골목길의 개념과 상업상의 세력이 미치는 범위 라는 상권의 개념이 혼합된 용어이다. 대형유통시설이 포함되지 않고, 주택이 밀집된 곳에 형성되어 있고 왕복 4차로 이사의 대로변 뒷골목에 입점하여 도소매업, 음식점업, 서비스업을 영위함과 동시에 50개 이사의 도소매, 용역서비스업 밀집 지역으로 구성된 상권을 뜻한다(서울특별시, 2015)

락하여 폐점하는 것을 말한다. 폐점률의 대부분을 차지하는 요인이다.

예를 들어 어떤 업종의 특정 브랜드가 어떤 해는 폐점률이 높고 어떤 해는 폐점률이 낮다고 가정하자. 이를 토대로 창업가는 창업 시황을 어떻게 해석할 수 있을까?

(가) 사례

2000년 초 이 회사의 현재 총 점포 수는 7,000점이고 올해 말까지 오픈 한 점포는 500점포이다.

이해 폐점한 점포는 300점포이다. 따라서 올해 말 총 점포 수는 7,200점이다.

이 경우 폐점률은 약 4.05%이다.

(나) 사례

2000년 초 이 회사의 현재 총 점포 수는 7,000점이고 올해 말까지 오픈한 점포는 400점포이다.

이해 폐점한 점포는 700점이다. 따라서 올해 말 총점포 수는 6,700점이다.

이 경우 폐점률은 9.50%이다.

이 회사의 브랜드를 위 자료를 보고 창업하려고 한다면 어떻게 판단할까? 과연 폐점률이 낮은 가 사례를 보고 창업을 하고 폐점률이 높은 나 사례를 보고 창업하지 말아야 할까?

가 사례의 경우 이런 데이터는 폐점률이 낮은 편이므로 우량하다고 볼 수 있다. 즉, 최근 1~2년 내 오픈한 점포의 폐점이라기보다는 그 이전의 점포들의 폐점이다. 즉, 이전의 3~5년의 폐점률도 낮다면 창업 시황이 좋다고 볼 수 있으나 그렇지 않다면 다시 고려해야 한다.

나 사례의 경우 가 사례보다 폐점률이 높다. 그러나 오픈 점포는 늘었다. 이 사례에 대해 폐점을 많이 하는 이유로 추가로 오픈하게 되는 점포들은 더욱 수익성을 고려한 경우가 많기 때문에 신규로 오픈한 점포들은 더 우량한 점포들이 많을 것이라고 해석할 수 있다.

위 사례를 통해 창업자는 본사의 개점 전략을 통해 창업자도 유동적인 전략이 필요하다.

위와 같은 창업 데이터는 통계청, 공정거래 위원회 희망가맹플러스, 중소기업중

앙회, kb금융 연구소 등 매우 많은 기관과 연구소에서 각자의 빅데이터를 활용하여 정보를 제공하고 있나. 전반적인 업종 흐름을 파악하기에는 좋은 자료이지만 데이터는 일률적인 자료로서 업종 진입이나 창업 지역을 고려하는 결정적인 자료로 활용하는 것은 바람직하지 않다. 이에 대해 좀 더 구체적인 이유를 들어보면

첫째, 브랜드에 따른 차이가 있다. 업종 전체를 고려한 데이터는 실전에서 통계적 분포가 매우 차이가 많다. 지역적 차이, 상대적 비용, 상권 발전성, 경쟁입지적 불확실성, 본사 전략, 상대적 틈새 전략 등 매우 복잡한 상황 등을 고려해야 하기 때문이다. 예를 들어 커피 전문점의 매출이 높은 지역이라도 규모가 큰 점포들이 많은 지역이 있으며 커피 전문점의 평균 매출이 낮은 지역에는 규모가 작은 점포들이 많다.

그러나 실제 수익률은 규모와 관계없이 임차료 등 비용적인 요인에 따라 결정 되는 경우가 많기 때문에 창업 성공률을 파악할 수는 없다. 따라서 규모가 큰 점포가 많은 지역에서 작은 점포로 수익성이 높은 점포가 있기도 하고, 규모가 작은 점포들이 있는 지역에서 규모가 큰 점포가 오히려 수익성이 낮은 점포도 있기 때문에 전체 커피 전문점의 데이터를 근거로 창업을 결정해서는 안 된다. 둘째, 개별 브랜드 선호에 따른 차이가 매우 크다. 가령 일반 닭강정 전문점의 입점 가능성이 높더라도 가마로 닭강정 같은 인지도 높은 브랜드만이 통할 수 있는 지역이 있기 때문이다. 셋째, 브랜드 전파에 따른 지역적 친숙도가 다르다. 브랜드에 민감한 소비자들이 많은 지역도 있고 그렇지 않은 지역도 있다. 이것은 수요와 그에 따른 물류 공급의 문제가 크기 때문에 지방 곳곳에 프랜차이즈 업체가 진입하는 데 한계가 있다. 파리바게트는 도시에서 흔히 볼 수 있는 브랜드이지만 지방 소도시에서는 매우 신선하게 보일 수 있다. 따라서 특정 업종이라도 지역에 따라 창업 시황은 다를 수 있으므로 전체적인 통계 수치로 판단하는 것은 무리가 있다. 가령 서울 집값이 상승하면 경기지방 상승은 6개월 이후에, 그 이하 지방은 1년 이후에 상승 영향이 미친다고 보는 것과 유사하다고 할 수 있다. 넷째, 가맹 본사의 점포 개설 방향에 따라 다르다. 많은 프랜차이즈의 경우 해당년도 폐점률이 높으면 보통은 그 다음 해는 더 우량한 점포개발에 매진하게 되므로 점포 개발 수가 줄어든다. 그리고 그 다음 해는 더 늘어나는 경향이 있다. 보통은 이것이 반복된다. 다섯째, 가맹 계약의 구속력이다. 프랜차이즈인 경우

가맹 계약이 있어 계약기간을 지켜야 하는 구속력이 있어서 본인의 의지와 다르게 폐점하지 않는 경우가 있다. 비프랜차이즈는 장사가 안 되면 언제든지 문을 닫을 수 있다. 그러나 프랜차이즈 가맹점은 최소한 일정 기간을 운영을 해야 하는 구속력이 있다. 2000년 오픈하여 장사가 안 되이 2003년까지 운영을 하였다고 하자.

상황이 나아지지 않아 2004년에 폐점을 하였다면 2004년도 업황은 안 좋았고 2000~2003년 창업 시황이 좋다고 말할 수 있을까? 절대로 그렇게 단정 지을 수 없다.

그러므로 2000~2003년도까지는 버티고 버티다가 2004년도에 폐점한 것으로 볼 수 있기 때문에 이 사례도 창업 시황이 좋다고 볼 수 없다. 참고로 어떤 점포가 창업 후 2년 이후 폐점을 하였다면 오픈한 초기부터 창업 여건이 좋지 않은 경우로 봐야 하기 때문에 섣불리 같은 위치에서 유사 업종으로 창업하는 것은 주의해야 한다. 여섯째, 사회적 특성이 있다. 가령 조류독감으로 치킨점이 어려움을 겪는 시기는 오래 운영한 경영주보다 당장 창업한 경영주의 폐점률이 더 높게 나올 수가 있다. 이미 경험하신 분은 이런 환경을 이겨낼 수 있지만 처음 겪는 분은 더욱 힘들게 느껴지기 때문이다. 위 내용대로 영업 생존율은 창업가, 브랜드, 업종, 상권 등 다양한 요인이 반영되어 상대적인 측면에서 바라봐야 하고, 폐점률은 그해의 창업 시황을 판단하는 자료이지만, 이전 데이터를 통해 유기적으로 해석할 필요가 있다.

17. 상권가치와 입지가치

부동산의 가치는 과거, 현재의 가격을 토대로 미래의 효용이 반영된 것을 말한다. 창업에서 상품의 가치는 가격에 가격이외의 고객 만족이나 효용이 반영된 것을 말한다. 가격이외에 가치에 중점을 두는 이유는 변화와 적용가능성 때문이다. 즉 도시는 재생과 개발로 변화하고 고객 욕구도 변하기 때문에 상품의 가치를 중요하게 여기는 것이다. 창업 측면에서 상권가치와 입지가치는 시장에 진입하는 절차적 측면에서 본질을 이해하고 바라봐야 변하는 환경에 적용할 수 있다. 특히 상권과 입지는

<표 2-21> 상권가치와 입지가치

상권가치			입지가치		
상권 고유 가치	상권 고객 가치	상권고객고유가치	입지 고유 가치	입지 고객 가치	입지 고객 고유 가치
도시계획과 접근성 등 상권 형성 원인에 따라 상권이 제공하는 근본적인 가치	상권 고유 가치에 부합하는 만족스런 편익을 제공하는지에 대한 가치	상권 고객 가치 측면에서 고객에게 어떤 차별적이고 특별한 혜택을 제공하는지에 대한 가치	도시계획과 접근성 등 특정 지점을 중심으로 고유의 지리적인 특징에 대한 근본적인 가치	(특정 업종의 특정 지점을 중심으로)입지 고유 가치에 부합하는 만족스런 편익을 제공하는지에 대한 가치	입지 고객 가치측면에서 고객에게 어떤 차별적이고 특별한 혜택을 제공하는 것에 대한 가치

같은 상권 같은 입지가 없고 모두가 다르다. 또한 창업의 복잡 다양한 요인은 창업가에 대한 불확실한 평가 등으로 성공적인 창업을 위해 분석적 관점으로는 설명할 수 없는 부분이 많다. 따라서 창업을 완성하기 위해 만들어 가는 과정에서 그 본질을 이해해야 창업가가 추구하는 상품의 고객 가치에 맞는 상권과 입지를 선정할 수 있다.

창업에서 상권은 매우 다양한 의미를 내포하고 있다. <표 4-5>에서 보듯이 상권조사기법, 활용목적, 수익창출과정, 적용시점, 정보가공 수준, 상권진입 방향성, 점포개설 방향성, 입지선정 과정 등에 따라 다른 의미가 내포되어 있다. 이중에서 창업의 상권가치market area value는 상권조사기법상 평가적 관점에 해당하는 것으로 상품이나 서비스의 제공자(창업가)가 잠재적 고객뿐 아니라 현재의 고객에게 가장 잘 전달할 수 있는 상권이 가지는 중요한 성격을 말한다. 본서에서 상권 고유 가치, 상권 고객 가치, 고객 고유 가치 3단계 구조로 제안하고 있다. 상권 고유 가치는 상권이 형성된 고유의 성격으로 도시계획상 용도와 교통체계 등에 따른 상권이 형성 근본적인 가치를 말한다. 상권 고객 가치는 상권이 볼거리, 먹거리, 회식, 모임, 만남, 여가, 업무 등 고객(배후민, 불특정통행인)에게 전달하는 구체적인 편익에 해당하는 상권가치를 말한다. 고객 고유 가치는 상권이 구체적인 주요 타깃 고객에게 특별히 전달할 수 있는 가치를 말한다. 상권가치가 중요한 이유는 상권의 다양한 의미를 이해하고 상권과 상품 적합성을 평가해야 하기 때문이다.

입지location에 대해 박원석(2015)은 경제활동을 위해 선택하는 장소로서 절대적 공간입지를 의미하는 부지site와 상대적 공간입지를 의미하는 위치situation의 관점에서 접근할 수 있다고 하였다. 마샬Marshall은 지리적 위치로서 입지는 그 나라의 운명을 결정한다고 할 만큼 입지의 공간적 중요성을 강조하였고, 산업화가 급속도로 발전하면서 부지에 경제적 접근성에 의해 가치가 결정된다고 보고 위치에 가치를 부여하여 '위치 가치situation value'라고 하였다. 창업에서는 점포의 모양, 크기 등이 중요하기 때문에 이를 부지site로 보고 위치situation와 결합하여 위치location로 보는 것이 타당할 것이다. 창업에서 입지를 더욱 가치를 부여하여 입지가치location value는 상품이나 서비스의 제공자(창업가)가 잠재적 고객뿐 아니라 현재의 고객에게 가장 잘 전달할 수 있는 입지가 가지는 중요한 성격을 말한다. 본서에서는 입지 고유 가치, 입지 고객 가치, 고객 고유 가치 3단계 구조로 제안하고 있다. 도시계획과 접근성 등 특정 지점을 중심으로 고유의 지리적인 특징에 대한 가치를 말한다. 즉 입지가 형성된 고유의 성격을 말한다.

입지 고객 가치는 특정 업종이 특정 지점을 중심으로 입지 고유 가치에 부합하는 만족스런 편익을 제공하는지에 대한 가치를 말한다. 즉, 입지의 4요소, 입지의 3요소로 특정업종의 특정입지가 고객에게 주는 효용을 말한다. 입지 고객 고유 가치는 입지 고객 가치측면에서 어떤 차별적이고 특별한 혜택을 제공하는 것에 대한 가치를 말한다. 구체적인 주요 타깃 고객에게 입지적으로 해당 점포를 특별히 전달할 수 있는 가치를 말한다. 이렇게 입지가치를 이해하여 해당 점포에서 제공하는 상품을 고객에게 얼마나 전달할 수 있느냐를 파악하는 것은 매우 중요한 사항이라고 할 수 있다.

결국 창업 가치를 이해하기 위해서는 상품, 상권, 입지 등을 고객 중심적 사고를 기준으로 하나의 맥락에서 상품가치, 상권가치, 입지가치를 통해 진정한 고객 가치를 제공할 수 있다.

18. 점포관계성

점포관계성은 두 점포 간 창업 성격, 상품 특성, 업종 특성, 브랜드를 비교하여 내 점포와 상권에 미치는 영향을 파악하는 항목이다. 특히 보완성, 연계성, 양립성이 중요한 이유는 상생권(相生圈) 측면에서 나의 점포만 잘 운영해야 한다는 의식보다 협업이나 공생관계가 중요해졌기 때문에 매우 면밀히 관찰할 필요가 있다. 따라서 구체적인 점포 위치를 선정하면서 인접 점포와 관계성을 파악하여 현재와 미래 시너지가 있는지 파악하는 것이다.

점포관계성은 본서에서 근접 점포 간 특성이 우리 점포에 어떤 영향을 미치고 상대 점포에 어떤 영향을 미치는지 두 점포의 관계를 파악하는 것을 말한다. 이것은 우리나라 점포 창업의 특성 때문에 중요하게 다루어야 하는 사항이다. 남정민, 이환수 (2017)의 연구에서 한국의 경우 기회형(기술) 창업수준은 최하위권이며 이는 상대적으로 다른 나라에 비해 비자발적 창업 및 소상공인 창업 비중이 높기 때문이라고 말하고 있다. 유익수(2018)의 연구에서 국내 프랜차이즈 사업 환경은 가맹본부 수를 기준으로 비교해 볼 때 인구 100만 명당 70개 정도로 미국 7개, 일본 9개에 비하여 과당경쟁 상태에 있으며, 또한 외식업이 전체의 75.4% 정도로 심하게 편중되어 있다고 하였다. 또한 전체 취업수중에서 자영업자의 비율도 매우 높은 편이다. 즉, 편의점 시장, 프라이드 치킨점 시장, 커피, 베이커리 등 거의 모든 업종이 시장의 포화와 그에 따른 정체기에 있기 때문에 점포당 평균 매출이 매우 낮을 수밖에 없다. 그럼에도 불구하고 많은 프랜차이즈 기업은 점포 수를 늘리고 매출을 높이기 위해 노력하고 있다. 이는 김창봉, 조경란(2021)은 프랜차이즈 기업의 핵심 성공 요인은 경영성과에 미치는 영향에 있어 점포 수와 매출 규모는 정의 조절효과를 보인다는 연구결과가 뒷받침하고 있다. 따라서 개별 점포창업가는 시장상황을 충분히 고려하여 단순히 상권분석이 아니라 구체적으로 매출을 증가시킬 수 있는 요소에 대한 점검을 빠짐없이 하여야 한다. 그중 하나가 점포 평가에서 점포 관계성으로 두 점포가 공존하면서 시너기가 형성되는지 그렇지 않은지에 대한 파악하는 것이다. 〈표 2-22〉에서 보듯이 점포 관계성은 창업 측면에서 상품의 성격에 따른 기준으로 경제학에서

<표 2-22> 상호의존에 의한 점포관계성store relatedness

구분	보완성	대체성	가치성	잠식성
정의	두 점포 간 보완관계로 각각 점포에서 동시에 다른 소비를 하여 시너지를 일으킴	두 점포 간 경쟁관계(유사업종)로 각각 점포에 직접적으로 마이너스 소비에 영향을 미치는 관계/일부 집재성 효과	두 점포 간 경쟁관계(다른업종)이지만 같은 가치를 추구하여 각각 점포에 간접적으로 영향을 미치는 관계/주로 전문점	두 점포 간 매출 잠식관계(다른 업종)로 다른 점포에 직접적으로 마이너스 소비에 영향을 미치는 관계
점포 경쟁성	보통	높음	보통	보통
점포 동시성	높음	낮음	높음	낮음
점포 충동성	보통	낮음	낮음	낮음
점포 습관성	보통	낮음	낮음	낮음
상품 교환성	높음	낮음	높음	보통
상품 다양성	높음	낮음	낮음	보통
이익	두 점포	한 점포	두 점포	한 점포
상권 확장	도움	도움	도움	도움
사례	마트와 편의점(배후형 상권), 하이마트와 디지털 프라자, 정육점과 야채가게, 떡볶이 전문점과 김밥 전문점 등	설렁탕 전문점과 순댓국 전문점 등	맛집 대 맛집	마트와 편의점(소비형 상권), 편의점과 커피 전문점, 베이커리 전문점과 브랜드 전문점 등

구분	연계성	양립성	독립성	전략성
정의	두 점포 간 시간차를 두고 수직적 연관관계로 한 점포에서 소비 후 다른 점포에서도 구매 함	보완관계 또는 경쟁관계에 있는 두 점포가 동시 교차, 교환으로 인해 보완성보다 높은 시너지가 형성되는 관계(상품 종류 많음)	두 점포 간 뚜렷한 연관성이 없음	두 점포가 각각 전략적으로 양립되어 인지도와 상권 제압력 높임
점포 경쟁성	낮음	보통	해당 없음	유동적
점포 동시성	높음	높음	해당 없음	유동적
점포 충동성	보통	높음	해당 없음	유동적
점포 습관성	보통	높음	해당 없음	유동적
상품 교환성	해당 없음	높음	해당 없음	유동적
상품 다양성	보통	높음	해당 없음	유동적
이익	두 점포	두 점포	해당 없음	유동적
상권 확장	도움	도움	해당 없음	도움
사례	식당과 커피 전문점, 병원과 약국, 숙박 시설과 세탁소, 1차 소비와 2차 소비 업종 등	마트와 편의점, 하이마트와 디지털 프라자 등	부동산과 분식점 등	맥도널드와 스타벅스, 빽다방과 쥬시, 스타벅스와 이디야 등

보완재와 대체재의 개념과는 다르게 접근해야 한다. 경제학은 경제의 현상을 연구하는 학문이므로 재화(원자재 등)에 대한 넓고 싶게 장기적인 관점에서 바라보지만 작은 규모의 창업은 상품에 대한 즉시성(매출)이 반영되어야 하므로 상대적으로 좁고 단기적인 관점에서 바라보므로 즉각적인 반응을 확인할 수 있어야 한다. 따라서 재화의 관점에서 보완재는 한 재화의 가격이 상승하면 다른 재화의 수요량은 감소하게 되고 가격이 하락하면 수요량이 증가하게 되는 것을 말한다. 즉 원단 가격이 상승하면 의류 값이 오르는 것으로 설명할 수 있다. 대체재는 한 재화의 가격이 상승하면 다른 재화의 수요량은 증가하게 되고 가격이 하락하면 다른 재화의 수요량이 감소하게 되는 것을 말한다. 즉, 삼겹살값이 오르면 소고기 수요가 느는 것과 같다.

이렇게 경제학에서는 가격과 상대적인 수요량의 관계를 전제로 설명한다. 그러나 창업 상권에서 상품의 관점에서 점포 관계성을 바라보게 된다. 보완성은 두 점포 간 보완관계로 각각 점포에서 동시에 다른 소비를 하여 시너지를 일으키는 것을 말한다. 부족한 것을 보완하는 개념으로 두 점포의 다른 상품에 따른 시너지가 있는 것을 전제로 하며 목적성이 중심이다. 가령 지방 중소도시 로드형 입지나 비교적 상권이 넓은 배후형에 있는 편의점과 중형 마트는 경쟁 관계보다는 상생 관계로 볼 수 있다. 편의점은 고객 편리성과 타깃성에 중점을 둔 업종이고 마트는 다양한 상품의 저렴한 장보기가 핵심이므로 근본적인 매출 성격이 다르기 때문이다. 따라서 시간이 지날 수록으로 두 점포는 고객지향성이 발휘되어 두 점포가 함께 있음으로서 매출 시너지가 생긴다고 볼 수 있다. 하이마트와 디지털 프라자 같은 대형 전자 제품점도 여기에 해당한고 볼 수 있다. 연속적으로 구매하는 경우가 많다. 떡볶이 전문점과 김밥 전문점은 상호 보완관계에 있다고 볼 수 있다. 예를 들어 죠스떡볶이와 바르다김선생 김밥 전문점이 근접하여 있는 경우 상호 시너지가 생길 수 있다. 그러나 이와 같은 효과가 극대화되기 위해서는 비교적 객단가가 높은 지역이 유리하다. 재화관점에서 대체재는 삼겹살과 소고기 관계에서 보듯이 상대적 가격과 판매의 문제로 시간이 지나면서 경기 동향에 영향을 미친다. 그러나 창업 상품관점에서 대체성은 두 점포가 공존하므로 경쟁점의 상대적 가격과 점포 폐업유무에 따라 즉각적인 현상이 발생해야 한다. 즉 경쟁 상품을 대체할 수 있어야 하므로 K국밥집과 G국밥집이 양립해서 있는 경우 어느 한 점포가 문을 닫는 경우 다른 점포에 즉각적인 경쟁손님을 유입할 수 있어야 창업 대체성이 성립된다. 그렇지 않다면 그냥 비슷한 상품 콘셉트의 경쟁관계일 뿐이다. 서비스 제공 측면에서 업종을 보면 삼겹살 식당과 소고기 식당은 처음부터 목표 고객이 다르므로 그 자체는 경쟁관계가 아니라고 할 수 있지만 상품성 측면에서 보면 해석이 달라질 수 있다. 예를 들어 고품격 삼겹살 식당과 저렴한 소고기 식당이 함께 있다면 소비자의 고민은 높아질 수 있다. 따라서 상권 성격에 따라 상품성과 고객 가치를 고려하여 판단해야 하며 소비자 선택이 유동적일 수 있기 때문에 창업자는 창업 상품성을 명확히 정하고 상권에 진입해야 한다. 이렇게 대체성은 어느 한 곳에서 소비하면 연속으로 소비하지 않고 두 점포의 관계로 다른 대체관계 업종이용은 미뤄지게 된다. 그러나 대체성 업종이 몰려있는 상권은 소비자 유입률이 낮으면 어려운 상권이 될 수 있지만, 맛집이 많을 경우 집재성 효과로 오히려 상권 발달성은 더욱 높아질 수 있다. 이렇게 대체성은 두 점포 매출의 직접적인 시너지는 형성되지 않고 상권 내 상품 다양화로 일부 유입률을 높이는 효과만 기대할 수 있다. 특수하게 싱권이 좁은 배후형 싱권에서 편의점과 마드는 점포 대체성이 형성되기도 한다. 소비자가 한정되어 있고 목적성 구매 성향이 높기 때문에 매출 경쟁을 할 수밖에 없기 때문이다. 그러나 동선에 민감한 업종인 경우 대체성이 형성되기 어려운 경우가 있다. 입지적 측면에서 상품성이 비슷한 김밥 전문점이 서로 마주 보고 있는 경우 어느 한 점포가 닫게 되더라도 상대 고객을 유입하기 어렵다. 이것은 출근 동선에서 목적성과 충족성이 강하게 작용하기 때문에 김밥 전문점처럼 입지에 민감한 업종은 점포 대체성에 즉각 반응하지 않는 경향이 있다. 가치성은 두 점포 간 다른 업종이지만 같은 가치를 추구하여 각각 점포에 간접적으로 영향을 미치는 관계를 말한다. 예를 들어 순댓국과 설렁탕은 가격차가 크지 않고 상품가치는 다르지만 든든한 한 끼라는 일반적 고객 가치가 유사하므로 경쟁성이 높다고 할 수 있다. 또 다른 예를 들면 오피스 상권에서 비슷한 순댓 국밥집이 경쟁을 하고 있다고 가정하자. 그러나 한 군데는 맛집으로 소문난 집이고 다른 한 곳은 새로 진입한 경쟁점이다. 이 경우 맛집 국밥집의 매출은 떨어지지 않는다. 오히려 경쟁점과 함께 있음으로서 소비자 유입을 높일 수 있다. 그러나 얼마 되지 않아 새로 진입한 경쟁점은 문을 닫고 일식 규동 전문점으로 바뀌었다고 가정하자 이 경우 맛집 국밥집의 매출은 어떻게 변할까? 일반적으로 직접 경쟁 국밥집이 문을 닫았기 때문에 매출이 더 오를 것으로 기대하지만 실제는 매출이 떨어지는 경우가 있다. 이 경우는 새로 생긴 규동집이 맛집이기 때문이다. 즉 상품성이 전혀 다르더라도 상주형(오피스상권)에서 맛있고 든든한 한 끼를 제공한다는 고객 가치가 같기 때문이다. 그러나 두 점포가 고객 가치를 극대화를 위해 노력할 경우 두 점포 모두 시너지가 생길 수 있다.

잠식성은 두 점포 간 매출 잠식관계로 각각 점포에 직접적으로 마이너스 소비에 영향을 미치는 관계이다. 대체성과 다른 것은 대체성은 경쟁성이 높기 때문에 유사 업종간 관계에서 비교하지만 잠식성은 경쟁적 관계보다는 서로 매출을 잠식하는 관계에 한정되므로 완전히 업종이 다르다. 예를 들어 편의점 앞에 커피 전문점이 진입한다면 직접적인 경쟁 관계는 아니지만 단기적으로는 편의점의 음료 특히 커피 음료의 매출은 타격을 받게 된다. 반대의 경우도 마찬가지이다. 이것은 주로 회사원이 많은 상주형 상권에서 더욱 크게 나타난다. 그러나 각각 상품가치가 높고 장기적으로 안정기에 접어들면 서로 보완적 관계가 형성되기도 한다. 특수하게 소비형 상권에 있는 경우 편의점과 마트는 잠식 관계에 있기도 하다. 소비형 상권은 소비자의 목적성 구매보다 충동성 구매 의존도가 높기 때문에 두 점포를 보완관계나 경쟁관계보다는 서로 일정 부분의 매출을 잠식하는 관계로 보는 것이 타당하다. 〈사진 2-9〉에서 보면 순대국밥 맛집이 있는 곳에 저녁시간에 족발을 주요 메뉴로 취급하며 점심시간 대엔 순댓국을 판매하는 매장이 진입하였다면 순댓국 맛집 매출을 잠식하는 관계라고 볼 수 있다. 그러나 잠식관계로서 오래 운영하지 못하고 아래 사진과 같이 규동 등 일식 메뉴를 판매하는 맛집으로 바뀌었다. 이 경우 두 점포의 관계는 맛집 대 맛집의 관계로 가치성에 해당한다. 따라서 기존 국밥 맛집은 다양한 메뉴를 선호하는 기존 회사원 등 고객의 유출로 매출이 감소하였다. 그러나 장기적으로 두 점포 모두 고객 서비스 측면에서 더욱 노력한다면 양립성 형성으로 시너지를 기대할 수 있을 것이다.

연계성은 두 점포 간 시간차를 두고 수직적 연관관계로 한 점포 소비 후 다른 점포에서 곧 바로 소비할 수 있는 관계로 소비의 연속성이 중심이다. 장기 숙박시설에 머

<사진 2-9> 잠식성, 가치성

물면서 세탁편의점을 이용하는 것, 저녁 시간대 식사 후 2차 소비를 하는 것, 점심 식
사 후 후식으로 커피나 아이스크림을 먹는 것, 병원에 방문 후 약국을 이용하는 것과
같다. 병원 방문 후 약국 방문은 목적성보다는 동시 이용 측면에서 자연스럽게 서로
하나로 연결된다고 볼 수 있으므로 연계성이 강하다. 병원을 가게 되면 일반적으로
약국을 이용하게 된다. 과거 약국입지는 주로 주택가를 중심으로 형성되었으나 의약
분업이후 업종의 정책적 변화에 따라 입지중요성도 바뀌어 2000년 7월 의약분업 정
책 시행이후 병원 서비스를 충족시킬 수 있는 의존성 입지로 변하였다(김우영, 2013).

이상에서 보듯이 보완성이 연계성과 다른 것은 상대적으로 목적성이 강하다는 것
이다. 양립성은 보완성이 더욱 발전하여 시너지를 일으키는 것으로 뒤에서 추가로
설명하겠다. 독립성은 업종 이해에서 독립성 업종이 각각 독립적인 영향을 미치는

업종의 관계이므로 점포 간 매출에 영향을 미치지 않는다. 예를 들면 부동산 중개업소와 편의점은 고객 가치와 업종이 확연히 다르므로 그렇다. 국수전문점과 짬뽕 전문점의 경우도 같은 면류를 취급하므로 1차적으로 경쟁하지만 국수는 고객 가치가 간편식사의 성향이 강하고 짬뽕은 비교적 든든한 식사에 해당하므로 경쟁관계가 높다고 보지 않고 독립성이 높다고 볼 수 있다. 그러나 칼국수와 국수는 일부 소비자 취향이 명확히 다르므로 독립성이 형성될 수 있지만 대체로 상품이 제안하고자 하는 고객 가치가 유사하고 상품 확장단종성이 있어서 각각 수요를 유입하기 위해 두 가지 메뉴를 함께 제공하는 경우가 많다. 이것은 상품 확장 다양성이 가능하기 때문이다. 전략성은 특정 목적에 의해 두 점포가 공존하는 것으로 매출에 영향을 미치기도 하고 그렇지 않기도 하지만 각각은 점포 확장, 브랜드 인지도 등 특정 목적에 더욱 치중하는 관계이다. 브랜드력이 높은 스타벅스 주변에 이디야 커피 진입이나 롯데리아 진입이 여기에 해당한다. 또한 '빽다방' 옆에 '쥬씨'라는 생과일 주스 전문점 진입도 여기에 해당한다. 이 경우는 케이스에 따라 매우 다른 결과를 보여준다.

• 점포양립성 store compatibility

점포양립성은 넬슨의 양립성을 우리나라 창업 상권과 점포 특성에 맞게 본서에서 구체화한 것으로 보완성과 집재성이 합쳐진 관계성을 말한다. 두 점포는 서로 보완 관계에 있는 상품을 취급하고 방문하는 소비자의 목적성구매와 교차 및 교환비율이 높아지면서 각각 점포를 방문하는 소비자의 흡인력보다 두 점포가 양립하여 있음으로서 시너지가 생겨 전체적인 매출은 증가하는 것을 말한다.

소비 간격에 따라 다양하게 나타난다. 소비 간격이 짧은 경우는 상품동질성과 다양성이 높은 점포가 양립하는 경우로 충동성, 동시성, 습관성이 복합적으로 발생한다. 이는 경쟁관계에 있는 두 점포가 상호보완관계가 더해져서 상품교환구매율(동시성 포함)과 상품목적구매율이 증가한 것이라고 할 수 있다.

예를 들어 대표적인 양립성 효과가 높은 것은 편의점과 마트의 관계나 전자제품 양판점인 하이마트와 디지털 프라자 관계에서 볼 수 있다. 편의점은 즉석식품 등 충동구매품도 많지만 생활필수품은 목적성구매품도 있다. 그러나 가격적인 측면에서 마트보다 경쟁력은 떨어지므로 마트에서 생필품을 구매하고 동시에 또는 충동적으로 편의점에서 즉석식품이나 PB 상품을 구매하는 경우가 많다. 이렇게 양립성이 극대화되기 위해서는 소비 간격은 일반적으로는 짧은 편이고 상품의 종류가 다양하고 상품 성격이 매우 명확하고 상품 동질성이 높고 소비의 동시성 성격이 강하다. 그러나 김밥과 떡볶이의 경우 각각 상호 보완관계로서 소비자는 동시에 소비하는 경우가 많기 때문에 일부 양립성이 형성된다고 볼 수 있지만, 상품 종류가 적기 때문에 교차, 교환으로 인한 매출이 낮기 때문에 양립성 효과를 기대하기는 어렵다.

소비 간격이 긴 경우는 목적성 구매가 높다. 전자제품 양판점인 경우 A양판점과 B양판점이 양립하여 있는 경우 상권이 넓기 때문에 목적구매와 교환비율이 높을 수 있다. 이것은 어떤 소비자가 같은 브랜드의 세탁기를 소비하고자 해도 각각 양판점마다 소비자 타깃과 기능에 따른 마케팅이 차별화되어 있기 때문에 소비자는 충분히 필요한 정보를 취합한 후 구매한다. 따라서 특정소비자에게 세탁기는 A양판점의 제품이 적합할 수 있고 TV 제품은 B양판점의 제품이 더 적합할 수 있어서 교환비율이 높게 되어 여러 양판점이 형성될 경우 소비자는 다른 지역에 가지 않고 두 양판점이 있는 곳에서 소비를 하므로 전체적인 매출이 시너지가 생기는 것이다. 특히 전자제품과 같은 고가의 제품은 여러 날을 두고 천천히 보기보다는 최대한 쇼핑시간을

<사진 2-10> 점포양립성

사진 자료: 본사 홈페이지

줄이려 하기 때문에 방문할 수 있는 양판점이 양립한 곳에서 쇼핑을 하게 된다.

그러나 자동차는 단일 상품으로는 가장 금액이 높다. 즉 목적 구매가 높을 수 있지만 소비 간격이 길고 상품 종류가 작아 교환비율이 낮고 판매자의 영업력이 중요하므로 두 매장이 모여 있는 것은 크게 양립효과를 보기 어렵다. 따라서 소비자 선택의 편리성 측면에서 집적 효과로 인해 흡인력을 높일 수 있을 뿐이다.

〈표 2-23〉에서 보듯이 양립성은 형태에 따라 고양립점, 중양립점, 저양립점, 상반 양립점, 비양립점으로 나눌 수 있다. 고양립점은 대체로 양립성이 10%를 넘기는 것으로 편의점이나 중형마트처럼 상품 다양성이 높은 업종이나 국어, 영어, 수학 등 소규모 단과학원처럼 상품색이 명확한 경우는 소비 간격이 짧고 접근성적 요소가 크게 적용되기 때문에 해당이 된다. 중양립점은 전자 양판점이나 백화점처럼 규모가 큰 경우에 해당한다고 볼 수 있으며 상품의 영향보다는 상권과 마케팅적 투입비용이 높기 때문에 양립성이 높게 나온다고 볼 수 있다. 저 양립성은 양립성이 1~5% 이내인 것으로 상품의 종류가 작고 규모가 작은 경우에 해당한다고 볼 수 있는데 치킨점과 피자 전문점이나 떡볶이 전문점과 김밥 전문점의 양립이 여기에 해당하다. 이 경우 상품의 차별성과 배달 요인이 매우 크게 작용한다고 볼 수 있다. 오프라인 위주라면 대체로 흡인력이 높게 작용하므로 교통이 발달한 지역에서 볼 수 있다. 상반 양립점은 상호이해가 상반되는 양립으로 경쟁 상반 양립과 비경쟁 상반 양립이 있다. 경쟁 상반 양립은 스타벅스와 이디야 커피 전문점이 양립하는 경우 경쟁을 하지만 상호 타격을 주기보다는 각각의 브랜드 충성도를 높여 매출 상승하는 효과를 기대한다. 비경쟁 상반 양립은 고기가게와 생선가게를 의미한다. 서로 함께 양립하여 고객의 인식을 높여 상권 유입률을 높이므로 보완성에 해당한다고 볼 수 있다.

유형에 따라 1:1양립과 교차양립으로 나눌 수 있다. 1:1 양립은 두 개의 점포에서 매출 시너지가 생기는 유형으로 편의점과 중형마트의 관계에서 볼 수 있다. 따라서 개별 점포의 위치 선정 시 매우 중요한 사항으로 실전에서는 배후형 창업에서 소비자의 흡인력을 높이기 위해 전략적 접근도 많이 이루어지고 있다. 단지 상권의 규모가 너무 좁을 경우 두 점포 모두 어려울 수 있기 때문에 수요성 업종의 경우 더욱 주의해서 출점해야 한다. 교차cross양립은 1:1양립 점포가 3~5점 정도 형성되는 경

<표 2-23> 양립성compatibility 성격에 따른 구분

구분			특징
양립성 형성 요소			다양성, 동시성, 목적성
형태	고양립점		상호 10% 이상의 고객을 교환하고 있는 점포의 양립
	중양립점		5~10%를 교환하고 있는 점포의 양립
	저양립점		1~5%를 교환하고 있는 점포의 양립
	상반양립점 상반양립점	경쟁	상호이해가 상반되지만 브랜드 인지도 상승
		비경쟁	상호이해가 상반되지만 상품 인지도 상승
유형	1:1양립		두 점포만 양립
	교차cross양립		서로 다른 여러 점포(3~6점) 간 교차 양립
영향	일방one way양립		특정 점포가 더 이득을 봄
	양방both sides양립		두 점포가 함께 이득을 가짐
	교대alternate양립		두 점포가 번갈아 이득을 가짐
배열성	스트리트street양립		일면에 점포가 위치함
	분산dispersion양립		양립 점포와 뒤로 있거나 떨어져 위치함
	대면face to face양립		두 점포가 마주보고 위치함
	수직verticality양립		한 건물에 점포가 위치함

우를 말한다. 두 개의 자동차 브랜드가 나란히 있는 경우 상품의 다양성이 낮고 소비 간격이 길고 가격이 높아서 양립성이 형성되지 않는다. 그러나 서로 3~5개 점포가 서로 교차하여 형성되는 것이지만 5점이 넘어가면 집재성 상권으로 발전할 확률이 높아 양립성이 약해지고 집재성 효과가 높아질 수 있다. 예를 들어 〈그림 2-13〉에서 보듯이 고급 수입차 매장이 모여 있는 집재성 상권에서 고객 유입률을 높이며 교차 양립을 기대할 수 있다. 고급 자동차와 같이 상품력이 높은 점포가 집중되어 모여 있는 경우 상호의존효과가 발생한다. 점포에 미치는 영향에 따라 일방 양립, 양방 양립, 교대alternate양립으로 나눌 수 있다. 일방one way양립은 어느 한쪽에 집중적으로 이득이 집중되는 양립을 말한다. 일반적으로 업종이 다른 경우의 시너지가 형성되는 경우이다. 커피 전문점과 편의점은 초기에는 커피매출이 잠식될 수 있으나 중

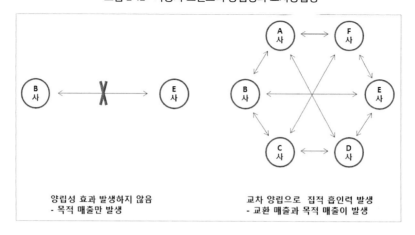

<그림 2-12> 자동차 브랜드의 양립성과 교차양립성

양립성 효과 발생하지 않음
- 목적 매출만 발생

교차 양립으로 집적 흡인력 발생
- 교환 매출과 목적 매출이 발생

장기적으로는 집적효과가 발생하여 시너지가 생긴다. 양방both sides양립은 가장 일반적인 고유의 양립을 말한다. 상품의 다양성과 상품 고유 가치와 상품 고객 가치가 다른 경우 발생한다. 이는 상품성 차이가 크고 마케팅 차이에 따라 다를 수 있다. 따라서 바람직한 양립은 적절한 균형을 이루는 것이다. 교대 양립은 고객의 점포 이용이 양쪽 점포를 교대로 이용하는 것을 말한다. 수요가 분산된다고 볼 수 있으나 상품의 차별성과 상품성이 높은 경우 시너지가 발생한다. 배열성에 따라 스트리트street양립, 분산dispersion양립, 대면face to face양립으로 나눌 수 있다. 스트리트street양립은 점포와 점포가 같은 도로면에 곧게 형성된 것으로 점포 간 상품의 성격이 명확하고 배후 상권이 넓은 경우 적합하다. 분산양립dispersion은 점포 뒤 점포의 형태이므로 직접 눈에 띄지 않을 수 있지만 주로 외식업의 경우 찾아오는 성격인 경우 형성지만 모두 상품력이 높을 경우 형성될 수 있다. 대면face to face양립은 서로 도로를 사이로 마주보는 것으로 자칫 상품력 차이가 클 경우 한쪽에 쏠림 현상이 발생할 수 있으므로 상권 발달도가 높거나 통행량이 많은 곳이어야 위험 부담을 낮출 수 있다. 수직vercitality양립은 하나의 건물에 위치하여 인지도를 높여 고객 유입률을 높이는 형태이다. 〈사진 2-11〉에서 보듯이 한 건물에 바다앞테라스, 바다앞테이블, 바다앞농장, 바다앞과일집, 바다앞라면집, 바다앞꼬막집 등을 출점시켜 강력한 시너지를 형성하고 있다. 그러나 이와 같은 양립이 성공하기 위해서는 상권에 적합한 테마를 가지고 상품 콘셉트, 매장 콘셉트를 설정해야 한다.

<그림 2-13> 양립의 배열과 유형

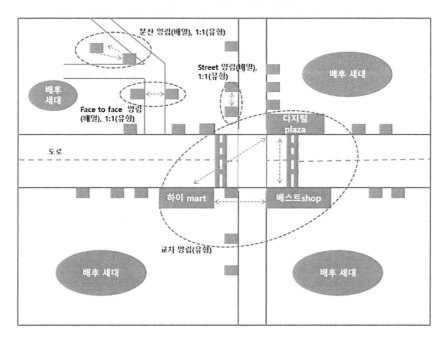

<사진 2-11> 수직verticality 양립

Part 2 상권

Chapter 3.

상권 원론

입지location의 근본적인 의미는 땅 즉 토지에서 시작되었다. 점차 토지의 가치를 인식하기 시작하여 농경시대는 농업 생산량이 중요한 가치로 인식되었다. 리카르도 Ricardo는 토지의 비옥도에 의해 지대가 결정된다고 하여 농업 생산량을 높일 수 있는 좋은 땅이 좋은 입지라고 하였다. 따라서 초기의 입지는 철저히 토지의 개념에서 시작되었다고 할 수 있다. 마샬Marshall은 이를 부동산이 가지고 있는 특성으로 인식하여 절대적 공간입지로서 부지site와 경제적 측면에서 접근성을 강조한 상대적 공간입지로서 위치situation로 정의하였다.

이후 튀넨J.H. Thunen은 토지이용에 대하여 더욱 공간적으로 접근하여 공간상 입지의 중요성을 강조하였다. 마샬은 이를 상대적 공간으로서 위치situation로 정의하였다. 이렇게 입지의 위치situation로서 공간이론은 튀넨의 농업입지론에서 출발하여 점차 산업이 발전하면서 19세기 후반에서 20세기 초엔 산업경제 중심사회에서 최적의 입지를 찾기 위한 베버의 공업(산업)입지론으로 발전하였다. 20세기 초엔 도시가 발전하면서 입지경쟁과 산업화로 도시공간구조에 대한 연구와 함께 재화와 서비스를 공급하는 도시의 기능을 연구하면서 크리스탈러Christaller의 상업입지론이 발전하였다. 이런 이론을 기초로 현대의 입지론으로 발전하였다. 이런 이론은 경제학의 한 이론이지만 점차 현실에 맞게 각각 발전하여 경영, 부동산, 토지이용, 시장분석, 도시개발, 상권분석 등 다양한 이론과 학문으로 발전하게 되었다.

이렇게 입지론location theory은 경제학economics의 한 분야에서 출발하여 다양한 이론들이 계속 수정 발전되어 입지론에 대한 새로운 논리는 언제든지 생길 수 있다.

1. 농업입지론

1.1. 리카르도Ricardo와 튀넨J.H. Thunen 입지론

리카르도ricardo는 '차액지대설'에서 토지는 토지의 비옥도에 따라서 그 사용가치 (토지이용과 지대)를 결정한다고 하여 좋은 땅은 비옥도가 높은 땅이라고 하였다. 즉 좋은 토지의 생산성은 그렇지 않은 토지의 생산성과 차이에서 추가 수입이 발생한다는 '차액지대 이론'을 강조하였다. 농지이용에 대해 리카르도의 차액지대설과 달리 독일의 농업경제학자인 튀넨J.H. Thunen, 1783~1850은 '고립국이론'에서 애덤 스미스 A. smith, 1723~1790의 국부론에 영향을 받아 농지의 공간상 위치를 결정하는 데 중요한 요인은 토지의 비옥도가 아니라 공간적으로 농지를 어떻게 이용할 수 있는지에 따라 지대가 결정된다고 '입지지대 이론'을 강조하였다. 이 이론이 중요한 것은 농업 경제시대 농지의 이용과 가치에 내해 중심도시를 중심으로 위치의 가치를 평가하여 최초로 공간적 개념으로 전개하였다는 점이다. 연구를 위해 다음과 같은 전제 조건을 가정하였다. 대상지역은 우선 평탄하고, 비옥도가 동일한 평야여야 하고 자연환경이 동일하다고 가정하였다. 여기서 중심도시가 등장하는데 대상 지역의 중심엔 도시가 있고 농지 지역에서 생산되는 모든 농작물은 중심도시로 운송되어야 하고 모든 방향에서 운송비는 동일하게 봤다. 농작물은 한 가지만 생산하는 것으로 농민의 생산성은 같다고 가정하였다. 마지막으로 중심도시와 농지가 있는 지역은 외부지역과 단절된 고립국이어야 한다고 가정하였다. 이 연구에서 지대는 개별 농산물의 지대와 경작할 수 있는 범위는 거리의 함수관계로 설명하여 우하향하는 곡선을 보여준다. 즉 튀넨의 '입지지대bid rent'는 경작자가 지불할 수 있는 지대로 중심도시와 가까운 곳이 운송비가 적게 들고 멀어질수록 운송비가 많이 든다고 하였다. 중심도시와 접근성의 개념을 도입하여 입지location가 지대rent를 결정한다는 이론은 현대 부동산 입지의 근간이 되고 있다. 또한 튀넨은 입지경쟁 측면에서 '입찰지대bid rent'의 개념을 도입하였다. 즉 입지지대는 단일 농산물을 재배하는 경우 도심으로부터 위치에 따라 지대가 결정된다는 이론이고 입찰지대는 각기 다른 농산물을 재배하는 경작자는 도심에서 가까운 지역일수록 지대가 비싸기 때문에 이윤이 높은 작물을 재배해야 한다는 것이다. 즉 튀넨의 지대는 토지이용을 할당받기 위해 토지이용자가 입지경쟁으로 각 지점에서 지불할 수 있는 최대의 지대를 말한다. 그림에서 보면 A지대곡선은 단위당 생산성이 높아 중심도시에서 d1까지 경작할 수 있고 B지대곡선은 단위당 생산성이 A지대곡선보다 낮아 d1에서 d2까지 경작할 수 있고 C지대곡선은 가장 생산성이 낮아 d2에서 d3까지 경작할 수 있다는 것을 보여준다. 중심도시에 가까운 곳에 중심도시 중심으로 가까운 농지엔 상하기 쉽고 농산물 가격에 비해 무겁고 부피가 커서 운송비가 비싼 농산물이 적합하고 중심도시에서 멀어질수록 운송비가 저렴한 농지가 적합하다는 개념이다. 따라서 원예농업-임업-윤재식 농업-곡초식 농업-삼포식 농업-목축 순으로 6개의 연속적인 동심원으로 배열된 농업지대가 나타나는 토지이용 모델을 제시했다.

<그림 3-1> 튀넨 입찰지대곡선과 토지이용

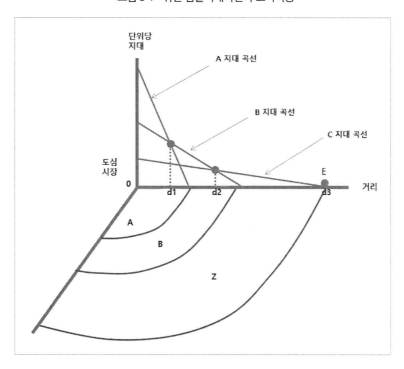

이후에도 튀넨은 하천을 통한 운송으로 공간적 거리가 멀더라도 비용이 줄어들기 때문에 하천 수변으로 지대가 높게 형성되고 도시를 중심으로 한 것은 하천과 연계되어 상대적으로 평가되므로 도시중심적인 개념을 탄력적으로 전개하였다. 오늘날 교통 발달과 물류체계 발달 등으로 이론은 큰 의미가 없어져 시대적 현상이므로 어쩔 수 없더라도 토지이용 가치와 운송비에 따른 지대의 차이를 대입시켜 지대의 개념을 현실화한 이론으로 단순히 농업입지의 한계를 넘어 후대 입지이론에 대한 연구는 도시 경제학적인 발전에 토대가 되었다. 이외에도 마르크스Karl H. Marx. 1818~1883의 비옥도나 위치에 관계없이 지대의 토지소유 관점에서 한계지에서도 지대가 곡물의 가격을 결정하여 발생한다는 '절대지대설absolute rent'을 주장하였다.

1.2. 현대 도시 공간구조이론

1.2.1. 알론소Alonso, 1964의 도시 도지이용 모델

튀넨의 농업입지론은 단순히 농업적 관점의 입지론이 아니라 도시를 중심으로 거리에 따라 어떻게 지대와 농작물이 결정되는지 보여주고 있어 도시화가 진행되면서 도시공간에 대한 이론에 상당한 영향을 끼친 점이 큰 의의가 있다. 이에 대한 연구는 현대 도시 토지 위치 이론의 개척자인 알론소Alonso에 의해 시작되어 Muth(1967)와 같은 학자에 의해 이론적이고 경험적 연구가 이어졌다.

알론소의 '도시 입찰 지대 이론'은 튀넨의 입찰지대이론을 적용하여 지대가 높은수록 도심으로부터의 거리가 멀어지는 우하향 입찰지대 곡선을 보여주는 이론이다. 입지경쟁을 통해 도시 토지용도도 중심 업무 지구를 중심으로 단위 토지당 생산성과 거리에 대한 마찰 정도가 달라서 입찰지대곡선의 형태가 다르다.

입찰지대곡선의 절편은 단위 토지당 생산성을 말하며 기울기는 도심으로부터의 거리에 따른 마찰계수를 의미한다. 즉 판매시설인 경우 중심도시에서 떨어질수록 민감도(기울기)가 높고 공업기능지일수록 중심도시에서 떨어져도 민감도(기울기)가 낮고 주거시설일수록 민감도(기울기)가 가장 낮다는 것을 보여준다.

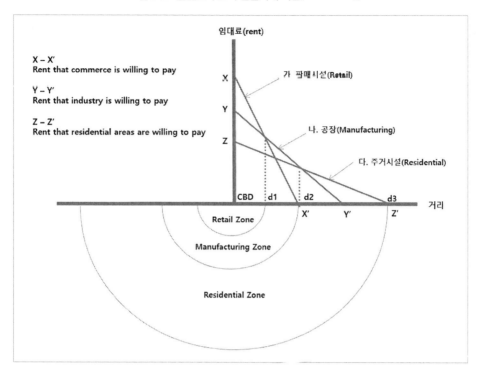

<그림 3-2> 알론소의 도시 입찰지대 이론(bid rent theory)

가. 판매기능Retail 곡선

판매기능 시설은 단위 토지당 생산성이 중심업무기능보다는 낮다. 따라서 중심업무지구에 가장 근접해 있기 때문에 마찰계수가 높아 기울기가 급격한 형태를 띤다. d1은 중심업무지구로부터 판매기능지역의 최대 거리를 말하며 X-X'와 Y-Y'가 만나는 지점은 절충지점이 될 수 있다.

나. 공업기능Manufacturing 곡선

공업기능시설은 단위 토지당 생산성이 판매기능시설보다 낮다고 본다. 따라서 중심업무지구에 근접할 필요가 없기 때문에 더 떨어진 곳에 있어도 되므로 마찰계수는 판매기능 곡선x-x'보다 더 작고 기울기는 더 완만한 형태를 띤다. d2는 중심업무지구로부터 공업기능시설 사용자가 토지대가를 지불할 수 있는 최대 거리를 말하며 Y-Y'와 Z-Z'가 만나는 지점은 절충지점이 될 수 있다.

다. 주거기능Residential 곡선

주거기능시설은 단위 토지낭 생산싱이 공업기능시설보다 낮다고 본다. 따라서 중심업무지구에 근접할 필요가 없기 때문에 더 떨어진 곳에 있어도 되므로 마찰계수는 공업기능 곡선Y-Y'보다 더 작고 기울기는 더 완만한 형태를 띤다. d3는 중심업무지구로부터 주거기능시설 사용자가 토지대가를 지불할 수 있는 최대 거리를 말한다.

알론소의 입찰지대이론은 도시지대이론의 선구적인 이론이지만 인구증가, 산업화, 도시발달, 교통 발달로 도시민의 소득의 차별성으로 주거지역은 분화를 겪게 된다. 그러나 중심상업기능지역의 지대의 상승에 견디지 못하는 수요자는 중심업무기능이 유지될 수 있는 새로운 중심기능 지점을 찾게 되고 그 부도심의 핵심기능지역을 중심으로 업무기능지역이 생겨서 새로운 원형이 생기게 된다. 또한 부도심의 중심상업기능지역에 지대 지불 능력을 초과되는 경우 교외로 외연이 확장되는 교외화 suburbanization가 가속 될 수 있다.

이것은 오늘날 도시 상업지의 급격한 발전에 따른 병폐 중하나인 젠트리피케이션의 현상으로 나타나기도 한다. 이런 도시공간구조에 대한 연구는 산업화 역사가 짧은 미국에서 버지스를 중심으로 한 시카고 학파 중심으로 도시의 중심은 하나인 단핵모형monocentric model, 도시의 공간구조가 다핵심구조를 가질 수 있다는 다핵모형 multiplenuclei model 등 이론으로 발전하였다. 이렇게 도시화되어 가는 과정은 상권 확장 과정에서 다핵상권이 형성되는 것의 근본적 이론이기도 하다.

1.2.2. 버지스Burgess, 1925 동심원지대이론 및 그 외 모형

버지스는 도시의 성장the growth of city이라는 연구 논문에서 튀넨의 고립국 이론을 적용하여 동심원지대이론concentric zone theory을 발표했다. 주로 수요측면에서 거주지의 변화에 초점을 맞춰 주거지의 외부이동에 따른 동심원 이론을 전개하였으며, 알론소와 마찬가지로 단핵도시monocentric city의 토지이용패턴을 적용하여 도시 분화과정을 5개 과정으로 정의하였다.

가. 제1지대(중심업무지구-CBD: central business distric)

도시의 가장 중심이 되는 지대로 도시 중심기능이 위치해 있다. 도시 발달과정에서 중심부엔 구심적 집중이 발생하여 백화점, 호텔, 금융기관, 정치, 행정 기관이 등이 위치하게 되고 도심 중심부 외측에는 원심적 분산이 발생하여 상점, 사무기능 등 주변기능이 위치하게 된다.

나. 제2지대(점이지대-zone in transition)

중심업무지구의 지대 지불능력이 떨어진 오피스, 경공업 기능이 주거지역에 침투하는 지대를 말한다. 즉 내측은 오피스, 경공업 기능이 위치하고 외측에는 주거지역이 남아있게 되어 주거기능이 악화된다. 시카고 등 미국 도시에서 볼 수 있는 기능으로 서울의 경우 공업시설이 몰려있는 영등포, 문래동 일대와 유사하다고 볼 수 있다.

다. 제3지대(노동자주거지대-zone of workingman's home)

점이지대의 노동자들이 이주해온 노동자주거지대를 말한다. 주거지역 지대 지불능력이 떨어진 저소득층이 몰리게 된다.

라. 제4지대(중류층주거지대-zone of middle income housing)

주거지역 지대 지불능력이 높은 사람들이 이주하는 지역이다. 점차 교통이 발전할수록 내측은 중산층주거지대가 되고 외측은 고소득측주거지대로 구분된다.

마. 제5지대(통근자지대-commuter's zone)

CBD로부터 자동차로 1시간 내의 통근 범위에 있는 지대이다. 지대 지불능력과 교통비 지불 능력이 있어야 하므로 주로 중산층이상 주택이 혼재되어 있는 지역이다.

이렇게 버지스의 동심원지대는 시카고를 중심으로 교통발달에 따른 도시의 성장과 지대 지불능력에 따라 단핵 도심인 CBD를 중심으로 '침입invasion-경쟁competition-지배dominance-천이succession'의 과정이 반복되면서 5개 동심원적으로 형성되는 지대를 말한다. 다음 그림에서 보듯이 원형 모형을 이루고 있으나 실제 도시의 모양과는 매우 다른 모습임을 알 수 있으나 시카고의 사례를 통해 산업화 초기 도시의 형성과정을 경험적으로 보여준 것으로 도시구조발전 구조의 선구적 모델이라고 할 수 있다.

버지스Burgess의 동심원지대 모형이 발표된 이후 수정한 여러 연구가 진행되었는데 그중 대표적인 것으로 피셔Fisher, 1930, 킨Quinn, 1940, 키어슬리Kearsley, 1983, 타나베(1975), 파이어리Firey, 1947 이론이 있다. 피셔는 버지스의 모형을 변형하여 중심업무지구를 금융. 업무지구와 중심소매지구로 분리하였고 중공업지대를 포함시켰다. 킨은 버지스 동심원 모형을 수정하여 단순 기하학적 거리가 아닌 도로 상의 거리를 실제 거리뿐 아니라 시간 거리time distance의 개념을 적용하였다. 키어슬리는 도시 구조가 기존 시가지뿐 아니라 외곽지대에도 발생하는 것을 보여주었고 특히 통근자지대의 기능분화가 발생하는 것을 보여주면서 부분적으로 부채꼴 형태의 변화도 반영하였다. 일본의 지리학자인 타나베는 중심지역, 주요지역, 외곽지대로 통합하여 수정 모형을 제시하였다. 파이어리는 도시슬럼화 과정과 원인에 초점을 맞춰 각지대가 교차하는 지점이 슬럼화된다고 하였다. 동심원지대 모형과 다른 새롭게 발표된 모형이 호잇hyot, 1939의 선형모형sectoral model이 있다. 호잇은 선형모형을 주장하였지만 버지스의 동심원 모형을 근간으로 발전시킨 모형으로 기본원리는 다양한 선형 모형의 섹터들은 경제지대Economic rent에 의해 시간이 지남에 따라 변한다고 하였다. 따라서 도시의 성장에 따라 저급주택지구, 중급 주택지구, 고급 주택지구가 생기게 되며 각각 섹터의 방향으로 확장된다는 것이다. 그러나 버지스의 동심원이론과 다른 점은 수요측면보다 공급측면에서 선형의 도로를 따라 인구이동, 네트워킹 등으로 도시성장의 원리를 주장하였다. 이 모형을 발전시킨 만Mann, 1965, 존슨Jonston, 1970의 이론이 있다. 존슨은 도시 내 주거 구조 섹터는 경제적 지위와 도시로부터 거리에 의해 분포되며 도시와 멀리 떨어질수록 사회.경제적 지위가 높은 섹터가 분포된다고 하였다. 만도 중산층, 서민층, 근로자층 등으로 주거가 분리된 공간 패턴을 보여주고 있다. 동심원모형과 선형모형은 단일 중심지를 가진 단핵도시 모형이지만 도시가 성장하며 대도시화되면서 다양한 중심도시가 생겨나면서 해리스와 울만harris & ullman, 1945은 다핵모형multiplenuclei model을 제안하였다. 다핵모형

<그림 3-3> 단핵도시, 다핵도시, 광역도시의 공간구조 변화

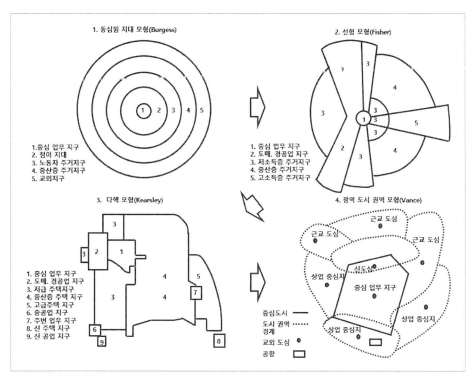

자료: 남영우, 『도시공간구조론』, 2007, 법문사에서 재구성

은 중심구조가 단일 도시로 형성되는 것이 아니라 여러 중심도시가 단핵모형과 선형모형이 결합하여 형성된다는 것이다. 벤스vance, 1964의 광역도시권 모형 등으로 발전되었다. 벤스의 광역도시권 모형은 광역도시의 중심업무지구를 중심으로 주변의 다양한 도시의 중심업무지구가 기능적으로 연결되어 하나의 거대한 광역 도시권을 형성한다는 것이다. 이 이론은 오늘날 대도시권의 사례를 가장 잘 설명한 이론이라 하겠다.

2. 공업(산업) 입지론

19세기 말 경제학자 마샬marshall, 1890은 부지site와 위치situation의 개념 설명하였다. 부지site는 부동산 고유의 특성으로 면적, 지형, 도로 용도 등 토지의 물리적 특성으로 설명하여 절대적 공간입지로 설명하였고, 위치situation는 도시나 판매시설의 거리 등 경제적 관점에서 접근성으로 설명하여 위치의 상대적 공간입지 개념으로 설명하였다. 이렇게 지리적 개념과 공간적 개념이 함께 발전하였다. 따라서 입지는 location이라 하여 위치를 말하지만 입지론은 공간을 연구하는 이론으로 시대적 현황에 맞게 발전하였다.

2.1. 산업지구론

마샬은 영국 캠브리지 학파의 창시자로 산입 지구론은 그의 저서 'principle of economy'와 'industry and trade'에서 산업지구론industrial distric theory 개념을 최초로 도입하였다. 이 이론의 핵심은 여러 기업이 집중적으로 입지함으로서 외부경제external economy로 인해 이익이 발생하는 집적경제agglomeration economy를 설명하고 있다.

외부경제는 여러 기업이 한곳이 입지하여 산업의 발달, 지역 변화, 교통비 절감 등 다양한 외부 요인으로 인한 편익을 말한다. 내부경제internal economy는 기업이 생산 규모를 늘려서 비용을 절감하는 규모의 경제를 실현하는 것을 말한다. 이 이론은 현대 산업입지이론의 맥인 산업집적과 클러스터 이론의 근간이 된다. 이런 집적경제가 발생할 수 있는 요인은 크게 다섯 가지로 정의하고 있다. 첫째, 사용자와 근로자 간 정보와 지식의 공유이다. 둘째, 경제주체 간 네트워크로 인한 시너지이다. 셋째, 전후방 산업연계industrial linkage이다. 생산한 제품의 판매와 연계된 전방 산업연계 forward linkage와 원자재, 부품 구매와 연계된 후방 산업연계backward linkage를 말한다. 넷째, 노동력 확보가 쉽다는 것이다. 다섯째, 규모의 경제와 범위의 경제이다.

<표 3-1> 내부경제와 외부경제 관점에서 본 집적경제의 유형

구분	내부경제	외부경제
규모의 경제	한 기업이 특정 공장(기업)에서 생산을 대규모로 운영하여, 평균비용을 절감하는 경우	동종(혹은 유사) 기업들이 공동 입지하여, 경제적 이익을 얻는 경우(국지화 경제)
범위의 경제	한 기업이 2종 이상의 제품을 함께 생산할 경우, 각 제품을 다른 기업이 각각 생산할 때보다 평균비용이 적게 드는 경우	이종(혹은 비유사) 또는 기술적으로 연관되지 않은 기업들이 대도시 내에 공동 입지하여 경제적 이익을 얻는 경우(도시화 경제)
활동 - 복합화의 경제	철강 또는 석유화학공장 등이 향유하는 에너지와 수송비용 절감의 예처럼, 연관 활동들이 인접하여 평균비용을 절감하는 경우	전. 후방연계 측면에서 연관된 이종(혹은 비유사) 기업들이 공동 입지하여 경제적 이익을 얻는 경우(활동-복합화경제)

자료: Parr(2002)와 정준호 외(2004), 『박원석, 부동산입지론』, 2014, 양현사에서 재인용.

이렇게 마샬의 집적경제 이론은 고전 산업입지이론에서 중요하게 다루었다. 이후 신산업지구론, 지구이론, 혁신환경이론, 클러스터이론, 지역혁신체계이론 등 이론으로 발전하였다.

<표 3-2> 집적경제에 대한 연구 동향

구분 (특징/이론)	마샬의 집적이론	신산업공간론	유연적 전문화론	혁신환경론
우위의 원천	노동력, 하부구조, 사업 서비스 등의 공공재 공유	집적에 기초한 거래 비용 절감	집적지 내 협력 네트워크를 통한 호혜적 정보 교환	혁신 창출을 지원하는 혁신환경 구축
집적유발 요인	외부경제는 공통의 서비스가 국지적으로 집중되어 있을 경우에 극대화됨	물리적 거리가 가까울수록 거래 비용의 절감 효과는 커짐	신뢰는 지리적으로 집중된 네트워크에서 지속될 가능성이 높아짐	혁신에 기여하는 제도와 관행은 부분적으로 개인적 접촉에 의존하기 때문에, 물리적 접촉이 용이한 공간단위에서 혁신의 가능성이 높아짐
경쟁과 협력	집적지 내 기업 간 경쟁에 기초한 협력을 통해 우위를 창출	협력이 거래비용 절감에 영향을 미치긴 하나, 절대적 요인은 아님	집적지 내 기업들은 서로 경쟁하지만, 가격보다는 품질에 기초한 경쟁을 하며, 상호간에 강한 협력 관계가 존재함	경쟁적 기업관계보다는 협력적 기업관계가 더 중요하다고 간주
정책합의	공공재 공급의 시장실패가 없다면, 명확한 정책적 합의는 없음	시장이 클러스터 내에서의 거래를 성공적으로 조정할 것으로 봄	사회적 네트워크가 신뢰 구축에 핵심이지만, 적절한 규범 체계를 확립해야 함	산·학·연 네트워크의 활성화에 초점을 둠

자료: Newlands, D., 2003. Competition and cooperation in clusters : implication for public policy, European Planning Studies, 11(5)˝의 내용을 이종호, 이철우(2008), 「집적과 클러스터: 개념과 유형 그리고 관련 이론에 대한 비판적 검토」, 『한국경제지리학회지』, 11(3)˝에서 재구성한 것임. 박원석, 『부동산입지론』, 2014, 양현사에서 재인용.

1930년대 후버는 국지화 경제localization economy와 도시화 경제를 주장하였다. 국지화 경제는 동일 업종의 기업이 한곳에 입지함으로서 얻는 이익을 말하며 도시화 경제urbanization economy는 다양한 산업의 업종이 한곳에 입지함으로서 얻는 이익을 말한다. 이후 맥칸과 셰파드mccann and sheppard, 2003와 정준호 외(2004)는 산업집적지의 유형을 수수 집약형, 산업 단지형, 사회 네트워크형 세 가지로 구분하였다.

<표 3-3> 산업 집적지의 유형과 특징

특성	순수 집적형	산업단지형	사회 네트워크형
기업규모	소규모	다수의 소기업과 일부 대기업	다양함
관계의 특성	서로 잘 모름	서로 밀접함 안정적이고 빈번한 거래	상호신뢰와 충실성 관계 합작투자 등 실질적 협력
멤버십	불안정하지만 빈번한 거래	폐쇄적	부분적으로 개방적
내부경제와 외부경제 형태	개방적	내부경제(모든 유형), 복합성의 외부경제	범위와 복합성의 외부경제
사례	규모와 범위의 외부경제	철강 또는 화학생산단지	신산업지구 (예: 제3이탈리아 등)
분석적 접근방법	순수 집적모형	입지-생산이론 투입-산출분석	사회적 네트워크이론

자료: McCann and Sheppard(2003)을 수정, 보완한 것으로, 정준호 외(2004), 『산업집적의 공간구조와 지역혁신 거버넌스』, 산업연구원을 참조. 박원석, 『부동산입지론』, 2014, 양현사에서 재인용.

2.2. 최소비용이론

독일 경제학자 A. 베버(1909)는 당시 거시적 환경(자본의 해외이동)에 집중된 산업에서 전통적인 공업지역이 쇠퇴하며 새로이 형성되는 과정에서 좀 더 미시적인 관점에서 최적의 공업입지에 대한 연구를 하였다. 그는 최소비용이론을 전개하였는데 최소비용지점을 최적의 입지로 보고 그에 미치는 요인으로 운송비, 노동비, 집접 이익에 따른 비용 절감 등을 들었다. 특히 베버는 입지삼각형을 기본 모형으로 위 비용 요인을 통해 최적의 공장입지를 설명하였다. 베버의 입지삼각형의 근간인 운송비에 따른 최적의 위치는 〈그림 3-4〉와 같다. 원료 생산지가 두 곳이 있다고 가정하고 시

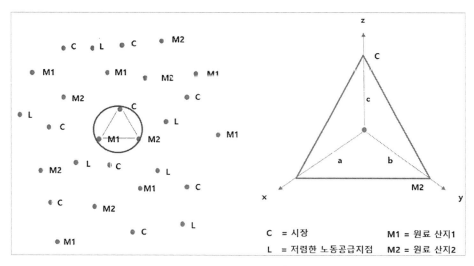

<그림 3-4> 3강 베버 입지삼각형

자료: Smith, D. M.(1981), Industial Location, John Wiley & Sons. 박원석, 『부동산입지론』, 2014, 양현사를 참고하여 재정리.

장의 위치를 가정하였다. 원료 산지와 시장을 연결한 삼각형 모양의 무게중심이 운송비가 최소가 되는 공장의 입지가 될 수 있다는 것이다. 무게중심은 시장과 각각 원료산지와 시장의 거리에 각각 원료와 상품의 무게를 곱하여 더한 값이 최소 운송비가 드는 지점인 것이다. 이 공식을 적용하는 데 있어 베버는 원료의 변수를 매우 구체적으로 정의하였다.

<표 3-4> 원료의 비용적 구분

구분	원료 위치		원료 중량 변화		원료 지수 = 국지원료 중량/제품 중량	
구분	보편 원료	국지 원료	순수 원료	중량절감 원료	시장 지향형입지 (원료지수>1)	원료 지향형입지 (원료지수<1)
특징	다양한 장소에서 채취	특정 장소에서 채취	완제품에 그대로 무게 이동	완제품에 일부 무게 이동	철강, 시멘트 등	공산품

이렇게 원료에 대한 다양한 정의와 원료지수material index를 도입하여 운송비가 최소가 되는 최적의 공장입지를 구하였다. 그러나 베버는 최적의 입지 결정에 운송비만을 결정요인으로 두지 않고 임계등비용선을 활용한 노동비용이 최소가 되는 지점

을 포함하여 운송비와 노동비의 합리적 결정점을 도출하였다. 여기에 공장이 모이는 지역이 있다면 집적이익이 발생할 수 있기 때문에 운송비, 노동비, 집적이익으로 비용절감이 합리적으로 최소가 되는 지점이 최적의 공장입지가 된다는 것을 밝혔다. 베버는 기업에 이익관점에서 입지에 영향을 미치는 입지요인으로 일반지역요인과 국지요인으로 구분하였다. 박원석(2014)은 일반지역요인은 모든 지역에 존재하는 요인으로 운송비, 노동비 등이라 하였고, 국지요인은 특정 지역에만 존재하는 입지요인으로 집적이익이 발생하는 요인이라고 하였다. 이것은 오늘날 프랜차이즈 본사의 지점 출점시 고려하는 물류비용, 관리 등을 결정하는 중요한 근거라고 할 수 있다.

이후 비용 측면에서 최적의 공장입지를 찾는 이론을 기반으로 상권에 관한 연구는 팔랜더Pallander, 1935의 공간경쟁이론, 후버Hoover, 1937의 이론, 호텔링Hotelling, 1929의 입지상호의존이론으로 이어졌다. 상권 원론 부분에서 추가로 설명하고자 한다.

<그림 3-5> 3강 로쉬 육각형 상권체계 모형

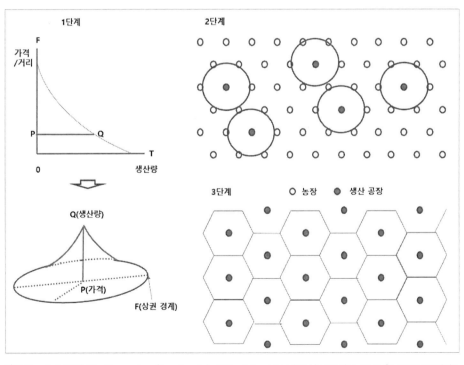

자료 : Losch, A.(1954), The Economics of Location, John Wiley & Sons, translated by Woglon, W, H, from Die raumliche Ordnung der Wirtschaft, 1940, Yale University Press. 박원석, 『부동산입지론』, 2014, 양현사를 참고하여 재정리.

2.3. 최대수요이론

비용적 관점의 입지이론은 지나치게 비용측면만 고려한 이유로 도시발전에 따른 수요측면을 고려한 이론이 전개되기 시작했다. 그중에서 독일 경제학자 로쉬Losch 는 이 이론과는 다르게 수요를 중시한 입지론을 전개하였다. 베버 비용적 이론에 반 대가 되는 이론으로 수요자 관점에서 수요가 최대인 지점이 최적의 공업 입지가 될 수 있다는 최대수요이론을 제안했다.

<표 3-5> 크리스탈러(christaller, 1983)와 로쉬(Losch. 1940)의 육각형 상권 모형 비교

구분	크리스탈러(christaller, 1983)	뢰쉬(Losch. 1940)
이론	상업입지론	산업입지론
입지	재화와 서비스를 공급하는 중심지	최대수요 지점
중요관점	기업존속위한 최소요구수요 찾는 과정	장소에 따라 수요가 차별적
상권개념	판매자 관점의 trade area	생산자 관점의 trade area
육각형 상권모형	공간경쟁, 서로 다른 재화에 의한 중심지 계층화	공간경쟁
중심지	서로 다른 재화에 의한 중심지 계층화	다양한 제품의 상권 복합화
market	생산물이 모이는 시장	생산자의 개별 시장
도시공간구조 변화	하향식 중심지 계층화hierarchy	상향식 중심지 계층화hierarchy
k-value 포섭원리	고정원리k=3,4,7	비고정원리
중심지 기능	고차중심지가 저차중심의 모든 기능 포함	반드시는 아님(하위 중심지 개별성 인정)

크리스탈러와 비교해 보면 지형적으로는 유사한 전제조건을 채택하였으나 크리 스탈러는 중심시장의 기능과 수요자를 중심으로 중심지이론을 연구하였고, 로쉬는 생산자의 중심시장 기능과 수요자를 중심으로 최대수요이론을 연구하였다. 즉 두 연구 모두 중심 시장과 중심 생산자를 중심으로 육각형 상권 모형을 제안하였다. 로 쉬의 육가형 상권 모형 형성 과정은 생산자가 중심으로 더 이상 소비자가 지불할 의 사가 없는 지점에서 상권경계trade area가 형성이 된다. 이윤이 발생하는 지점을 중 심으로 또 다른 생산자는 계속 생길 것이며 서로 상권이 겹치면서 이윤이 감소하는

지점에서 합리적 상권 경계market area가 형성이 되면서 육각형의 상권으로 시장은 동일하게 그려지게 된다. 크리스탈러의 중심지는 단일 재화를 가정으로 하였으므로 육각형 상권 모형의 합리성을 강조한 것이고 특히 상품 성격에 따라 중심 도시는 계층이 형성되는 것을 연구하여 도시 형성 측면에서 큰 의미가 있고, 로쉬의 중심지는 동일 계층이라도 처음부터 다양한 상품의 존재를 인정하였으므로 육각형 상권 모형은 서로 거미줄처럼 연결된 복합 상권과 상권 균등성이 아닌 고차중심지를 주변으로 생산자가 몰려 부채꼴 모양으로 뻗어나가는 상권 확장성을 연구하였다.

중심지 계층화hierarchy 대해 크리스탈러는 최상위 중심지 육각형 상권구조에 최하위 상권구조가 포함되는 하향식 구조를 띠고 있고, 로쉬는 최하단위 육각형 상권 구조에서 시작하여 최상위 중심지 상권구조로 발전하는 상향식 구조를 띠고 있다. 크리스탈러의 k-value는 k=3, k-4, k=7로 설명하였으나 로쉬는 육각형 원리를 고정하지 않았다.

2.4. 통합 입지론

베버의 비용에 치우친 이론은 합리적 관점에서는 고전 입지이론의 가장 기본적인 공리였으므로 이후에도 이를 중심으로 연구는 활발하였으나 산업화가 진행되면서 수요에 대한 중요성이 커지면서 로쉬의 수요에 치우친 이론도 제기되었다. 그래서 두 이론이 통합되어 연구되기 시작하였고 1950년대 이후는 더욱 산업화가 진행되고 경쟁 시장의 축소, 기술적 진보, 다양한 비용적 요인, 다양한 수요적 요인으로 인해 두 이론을 통합한 이론이 시도되었다. 즉, 고전 입지론의 합리적 경제인을 부분적으로 수용하면서 이론을 발전시켰다.

대표적인 학자는 미국 경제학자 그린헛Greenhut, 1956, 미국의 경제학자 아이사드 Isard, 1956, 미국의 지리학자 스미스Smith, 1981에 의해 두 이론을 통합하는 연구가 발전하였다. 특징을 보면 그린헛은 여러 가지 입지요인 중에서도 개인적 요인도 포함하였다는 것이다. 즉, 경영주 개인적인 관계에 의한 비용이나 수요 발생요인도 입지에 영향을 미칠 수 있고 최대이윤을 목적으로 하지만 그것은 반드시 금전적 이윤이

<표 3-6> 통합 입지이론(최소비용이론과 최대수요이론) 주장한 대표적 학자

구분	그린헛(Greenhut, 1956)	아이사드(Isard, 1956)	스미스(Smith, 1981)
논문/저서	plant location in theory and in practice	location and spatial economy	industrial location: an economic geographical analysis
이론	최대이윤을 달성	통합이론에 근거한 비용최소(베버의 입지삼각형 기반)	행태주의적 관점의 통합이론
최적입지	개인적 요인이 반영된 최적입지	대체원리에 입각한 변형된 최적입지	최적입지와 이윤을 창출할 수 있는 모든 자리도 가능한 준 최적입지(suboptimal location)
산업입지 요인	비용요인, 수요요인, 비용감소요인, 수요 감소요인, 개인적 비용 감소요인, 개인적 수요 감소요인, 순수한 개인적 요인	시장, 원료산지	토지, 노동력, 원료, 생산시설, 자본, 기업가의 능력 등
공통점	고전 입지이론 근간으로 한 통합이론		

자료: 박원석, 『부동산입지론』, 2014, 양현사의 본문을 참고하여 재정리.

아니더라도 개인이 만족하는 관점의 소득도 반영될 수 있다는 것이다. 즉, 최초로 기업의 입지결정에 개인의 심리적 요인도 반영될 수 있다는 것을 강조하였다. 아이사드는 베버의 입지삼각형 이론을 근거로 대체원리에 입각한 최적입지를 연구하였다. 그러나 그린헛과 아이사드 모두 비용을 중심으로 한 통합이론으로 지나치게 효율적인 측면에서 최적의 입지를 찾는 데 국한되어 있다 보니 현실적이고 탄력적인 기업입지의 의사가 반영되기 어려운 점이 있었다. 스미스는 미국의 지리학자로서 하나의 최적입지를 주장한 기존의 이론을 벗어나 이윤극대화의 관점에서 이윤을 창출할 수 있다면 어디든지 공장입지가 될 수 있다는 이윤의 공간한계spatial margins to profitability 개념을 이용하여 준 최적입지suboptimal location의 개념을 완성하였다.

이외에도 노동비용, 투입요소(에너지, 자본, 토지), 중간투입, 세금 및 공공서비스 등을 들 수 있다Mc Donald, 1997. 박삼옥(2007)은 첨단산업의 입지요인은 연구개발 시설에의 접근, 전문 기술 인력의 확보, 모험자본 등 풍부한 금융자원, 관련 산업의 집적, 고속교통 및 정보체계, 도시기능의 집적, 쾌적한 거주 및 작업환경 등을 들 수 있다고 하였다.

2.5. 입지의 행태주의적 접근

박원석(2014)는 고전입지론에서 기업가는 합리적 경제인으로 가정하였으나, 실제는 완전한 정보와 지식을 가진 능력자로 볼 수 없기 때문에, 최적입지를 찾는 것은 한계가 있다고 하였다. 즉 입지를 선택하는 데 있어 경제적 측면보다 더 중요하게 선택하는 요인이 있다고 가정하였는데 이것이 행태적 접근법의 출발이라고 하였다. 2차대전 이후 전후 복구로 세계경제는 활력을 찾기 시작하였지만, 1960년대 이후 선진국의 내수시장은 경쟁이 치열해지면서 점차 세계 각국으로 투자 및 공장을 건설하게 되었다. 그런 과정에서 정보의 중요성은 인지하면서도 정보의 부족, 정보의 분석력, 다양성 측면에서 한계에 부딪칠 수밖에 없었다. 따라서 최적의 위치가 아닌데도 공장이 건설되는 산업 환경에서 최적입지의 개념이 모호해지기 시작하였다.

이렇게 행태주의 입지론에서는 정보의 한계성과 비경제적 요인 등으로 인해 합리적인 경제적 관점과는 멀어지게 되었고, 현재 공장이 입지하게 된 이유를 파악하는데 주력하게 되면서 투자금이 높고 기업이 커지면서 심리적 의사결정의 중요성도 커지게 되었다. 애덤 스미스는 1776년 국부론을 통해 '보이지 않는 손'의 능력을 전파하여 주류경제학 발전에 결정적 역할을 하였으며 인간의 경제 행위를 충동적이고 비합리적인 심리적 특성으로 본 최초의 학자이다.

〈표 3-6〉에서 보듯이 입지의 행태주의적 접근은 고전입지이론을 비용과 수요를 통합하는 측면에서 시작되었고, 점차 결과론적 관점에서 현재 위치에 입지하게 된 이유를 찾는 과정에 기업의 의사결정 구조, 기업의 의사결정권자의 행태에 초점을 맞추게 되었고 점차 경제학은 심리학자에 의한 행동주의 경제학 발전으로 이어지게 되었다. 경제학자이며 심리학자인 사이먼Herbert A. Simon, 1957은 '제한된 합리성의 원리principle of bounded rationality'를 도입하여 인간은 늘 합리적일 수 없다는 논제로 주류 경제학을 비판하였다. 의사결정을 위한 3가지 조건으로 확실성certainty, 위험risk, 불확실성uncertainty을 제안하였다.

본격적인 기업의 의사결정과정에 대한 연구는 지리학자를 중심으로 발전하였다. 프레드Pred, 1969는 행태행렬모형을 통해 시간이 경과함에 따라 정보사용능력이 증가하여 더 좋은 입지를 선택할 확률이 높아진다고 하였다. 즉 〈그림 3-6〉에서 보듯이 정보량과 정보사용능력이 부족한 2위치에 있는 기업은 잘못된 의사결정을 하게 되어 이윤의 공간한계 외부에 위치할 가능성이 높다고 하고 정보량과 정보사용능력이 높은 1위치에 있는 기업은 올바른 의사결정을 하게 되어 이윤 공간한계 내부에 최적의 입지 근처로 입지할 수 있다는 것이다. 이러한 경험적 정보를 제시함으로서 이런 입지 결정 행태는 시간이 경과하고 경험이 축적되면서 점점 최적위치로 이동할 수 있다는 근거를 제시했다. 따라서 행태적 측면과 함께 데이터 입지에 대한 중요성이 강조된 연구라고 할 수 있겠다. 이후 노스North, 1974의 의사결정과정 모형에서 입지결정은 기업 경영의 한 과정으로 연구하여 입지 결정의 문제를 독립적이고 최적의 입지가 아닌 과정상 여러 가지 측면에서 입지할 수 있다는 관점이 바뀌게 되었다. 1단계는 생산정책을 결정하고, 2단계는 생산정책을 실현하기 위한 필요한 변화 요소는 무엇인지 산정하고, 3단계는 대안적 변화, 방법의 비교, 평가로 입지 의사결정을 하고, 4단계는 공장 입지를 선정한다. 노스는 공장입지 결정은 그 자체의 문제가 아니라 기업의 투자과정의 하나의 과정으로 인식하여 공장입지선정 문제를 다루었다. 스태퍼드Stafford, 1972는 논문 "The Geography Manufactures"에서 입지 선정 시 대상지역을 넓은 지역에서 특정 지역, 특정 지점으로 순차적으로 점차 좁혀 가고 있음을 '순차적 입지결정 모형'으로 설명하였다. 즉 기업이 공장입지를 선택함에 있어 넓은 대상지역은 최대수요이론을 적용하고, 후보지 입지 선정은 최소 비용 이론을 적용하여 대안부지를 선정하고 최종 결정 과정에는 불확실성을 줄여 기업가의 심리적 소득을 반영하여 행태주의적 관점에서 입지를 선택할 수 있다고 하였다. 1974년 논문 "The anatomy of the location decision"에서 국가national 단위 입지결정에서 노동생산성과 시장 접근성을 최우선시 하였고, 국가 차하위 지역sub-national, 지역region, 근린지역local에서는 개인적 요인을 최우선시하였다. 이렇게 스태퍼드의 연구는 기업가의 개인적 요인이 입지결정에 영향을 미치고 공간 단위에 따라 입지결정 요소가 다르다는 것을 보여주었다. 크게는 의사결정의 과정이며 세부적으로는 최대수요이론, 최소비용이론, 심리적 소득 등이 반영된 통합이론의 성격이 반영되었다고 할 수 있다.

1970연대 후반부터는 행태주의 경제학의 부흥기라고 할 수 있다. 사이먼Herbert

A. Simon, 1957은 '제한된 합리성의 원리principle of bounded rationality'를 도입하여 전통적 관점에서 비용과 수익적 관점에서 최적의 위치가 아니더라도 인간의 심리적 관점에서 만족satisfire할 수 있다면 선택할 수 있다는 이론적 근거를 제시하며 1978년 노벨 경제학상을 받았다. 이후에도 심리학자이자 경제학자인 다니엘 커너먼Daniel Kahneman은 행동경제학의 창시자이자 대부로서 2002년 '전망이론'으로 노벨경제학상을 받았고, 승자의 저주the winner's curse와 넛지nudge의 저자로 유명한 리처드 세일러Richard H. Thaler는 2017년 노벨경제학상을 받았다. 그의 연구는 많은 경제학자가 인간의 행동에 더 관심을 가지게 하는 데 크게 영향을 미쳤다. 미국 경제학회 회장으로서 한 연설에서 행동경제학이 머지않아 주류 경제학 안에 뿌리내릴 것이라고 했다. 더 나아가 모든 경제학은 연구 주제에 따라 실제 행동을 연구하고 분석하는 학문이 될 것이라고 얘기했다. 따라서 소비자의 행동과 직접적으로 영향을 받는 점포 창업에서 매우 현실적으로 받아들이고 상품 소비에 대한 소비자 행동뿐 아니라 그에 따른 창업가 행동 관찰노 함께 고려하여 입지선정에 임해야 하다.

<그림 3-6> 프레드(1967)의 행태행렬과 입지결정.

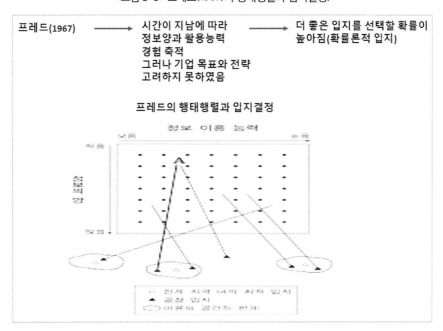

\<그림 3-7\> 노스(1974)의 4단계 투자-입지결정과정 모형

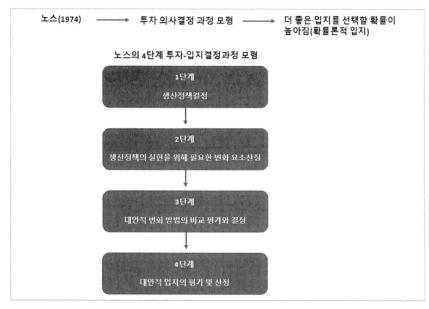

자료: 박원석,『부동산입지론』, 2014, 양현사를 참고하여 재정리.

\<그림 3-8\> 스태퍼드(1967)의 순차적 입지결정 모형

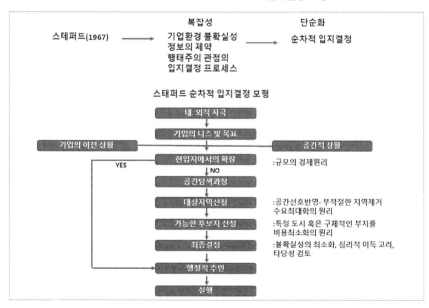

자료: 박원석,『부동산입지론』, 2014, 양현사를 참고하여 재정리.

<表 3-7> 행태주의적 입지론 학자

구분	사이먼 (Simon, 1957)	프레드 (Pred, 1969)	노스 (North,1973)	스태퍼드 (Stafford, 1972, 1974)	하칸슨 (Hakanson, 1979)	대니얼 커너민 (Daniel Kahnman, 1979)	리처드 세일러 (Richard H. Thaler, 1992)
논문/ 저서	The behavioral Model of Rational Choice (1957)	behaver and location (1969)	The process of change in different manufacturing organization (1973)	The Geography Manufactures (1972), The anatomy of the location decision(1974)	Towards a Theory of Location Corporate Growth (1979)	Prospect theory: an analysis of decision under risk(1979)	The Winner's Curse(1992)
원리	제한된 합리성 원리principle of bounded rationality	행태행렬 behavioral matrix	의사결정 한 부분	순차적 입지결정	공간적 성장모형	실험 경제학	행동경제학

　이렇게 행태주의 입지론은 단순히 입지와 관련된 이론이기보다는 행동주의 경제학의 발전에 토대가 되었다. 현재 창입 싱권에서도 소비자 행동, 창업가 행동이 점포와 상권에 어떤 영향을 미치는지 파악할 수 계기가 되었고 실전에서 '점포 관찰'을 참고하기 바란다.

3. 상업입지론

　농업입지와 산업(공장)입지에 관한 효시는 각각 산업 발달 과정에 따른 이론적 효시가 명확한 편이지만 상업입지론은 다르다. 따라서 소매활동 역시 초기엔 공장에서 상품을 직접 제조하여 직접 시장에서 거래를 하였으므로 상업입지론의 근간은 산업(공업)입지론에서 시작되었다고 볼 수 있겠다. 그러나 근대 상업입지론은 상품을 제조자 관점이 아닌 판매자 관점의 소매입지이론이 구체적인 효시라고 할 수 있겠다. 독일 지리학자 크리스탈러Christaller는 이런 판매자와 소비자의 최종 소매활동을 통해 재화와 서비스가 발전하면서 도시가 생기며 도시의 기능은 중심지를 중심으로 발전한다는 중심지이론을 연구하였다. 이 연구는 소매판매 활동에 관한 이론으로 상업적 입지 이론의 효시인 '소매입지이론'이라고 한다. 이후 상업입지이론은 상권 규모 측정과 상권획정측면으로 확대되어 레일리Relily, 컨버스Converse, 허프Huff 등이 상권 규모 측정을 위한 이론을 제시했고, 애플바움Applebum, 스피어스spears, 컨버스 Converse는 상권 경계 획정법을 제시했다. 특히 점포의 입지선정에 있어 넬슨Nelson, 애플바움Applebaum 등 학자에 의해 소매입지이론이 완성되었다. 이렇게 상권을 획 정(상권 경계)하고 규모를 측정(매출)하면서 최적의 소매입지를 선정하는 과정의 연구 도 그 근간은 정보였다. 즉 경험적 정보나 예상 가능한 데이터를 통해 새로운 상권 을 분석하는 것이다. 이것은 오늘날 데이터를 근거로 한 상권분석의 시초라고 할 수 있고 이를 통해 통합 상권분석론으로 발전하였다고 볼 수 있다. 이후 부동산, 도시계 획, 유통학 등 다양한 학문의 발달로 통일된 정의가 이루어지지 않은 측면이 있다. 이호병(2011)은 장소의 기본 속성 중 하나가 위치라고 언급하였다. 입지란 어떤 것이 자리 잡고 있는 위치라고 말 할 수 있으며, 입지를 위치로 해석할 때 위치란 토지가 점하는 자연 및 인문의 위치를 말하는 것이며, 인간이 토지를 여러 가지 목적에 따라 서 이용할 때 나타나는 그 장소의 의미를 내포하는 것으로 해석할 수 있다고 정의하 였다. 현재 상업입지는 산업적 측면과 상업적 측면, 부동산 측면 등에서 융합적으로 발전하여 상업적 가치를 높일 수 있는 점을 고려하여 경제적 개념으로 접근하고 있 다고 볼 수 있다.

4. 창업 입지론

상업입지론에서 소매업 입지의 중심은 매출이다. 즉 매출이 나오는 소매활동을 측정하여 최적의 입지를 선별한다. 점차 생산자와 수요자 관점에서 소비자와 판매 자 관점의 상업화 발전으로 개별 점포 수는 기하급수적으로 증가하였고 프랜차이즈 라는 소비형 산업이 급속도로 확장되었다. 이로 인해 순수 개별점포의 설자리는 좁아지고 경쟁력 있는 점포만 생존할 수밖에 없는 측면도 있다. 따라서 소매업 점포의 입지에 대해 코틀러Kotler, 1994는 소매경영의 3가지 성공요인으로 첫째도 장소, 둘째도 장소, 셋째도 장소라고 주장하였다. 그만큼 입지는 소비자가 점포를 선택하는 과정에서 중요한 선택요인이 되고 있음이 관련 연구에서 밝혀졌다. 김우영(2013)은 "입지란 점포가 위치한 곳의 위치적인 조건인 동시에 경제활동을 하기 위해 선택하는 장소"라고 했다. 이렇게 상업입지론의 연장선에서 창업적 관점의 중요성을 가미한 것이다. 즉 현재 창업 입지론이 학문적으로 정의된 것은 아니나 상업입지론에서 한층 더 나아가 상생권(相生權)을 추구한다. 좁게는 창업 점포의 고객 가치 추구를 통한 점포 생존율을 높이고, 넓게는 상권의 공생을 위한 상생적 관점의 입지론이다. 따라서 창업 입지론은 상업입지론 이후 소매업 중심의 무한 경쟁 시대 점포 입지의 궁극적 목적인 생존을 영위하기 위해 올바른 창업 방향성을 설정하고 이겨낼 수 있는 창업가 정신적 관점에서 출발한 생존적 입지라고 말할 수 있다. 그러나 생존율을 높이기 위해서는 다음과 같은 명확한 포지션이 필요하다. 첫째, 상품은 정확한 질적 수준과 가격이 합리적이어야 한다. 둘째, 어떤 소비자who가 주요 타깃인지 명확해야 상품성을 명확히 할 수 있다. 셋째, 그런 상품 가치와 타깃에 맞는 상권 가치가 적합해야 한다. 따라서 〈표 2-21〉에서 보듯이 입지가치를 부여해야 한다. 넷째, 상권 내 경쟁은 막연해서는 안 된다. 상품, 타깃, 상권이 명확하면 경쟁자도 명확해진다. 따라서 경쟁자와 위치로 승부할지, 상품력으로 승부할지 명확해 지기 때문이다. 다섯째, 협력적 상권이다. 궁극적으로 경쟁은 소비자에게 더 가치 있는 상품이나 서비스를 제공하기 위해 무분별한 경쟁이 아닌 협력적 경쟁을 통해 상권의 존속률을 높이는 것이다. 이 다섯 가지 포지션이 잘 갖춰줘야 소비자에게 만족을 줄 수 있고 상권 내 협력적 관계가 유지되어 상권도 오래 살아남을 수 있게 된다. 따라서 창업 입지론은 산업입지론측면에서 보면 행태주의적 입지론을 상당 부분 수용하여 행태주의적 관점이 성장한 이유와 마찬가지로 정보의 부족과 그런 활용 능력의 한계로 통계 데이터로 설명할 수 없는 창업자, 소비자 심리 측면을 모두 고려한다. 특히 한국은 좁은 국토 면적에 인구수 대비 개인 점포창업가의 비율은 매우 높아 더욱 그렇다. 그렇다고 산업적 측면에서 시장의 과포화로 세계화가 이루어진 것과 같이 개인 창업의 세계화로 연결 지을 수 없는 것이다. 전통 산업과 창업은 생태계가 전혀 다르기 때문이다. 입지선정을 위한 창업의 방향성 측면에서 접근한 최초의 학자는 애플바움으로 '소매입지 결정 10원리'를 주장하였다. 그의 제1원리인 목표설정은 입지선정 전 창업의 방향성을 강조한 것이다. 이것은 단순히 점포와 상권 숭심적 연구에서 벗어나 창업가의 실제 창업 중요성을 언급한 것으로 넓게는 창업 자세와 창업시장이해를 강조한 것이다. 제10원칙인 '미개척시장에 대한 조사'는 창업입지론의 배후분석에서도 경쟁입지와 유사한 측면이 있다. 어떤 상권의 특정 위치에 창업하고자 하는 경우 미래 경쟁점이 출점할 수 있는 위치에 대해 상권의 변화를 예측하여 우리 점포의 경쟁적 상황을 점검하는 것과 같다. 최근 점포 창업은 it기술의 발달로 입지의 요인과 중요성이 매우 다양화되었다. 공유 주방 플랫폼과 배달 플랫폼의 발달로 창업가는 상품과 마케팅, 서비스에 더 중점을 두게 되어 상품의 질적 수준이 더욱 높아지고 있다. 이에 따라 창업가는 배달 중심의 입지와 그렇지 않은 입지의 방향성을 명확히 정하고 창업해야 한다. 이렇게 창업 입지론에서 입지선정은 명확한 창업 상품성과 고객 가치를 통해 자기 주도적 관점에서 접근한다.

5. 창업 데이터 입지론

창업 데이터 입지론은 소비자 개인의 성향을 파악할 수 있는 빅 데이터 수집과 통합 플랫폼을 통해 소비자 개개인의 욕구를 이끌 수 있는 더 수준 높은 상품이나 서비스를 제공하는 데 있다.

창업 데이터 입지론의 필요성을 정리하면 아래와 같다.

첫째, 무한 경쟁시대이지만 개인 맞춤형 시대이다. 현재 기업이 무분별하게 수집하고 있는 일반적인 데이터뿐 아니라 마이데이터My Data[1] 시대로 변화되어 개인데이

---

1 곳곳에 흩어져 있는 자신의 정보를 본인이 능동적으로 관리, 통제, 활용하는 일련의 과정을 말한다.

터의 자기 결정권이 높아지게 된다. 정부의 신용정보법 개정으로 곧 마이데이터 사업이 활성화되면 의료, 소비사 정보 등 지금과 비교할 수 없는 정보 정확도로 상권분석, 창업 분석 등에서 데이터 활용 가치는 더욱 증가할 것이다. 개인차가 창업에 중요한 영향을 미쳐서 상품 또는 서비스의 질적 차이가 세분화되어 다양한 업종과 변형된 업종이 늘어나고 있다. 따라서 맞춤형 상품으로 불특정 고객 유치가 목적이 아닌 개별 고객을 타깃으로 상품이나 서비스를 제공하여야 하기 때문에 나만을 위한 상품을 제공받기를 원하는 개인 맞춤형 창업 데이터는 생존을 위한 가장 필수 조건이 되기 때문이다. 특히 헬스 케어 시장은 이런 개인 데이터의 취합으로 발전할 것이므로 그들을 위한 가치를 제공하는데 최적의 입지를 선택해야 한다. 둘째, 가치 소비를 원한다. 현재 창업 생태계는 생산적인 가치 창업이 아닌 무가치 창업이 만연해 있다. 따라서 파괴적 데이터에 의해 형성된 시장으로 생태계의 표준화 데이터 수립에 많은 시간이 걸릴 수 있고 지나친 정략적 데이터 의존은 고객 가치를 잊게 할 수 있다. 고객은 단순히 필요한 상품을 구매하는 것에 만족하지 않고 특별한 가치를 원하기 때문에 데이터는 진정한 가치추구에 활용되어야 한다. 셋째, IT기술의 발달이다. 얼마 전까지 중국의 오픈라인 시장은 매우 후진적이었다. 특히 소상공인 시장은 시장의 지배력이 미치기 어려운 범위에 있다. 이런 시장에서 중국의 글로벌 IT기업인 알리바바와 징둥 닷컴은 중국 내 600만 개 소매상점의 네트워크 생태계를 선점하기 위해 노력하고 있다. 2023년까지 각각 100만 개 네트워크화를 추진하여 생태계 개별 점포와 기업이 모두 윈 윈 할 수 있는 생태계를 준비하고 있다. 후진적인 오프라인 시장을 겨냥하여 전자상거래와 IT기술이 집약된 물류 시스템으로 신유통 시장을 열고 있다. 이것은 중국처럼 자체 시장이 넓고 글로벌 기업의 IT기술이 접목되어야만 가능한 환경이다. 반면 한국은 자체 시장도 좁고 기술은 있으나 이런 생태계를 이끌 기업이 없는 것이 현실이다. 이보다 더 시급한 것은 기업과 시장과 제도가 폐쇄적이고 관료적이어서 시장의 표준화 데이터 생태계가 형성되는 데는 많은 시간이 걸릴 것이다. 넷째, 오프라인 접점의 극대화이다. 온라인 상거래의 발달은 데이터 확보에 있다면 오프라인은 데이터에 의한 상품과 소비자를 만나게 하는 접점이다. 2017년 6월 아마존이 오프라인 식품업체인 '홀푸드Whole Foods' 인수로 오프라인 업체의 타격이 불가피 했다. 그러나 월마트에 이어 미국 식료품업계 2위인 크로커Kroger의 도약이 눈에 띄는데 이는 오프라인 활용한 옴니 채널로 소비자에게 최적화시키고 있기 때문이다. 오프라인 기반의 중요성을 보여주고 있으며 온라인 시장으로 생태계 접목시켜 소비자 접점을 극대화하고 있다. 다섯째, 복합 입지를 추구한다. 유인점포의 무인 점포화, 드론 등으로 배달이 가능한 시대에는 단순히 최적과 준 최적의 개념보다는 관리 편리, 배송 편리, 경험 제공, 최적의 물류 공급 장소, 최적의 고객 편리함, 최적의 상권 네트워크, 빠른 배송 등을 추구하므로 AI시스템에 의한 데이터 입지론은 다양한 요인이 복합적으로 어우러진 입지가 선택될 것이다. 특히 로봇 물류 시스템의 발전은 복합 입지의 개념을 더욱 앞당기고 있다. 이를 더욱 소비자와 창업가인 인간이 중심이므로 모든 것이 데이터에 근거할 수 없다. 데이터 입지는 데이터 그 자체가 중요한 것이 아니라 데이터 활용 목적이 중요하기 때문이다. 여섯째, 창업 플랫폼 사회로의 시작이다. 구체적인 기준과 기간 정하기는 어렵지만 자율주행, 드론 경제, AI 및 머신러닝, IOT 등 기술의 발전으로 미래의 사회, 공유경제, 생활, 여가 등 우리 일상의 모든 정보가 수집되고 통합되는 각각의 플랫폼이 결합된 스마트 시티 플랫폼으로 도시는 완성될 것이다. 즉, 플랫폼에 참여할 수 없다면 플랫폼 비즈니스 경제하에서 수익을 거두기 어려워지고 공동체의 일원으로서 적극적인 활동을 하기 어려워진다. 따라서 개별 창업가는 플랫폼 비즈니스에 적극적으로 수용하고 맞춤형 개인 정보를 수집하여 가치를 높일 수 있는 방안도 함께 고려해야 한다.

이상으로 보면 데이터는 그 자체가 중요한 것이 아니라 어떻게 활용하느냐가 중요하다고 할 수 있다. 따라서 창업 입지론은 창업 지역의 소비자의 행태적 특성에 맞게 창업가의 정신적 관점에 상품이나 서비스의 입지적 특성을 극대화시켜서 생존과 상생을 극대화시키는 데 있다. 미래의 점포창업가는 창업 입지론을 기반으로 창업의 본연적인 목적을 가지고 융합적 사고로 창업 데이터 입지론을 접근할 필요가 있다.

Section 상권(商圈)의
기원과 발전 2

1. 상권의 기원

상권은 한자어 표기의 상권(商圈)으로 말할 수 있지만, 다른 의미로 상행위가 이루어지는 지역인 상권(商權)으로도 설명할 수 있다. 그러나 상권의 개념이 복합적이고 포괄적인 이유는 서구권에서 학분석 관점에서 기원적으로 다양하게 변천하는 과정에서 현재 명확한 구분 없이 혼용되고 있기 때문이다. 기원적으로는 농경시대, 산업 시대, 상업 및 소비 시대적 관점에 따라 각각 조금씩 다르게 발전하였다고 볼 수 있으며 학문적으로 살펴보면 크게 시장market, 시장 위치market location, 시장 범위market area, 거래 범위trade area의 개념으로 나눌 수 있다.

농업적 측면의 초기 상권은 물물 교환의 장소로서 시장의 기능 자체를 말하는 market이다. 이후 상권은 튀넨Thunen, 1783의 농업입지이론에서 개인은 거래가 활성화될 수 있는 중심도시나 중심 시장을 중심으로 토지를 계약하고 농업을 영위하였으므로 중심시장은 발전된 market으로 볼 수 있다.

산업측면의 상권은 비용적 측면과 수요적 측면에서 발전하였는데 비용적 측면은 베버의 입지삼각형 이론에서 볼 수 있다. 원료산지와 시장이 주어진다면 공장입지는 어디가 가장 좋은지에 대해 최소비용이 되는 지점이 최적의 공장의 입지가 된다는 것이다. 따라서 베버의 입지삼각형에서는 최적의 공장입지를 찾기 위해 시장의 위치는 market location의 개념으로 볼 수 있다. 이후 최적의 공장입지를 구하는 과정에서 경쟁 공장이 생기며 상권 경계의 개념으로 발전하게 되는데 팔랜더Palander

<표 3-8> 기원적 상권 발전 과정

구분	농경적 측면		산업적 측면				
상권	market		market location	trade area	market area		
근원	최초 농경 시대	튀넨 농업 입지론	베버 최소비용이론, 입지 삼각형	베버의 집적경제	팔랜더	호텔링 입지상호 의존이론	로쉬의 육각형 상권 모형
내용	물물 교환 장소	중심 도시 시장	최적의 공장 입지를 선정하기 위한 시장 지점 또는 지역	집적 이익이 발생하는 공장의 지점	경쟁적 관점의 공장의 공간적 경계, 상권범위	수요의 공간적 차이와 기업의 입지의존에 의한 공간 상권범위	생산적 수요에 의한 경쟁적 상권 모형
주체	개인	개별 생산자	생산자	생산자, 수요자	생산자	생산자	생산자, 수요자
관점	장소	중심지로 생산물 이동과 공간 구조	비용이 최적인 독립적 공장입지 선택	비용이 최적인 공장입지 선택	가격과 입지에 의한 경쟁적 상권 변화 확인	수요의 공간적 차이 확인, 상호 의존적 입지에 의한 과점적 상권 변화 확인	수요가 최대인 산업 입지 선택

구분	상업적 측면			
상권	market area	market	trade area	market area
근원	크리스탈러의 최소요구범위	크리스탈러의 중심지	크리스탈러의 중심지와 배후지	애플바움 고객위치 구현법 (cst기법)
내용	최소 요구 수요범위 threshold range	중심지 central place	배후지complementary areas	매출 규모에 따른 상권 경계
주체	판매자, 소비자	판매자	판매자,소비자	소비자
관점	판매자가 정상이윤을 얻을 만큼 충분히 소비자를 포함하는 경계	재화 서비스 공급하는 중심지 기능	중심지에 의해 공급받는 주변 지역	소비자 규모에 따른 상권 획정

의 상권은 베버의 비용적 관점을 수용하지만 경쟁점 진입에 따른 상품 가격의 변화로 공급자의 판매 범위가 변하므로 상권은 공간상 한 지점이 아니라 시장의 범위가 축소되기도 하고 확대되기도 하는 market area로서의 상권으로 발전하였다고 볼 수 있다. 호텔링의 상권은 기업의 입지경쟁으로 수요의 공간적 범위가 생기는 상권으로 market area라고 할 수 있다. 입지경쟁을 하는 기업은 상권 확보를 위해 서로 접근하며 모이게 됨으로서 집적경제 효과가 발생하는 trade area라고 할 수 있다.

수요적 측면에서 로쉬Rosch는 장소에 따라 수요가 다르다는 전제하에 수요가 최대인 지점에 공장입지가 되며 공장의 성품이 도달할 시장까지의 범위는 경쟁점 진입으로 상권 경계가 생기므로 생산자의 market area의 개념으로 발전하였다.

상업적 측면의 상권은 경제적 측면에서 다양한 상품이 판매되는 시장 경쟁 개념이다. 크리스탈러Christaller의 상권은 다양한 관점에서 볼 수 있다. 중심지에서 재화와 서비스를 제공하는 기업의 정상적인 이윤을 얻을 수 있는 충분한 범위 Threshold range로서 상권은 market area, 재화를 공급하는 중심지central place로서 상권은 market, 계층에 따른 중심지central place와 서비스를 제공받는 배후지rear complementary로서 상권은 trade area라고 할 수 있다.

애플바움은 구체적으로 매장의 매출이 생성되는 범위에 따라 1차 상권, 2차 상권, 3차 상권으로 구분하였기 때문에 소비자 중심적인 market area의 개념으로 볼 수 있다. 이렇게 상권의 형성 과정을 참고하여 현장에서 혼용되는 상권의 접근법은 창업 목적에 따른 상권으로 상권에 신입하는 방향성에 따라 위의 market area, trade area에 local market area, market power area, business market area, market value를 추가하여 현장에서 적용할 수 있다. 자세한 것은 4강 상권 방향성을 참고하기 바란다.

2. 상업적 상권 발전

2.1. 크리스탈러christaller, 1933 중심지이론

본격적으로 상업적 관점에서 상권의 필요성을 제시한 것은 상업입지론의 효시라고 볼 수 있는 크리스탈러의 중심지이론에서 시작되었다고 볼 수 있다. 중심지이론은 기업이 재화와 서비스의 판매활동에 필요한 최소한의 한계점을 정의하여 상권의 개념이 도입되었다. 특히 기업이 초과이윤이 발생하면 다른 중심지나 배후지에 경쟁기업이 생김으로서 자연스럽게 합리적인 상권 경계가 생긴다는 이론으로 발전하여 도시의 기능(중심기능과 배후 기능)은 물론이고 판매자와 소비자 측면의 개별 점포의 상권 측정에까지 영향을 주는 매우 의미 있는 이론이다.

<표 3-9> 크리스탈러(christaller, 1933)의 중심지이론(도시체계 central place theory; CPT)

이론	크리스탈러의 중심지이론은 1950년 공간 구조론의 기초가 된 이론임
조건	자연조건/ 교통수단/ 접근성 동일, 운송비는 거리에 비례, 소비자는 경제인
대상	도시 중심지, 재화와 서비스
개념	중심도시를 중심으로 도시 공간조직의 계층화와 상권 형성 과정에 대한 이론
이론	- 도시는 여러 계층으로 구성되어 있음 - 저위계층에서 고위계층으로 가면 중심지 수는 줄어듦 - 고위 중심지 기능은 저위중심 기능을 포함 - 교통이 발달하면 고위중심지는 발달하고 저위 중심지는 쇠퇴함 - 인구증가와 경제가 활성화되면 중심지 수는 증가하고 간격은 좁아짐
중심지 접근도	- 고위 중심지일수록 접근도 큼 - 고위 중심지: 고급상가, 전문상가, 병원 - 저위 중심지: 생활 용품, 소매상
결론	기업이 유지되기 위해서 최소 요구 수요범위(Threshold range)가 재화 도달범위(Range)내에 있어야 함

가. 이론의 전제 조건

크리스탈러는 중심지이론을 전개시키기 위하여 어느 한 도시를 선정하여 다음과 같은 전제 조건하에서 중심지가 형성되어 가는 과정을 설명하였다. 전제 조건으로는 "모든 자연 조건은 등질적인 평면으로 이루어져 동일, 교통 수단과 접근성이 동일, 운송비는 거리에 비례, 소비 인구는 균등하게 분포, 소비 성향과 구매력은 모두 동일, 생산자와 소비자는 완전한 경제인으로 행동 한다."라는 조건을 제시하였다.

나. 개념적 정의

중심지central place는 재화와 서비스가 모이는 곳이고 그곳에서 주변지역(배후지)으로 재화와 서비스를 제공해주는 지역으로 정의하고 중심지의 기능과 규모에 따라 중심지 계층화hierarchy가 나타난다고 하였다.

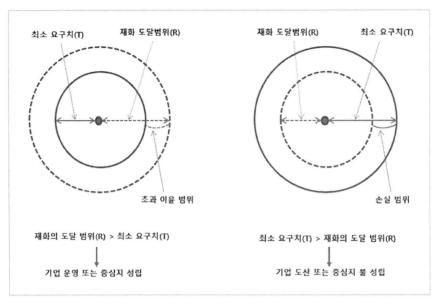

<그림 3-9> 재화의 도달 범위와 최소요구치

자료: 박원석,『부동산입지론』, 2014, 양현사를 참고하여 재정리.

배후지complementary areas는 중심지에서 재화와 서비스가 제공되는 주변의 작은 도시를 말한다. 중심지 활동central activity은 중심지에서 제공하는 재화나 서비스에 대한 판매활동을 말한다. 도달범위range는 중심지에서 배후지로 제공되는 재화나 서비스가 도달하는 한계점으로 수요가 0이 되는 곳까지의 거리를 말한다. 최소요구치threshold는 판매자가 중심지에서 정상적인 활동(이윤이 발생)을 하는데 필요한 최소한의 요구 수요 한계점을 말한다. 최소요구범위threshold range는 판매자가 중심지에서 정상적인 활동을 하는 데 필요한 최소한의 요구 수요까지의 공간적 거리를 말한다. 즉 상권을 말한다.

다. 중심지 발달

크리스탈러의 중심지의 발달원리는 중심지를 중심으로 정상적인 이윤이 발생하는 최소요구치threshold보다 상품이나 서비스가 도달하는 한계점이 멀수록 기업이나 판매자의 이윤은 증가하여 발달한다. 크리스탈러의 중심지이론의 전제조건을 전제로 중심지가 형성되는 과정을 보면 최초 하나의 중심지가 형성이 되고 정상이윤 이

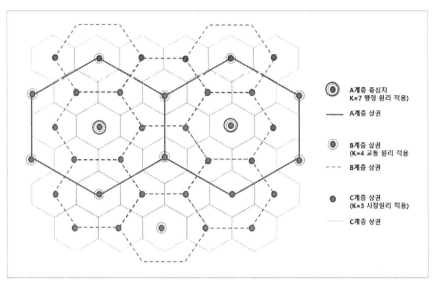

<그림 3-10> 크리스탈러의 단일 재화의 중심지 체계

A계층 중심지
K=7 행정 원리 적용)

A계층 상권

B계층 상권
(K=4 교통 원리 적용

B계층 상권

C계층 상권
(K=3 시장원리 적용)

C계층 상권

자료: 박원석, 『부동산입지론』, 2014, 양현사를 참고하여 재정리.

상이 발생하면 주변의 경쟁이 심하지 않은 적절한 지점에 또 다른 중심지가 형성이 된다. 이윤이 발생하는 지역을 중심으로 새롭게 중심 상권이 형성이 되면서 처음의 중심지 주변으로 6개의 똑같은 형태의 중심지로 둘러싸이게 된다. 각 중심지는 소비자가 존재하는 지역으로 상권이 확장되면서 7개의 중심지는 겹치는 지점이 생기게 되며 겹치는 중심지 양쪽 옆을 연결한 선이 상권 경계가 되면서 전체적으로 6각형의 상권 체계가 형성이 된다. 이렇게 육각형 중심지 발달 모형은 경험적 상권이기보다 이론적 상권인 이유는 모든 중심지의 상품이 동일하고 모든 조건이 동일한 중심지에서 출발하기 때문이다. 현실적으로 다양한 종류의 재화가 존재하고 도로와 관계된 지형적 특성, 소비자 특성을 반영한다면 상권 경계는 매우 부정확한 형태를 띠게 될 것이며 시대성과 창업가 개별성까지 반영한다면 늘 상권 경계도 바뀔 수도 있다.

라. 중심지 계층

위 중심지의 육각형 상권 발전 논리는 동일 재화로 전제로 하였으나 인구가 늘어나고 도시가 커지면서 각기 다른 재화가 생겨나게 되므로 상품의 성격에 따라 최소

요구치와 재화도달범위가 다르게 나타나게 된다. 그에 따라 각기 다른 모양의 중심지 규모가 형성이 되어 중심지의 크기에 따라 중심지 계층화가 이루어진다고 하였다. 가령 생활필수품의 경우는 상품의 동질성이 높고 소비 간격이 짧기 때문에 최소요구치가 작아서 저차중심지라고 하고 한정된 지역민을 상대하므로 가까운 곳에서 찾아오므로 중심지간 저차중심지는 곳곳에 형성이 될 수 있어 중심지간 거리가 가깝다. 반면 선매품이나 전문품의 경우 질 좋은 상품을 저렴하게 구매하고자 멀더라도 기꺼이 비용을 지불하고 찾아오므로 최소요구치가 넓게 나타나서 고차 중심지라고 하였다. 이런 고차 중심지는 상권이 넓기 때문에 많이 형성되지 못하고 중심지간 거리도 멀게 된다. 따라서 고차 중심지가 있는 상권의 한 부분에는 저차중심지 기능을 포함한 다양한 상권이 형성된다. 즉 선매품이 몰려있는 중심지를 중심으로 상권이 넓게 형성되어 있고 그 안에 편의품을 판매하는 작은 중심지를 중심으로 소형 상권이 종속되게 되는 것이다. 대도시 중심으로 주변의 중소 도시가 형성되는 과정에

<그림 3-11> 중심지 계층 발전 과정

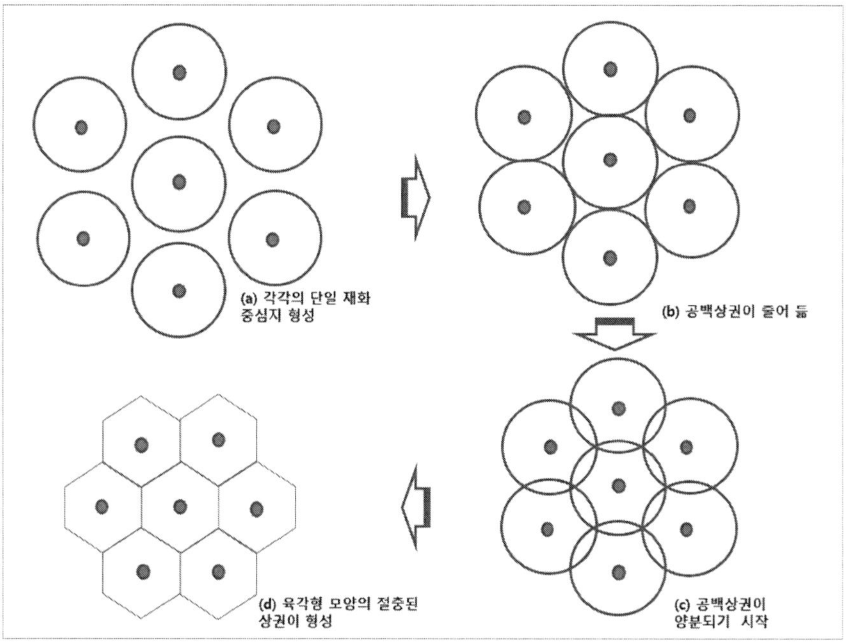

(a) 각각의 단일 재화 중심지 형성
(b) 공백상권이 줄어 듦
(c) 공백상권이 양분되기 시작
(d) 육각형 모양의 절충된 상권이 형성

자료: 박원석, 『부동산입지론』, 2014, 양현사를 참고하여 재정리.

서 크리스탈러의 중심지의 기능은 저차중심지의 기능을 포함하였다고 보는 이론이
지만 현재의 도시 측면에서 보면 로쉬의 중심지 기능은 저차중심지의 기능이 반드
시 포함되었다고 보지 않기 때문에 더욱 적합한 이론이라고 할 수 있어 구매 활동 측
면에서는 중심지별로 개별적인 기능을 가지고 있나고 할 수 있겠다. 현재 상권 발달
측면에서 보면 선매품이나 전문품은 소비자의 소득 향상, 쇼핑 취향, 쇼핑 패턴(온라
인 구매) 등으로 인해 복합 쇼핑을 선호하는 소비자층과 근접 쇼핑을 선호하는 소비
자층이 상황에 따라 바뀌므로 상품에 따른 고차 중심지와 저차중심지를 구분하는
것은 큰 의미가 없어 졌다. 또한 중심지 계층 원리는 중심지의 토지 상승(임대료)과 계
획신도시 개발로 대형 쇼핑몰은 도시 외곽에서 개발되어 오히려 중심지의 수요자를
끌어들이므로 중심지 계층의 이론을 완벽하게 수용하기는 어렵게 되었다.

마. 중심지 포섭원리

중심지는 다양한 상품을 판매 하지만 상품의 성격에 따라 상권 도달 거리가 다르
다. 가령 값비싼 전자 제품은 소비 기간이 길기 때문에 상권 범위가 넓게 형성이 된
다. 그러나 생활 필수품과 같은 편의품은 가까운 곳에서도 소비를 하므로 상권 범위
가 좁게 된다. 따라서 값비싼 상품을 판매하는 중심지의 넓은 상권 내에는 편의품을
판매하는 작은 상권들이 존재하게 된다. 앞서 설명한 중심지는 상품의 성격에 따라
상권이 넓은 계층과 좁은 계층의 중심지로 구분하게 된다. 이렇게 형성된 상권은 고
차 중심지를 중심으로 어떻게 도시체계가 형성되고 상권을 연결되고 포섭하는지에
대한 원리의

규칙성을 측정하기 위해 고차중심지를 형성하는 저차중심지(상권)의 수K값에 따라
시장원리K=3, 교통원리K=4, 행정원리K=7로서 설명하였다.

a) 시장원리marketing principle는 소비자는 가까운 거리의 중심지에서 소비를 하고
자 하므로 고차중심지에 인접한 저차중심지소비자가 가장 가까운 거리에 있는 중심
지에서 재화를 공급받을 수 있기 위해서는 인접한 면의 저차중심지 양쪽 중간 지점
을 연결하여 표시를 하면 6개의 저차중심지에 둘러싸이게 된다. 둘러싼 각각 저차

중심지의 면적은 둘러싼 저차중심지 1/3의 크기가 되므로 가장 가까운 저차중심지에서도 가장 가까운 지역의 소비사를 포섭할 수 있다는 논리이며 가운데 저차중심지를 포함하여 둘러싼 면적을 합하면 3개의 저차중심지를 포섭하게 되므로 이것은 K=3원리라고 부른다.

b) 교통원리traffic principle는 중심지를 기준으로 둘러싼 저차중심지의 소비자를 가능한 많이 확보하기 위해 포섭한 원리이다. 가운데 중심지를 둘러싼 차하위 중심지의 끝에서 끝을 통과해야 최대한 넓은 교통망을 확보하여 최대한 많은 소비자가 쉽게 중심지로 이동할 수 있게 된다. 이렇게 규칙적으로 만들어진 영역은 둘러싼 저차중심지 1/2 영역을 합하면 전체적으로 4개의 저차중심지를 포섭하게 되므로 이것은 K=4원리라고 부른다. 이 과정으로 중심지가 연결되어 포섭되면 가장 효율적인 교통망이 만들어 질 수 있다. 그러나 교통이 발달하면 재화의 도달 범위가 공간적으로 확대되고 접근성이 향상되어 고위 중심지에 대한 구매 빈도가 증가하게 된다. 따라서 고위 중심지는 더욱 발달하고 저위 중심지는 쇠퇴하게 될 수도 있다.

c) 행정원리administrative principle는 행정적으로 중심지를 둘러싼 저차중심지의 모든 사람은 동일한 혜택을 받기 때문에 가운데 중심지를 둘러싼 6개의 영역을 모두 포함하므로 7개의 저차중심지를 포섭하게 되므로 이것은 K=7원리라고 부른다. 행정원리이므로 중심지를 둘러싼 6개의 저차중심지는 시장원리가 최대한 배제되었기 때문에 K=7원리는 도시 계회적 측면에서 의미가 있다. 이상으로 이론의 전제 조건이 균등하고 단순하여 실제 소비자의 행동패턴, 지역 문화차 등이 반영되지 않은 현실적인 한계가 있다. 학문적으로는 수요공급 관점의 상권 형성 측면과 도시 기능적 측면에서 도시 형성 체계에 대한 이해와 상권 측정에 대한 기본적인 방향을 제시하였고 현실적으로 도시 구조적으로 어떻게 접근해야 하는지 작게는 창업가의 경쟁점에 대한 입지적 대비를 어떻게 해야 하는지 고민거리를 던져주는 이론으로 큰 의미가 있다. 그러나 앞서 보듯이 이론의 전제 조건이 균등하고 단순하여 실제 소비자의 행동패턴, 지역 문화차 등이 반영되지 않은 현실적인 한계가 있다.

2.2. 소매입지선정이론

소매란 판매자가 최종 소비자와의 판매활동을 말한다. 소매 판매활동과 입지에 대한 연구 효시는 크리스탈러의 중심지이론에서 찾을 수 있다. 즉 공장에서 만들어진 상품이 소비자에게 전달되는 과정에서 출발한 이론이기 때문이다. 그러나 이 이론은 도시 기능을 중심으로 설명한 이론이므로 구체적인 점포의 입지에 대한 기준을 제시하는 데는 한계가 있다. 이후 넬슨nelson과 애플바움applebaum은 소매입지에 대한 이론을 전개한 대표적인 학자이다.

2.2.1. 넬슨nelson, 1963의 소매입지선정원리

넬슨nelson은 점포의 입지선정을 위한 8가지 원칙을 제시하였다. 즉 단순히 매출이 높은 위치가 아니라 '매출은 이득이 최대가 나는 매출'임을 강조하여 경제성을 중요시한 이론으로 절대적 위치가 아니라 상대적 위치를 강조하여 창업적 측면에서도 매우 현실적인 관점에서 제안한 이론으로 평가할 만하다. 단순히 좋은 위치의 개념이 아니라 명확한 원칙에 의한 것으로 10강 배후분석의 효시로 볼 수 있겠다.

(1) 상권적합성(현재)

출점하려고 하는 현재 기준으로 수익성에 대한 점검을 해야 한다는 원칙이다. 이것은 현재 상권분석의 가장 기본 원칙인 특정 지역에서 특정 업종 더 나아가 특정 브랜드나 창업 콘텐츠가 적합한지 적합성을 판단해야 한다는 것을 말한다. 즉 인구분석적 통계인 인구 구성비, 소득수준, 소비지출 내역, 지역민 성향 등을 도대로 판매 상품이나 서비스의 시장성을 파악하는 것이다.

(2) 상권 내 고객 접근성

현재 특정 지역에서 상권 내 잠재력을 파악하였다면 이제 구체적인 고객층을 파악하여 어느 정도 확보할 수 있는지 파악하는 것이다. 이때 매출을 일으키는 고객은 독자고객 창출형, 인근점포 고객 의존형, 통행량 의존형으로 구분하고 있다. 독자고객 창출형은 점포 자체의 힘에 의해 매출이 발생하는 형태를 말한다. 인근점포 고객 의존형은 인근 점포의 고객 흡인으로 넉을 보는 형태를 말한다. 현실적으로 인근점 포들에 의해 매출이 발생하는 형태는 세 가지 측면에서 볼 수 있다. 첫 번째는 상권 (배후) 성격 측면에서 소비형 상권인 경우이고 두 번째는 동일 유사 업종이 모여 있는 집재성 형태의 상권인 경우이고 세 번째는 초고객 흡인시설(집객유도시설)에 의해 주 요 매출이 발생하는 형태를 말한다. 따라서 인근점포 고객 의존형은 상권 성격과 업 종 특성 등에 따라 다양한 방식으로 접근할 필요가 있겠다.

(3) 상권 성장성(미래)

상권의 기본적은 특성은 변한다는 것이다. 시대가 지나면서 경제가 성장하고 트 렌드가 바뀌고 그에 따른 고객이 바뀌기 때문이다. 그러나 그 변화가 발전적 변화일 지 쇠퇴적 변화일지를 판단하여 특정 점포의 성장성을 파악해야 하거나 불확실성에 대비할 수 있다는 것이다.

(4) 고객 중간 저지성(경쟁입지 접근성)

중간 저지성은 고객이 소비를 위해 특정 상업지에 방문할 경우 위치에 입지해야 상업지 이용 고객을 중간에서 유인할 수 있느냐이다. 이 이론은 중심상업지가 발달 하면서 중심상업지 주변에 진입할 경우 효율적인 출점에 대한 고민에서 시작된 것 이다. 따라서 차단할 수 있는 곳에 위치하더라도 충분할 매출을 획득할 수 있었지만 현재는 중간 저지자체는 주요한 매출을 일으키기 힘든 상황이다. 오히려 따라 중간 저지 형태보다는 현재는 상권 제압력, 경쟁입지 접근성, 경쟁입지 등 좀 더 다각적인 측면에서 고려해야 경쟁할 수 있다.

(5) 소매누적 인력 흡인력

동일 또는 유사 업종이 집중적으로 몰려 고객의 수요를 흡인할 수 있느냐이다. 즉 몇몇 개별 점포의 존재로 설명할 수 없고 상권 형성 측면에서 바라봐야 한다. 가령 집재성으로 몰려 있게 된 것은 소비 간격이 긴 업종이 임차료가 비싼 도시에서는 영업을 하기 어려우므로 좀 더 저렴하고 접근성이 좋은 위치로 하나 둘씩 이동하면서 형성된 것이다. 따라서 공구, 자재, 가구, 의류점 같은 업종이 국부적으로 모인 경우에서 시작되었다고 할 수 있다. 단지 현재 동대문 의류 상권처럼 초기엔 저렴한 상가 시설에 도매싱을 상대하는 야간 시상이 발달하면서 다양한 쇼핑을 선호하는 고객의 욕구와 지자체, 상인회의 노력으로 형성되었으므로 단순히 소매누적 흡인력을 논하기에는 무리가 있다.

(6) 점포 양립성

서로 업종이 다른 점포가 특정 지역에서 양립하여 있을 경우 서로에게 시너지를 일으켜 매출이 일어나느냐이다. 시너지를 일으키기 위해서는 두 점포 간 상품의 보와 관계가 형성되어 한다. 즉 두 점포의 상품을 소비자는 목적을 가지고 교차로 소비하여야 한다.

(7) 경합의 최소성

소매누적 인력 흡인력과 반대의 개념으로 특정 지역에서 특정 점포의 매출과 얼마나 겹치지 않느냐이다. 즉 경쟁관계에 있는 점포와 매출이 겹치지 않아야 한다는 것이다. 따라서 경쟁점의 수가 적은 지역이 유리하다는 것을 원칙으로 하지만 현재 점포의 경쟁우위와 신규로 진입하는 경쟁점의 경쟁력 함께 고려해야 한다. 따라서 동시에 신규 진입점포가 경쟁우위에 있을 수 있는 입지, 매장여건, 지역 등을 고려해야 미래 경쟁점 진입에서 우위에 있을 수도 있고 경쟁점 진입의지를 낮출 수도 있다. 특히 지역에 따른 차이는 이임동(2019) 연구에서 편의점은 공간적 차이에 따라 경쟁요인이 성과 미치는 영향이 다르다는 것을 입증한 연구를 참고해 볼 수 있겠다. 또한 이임동(2010), 황규성(2014) 등 여러 연구에서는 경쟁점수가 편의점 성과에 가장 큰 영향을 미친다고 하였고, 권용석(2018)은 성과적 관점보다 생존적 관점에서 접근하여 편의점 생존에 가장 큰 영향을 미치는 것은 경쟁점의 점포 수가 아니라 현재 점포의 경쟁우위 요인과 신규 진입 경쟁점의 경쟁입지에 따라 생존율이 다르다고 입증하였다. 이렇듯 경합의 최소성은 경쟁점수, 현재 점포의 경쟁우위 요인이 모두 중요하게 고려해야 한다.

그러나 경합의 최소성은 상품과 업종의 성격에 따라 탄력적으로 적용해야 한다. 집적 흡인력이 높은 업종은 서로 모여 있는 것이 유리하지만, 편의점과 같이 상품의 동질성이 높은 업종은 매출 중복률이 높게 나타나기 때문에 입지적으로 불리한 점포는 훨 씬 큰 타격을 보게 된다. 따라서 업종의 동질성이 높은 경우 경합의 최소성에 특별히 신경을 써서 점검해야 한다.

(8) 경제성

투자한 비용만큼 수익이 나고 투자한 가치가 있어야 하느냐이다. 즉 창업 측면뿐 아니라 부동산 측면에서도 충분한 가치가 있어야 한다는 것을 말한다.

〈표 3-10〉 넬슨(Nelson)의 소매입지 선정 8원칙

구분	내용
제1원칙(상권 적합성)	현재 상권 내 점포 수익적 경쟁력 파악
제2원칙(상권 내 고객 접근성)	독자고객 창출형, 인근점포 고객 의존형, 통행량 의존형
제3원칙(상권 성장성)	미래 상권 성장 가능성 파악
제4원칙(고객 중간 저지성)	배후와 점포 밀집지역 사이 경쟁 유인성 파악
제5원칙(소매 누적인력 흡인력)	집적 경제 영향력 파악
제6원칙(점포 양립성)	점포 끼리 보완 관계 파악
제7원칙(경합 최소성)	점포 경쟁 정도 파악
제8원칙(경제성)	수익성 파악

2.2.2. 애플바움applebaum, 1961의 소매입지 결정원리

애플바움applebaum은 상점입지 결정을 위한 10가지 원리를 제안하였다.

(1) 목표결정(창업)

점포의 위치를 결정하기에 앞서 점포와 관련된 지역과 상품 영업 전략 등 전반적

인 사항에 대한 정확한 목표를 정해야 한다는 것이다. 이것은 현재 창업의 방향성을 제시하는 것으로 넬슨보다 창업에 대한 구체적인 이해가 높고 창업을 통한 상권에 접근했으므로 창업 상권의 효시라고 할 수 있겠다.

(2) 경제기반 분석

지역 성장가능성에 대한 분석이다. 넬슨의 용지의 경제성이 수익과 가치에 치중한 경제성 분석이라면 애플은 철저히 경제지표에 의한 성장 가능성을 토대로 한 분석으로 경영학자로서 더욱 경제학적 관점에서 다루었다고 볼 수 있겠다.

(3) 인구 특성

인구통계학적 분석을 말한다. 지역내 인구구성비, 구매패턴, 소득수준 등 매우 구체적인 인구 특성을 말한다.

(4) 환경 조건

주로 도로 등 지형과 환경에 관한 특성을 말한다.

(5) 경쟁업체 파악 및 평가

현재 우리 점포와 경쟁이 예상되는 점포나 업체의 입지적 특성, 영업적 특성 등 파악하는 것이다. 우리 점포가 출점할 경우 경쟁점과의 우열은 물론 경쟁점의 상품과 매출 등 정략적 분석이 가능한 영역과 현재 경영 상태와 경영 능력을 비교 분석한다.

(6) 고객의 행태

인구특성, 환경특성, 경쟁업체 분석을 통해 구체적인 타깃 고객을 위한 마케팅적 접근을 말한다.

(7) 점포의 상권 범위 및 전망

타깃 고객의 구체적 상권을 측정하여 상권을 전망한다. 애플바움은 CSTCustomer

Spotting Technique 기법을 통해 구체적인 상권획정과 고객의 구매 데이터를 측정하여 상권을 전망하였다.

(8) 점포 흡인력

점포의 예상 상권 규모와 구매력을 통해 예상 매출을 측정한다.

(9) 점포 시설 및 입지 경쟁력

점포의 시설과 입지를 경쟁점과 비교하여 우위를 점검한다. 이는 상권에서 우위를 점하기 위한 상권 전략측면(8강 기타 상권전략 참조)에서 접근한 것으로 단순히 입지 기준이 아니라 경쟁점의 모든 사항을 고려하여 최적의 점포 시설을 갖춰야 한다는 것을 강조한 것이다.

(10) 미개척시장에 대한 조사

경쟁점이 있는 지역에 출점한 이후에도 미래에 추가로 경쟁점이 진입할 수 있는지에 대한 경쟁입지 측면의 조사로 현실에서 가장 중요한 측면으로 매우 진일보한 제안이다.

〈표 3-11〉 애플바움(Appleaum)의 소매입지 결정원리 10원칙

구분	내용
제1원칙(목표결정)	입지 결정 전 점포의 전략과 목표를 결정
제2원칙(경제기반분석)	경제적 기반의 잠재적 성장 가능성 파악
제3원칙(인구특성)	구체적 인구 특성 파악
제4원칙(환경조건)	지형, 도로 등 환경 특성 파악
제5원칙(경쟁업체 파악 및 평가)	잠재적 경쟁상대 경쟁력 분석
제6원칙(고객의 행태)	고객 선호도 통한 마케팅 전략
제7원칙(접포의 상권 범위 및 전망)	기존 상권 파악
제8원칙(점포의 흡인력)	우리 점포의 잠재적 매출과 수익성 파악
제9원칙(점포의 시설 및 입지 경쟁력)	시설과 미래 환경 예측
제10원칙(미개척 시장에 대한 조사)	미래 경쟁점에 대한 대응 전략

이상에서 보듯이 넬슨 입지선정 법칙은 점포의 입지 자체에 대한 원칙이지만 애플바움의 소매입지 결정원리는 경영학자로서 점포 개점에 대한 원리이므로 넬슨보다 더욱 창업적 관점에서 접근한 이론이라 하겠다.

2.3. 상권의 공간 경쟁적 관점

2.3.1. 호텔링Hotelling, H, 1929의
입지상호의존이론Locational Interdependence

호텔링Hotelling, H은 1929년 그의 연구논문에서 공장입지가 정해진 상태에서 경쟁공장이 생기는 것을 가정하였고 그림에서 보듯이 기존 상권은 두 공장의 가격 곡선이 만나는 지점이 각각 공장의 상권이 된다. 호텔링의 입지상호의존이론은 유사한 제품을 생산하고 가격경쟁을 하지 않는 경우 상권을 확장시키기 위해 A와 B 공장은 X지점으로 모이면서 경쟁을 하게 되며 자연히 상권 그래프는 좌우 상향으로 확장되므로 상권은 더욱 넓어지지만 소비자 가격이 높아지는 현상이 발생하므로 소비자 측면에서 불합리한 측면이 강하다. 따라서 A'와 B'로 이동한 공장(집재성 점포)은 규모를 유지하기 위해 멀리 있는 소비자를 유치해야 하므로 감소한 상권보다 증가한 상권이 넓은 것을 보여주고 있다. 예를 들면 포천의 이동갈비 타운이 형성되면서 점포의 규모와 상권의 규모를 유지하기 위해서는 멀리 있는 소비자를 유치할 수 있어야 하는 것과 같다고 할 수 있다. 이렇게 호텔링의 입지상호의존이론은 산업측면에서 비용적 관점에 치중하여 집적이익을 기대하고 있고 소매상권이론측면에서 집재성 점포가 모여 집재성 상권이 형성 된 확장 이론이라 할 수 있다.

2.3.2. 팔랜더Palander, T, 1935의 공간경쟁이론

스웨덴 경제학자 팔랜더Palander, T, 1935는 1935년 베버의 최소비용이론을 근간으로 경쟁 공장의 진입에 따른 상권의 변화를 연구하였다. 즉 우선 공장입지A가 정해진 상태에서 경쟁 공장B이 생기는 것을 가정하였고 그림에서 보듯이 두 공장의 가격 곡선이 만나는 지점이 각각 공장의 상권이 된다. 그러나 각각 공장의 생산비나 운

<그림 3-12> 호텔링 입지상호의존이론에 의한 상권 확장 그래프

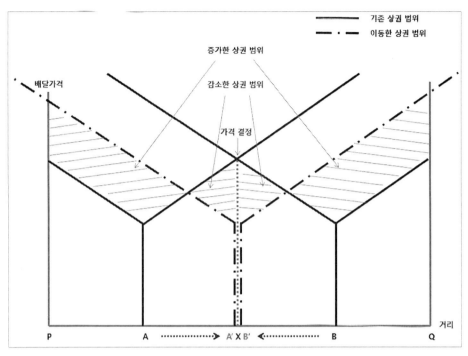

자료: Hotelling, H.(1929), "Stability in Competition", Econmic Journal, 39. 박원석, 『부동산입지론』, 2014, 양현사를 참고하여 재정리.

송비가 바뀔 경우 가격 곡선의 변화로 상권은 축소되거나 넓혀지게 된다. 예를 들어 B공장의 운송비가 줄어들면 운송비(기울기)를 나타내는 B'와 B"의 기울기가 완만해져서 B공장의 상권은 A공장의 상권을 침범하여 더 넓어지게 된다. 마찬가지로 A공장의 생산비가 낮아지면 생산비(수직선)를 나타내는 A와 A'이 줄어들게 되어 상권 경계선이 아래로 이동을 하면서 B 경쟁 상권을 침범하면서 상권이 더 넓어지게 된다. 이렇게 팔랜더 이론은 지나치게 비용적 관점에서 공간경쟁의 이론을 전개하였다고 할 수 있다. 이렇게 팔랜더의 상권은 베버의 비용적 관점 이론에 경쟁이 추가된 market area로 발전하였다고 볼 수 있다.

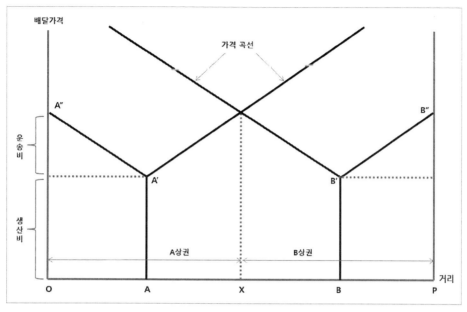

자료: Simith, D. M.(1981), Industrial Location, John Wiley & Sons. 박원석, 『부동산입지론』, 2014, 양현사를 참고하여 재정리.

2.3.3. 후버Hoover, E, M. 1937의 입지이론

후버(Hoover, E. M, 1937)는 그의 저서 *Location Theory and Shoe and Leather Industries*에서 베버와 팔랜더의 운송비와 생산비용에 따른 입지이론을 수용하면서 제품 생산규모에 따른 수확체감 및 수확체증 영향을 고려하여 연구하였다. 따라서 팔랜더의 상권의 개념인 선형시장을 상정한 것보다 더욱 유연하게 공간경쟁 이론을 발전시켰다.

1. 레일리Reilly의 소매 인력모형(상권 규모 및 매출)

레일리의 소매 인력모형retail gravitation model은 레일리에 의해 개발된 상권측정에 대한 기초모델로 1929년 텍사스주의 225개 도시의 소매상권의 연구를 진행하면서 밝혀낸 이론이다. 그러나 두 도시 사이에 존재하는 중긴 도시의 소비자들이 어떻게 양쪽 도시로 소비자가 배분되는지에 대해 설명하는 이론이므로 구체적으로 특정 매장의 매출 규모를 구할 수 있는 이론은 아니다. 두 개의 소매중심지 a, b도시가 그 중간지역 c도시의 소비자를 흡수할 수 있는 힘은 두 도시a, b의 인구비율에 비례하고, 두 도시a, b로부터 중간지역c까지의 거리비율의 제곱에 반비례하여 소매 인력의 수요를 흡인한다고 하였다. 인구비율에 비례하다고 본 이유는 인구가 밀집된 지역일수록 더 넓은 매장 면적을 제공한다고 보기 때문에 가까운 곳의 단일 매장을 지나 더 큰 매장에서 이용할 수 있다는 것을 설명하였다.

지방의 도시에서 측정한 이론이므로 중심도시보다는 지방 도시에서 적용되기 쉬우며 일반생활에 사용하는 편의품에 적용하였다. 그러나 이 이론은 상권 측정에 관한 가장 기본적인 이론으로서 중간 도시 인구의 끌어들이는 힘의 정도에 의한 매출 흡수규모를 따지는 것이므로 우리 도시의 시장 규모를 측정하는 이론이 아니다. 따라서 c도시의 전체 가능 매출이 있다면 각각 a와 b도시로 얼마나 배분될 수 있는지에 대한 추론만 가능할 뿐이며 매개변수인 상수도 1과 2로 고정한 것은 흡인력에 미치는 다양한 요인을 고려하지 못했으므로 현장에서 적용하기에 부적합한 측면이 많다. 이렇게 레일리의 법칙은 중력이론을 그대로 상권 측정에 옮긴 것이므로 개별매장의 매력도는 전혀 반영되지 않았고 구체적인 개별 매장의 매출을 추정하기에는 부족한 점이 많다. 따라서 개별 점포에 대한 상권 측정보다는 창업자 관점에서는 상권 유입률 측면과 상권 발달 측면에서 접근할 수밖에 없는 제약은 있다.

레일리가 제안한 다음 공식은 인구와 거리 두 가지만 변수로 사용한 한계가 있기 때문에 도시계획 측면에서 넓게 보고 보조적인 방법으로 큰 틀에서 적용해보기를 권한다. 공식은 두 도시 간 분기점을 우선 구하고 난 후 각각 a도시와 b도시에서 c도시의 인구 유인 비율을 구할 수 있다.

$$\frac{Sa}{Sb} = \left[\frac{Pa}{Pb}\right]\left[\frac{1\big/Dac}{1\big/Dbc}\right]^2 = \left[\frac{Pa}{Pb}\right]\left[\frac{Dbc}{Dac}\right]^2$$

Sa: a도시의 c도시로부터의 소매 흡인력(S는 Suction rate의 약자)

Sb: b도시의 c도시로부터의 소매 흡인력(S는 Suction rate의 약자)

Pa: a도시의 인구(P는 People의 약자)

Pb: b도시의 인구(P는 People의 약자)

Dac: c도시에서 a도시까지의 거리(D는 Distance의 약자)

Dbc: c도시에서 b도시까지의 거리(D는 Distance의 약자)

위 공식으로 매출 추계에 응용하면 다음과 같다.

a도시 인구는 5만 명, B도시 인구는 2만 명이라고 가정한다. 두 도시 사이에 c도시가 있다. a도시와 c도시의 거리는 5킬로미터, b도시와 c도시의 거리는 2킬로미터라고 가정한다. C도시의 잠재 매출은 월 10억 원이라고 가정한다. c도시로부터 흡입할 수 있는 a도시와 b도시의 잠재매출을 구하라(루스의 선택공리를 활용).

<그림 3-14> 레일리 소매인력 예제

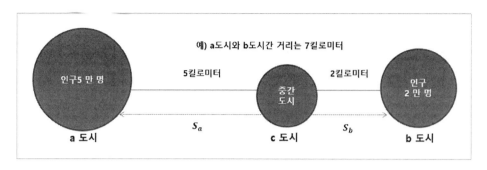

$$\frac{Sa}{Sb} = \left[\frac{50{,}000}{20{,}000}\right]\left[\frac{1\big/5}{1\big/2}\right]^2 = \left[\frac{50{,}000}{20{,}000}\right]\left[\frac{2}{5}\right]^2$$

$$= 0.4$$

즉 Sa:Sb=0.4:1

루스의 선택공리를 적용하여

Sa=Sa/Sa+Sb*10억 원인 경우

Sa=0.4/0.4+1*10억 원인 경우 약 2억 9천만 원

Sb=Sb/Sa+Sb*10억 원인 경우

Sb=1/0.4+1*10억 원인 경우 약 7억 1천만 원

이렇게 레일리의 법칙은 소매인력 법칙은 경쟁점이 특정되어 있고 넓은 지역을 상권으로 하는 대형 판매시설의 출점 평가하는 데 적합하다고 할 수 있다. 따라서 소규모 점포창업의 경우 개별점포의 매출을 구하기보다는 상대 경쟁점이 있으며 새로운 상권의 소비자를 유인하는 경우 어느 정도 점유할 수 있는지 활용하는 데 한정된다는 제약이 있다.

2. 컨버스Converse의 모형(상권 경계)

컨버스의 제1법칙-분기점 모형

컨버스의 제 1법치은 레일리의 a도시와 b도시의 인┬ㅠ모나 매장 면적이 두 도시 사이에 있는 c도시 소비자를 유인할 수 있는 상권의 경계 즉 분기점을 찾는 공식이다. 레일리의 소매중력모형에서 분기점을 정확히 찾는 모형으로 컨버스의 분기점모형은 a도시와 b도시 사이에 있는 c도시의 어디가 분기점이 되느냐이다. 따라서 컨버스의 분기점 모형은 항상 경쟁하는 두 도시가 존재해야 한다.

a도시로부터 c도시로의 상권분기점은 a도시와 b도시의 거리에 비례하고 1을 더한

$\sqrt{\dfrac{Pb}{Pa}}$ 에 반비례한다. 다음과 같은 수식이 도출된다.

$$Dac = \frac{Dab}{1 + \sqrt{\dfrac{Pb}{Pa}}}$$

Dac: a도시로부터 c도시로 상권분기점까지 거리

Dab: a도시와 b도시 간 거리

Pa: a도시의 인구(매장 면적)

Pb: b도시의 인구(매장 면적)

위 공식으로 매출 추계에 응용하면 다음과 같다.

a도시 인구는 5만 명, B도시 인구는 10만 명이라고 가정한다. 두 도시 사이에 c도시(분기점 도시)가 있다. a도시와 b도시의 거리는 15킬로미터이고 a도시 인구는 5만명, b도시 인구는 10만 명이라고 가정한다. a도시와 b도시의 관계에서 각각 분기점이 되는 거리를 구하라.

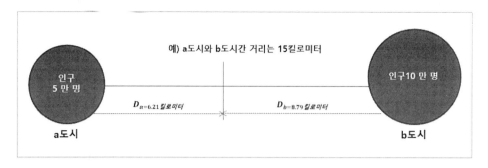

<그림 3-15> 컨버스 분기점 사례

예) a도시와 b도시간 거리는 15킬로미터

a도시로부터 분기점은

$$Da = \frac{15}{1 + \sqrt{\dfrac{100{,}000}{50{,}000(기준도시)}}}$$

=6.21 킬로미터(소수 둘째자리 반올림)

b도시로부터 분기점

$$Db = \frac{15}{1 + \sqrt{\dfrac{50{,}000}{100{,}000(기준도시)}}}$$

=8.79 킬로미터(소수 둘째 자리 반올림)

　　실전에서 컨버스의 분기점 공식은 경쟁점과 상권경계를 설정하고자 하는 경우 더 합리적일 수 있기 때문에 레일리의 소매인력 모델보다 더욱 유용하게 적용할 수 있다. 1930년대 도시화되기 전 미국처럼 국토가 넓은 나라에서 개발한 이론이므로 인접 도시의 경쟁점이 많다면 경계가 모호해질 수 있으므로 실전에서는 경쟁점이 있는 인접도시는 최소화하거나 명확한 제1 경쟁점을 기준으로 측정해야 할 것이다.

컨버스 제2법칙-수정 소매유인력 모델

　컨버스의 제 2법칙은 레일리의 중력모델에 의한 두 도시 a와 b의 인구규모나 매장 면적이 두 도시 사이에 존재하는 c도시의 소비자에 대한 유인율은 완전한 양분을 전제로 한다. 그러나 실제 어느 도시로도 흡인되지 않고 해당 c도시에 잔류하는 소비자도 존재할 것으로 보기 때문에 레일리가 측정하지 못한 부분을 고안한 모델이므로 신소매유인력 모델이라고도 한다. 해당 도시에 잔류하는 부분과 경쟁도시에 얼마나 유출되는가에 대해 구분하는 이론으로 1930년대 미국의 도시화가 되기 전 넓은 국토에서 중간에 있는 작은 규모의 도시에 대한 소비자 유인율에 대한 이론이므로 오늘날 도시화가 되고 국토가 좁은 나라에서는 현실적으로 적용하는 데 부적합하다. 단지 여러 경쟁점의 존재는 잔류에 큰 의미를 두지 않지만 잔류량에 대한 고민은 어느 매장을 이용할지 소비자의 확률적 선택에 대한 이론적 발전에 영향을 미쳤다고 볼 수 있다. 다음은 큰 도시a와 작은 도시b의 관계에서 a도시로 흡인되는 규모와 b도시에 잔류하는 부분에 관한 공식이다.

계산 공식

$S_a/S_b = (P_a/P_b)*(4/D)2$제곱

S_a: 해당 b도시(작은 도시)의 외부 경쟁도시인 a도시(큰 도시)에 유인되는 규모

S_b: 해당하는 b도시에 잔류하는 규모

P_a: a도시의 인구

P_b: b도시의 인구

D: b도시와 경쟁도시 a와의 거리

4: 관성계수(4mile)

3. 케인John F. Kane의 비율법(매출)

레일리, 컨버스의 모델과 달리 직선거리가 아닌 시간거리를 대입하여 매장 면적 비율뿐 아니라 매출비율을 추가한 흡인력 모델이다. 즉 매장 면적비와 매출액비는 거의 같다는 발상에 근거한 모델로 인구와 거리만을 요소로 하는 레일리, 컨버스 모델에 매장 면적을 추가했다.

계산 공식

1) 매장 면적 대비 매출액 점유 비율=2) 매출액 점유비율/3) 매장 면적비율*100

2) 매출액 점유비율=해당 매장의 매출액/상권 잠재수요(or 경쟁점 매출+해당 매장 매출액)

3) 매장 면적 비율=해당 매장의 매장 면적/(상권 내 경쟁점 매장 면적+해당 매장 면적)

예) X도시의 A마트 매출액 점유율 25%, 매장 면적 점유비율 20%라고 가정하면 A마트 매장의 매장 면적 대비 매출액 점유 비율은 25%/20%*100=125%이다.

A마트 인접 지역 Y도시에는 이미 운영 중인 마트1 매장 면적 250평, 마트2 매장 면적 150평, 마트3 매장 면적 200평이다. 이 지역에 매장 면적 200평인 B마트를 오픈하려고 한다. Y도시 잠재수요는 20억 원이라고 가정할 경우 B마트의 예상 매출을 구하여 보자.

1) B마트의 Y도시에서의 매장 면적 점유비율

= 해당마트 매장 면적(200)/경쟁마트 매장 면적(250+150+200)+해당마트 매장 면적(200)*100

=25%

2) B마트의 Y도시에서의 매출

= Y도시 잠재 수요액(20억 원)*Y도시에서 B마트 매장 면적 점유비율(25%)*X도시에서의 매장 면적 대비 매출액 점유비율(125%)

=20억 원*25%*125%

=62,500만 원

결과적으로 신규 매장에 대한 검토는 기존 매장 면적과 매출액 비율이 같아야 정확히 추계할 수 있기 때문에 유사사례의 지역이어야 정확도를 높일 수 있다는 단점이 있다. 그렇지만 간단히 매장 면적만을 대입하지 않고 매출액 비율을 포함하였다는 점에서 더 구체적인 매장 면적 비율법이라고 할 수 있겠다.

4. 애플바움Applebaum의 CSTCustomer Spotting Technique-상권 경계와 매출

하버드비즈니스스쿨의 애플바움Applebaum, 1966은 고객 추적에 따른 상권획정기법을 연구하였다. 이 기법은 우선 지도에 방문 고객 위치를 표시하고 동시에 매출을 정리한다. 이 지도 위에 그리드를 올려두어 그리드 한 칸에 일정 기간 동안의 고객의 방문객수와 그 매출의 합을 방문객수로 나누어 1인 당 매출이 높은 지역부터 그리드에 표시한다. 그리고 일정 기간 동안 총매출이 60~70% 되는 경계는 1차 상권primary trade area이 되며 추가로 일정 기간 동안 총매출이 15~25%가 되는 경계는 2차 상권secondary trade area이 된다. 15% 미만 매출이 발생하는 범위는 3차 상권territory or fringe trade area이 될 수 있다.

<표 3-12> CSTCustomer Spoting Technipue기법 절차

1단계	2단계	3단계	4단계	5단계	6단계
대상 지도 위에 방문 고객 위치 구현(고객 객단가 데이터링)	지도 위에 그리드를 중첩하여 그리드 별 매출액 합산	그리드별 월 매출액을 인구수로 나누어 1인당 월 매출액 구하기	매장 중심으로 전체 매출액의 60~70% 될 때까지 1인당 월 매출액이 높은 지역을 연결하여 1차 상권획정	같은 방법으로 전체 매출액의 15~25% 될 때까지 2차 상권획정	같은 방법으로 5~15% 될 때까지 3차 상권획정
고객 스포팅 단계	그리드별 1인당 매출액 측정 단계		상권획정 단계		

레일리, 컨버스의 상권획정 기법에서는 거리와 매장 면적 등 변수로 경쟁점과 경계점을 상권으로 획정한 후 매출을 측정히였다. 그러나 애플바움은 매장의 개별성을 인정하여 경쟁 변수가 아니라 매장의 예상고객 또는 실질 방문 고객의 방문을 통해 구역별 매출을 구하고 상권을 획정했다. 따라서 애플바움의 CST기법은 상권획정법에 더 가깝다고 할 수 있다. 현재 창업시장에서의 1차, 2차, 3차 상권을 구분한 이론적 효시이지만 현실적으로 창업시장의 무한 경쟁으로 60~70%가 나오는 지역이 1차 상권이라 하더라도 지형적 특성과 경쟁 현황 등에 따라 1차 상권의 공간적 거리 차는 헐 쉰 크게 나타날 수 있다. 특히 현장에서는 넓은 상권을 타깃으로 하는 창업에서 스포팅 기법은 매우 오랜 시간과 지형적 특성을 구분하기 어려워 부정확성이 높아지게 되므로 CST를 이용하여 유사한 점포와 지역을 택하는 것은 비교적 규모가 작은 소매업에 적용하는 것이 유리하다고 볼 수 있다. 아무리 작은 상권도 스포팅을 완성하려면 최소 3개월 이상 필요하기 때문이다. 더구나 한국의 지형적 특성과 창업 현황에 의해 현장에서는 위치에 기빈한 유사지역 선정은 충분한 경험적 데이터를 통한 배후분석적 토대로 선정해야 하므로 배후 성격, 배후 유형, 입지 유형에 입각하여 유추를 해야 한다. 이런 애플바움의 매출액 기반의 상권 구분 방식은 상권의 성격과 규모를 토대로 점포의 개별 여건을 비교하여 점포의 머천다이징, 경쟁정도, 상권 제압전략 등에도 활용할 수 있는 것으로 개별 점포의 점포선정 입지전략으로 매우 중요하게 다루는 내용이기도 하다.

5. 삼각형 가중평균법에 의한 티센다각형 모형
Thiessen Polygon-상권 경계

티센 다각형 모형은 이것은 러시아의 수학자 조지아 보로노이Georgy F. Voronoi, 1868~1908에 의해 정리된 보로노이 다이어그램Voronoi diagram이라고도 한다. 티센 다각형 모형은 지형체계에서 평균 강우량을 측정하는 기법중하나로 널리 활용되고 있지만 그림에서 보듯이 상권획정에서 활용하면 각 관측점을 개별 점포로 하고 지배면적을 상권으로 보고 각 점포의 개별 상권 경계를 구하는데 다음과 같이 응용되기도 한다. 우선 티센 다각형Thiessen Polygon은 a 그림에서 보듯이 특정 지역에서 고객이 이용할 수 있는 개별점포의 위치를 지도에 표시하고 b 그림처럼 각각 점(점포)의 중간지점을 표시하고 c 그림처럼 대상 점포를 중심으로 중심점을 연결하면 d 그림처럼 상권이 다각형으로 형성된다. 그러나 각 경쟁 점포도 마찬가지로 중심점을 연결하면 상권 다각형이 형성되지만 삼각형의 공백 상권이 생긴다. 이를 반영하기 위한 방법이 응용형이다.

<그림 3-16> 티센 다각형(Thiessen Ploygon)

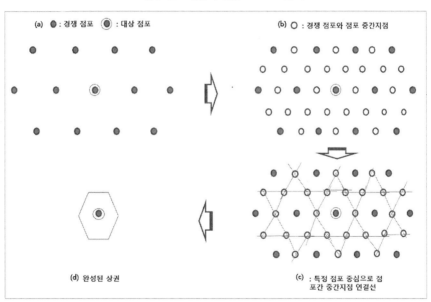

응용형은 배후 다각형Rear Polygon으로 우선 a 그림처럼 특정 지역에서 고객이 이용할 수 있는 개별점포를 지도에 표시하고 b 그림처럼 점포와 점포 사이의 중간점을 표시한다. c 그림처럼 각 점포를 중심으로 중간점을 연결한다. d 그림처럼 1차 절충 상권이 생기고 e 그림처럼 공백상권을 중간지점을 연결하면 f 그림처럼 완성된 다각형의 상권이 형성된다. 응용형은 쉽게 대상 점포의 상권을 획정하기 위해 손쉽게 그리

기 위한 것으로 불규칙적으로 점포가 위치한 지역에서 상권을 획정하기에 적합하다.

　이 모형은 경험적 모형으로 도형의 규칙성을 전제하므로 개별 점포의 판매 조건(매장 면적, 지형 조건 등)이 동일하고 상품 동질성이 높을 경우 소비자는 가까운 곳에서 이용할 것을 전제로 한다. 따라서 편의점이나 단일 소매점에서 상권 경계를 설정하는 경우 적합하다고 할 수 있겠다.

<그림 3-17> 배후다각형

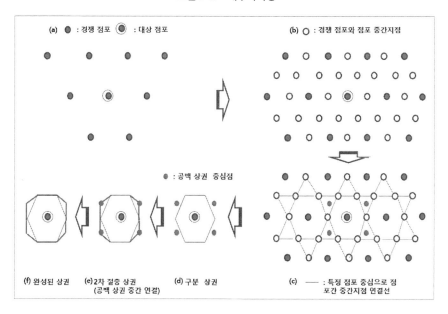

　그러나 이러한 업종도 현장에서는 CST기법과 같이 매출이 발생하는 범위에 따라 1차 상권, 2차 상권, 3차 상권으로 형성되기 때문에 도로와 지형적 특성을 반영하여 입지유형과 티센 다각형이 겹치는 지역을 구체적 상권으로 보고 매출을 추정하는 것이 적합해 보인다. 〈그림 3-15〉는 티센 다각형과 입지유형 중 부채꼴형과 복합 상권 경계를 나타낸 그림이다. 1차적으로 티센 다각형에 의한 상권을 긋고 2차로 대상 점포를 중심으로 해당지역 입지유형을 그어서 겹치게 한다. 중복되는 빗금친 부분이 대상 점포의 1차 배후(1차 상권)이 되며 점자 부분이 2차 배후(2차 상권)이 된다. 즉 티센 다각형으로만 보게 되면 1차 배후(1차 상권)도 겹친 후 2차 배후(2차 상권)로 바

꿰게 되고 경쟁점 상권도 점자 부분처럼 대상 점포의 상권에 포함될 수 있다는 것을 보여주므로 현장에서는 유기적으로 상권을 획정해야 한다. 만약 상권 범위가 넓은 업종이거나 배달 매출이 높은 창업이라면 최초에 점포를 중심으로 직선거리에 따른 반경으로 원을 그려 포괄적인 상권을 획정할 수 있다. 이 부분은 시장진입 14원칙 중 8원칙인 상권획정, 13원칙인 매출 추정과 11강 입지유형을 참고하기를 바란다.

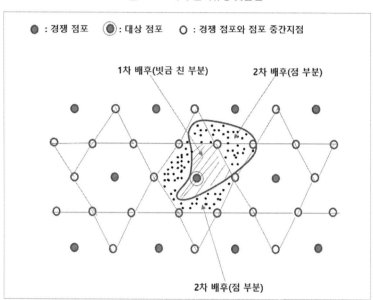

<그림 3-18> 다각 입지유형 맞춤법

6. 서베이법(상권 경계와 조사)

지역에서 대상이 되는 점포의 표본을 추출하고 설문을 통해 표본을 조사하는 형식으로 상권 경계를 구하는 방법이다. 조사 방법은 설문이나 면접 방식으로 방문조사법, 가두면접법, 온라인 조사법, 추적조사법, 고객카드분석법 등 다양하게 있다.

그러나 컨버스의 분기점 공식이나 cst기법, 티센다각형은 상권 경계에 대한 구체적인 수치로 나타내거나 지도를 이용하여 경계를 획정하므로 매우 구체적인 기법이지만 서베이법은 조사 범위가 다양하고 넓지만 무엇보다 표본의 신뢰성이 중요하므로 관찰자의 주관적 요소가 반영될 확률이 높다. 따라서 구체적인 표본자와 정확한 양식이 요구된다.

7. 허프의 확률모형(상권 규모 및 매출)

레일리 모형과 마찬가지로 중력모형을 활용하여 상권의 규모와 매출을 추정하는 모형이다. 그러나 레일리 모형은 중력모형을 그대로 수용하여 거리에 대한 가중치를 2로 정하여 두 도시 간 배분 비율을 구하는 규범적 모형이지만 허프모형은 가중치를 다양하게 변화시켜서 소비자 선택에 따른 다양성을 염두에 두었고 점포를 선택하는 소비자의 개별적 행동을 고려하여 경험적 확률에 의해 상권 규모 및 매출을 구하는 모형이다. 따라서 고객은 항상 한 점포만 이용하지 않고 다른 점포도 이용할 수 있나는 확률에 근거를 둔다. 이런 허프모형은 두 가지 공리를 기본으로 하고 있다.

하나는 점포의 효용Utility에 관한 것이고 다른 하나는 수학심리학적 측면에서 루스luce의 선택공리Luce choice axiom에 이론적 근거를 가지고 있다.

7.1. 허프모형 기본 공리

(1) 제1공리-점포의 효용Utility

허프는 어떤 지역의 소비자가 특정 매장을 이용하는데 그 매장이 소비자에게 주는 효용(또는 매력도)에 의해 결정된다고 하여 소비자가 특정 매장을 선택하는 점포의 효용(또는 매력도)은 매장의 크기와 소비자가 있는 곳과 매장과의 시간거리에 의해 결정된다고 본 것이다. 즉 특정 점포로 끌어들이는 매력도 측정은 매장 면적의 가중치에 비례하고 시간 거리 가중치에 반비례한다는 것이다. 공식으로 표시하면 아래와 같다.

$$U_{ij} = S_j{}^{\alpha} / T_{ij}{}^{\beta}$$

U_{ij}: j매장이 i지역 소비자에게 주는 매력도(효용)(U는 Utility의 약자)

S_j: j매장의 면적(S는 Size의 약자)

T_{ij}: i지역과 j매장까지의 소요시간(거리)(T는 Time의 약자)

α: 매장 면적의 파라미터(소비자의 특정 매장 선택에 대한 가중치)

β: 시간거리의 파라미터(소비자가 있는 지역에서 매장까지의 각종 제약요인을 수치화한 것)

허프모델의 점포 매력도는 매장 면적으로 한정하였으나 파라미터(가중치)는 면적에 대한 파라미터(가중치)와 시간거리에 대한 파라미터로 점포 매력도를 조절하고 있다.

즉 상품의 다양성을 요구하는 업종은 매장이 넓으면 상품 구색을 높일 수 있어 매장 면적의 매력도가 크기 때문에 α값을 크게 적용하여 거리가 멀더라도 점포 매력도를 높일 수 있다. 기타 서비스가 중요한 업종은 α값을 작게 적용할 경우 거리에 대한 매력도가 소비자 선택에 더 큰 영향을 미칠 수 있다. 반면 거리가 중요한 업종 즉 가까운 거리에 있을 때 더욱 많은 소비를 할 경우 β값을 작게 적용하게 되어 면적에 대한 매력도가 증가하게 되며 거리가 중요하지 않은 업종은 β값을 크게 할 경우 매장 면적의 융통성이 높다고 할 수 있다. 소매업에서 매장 면적이외 다양한 요인이 있지만 매장 면적이 가장 유효한 결과가 도출되었기 때문에 이 공식은 의미가 있다. 그러나 현실적으로 허프모형은 도시와 도시 간 중간에 있는 소비자에 대한 흡인력을 말하므로 매장의 규모가 일정규모 이상이어야 한다. 따라서 일반적인 창업가의 작은 규모의 창업인 경우 적용하기에는 적합하지 않을 수 있다. 그러나 상권 반경을 500미터 이상으로 보고 상품 기준이 비교적 명확하고 경쟁점과 수요자 규모를 명확히 정의할 수 있다면 기본적인 자료로서 참고해도 좋을 것 같다.

(2) 제2공리-루스Ruce의 선택 확률 모형에 근거한 특정 매장 선택할 확률

소비자가 특정 매장을 선택할 가능성은 그 점포들에 대해 인지하는 접근 가능성, 상품구색, 서비스, 상품 가격 등 소비자 행동적 요소의 총합으로 표시할 수 있다. 그

리고 소비자가 고려할 수 있는 점포는 여러 개가 있기 때문에 전체 매장에 대한 대상 매장의 효용의 비율로 표시된다. 따라서 i지역 소비자가 이용할 수 있는 매장이 j매장 외에도 j2, j3매장이 있다고 가정하면 다음과 같이 나타낼 수 있다.

$$\text{제1공리 점포 효용}_{(\text{매력도})} = \frac{\text{면적}^\alpha}{\text{소비자와 점포의 거리}^\beta}$$

각 점포의 효용을 토대로 j점포를 선택할 확률은

$$\frac{j\text{점포 효용}}{j\text{점포 효용} + j2\text{점포 효용} + j3\text{점포 효용}} \text{으로 나타낼 수 있다.}$$

<표 3-13> 파라미터 계수 변화에 따른 선택확률

점포	거리	면적	α=1, β=2		α=1, β=3		α=2, β=2	
			효용	선택확률	효용	선택확률	효용	선택확률
A	2	20,000	5,000	0.626	2,500	0.749	100,000,000	0.598
B	4	30,000	1,875	0.235	469	0.140	56,250,000	0.336
C	3	10,000	1,111	0.139	370	0.11	11,111,111	0.066

예를 들어 위의 표에서 보면 어떤 소비자가 소비할 수 있는 점포가 A, B, C, 세 개가 있고 각각 점포의 거리와 면적이 주어졌고 가정하자. 이 공식을 활용하여 우선 α(면적 파라미터)가 1이고 β(거리 파라미터)가 2일 경우 소비자가 점포를 선택할 확률을 기준으로 α(면적 파라미터)는 그대로이고 β(거리 파라미터)만 3으로 바뀐 경우를 살펴보면 가장 근거리에 있는 A점포의 선택 확률은 0.626에서 0.749로 증가함을 볼 수 있고 A점포보다 먼 거리에 있는 B, C 점포를 선택할 확률은 줄어든 것을 볼 수 있다.

가장 먼 거리에 있는 B점포의 선택확률은 0.235에서 0.140으로 줄어든 것을 볼 수 있다. 즉 A점포는 B점포보다 상대적으로 가깝기 때문에 β(거리 파라미터)값의 영향을 덜 받는 것을 볼 수 있다.

반면 β(거리 파라미터)는 그대로이고 α(면적 파라미터)가 2인 경우 가장 먼 거리에 있지만 점포 면적이 가장 큰 B점포의 선택확률은 0.235에서 0.366으로 증가한 것을 볼 수 있다. 그러나 면적이 가장 작은 C점포는 선택할 확률이 현저히 낮아지는 것을 볼 수 있다. 이렇게 허프의 모델은 소비자 행동을 나타내는 파라미터 값의 파악이 얼마나 중요한 지를 나타내고 있다.

7.2. 특정 매장을 선택할 확률

허프 확률 모형은 특정 매장을 선택할 때 루스의 선택공리 모형을 그대로 받아들이고 있다. 예를 들어 제1공리에서 소비자를 특정 매장으로 끌어들이는 것이 매력도(효용)라면 그 특정 매장을 선택할 때 활용하고 있다. 그러나 현실적으로 대부분 지역은 경쟁점이 있기 때문에 특정 매장을 선택하는 가능성은 전체 매장의 효용의 총합에 대한 특정 매장의 효용으로 다음과 같은 공식으로 나타낼 수 있다.

$$
\begin{aligned}
Pij &= Uij / \sum_{j=1}^{n} Uij \\
&= \frac{Sj^{\alpha} / Dij^{\beta}}{\sum_{j=1}^{n} Sj^{\alpha} / Dij^{\beta}}
\end{aligned}
$$

Pij: i지역 소비자가 j매장을 선택할 확률(P는 Probability의 약자)

Uij: j매장이 i지역 소비자에게 주는 매력도(효용)(U는 Utility의 약자)

Sj: j매장의 면적(S는 Size의 약자)

Dij: i지역 소비자가 j매장으로 가는 데 걸리는 시간(D는 Distance의 약자)

α: 매장 면적의 파라미터(소비자의 특정 매장 선택에 대한 가중치)

β: 시간거리의 파라미터(소비자가 있는 지역에서 매장까지의 각종 제약요인을 수치화한 것)

이렇게 최초의 허프모형은 특정 매장 면적에 파라미터(가중치)를 대입하였고 특정 지역과 매장까지 거리는 시간 거리로 파라이터(가중치)를 대입하였다. 시간 거리는 소비자 지역과 매장 사이의 도로 유형, 하천 유무 등 다양한 제약 요인의 파라미터(가중치)를 대입하므로 매우 다양한 결과가 나올 수 있다. 시간 거리의 파라미터가 클수록 시간 거리의 중요성이 높아 가까운 거리에서 쇼핑을 하는 것을 나타내고 매장 면적의 파라미터가 클수록 큰 매장을 선택할 확률은 높아질 수 있다. 그러나 매장 면적에 대한 파라미터 값은 파악하기 어렵고 시간 거리 측정이 난해하므로 일반화시키기 위해 일본 통산성에서 아래와 같이 수정 모델이 고안되었다. 가중치(파라미터) 없는 매장 면적에 비례하고 시간(T)은 거리(D)로 바꾸고 거리 파라미터는 2로 고정하여 수정하였다. 본서 허프모델의 수정공식은 이 공식을 활용하였다.

$$P_{ij} = U_{ij} / \sum_{j=1}^{n} U_{ij}$$
$$= \frac{S_j / D_{ij}^2}{\sum_{j=1}^{n} S_j / Dij^2}$$

Pij: i지역 소비자가 j매상을 신택할 **확률**(P는 Probability의 약자)

Uij: j매장이 i지역 소비자에게 주는 매력도(효용)(U는 Utility의 약자)

Sj: j매장의 면적(S는 Size의 약자)

Dij: i지역 소비자가 j매장으로 가는 데 걸리는 시간(D는 Distance의 약자)

1: 매장 면적의 파라미터(소비자의 특정 매장 선택에 대한 가중치)

2: 시간거리의 파라미터(소비자가 있는 지역에서 매장까지의 각종 제약요인을 수치화한 것)

그림에서 보듯이 매장 면적, 거리가 주어지면 각 매장을 방문할 확률을 구할 수 있고 전체 인구가 주어지면 각 매장에 방문할 예상 흡인 객수를 구할 수 있다. 일반적으로 신규점포가 진입할 때 기존점포의 고객 수는 감소한다. 신규점포가 많이 생기면 상권의 확대를 설명할 수 없는 한계점도 있고 기타 변수도 너무 많아서 허프모형을 통해 매출을 추정하기 어려울 수 있다. 특정 지역의 소비자 요인, 매장의 서비스, 판매 정책 등 기타 변수가 너무 많다. 따라서 기본 모형은 경험적 확률을 제시할 뿐이므로 큰 틀에서 경쟁매장과 흡인력을 비교하는 데 활용하는 것이 적합해 보인다.

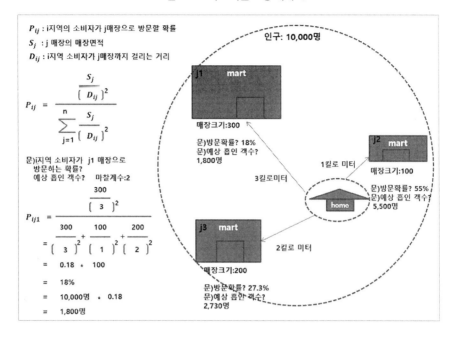

<그림 3-19> 허프 확률 모형 예제(Pij)

P_{ij} : i지역의 소비자가 j매장으로 방문할 확률
S_j : j 매장의 매장면적
D_{ij} : i지역 소비자가 j매장까지 걸리는 거리

$$P_{ij} = \frac{\dfrac{S_j}{(D_{ij})^2}}{\displaystyle\sum_{j=1}^{n} \dfrac{S_j}{(D_{ij})^2}}$$

문)i지역 소비자가 j1 매장으로
방문하는 확률?
예상 흡인 객수?   마찰계수:2

$$P_{ij1} = \frac{\dfrac{300}{(3)^2}}{\dfrac{300}{(3)^2}+\dfrac{100}{(1)^2}+\dfrac{200}{(2)^2}}$$

$$= 0.18 * 100$$
$$= 18\%$$
$$= 10,000명 * 0.18$$
$$= 1,800명$$

인구: 10,000명

j1 mart
매장크기:300
문)방문확률? 18%
문)예상 흡인 객수?
1,800명

3킬로미터

j2 mart
매장크기:100
문)방문확률? 55%
문)예상 흡인 객수?
5,500명

1킬로미터

homo

2킬로미터

j3 mart
매장크기:200
문)방문확률? 27.3%
문)예상 흡인 객수?
2,730명

7.3. 허프수정모델을 이용한 매출 구하기

1단계: 특정 매장(j)이 대상 지역(i)에서 올릴 수 있는 잠재매출액(Gij)을 구하기(허프 수정 모형 활용)

그림에서 보듯이 대상 지역i 소비자는 특정 매장j만을 이용하지 않고 복수의 매장 j2, j3…에서 소비를 하므로 특정 매장j만이 올릴 수 있는 매출액Gij은 대상지역i의 잠재매출액Ei에 특정 매장j이 대상 지역i에서 선택받을 수 있는 확률Pij을 곱하면 된다. 다음 식과 같이 나타낼 수 있다. 따라서 대상 지역i의 잠재적 매출액을 알아야 하고 각각 매장의 매력도(효용), 매장 면적, 시간거리(길이거리)가 주어지거나 추정할 수 있어야 한다.

$$Gij = Ei * Pij$$
$$= Ei * Uij / \sum_{j=1}^{n} Uij$$
$$= Ei * \left[\frac{Sj^{\alpha}/Dij^{\beta}}{\displaystyle\sum_{j=1}^{n} Sj^{\alpha}/Dij^{\beta}} \right]$$

Gij: i지역 소비자가 j매장에서 소비하는 잠재매출액(G는 Gross sales의 약자)

Ei: i지역 총 잠재매출액(E는 Estimate의 약자)

Pij: i지역 소비자가 j매장을 선택할 확률(P는 Probability의 약자)

Uij: j매장이 i지역 소비자에게 주는 매력도(효용)(U는 Utility의 약자)

Sj: j매장의 면적(S는 Size의 약자)

Dij: i지역 소비자가 j매장으로 가는 데 걸리는 시간(D는 Distance의 약자)

그러나 특정 지역의 잠재매출액Ei이 주어지지 않았다면 다음 식과 같이 매출을 추정할 수 있다.

Ei=Pij*i지역 인구수(세대수)*인구(세대)당 잠재 수요액

따라서 인구수(세대수), 인구(세대)당 잠재 수요액이 주어지거나 추정할 수 있어야 한다.

2단계: 특정 매장(j)이 복수의 지역에서 얻을 수 있는 총 매출액(Gj) 구하기(허프 수정 모형)

그림에서 보듯이 특정 매장j의 총 매출액은 대상 지역i에서만 발생하지 않고 여러 지역i2, i3…에서 발생하기 때문에 복수 지역 매출액의 합에 특정 매장j을 선택할 확률Pij을 곱하면 된다. 다음 식과 같이 나타낼 수 있다. 따라서 복수 지역의 잠재적 매출액을 알아야 하고 각각 매장의 매력도(효용), 매장 면적, 시간거리(길이거리)가 주어지거나 추정할 수 있어야 한다.

$$Gj = \sum_{i=1}^{m} Ei * Pij$$
$$= \sum_{i=1}^{m} Ei * Uij / \sum_{j=1}^{n} Uij$$
$$= \sum_{i=1}^{m} Ei * \left[\frac{Sj^{\alpha}/Dij\beta}{\sum_{i=1}^{n} Sj^{\cdot\alpha}/Dij^{\beta}} \right]$$

Gj: j매장의 잠재매출액(G는 Gross sales의 약자)

Ei: i지역 총 잠재매출액(E는 Estimate의 약자)

Pij: i지역 소비자가 j매장을 선택할 확률(P는 Probability의 약자)

Sj: j매장의 면적(S는 Size의 약자)

Dij: i지역 소비자가 j매장으로 가는 데 걸리는 시간(D는 Distance의 약자)

<그림 3-20> 허프 확률 모형 변천 순서

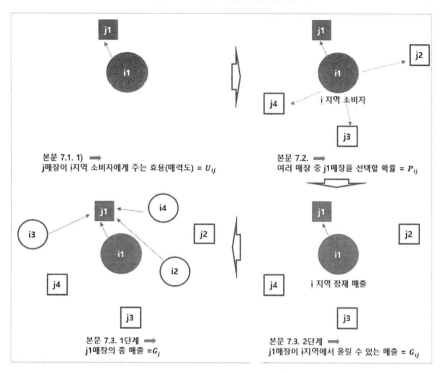

본문 7.1. 1) ⟹
j매장이 i지역 소비자에게 주는 효용(매력도) = U_{ij}

본문 7.2. ⟹
여러 매장 중 j1매장을 선택할 확률 = P_{ij}

본문 7.3. 1단계 ⟹
j1매장의 총 매출 = G_j

본문 7.3. 2단계 ⟹
j1매장이 i지역에서 올릴 수 있는 매출 = G_{ij}

현실적으로 광역 상권(반경 10~20킬로미터)이상을 배후 세대로 보는 경우는 2단계 방식으로 복수지역 잠재적 매출액을 합하여 구하게 된다. 그러나 현재 대도시 상권에서는 경쟁점이 매우 많고 불규칙적이고 도로 변수가 많아 적용하기 어렵고 도시 간 경계와 상권이 명확한 신도시 사례나 교외 외곽 지역에서 상권 조사 방식에서 적용하기에 적합하다.

8. MCIMultiplicative Competitive Interaction–허프모형을 수정하여 구체화시킨 모델, 상권 규모 및 매출

허프모형에 매장 면적을 대표적 매력도(효용)으로서 사용하고 있다. MCI모형은 허프모형을 일반화시킨 모형으로 기존의 면적, 거리 외에 소비자의 선택에 미치는 다양한 고려사항을 추가하여 매력도(효용)의 다양성을 반영하였고, 저항 변수로서 교통 시간, 비용, 안정도 등을 반영하였다.

공식에서는 매장 면적C1j 외의 소비자를 끌어들이는 유인변수를 상품의 구색C2j, 종업원 서비스C3j, 주차이용C3j, 점포 이미지C3j 등을 곱하여 매력도로 하였다. 이를 식에 반영하여 MCI모형에서 소비자의 특정 매장에 대한 효용을 허브 모형과 비교하면 허프모형의 Uij(i지역에서 j매장에 대한 효용)는

$$U_{ij} = Sj^{\alpha}/Dij^{\beta} \text{ 이지만 MCI모형에서는 } U_{ij} = \prod_{f=1}^{g} C_{fj}^{\alpha f}/D_{ij}^{\beta} \text{로}$$

허프모형의 Pi(ji지역 소비자가 j매장을 선택할 확률)은

$$Pij = Uij/\sum_{j=1}^{n} Uij$$

$$= \frac{Sj/Dij^2}{\sum_{j=1}^{n} Sj/Dij^2} \text{ 이지만}$$

MCI모형에서는

$$P_{ij} = \frac{U_{ij}}{\sum_{j=1}^{m} U_{ij}} = \frac{\left[\prod_{f}^{p} C_{fj}^{\alpha f}\right]/D_{ij}^{\beta}}{\sum_{j=1}^{m}\left[\prod_{f=1}^{p} C_{fj}^{\alpha f}\right]/D_{ij}^{\beta}} \text{이 된다.}$$

따라서

$$P_{ij} = \frac{(C_{1j}^{\alpha 1} * C_{2j}^{\alpha 2} * C_{3j}^{\alpha 3})/D_{ij}^{\beta}}{\sum_{j=1}^{n}(C_{1j}^{\alpha 1} * C_{2j}^{\alpha 2} * C_{3j}^{\alpha 3})/D_{ij}^{\beta}}$$

Uij: j매장이 i지역 소비자에게 주는 매력도(효용)(U는 Utility의 약자)

Sj: j매장의 면적(S는 Size의 약자)

Dij: i지역 소비자가 j매장으로 가는 데 걸리는 시간(D는 Distance의 약자)

Pij: i지역 소비자가 j매장을 선택할 확률(P는 Probability의 약자)

Cij: j매장의 매력도 요소

C1j: j매장의 면적

C2j: j매장의 상품 구색

C3j: j매장의 종업원 서비스

위와 같이 나타낼 수 있다.

8.1. MCI 모형을 이용한 매출 구하기

1단계: 특정 매장(j)이 대상 지역(i)에서 올릴 수 있는 총 매출액(Gij)을 구하기(허프 수정 모형 활용)

허프모형에서 Pij를 j매장의 매력도 요소들의 곱으로 표시하여 구할 수 있다.

$$
\begin{aligned}
Gij &= Ei * Pij \\
&= Ei * Uij / \sum_{j=1}^{n} Uij \\
&= Ei * \left[\frac{(\prod_{f=1}^{g} Cfj^{\alpha f}) / Dij^{\beta}}{\sum_{j=1}^{n} (\prod_{f=1}^{g} Cfj^{\alpha f}) / Dij^{\beta}} \right]
\end{aligned}
$$

2단계: 특정 매장(j)이 복수의 지역에서 얻을 수 있는 총 매출액(Gj)을 구하기(허프 수정 모형 활용)

허프모형에서 Pij를 j매장의 매력도 요소들의 곱으로 표시하여 구할 수 있다.

$$
\begin{aligned}
Gj &= \sum_{i=1}^{m} Ei * Pij \\
&= Ei * Uij / \sum_{j=1}^{n} Uij \\
&= Ei * \left[\frac{(\prod_{f=1}^{g} Cfj^{\alpha f}) / Dij^{\beta}}{\sum_{j=1}^{n} (\prod_{f=1}^{g} Cfj^{\alpha f}) / Dij^{\beta}} \right]
\end{aligned}
$$

다양한 연구에서 허프모형의 매장 면적과 거리(시간거리)가 가장 높은 매력도를 보여 주고 있다. 그러나 실제 현장에서는 이와 같은 요소는 최소한 경쟁점과 비슷하게 유지하면서 다른 요소(상품 구성, 콘셉트, 종업원 서비스 등)에 대한 차별성으로 승부해야 하는 것이 현실이므로 MCI모형은 허프모형보다 훨씬 진일보한 모형이라고 할 수 있다. 그러나 허프 본래 모형은 파라미터의 측정이 매우 복잡하여 일본 통산성 수정 모형을 적용하여 손쉽게 적용하였고 유사매장법, 중회귀모형과 함께 가장 많이 활용하고 있는 모형이기도 하다. 단지 일본 시장 현황과 창업 환경이 다르므로 상품의 가격 등 경쟁요인을 동일하게 전제로 한다면 향후 사업 계획적으로 신규점 출점 시

가장 기본적인 정보 결과를 도출할 수 있기 때문에 경쟁관계가 명확한 대규모 소매 품점, 병의원, 학원의 상권을 파악하는 데 유용히게 활용할 수 있다.

9. MNLMultinomial Logit model- 루스(luce)의 선택공리 이론을 근거로 한 확률적 선택 모형)

소비자의 점포 선택행위와 특정 점포의 시장 규모를 측정하는 확률적 모형이다. 세 가지를 전제로 이론을 전개하고 있다.

첫째, 소비자의 특정 점포로 끌어들이는 매력도는 결정적 요소와 무작위 요소로 구분한다. 결정적 요소는 소비자나 점포의 특성을 반영하며 무작위 요소는 그 외의 요소를 말한다.

수식은 다음과 같다.

$$Uij = Vij + \epsilon ij$$

Uij: j매장이 i지역 소비자에게 주는 매력도(효용)

Vij: 결정적 요소로서의 매력도(효용)

ϵij: 무작위 요소로서의 매력도(효용)

둘째, 루스의 선택 이론에 근거하여 특정 점포를 선택하는 확률은 전체 점포의 매력도(효용)의 총합에 대한 대상 점포의 효용으로 표시한다. 즉 특정 점포가 선택될 확률은 그 점포의 매력도(효용)이 다른 점포 매력도(효용)보다 클 확률과 같다고 할 수 있다. 수식은 다음과 같다.

$$\Pi j = P(Uij^* > Uij)$$
$$= P(Vij^* + \epsilon ij > Vij + \epsilon ij)$$
$$= P(\epsilon ijj - \epsilon ij^* < Vij^* - Vij)$$

셋째, 무작위 요소는 서로 독립적이며 이중지수분포를 가진다.

수식은 다음과 같다.

$$P(\epsilon \leq \varepsilon^*) = \exp\left[-\exp(-\varepsilon^*)\right]$$

허프의 수정 확률 모델의 기초가 되는 이론으로 소비자의 특정 상업시설 선택, 특정 상업시설에 대한 시장점유율을 예측하는 데 많이 이용하는 모델이다.

Chapter 4.

창업 입지와 상권

창업 상권 이해

1. 창업 입지와 상권

업 상권에서는 안정적인 시장진입market entry을 위해 전반적인 상품에 대한 이해에서 시작하여 점포 선정하는 과정까지의 전반적인 사항을 그린 것이다. 특히 창업 관점의 입지, 상권에 대한 이해를 통해 실전에서 시장진입 15원칙을 기준으로 적용해 보기를 권한다.

1.1. 창업 입지

부동산학개론에서는 크게 입지론적 입지와 적지론적 입지로 접근하고 있다. 적지론적 입지는 정해진 위치에 어떤 용도가 가장 적합한지에 대한 접근법으로 절대적 입지로서 해당 부동산에 대한 최유효이용 측면에 근거한다. 부동산의 부동성에 근거한 것으로 상권, 입지, 매장이 등이 고정되어 있다는 관점에서 접근한다. 창업 주체자가 아닌 컨설턴트나 상권을 분석하는 입장에서 바라보는 입지라고 할 수 있다. 훌륭한 점포 개발자는 주어진 환경에서 전혀 다른 용도로 활용되고 있는 입지를 최유효이용할 수 있는 용도로 개발하는 적극성과 창의성을 발휘한다. 입지론적 입지는 창업가가 선정한 아이템이나 개발한 상품으로 어떤 상권의 입지가 적합한지 수익성과 생존성 관점의 입지라고 할 수 있다. 따라서 창업입지는 좋은 상권에 좋은 입지를 찾아 어떤 창업을 할지 고민하는 것이 아니라 내 상품의 창업 방향에 맞는 상권을 찾아서 고객 가치를 극대화하여 적합한 입지를 선택하는 입지론적 관점에서 접근한다. 따라서 좋은 입지, 중간 입지, 나쁜 입지를 정하는 것이 아니라 창업가의 방향성과 상품성에 따라 수익, 상생, 고객 가치가 달라질 수 있기 때문에 '개별적 입지'라고 할 수 있다. 흔히 통행량이 많고 모양이 반듯한 자리가 있다고 하자. 이런 자리는 통상적인 의미로는 좋은 자리라고 할 수 있으나 모든 업종이 모든 창업자에게 좋다고는 말할 수 없다. 그렇다고 모든 창업자가 좋은 입지에 창업할 수도 없다. 그래서 창업에서 입지는 어떤 업종이 어떤 지역에서 비용대비 효율적인 수익이 나온다면 그것으로 충분하다. 모든 업종이 다 잘 될 수 있다면 좋겠지만 그런 자리는 없다. 따라서 모든 업종의 매출이 극대화될 수 없기 때문에 특정 업종이나 상품에 적합한 자리로서 '상대적 입지'라고 할 수 있다.

창업시장에서는 경쟁점 진입에 대한 예측을 장담할 수 없지만 현재 또는 미래 매출에 영향을 미치는 업종의 점포가 진입할 것을 고려하여 위치를 선정하는 것이 중요하다. 이를 본서에서는 구체적으로 배후분석적 입지로 정하고 있다. '특정 업종이 특정 지역에서 위치적인 관점에서 효율적인 매출이 나오며 현재 경쟁점이나 미래 경쟁점 진입가능한 위치를 비교하여 생존율을 높일 수 있는 자리'를 말한다.

이상에서 보면 창업 입지는 토지이용에 관한 다양성을 이해하여 평소 적지론적 관점의 관찰로 입지론적 관점의 입지를 선정하는 것이다. 즉 적지론적 관점에서 창업 전에는 입지의 절대적 특성을 이해하고 다양한 관점에서 최유효 이용할 수 있는 점포를 관찰과 개발하며 이를 기반으로 점포창업가는 입지론적 관점에서 효율성과 생존성을 높이기 위해 아이템이나 상품에 적합한 최적의 입지를 선정한다.

최근 창업시장에서는 창업 방향, 영업력, 상품력, 콘셉트, 창업가 역량 등의 비중이 높기 때문에 절대적 입지의 개념이 약해지고 있다. 즉 가치가 없다고 느낄 수 있는 자리를 개발하여 무엇을 어떻게 팔지 스토리를 입히는 것이 중요해졌다.

더구나 어디를 가나 맛집을 쉽게 접할 수 있다. 즉 소비자의 눈높이는 높아지고 있어 상품이 상향 평준화될 수밖에 없는 구조이다. 이런 환경에서 과거의 접근성적 개념의 중요성은 매우 적어지고 있다. 오히려 접근성이 떨어지고 제반시설이 열악한 지역이 최적의 환경이 될 수도 있다. 상권가치로 보면 개척 상권이 여기에 해당한다고 볼 수 있다. 문래동 철강단지, 문배동 열정도 거리, 망원동 망리단 길, 용산구 해방촌, 이태원 우사단 길, 성수동 카페거리 등은 입지적으로 우수하지도 상권 발달 가능성이 높은 지역도 아니었다. 개별 점포는 스스로 점포의 경쟁력을 높이고 그런 점포들이 늘어나고 긍정적 협업으로 이어진다. 더 나아가 지역민 또는 방문 소비자에게 특별한 효용을 제공하며 자연스럽게 상권이 발달하게 된다. 일정 시점이 지나면 젠트리피케이션 등 부작용도 존재할 수 있다. 그러나 개별 점포의 꾸준한 개발과 그런 점포들의 선순환적 탈퇴와 진입은 오히려 일반적 프랜차이즈나 가치관이 명확하지 않은 개인 창업의 위치는 좁아지게 되어 스토리가 명확한 개인 창업은 더욱 발전하게 될 것이다. 이과정은 코로나 사태와 같은 어려움을 극복한 이후는 더욱 협력적 관계로 발전할 것이다.

<표 4-1> 현재의 부동산적 입지와 창업적 입지(location)

구분	부동산(건물, 토지)적 입지					창업(점포)적 입지	
	주거용	공업/농업용			상업/업무용	창업 전 (관찰/평가)	창업 시
		최적 입지	준최적 입지	의사결정 과정/행태적 입지			
경제적 성격	편리성, 쾌적성	생산성			수익성/편리성	확장성	경제적 만족
목적	거주, 사업/투자					개발	생존/가치실현
지향	개별적 입지					절대적 입지	상대적 입지/개별적 입지
근거	적지론(최유효이용)					적지론 (최유효이용)	입지론 (최적입지)
주체자	실수요자, 자본가(사업, 투자)					창업가, 부동산 소유주	창업가, 점포 개발자

1.2. 창업 입지 모형

지금까지 입지의 개념을 총합으로 실전에서 적용하기 위한 창업 입지 모형을 도출하면 다음과 같다.

입지, 상권, 배후는 각각 다른 말 이라는 것을 알 수 있다. 그러나 〈그림 4-1〉에서 보듯이 입지분석, 상권분석, 배후분석으로 분석적 측면에서 보면 분석이라는 공통점에서 '창업 입지'라는 공통 항목을 도출할 수 있다. 여기서 한발 더 나아가 창업의 실질적 측면에서 보면 입지분석, 상권분석, 배후분석에 상품분석, 점포분석을 추가하게 되면 특정 지역에서 창업입지에 위치한 점포의 기능이 상품 특성과 부합하는 입지 즉 적합한 입지가 도출될 수 있다. 따라서 창업에서 입지는 '융복합적 입지'라고 할 수 있다.

〈표 4-2〉 입지요인의 유형 및 특성

기준	유형	내용	
공간 스케일 기준	지역요인	• 지역경제 여건 • 지역 산업구조 • 지역 내 인구특성 및 소득 • 지역 내 경쟁시설	• 공급 및 구매처와의 접근성 • 도시 인프라 및 네트워크의 접근성 • 각종 편의시설과의 접근성 • 정부정책
	부지요인	• 부지의 물리적 특성 • 부지 및 주변지역의 토지이용 현황	• 부지의 교통량 및 진출입 접근성 • 부지의 가로조건
부동산	보편적 입지요인	• 지역경제 여건 • 인구 • 지가(임대료) • 경쟁여건	• 도시 인프라 및 네트워크 • 각종 편의시설과의 접근성 • 환경요인 • 정부정책
	특정 입지요인	• 산업용 부동산: 원료, 노동력, 운송비, 기술수준, 용수 등 • 소매용 부동산: 고객의 접근성, 고객의 선호와 형태	• 주거용 부동산: 학군, 주민의 사회경제적 구성 등
창업	보편적 입지요인	• 인구요인(연령, 성별, 직업군, 소득군, 배후 세대수, 가구 형태 등) • 지역요인(상권성격, 배후유형, 입지유형 등) • 경쟁요인(경쟁점수, 경쟁규모, 경쟁 접근성 등)	• 매장요인(가시성, 매장 접근성, 면적, 코너형, 전면길이, 주차여부 등) • 비용요인(임차료, 인건비 등)
	특정 입지요인	• 단순 판매: 배후, 동선, 입지, 경쟁입지, 매장여건 • 식음료업: 고객선호, 상권범위를 넓히는 요소 등 • 가치 제공업: 상권평가, 고객 성향 등 • 상권평가요인(상권가치, 배후 성격, 배후유형, 입지유형 등)	• 상권변화요인(상권 확장, 쇠퇴 유형) • 상권 범위/제압 요소 • 상권발전도/상권활성도
입지 요인의 성격 기준	경제적인 요인	• 운송비, 노동비, 집적이익 등 비용최소화 요인	• 인구, 매출액 등 수요극대화 요인
	비경제적 요인	• 개인의 선호, 형태 • 종교, 사상적 신념 • 친분, 고향 등 연고주의	• 사회적 가치 • 상생권

자료: 황규성(2014)의 입지요인을 창업 보편적 입지요인과, 박원석, 『부동산입지론』, 2014, 양현사를 참고하여 재정리.

▶ **창업 입지**location of start up

지리적 공간상의 위치 또는 자리로서 어떤 목적(창업 등)을 위한 상권분석, 입지 분석, 배후분석에 부합하는 자리를 말한다.

▶ **입지요인**location factor

특정 입지(자리)가 가지는 다양한 환경적 특성을 말한다.

▶ **입지선정**selection of location

입지요인을 파악하여 부동산 개발, 생산, 투자, 창업활동 등으로 그 목적을 달성하기 위해 해당 부지 또는 건물의 소유, 사용 권리를 획득하는 과정을 말한다.

▶ **입지분석**analysis of location

특정 목적(개발, 투자, 창업 활동 등)의 입지선정을 위해 공간상 정보(상권정보, 도로정보, 교통정보 등)를 수집하여 그 지점의 입지 활용 목적에 영향을 미치는 요인(보편적 현황과 특정 현황)에 대한 분석을 말한다. 협의의 개념은 어떤 아이템이 특정 위치에서 수요를 얼마나 끌어들일 수 있는지에 관한 분석을 말한다.

▶ **상권분석**analysis of market area or trade area

특정 지역이나 특정 지점에서 시작되는 상행위와 관련된 전반적인 분석을 말한다. 협의의 개념은 특정 아이템이 어떤 상권에서 적절한 수요가 존재하는지에 관한 적합성 분석을 말한다.

▶ **배후분석**analysis of rear

특정 지역에서 상권분석과 입지분석 목적에 부합하는 최적의 위치를 선정하기 위한 동선에 따른 지형적 분석으로 경쟁우위적인 분석을 말한다. 협의의 개념은 생존율을 높이기 위한 입지적 경쟁우위 요인에 관한 분석을 말한다.

▶ **상품분석**analysis of product

상품이 고객에게 제공하는 가치에 대한 일련의 분석을 말한다.

▶ **점포분석**analysis of store

특정 지역에서 특정 점포의 기능적 측면과 점포가 미치는 영향에 대한 전반적인 분석을 말한다.

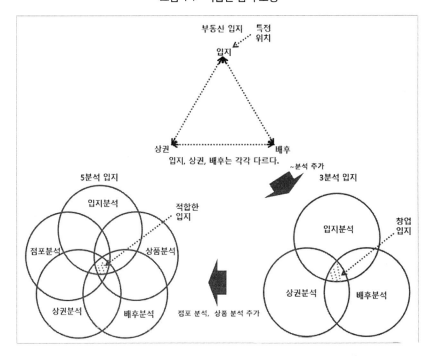

<그림 4-1> 적합한 입지 모형

1.3. 창업 상권 방향성

Huff(1964)는 상권은 고객이 해당 매장에서 생산된 상품이나 서비스 등을 선택할 수 있는 확률이 '0'이 되는 지점까지 지역을 포괄하는 개념이라고 하였다. Appelbaum & Cohen(1966)은 상권은 어떤 점포가 특정한 기간 내 거래를 획득할 수 있는 지리적 범위라고 하였다. Peterson(1974)은 Huff의 개념을 받아들였지만 생산과 소비가 교류되는 거래되는 공간으로써 거래권의 개념을 적용하여 사용하였다.

Jones & Simmons(1993)는 상권은 입지적 특성, 주변 업체와 경쟁, 소비자 구매 형태 등에 따라 특정 점포가 고객을 유인할 수 있는 지리적 범위라고 하였다. 1990 년대 들어서면서 상권 개념은 입지적 특성과 주변 환경 및 경쟁구조 등이 복합적인 관계에서 정의되었다(이연수 외, 2014).

윤종식(2007)은 상권은 단일개념이 아니라 복합적이고 포괄적인 개념이라고 하였 듯이 창업 목적, 상권 분류, 상권 가치 등 매우 다양한 의미로 설명할 수 있기 때문에 유연하게 접근해야 한다. 따라서 상권은 창업 목적에 따라 상권에 진입하는 방향성을 고려하여 trade area, market area, local market area, market power area, business area, market value로 나눌 수 있다.

trade area는 개별 market location과 배후시 소비사와 거래에 의한 상권 개념이다. 따라서 상품력, 경쟁점과 입지적 경쟁보다 소비자 특성 등 다양한 요인을 통해 상품 중심의 거래횟수가 중요하게 여긴다.

애플바움의 1, 2, 3차 상권원리에 해당한다고 볼 수 있다. 소규모 창업 측면에서 가장 중요하게 보는 개념이라고 할 수 있다.

market area는 상품의 확장성 중심으로 상권 방향성을 설정하고 상권의 고유 가치가 중요한 상권으로 상권의 성격과 범위를 중요하게 여긴다. 상권의 범위에 관한 점은 경쟁점 또는 상생점의 관계 파악보다는 영업적 측면에서 전략적으로 출점하는 것이 중요하다. 배달, 택배 중심의 상품, 쉽게 접근하기 어려운 아이템, 고가의 상품인 경우 적용하므로 일반적인 범주를 넘는 상권 반경을 설정한다. 기계, 장비, 가구, 귀금속 등 집재성 점포가 밀집된 경우 구매하기 위해 방문하고 거주하거나 상주하는 곳으로 다시 돌아오기 때문에 다른 소비와 연계성이 낮은 편이다. 따라서 영업가능 지역 설정과 그에 따른 전략이 중요하며, 상권 내 특성에 관한 사항은 주로 market area적 측면에서 접근한다.

local market area는 현지 음식을 중심으로 가치를 전달하는 상권을 말한다. 그 가치가 미치는 영향에 따라 동네 상권이 될 수도 있고 더 넓은 상권이 될 수도 있다. local을 상권에 적용하는 개념은 local food의 개념을 이해할 필요가 있는데 다양한 의미로 정의되고 있다. 월마트 등 대형 유통업체에서는 같은 주에서 재배되고 판매되는 것으로 정의하기도 하지만, Zepeda & Li(2006)은 소비자가 생활하는 지역 또는 인접 지역 농부가 직접 생산하는 식품이나 생산물로 정의하고 있다. 더 넓은 의미로 Hartman(2008), Mebicks et al(2012) 등 여러 연구자는 물리적 및 문화적 요인을 포함하여 제품이 주는 혜택을 포함한 현지 음식으로 폭넓게 해석하여 설명하기도 한다. Durham et al(2009)는 local food의 기준을 고객이 거주하거나 쇼핑하는 곳과 가까운 정도, 이동거리와 시간, 지역 경계, 커뮤니티로 구분하였다. 따라서 소규모 점포창업에서 local이 가지는 중요한 의미는 정(情), 소소한 나눔 등 현지에서 획득할 수 있는 지역프리미엄이 반영하고 있다. 즉 local market area는 local의 개념을 통해 market area라는 특정 상권에 사회제도적 변화 등 여러 가지 환경적인 요인들의 변화로 점차 경쟁에 민감해지게 되어 초보 창업가에게는 가장 어려운 상권이기도 하다. 도시재생, 교통시설 발달 등은 상권 확장에 영향을 미치게 되지만 이후부터는 local market area를 벗어나게 되어 market power가 형성되기도 한다. 또한 최근에는 〈사진 2-4〉에서 보듯이 빅창업으로 지역 특산물을 활용하여 지역에 방문하는 관광객수요를 흡수하는 영향력을 미치기도 한다. 따라서 local market area에서 창업은 상품가치, 콘셉트, 창업가 역량, 매장 규모 등에 따라 상권의 방향성은 달라질 수 있기 때문에 매우 어려운 창업이라고 할 수 있다.

　market power area는 상권 힘에 의해 매출을 기대할 수 있는 상권을 말한다. market power는 사전적의미로 시장지배력이라고 하며, 이는 기업이 한계생산비용mark up보다 높은 가격을 제안할 수 있는 것을 말힌다De Loecker et al., 2020. 시장지배력을 측정하는 데 있어 Bresnahan(1989)과 Berry et al.,(1995)는 한계생산비용 mark up은 전통적으로 이윤 극대화와 결합된 가격, 수량, 특성, 소비자 속성 등 소비자 행동에 대한 데이터와 행동 모델을 필요로 한다고 하였다. 반면, De Loecker & Warzynski(2012)는 한계생산비용(마크업) 추정을 위해 많은 데이터를 통해 생산접근방식을 제안하였기 때문에 체계적인 시장지배력을 예측하였다. De Loecker et al.,(2020)은 평균 이익률은 1980년 1%에서 2016년 약 8%로 증가하였고, 간접비는 총 비용의 15%에서 21%로 증가하였지만, 이윤은 훨씬 더 높은 초과이윤을 발생하였다고 하였다. 즉 간접비가 가장 높은 기업이 가장 높은 초과 이윤을 부과하여 가정 높은 이윤을 얻는다고 하였다. 따라서 market power area는 시장 지배력을 높이기 위한 기업간 무한 경쟁상권을 말한다. 철저히 투입비용, 고정비, 변동비에 의해 수익성을 따지기 때문에 시장 지배력이 미치지 못한다면 생존하기 어렵기 때문에 초보 점포 창업자에게 적합하지 않은 상권이다. 상권 성격에 맞는 상품 선정과 위치, 규모가 중요하다. 지역 대표상권, 대학가 상권, 융복합 상권, 경계환승상권 등이 여기에 해당하므로 불특정다수나 특정 고객층에 대한 공략을 명확히 하여 상권 방향성을 설정한다. 단지, 상품이나 서비스 전달이 상권의 힘에 집중되므로 매장 면적과 위치에 따른 권리금 등 비용적 측면을 고려한다면 틈새측면에서 충분히 고려할 수 있다.

　business market area는 business는 사선석 의미로 사업과 장사를 말하며, 현대 경영학의 아버지라고 불리는 피터 드러커(2006)는 사업은 고객을 창조하는 것이라고 하였다. 여기에 market area와 합쳐지면 고객을 창출하는 상권이 된다. 즉, 일반적인 입지적 요인 외에 영업력, 상품성, 배달 등 창업가 역량 및 다양한 비즈니스적인 마케팅의 차이와 온라인 영역의 확대로 신규고객을 창출하는 영역이 파괴된 상권을 말한다. 따라서 중첩되는 공간적 범위 외에 경쟁점의 입지적 독점 상권에도 상권의 영향이 미칠 수 있다. 배달에 의한 경우는 음식의 보존과 배달 수수료 등 문제로 점포 기준 반경 1킬로미터 이내여야 경쟁력이 있다. 이 경우 배달이 최적화된 상권이며 배달에 최적화된 음식이어야 하므로 그에 적합한 메뉴 콘셉트와 마케팅은 매우 중요하다. 또한 택배 서비스로 더 멀리 상품을 공급할 수 있다. 예를 들어 속초중앙시장의 만석 닭강정은 닭강정 특유의 조리법과 상품성은 식은 음식도 맛있게 즐길 수 있다. 부산의 유명 곱창전골을 양념과 신선한 재료를 잘 포장된 상품을 1일 이내 받아 볼 수 있기 때문에 직접 끓이기만 하면 맛있게 즐길 수 있다. 어린아이와 캠핑을 가기 위해 양꼬치를 주문하였다. 아이들과 함께 캠핑을 가기 위해 전화로 배송날짜를 확인하였고 도착한 날 냉장 포장용기 뚜껑을 열어보니 제품 구매에 대한 감사함과 맛있게 먹는 방법뿐 아니라 아이들 핀과 머리끈이 들어있었다. 춘천에 가지 않아도 닭갈비 맛집의 닭갈비를 저렴하게 맛볼 수 있다. 이 냉동 닭갈비는 냉동 보관으로 오랜 시간 보관하고 즐길 수 있지만 아래 닭갈비는 당일 내장으로 배달되기 때문에 최상의 맛을 제공하기 위해 빠른 시일 내에 섭취하기를 권하고 있다. 이렇게 직접 가지 못하는 고객을 위한 배려와 감성은 고객의 신뢰도는 더욱 높아지기 때문에 재구매로 이어지게 된다. 이렇게 business market area 측면에서는 상권 경쟁보다 고객 배려와 만족을 위한 창업가의 감성적 마케팅 측면이 더욱 강조되는 영역이다. 따라서 business market area는 눈앞에 보이는 상권이 다가 아님을 명심하고 상품력, 마케팅 등 경쟁력을 높이는 노력이 중요하다.

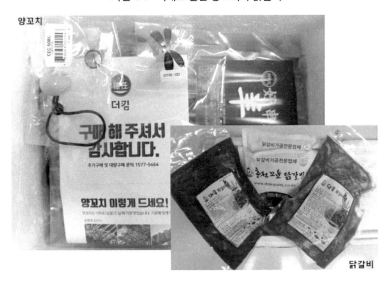

〈사진 4-1〉 택배로 받은 양꼬치와 닭갈비

market value는 〈표 4-21〉의 표를 참고히어 점포가 있는 상권의 내재된 가치를 중심으로 창업가가 제공하는 상품의 가치를 극대화시켜 접근하는 방법을 말한다. 상권은 그 자체가 중요한 것이 아니라 소비자 행동. 심리, 관심 등 다양한 요인을 종합적으로 고려하여야 한다. 따라서 눈에 보이는 소비자의 모습뿐 아니라 고객과 대화, 고객 간의 대화를 확인하는 절차가 중요하다. 고객과 대화는 서베이하는 방법이나 매장에 방문하는 고객과 소통하는 방법이 있고 고객 간 대화는 커뮤니티 정보, 포털 사이트 검색 키워드 등을 통해 인터넷 상에서 이들의 활동을 점검해야 한다. 이렇게 직접 관찰과 인터넷 정보를 통한 분석이 동시에 이루어져야 한다. 예를 들어 지방을 여행을 하다 보면 맛집을 검색하게 된다. 일부 점포는 내비게이션을 통해 겨우 찾아갈 수 있는 곳도 있다. 즉, 찾아가는 맛이 경쟁력인 경우도 있음을 이해해야 한다. 일부는 지역 배후가 튼튼하여 찾아오는 고객도 있겠지만 대부분은 주변 지역을 방문하거나 해당 점포가 있는 지역을 지나가면서 방문하게 되기 때문에 점포가 있는 상권의 주변 시설 등이나 지역 특성이 제공하는 가치를 고려해야 한다. 이렇게 market value는 창업가가 상권의 가치를 명확히 이해하고 내 상품의 방향성을 명확히 제시해야 한다.

<표 4-3> 창업 상권

구분	market area	trade area	local market area	market power area	business market area	market value
상권 방향성	상품증심 확장, 배달 상권	집근싱/ 거래횟수 (내방률, 소비률, 구매률) 단골 거래처 확보 (온라인 채널 확보), 배달상권	이농복적 동선 중심/ 위치와 경쟁입지	시장지배력 높음, 상권 발달도, 유동인구, 입률	상권 경계 파괴(창업가 능동적 측면 강함)	상권에 맞는 상품 가치 제공
특징	상품중심, 영업, 마케팅에 민감	충성 고객에 민감	상품 선택시 편리성 중심, 생활밀착 시설	상권 성장 및 쇠퇴에 민감/ 경쟁상품 비교 전략 민감	상품 콘셉트, 마케팅 영향, 소비자 감성 중심	상품/매장 콘셉트, 마케팅 영향, 소비자 참여, 소비자 감성 민감
이론적 배경	Reilly(1929), Christaller(1933), Palander(1935), Converse(1943), Losch(1954), Huff(1964)	Applebaum(1961), Peterson(1974), 방경식(2011)	Hartman Group (2008), Durham et al., (2009), Megicks et al.(2012)	Hotelling (1929), De Loecker et al. (2020)	Jones & Simmons (1963), 피터 & 드러커. (2006)	Lalonde (1962)

<그림 4-2> 창업 상권 변천 과정

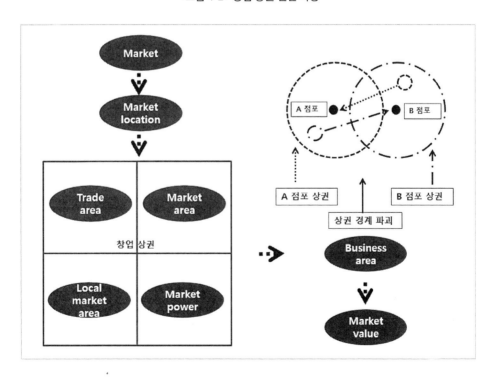

1.4. 창업 상권의 실증적 분석 기법

상권을 분석하는 이유는 고객의 니즈를 파악하고 가치를 제공하기 위함이다. 그러나 단순히 상권의 분석적 기법으로는 고객의 변화, 상권의 변화, 트렌드의 변화 등 다양한 요인으로 인해 창업을 하는 데 어려움이 많았다. 따라서 본서에서는 실증적으로 접근하기 위해 평가적 관점과 분석적 관점을 병행하여 접근하고자 한다. 상권의 평가적 관점은 정성적 구분으로 가치 상권과 관찰적 상권, 소비자 행동과 심리를 중심으로 한 3관찰(상품, 상권, 점포), 상권형성 시기에 따른 접근법으로 구분할 수 있으며 이를 정성적 관찰에 의한 기법이라고 할 수 있다. 지금까지 상권분석은 분석적 관점을 강조하고 있으나 현재 창업 흐름은 정량적으로 확인할 수 없는 다양한 요인이 많다. 이 있다. 분석적 관점은 정량적 구분으로 서베이법, 수학적 상권분석, 통계적 상권분석, 통합 정보 프로그래밍 기법 등이 있다.

평가적 관점은 내 창업 목적에 가장 부합하는지 파악하기 위한 상권의 가치를 평가하는 기법과 소비자 중심의 3관찰(상품, 점포, 상권)에 따른 시점 상권분석 기법인 관찰적 상권으로 구분할 수 있다.

상권 가치market area value는 모든 상권은 나름대로 가치가 있다. 그 가치는 상권을 올바르게 접근하기 위해 구분한 것을 말하는데 창업 상권을 평가하는 기본적인 개념의 상권이다. 관찰적 상권은 상권의 과거를 통해 미래를 파악하는 것으로 창업적 관점에서는 '시점 상권분석'이라고 한다. 상권 측정 측면보다는 상권 형성 과정에 따른 진입 시기에 중점을 둔 상권평가 기법을 말한다.

상권분석적 관점은 서베이법, 수학적 상권분석, 통계적 상권분석, 통합 정보 프로그래밍 기법 등이 있다. 서베이법은 여러 가지 조사 방법을 통해 상권의 현황을 조사하는 기법을 말한다. 가장 기본적인 현장 조사 방법으로 별도로 구분하기보다는 현장 상황에 맞게 다른 기법과 병행하여 활용한다. 수학적 상권분석은 다양한 수학적이고 과학적 모델에 의한 기법으로 애플바움의 고객위치구현법, 컨버스 분기점 모형, 티센다각형 모형 등이 있다. 실제 현장에서는 특정 점포의 상품 소비가 이루어지는 소비 간격과 밀접한 관련이 있기 때문에 생산과 비용적 관점의 농업과 공업 입지

<표 4-4> 창업 상권 실증적 분석 기법

구분			정의	이론적 근거
상권의 실증적 조사 기법 구분	평가적 관점 (정성적 구분)	상권 가치 (market area value)	상권특성에 따른 개별적 가치 부여는 기법	10가지 상권가치
		관찰적 상권 (observation market area)	소비자 중심의 3관찰과 상권 변화 시점에 따른 관찰적 기법	점포관계성, 주택가 변환상권, 도시 리모델링 상권, 도심 재개발 상권, 신도시 집중 상권, 신도시 배후 시설 상권, 배후분석 기법
	분석적 관점 (정량적 구분)	서베이법 (The Survey Technique)	그 지역에 거주하는 세대나 지역에 소재하는 점포를 대상으로 표본을 추출하고, 표본으로 삼은 개인 또는 점포에 대해 각종 조사를 실시하여 상권을 추정하는 기법	방문조사법, 가두면접법, 우송법, 추적 조사법, 고객카드 분석법
		수학적 상권 (The Mathematical Technique)	학문적 기법에 의한 상권 규모 측정하는 기법	레일리 소매인력, 컨버스 분기점, 애플바움 CST(consumer sporting technique) 기법, 티센 다각형허프 모형, 허프수정 (Multiplicative Competitive Interaction) 모형, MNL (Multinomial Logit)
		통계적 상권 (The Statistical Technique)	건물 등 부동산의 위치나 사람의 위치를 기반으로 데이터를 수집하여 측정하는 기법	GIS(Geographic Information system), MMT (Mobile Mapping Technology), LBS (Location Based Service) 등을 기반으로 빅데이터를 활용한 상권분석 기법
		통합 정보 프로그래밍 기법	각 분야의 빅 데이터 수집 분석하여 정보의 가치를 제공하는 기법	소상공인 상권정보 서비스, 서울시 우리마을 가게 상권 분석 서비스

자료: 이상윤(2009), 『상권분석론』, 두남에서 재정리

론보다는 수익적 관점의 상업적 입지론에서 접근하는 것이 더욱 적합하다고 할 수 있다. 상권 규모(매출)에 관한 연구는 레일리의 소매중력모형, 허프모형, 허프수정모형, 애플바움의 유추법, 비율법, 구조 방적식에 의한 회귀모형 등이 있다. 이후 케인의 흡인력 모델, 허프모델, 허프수정모델 등으로 점차 도시 간 흡인 기능에서 상점의 흡인기능으로 응용 발전하면서 다양한 매개변수를 포함하여 본격적으로 수학적 상

권분석기법으로 발전하였다. 이런 연구들은 경험적 연구를 수학적 논리로서 증명하면서 발전한 이론이므로 현재 상권분석의 가장 기본이 되는 분석법이다. 그러나 규범적이고 확률적 이론이므로 현실인 문제로 수학적으로 증명하기 어려운 요소가 많기 때문에 실전에서는 상권 측정의 한 방법으로서 활용하는 것이 타당하다고 본다. 점포입지 선정 기법은 전반적인 상권의 성격을 파악하여 점포 입지를 선정하는 기법으로 넬슨의 소매입지에 관한 연구, 애플바움의 소매입지 결정원리에 관한 연구 등에서 찾아 볼 수 있다.

통계적 상권분석기법은 GISGeographic Information system, MMTMobile Mapping Technology, LBSLocation Based Service에 의한 상권분석 기법으로 지리적 위치나 사람의 위치를 기반으로 각종 빅데이터를 직접 수집 가공하는 기법이지만 정보 수집 범위의 차가 크기 때문에 일반인이 접근하기에는 무리가 있다. 통합 정보 프로그래밍 기법은 각 분야의 빅 데이터를 수집 분석된 정보를 프로그래밍에 의해 정보의 가치를 제공하는 시스템을 말한다. 따라서 일반인은 간단한 조작법으로 원하는 정보를 손쉽게 구할 수 있기 때문에 매우 접근성이 좋다. 대표적으로 소상공인공단의 상권 정보시스템, 서울시 우리마을가게 상권분석서비스, 지오비전 상권정보 서비스, 나이스비즈맵 상권분석 서비스 등이 있다.

학문적 상권분석은 수학적 기법과 결정적 기법으로 나눌 수 있다. 수학적 기법은 상권 경계를 설정하고 상권의 전반적인 시장 규모를 측정하는 과정을 말한다.

1.5. 창업 상권분석analysis of market area for start up

〈그림 4-1〉 적합한 입지 모형에서 보듯이 상권분석은 말 그대로 특정 지역이나 지점에서 시작되는 상행위와 관련된 전반적인 분석으로 창업을 위한 상품과 상권의 적합성 평가를 위한 분석이다. 창업 상권분석에서 창업의 목적은 협력적 관계로서 소비자에게 만족을 주고 자기가 하고자 하는 점포를 오래 꾸준히 운영하는 것이다. 따라서 창업 입지를 토대로 한 상생권(相生圈)이 근간이다.

좁은 의미로 보면 개인이 특정 지역에 특정 업종이나 업태로 안정적으로 시장에 진입하기 위한 과정의 분석을 말한다. 따라서 창업 상권분석은 지역의 발전성을 파악해야 하므로 상권의 시점에 따른 분석이 중요하고 지역에 따라 올바른 데이터를 근거로 상권의 활성도와 존속률 파악이 중요하다. 점포 개발 측면에서 보면 직접 점포 개발을 위한 상권분석과 간접 점포 개발에 의한 것으로 구문할 수 있다. 실무에서는 매출과 관련된 데이터 제공과 상권획정 등은 본사의 도움을 받고, 그에 따른 창업 방향성과 분석은 본인이 할 경우 가장 적합한 상권분석이 될 수 있겠다.

이렇게 선정한 점포를 꾸준히 영위하기 위해서는 부동산의 가치 변화(지역 개발, 부동산 시세 등)를 이해한 후 한국의 입지와 창업 현황에 맞는 상권분석적 소개념과 초미시적 관찰적 접근이 필요하다.

이렇게 상권은 실제 활용에 따라 접근 방법이 다르기 때문에 조금 번거롭더라도 다음과 같이 그 목적을 분명히 해야 적합한 상권분석을 수행할 수 있겠다.

<표 4-5> 창업 상권분석 분류

구분	항목	내용
상권 조사 기법	상권 평가적 관점	상권 가치, 시점 상권분석, 3관찰을 통한 정성적 관찰에 의한 기법,
	상권분석적 관점	서베이법, 수학적 기법, 통계적 기법, 통합 정보 프로그래밍 기법
활용 목적	창업	창업을 위해
	FC 지점 출점	효과적인 지점개설
	기업 활용	마케팅 등
수익창출 과정	부동산/도시계획	투자, 개발
	창업	처음부터 끝까지 창업 활동 중심
	유통 서비스	투자와 생산 활동
적용 시점	사전적 상권분석	창업 전 공간기반 데이터에 근거한 분석
	사후적 상권분석	창업 후 고객 행동과 판매 데이터에 근거한 분석
상권 정보 가공 수준	공공데이터	누구나 활용할 수 있는 데이터로 직접 가공
	가공데이터	QGIS정보시스템 활용 데이터 가공(기업 컨설팅, 프랜차이즈 본사 구축 등)
		소상공인상권정보 시스템, 나이스 비즈맵 등

구분	항목	내용
상권 진입 방향성 (고객 지향을 위한)	market area	상권 확장성과 고유 가치
	trade area	소비자와 상품 중심의 거래 횟수 중요
	local market area	경쟁입지와 이동목적 동선에 의해 매출 기대
	market power	상권의 힘에 의해 매출 기대
	business area	상권 경계 파괴
	market value	상권의 내재된 가치를 중심으로 가치제공
분석 적합성	상권분석	창업 상권 적합성 분석
	입지분석	수요 흡수 극대화 요인 분석
	배후분석	경쟁적 점포 위치 적합성 분석

〈표 4-5〉에서 보듯이 상권 원론과는 다르게 상권분석은 위와 같이 매우 다양한 관점에서 바라볼 수 있다.

상권조사 기법에 따라 평가적 관점과 분석적 관점으로 구분할 수 있다. 평가적 관점은 상권 가치에 대한 평가, 소비자 행동과 심리를 중심으로 한 3관찰(상품, 상권, 점포), 상권형성 시기에 따른 접근법으로 구분할 수 있으며 이를 정성적 관찰에 의한 기법이라고 할 수 있다. 지금까지 상권분석은 분석적 관점을 강조하고 있으나 현재 창업 흐름은 정량적으로 확인할 수 없는 다양한 요인이 많다. 예를 들어 일반적이 소상공인 점포의 평균 매출이 매우 낮고, 매출과 관계된 데이터가 충분히 반영되지 않고, 수요에 비해 소규모 점포 창업 비율이 너무 높아 상권이 좁기 때문에 분석적 접근의 한계가 있기 때문이다. 특히 소비자 이동, 상권 변화, 점포 변화 등 다양한 요인들이 항상 변화하기 때문이다. 이런 측면에서 사이먼, 다니엘 커너먼, 리처드 세일러 교수 등 행동주의 경제학의 주류화도 한 영향이라고 할 수 있다. 이 부분은 각각 파트에서 자세히 다루고 있다.

상권 활용목적에 따라 개인 창업인 경우는 특정 업종이 특정 지역에서 창업해도 괜찮을지 분석하는 과정이고 FC 가맹본사의 경우는 효과적인 지점출점을 위한 분석하는 과정을 말하고 기타 기업은 본사의 판매촉진 등을 위해 분석하는 과정이 있다.

수익창출과정에 따라 접근법에서 점포 창업은 점포 즉 부동산에서 하는 것이므로 부동산에 대한 이해를 해야 한다. 그리고 부동산 즉 점포를 보는 관점이 부동산을 투자하는 사람 또는 건물주의 입장인지 점포를 임차하여 창업을 영위하고자 하는 실제 창업가 입장인지 대형 유통 회사의 상점 출점에 따른 입장인지에 따라 상권에 접근하는 관점이 다르다. 따라서 상권분석은 부동산에 대한 이해와 창업에 대한 이해와 유통에 대한 이해를 충분히 하지 않고서는 정확히 접근할 수 없기 때문에 수익창출 과정에 따라 세 가지로 나눌 수 있다. 부동산 상권분석에서 중심은 움직이지 않는 부동산을 다룬다. 즉 부동산 소유자, 소유 예정자, 관심이 있는 자가 어떤 목적을 위해 그 부동산의 가치를 판단하기 위함이다. 따라서 정부나 지자체의 도시 계획, 도시 재생 사업과 정부나 민간의 부동산 개발, 정부, 민간, 개인의 투자, 소유 이익, 소유 가치를 기준으로 현재 가치를 토대로 미래 가치를 예측하기 위해 넓은 시야로 접근하므로 해당 부동산의 점포 하나하나의 가치에 치중하지 않는다. 이렇게 부동산 상권분석은 주로 도시 계획적 측면과 투자 측면이 강하므로 공공성과 장기적인 발전성과 수익성 위주로 점검하는 것을 말한다. 창업 상권분석은 창업을 목적으로 직접 수익 창출을 위한 활동을 업(業)으로 하므로 처음부터 끝까지 영업을 위한 활동에 전념한다. 따라서 상권의 시점에 따른 분석이 중요하고 지역에 따라 올바른 데이터를 근거로 상권의 활성도와 존속률 파악이 중요하다. (유통)서비스 상권분석에서 그 서비스는 무형과 유형으로 움직인다. 하나는 온라인으로 다른 하나는 오프라인으로 나눌 수 있지만 온라인은 상권을 구분하는 것이 의미가 없다. O2O서비스에서 적용하므로 경계도 없는 단순히 관념적인 구분이기 때문이다. 유형적 측면에서 서비스 상권은 제공하는 주체가 지역 단위(시, 군 등)의 소비자를 대상으로 하는 백화점이나 대형 마트 등 시설물의 투자 가치, 수익, 사회적 기여 등을 고려하여 출점 여부를 결정하기 위한 상권분석을 말한다. 여기서 제공하는 주체는 기업이며 기업이 투자하는 부동산 시설물은 규모가 크기 때문에 건물의 부동산적 가치, 부동산적 임대 가치를 판단하여 철저히 투자 수익에 근거하여 출점한다. 따라서 부동산 상권과 창업 상권의 두 가지 측면을 모두 고려해야 하기 때문에 분석하는 범위와 과정은 더욱 넓고 어렵다.

상권분석의 적용시점에 따라 구분할 수 있다. 사전적 상권분석은 점포 오픈 전 분석으로 공간기반 데이터에 근거하여 최적의 입지선정을 위한 분석을 말하며, 사후적 상권분석은 판매활동, 고객 가치 제공을 극대화하거나 경쟁력을 향상시키기 위한 과정으로 고객 행동기반 데이터와 판매 데이터에 근거한 창업 이후 상권분석을 말한다. 특히 후자의 분석은 고객행동분석의 일환이므로 고객층과 위치 파악을 통해 과학적 데이터 수집과 평가가 중요하므로 비즈니스 데이터 업체나 컨설턴트의 도움을 받는 경우가 많다. 최근엔 개별 점포의 digital transformation(아날로그에서 디지털로 변화하는 환경에 새로운 비즈니스 모델로 대응하는 전략)전략으로 상권 내 순간 이동 고객을 타깃으로 고객에게 맞춤형 상품 정보를 제공하여 고객에게 더욱 편리하고 즉각적인 정보를 제공하고 있다. 예를 들어 it기술의 발달은 고객의 선택을 선제적으로 유도하기도 한다. 예를 들어 2017년 제로웹zeroweb이라는 앱은 초기에 유동인구 파악을 위한 상권분석 앱으로 출시되었다. 현재는 더욱 업그레이드하여 제로고zerogo라는 서비스를 출시하였다. 이 서비스는 소비자 이동과 행동기반 데이터를 통해 소비자에게 맞춤형 정보를 제공하여 소비자를 유인한다. 즉 기존의 소비자의 가시성, 동선 등 입지적 요인에 따른 수동적 유입보다는 특정 점포가 있는 상권에 있는 경우 목적이 결정되지 않은 소비자를 타깃으로 능동적으로 소비자의 취향을 고려한 실시간 점포의 상품 정보하는 데이터 기반의 능동적 분석이 주류를 이루고 있다. 따라서 상권의 성격과 소비자 성격을 고려하여 창업가는 다양한 기술적 마케팅도 고려해야 하는 상황이다.

상권 정보 가공 수준에 따라 공공데이터 분석과 가공데이터 분석으로 나눌 수 있다. 공공데이터 분석은 공개된 인구통계학적 데이터나 정부 기관에서 제공하는 데이터에 따른 분석을 말한다. 누구나 활용할 수 있는 데이터이지만 내 창업의 성격에 따라 정보를 활용할 수 있는 능력이 중요하다. 가공데이터 분석은 직접 가공과 솔루션의 도움을 받는 것으로 구분할 수 있다. 직접 가공은 창업에 필요한 정보를 수집하여 분석에 적용하는 것으로 주로 오픈 GIS프로그램qgis프로그램 등을 활용하여 다양한 빅 데이터를 수집하여 활용하는 것으로 실제 프로그램을 다룰 수 있다면 매우 유용하게 나만의 상권 데이터를 확보할 수 있다. 통합 솔루션 분석은 우리 동네 상권분석 툴이나 유료로 이용되는 분석제공업체의 프로그램에 최소한의 창업 정보를 설정하면서 분석하는 것으로 활용이 간편한 장점이 있지만 데이터의 양과 업그레이드가 충분히 되지 않는 점이 있기 때문에 기본적인 현황을 파악할 수 있는 정도로 활용하는 데 적합하다. 다음 네 가지에 유념하며 점검해야 한나. 첫째, 시간적 융통성을 발휘한 데이터 해석을 해야 한다. 빅 데이터는 실시간 생성되는 비정형, 정형 데이터의 총합이다. 올해 괜찮은 업종도 내년에 바뀔 수 있기 때문에 변화에 따른 차별화된 전략 수립이 중요하다. 따라서 능동적이고 유기적으로 적용할 수 있어야 한다. 둘째, 점포와 관계된 데이터 해석을 해야 한다. 어느 지역에 어떤 업종의 평균 매출이 높더라도 부동산적 요소인 시세와 평균 매장 규모 등을 파악하여 평균 매출이 타당한지를 파악해야 한다. 그렇지 않고 무조건 평균 매출이 높은 지역을 선호하다보면 처음부터 다시 점검해야 할 일이 생길 수 있다. 셋째, 고객 세그먼트를 명확히 구분하여 데이터 해석을 해야 한다. 인구통계학적 데이터는 창업에서 가장 기본적으로 점검해야 할 사항이다. 그러나 창업 상품이나 아이디어가 사용자에게 필요한지 명확히 고객 세그먼트customer segment하지 않고 타겟팅targeting하는 것은 실패 할 확률이 높아진다.

넷째, 상권의 평가적 관점에서 데이터 해석을 해야 한다. 지나친 분석적 관점에서는 창업의 흐름을 이어가기 어렵다. 현대 창업은 데이터 경영을 기반으로 하지만 점포 창업의 경우 고객과 직접 대면이 많기 때문에 감성 경영이 더욱 중요하다. 따라서 고객을 중심으로 한 반복적인 관찰과 평가로 고객 니즈를 파악하여 창업을 만들어가는 과정으로 접근할 필요가 있다.

〈표 4-3〉에서 언급했듯이 상권에 진입하는 방향성에 따라 market area, trade area, local market area, market power, business area로 나눌 수 있다. market area는 상품의 확장성 중심으로 상권 방향성을 설정하고 상권의 고유 가치가 중요한 상권으로 상권의 성격과 범위를 중요하게 여기는 상권을 말한다. trade area는 개별 market location과 배후지 소비자와 거래에 의한 상권 개념이다. 경쟁점과 입지적 경쟁보다 상품 중심의 거래횟수가 중요하게 여긴다. local market area는 배후분석법에 따라 이동목적 동선에 의해 매출을 기대하는 상권을 말한다. 경쟁입지

를 고려한 상권을 말한다. market power는 상권 힘에 의해 매출을 기대할 수 있는 상권을 말한다. 자세한 것은 시장진입 15원칙 중 제4원칙을 참고하기 바란다. 위의 네 가지 기본 상권개념 외에 business area와 market value가 있다. business area는 일반적인 입지적 요인 외에 상품성, 배달 등 다양한 비즈니스적인 마케팅의 차이와 온라인 영역의 확대로 상권 영역이 파괴될 수 있다. 따라서 중첩되는 공간적 법위 외에 경쟁점의 입지적 독점 상권에도 상권의 영향이 미칠 수 있다. 특히 미래 드론, 자율주행 등 기술적 발전과 it기술과 융합된 신소매 환경에서는 더욱 경계가 모호해질 수 있다. 따라서 오프라인 매장은 주행도구와 떨어져 있는 동선에서 더욱 발전할 수 있다. market value는 상권 고유의 가치에 가장 적합한 상품을 제공하기 위한 접근법이다.

분석 적합성에 따라 상권분석은 〈그림 4-1〉의 창업입지를 참고하기 바라며, 세 가지 측면에서 명확히 구분해야 한다. 상권분석은 어떤 콘셉트(상품력, 브랜드력 등)로 창업할 경우 해당 상권에 상권 평가직 관점에서 창업 적합성을 파악하는 과정을 말하고, 입지 분석은 그 상권에서 창업을 위한 어떤 입지가 유효고객을 얼마나 흡수할 수 있는지에 관한 입지적 분석을 말한다. 배후분석은 상권분석과 입지분석을 전제하에 현재 경쟁점 입지 또는 예상되는 경쟁점 입지와 우열을 비교하는 생존적 측면의 분석을 말한다. 따라서 업종과 창업방향성에 따라 상권분석, 입지분석, 배후분석의 비중이 달라질 수 있기 때문에 매우 융통성을 가지고 접근해야 한다.

1.6. 상권분석market area과 배후분석 적용local market area

특정 지역에서 각각의 목적에 부합하는 창업 활동을 위해 경쟁점 위치 미치 미래 진입가능성이 높은 위치를 비교한 동선지형(動線地形)적 분석을 말한다. 즉 위치에 최적화된 분석이며 시장진입 15원칙 중에서 뒤 부분에 위치하게 된다. 이에 대한 구체적인 내용은 배후분석 편에서 다시 자세히 다루겠다.

1.7. 상권분석과 배후분석 민감성 비교

이렇게 창업 방향성과 절차적 관점에서 보면 상권분석과 배후분석은 엄연히 다르다는 것을 볼 수 있다. 실제 현장에서 이를 실무에 적용하여 더 쉽게 구분한다면 다음과 같이 구분할 수 있다.

<그림 4-3> 상권분석적 특성과 배후분석적 특성 비교

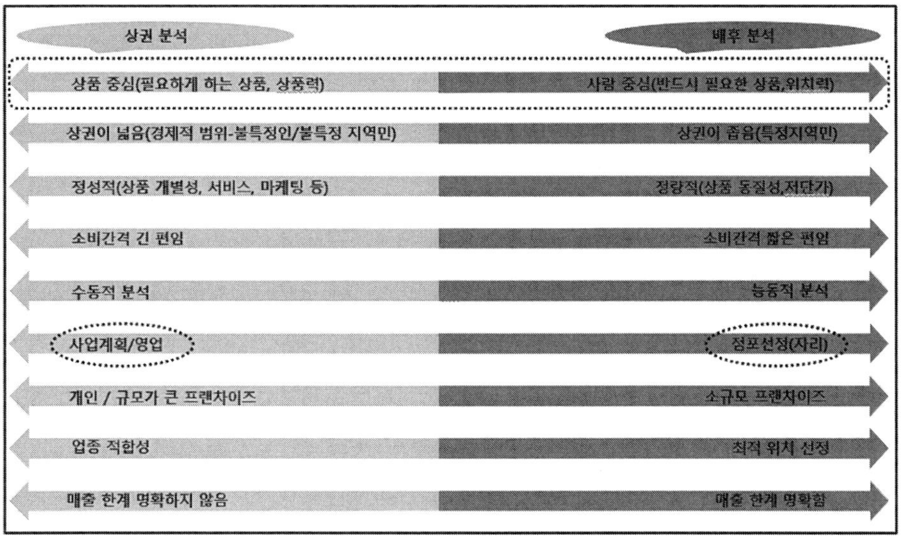

1.7.1. 상권분석적 시장 성격

(1) 상품 적합성 중심

창업 지역과 업종의 적합성 판단이 중요하므로 상품 중심이다. 상품이 중심이라는 것은 어떤 상권에 반드시 필요한 관점이 아니라 여러 경쟁점과 경쟁에서 우위를 확보하기 위해 또는 고객 수요를 자극하여 소비하게 하기 위해서는 필요하게끔 해야 하기 때문이다.

(2) 업종 적합성

어떤 지역에 닭강정 전문점을 창업할 경우 수요가 충분히 있는지 판단하는 과정을 말한다.

(3) 비정형화

상품력, 서비스 전략, 마케팅 전략, 사업주 개인차에 의한 매출차이가 크기 때문에 정량화하기 어렵다.

(4) 소비 간격

상권분석에 민감한 업종은 소비 간격이 길거나 불규칙적이다.

(5) 수동적 분석

지역적 분석이 우선이므로 다소 점포선정 측면이 소극적이다. 즉 위치적인 제약에 덜 민감하다.

(6) 사업계획/영업

상품, 서비스, 마케팅의 포지션이 높기 때문에 충분히 준비한 사업계획과 영업력이 중요하다.

(7) 상권이 넓음(경제적 범위)

필요하게끔 하는 상품의 일반적 특징은 소비 간격이 불규칙하고 대체로 긴 편이다. 따라서 소비자들의 이용하는 지역적 범위가 일반적인 배후의 기준을 넘기   때문에 멀리서도 상품력이나 브랜드력에 의해 찾아오는 고객이 많아야 하기 때문이다.

(8) 비프랜차이즈/빅 프랜차이즈

위의 요소들의 공통적은 프랜차이즈 편의점이나 커피 전문점보다는 스타벅스, 롯데리아, 불고기 브라더스와 같이 규모가 큰 프랜차이즈 업종에 해당한다.

(9) 매출 한계

매출의 범위가 없다. 즉 상권 발달도로 인해 상권 매출 한계를 파악하여 진입하기가 어렵다.

1.7.2. 배후분석적 시장 성격

(1) 사람 동선 중심

창업 적합성 측면에서 반드시 필요한 측면의 상품이다. 타깃 지역이 좁은 편이고 위치에 치중하므로 소비자의 성향과 동선이 중요하다.

(2) 최적 위치 선정

배후분석은 어떤 배후에서 편의점(배후분석에 최적화된 업종)을 창업할 때 현재 시점뿐 아니라 미래에도 경쟁력 있는 매출이 발생하는 위치의 점포를 선정하는 것이다.

(3) 정형화(매출이 데이터화)

편의점과 같은 업종을 창업할 경우 다른 업종에 비해 출점 매출 데이터 분석과 운영 데이터 분석이 용이한 편이다. 따라서 임차료에 민감하여 현재의 임차료에 따른 매출과 앞으로 임차료 상승률에 따른 매출은 수익에 많은 영향을 미친다.

(4) 소비 간격

동선에 민감하고 상권이 좁은 편이므로 소비 간격이 짧은 편이다.

(5) 능동적 분석

배후분석에 민감한 업종은 경쟁입지 접근성 측면과 경쟁입지 측면을 완벽하게 구분하여 점포 선정을 해야 하므로 점포의 위치 선정이 매우 까다롭다.

(6) 점포 선정(위치)

사람 중심의 창업이므로 위치가 중요하다. 특히 배후분석적 창업은 해당 업종의 상품, 동질성이 높기 때문에 더욱 그렇다.

(7) 상권이 좁음(상품 동질)

편의점 라면, 과자와 같은 상품은 슈퍼, 마트, 다양한 소매점 어디에 가도 만날 수 있으며 비교적 객단가가 낮은 업종이다. 따라서 상권이 좁은 편이다.

(8) 소규모 프랜차이즈

비교적 규모가 작은 전용면적 약 100평방미터 이내인 소규모 프랜차이즈 업종이 배후분석에 민감하다.

(9) 매출 한계

매출에 한계가 있다. 즉 대체로 배후를 타깃으로 한 창업이므로 매출 한계가 명확하여 진입 여부를 판단하기 수월한 편이다.

1.7.3. 배후분석 적용 업종의 민감 요소

(1) 상권의 범위는 얼마나 되는지 상권의 범위를 구분하는 기준은 사업주의 판매 범위에 따라 다르다.

해당 업종의 상권의 범위(광의의 상권)가 넓을수록 배후분석법적 비중이 낮다. 따라서 배후분석법에서 배후는 넓은 상권을 말하지 않는다. 그래서 어떤 업종이든지 상권의 범위에 따른 배후분석법이 차지하는 비중을 구분해야 한다.

(2) 일 매출 평균 300만 원을 넘는 경우 배후분석법적 한계 매출을 넘기는 것이다.

300만 원 이하의 매출이 예상이 되는 경우가 해당이 되는 경우로 배후 매출의 한계를 말한다. 물론 모든 업종을 300만 원이라는 매출을 기준으로 할 수는 없다.

따라서 배후분석법적 한계 매출인 300만 원이 최적화된 업종은 편의점, 문구점, 베이커리 전문점, 분식점, 커피 전문점 등이 여기에 해당한다.

(3) 객단가

고객이 한 번 결제하는데 지불하는 평균 비용을 말한다. 객단가가 낮은 업종일수록 배후분석법에 민감하고 동선이 중요하다.

(4) 객수

일반적으로 객단가를 알면 상위 점포와 하위 점포의 객수도 알 수 있다. 객수가 많은 업종 일수록 배후분석법적 동선에 민감하다.

(5) 상품의 동질성은 어떤지

배후분석법에 민감한 업종은 완제품이다. 특히 어디를 가든지 동일한 제품을 만날 수 있다면 그 업종일수록 더욱 그렇다. 대표적인 것이 편의점, 슈퍼, 문구점, 서점, 커피 전문점, 베이커리 전문점, 과일가게, 일반 분식점 등이 여기에 해당한다. 물론 커피와 베이커리, 과일은 일부 질적인 차이로 매출이 다르게 나타나기 때문에 상품의 동질성을 논하기 어렵지만 일반적인 프랜차이즈 점포를 예로 말한다.

(6) 10단위 수익 민감도

업종마다 손익분기점 이후 하루 평균 10만 원의 매출이 한 달에 어느 정도 경영주 수익에 민감한 영향을 주는지 말하는 척도이다. 다음의 사례를 예로 들면 〈표

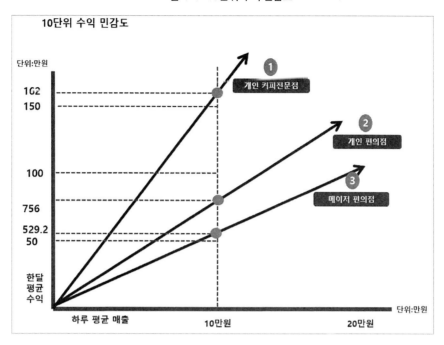

4-6)에서 보듯이 업종에 따라 하루 평균 10만 원의 매출은 월 수익에 미치는 금액은 개인 커피 전문점은 1,620,000원, 개인 편의점은 756,000원, 메이저 편의점은 529,100원인 것을 알 수 있다. 같은 10만 원의 매출이지만 업종마다 마진율의 차이로 이렇게 수익이 달라지는 것이다. 창업가가 여기서 이해해야 하는 것은 10만 원이라는 매출의 무게감을 업종마다 다르다는 것이다. 즉 편의점 10만 원 매출 상승시키는 것보다 커피 개인 커피 전문점 10만 원 매출 상승시키는 것이 어렵다는 것을 이해한다면 커피 전문점 창업은 단순히 커피만으로 승부를 하기에 무리가 있으므로 매우 세심한 준비가 필요하다. 따라서 커피 전문점의 경우 하루 평균 10만 원의 매출은 엄청나게 큰 것이라는 것을 이해해야 하고, 메이저 편의점의 경우 본사와 점주 수익배분률은 일반적으로 3:7이고 개인 편의점의 경우 100%이익을 챙기기 때문에 마진율이 같더라도 메이저 편의점 10만 원 매출 수익차이가 더 적게 발생하는 것이다. 또한 일반적으로 개인 편의점이 메이저 편의점으로 바뀌게 되는 경우 약 30% 이상의 추가 매출을 기대할 수 있기에 다양한 비교를 통해 창업을 준비해야 한다.

단위: 만 원

구분	일 매출 (통일)	월 평균 영업일 수 (30일 통일)	마진율	부가세 (0.9)	수익 배분률	일 10만 원에 따른 월 매출	일 10민 원에 따른 월 수익 차이
개인 커피 전문점	100,000	30	60%	0.9	100%	2,700,000	1,620,000
개인 편의점	100,000	30	28%	0.9	100%	2,700,000	756,000
메이저 편의점	100,000	30	28%	0.9	70%	2,700,000	529,200

개인 커피 전문점

100,000(일 매출액)*30(월평균영업일수)*0.9(부가세)*0.6(마진율)*100%(수익배분율)=1,620,000원\

개인 편의점

100,000(일 매출액)*30(월평균영업일수)*0.9(부가세)*0.28(마진율)*100%(수익배분율)=756,000원

메이저 편의점

100,000(일 매출액)*30(월평균영업일수)*0.9(부가세)*0.28(마진율)*70%(수익배분율)=529,000원

(7) 규모에 민감하지 않다.

배후분석법에서 규모는 업종에 따라 동일성의 차이가 있다. 가령 편의점인 경우 현실적으로 가장 넓은 매장은 약 30평이며 가장 좁은 매장은 약 6평이다. 이 두 매장이 한정된 배후에서만 경쟁한다면 다르겠지만 그렇지 않다면 각자 입지유형이 다르다면 공생관계가 될 수 있다. 그러나 개인 커피 전문점은 어떨까? 한 매장이 약 30평이며 다른 매장이 약 6평이라면 일반적으로는 경쟁이 안 된다.

특히 커피 전문점은 편의성과 휴식공간을 제공하므로 규모에 더욱 민감하다.

물론 예외적으로 유동형 배후이며 소비형인 경우 테이크아웃take-out영업형태로 운영하는 곳과 지역에 관계없이 독특한 경쟁력을 갖고 있는 맛집은 경쟁 규모에 민감하지 않다.

(8) 고객층

배후는 상품보다 사람에 민감하므로 고객층을 알아야 고객층의 배후, 동선을 파악할 수 있다. 물론 배후 성격에 따라 주 고객층이 다를 수 있다. 이런 관점보다는 소비에 적극적인 연령층을 알아야 배후를 접근하는 데 수월하기 때문이다.

(9) 동선에 민감한지

배후 성격에 따른 접근성에 따른 동선과 이동 목적 동선이 디테일하게 적용될수록 배후분석법에 민감한 업종이다.

(10) 자리에 민감한지

어떤 업종이 점포 선정하면서 그 자리가 좋은 자리여야 매출이 시너지가 생기는지 파악하는 관점이 아니라 자리가 나쁘면 운영이 어려운 것을 말한다. 즉 위치가 업종의 성패에 큰 영향을 미친다. 특히 경쟁입지(몇 페이지)에 취약한 업종은 더욱 입지를 철저히 분석해야 한다.

(11) 점포 선정 측면의 업종 분류하기

이 중에서 수요성 업종은 찾는 소비자가 많으면 동종 업종이 몰리는 업종을 말한다. 즉 거리 제한이 없고 창업하기 쉬운 편의점, 커피 전문점, 분식점, 치킨 전문점 등이 대표적인 업종으로 배후분석법에 민감하다.

(12) 프랜차이즈 가맹점 창업

위의 요소들을 점검하며 배후분석법적으로 접근하지만 기술이나 맛의 차이가 확연히 다를 수 있는 외식업은 배후분석법에 덜 민감할 수 있다. 어떤 지역에 어떤 콘셉트로 창업하는지에 따라 확연히 다르기 때문이다. 따라서 보편성이 높은 프랜차이즈 가맹점 창업은 배후분석법적 접근에 소홀히 해서는 안 된다. 이렇게 어떤 업종이든지 위의 13가지는 이해를 한 후, 배후분석법에 얼마나 민감한지 파악해야 한다. 그리고 창업의 6요소 중에서 3대 중점 요소를 점검하여 업종의 비중에 맞는 배후분석법을 적용한다.

시장진입
15원칙 실행

Section   **2**

스티브 블랭크는 비즈니스와 마케팅에서도 엔지니어링과 제품 개발 못지않게 확고한 방법론이 필요하다고 하여 고객 개발customer development 제안하였다. Kazanjian & Drazin(1990)은 성장단계에 부합하는 프로세스와 구조를 채택하는 창업기업이 그렇지 않은 기업보다 더 빠르게 성장한다고 하였다. 이혜영, 김진수(2009)는 성장단계에 적합한 변화를 꾀하지 않은 기업은 성장률이 더 낮기 때문에 조직의 발전 프로세스를 이해하고 단계에 필요한 역량을 갖추어 변화에 적절히 대응하는 것이 필요하다고 하였다. 특히 개인이 점포창업에서 상품을 개발하고 안정적으로 시장에 진입하는 과정은 복잡계에 해당할 만큼 매우 어려운 일임에도 불구하고 창업지식을 지나치게 단순화 하여 더욱 복잡하고 난해한 결과를 초래하는 경우가 흔하다. 따라서 이런 복잡계를 심플계로 바꾸어 맥락을 잃지 않고 문제를 해결할 할 수 있는 프로세스가 필요하다. 부동산 분야에서 넬슨nelson의 소매입지선정 8원칙과 애플바움applebaum의 소매입지 결정원리 10원칙이 있다. 넬슨의 8원칙은 절차적 원칙이기보다는 입지 선정 시 점검해야 할 요인에 관한 내용이 중심이다. 애플바움 10원칙은 제 1원칙인 입지 결정 전 목표결정부터 시작하여 제 10원칙인 미래 경쟁점에 대한 조사를 통해 시장진입에 대한 전반적인 사항을 고려하였다. 본서의 시장진입 15원칙은 애플바움의 소매입지 결정원리와 유사한 측면이 있지만 본서는 상품에 대한 소비자 니즈를 충분히 고려하여 절차적 프로세스로서 접근하였다.

또한 기존 이론은 창업의 유동성, 상대성, 개별성, 복잡성이 충분히 반영되지 못하고 마케팅, 입지와 상권 등에 국한된 점은 오늘날 창업프로세스로 적용하기에는 무리가 있다. 따라서 미국 MIT 슬론 경영대학원 교수인 빌 올렛은 성공적인 스타트업 창업을 위해 24단계 프로세스를 제안하였듯이, 시장진입 15원칙은 소상공인 창업의 핵심프로세스로서 고객개발론, 린스타트업, 러닝린, 창업입지론과 창업데이터 입지론이 융복합된 형태로 매우 유기적이고 능동적 집근을 상소하였다. 특히 빅 데이터는 그 자체가 중요한 것이 아니라 정보를 어떻게 해석하는지, 그 정보를 어디에 적용하는지가 중요하다. 본서에서는 〈표 4-7〉에서 보듯이 창업 검증, 상품 검증, 창업 방향, 상권전략, 입지전략, 판매전략 순서로 창업의 행태적 원리를 반영하여 실제 점포 창업에서 적용해야 하는 사항을 15단계로 제시하였다. 단지 본 프로세스는 상품과 업종이 정해진 것을 가정하여 진행할 수 있는 프로세스이므로 창업 상품에 대한 정확한 방향성이 전제되어야 한다. 제1원칙인 창업가 검증, 창업 준비 검증을 통해 창업 목표를 시작으로 제15원칙인 사업화 및 출구전략을 순차적으로 점검한다.

현장에서 본 프로세스를 구체화하기 전에 다음 사항을 이행하기를 권한다. 창업가로서 준비한 상품이 어떤 상권의 어떤 위치에서 가장 적합할지 상권에 대한 전반적인 스케치를 한다. 간략히 다음의 순서로 진행한다. 내가 하고자 하는 상품이 어울리는 가상의 상권, 가상의 점포, 가상의 소비자를 그려보며 내 상품이 어울리는 상권의 모든 것을 스케치해 본다. 이때 그리는 순서는 다음과 같다. 첫째, 아무 것도 없는 백지에 주변 상권을 고려하지 않는 본래 점포의 모습만 그린다. 둘째, 도로의 지형을 그리며 교통시설의 위치를 그려본다. 셋째, 소비자가 거주하거나 상주하는 배후 세대나 오피스를 그린다. 넷째, 주변 점포의 모습을 가까운 곳에서부터 하나씩 배후 세대 방향으로 그려본다. 이때 점포들이 어떤 업종인지 이름을 적어가며 그려본다. 다섯째, 주요 타깃 고객의 주요 이동 시간 대 모습을 그려 본다.

여섯째, 상권가치를 정의한다.

이후 〈표 4-7〉의 시장진입 15원칙을 통해 간단히 기입해 볼 수 있는 〈그림 4-5〉의 UP(業) 캔버스를 작성한다. 또한 연습장에 상권스케치를 하며 시나리오를 작성한다. 본서에서는 각 단계마다 UP(業) 캔버스(시장진입 15원칙 작성)와 상권스케치에 관한 기입방법을 제시하였으므로 참고하기 바란다.

UP(業) Canvas -Small Business Market entry 15 stage

1.창업 목표 및 검증	2.창업 상품성	3.창업 상품 적합성(시장)	4. 개발 시장(4DM)	5. 창업 상권 방향성
창업 검증 →	상품 검증 →		창업 방향 →	
6.분석 방법 선정	7. 창업 상권 평가	8.창업 상권 확정	9. 창업 상권 조사	10. 매출 생성 방향과 시장 규모 측정
창업 방향 →	상권전략 →			
11.점포 평가	12.점포 선정	13.매출 추정	14. 판매전략	15. 사업화 및 출구전략
입지전략 →		판매전략 →		

제1원칙 창업 목표 및 창업 검증

제1원칙은 창업 검증으로 어떤 분야를 창업을 하는 데 있어 창업가 셀프 검증을 통해 목표를 정하는 것이다. Timmons(2001)는 창업성공모델에서 가장 중요한 것은 창업가 즉 창업팀, 기회, 자원이라고 하였다. 이 세 가지는 어느 하나라도 부족하면 균형이 깨지기 때문에 창업가를 중심으로 사업계획을 전략적으로 합치시키는 것이 중요하고 하였다. 그러나 창업가는 창업성공모델에 있어 가장 중요한 요소이지만 평가지표를 객관화하기가 어렵고 가장 소홀히 할 수 있다. 더구나 소상공인의 창업에 있어 창업가 자세는 기회형 창업보다 더욱 높은 비중을 차지하고 있음에도 불구하고 창업가는 그 중요성을 인지하지 못하고 결과에 심취하여 결국에 실패로 이어지고 있다. 따라서 본서에서는 이에 대한 검증으로 〈표 4-9〉에서 보듯이 창업 검

구분	단계	내용
제1원칙(창업 목표 및 창업 검증)	창업 검증	창업가 목표(미션, 비전) 및 적합성 검증, 창업가 검증, 창업 준비 검증
제2원칙(창업상품성)	상품 검증	상품 고유 가치, 상품 고객 가치, 고객 고유 가치, 창업 상품 목표 테이블
제3원칙(창업 상품 적합성)	상품 검증	상품 성격에 따라 시장 선정
제4원칙(개발시장)	창업 방향성	lean product development market, research product development market, lean market area development market, research market area development market
제5원칙(창업 상권 방향성)	창업 방향성	market area, trade area
제6원칙(분석 방법)	창업 방향성	배후분석적 방식, 상권분석적 방식
제7원칙(창업 상권평가)	상권전략 (상권분석)	창업 상권 적합성(NLV), 상권가치, 4N(3단계 가치영역, 4N 피라미드 matrix 점포 퍼널
제8원칙(창업상권획정)	상권전략 (상권분석)	구체적 상품 판매 범위 획정
제9원칙(창업상권조사)	상권전략 (상권분석)	상권조사(인구통계학적, 사회경제적, 업종현황, 지역현황 등), 점포 영향 평가, 조사기법 등
제10원칙(매출 생성 방향/ 창업상권 규모측정)	상권전략 (상권분석)	매출 생성 방향, 1차 매출 추정, 손익추정
제11원칙(점포 평가)	입지전략 (점포분석, 입지분석)	점포기능, 점포관계성(보완성, 대체성, 연계성, 잠식성, 독립성, 전략성), 제1 경쟁점 평가
제12원칙(점포선정)	입지전략 (점포분석, 배후분석)	점포 선정 5대요소(배후, 동선, 입지, 경쟁입지, 매장여건), 점포선정 변화율
제13원칙(매출추정)	판매전략	판매가격 결정, 2차 매출 추정
제14원칙(판매전략)	판매전략	상품 콘셉트, 매장 콘셉트, 홍보 채널
제15원칙(사업화 및 출구전략)	판매전략	목표 충족 시 사업화 및 목표 미달시 출구 전략

증은 창업가 검증과 창업 준비 검증으로 구분하여 제안하였다.

창업 검증은 크게 네 가지를 점검해야 한다. 첫째, 자아실현을 통한 목표를 설정하는 창업가 검증이다. 즉 나의 과거, 현재를 통해 자신의 가치를 정의하고 미래 창업방향성과 목표를 정한다. 짐 콜린스와 제리 포라스(2002)는 '성공하는 기업들의 8가지 습관'에서 가장 중요한 것은 명확한 목표를 설정하는 것이라고 하였듯이(백남길, 2017), 창업을 하는 데 있어 목표에 관한 부분은 아무리 강조해도 지나치지 않는다. 입지론에서도 애플바움의 소매입지 결정원리 10원칙 중 제1원칙이 목표인 것과 같다고 할 수 있다. 에릭 리스는 성공적인 스타트업 창업을 위해서 첫 번째로 강조하는 것은 누가 창업하며, 스타트업에 대해 정의하는 것이라고 하였다. 따라서 창업가는 내가 제공하고자 하는 상품이 고객에게 어떤 가치를 제공하는지 스스로 미션mission을 던지고 이를 수행하기 위한 비전vision에 대한 고민을 한다. 특히 본서에서 강조하는 목표는 더 철학적인 측면에서 충분한 시간을 두고 내가 무엇을 위해, 왜 창업을 하려는지에 관한 깊이 있는 성찰의 과정을 요구한다. 이런 중요성을 반영하여 스타트업 중에 볼드피리어드라는 회사는 differ라는 플랫폼을 통해 일과 창업하는 과정에서 방황하고 즐거움을 찾지 못하는 이들에게 자신의 정체성을 찾는 데 도움을 주고 있다. 이를 통해 자신을 정의하고 삶과 일의 방향성을 찾는 것이다. 둘째, 창업가 적합성 검증이다. 내가 하고 싶고, 좋아하고, 잘 할 수 있는 것에 대한 것을 말한다. 즉 하고 싶은 일을 해야 미련이 없고, 좋아하는 일을 해야 즐겁게 슬럼프(고비)를 이겨낼 수 있고, 잘 할 수 있어야 성공 확률이 높기 때문이다. 창업가는 경영자이므로 그 업을 하는데 창업가로서 적합한지에 대해 스스로 점검한다. 이 부분은 실전에서 〈그림 1-14〉와 같이 점검할 수 있다. 셋째, 창업가 역량 검증이다. 창업가 역량은 창업가 자세 역량(심리적 측면)과 창업가 운영 역량(행동적 측면)으로 나눌 수 있다. 창업가 자세 역량(심리적 측면) 검증은 겸손, 성실, 간절함, 인내, 기업가정신과 창업 신념에 대한 검증이라고 할 수 있다. 이 사항들이 중요한 이유는 창업은 철저히 준비해도 어려움을 겪게 되기 때문에 포기하지 않고 고객을 향한 쉼없는 개선과 실행력을 발휘할 수 있어야 성공할 수 있기 때문이다. 실제 권용석(2021)은 프랜차이즈 편의점 다점포운영자에 대한 심층인터뷰에서도 다점포운영 성공요인으로 간절함과 근면이 가장 중요하다고 하였다. 특히 모든 성장단계에서 공통적으로 중요한 사항임을 강조한 것으로 보아 이는 가장 기본적인 자질이라고 할 수 있다. 창업가 운영 역량(행동적 측면) 검증은 창업가 운영 능력에 대한 검증이다. 즉 창업가의 해당 분야 전문성, 근무자 관리, 창업스킬에 관한 것을 말한다. 이런 행동적 측면의 창업역량은 교육 등통해 후천적인 노력으로 이루어질 수 있기 때문에 성공 확률을 높이기 위해 자격증

취득, 경험 축적, 꾸준한 관찰과 공부를 하는 것이 중요하다. 실제로 남정민(2014), 김용태(2017), 박재춘 & 김성환(2017), 이혜영 & 김진수(2018) 등 많은 연구에서 창업가 역량은 창업의지와 성과에 가장 큰 영향을 미치는 것으로 연구되었다.

다음으로 창업 준비 검증은 세 가지를 점검한다. 첫째, 핵심사원 검증이다. 핵심자원은 창업단계와 창업경영 단계를 나누어 볼 수 있다. 창업단계의 검증은 창업가 핵심업무, 창업자금, 창업 멘토, 업무 파트너, 업무 프로그램, 협력거래처 등에 대한 것으로 초기 창업시설과 시스템 구축, 운영 인력 구축, 중요의사 결정 시스템에 대한 검증을 말한다. 특히 공통적으로 인력 구축에 관한 사항은 매우 중요하게 다루고 있으며 성장단계에 따른 중요의사 결정은 창업 멘토의 도움이 결정적인 영향을 미친다고 볼 수 있다. 창업경영 단계는 마케팅 등 지속적인 경영지원에 관한 것을 말한다. 둘째, 창업환경 검증이다. 창업의 외부 환경인 창업지원정책, 트렌드, 창업 시점, 도시개발 및 재생사업, 주4일제 이슈 등에 대한 사항과 창업의 내부 환경에 대한 업종 이해(구조적 이해, 업종성 이해, 핵심적 이해) 검증을 말한다. 창업 외부 환경은 시장의 정부 정책, 성장성과 성장단계를 파악하여 창업 교육과 지원을 받을 수 있고, 적절한 창업 시점과 창업 방향성을 그리는 데 도움을 준다. 특히 제2의 코로나 등장 및 주 4일제와 같은 이슈는 차후 상권변화에 많은 영향을 미칠 수 있기 때문에 상권선정과 대응할 수 있는 운영방안을 충분히 고려할 필요가 있다. 창업 내부 환경은 창업을 시작하기 전 사업의 성패를 가를 수 있는 업종 이해에 대한 사항으로 예비 창업자 단계에서 스스로 공부를 해야 하는 사항으로 구조적 이해, 핵심적 이해, 업종성 이해가 있다. 구조적 이해는 자금과 관련된 현금흐름 구조, 전반적인 사업흐름에 대한 사업화 구조, 창업의 제도, 경쟁 등에 대한 환경 구조로 나눌 수 있다. 현금흐름에 대한 구조는 매출/수익 구조, 투자 및 재투자 구조, 사업화 구조, 손익계산 등 투자금과 관계된 것으로 막연한 투자 수익만을 말하지 않고 중장기적인 영업을 고려하여 준비해야 하는 사항이다. 매출/수익 구조는 앞서 설명한 10단위 수익 민감도 등이 여기에 해당한다. 감가상각의 경우 투자 및 재투자 구조는 투자금과 시설물 감가상각 등에 관한 사항이다. 투자금은 일정 기간 이후 투자금 회수율이 높은지 낮은지 파악해야 한다. 메이저 프랜차이즈 편의점의 경우 회수율이 90% 이상이며 개인 창업은 수익,

매출, 상권 형성 정도에 따라 회수율은 유동적이지만 인테리어, 집기 등은 감가상각으로 회수율은 매우 낮다고 볼 수 있다. 프랜차이즈 가맹점 창업의 경우 본사와 가맹계약에 의해 일정 시점(3~5년)엔 시설물 보강이나 재시공 등을 해야 하므로 그에 따른 재 투자비용이 발생한다. 따라서 새로운 인테리어나 시설물 구입을 하게 되면 오래 사용할수록 사용가치가 감소하므로 사용가치 만큼 감가되는 금액은 비용으로 처리해야 하므로 수익과 비용구조를 명확히 이해를 해야 한다. 손익계산은 재료 원가, 제조원가 등 비용요인에 대한 이해를 통해 고객에게 전달하고자하는 상품의 가치를 측정하여 손익분기점을 맞추는 것이다. 그래야 창업 준비단계뿐 아니라 실제 영업하면서 시장 상황에 따라 탄력적으로 대응할 수 있다. 사업화 구조는 창업을 함에 있어 사업계획에 따른 창업방향, 상품개발, 상권 및 입지, 고객이해, 마케팅, 재세공과금 등에 대한 전반적인 절차와 그에 따라 준비해야 할 것들을 스스로 점검하는 것을 말한다. 사업을 확장하는 경우 프랜차이즈 사업 구축도 해당된다. 핵심적 이해는 특정 업종 또는 브랜드를 창업히어 5년 이상 효율적인 영업을 유지하기 위한 핵심적 사항을 이해하는 것을 말한다. 개인 배달업종인 경우 차별화된 마케팅과 서비스 전략, 프랜차이즈 창업인 경우 가맹본사 선정방법, 재계약과 관련된 사항, 개별 업종의 나만의 노하우 등 이라고 할 수 있다. 따라서 오랜 경험에 의해 터득할 수 있는 사항이지만 선배창업자의 조언을 통해 파악한다. 업종성 이해는 창업 9력과 상품의 고유의 성격에 따른 것으로 업종의 근본적 가치에 대한 것을 말한다. 독립성, 수요성, 틈새성, 서치성, 콘텐츠성, 팩킹성, 집재성, 양립성, (상품)위치성으로 나눌 수 있다. 주로 업종의 현장 경험과 관련된 사항이라고 볼 수 있다.

독립성은 다른 업종과 함께 있는 것보다 홀로 있으면서 충분히 자체 수요가 확보되는 업종을 말한다. 수요성은 특정 업종이 특정 지역에서 매출이 잘 나오면 금세 경쟁점의 진입이 발생하는 업종을 말한다. 대체로 진입 장벽이 낮은 업종인 경우가 대부분이다. 틈새성은 비교 업종을 통해 우리 업종의 출점 척도를 평가할 수 있는 것을 말한다. 동종 틈새성과 이종 틈새성으로 나눌 수 있다. 서치성은 희귀성이 높은 업종이나 브랜드의 경우 소비자가 찾아와서 구매하는 업종이다. 콘텐츠성은 상품의 개성이 높고 높은 질적 수준을 기대하는 상품의 업종성을 말한다. 따라서 수제버거는 일반적인 동네 상권에서는 적합하지 않기 때문에 상권의 성격이 명확하고 타깃이 명확한 상권에 적합하다. 팩킹성은 상품의 본질 이외에 포장 등으로 인해 상품의 구매 가치를 높일 수 있는 업종이나 상품을 말한다. 즉 상품의 콘셉트화에 민감한 업종으로 추로스와 같은 간식류나 떡볶이와 같은 분식점이 여기에 해당한다. 이런 업종이 살되는 지역은 반드시 해당 프랜차이즈 본사가 진입하려 할 것이다. 집재성은 동종의 여러 점포가 함께 모여서 영업을 해야 잘 되는 업종을 말한다. 양립성은 보완 관계에 있는 업종이 함께 마주보거나 나란히 있어 매출에 시너지가 생기는 업종을 말한다.(상품)위치성은 고객이 인식하는 상품이나 브랜드의 위치를 말하는 것으로 고객이 특정 상품에 대한 인식의 차이를 설명할 때나 소비자 인구통계학적 특성에 따라 차이와 지역에 따라 설명할 때 적용한다. 예를 들어 고객이 인식하는 상품이나 브랜드 인식의 차이를 설명할 때 이바돔 감자탕, 조마루 감자탕, 원당 감자탕에 대한 각각의 기대치가 크지 않기 때문에 감자탕이나 뼈해장국은 고객이 느끼는 브랜드 또는 상품 차별성이 크지 않은 편이다. 이 상품은 일정 수준 이상의 맛을 제공하지 못하면 고객의 눈에서 멀어지기 때문이며 개인이 진입하여 독보적인 상품력을 내기 어려운 상품이다. 따라서 이들 브랜드는 상품 위치성이 비슷하여 무리하게 경쟁하지 않는 것이다. 단지 이바돔은 가족 외식을 추구하므로 어린이 플레이그라운드 등을 제공하므로 대형매장으로 출점하며, 원당감자탕은 직장인의 다양한 선택을 제공하므로 직장인이 많고 부담 없이 식사를 원하는 고객을 타깃으로 24시간 영업을 집중하고 있으며, 조마루는 정통 감자탕을 주거중심의 접근성 좋은 위치에 출점하므로 각각의 타깃 상권과 전략이 다를 뿐이다. 따라서 개별 창업가는 이러한 상품 위치성을 이해하여 상권 내 다른 업종과 관계성을 파악하여 소비자 행태적 측면에서 진입을 고려하는 것이 중요하다. 반면 설렁탕은 사골과 고기의 질이 핵심이므로 사골 육수에 대한 신뢰와 김치 등 부수적인 찬의 맛이 조화를 이루어야 하고, 소비자가 편하게 방문하기 어려운 위치의 업종이므로 강력한 상품력을 요구하므로 상품 위치성의 차이가 크다고 할 수 있다. 생태탕은 대중적인 음식이지만 비교적 값이 비싸서 상품 위치성의 차이가 크기 때문에 정말 창업 상품성이 뛰어나지 않다면 창업하여 성공하기 쉽지 않다. 생태탕은 상품 단종성도 낮아서 다른 메뉴와 호환도 쉽지 않아서 일반적인 맛으로 고객을 유치하기 어려운 업종이다. 또한 인구통계학적 특성에 따른 상품 위치성은 고객층에 따라 차이가 클 때 설명할 수 있다. 예를 들어 대학가 학생을 상대로 하는 밥집은 저렴하며 간편하고 본능적인 맛에 민감하므로 맛에 대한 질적 퀄리티에 덜 민감한 편이므로 상품 위치성이 낮은 편이다. 그러나 입맛에 까다로운 소비자가 많은 상권은 질적 퀄리티에 민감하다. 예를 들어 비교적 소득이 높으며 매일 점심식사를 하는 오피스가의 경우 의외로 상품 위치성이 높기 때문에 기존 음식이 상품 위치성이 낮을 경우 고객은 금세 변심하고 다른 매장으로 이동을 한다. 따라서 이런 상권에서는 업종이 다르더라도 소비자가 요구하는 상품 가치를 찾기 위해 경쟁 상품 분석으로 경쟁력있는 상품성을 제공하는 것이 중요하다. 그러나 상품동질성이 높은 편의점의 경우라면 상품 위치성이 유사하기 때문에 경쟁입지분석이 중요한 것이다. 또한 지역에 따른 상품 위치성의 차이도 있다. 예를 들어 강남 고급 주거단지에 있는 파리바게트는 베이커리 전문점으로의 인식보다는 보편적인 빵집의 이미지가 강하나. 더욱 특화되고 전문화된 베이커리 전문점이 많기 때문이다. 그러나 지방 중소도시에서 ○○베이커피는 지역민의 요구를 충족시키기에 충분할 수 있어서 더욱 장사가 잘 되는 경우가 많다. 따라서 특정 브랜드라도 지역에 따라 고객이 상품에 대해 인지하는 정도는 차이가 날 수 있다.

이렇게 업종과 브랜드에 대한 기본적인 이해는 필수이다. 개인 창업가의 레벨 차이가 크기 때문에 외식업은 상대적으로 어려운 창업이 될 수 있다.

셋째, 창업전략 검증이다. 한정화의 ERIS모델에서 전략을 강조하였듯이 상품 수명주기, 브랜드 수명주기, 해당 업종의 성장단계에 따른 중점 업무에 대한 이해를 통해 전략적 경영에 대한 검증을 말한다. 특히 트렌드 창업이 많은 우리나라에서 고용 불확실성, 임금상승, 경쟁 등으로 가장 중요한 업무는 경영자가 주도적이어야 즉시 대응하여 리스크를 최소화할 수 있다. 또한 업종에 따라 성장단계 모델과 적용 가능한 성공요인의 차이가 있을 수 있기 때문에 적절히 점검하고 적용해야 한다. 점포창업은 외부요인에 따른 수요이동과 상권의 변화가 발생하므로 전략에 대한 검증 자체가 중요한 것이 아니라 초기 상품개발 단계에서 상품 콘셉트, 매장 콘셉트, 브랜드 콘셉트를 명확히 하여 브랜드 정체성을 완성하는 것이 전략의 핵심이다. 특히 프

구분	내용	적용사례
독립성	상권 형성과 관계없이 홀로 영업하는 것이 유리한 성격	편의점, 마트, 부동산 등
수요성	매출이 있는 곳에 동종 점포가 과도하게 몰리는 성격	커피 선분섬, 낚시전문점 등
틈새성	틈새 상권 진입에 적합한 성격	틈새업종, 틈새전략, 틈새상권
서치성	고객이 필요에 의해 찾게 하는 성격	열쇠, subway 등
콘텐츠성	상품의 개성이 강한 상품의 성격	전문성 높은 상권에 적합(수제버거)
팩킹성	대중적 일반상품을 프랜차이즈화가 수월한 성격	추로스와 같은 간식류, 떡볶이와 같은 분식점 등
집재성	동종업종이 몰려있으면 잘되는 성격	고깃집 등
관계성	두 점포의 관계에 따른 영향을 미치는 성격	마트와 편의점, 하이마트와 디지털 프라자 등
상품 위치성	소비자가 어떤 상품이나 브랜드들의 질적 차이를 인식하는 정도에 따른 성격(product level)	감자탕 등(조마루 감자탕, 이바돔 감자탕, 왕뼈 감자탕)

랜차이즈 창업인 경우 가맹본사는 브랜드 수명주기에 따른 태동기에서 발전기로 이동하는 단계에 있는 경우 프랜차이즈 캐즘chasm[2]으로 인해 가맹점은 가맹본사로부터 최적의 지원을 받지 못하여 불이익을 받는 경우가 있다. 따라서 가맹본사의 브랜드 발전 단계에 따른 다양한 상황을 파악한 후 창업해야 한다. 〈표 4-9〉는 한정화(2015)의 ERIS모델에서 창업 성공요인인 창업가Entrepreneur, 자원Resource, 산업 환경 Industry Environment, 전략Strategy을 토대로 시장진입 15원칙의 1원칙인 창업검증과 비교하여 재구성한 내용이다.

이렇게 창업 준비 검증은 최근 남정민(2019) 등 많은 연구에서 창업 자체보다 준비 단계에서 얼마나 효과적으로 준비했는지가 중요한 성공요인으로 보고되었다. 그러나 이에 대한 검증 과정은 스스로 해야 하기 때문에 얼마나 냉정하게 검증하는지가 중요하다고 할 수 있다.

---

2 캐즘(chasm)이론은 실리콘벨리에서 활동하는 컨설턴트인 조프리 무어(Moore) 박사가 주장한 이론이다. 특히 로저스(rogers)의 수용자 범주 분포와 상품수명주기 모델과 소비자 집단 유형을 결합하여 혁신수용자, 조기수용자, 전기다수수용자, 후기다수수용자, 지각수용자 등 다섯 가지 유형으로 나누어 모형화하였다.

<표 4-9> ERIS 모델과 창업 검증

ERIS 모델	창업 검증(시장진입 15원칙)		
	검증	항목	요인
창업가 (Entrepreneur)	창업가 검증	창업가 검증 (자아실현 목표)	나의 과거, 현재, 미래 위치 이해
		창업가 적합성 검증	1+6 트라이앵글 모델
		창업가 역량 (심리적 측면 창업가 역량) 검증	겸손, 성실, 간절함, 인내, 기업가정신 등
		창업가 운영 역량 (행동적 측면 창업가 역량) 검증	전문성, 창업스킬
자원 (Resource)	창업 준비 검증	핵심자원 검증	자금, 창업 멘토, 업무 파트너, 업무 프로그램, 협력거래처, 자격증, 경험 등
산업 환경 (Industry Environment)		창업환경 검증	업종의 구조적 이해/업종성 이해/핵심적 이해, 창업의 제도적 환경, 경쟁적 환경 등
전략 (Strategy)		창업전략 검증	성장단계에 따른 핵심 업무의 전략적 운영, 상품 콘셉트, 매장 콘셉트, 브랜드 콘셉트 등

출처: 권용석(2020), 「편의점 창업 성장단계에 따른 성공요인 적용 방안에 관한 연구」, 『벤처창업연구』, 15(5), 261-276 재구성.

위 내용을 통해 창업 목표를 세우고 기획을 한다. 창업 분류상 점포 창업 목적 중 해당사항을 명확히 정해야 한다. 이를 통해 up 캔버스를 작성한다.

• 업 캔버스

1) 창업 검증을 통해 강점과 약점을 기입한다. 보완할 사항과 해결책을 기입하고 창업 목표를 작성한다.

본서는 초보창업가가 스스로 창업준비과정에서 점검하고 검증하기 위함이다.

• 상권 스케치

1) 창업 검증 및 목표

창업 아이템이 가장 잘 어울리는 매장과 상권을 머릿속에 떠올린다. 출근과 퇴근

까지 전 과정을 떠올리면서 5년 이후의 모습을 그려보며 목표에 도달할 수 있는지 상상해 본다.(머릿속 스케치)

세2원칙 창업 상품성

창업 상품성은 창업 방향 잡기에서 가장 중요한 상품평가를 말한다. 어떤 창업이든 창업 아이템의 브랜드 정체성, 목적성 등을 정확히 구분해야 최적의 상권을 찾아 적합한 상권전략과 입지전략을 수립할 수 있다. 창업상품성은 What, Who, Why, When, How, Where에 입각한 상품에 대한 목표 테이블을 작성하여 창업 상품의 방향성을 구체화한다. 이 부분이 명확할수록 적합한 상권평가와 최적의 위치선정은 물론이고 경쟁 마케팅이 가능한 것이다. 특히 Whycustomer value proposition가 명확해야 Whatproduct value proposition이 명확해질 수 있다. 따라서 내 상품에 대한 정확한 이해가 부족한 상태에서 적합한 상권과 위치를 찾는 것은 비효율적이고 예상 밖의 결과가 발생할 확률이 높기 때문에 시간을 두고 철저히 준비해야 한다. where는 창업 전 준비단계인 5W 1H를 통한 점포 위치선정에 대한 종합적인 부분이므로 시장 진입 15원칙에서 종합적으로 다루겠다. 다음의 가, 나, 다, 라는 상품 평가 테이블 항목이므로 충분히 점검하기를 바란다.

가. Whatproduct value proposition

what는 소비자가 왜why 이용하는지에 대해 눈으로 가늠할 수 있는 평가척도라고 할 수 있다. 단지

고객이 실질적으로 원하는 것이 상품 자체인지 상품이 제공하는 서비스인지 명확히 구분해야 한다. 상품이 제공하는 서비스는 매장의 분위기, 시설의 규모, 편리성 등으로 고객은 상품자체보다 그 공간에 대한 선호도를 요구하는 소비자의 욕구를 반영해야 한다. 예를 들어 특정 상권에서 커피 자체적인 상품 수요보다 커피 전문점이 제공하는 안락하고 편안한 공간이 제공하는 편리성에 대한 니즈가 더 높은 경우

도 있기 때문이다.

(가) 일반상품성

일반상품성은 매우 간단한 비교이지만 반드시 〈그림 4-6〉와 같이 구분하여 보기를 바란다. 가장 먼저 일반 상품성이 대중적인지 비대중적(대체로 전문적)인지 구분한다. 즉 상품 자체가 많은 사람들에게 친숙한 상품인지 그렇지 않은지 상품을 구분하는 것으로 상품력을 측정하는 데 가장 기본이 되는 것은 대중성이다. 그러나 이 대중성은 정도에 따라 포괄적 대중성comprehensive popularity, 즐기는 대중성enjoyable popularity 대중성, 인식적 대중성cognition popularity로 구분할 수 있으며 포괄적 대중성이 가장 범위가 넓다고 할 수 있다.

포괄적 대중성comprehensive popularity은 비교적 다양한 연령층이 고르게 인식을 하며 즐기는 자주 접할 수 있는 상품성을 말한다. 상품의 질적 차이에 따라 상권 범

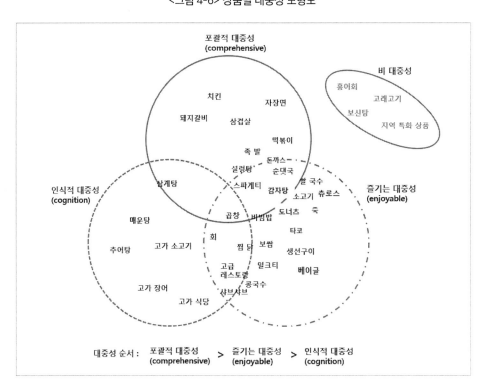

<그림 4-6> 상품별 대중성 모형도

위는 달라지므로 그에 맞는 상권 찾는 것이 중요하므로 창업적 관점에서는 생각보다 어려운 창업이 될 수 있다. 일반적으로 곳곳에서 즐길 수 있기 때문에 경쟁이 높은 편이다. 많지 않다면 높은 상품력을 요구하는 업종인 경우이다. 예를 들어 설렁탕, 순댓국, 피자는 대중적이다. 그러니 설렁탕은 전 연령층에서 대중적이고 순댓국은 20대 이후부터 집중적으로 대중적이고 피자는 10~40대 연령층에서 집중적으로 대중적이며 차츰 전 연령층으로 확산되고 있다. 특히 순댓국은 체인점이 적었던 한식메뉴였으나 체인화로 급속도로 확산되어 어디를 가든 쉽게 접할 수 있게 되었다. 따라서 브랜드 충돌로 배후분석적 요인(창업 동선)에 의한 입지 경쟁이 높아졌다. 닭꼬치는 상대적으로 진입 장벽이 낮으면서 포괄적인 대중성이 있는 메뉴이다. 그러나 최근에는 상품성을 높인 창업가가 늘어나고 있고 적합한 상권이 한정되어 있기 때문에 업종의 성격을 충분히 이해를 하는 것이 중요하다.

즐기는 대중성enjoyable popularity은 즐기는 사람만 즐기는 성향이 강한 대중성을 말한다.

소비자의 취향이 명확한 편이며 보통 상품 변형이 많은 편이며 소비자는 확실한 질적 차이를 원한다.

상품의 대중성 파악이 어려운 것은 상품성이 이동을 하기 때문이다. 가령 비교적 고가의 쌀국수는 즐기는enjoyable 대중성에서 현재는 매우 포괄적 대중성 상품으로 이동을 하고 있으며 일부 지역은 브랜드 충돌 현상도 발생하는 업종으로 성장하여 상대적으로 희소성이 줄어들었다. 여전히 포괄적 가성비와 즐기는 고퀄리티군으로 나뉘어 있고 자장면처럼 포괄적이지 않기 때문에 상권을 정확히 평가해야 하는 어려움은 있다. 식사가 서구화되고 간편화되면서 햄버거, 타코 등도 점점 즐기는 성향 쪽으로 변하고 있다. 햄버거는 수제 햄버거를 중심으로 체인점이 늘어나고 있고 타코 또한 이태원에서 최고의 인기 메뉴 중 하나가 된 이후 이제는 푸드 코트에서도 종종 볼 수 있는 메뉴이다. 이렇게 대중성이 이동하고 있는 업종 중에 브랜드 충돌성이 높은 경우 충분한 경쟁력과 정확한 상권 평가 없이 창업할 경우 실패할 확률이 높다. 따라서 소비자 규모와 상권평가를 명확히 해야 한다.

인식적 대중성cognition popularity은 소비자의 머릿속에 상품에 대해 잘 알고 있는 것을 말한다. 보통 인식은 되어 있어도 비교적 고가이고 자주 접하지 못하므로 특별한 상품력 즉 맛이 뛰어나야 *가끔* 이용하는 소비지를 유입할 수 있다. 대체로 상품 변형이 높은 편이므로 전문성과 그에 따른 가성비가 매우 중요하다. 창업 상권도 넓은 편이다. 예를 들어 추어탕은 주변에서 쉽게 찾아보기 어려워도 젊은 층도 알고 있는 인식적 대중성 상품에 속한다. 즉 추어탕은 평상시 즐기는 경우는 마니아 층이라고 할 수 있고 극히 일부이다. 그렇지 않은 경우는 몸보신 차원에서 즐기는 경우가 많다. 따라서 일반인에게는 소비 간격이 매우 긴 편이며 필요할 때 생각나야 하므로 소비자 인식에 남는 위치에 있어야 한다. 추어탕은 설렁탕, 순댓국, 감자탕 등과 따끈한 한 그릇을 제공한다는 측면에서 경쟁 업태이므로 상권 설정을 넓게 할 수밖에 없기 때문에 상품력이 떨어지면 희소성만으로 살아남기 매우 어려운 아이템이다.

즐기는 대중성과 인식적 대중성은 시간이 흐르면서 소득 증가득, 환경 변화, 트렌드 등 여러 가지 이유로 변할 수 있다. 이렇게 대중성은 창업 상품성 중에서 가장 기본적인 사항이며, 시장 규모와 민감하기 때문에 이 세 가지를 정확히 구분하지 않으면 창업 방향이 달라질 수 있으므로 내가 제공하는 제품을 명확히 정의할 필요가 있다.

(나) 상품평가 가치product valuation

상품 평가 가치는 수치화할 수는 없지만 정성적 평가를 통해 창업가 측면에서 상품이 얼마나 경쟁력 있는지 파악하는 항목들로 이루어졌다. 따라서 관찰적 측면이나 완료된 어떤 상품에 대한 평가를 위해 활용하며 A, B, C, D, E 순서로 체크할 수 있다.

상품 현재수준, 상품 가치성, 상품 확장성, 상품 차별성, 상품 독점성, 상품 영속성, 상품 모방성, 상품 편리성, 상품 원가성, 상품 가성비, 상품 제공성, 상품 소비성으로 이루어졌다. 상품 현재수준은 메인 상품과 서브 상품으로 구분하며 상품의 질적 수준을 보편적 수준에 중점을 두는지 전문적 수준에 중점을 두는지에 따라 각각 기본 C보다 뛰어나면 A나 B로 체크하고, 부족하면 C나 D로 체크한다. 전문성을 기준C으로 뛰어나면 A나 B로 체크하고 부족하면 C나 D로 체크한다. 상품 확장성은 상품 확장다양성과 상품 확장단종성이 있다. 상품 확장다양성은 운영 중 메뉴 확장의 필요성이 있을 때 얼마나 효율적으로 시너지가 생기는지 점검하는 것이다. 즉 베이커리 전문점에 커피 등 음료로 다양화하는 것은 어울린다. 그러나 떡볶이 전문점에 커피 음료는 적합하지 않다. 상품 확장단종성은 단일 성질의 메뉴라면 단일 메뉴의 확장성으로 다양성을 보완하는 것을 말한다. 예를 들어 경제학의 범위의 경제와 마찬가지로 기존의 시설, 기본 재료를 활용할 수 있는 콘셉트 메뉴라면 더욱 효과적일 것이다. 칼국수 전문점이라면 바지락 칼국수 외에 얼큰 칼국수, 장칼국수, 팥 칼국수, 콩국수 등으로 기초재료가 동일한 상태의 메뉴확장을 말한다. 상품 차별성은 상품 고유 가치 차별성과 상품 고객 가치 차별성이 있다. 상품 고유 가치 차별성은 상품의 기본적인 가치로 재료, 재료 본질 등을 말하며, 상품 고객 가치 차별성은 상품의 체감적 가치로 맛, 서비스, 접근성에 대한 차별성을 말한다. 그러나 위 차별성이 고객 가치를 극대화시킬 수 있는 중요한 차별성이어야 의미가 있다.

상품 독점성은 현재 독정성과 미래 독점성이 있다. 현재 독점성은 현재 시점의 독점 정도를 말하며 미래 독점성은 이후 자리를 잡은 시점에도 어느 정도 독점이 이루어질 수 있는지에 대한 것을 말한다. 일반적인 상품은 6개월이 독점을 유지할 수 있는 유효기간이고 좀 더 높은 난이도를 요구하는 경우는 수제맥주와 같이 시설비가 많이 들고 높은 기술을 요구하는 사업인 경우는 1년 이상 유지되기도 한다. 주로 모방성을 근거로 판단한다. 상품 영속성은 유형적 영속성과 무형적 영속성을 말한다. 유형적 영속성은 상품 재료 공급이 얼마나 차질 없이(가격 파동, 전염병 등) 공급이 되는지를 말하며, 무형적 영속성은 상품 기술 수준의 변화 없이 유지가 되는지를 말한다. 대대로 이어온 설렁탕 맛집의 경우 전통적으로 사용해온 가마솥은 설렁탕 육수를 만드는 데 매우 중요하다. 그러나 매장의 규모가 커지거나 체인화를 진행하는 경우 상품 계량화를 위해 상품고객 가치(체감적 가치)가 흐트러질 수 있다. 따라서 상품고유 가치(기본가치)에 집중하면서 서비스 향상 등으로 이를 보완하기도 한다. 상품 전문성은 기술적 전문성과 시설적 전문성을 말한다. 기술적 전문성은 고객에게 제공하는 상품의 제조과정의 남다른 노하우나 스킬을 말하며, 시설적 전문성은 그런 상품을 제공하기 위한 최적의 시설물을 얘기한다. 예를 들어 아무리 좋은 커피머신을 활용한다고 해도 고객고유 가치에 맞는 상품에 대한 기술이 없다면 차별적인 가치를 제공하기 어렵다. 또한, 겨울에 흔히 즐겨 먹을 수 있는 간식 중에 계란빵은 반죽의 완성도도 중요하지만 풍부한 계란 맛을 살리고 맛있게 먹기 위해서는 굽는 기술이 중요하다. 서울 신설동역에서 수년간 계란빵을 팔고있는 노점을 보면 알 수 있다. 인천시 신포동에 '도올도넛do or donut'이라는 도넛 전문점이 있다. 차별화된 시설로 도넛을 만들고 있기 때문에 상대적으로 인력으로 많이 생산할 수 있는 구조이다. 또한, 대구시 경북대북문에는 '구슬로 양대창'이라는 고기구이 전문점은 일반적인 불판이 아닌 불에 달군 쇠구슬을 불판으로 사용하여 고기를 굽는다. 특허 받은 무화염 화로 구이 시스템과 구슬 불판에 고기를 굽는 경험을 제공하고 있다. 서울시 중구 신당동의 '백송'이라는 소고기 전문점은 이중 무쇠철판구이로 남다른 경험과 맛을 제공하고 있다. 아무리 차별화된 시설로 제품을 제공해도 기술적 전문성이 부족한 상태에서 시설적 전문성은 의미가 없기 때문에 여기에 맞는 창업가 신념과 서비스의 전문성이 함께 제공되어야 성공할 수 있다. 상품 모방성은 콘셉트 모방성과 시설 모방성이 있다. 콘셉트는 영업적 모방정도(아이템, 상품디자인, 명칭, 포상 등)를 말하며 시설 모방성은 시설집기, 내외부 인테리어 등을 말한다. 최근 커피 전문점은 사이드 메뉴로 와플, 붕어빵, 호떡 등을 함께 제공하여 인기를 얻고 있는 브랜드가 증가하고 있다. 그러나 경쟁점은 금세 모방할 수 있기 때문에 차별적인 가치를 제공할 수 있어야 한다. 최근 붕어빵이나 호떡 창업은 상품의 재해석으로 제조시설의 차별뿐 아니라 비주얼의 차별로 상품의 완성도를 높이고 있다. 특히 사업화를 염두에 둔 경우 디자인과 상표 등에 대한 특허나 상표 등록은 사전에 준비해야 한다. 상품 편리성은 수급 편리성과 관리 편리성이 있다. 수급 편리성은 상품 재료 및 자제 구매의 편리성을 말하며 관리 편리성은 상품의 부피, 재료 성질에 따른 손질, 진열 및 보관의 편리성을 말한다. 특히 재료의 신선도가 중요한 업종에서 매우 중요하다. 예를 들어 뼈해장국의 경우 신선한 뼈를 공급받는 것이 중요하고 상품의 특성상 보관이 중요하며, 곱창의 경우도 손질과 보관이 매우 중요하다. 상품 원가성은 일반 원가성과 활용 원가성이 있다. 일반 원가성은 일반적인 상품의 원가 경쟁력으로 재료의 사용비율, 구매량, 창업자의 발품, 재료의 퀄리티 등에 따라 원가를 조절할 수 있다. 그러나 적절한 상품 포지션과 고객 가치를 고려하여 원가를 정해야지 무조건 낮추는 것은 바람직하지 않다. 간혹 경쟁점과 원가 경쟁을 하는 경우가 있으나 이런 지역의 상권은 홀로 성장하기 어렵기 때문에 경쟁점이 문을 닫는 경우 본인 점포에 부메랑으로 돌아올 수 있기 때문에 경쟁을 위한 원가절감이 아니라 고객 가치가 중심인 원가절감이 중요하다. 활용 원가성은 상품이 재활용 등으로 원가 질감을 말한다. 상품의 재활용성 등으로 상품 원가를 얼마나 줄일 수 있는지를 말한다. 상품개발을 완료한 이후는 매출 부진에 따른 매출 증대나 상품 기획력을 높이기 위해 운영적 측면에서 특히 고려해야 할 사항이다. 상품 가성비는 가격 가성비와 경쟁 가성비로 나눌 수 있다. 가격 가성비는 가격 대비 소비자 만족도를 말한다. 가격 가성비는 〈표 4-10〉에서 보듯이 조리 음식과 비조리 음식을 구분할 수 있고, 낮은 가성비와 높은 가성비로 구분한다. 조리 음식의 경우 낮은 가성비는 가격 대비 품질 만족도를 말하고, 높은 가성비는 재료 기반 품질 만족도를 말한다. 비조리 음식의 경우 낮은 가성비는 공급 마진 기반의 품질 만족도를 말하고, 높은 가성비는 재료 기반 품질 만족도를 말한다. 특히 낮은 가성비 음식은 상품 접근성이 높아야 하므로 통행량이 많은 입지형이나 유동형에 유리하고 높은 가성비 음식은 고객이 찾아오는 경우가 많기 때문에 다양한 입지에 적용할 수 있겠다.

<표 4-10> 가격 가성비

구분	조리 음식 가격 가성비		비조리 음식 가격 가성비	
	낮은 가성비	높은 가성비	낮은 가성비	높은 가성비
가치	품질 기반 만족도	재료 기반 만족도	공급 마진 기반 만족도	상품 기반 만족도
상권	유동형에 유리	배후형에 유리	유동형, 입지형	입지형, 배후형
행태적 입지	충족성, 충동성	목적성	충족성, 충동성, 목적성	높은 목적성
배달 비율	높음	낮음	소득 수준, 재래시장 접근성, 배후 접근성에 따라 다름	높음
품목	분식류, 치킨, 저가 파자, 돼지갈비 등	소고기, 대게 등 고가 외식업	상품성 중하 야채, 과일, 육류 등	상품성 상 야채, 과일, 육류 등

경쟁 가성비는 제1 경쟁점 대비 가성비를 말한다. 상권 내에서 단순히 가격 중심 경쟁이 아니라 경쟁점의 상품성이나 상품 콘셉트를 비교한 경쟁력을 말한다. 상품 제공성은 즉시 제공성과 위치 제공성이 있다. 즉시 제공성은 얼마나 빨리 소비자에게 제공하는지를 말하며 주로 가성비가 높은 상품에 민감히 적용하고 테이크아웃 매장이나 회전율이 중요한 업종인 경우 중요하게 고려한다. 위치 제공성은 상품을 제공할 수 있는 장소(상권, 입지)의 폭이 넓은지 좁은지를 말한다. 대중적인 음식이며 배달이 가능한 업종은 상대적으로 진입할 수 있는 상권 폭이 넓은 편이다. 중식 전문점이나 치킨 전문점 등이 여기에 해당한다고 볼 수 있다. 이렇게 상품 제공성은 특히 외식업에서 상품 원가성, 상품 가성비와 함께 중요하게 고려해야 할 사항이다. 상품 동질성은 소비자 측면의 상품의 양적, 질적 수준의 정도를 말한다. 양적동질성은 상품 제공의 시스템화로 인해 상품의 보급정도가 높아 소비자기 쉽게 접할 수 있는 상품의 동질적 가치를 말한다. 즉 새우깡, 빙과류 같은 공산품을 말한다. 질적 동질성은 소비자에게 상품을 제공하는 상품가지와 스킬로 인한 질적 동질성을 말한다. 즉 대중적인 음식인 햄버거, 자장면, 라면, 만두, 국수, 떡볶이 등을 말한다. 이들 음식은 특별히 상품성이 높거나 차별화되지 않는다면 별 차이가 없기 때문에 질적 동질성이 높은 음식은 남다른 고객 가치 개발이나 콘셉트가 중요하게 적용되어야 할 것이다. 상품개발 시스템과 시설의 발달은 외식업은 질적 동질성을 평준화시키고 있다. 그로인해 순댓국이나 피자 전문점 등도 질적 동질성이 높은 분야로 바뀌고 있어 상품 자체의 힘보다 콘셉트, 상권적합성 등 다양한 평가, 분석적 관점에서 접근해야 한다. 상품경험성은 상품 비주얼과 상품외적 비주얼로 나눌 수 있다. 상품 비주얼은 상품 자체의 시각적 경험으로 고객이 정보를 보관하거나 전달하고 싶은 욕망을 자극하는 요소이다. 최근 외식업에서 가장 중요하게 다루는 사항으로 고객경험의 만족은 즉각적인 홍보로 이어지기 때문이다. 상품 외적 비주얼은 상품의 경험을 극대화시키기 위한 부산물로 그릇 등에 관한 것을 말한다. 상품 소비성은 반복 소비성과 간격 소비성이 있다. 반복 소비성은 상품 소비가 반복적인지 단발적인지를 말한다. 일반적인 점심식사는 반복적일 수 있으나 상대적으로 저녁 회식 음식류는 그렇지 않을 수 있다. 분식과 같은 대중적 음식은 반복 소비성이 강하지만 보신탕이나 단팥죽과 같은 메뉴나 고가 음식점은 특별한 시기나 특별한 날에 이용을 하므로 비반복적이거나 단발성이 높다고 할 수 있다. 이렇게 반복은 규칙적 반복과 불규칙적 반복으로 구분한다. 간격 소비성은 상품 소비 기간이 짧은지 긴지를 말하면 대체로 규칙적 소비가 이루어지는 상품은 소비 간격이 짧은 편이고 단발직 소비가 이루어지는 상품은 소비 간격이 긴 편이다.

• 소비 간격spend interval

소비 간격은 상권 내의 소비자가 어떤 상품이나 서비스를 구매하는 경우 다시 구매하기까지의 간격으로 불규칙적인지 규칙적인지를 구분하지 않지만 반복적인 간격을 말한다. 창업에서 소비 간격은 두 가지 관점에서 점검한다. 하나는 창업 방향에 따른 관점과 업종 성격에 따른 관점을 구분하여 점검한다. 소비 간격이 중요한 것은 창업 상품의 상권 방향성을 확정하는 가장 기본적인 단계이기 때문에 이후 매출 측정을 위한 상권확정과 영업력, 마케팅 등 방향을 어떻게 설정하느냐에 영향을 미친다.

① 업종 성격에 따른 소비 간격 관점

소비자 유형, 상권 유형, 배후 유형, 입지 유형 등 관계에 따라 소비 간격은 다를 수 있지만 상품 특성에 따른 기본적인 간격의 차이는 있다. 일반적 성격을 기준으로 다음과 같이 정할 수 있으므로 그에 따른 창업 방향을 설정하는 데 참고하길 바란다. 다음의 소비 간격 특성을 참고하여 소비자 유형 즉 연령대, 성별, 직업, 배후 성격에 따라 하루 소비 중 집중 소비 시간대가 구분될 수 있기 때문에 그에 따른 수익성을 파악하 위해 상권확정이나 매출 측정단계에서 구체적으로 파악해야 하다. when 창업상품성에서 고객의 집중도와 분산도를 참고해야 한다. 이에 대한 데이터는 소상공인 상권정보시스템의 매출분석메뉴에서 필요한 정보를 확인해볼 수 있다.

• 기간에 따른 관점

① 일 단위 소비 간격 업종

편의점과 커피 전문점은 1인 가구의 증가와 기호식품으로 인해 일 단위 소비 업종으로 분류할 수 있다. 이 업종은 오피스가에서는 내방률(來訪律)에 의해 매출이 좌우되기도 한다. 객단가가 낮고 상품 동질성이 높기 때문에 위치에 민감하다.

② 주 단위 소비 간격 업종

소비자에 따라서 편의점과 커피 전문점은 주 단위 소비 간격 업종이기도 하다. 베이커리 전문점은 일주일에 1~3회 이용한다. 야채가게는 일주일에 1~2회 이용한다. 중형 마트는 일주일에 1~2회 이용한다.

③ 월 단위 소비 간격 업종

소비자에 따라서 치킨점, 세탁소, 로컬 식당은 주 단위 소비 간격 업종이기도 하다. 약국은 1개월에 0~2회 이용한다(연 단위 소비하기도 한다).

미용실 1개월에 1~2회 이용한다(컷 기준).

대형 마트는 1개월에 1~2회 이용한다.

치킨 전문점 1개월에 1~4회 이용한다.

호프집은 1개월에 1~3회 이용한다(일부 객층은 예외이다).

대중적인 외식업은 1개월에 1·2회 이용한다.

세탁소는 1개월에 1~5회 이용한다(젊은 직장인은 더 높은 편이다).

로컬 식당은 1개월에 1~3회 이용한다.

④ 분기 단위 소비 간격 업종

소비자에 따라서 외식업, 의류는 월 단위 소비 간격 업종이기도 하다. 객단가 높은 외식업은 분기에 1~2회 이용한다(일부 객층은 예외).

⑤ 연 단위 소비 간격 업종

소비자와 배후 성격에 따라 전기 철물점은 소비 간격이 매우 다양하게 나타난다. 가령 낡은 가구가 많은 주택가는 월 단위나 분기 단위의 소비 간격이 나타나기도 하지만 잘 지어진 아파트 단지는 소비 간격을 정할 수 없다. 따라서 상권이 넓은 업종이므로 인지율이 좋은 위치에 있지 않다면 수요를 흡수하기 어렵다. 유흥 소비형 입지는 의외로 전구 등 부속 자재의 소모가 많아 주 단위 소비 간격을 보여주기도 한다. 이 경우는 위치에 민감하다. 가령 〈사진 4-2〉에서 보듯이 해당 전기 철물점은 소비형 입지의 삼거리 부근에 위치하였다가 약 50미터 떨어진 골목 안쪽으로 이전하였다.

<사진 4-2> 철물점 소비 간격 지도 자료: 카카오 맵, 사진 자료: 카카오 로드뷰

<사진 4-2> 철물점 소비 간격 지도 자료: 카카오 맵, 사진 자료: 카카오 로드뷰

비록 목적성 구매에 의한 매출이 대부분을 차지하지만 눈에 보이지 않으니 이용 횟수가 줄어들거나 편의점이나 다른 전기 철물점에서 이용한다.

나. Who customer segment

Who(customer segment)는 고객이 누구인지 세분화에 해당하는 사항으로 소비자 시장 세분화와 구매 행태 측면 세분화로 나눌 수 있다. STP[3] 마케팅 전략에서 S와 T 에 해당하는 것으로 소비자 시장 세분화는 소비자 시장범위, 고객 세분화, 소비자 사 용성을 통해 고객 세분화 customer segmentation를 하고, 구매 행태 측면의 세분화로 타겟팅 targeting을 한다. 〈표 4-11-2〉에서 보듯이 우선 상품 시장의 규모에 따라 전 체 시장, 유효시장, 목표시장으로 소비자 시장 범위를 세분화한다. 프랜차이즈 사업 화를 목적으로 하는 경우 해당되지만 소규모 개인 창업은 생략할 수 있다. 이후 인

---

3 STP전략은 시장세분화(Segementation), 표적시장(Tageting), 포지셔닝(Positioning)로 나누어 진행하는 마케팅 전략이다. 인구통계학적, 지리적, 사회적인 기준을 통해 시장을 세분화하고, 세분화 시장에서 나눈 고객군, 시장 중에서 타겟을 정하며, 고객의 마음속에 경쟁제품 대비 어떤 콘셉트로 공략할지 정한다.

<표 4-11-1> What(product)

일반 상품성				상품 현재 수준			
비대중성	대중성			메인		서브	
	포괄	인식	즐기는	기본	전문	기본	전문
상품 확장성		**상품 차별성**		**상품 독점성**		**상품 영속성**	
상품 확장 다양성	상품 확장 단종성	상품 고유 가치 차별성	상품 고객 가치 차별성	현재	미래	유형	무형
상품 전문성		**상품 모방성**		**상품 편리성**		**상품 원가성**	
기술	시설	콘셉트	시설	수급 편리성	관리 편리성	일반 원가성	활용 원가성
상품 가성비		**상품 제공성**		**상품 동질성**		**상품 경험**	
가격 가성비	경쟁 가성비	즉시 제공성	위치 제공성	양적 동질성	질적 동질성	상품 비주얼	상품 외적 비주얼

소비성			
간격	반복		
간격	단발	반복	
		규칙적	불규칙적

구 통계적 변수, 개인 행동적 변수 등 소비자를 세분화한다. 인구통계적 변수는 〈표 4-15〉의 항목의 인구통계적 항목을 따르고 지리적 변수는 거주지역, 도시규모, 배후유형, 입지유형 등에 따른 고객을 말한다. 개인행동적 변수는 소비주기, 라이프스타일 등에 따른 고객을 말한다.

소비자 사용(이용자/지불자)성에 따라 두 가지로 구분한다. 소비자 사용성이 같은 경우와 다른 경우로 나눌 수 있다. 소비자 사용성이 같은 경우는 일반적인 소비 형태로 주로 대학가, 오피스가에서 볼 수 있다. 주로 1인 소비 형태의 매출이 많은 경우 정확한 파악이 가능하다. 따라서 간단 소비나, 식사를 해결하는 데 주로 소비하는 형태에서 볼 수 있다. 소비자 사용성이 다른 경우는 지불자와 실제 이용자가 다른 경우로 〈그림 4-8〉의 어린이 레고블록방을 참고할 필요가 있다. 이와 같은 업종은 인구통계학적 특성을 통해 실제 지불하는 부모님의 직업, 성향 등과 어린이들이 이용하기 때문에 안전과 편리성에 중점을 두고 관찰해야 한다. 특히 사용성이 다른 경우는 1인 소비와 다인 소비를 구분할 필요가 있다. 예를 들어 1인 소비는 내가 지불하고 내가 체험하거나 먹는 경우와 내가 지불하고 타인이 체험하거나 먹는 경우가 있다. 다인 소비는 내가 지불하고 여러 사람이 함께 체험하거나 소비하는 경우, 내가 지불하고 본인을 제외한 다른 사람들이 체험하거나 먹는 경우, 모두가 배분하여 지불하고 체험하거나 먹는 경우가 있다. 이렇게 타깃을 구분하는 경우는 지불하는 소비자와 이용하는 소비자가 누구인지에 따라 지역민에 대한 인구통계학적 데이터 해석에 차이가 발생하기 때문이다. 따라서 상권정보시스템에서 매출 데이터만으로 지역의 소비행태를 파악하기에 무리가 있기 때문에 철저한 현장 검증을 거쳐야 한다.

구매행태 측면의 소비자는 상권 방문객에 따라 상권 내 소비자와 상권 외 소비자로 구분한다. 상권 내 소비자는 지역에 거주하거나 상주하는 고정 고객을 말하고 상권외 소비자는 상권 외에서 방문하는 불특정 고객을 말한다. 상권 내 소비자와 상권 외 소비자에 대한 각각 소비자 접근 유형에 따라 목적성, 충동성, 충족성 소비자로 나눈다. 목적성 소비자는 목적을 가지고 방문하는 소비자를 말하고 충동성 소비자는 소비 욕구가 있을 때 즉각 소비행동을 하는 형태를 말한다. 충족성 소비자는 동선상에 있을 경우 소비행동을 할 수 있는 형태를 말한다. 즉 지나가는 김에 소비할 수 있는 소비자를 말하기 때문에 목적성 구매와 충동성 구매의 중간단계의 소비자라고 할 수 있다. 이렇게 점포창업에서 우선순위가 높은 고객을 선정하기 위해서는 구매행태에 따른 소비자를 구분해야 이들이 존재하는 상권의 배후가 정해질 수 있기 때문이다. 이 부분은 〈표 10-3〉의 행태측면의 입지 3요소를 참고하기 바란다.

일정 기간 동안 총매출이 60~70% 되는 경계는 1차 상권primary trade area이 되며 추가로 일정 기간 동안 총매출이 15~25%가 되는 경계는 2차 상권secondary trade area이 된다. 15% 미만 매출이 발생하는 범위는 3차 상권territory or fringe trade area이 될 수 있다.

<표 4-11-2> who(customer segment & targeting)

		전체(TAM)	존재하는 시장 전 영역
소비자 세분화 (customer segment)	시장 범위 세분화	유효(SAM)	제품이 닿을 수 있는 범위
		목표(SOM)	제품을 구매할 가능성이 높은 집단
	소비자 특성 세분화	인구통계적 변수	성별
			연령(세대)
			직업
			소득
			가족형태
			주거형태
			상주형태
		개인행동적 변수	소비주기
			라이프스타일
			충성도
구매행태 측면 **타케팅(targeting)**	소비자 사용성	동일	지불과 이용이 동일한 소비자
		다름 / 지불자	대표로 지불하거나 대신 지불하는 소비자
		다름 / 이용자	비용을 지불하지 않고 이용하는 소비자
	상권 내 소비자	목적형	상권 내 목적형 고객
		충동형	상권 내 충동형 고객
		충족형	상권 내 충족형 고객
	상권 외 소비자	목적형	상권 외 목적형 고객
		충동형	상권 외 충동형 고객
		충족형	상권 외 충족형 고객

다. Whycustomer value proposition

Whycustomer value proposition는 고객이 왜 상품을 소비해야 하는지에 대한 고객 가치 제안에 해당하는 사항을 말한다. 창업가가 상품이나 서비스로 고객에게 전달하고자 하는 핵심적 가치로 고객 고유 가치라고 한다. 창업가의 경영이념이 반영되어 있기 때문에 이 부분이 명확해야 브랜드 정체성을 명확히 정의할 수 있다. 고객 고유 가치는 스타트업에서 가장 중요하게 다루는 사항이지만 초기 점포 창업에서는 상품 고유 가치(상품 핵심 가치)와 상품 고객 가치를 확정한 이후 그에 따른 고객 고유 가치를 정의한다. 초기 점포 창업에서 product value proposition을 완성하는 것으로 매우 중요한 사항이다. 고객에 대한 무형의 서비스나 제품을 출시하는 것이 아니므로 내 상품에 대한 고유 가치가 소비자에게 어떤 가치를 제공하는지 파악한다. 〈표 4-11-3〉에서 보듯이 점포창업에서는 고객 가치customer value는 크게 고객 고유 가치customer unique value, 상품 가치product value, 상품 외적 가치brand identity로 구분할 수 있다.

(가) 고객 고유 가치customer unique value

기술 창업과 같이 고객 고유 가치customer unique value라고 하여 창업가의 상품이나 서비스로 고객과 공감할 수 있는 핵심적인 가치를 말한다. 혁신적 가치, 본능적 가치, 차별적 가치로 나눌 수 있다. 혁신적 고객 고유 가치는 상품이 고객에게 전달할 수 있는 가장 독창적인 가치를 말한다. 이것은 형식을 파괴한 것으로 고정관념을 탈피한 사고에서 접근할 수 있기 때문에 새로운 시장 개척에 대한 창업가의 기업가정신이 요구된다. 예를 들어 앙꼬 없는 찐빵은 아무도 찐빵의 가치가 없다고 볼 수 있다. 그러나 혁신적 가치는 고정관념을 깨고 고객에게 새로운 가치를 제공하는 것을 말한다. 대만의 대표 국수인 루웨이는 고기를 빼놓을 수 없는 국민 음식이다. 그러나 두 명의 젊은이가 창업한 베지 크릭Vege Creek이라는 레스토랑은 고기를 뺀 국수로 고객에게 건강과 새로운 경험을 제공하여 크게 성공하였고, 일본 짬뽕의 본고장인 나가사키에는 나가사키 짬뽕이 유명하다. 그중에서 링거 헛Ringer Hut이라는 나가사키 짬뽕 전문점은 면을 뺀 '야채를 많이 먹기 위한 수프'라는 짬뽕을 개발하여 고객의 사랑을 받고 있다. 단순히 고정관념을 탈피한 것이 아니라 고객의 욕구를 반영하여 새로운 고객 가치를 제공한 케이스이다. 경기도 파주시 탄현면에 국물 없는 우동을 판매하는 '송현우의 파주 국물 없는 우동' 전문점은 우동과 국물이라는 형식을 파괴한 메뉴로 늘 문전성시이다. 최상의 맛을 제공하기 위해 우동이 조리되어 나오기까지 18분 이상이 걸리는 데도 고객은 불평하지 않는다. 최근 미국의 피자 브랜드인 파파존스는 도우 없는 피자를 선보여 피자의 형식을 파괴한 메뉴를 선보여 고객경험을 극대화시키고 있다. 이렇게 혁신적 가치가 경쟁력을 가지기 위해서는 상품 조리나 준비측면에서 모방이 어려워야 할 뿐 아니라 고객만족 측면에서 혁신성 추구에 대한 창업가의 남다른 신념이 있어야 한다.

<사진 4-3> 위: 국물 없는 우동, 좌: 고기 없는 국수, 우: 면을 뺀 나가사키 짬뽕

출처: 본사 홈페이지

  본능적 가치는 창업가의 상품 방향성이 담긴 근본적인 가치로 고객이 상품을 처음 접할 때 전달하고자 하는 가치를 말한다. 질적 가치와 양적 가치로 구분할 수 있다. 전자는 행복감, 따뜻함, 시원함, 부드러움, 촉촉함, 든든함 등 인간의 감각을 극대화하는 형태의 고객 경험을 제공하는 경우를 말한다. 즉 든든한 한 끼, 시원한 냉커피 등 인간의 감각을 자극하는 것으로 주로 한 끼 식사나 저가형 상품 콘셉트에서 많이 볼 수 있다. 후자는 혁신적 가격 파괴 등으로 고객에게 양적 가치를 극대화할 수 있는 것을 말한다. 커피 전문점으로는 빽다방이나 메가커피가 여기에 해당한다고 볼 수 있다. 많은 외식업 전문가는 맛을 평가하는 데 있어 미각delicious의 비중은 30~50%로 보기 때문에 상품 고유 가치는 상품 고객 가치와 다르게 구분한다. 따라서 상품은 그자체가 중요하기보다 진정으로 소비자에게 전달하고자 하는 메시지가 중요하다. 이것은 상품개발 초기에 주요 고객 관점의 핵심 가치를 연구하면서 상품을 기획하고 개발하는 전 과정에서 완성되는 핵심 축이라고 할 수 있다. 따라서 고객 고유 가치는 상품이 다르더라도 같을 수 있다. 예를 들어 설렁탕과 순댓국을 비교해 보자. 설렁탕이 주재료는 사골이다. 사골 육수의 상품력이 가장 중요하다. 순댓국은 순대와 육수가 가장 중요하며 내용물이 매우 중요하며 돼지고기 등 부속물의 잡냄새를 없애는 것이 중요하다. 상품의 고유 가치가 사골은 정성과 상품 재료 충실성, 재료 본질을 살리는 조리방법이 매우 중요하다. 그에 따른 재료 건강 기능이 강하지만, 순대는 재료의 차별성이 낮아 상품고객 가치 즉 맛의 기능을 더욱 중요하게 여긴다. 또한 그에 따른 새우 젓, 들깨가루, 양념, 김치 등의 조화가 중요하다. 이렇게 상품의 성격에 따른 상품 고유 가치와 상품 고객 가치가 다를 수밖에 없다. 그러나 고객고유 가치 측면에서 보면 소비자가 설렁탕과 순댓국을 즐기는 이유는 따끈한 한 끼, 든든한 한 끼, 건강한 한 끼 등 고객 고유 가치(본능적 가치)는 유사할 수밖에 없다. 대체로 본능적 가치에 치중한 상품은 높은 상품성을 요구하기보다는 대중성이 있는 상품을 선정하며 상품과 매장의 콘셉트에 더 많은 노력을 기울이는 편이다.

최근에는 비주얼을 중요시하기 때문에 상품의 이름에 충실한 콘셉트로 본능적 가치를 제시하는 경우가 늘어나고 있다. 서울시 강서구 마곡동의 '경아식당'은 소시지에 충실한 부대찌개로 고객을 만족시키고 있고, 서울시 강동구 잠실의 '코네또히또'라는 고기 덮밥 전문점은 엄청난 양의 고기와 비주얼을 제공하여 고기 덮밥의 진수를 제공하고 있다.

차별적 가치는 단순히 경쟁사와 비교 우위를 말하는 것이 아니라 독창적 노력에 따른 경쟁사가 모방하기 어려운 중요한 차별적 가치를 말한다. 따라서 상품 고유 가치와 상품 고객 가치에서 상품의 재해석과 남다른 기술력이 반영되어야 한다. 경상북도 상주에 있는 '성수식당'의 탕수육은 조리 과정과 맛의 차별화를 제공하고 있다. 육즙을 살리고 고소한 탕수육을 제공하기 위해 연근과 감자를 이용하여 찹쌀을 중탕에서 서서히 익혀 연근과 감자 육수를 입힌 찹쌀로 탕수육을 튀긴다. 탕수육의 바삭함이 아닌 튀긴 찹쌀떡에 육즙을 살린 탕수육을 제공하고 있다. 대전시 둔산동의 이태리 국시 전문점은 한식 소스와 곱창, 통 바비큐 치킨 등을 베이스로 돌판 위에 파스타와 함께 제공하여 남녀노소 모두가 맛있게 즐길 수 있는 메뉴를 선보이고 있다. 서울시 마포구 합정동의 '함반'이라는 함박스테이크 전문점은 함박스테이크의 재해석으로 상품 준비와 고객 경험 측면에서 남다른 가치를 제공하고 있다. 특히 2단계로 굽는 조리 과정, 가까운 거리에서 굽는 과정을 고객이 직접 볼 수 있는 매장 연출, 바로 구운 함박스테이크를 최상의 맛으로 경험할 수 있는 테이블 구조, 다양한 소스로 닭고기, 소고기, 돼지고기로 만든 다양한 함박스테이크를 제공하여 더 맛있고 더 많은 고객을 배려한 메뉴구성으로 차별화된 고객 가치를 제공하고 있다. 서울시 마포구 연남동의 '꽈페'라는 꽈배기 전문점의 기존의 꽈배기를 재해석하여 유니콘 트위스트, 티라미수 트위스트, 솔티드 카라멜 트위스트 등 12종류의 꽈배기를 선보이고 있고, 이외에도 강원도 강릉의 '초당찰떡'은 떡을 찌는 개념이 아닌 굽는 개념으로 재해석하여 여러 종류의 제품을 선보이고 있다. 이렇게 차별적 가치는 고객에게 더 많은 선택을 받는지의 문제라기보다는 남다른 조리 과정과 노력으로 마니아 층의 형성될 수 있는 고객 가치를 제공하여 최소한 독립 브랜드로서 가치는 인정받을 수 있다. 핵심 가치는 고객이 왜why 이 음식을 먹어야 하는지 머릿속에서 직관적으로 느낄 수 있는 것이므로 충분히 고려해야 한다.

(나) 상품 가치product value

상품가치는 상품 고유 가치와 상품 고객 가치로 나눌 수 있다. 상품 고유 가치는 질적 가치에 해당하는 것으로 상품의 본질적인 가치인 진정성(眞情成)을 말하는 것으로 기본적 가치라고 한다. 고객이 직접적으로 느낄 수 있는 것이 중요하므로 상품 진정성 가치product authenticity value라고도 한다. 상품 진정성 가치product authenticity value는 상품 정성, 상품 재료성, 상품 본질성으로 구분할 수 있다. 진정성은 상품을 고객에게 제공하는 데 얼마나 정성을 들이는지를 말한다. 내적 정성과 외적 정성으로 나눌 수 있다. 내적 정성은 재료에 대한 정성으로 즉석으로 조제가 가능하지 않은 육수나 재료의 숙성, 천연조미료 조제 등에 따른 상품의 질적 가치를 극대화할 수 있는 것을 말한다. 외적 정성은 재료의 손질, 보관 등으로 음식을 제공하기 전 완성하는 데 재료에 대한 정성을 다해서 직접 조리하는 과정을 말한다. 재료성은 공급처 측면에서 원산지, 보관, 친환경에 관한 것을 말한다. 친환경은 친환경적인 재배와 생산을 말하며, 보관은 신선도 유지와 1차 숙성에 대한 사항을 말한다. 예를 들어 돼지고기라면 제주도 흑돼지를 친환경 사료를 먹이고, 도축후 신선 냉장고에 상품 용도에 맞는 숙성에 관한 점을 말한다. 즉 공급사가 과정에서 재료의 상태를 말한다. 재료 본질성은 최종 판매처에서 고객만족을 위해 재료 본래의 속성을 얼마나 잘 살리는지에 관한 것으로 보관성(보관, 손질, 조리방법), 컬래버레이션, 기여성을 말한다. 보관은 최종 판매처에서 최상의 음식을 제공하기 위한 보관방법으로 최상의 재료를 제공하기 위해 2차 숙성이나 신선도 유지에 대한 것을 말한다. 손질은 정성과 브랜드 정체성을 반영하는 과정으로 장어요리, 뼈해장국, 소고기 등은 손질과정이 상품의 방향성을 좌우할 수 있으며, 조리방법 중 대표적인 방식이 컬래버레이션과 기여성이다. 컬래버레이션은 음식의 가치를 극대화시키기 위해 재료의 배합, 기여도 등에 관한 것으로 닭꼬치의 맛을 극대화시키기 위해 대파, 닭육수에 옥수수 육수 등을 컬래버레이션하여 다른 재료와 완벽한 조합을 시킬 수 있다. 기여성은 다른 재료와 배합으로 본 재료는 희석되더라도 다른 재료의 영양, 맛 등이 극대화되는 것을 말한다. 국수의 경우 멸치와 다른 재료로 육수 맛을 극대화시키기 위해 우려내는 것이 여기에 해당된다. 즉 상품 기본가치는 핵심 재료의 본래 맛을 얼마나 충실하게 살리는지 파악하는 것으로 고객의 가슴에 남을 수 있는 매장이 되기 위해서는 매우 중요하게 고려해야 할 것이다.

상품 고객 가치는 체감적 가치에 해당하는 것으로 상품 맛 가치product taste value라고 한다. 상품개발 측면에서 상품 고유 가치를 완료한 이후 고객 측면에서 최소 완성 제품으로 제공할 수 있는 가치를 말한다. 상품 맛 가치product taste value는 상품 본연의 미각delicious product과 서비스 상품service product과 상품 접근성accessibility product으로 구분할 수 있다. 상품 맛delicious product은 고객 만족 측면의 통상적인 맛 자체만을 말하지만 일반적으로 시각, 후각, 미각, 청각, 촉각에 의해 결정된다. 미각의 경우 사이드 메뉴의 역할이 크다. 설렁탕의 경우 김치, 깍두기, 양념장, 파 등이 순댓국의 경우 김치, 깍두기, 새우젓 등의 조화와 신선도에 따라 고객이 느끼는 맛은 배가 될 수 있다. 특히 상품의 질적 상향평준화로 인해 고객경험 측면에서 상품비주

코틀러 4차원(시각, 청각, 후각, 촉각) + 체감		
1단계 상품 전달 서비스	**2단계 상품 경험(체험) 서비스**	**3단계 상품 경험(체험)완료 서비스**
메뉴 북, 의자, 테이블, 홍보물, 매장 스토리 사인 등	그릇 및 접시 등, 수저 받침대, 수저, 물수건, 물컵, 물병, 테이블 보, plaiting, 안내서 사인 등	후식, 정리, 계산, 인사, 매장 다짐 사인 등
종업원 서비스		

얼과 이를 경험하는 과정을 차별화하지 않는다면 성공하기 어려울 정도로 중요해졌기 때문에 시각적 시선을 사로잡을 수 있는 한방을 준비를 해야 한다. 이점은 개인 창업뿐 아니라 프랜차이즈 사업을 준비하는 창업가 모두 가장 중요하게 다루는 사항 중하나이다. 서비스 상품service product은 고객을 향한 상품과 연결된 물품 서비스를 말한다. 고객을 향한 전달 서비스, 경험(체험) 서비스, 경험(체험) 완료 후 서비스로 나눌 수 있으며 〈그림 4-7〉과 같이 표현할 수 있다.

상품 전달 서비스는 고객 오더와 제품 제공 전 고객 전달까지 기대 만족도를 높이는 일체의 물품 서비스로 메뉴북, 물병, 물, 물컵, 물수건, 현재 서비스를 제공하게 된 스토리 사인 등으로 전달된다. 상품 경험(체험) 서비스는 상품을 경험(체험)하는 데 영향을 미치는 서비스 보조품인 그릇, 넵킨, 촛불, 수저 받침대, 수저 등으로 고객 경험(체험)을 극대화 시키는 시비스를 말한다. 경험(체험) 완료 후 서비스는 후식, 정리, 계산, 고객과 다짐을 알리는 사인물 등 점포를 나서기까지 일련의 과정으로 종업원의 일련의 행동서비스를 말한다. 전 과정은 종업원 서비스와 코틀러 4차원과 매장에서 몸이 반응할 수 있는 체감적인 사항이 충실히 제공하여 상품 맛 가치product taste value가 극대화 될 수 있다.

상품에 따라 다르나 일반적으로 상품 단가가 높을수록 고객이 기대하는 서비스는 높은 편이다. 외식업의 서비스 상품은 메뉴에 적용된 상품 서비스를 말하므로 Kotler의 상품차원은 소매품에 적용되기 때문에 서비스 지원 개념의 차이가 존재할 수밖에 없다. 외식업에서는 고기 굽는 그릴의 차별화, 굽는 방식의 차별화와 음식 제공 방식의 차별화로 고객경험을 극대화시키고 있다. 예를 들어 신사동 한 스테이크 전문점은 스케이크 접시를 테이블에 화로를 넣어 음식을 즐기는 동안 따뜻하게 최상의 길감을 느낄 수 있도록 제공하고 있다. 또한 최근에는 상품의 동질성이 높아져서 상품이외에 매장 내 최고의 경험과 체험을 제공하기 위한 Kotler의 매장 분위기 4가지 차원에 대한 중요성이 강조되고 있다. 본서에서는 4가지 차원에 체감을 더했다. 즉 체감은 실내 온도와 4가지 차원에서 느껴지는 종합적인 분위기를 말한다. 서비스 상품service product 전 과정에서 영향을 미치며 그중에서 온도는 맛과 분위기를 체감하는데 여름과 겨울 매우 민감하게 작용한다. 여기에 조명은 시각적 욕구를 자극하기도 하고 떨어뜨리기도 하기 때문에 음식을 비추는 조명은 특별히 신경 써야 한다. 이것은 인테리어 요소로서 매장 콘셉트에 해당하기 때문에 고객에게 How(어떻게) 제공하는지에 해당한다고 볼 수 있다. 전반적인 매장 분위기는 만남의 목적에 따라 맛의 기준을 변화시키므로 음식에서 느끼는 만족보다 서비스, 분위기 등에서 맛에 대한 만족도가 더 높은 경우도 있다. 따라서 상권가치와 점포 지향성에 따라 맛delicious에 대한 의존도는 낮아지기 때문에 지나치게 맛 상품delicious product에 매몰될 필요는 없다.

상품 접근성accessibility product은 제품 접근성과 선택접근성이 있다. 제품 접근성은 상품 자체에 대한 평가로 섭취는 음식을 체험하는 과정의 편리성 등을 말한다. 가령 국수는 젓가락만으로 섭취할 수 있다. 월남 쌈은 라이스페이퍼를 뜨거운 물에 넣었다가 야채를 차례로 올린 후 말아서 소스와 함께 체험하는 것으로 고객이 얼마나 편리하게 즐길 수 있는지 파악하는 항목이다. 셀프 조리는 상품 체험이 간편하거나 편리한 정도가 고객 만족에 긍정적 영향을 미치는 것을 말한다. 고추장 닭갈비 구이나 고추장 삽겹살 구이는 굽는 시간이 오래 걸리거나 많은 연기로 소비자에게 쉽게 다가가지 못하고 있다. 숯불갈비를 즐기는 고객의 큰 페인pain 중하나는 연기로 인한 불편한 점과 고기를 태워서 낭비하는 경우가 많고 다함께 편하게 즐기지 못하고 누군가는 굽거나 조리하는 데 집중해야 한다는 것이다. 이점을 공략하여 전라남도 담양의 '쌍교숯불갈비'는 고객에게 최상의 고기를 쉐프가 직접 맛있게 구워 모두가 편리하게 즐길 수 있는 가치를 제공하기도 한다. 선택 접근성은 고객이 매장에 방문하여 메뉴 선택에 고민거리를 줄여 매출을 높이기 위한 접근성을 말한다. 가령 고깃집의 특별한 사이드 메뉴로 술국을 제공한다고 가정할 경우 지나치게 높은 가격은 선택을 망설이게 하므로 낮은 가격으로 유인하여 기타 매출을 높이는 전략으로 활용할 수 있으며, 다양한 상품을 제공할 경우 핵심적인 메뉴를 구성하여 합리적인 가격으로 세트메뉴를 구성하여 고민거리를 줄여 매출을 높일 수 있다. 특히 낯선 지역의 맛집에서 메뉴를 선택하는 경우 이러한 고민거리를 줄여야 기분좋고 빠르게 선택하여 테이블 회전율을 높일 수 있다. 이상으로 보면 체감가치는 상품과 사람마다 다르게 느껴 질 수밖에 없기 때문에 정형화가 큰 의미가 없다. 단지 타깃고객의 불편한 점을 해소하고 상품을 꾸준히 개선하면서 완성할 수 있다.

(다) 상품 외적 가치 brand identity

상품 외적 가치는 상품 가치를 극대화시킬 수 있는 외적인 요인에 의한 가치로 고객을 위한 창업가와 상품의 정체성을 말한다. 브랜드 정체성과 관련된 요소와 매장 콘셉트가 있다. 결국 브랜드 정체성은 창업가 정체성의 연장선상에서 기인하므로 창업가의 창업 이유와 고객 가치를 통해 브랜드로 형상화하는 것이다. 따라서 시장진입 제1원칙인 창업가 검증이 명확해야 명확한 브랜드 정체성을 찾을 수 있다. 미국 마케팅 협회에 따르면 브랜드는 '판매자 개인이나 단체가 재화와 서비스를 특정짓고, 이것들을 경쟁자와 서비스로부터 차별화시킬 목적으로 만들어진 이름, 어구, 표시, 심벌이나 디자인, 또는 이들의 조합'이라고 정의하고 있다. Kotler(1991)는 "기업은 제품을 팔지만 소비자는 브랜드를 산다."라고 하였다. 즉 브랜드는 소비자 제품과 브랜드는 다를 수 없다는 것을 보여주고 있다. 실제 브랜드는 고객에게 상품의 가치를 한눈에 전달할 수 있어야 하므로 이름, 어구, 표시, 심벌이 하나의 브랜드로 통일되어 전달될 수 있어야 한다. 따라서 브랜드는 고객 측면에서 마케팅의 시작이자 끝이므로 곧 고객 가치가 명확히 반영되어야 한다.

브랜드 정체성은 유형적 가치와 무형적 가치로 구분할 수 있다. 유형적 가치는 브랜드 이름, 상표, 어구(슬로건), 심벌과 디자인, 캐릭터 등이 있다. 근래는 캐릭터의 중요성을 인식하여 상품, 창업가 이미지 등을 캐릭터화 하여 고객과 소통하고 즐거움을 제공하는 데 더욱 집중하고 있다. 무형적 가치는 브랜드 이미지, 브랜드 개성, 브랜드 포지셔닝을 통해 고객에게 브랜드 스토리를 전달하여 고객과 소통하는 데 있다. 최용훼, 이강원(2108)은 브랜드 이미지는 소비지 기익속에 상력하고 호의적이며 독특한 연상을 주는 것으로 소비자가 브랜드에 가지는 느낌 또는 신념이라고 하였다. 브랜드 개성은 브랜드에 결부되는 인간적인 특성으로 소비가가 느낄 수 있는 개성을 창출하는 것이 중요하다. 브랜드 포지셔닝은 브랜드 이미지를 경쟁기업보다 뛰어난 방향으로 고객에게 전달하는 것이 목적이다. 따라서 브랜드 정체성은 브랜드의 유무형가치를 통해 고객에게 전달하고자 하는 이유와 목적을 스토리로 담아 고객에게 친근감 있게 다가가서 고객과 공감하고 소통을 하는 데 목적이 있다. 〈표 4-11-5〉의 how(콘셉트)에 해당하는 사항에 고객지향적 사고를 더하면 브랜드 정체성이 되기 때문에 why에 해당하는 사항은 가장 기본이 되고 중요한 사항이다.

<표 4-11-3> 고객 가치(customer value)

고객 가치(customer value)														
고객 고유 가치 (customer unique value)	상품 가치 (product value)						상품 외적 가치 (brand identity)							
고객 고유 가치 (customer unique value)	상품 고유 가치 (product unique value)			상품 고객 가치 (product customer value)			브랜드 가치 (brand value)							
핵심 가치 (empathy)	기본 가치 진정성(authenticity)			체감 가치 맛(taste)			유형적 가치							무형적 가치
중요 차별성	정성	재료	재료 본질성	맛 상품 delicious product	서비스 상품 service product	상품 접근성 accessibility product	이름	어구(슬로건)	표시(상표)	심벌디자인	캐릭터	브랜드 포지셔닝	브랜드 이미지	브랜드 개성
혁신적 가치 / 본능적 가치 / 차별적 가치	내적 / 외적	원산지 친환경 / 보관 (신선·숙성)	자연산재배 / 보관성(보관·손질조리) / 컬래버레이션	기여성 / 후각 / 청각 / 시각 / 촉각 / 미각	상품전달서비스 / 상품체험서비스 / 상품체험완료서비스	제품접근성(체형초감) / 선택접근성(메뉴)	간결	어감 / 인지	호감 / 간결	진정성 / 간결함	인지 / 간결함	전달 / 간결	공감 / 스토리	소통 / 방향성

라. Whencustomer approach time

When(customer approach time)은 상품의 고객 제공 시점에 관한 사항을 말한다. 〈표 4-11-4〉에서 보듯이 계절(월간), 주간과 주말 비율, 주된 공략 시간이 오전, 점심, 저녁, 야간인지 집중적으로 정하고, 중간 시간대에 얼마나 분산되어 매출을 일으키는지 파악한다. 행태적 측면에서 반사 집객효과도 고려할 수 있다.

<표 4-11-4> when(customer approach time)

계절단위(%)				주간단위(%)		일단위 공략 position(%)									
봄	여름	가을	겨울	주중	주말	집중도		오전 7~9		점심 12~14		저녁 18~20		야간 22~24	
								(%)		(%)		(%)		(%)	
						소계		(%)							
(%)	(%)	(%)	(%)	(%)	(%)	분산도		중간 ~7		중간 9~12		중간 14~18		중간 20~22	중간 01~02
								(%)		(%)		(%)		(%)	(%)
100(%)				100(%)		소계		(%)							

마. Howconcept

How(concept)는 브랜드 정체성에 맞는 상품을 만들고 어떻게 고객에게 제공하고 소통하느냐에 관한 사항이다. 콘셉트는 고객을 끌어들이는 힘을 말하며 가치를 구체화하는 수단으로, 상품 콘셉트, 운영 콘셉트, 매장 콘셉트, 브랜드 콘셉트로 나눌 수 있다.

상품 콘셉트는 why에 해당하는 가치 중에 어떤 가치를 어떤 관점으로 표현할지에 대한 것을 말한다. 즉 상품 고유 가치와, 상품 고객 가치, 고객 고유 가치 중에서 어느 것에 중점을 두는지에 따라 상품 콘셉트 방향성이 달라질 수 있다. 상품 콘셉트 유형별로 구분하면 〈표 4-12〉와 같다. 정통 푸드는 재료와 음식이름의 본연의 가치를 살리는 가장 기본적인 가치를 제공하는 유형이다. 보통은 하나의 메뉴에 집중하는 경우 효과가 극대화된다. 테크 푸드는 재료에 과학을 가미하여 건강, 풍미를 증가시키는 데 중점을 둔 유형이다. 로컬 푸드는 지역 특산물을 주요 재료로 특별한 가치를 제공하는 유형으로 여행객을 타깃으로 시장을 확장하는 경우가 많다. 파머 푸드는 농수산물 등을 직접 재배 생산을 통해 상품가치를 제공하는 유형을 말한다. 최근 파머famer의 수익성 개선과 가치창출을 위해 매우 적극적으로 확산되고 있는 유형이다. 혁신 푸드는 음식에 혁신을 더해 완전히 새로운 가치를 제공하는 유형이다. 기교 푸드는 음식의 본질을 유지하고 간단한 조리, 가공으로 변형된 가치를 제공하는 유형이다. 보통은 대중적인 음식을 베이스로 상품을 구성한다. 디자인 푸드는 음식에 디자인을 적용하여 헐씬 고차원적 이거나 전혀 다른 가치를 제공하는 유형이다. 기교 푸드에 적극적인 고객참여를 유도하므로 포장과 매장 외관에 대한 투자 비중이 높은 편이다. 엔터테인먼트 푸드는 음식에 즐거움과 퍼포먼스를 가미하여 펀fun을 제1가치로 추구하는 유형이다. 단순히 상품이 제공할 수 있는 가치를 넘어 직원의 엔터테인먼트형 서비스품질이 함께 제공되어야 하므로 운영 콘셉트에 대한 준비를 철저히 해야 한다. 캐릭터 푸드는 음식에 캐릭터를 입혀 음식외적 가치로 고객을 유치하는 유형이다. 대체로 매장이테리어뿐 아니라 아웃테리어를 통해 남다른 고객 경험을 제공한다. 체험 푸드는 음식의 특별한 체험으로 고객만족을 높이는 유형이다. 에스닉 푸드는 이국적인 맛과 경험을 제공하는 음식을 테마로 고객만족을 높이는 유형을 말한다. 웰빙 푸드는 건강을 제1가치로 추구하는 음식으로 고객만족을 위해 재료뿐 아니라 매장 환경 등에 관한 남다른 가치를 제공하는 유형을 말한다. 주로 다양한 음식을 함께 제공하여 온통 건강에 집중하는 이미지를 연출한다. 이런 음식 콘셉트 유형은 상품 콘셉트에 반영되어 운영 콘셉트, 주방 콘셉트, 매장 콘셉트과 함께 유기적으로 반영되어 고객을 어떻게 유입시킬지 명확한 방향성을 제시하게 된다.

운영 콘셉트는 상품을 어떤 방식으로 고객에게 제공하는지에 대한 것을 말한다. 즉 운영 콘셉트는 고객의 입출입과 이용 편리성에 관한 것으로 고객의 방문 경로가 오프라인 방식인지, 온라인 방식인지, 구전에 의해 방식인지, 고객을 위한 상품 제공 방식에 따라 나눌 수 있다. 특히 상품 제공방식에 따라 순수조리와 완전가공, 준가공, 순수생산, 완전생산, 준생산으로 나눌 수 있다. 또한 판매유형은 매장형Ta, 배달

<표 4-12> 상품 콘셉트유형

1	정통 푸드	재료나 음식이름을 충실히 반영하여 가장 기본적인 음식
2	테크 푸드	재료에 과학을 가미하여 건강, 풍미를 증가시키는 음식
3	정성 푸드	재료를 보관, 손질, 조리, 가공하는 데 특별한 정성이 중심인 음식
4	로컬 푸드	지역 특산물을 주요 재료로 가치를 제공하는 음식
5	파머 푸드	직접 재배 생산하는 상품으로 가치를 제공하는 음식
6	혁신 푸드	음식에 혁신을 더해 새로운 가치를 제공하는 음식
7	기교 푸드	음식의 본질을 유지하고 간단한 조리, 가공으로 변형된 가치를 제공하는 음식
8	디자인 푸드	음식에 디자인을 적용하여 전혀 다른 가치를 제공하는 음식
9	엔터테인먼트 푸드	음식에 즐거움과 퍼포먼스를 가미하여 편한 가치를 제공하는 음식
10	무드 푸드	음식에 남다른 분위기를 입혀 더 높은 품격을 제공하는 음식
11	캐릭터 푸드	음식에 캐릭터를 입혀 음식외적 가치로 고객을 유치하는 음식
12	체험 푸드	음식의 특별한 체험으로 고객만족을 높이는 음식
13	에스닉 푸드	이국적인 느낌이 나는 제3세계의 고유한 음식
14	웰빙 푸드	건강을 제1가치로 추구하는 음식

형D, 테이크아웃형TO, 매장과 배달 혼합형TaD, 매장과 테이크아웃 혼합형TTO, 배달과 테이크아웃 혼합형DTO, 토탈형TaDTO로 구분할 수 있다. 일반적으로 매장형 방식은 종업원 서비스 교육, 오감을 자극하는 분위기, 음악, 디자인, 소품, 좌석배치, 메뉴구성, 가격 등 고객이 매장에 들어온 다음부터 나갈 때까지 상품을 전달하는 전 과정에 대한 기획을 말한다. 배달형 방식의 경우 배달 전 후 고객관리와 서비스에 대한 전 과정을 말한다. 테이크아웃형은 이동하는 과정에 구매를 위한 고객 편리성 측면의 방식을 말한다. 매장 콘셉트는 상품 콘셉트과 운영 콘셉트에 적합한 매장을 준비하는 것을 말하므로 크게 주방 콘셉트와 매장 콘셉트로 나눌 수 있다. 주방 콘셉트는 주방인원수에 따라 1인, 2인, 3인 이상으로 구분할 수 있다. 특히 1인 주방의 경우 효율성에 집중하여 디자인 하고 2인 이상인 경우 업무 분담의 동선에 집중하여 디자인 한다. 특히 최근에는 불필요한 동선을 줄이고 비용을 절감한 1인 주방 형태로 경쟁력을 높이고 있다. 주방과 고객의 대면방식에 따라 고객을 직접 대면하며

음식을 제공하는 방식과 서비을 통해 제공하는 방식이 있다. 전자는 비교적 좁은 매장에서 효율적으로 상품을 제공하는 경우에 적합하며, 분식점의 경우 많은 편이지만 고객 서비스 측면에서 요리사가 직접 서비스를 제공하는 경우 이자카야나 야무진과 같은 양고기 전문점 등에서도 폭넓게 적용되고 있다. 주방 오픈 방식에 따라 오픈형과 비오픈형이 있지만 오픈형은 내부 오픈형과 외부 오픈형이 있으며, 내부 오픈형은 홀 고객에게 요리의 퍼포먼스를 제공하거나 오감을 자극하기 위한 특별한 가치를 제공하고자 하는 경우 활용되고 있으며 일부는 상품에 대한 신뢰를 높이고자 제공하기도 한다. 특히 특별한 고객 욕구를 자극하기 위해 외부오픈형은 외부 고객의 유입효과를 기대하기도 하지만, 이는 설비의 청결이 담보되는 경우 시행하는 것이 좋다. 대체로 대형 조리기구를 활용하는 업종이나 단순조리 방식으로 제공하는 경우 적용한다. 브랜드 콘셉트는 〈표 4-11-3〉의 브랜드 가치를 만드는 과정을 말한다.

〈표 4-11-5〉 how(connept)〈표 4-11-5〉 how(connept)

상품 콘셉트	운영콘셉트				주방콘셉트					매장콘셉트															
상품 고유 가치 상품 고객 가치 고객 가치 고객 고유 가치	방문 경로 (on/ off)	제공방식 (조리, 진열 등)		판 매 유 형	인 원			퍼포먼스				적용		가치/ 편익				지 향 성			차 별 성			이 동 성		분위기				
	off line / on line	조리 (순수/ 완전/ 가공)	진열 (순수/ 완전/ 준생산)	7 가 지	1 인	2 인	3 인 이 상	대 면	내 부 오 픈 형	외 부 오 픈 형	비 오 픈	환 경	시 설	재 미	해 소	편 리	효 율	과 거	현 재	미 래	고 급	가 성 비	독 창 성	유 연 성	고 정 성	시 각 적	청 각 적	후 각 적	촉 각 적	체 감 적
13가지 푸드 유형 정의	운영 콘셉트 정의				주방 콘셉트 정의					매장 콘셉트 정의															
콘셉트 정의																									

매장 콘셉트는 단순히 눈에 보이는 인테리어나 아웃테리어에 의존하는 것이 아니라 적용, 가치, 지향점, 차별성, 이동성, 분위기 등으로 구분할 수 있다. 적용은 환경

과 시설을 말한다. 즉 환경은 매장이 위치하는 곳의 자연환경에 친화적으로 할지 전혀 다른 방향으로 할지에 대한 깃을 말한다. 예를 들어 김포에 있는 수산공원은 강화도 앞바다를 바라보는 위치에서 해양시설을 테마로 하는 카페로서 별도의 공간에서는 회전초밥을 즐길 수 있도록 배치하여 카페이상의 가치를 제공하고 있다. 시설은 기존시설을 활용한 테마인지 새롭게 구성할지에 대한 것을 말한다. 예를 들어 강화도에 있는 조양방직이라는 카페는 방직회사의 역사와 테마를 살려 콘셉트를 설정하였고, 속초의 칠성조선소라는 카페는 조선소의 역사와 테마를 살려 콘셉트를 설정하였다. 가치는 고객 편익적 측면에서 고객에게 특별한 재미, 어떤 욕구나 스트레스에 대한 해소, 이용 편리, 효율적인 경험 등을 말한다. 예를 들어 더 현대 백화점에 있는 플래이 인 더 박스play in the box라는 셀카 카페에서는 방문객이 다양한 테마의 공간에서 분장을 하여 사진을 찍는 특별한 재미와 경험을 제공하고 있다. 인테리어나 아웃테리어에 대한 지향점이 과거, 현재, 미래 지향적인지 말하고 차별성은 고급, 일반적, 독창성을 말한다. 득히 고급뿐 이니라 독창성은 볼거리와 소통, 향수(과거 경험 등)에 영향을 미치며 일반적으로 시설비용이 높게 드는 편이므로 고객에게 전달하고자 하는 메시지를 명확히 정해야 마케팅 효과를 발휘할 수 있다. 예를 들어 파주에 있는 더티트렁크라는 카페는 지역 특징과 전혀 관계가 없이 철을 활용한 테마로 고객에게 새로운 경험을 제공하고 있다. 또한 샤브랠라라는 샤브전문점은 회전초밥과 유사한 콘셉트로 회전벨트에 각종 야채로 재료를 제공하여 고객은 본인이 원하는 재료만을 선택하여 테이블에 착석한 상태에서 독창적이고 차별적인 콘셉트로 재미와 편리성을 더하여 샤브샤브를 즐길 수 있다. 이동성은 매장 분위기를 바꿔야 할 경우 대비하여 유연하게 준비할지, 고정성으로 준비할지 결정한다. 유연성은 리뉴얼이 편리한 매장 인테리어 배치를 말하며, 고정성은 그렇지 않은 배치로써 충분히 검증된 이후의 방식이라고 할 수 있다. 매장 분위기는 〈표 2-10〉의 필립 코틀러가 주장한 매장 분위기 4가지 차원과 체감(體感)을 말한다. 홀에서 직원의 서비스 동선과 소품 활용 연출, 매장 안이나 밖에서 시각, 청각, 후각, 촉각적 요소를 통해 생동감을 높여 고객 기대와 만족을 높이는 것을 말한다. 특히 시각은 고객욕구를 직접적으로 자극하여 소비 경험에 대한 판단에 결정적인 영향을 미친다. 따라서 메뉴와 어울리는 조명, 매장 안 홍보물에 어울리는 조명, 계절에 어울리는 조명은 메뉴 결정과 경험을 자극하는 데 결정적인 영향을 미친다. 체감은 매장 내 온도와 관련된 것으로 메뉴의 성격, 매장 분위기, 계절, 낮과 밤의 상황에 맞게 고객이 최상의 상품 경험을 위해 세심히 배려해야 한다. 이렇게 온도에 4가지 감각이 너해서 종합적인 분위기는 고객 만족을 극대화시킨다. 초기 점포창업에서 브랜드를 통해 실제로 경험할 수 있는 공간에 대한 배려는 상품 자체에 대한 고객 욕구보다 더 충족시킬 수 있는 경우가 많기 때문에 매우 유연하게 접근해야 한다. 특히 고객과 소통의 도구로서 마케팅에 적용되고 있기 때문에 더욱 중요하게 준비하고 있는 추세이다. 그러나 매장 콘셉트는 제공하고자하는 상품이 명확해야 고객 가치를 극대화할 수 있기 때문에 상품 가치보다 우위에 있을 수 없다. 따라서 위 4가지 콘셉트는 하나로 연결될 수 있어어 진정성 있는 고객 가치를 제공할 수 있다. 콘셉트는 단순히 부족한 상품성을 보충하거나 보여주기가 아니라 상품의 고객 가치를 극대화시키기 위한 목적으로 준비를 할 때 제대로 발휘될 수 있다. 고객의 취향뿐 아니라 상권도 바뀌기 때문에 경영전략 측면에서 충분히 고려하고 끊임없이 발전시키는 것이 중요하다. 위의 4가지 콘셉트에 고객을 향한 브랜드 가치를 더하면 브랜드 정체성이 된다.

아무리 좋은 상품과 콘셉트가 있더라고 창업가는 경영자로서 어떤 방식으로 고객과 소통하고 경영을 할지에 전략적인 측면에서 고려하지 않으면 고객 가치는 전달될 수 없다. 즉 고객관계 측면에서 QQuslity, SService, CClean에 관한 나름대로의 매뉴얼을 적용하여 시스템을 갖춰야 한다.

이상은 내가 하고자 하는 점포 또는 창업 상품성을 파악하고자 하는 경우 가장 기본적인 점검사항이므로 현장에서 여러 번 점검하며 숙지하기를 바란다. 상품 목표 테이블(5W 1H)이 명확할수록 이후 단계가 수월해진다.

바. where market area

where market area는 상품이나 서비스를 어떤 상권의 어떤 입지에서 제공할 것인지에 대한 것을 말한다. 상권, 배후, 입지 순서로 점검한다. 상권고유 가치는 〈표 4-26〉에 해당하는 11가지 상권의 고유 가치와 상품과 적합한지 점검한다. 그리고

<표 4-11-6> where(market area)

상권		배후	입지								
상권 고유 가치	상권 성격	배후 유형	입지 유형	입지 4요소				입지 3요소			
상권이 제공하는 고유가치	4가지 상권 성격	8가지 배후 유형	19가지 입지 유형	주배후 접근성	교통 시설 접근성	건널목 접근성	경쟁 입지 접근성	목적성	충동성	충족성
A~E(단계 체크)										
A	A	A	A	A	A	A	A	A	A	A
B	B	B	B	B	B	B	B	B	B	B
C	C	C	C	C	C	C	C	C	C	C
D	D	D	D	D	D	D	D	D	D	D
E	E	E	E	E	E	E	E	E	E	E

거주형(주거시설 상권), 상주형(오피스형 상권), 혼재형(주거와 오피스 혼합 상권), 소비형(판매시설 또는 유흥시설 중심 상권) 등 상권성격을 파악한다. 배후는 〈표 9-2〉에 해당하는 8가지 배후의 유형을 점검한다. 보통 시억민을 싱대로 히는 한정된 상권에서 점검한다. 입지는 최적의 위치를 찾기 위해 어떤 지역의 지리적 특징인 20가지 입지유형을 점검한다. 그리고 더욱 구체적으로 입지의 4요소를 점검하고, 소비자 행태측면의 입지의 3요소를 점검한다.

- 업 캔버스

2) 창업 상품성

업 캔버스에 상품 고유 가치, 상품고객 가치, 고객 고유 가치를 적는다.

- 상권 스케치

2) 창업 상품성

창업 상품성을 통해 고객에게 제공하고자 하는 가치(상품 고유 가치, 상품 고객 가치, 고객 고유 가치)에 부합하는 상품과 점포의 모습을 그려 본다. 즉 상품은 글로 표현해도 무방하며, 점포는 매장 동선, 테이블, 주방, 카운터, 백룸 등 위치를 설정하며 점포의 페르소나를 그려본다.

제3원칙 창업상품 적합성(4 Needs)

창업상품 적합성(4 needs)은 제2원칙에 의한 창업가의 상품이 소비자who에게 어떤 포지셔닝positioning을 차지하는지 확인하는 절차로서 전 단계에서 정한 상품 고유의 성격을 토대로 창업을 위한 상품성을 명확히 정한다. need 의 사전적 의미는 '필요하다' 이외에 다양한 의미가 있지만 창업 상권에서는 정무성, 정진모(2001)가 '기대되는 상태what ought to be'와 '현재의 상태what is'의 차이라고 정의한 need의 의미가 적합하다고 할 수 있다. 두 가지 측면에서 적용해 볼 수 있는데 상품의 존재유무에 대한 니즈와 상품의 품질 정도에 대한 니즈로 구분할 수 있다. 상품 존재유무에 대한 니즈는 어떤 시장에서 상품의 존재 유무에 대한 정도차이로 4가지 니즈로 구분하여 점검한다. 따라서 어떤 상품으로 시장조사하는 경우 현재 소비자를 세분화하여 각각의 현재 상황에서 〈표 4-13〉과 같이 상품의 존재유무에 대한 4가지 니즈로 파악한다. 창업가의 상품이 어떤 고객에게는 반드시 필요할 수 있지만 어떤 고객에게는 없어도 그만일 수 있다. 이에 대한 니즈 차이에 따라 공략대상의 포지셔닝이 명확해질 수 있다. 주의해야 할 것은 상품 자체에 대한 소비자 욕구와 상품 외적인 서비스 욕구를 명확히 진단해야 한다. 그렇지 않으면 상품성에 지나치게 치중하여 실제 매출이 기대이하로 발생할 확률이 있다. 이 부분은 3단계 가치 영역을 참고하기 바란다. 상품의 품질 정도에 대한 니즈는 〈표 4-13〉에서처럼 니즈를 사분면으로 나누어 소비자의 욕구를 구분하였다.

<표 4-13> 4 Needs

구분	특징	점검 사항
꼭 필요한 (necessary) 상품(서비스)	반드시 필요하므로 생필품과 같이 사람이 중심(위치 중요)인 상품임. 상품의 동질성이 높고 소비 간격이 짧은 편이며 진입률이 낮은 편임. 예) 마트, 애견숍 등 의식주와 직접적으로 관계된 것, 커피 전문점	1) 누가 꼭 필요한가? 2) 꼭 필요한 이유? 3) 얼마나 많은 사람이 필요한가? 4) 독점수요가 존재하는가? 5) 누가 이미 제공하고 있는가?(만족, 불만족)
있으면 좋은 (not necessarily necessary)상품 (서비스)	계절이나 날씨에 민감하고 소비 간격 편차가 크며 대중성 높고 상권이 넓은 편이며 지형적/행태적 접근성이 중요함. 예) 치킨/피자 배달점, 찜질방, 커피 전문점 등	1) 누가 있으면 좋은가? 2) 있으면 좋은 이유는 무엇인가? 3) 얼마나 많은 사람이 필요한가? 4) 독점수요가 존재하는가? 5) 누가 이미 제공하고 있는가?(만족, 불만족)

구분	특징	점검 사항
필요할 때가 있는(in need) 상품(서비스)	소비 간격이 대체로 길고 정해져 있지 않고 돌발적 이며 희소성이 높아 상권이 넓은 편이며 가시성이 좋아야 함. 음식업의 경우 상품력이 뛰어나야 수익성이 있으므로 배후가 넓어야 함. 예) 열쇠점, 추어탕, 팥죽 등	1) 누가 가끔 필요한가? 2) 가끔 필요한 이유가 무엇인가? 3) 얼마나 많은 사람이 필요한가? 4) 독점수요가 존재하는가?(만족, 불만족) 5)누가 이미 제공하고 있는가?(만족, 불만족)
없어도 그만인 (not necessary) 상품(서비스)	복합적 요인과 독보적 차별성이 중요함.	1) 왜 필요하지 않은가? 2) 끌어들일 수 있는 수요가 존재하는가? 상권 변화에 따른 사업전략과 영업이 중요

꼭 필요한necessary 상품은 사람이 중심이므로 상품의 동질성이 높고 소비 간격이 짧은 생필품을 판매하는 업종이 많은 편이다. 매출을 극대화시키기 위해서는 위치가 최적이어야 한다. 따라서 상권 범위에 따른 수요자 동선 파악이 중요하므로 배후분석적으로 접근해야 한다. 대체로 편의점, 마트, 김밥 전문점 등이 여기에 해당한다. 이렇게 필요한 것에 해당하는 상품은 건강 즉 생활과 밀접한 관련이 있어 트렌드에 따라 소비 간격이 짧아질 수도 있다. 최근 소고기는 가끔 즐기는 음식이 아니라 반드시 자주 즐겨야 하는 성향의 음식으로 인식되고 있다. 따라서 소고기 전문점은 편의점 도입기 위치선정과 마찬가지로 건널목 앞, 코너형 입지, 동선 배후형 입지에 위치하는 경우가 많아 졌다. 이런 업종은 프랜차이즈로 확장에 유리한 편이다.

있으면 좋은not necessarily necessary 상품은 반드시 필요한 것은 아닌 상품이나 서비스이므로 대체로 소비 간격이 긴 편이나 계절과 날씨에 민감한 측면이 있다. 보통 더 편리함을 추구하는 경우나 새롭거나 추가적인 경험을 추구하는 경우에 해당된다. 편리함을 추구하는 경우는 치킨점과 피자 전문점처럼 매우 대중적인 상품으로 필요한 업종이지만 배달이 주력인 경우는 온라인상 주문으로 구매하는 경향이 높기 때문에 반드시 있어야 하는 것은 아니다. 그러나 집으로 들어가는 길에 구입할 수도 있고 쇼핑하면서 함께 필요할 수도 있다. 새로운 경험을 추구하는 경우는 평소에 규칙적으로 즐기지 않는 것이므로 상권이 넓어야 하고 창업가의 마케팅 능력과 다양한 업종과 협업이 중요하기 때문에 계절과 날씨에 민감하다. 가령 찜질방은 겨울에 가고 싶은 장소이지만 여름에 소비자가 오게끔 하는 마케팅이 필요하다. 양초는 필요한 소비자가 있지만 소비자가 한정되어 있다. 희소성 업종이므로 동선에 민감하지 않다. 특히 트렌드에 민감할 수 있어도 온라인 쇼핑에서 더욱 영향을 발휘하므로 있으면 나쁘지 않은 정도의 업종으로 보는 것이 좋을 것 같다. 주택가에 치킨 호프집은 있으면 좋을 수도 있다. 배후민만을 상대하는 경우로 상가시설이 없거나 적기 때문에 동종 또는 이종 틈새 전략 관점에서 접근하는 것이 유리하다.

필요한 때가 있는in need 상품은 소비 간격이 대체로 길고 불규칙적이며 돌발적이다. 따라서 상권이 넓어야 하고 가시성이 좋은 곳에 있어야 매출이 극대화될 수 있다. 열쇠를 분실하였거나 고장이 나면 고쳐야 하므로 어디에 있는지 잘 인지될 수 있는 위치에 있어야 한다. 추어탕이나 설렁탕은 매일 즐기는 음식이 아니다. 건강을 위해서 또는 매우 특별한 날에 필요한 때(추운 날 등)가 있다. 이런 업종은 프랜차이즈화보다는 규모의 경제가 효과를 발휘하며 가치상권 측면에서는 로드스트리트, 접근스트리트 상권에 적합하다. 간혹 고급 음식점 등은 부모님 생신 등 특별한 날에 필요한 때가 있다.

없어도 그만인not necessary 상품은 상품이 중심이므로 정확한 상품성과 그에 따른 사업전략과 영업이 중요하다. 커피는 필요한 상품이지만 어디를 가나 접할 수 있다. 그러나 커피자체의 상품 고유 가치가 아닌 고객 고유 가치 측면에서 편안한 공간 등에 대한 욕구를 충족시키기 위한 상품력, 전략, 영업력이 필요하다. 그렇다면 어떤 상권에 없어도 그만인 업종이 있다고 할 경우 무조건 창업에서 제외하는 것이 옳을까? 꼭 그렇지는 않다. 고객 세그먼트customer segment에 따라 없어도 그만일 수 있지만 필요하게 만들 수도 있다. 예를 들어 〈사진 2-1〉 사례의 상권에서 〈사진 2-1〉의 블록방이 성행하고 있지만 이지역에 생기전에 어린이들이 블록방이 없다고 어린이들이 반드시 원한다고 볼 수 없다. 즉 없어도 그만이다. 그런데 생기면 좋을 수가 있다. 고객 세트먼트 측면에서 구체적으로 이업종은 어린이가 이용하지만 정작 필요한 당사자는 부모이고 실제 비용을 결제하는 것도 부모이기 때문이다. 따라서 이용자인 어린이의 동선과 필요로 하는 부모층이 얼마나 있는지 파악하는 것이 중요하다. 주의해야 할 것은 필요로 하는 부모층의 인구통계학적 특성을 파악하는 것이 중요하고 희소성에 비해서 블록방은 의외로 상권이 넓지 않은 업종이므로 고객 밀도률이 중요하다는 것을 이해해야 한다. 이외에도 아이들 안전과 편리성을 고려한 위치 선정과 부모들 성향을 파악할 수 있는 적극적 사업전략과 필요하게 끔하는 영업력으로 부모와 어린이의 소비 모두 충족시킬 수 있게 해야 한다.

붕어빵하면 겨울이 떠오르기보다 겨울하면 붕어빵이 떠오른다. 붕어빵 창업은 한철 장사라는 한계가 있기 때문에 겨울철 상품에 대한 인식은 매우 강하다. 겨울철 출출한 오후 가장 많이 생각나는 간식이며 부담이 없다. 이렇게 인식률이 높은 업종은 그만큼 다양한 이동목적 동선 즉 퇴근, 식사, 여가동선 등에 부합하여 직접 노출이 높아야 매출이 극대화될 수 있다. 이렇게 없어도 그만인 상품이지만 소비 간격이 짧고 객단가가 낮으며 만족도가 높고 부담 없는 음식이므로 소비자 니드 측면(4n)보다 소비자 편리성 측면에서 상권 적합성fit이 중요한 것이다. 따라서 지나가는 소비자를 4needs 관점에서 구분하여 입지의 3요소(행태적)인 충동성, 충족성, 목적성 입지에 따른 업종 적합성을 함께 고려한다면 더욱 구체적으로 고객을 고려한 업종 니즈를 파악할 수 있다. 이렇게 제 3원칙은 고객 세그멘트 이후 타깃 소비자에 대한 포지셔닝을 파악하는 과정에서 필요로 하는 고객과 그렇지 않은 고객의 차이를 파악하는 것이다.

이어서 〈표 4-14〉에서 보듯이 타깃 소비자를 대상으로 CSA 기법으로 상품의 품질에 대한 정도의 만족도를 파악한다. 즉 상품과 상권 적합성product & market area fit을 파악하는 것이다.

따라서 현재 상권이 정해지지 않은 시장에서 타깃 소비자가 기존에 경쟁사가 제공하고 있는 브랜드나 상품이 소비자를 충분히 만족시키고 있는지 그렇지 않고 매우 부족한지 판단하고 미래에 더 가치 있는 브랜드나 상품을 개발하여 시장에 진입해야 한다. 사분면으로 구분하며 1사분면은 상품의 완성도가 높고 고객 만족도도 높은 영역이다. 2사분면은 상품의 완성도는 높지만 고객 만족도는 낮은 영역이다. 3사분면은 상품의 완성도와 고객 만족도 모두 낮은 영역이다. 4사분면은 상품의 만족도는 낮지만 고객 만족도는 높은 영역이다.

위 내용을 종합하여 실전에서 적용하기 위해서는 〈표 4-13〉에서 보듯이 4needs 중에서 해당 고객이 그 상품에 대해 얼마나 중요하게 생각하는지 파악한다. 그리고 〈표 4-14〉와 〈표 4-15〉의 내용을 적용하여 〈표 4-16〉와 같이 평가할 수 있다. 이상의 내용을 통해 소비자 니즈를 파악하는 것은 소비자의 니즈를 채워주는 관점에서 접근하는 것이 중요하다. 따라서 제1원칙, 제2원칙에서 충분히 내가 제공하고자 하는 상품을 이해하고 준비해야 한다. 또한 현장에서 시장진입 시 구체적인 상권평가 단계 전에는 경쟁점을 지나치게 고려하는 것보다 배우 고객 자제만을 위한 니스에 집중하는 것이 중요하다. 따라서 매출추정단계에서 타깃 수요자의 니즈를 정확히 파악하지 못한 상태에서 발생한 매출은 상권의 우연일 뿐이므로 상품과 상권의 적합성fit이 제대로 측정되었다고 볼 수 없다.

이렇게 제3원칙은 고객 세그멘트 이후 타깃 소비자에 대한 포지셔닝을 파악하는 과정에서 〈표 4-14〉와 같이 4needs와 CSA를 통해 구체적으로 상품 방향성을 잡는 것이 중요하다.

<표 4-14> CSA matrix

<표 4-15> CSA 기법의 실행격자 사분면 해석

구분	내용
1사분면	- 소비자에게 완성도가 높은 상품으로 인식되어 있으며, 그 만족도 역시 높기 때문에 현재의 제공 상품 수준을 유지하는 것만으로도 충분한 영역
2사분면	- 소비자에게 완성도가 높은 상품으로 인식되어 있지만, 그 만족도는 상대적으로 낮기 때문에 상품 수준을 보완할 필요가 있는 영역
3사분면	- 소비자들에게 완성도가 낮은 상품으로 인식되어 있으며, 만족도 역시 낮기 때문에 무리한 진입은 자제해야 할 영역
4사분면	- 소비자에게 완성도가 낮은 상품으로 인식되어 있지만, 만족도가 높기 때문에 경쟁점 진입에 취약한 영역

<표 4-16> 4needs+CSA matrix

4needs	CSA 사분면	평가
필요한(necessary)	완성도 높고, 만족도 높음	적합
	완성도 높고, 만족도 낮음	보완
	완성도 낮고, 만족도 낮음	부적합
	완성도 낮고, 만족도 높음	보완
있으면 좋은 (not necessarily necessary)	완성도 높고, 만족도 높음	적합
	완성도 높고, 만족도 낮음	부적합
	완성도 낮고, 만족도 낮음	부적합
	완성도 낮고, 만족도 높음	보완
필요한 때가 있는 (in need)	완성도 높고, 만족도 높음	전제 적합
	완성도 높고, 만족도 낮음	부적합
	완성도 낮고, 만족도 낮음	부적합
	완성도 낮고, 만족도 높음	보완
없어도 그만인 (not necessary)	완성도 높고, 만족도 높음	전제 적합
	완성도 높고, 만족도 낮음	부적합
	완성도 낮고, 만족도 낮음	부적합
	완성도 낮고, 만족도 높음	보완, 전제 적합

*만족도: 적합, 보완, 전제 적합, 부적합 순서

- 업 캔버스

3) 4 needs

제공하는 상품이나 서비스의 타깃 고객에 대한 needs를 구분한다. 우선 〈표 4-13〉에 따라 needs를 파악하고, 〈표 4-16〉에서 보듯이 〈표 4-14〉의 사항을 적용해 본다.

- 상권 스케치

3) 4 needs

4needs에 해당하는 상품에 대해 가장 적합한 고객에 대해 글이나 그림으로 그려 본다.

제4원칙 개발 시장development market

개발 시장 선정하는 것은 본격적으로 오프라인 시장에 진출하기 위한 첫 번째 단계로서 상품 고유 가치, 상품 고객 가치, 고객 고유 가치에 부합하는 상품의 시장공략 방향성을 잡기 위한 전반적인 밑그림에 해당한다고 볼 수 있다. 따라서 상품의 방향성이 정해진 상태에서 시장 유형을 파악한다. 〈표 2-6〉에서 보듯이 시장 유형에 따라 기존시장Existing Market, 재분류시장Resegmented Market, 신규시장New Market, 복제시장Clone Market으로 나눌 수 있다. 기존시장은 기존 경쟁회사가 있는 시장에 이미 똑같은 상품이 존재하는 시장으로 새롭게 진입하는 창업가는 훨씬 뛰어난 상품과 자본으로 진입한다. 재분류시장은 기존 경쟁회사가 있는 시장에 똑같은 상품이 존재하는 시장으로 새롭게 진입하는 창업가는 기존시장에서 고객의 니즈를 파악하여 진입한다. 신규시장은 경쟁자가 없는 시장에 새로운 상품으로 진입하므로 혁식적인 니즈가 있는 상품으로 진입해야 한다. 단지 시장성이 확보되면 빠르게 경쟁점이 생길 수 있기 때문에 시장에 대한 이해와 선도자로서 비전을 가지고 준비해야 한다. 복제시장은 해외에서 검증된 상품을 국내의 여건에 맞게 재정의하여 들여오므로 충분한 시장성 테스트를 거쳐서 진입한다. 점포 창업의 경우 복제시장은 일본식 돈까스 전문점인 코코이찌방야, 미국의 스타벅스, 쉑쉑버거 등 브랜드가 여기에 해당한다고 볼 수 있다. 따라서 대부분 소규모 점포창업은 기존시장과 재분류시장의 범주내에 있다고 할 수 있다.

구체적으로 개발 시장은 〈그림 4-8〉과 같이 4분면으로 나누어 볼 수 있다. 우선 상품개발 시장과 상권 개발 시장으로 나눌 수 있으며, 상품개발 시장은 상품이 중심인 시장으로 고객 가치에 부합하는 상품이나 서비스를 전달하는 시장이다. 고객에게 어떤 상품과 서비스를 제공하는지에 대해 꾸준히 노력해야 하므로 보이지 않는 고객 활동을 파악하는 것이 중요하다. 따라서 상품개발 시장에 진입하는 창업가는 상품을 개발하는 데 중점을 두기 때문에 시장의 크기와 관계없이 상품이 중심인 시장이고 상품과 시장의 적합성product & market fit이 중요하다. 여기서 시장은 고객을 말하며 상품중심이기 때문에 상권이라고 표현하지 않으며 배후 소비자보다 높은 상품 인식성을 제공해야 해당 소비자를 만족시킬 수 있다. 상권 개발 시장에 진입하는 창업가는 고유의 상권가치를 통한 상품 전달을 극대화시킬 수 있는 상권을 찾는 데 중점을 둔다. 상권 성격에 따라 다르지만 상품 노출 정도에 민감한 시장이라고 할 수 있다. 노출은 동선에 의한 경우와 검색에 의한 경우가 있으며 특히 상권 내 검색에 의한 노출은 상대적으로 상품개발 시장에 비해 민감한 시장이므로 상품과 상권 적합성product & market area fit을 넘어 최적화에 집중해야 한다. 예를 들어 일반적으로 키워드를 통해 검색하는 경우는 크게 동네 소비자가 검색하는 경우와 외부 소비자가 검색하는 경우로 나눌 수 있다. 동네 거주하는 소비자는 동네에서 평소 즐기는 음식은 검색하지 않는다. 잘 즐기지 않는 음식이나 특별한 음식을 찾는 경우 예외적으로 검색하게 된다. 이것도 검색을 통해 알게 된 이후는 바로 전화하지 또다시 검색을 활용하지 않는다. 그러나 평소 잘 아는 브랜드라도 가끔 드라마, 영화, 뉴스, 다큐멘터리 등으로 이슈화되는 경우 호기심에 검색을 하고 소비하게 되는 경우도 있다. 이점은 브랜드만 해당하지 않기 때문에 개인 점포창업가는 이슈화에 대한 고민을 통해 스스로 검색량을 높일 수 있는 방법을 고민해야 한다. 동네라도 상주형(오피스형 상권)이나 소비형(판매 소비시설 상권)의 소비자나 인접 거주자들은 업무 특성상 간식이나 야식을 선호하고 인접 거주자들은 메뉴에 대한 다양한 선택으로 배달 주문을 위한 검색을 하게 된다. 외부 소비자가 검색하게 되는 경우는 사람들이 많이 몰리는 지역 시내 오피스가 상권, 역세권, 대학가, 쇼핑가 등 상권에서 특별한 쇼핑, 회식, 외식, 만남 등 목적으로 검색한다. 이런 지역은 주로 도심 융복합 상권, 대학가 복합 상권 등 도시 내 상권에서 발생한다. 예를 들어 주거밀집 동네에서는 멕시칸 음식이나 수제 햄버거 맛집을 검색하지 않는다, 이태원과 같은 융복합 상권에 방문할 경우 검색을 통해 방문하게 된다. 물론 소비시설 밀집 상권과 배달 상권반경에 있는 주거지역은 검색이 활발하다. 이렇게 각종 키워드 검색으로 수제 햄버거 맛집에 적합한 상권인지 테마를 연관 지어 파악하는 것이 중요하다. 이외에도 주말나들이, 여행, 출장 중에 검색이 늘어나고 있다. 특히 웰빙, 힐링, 체험에 대한 관심이 높은 소비자는 지방의 낯선 곳을 찾기를 꺼려하지 않기 때문에 한적한 지역에서 맛집 찾기를 즐기며 이들을 대상으로 한 마케팅 효과는 매우 크다고 할 수 있다. 반면 단순히 출장 업무로 방문하는 소비자는 접근성에 대한 고려를 하므로 도심권에서 소비할 확률이 높다. 이렇게 상권 개발 시장진입은 상권이 좋고 나쁘고의 문제가 아니라 남다른 상권 가치를 발견하고 고객 경험을 높일 수 있는 상품개발과 개별화된 키워드를 발굴한 창의적 마케팅 활용이 중요하다.

<표 4-17> 소비자 검색 유형

동네 소비자 검색	외부 소비자 검색
- 주거형 상권에서 거주하는 소비자가 잘 즐기지 않거나 특별한 음식을 찾는 경우 - 주거형 상권에서 거주하는 소비자에게 이슈화에 노출된 경우 - 상주형(오피스), 소비형(판매/소비시설 상권)에서 인접한 지역에 상주하거나 거주하는 소비자	- 특별한 가치제공 상권에서 쇼핑, 만남, 회식, 외식 등 목적 - 나들이, 여행, 출장 중 웰빙, 힐링, 체험을 위한 욕구 충족 목적

상품개발 방식에 따라 린 방식lean method과 연구 방식research method으로 구분할 수 있다.

린 방식lean method은 주력 상품을 중심으로 꾸준히 상품개발 및 업그레이드하여 소비자에게 제공하므로 위치와 동선에 민감한 편이며, 트렌드에 민감하다. 대체로 점포는 다양한 상품을 취급하므로 점포명은 상품명에 대한 홍보보다는 브랜드 홍보에 적합한 네임이 더욱 적합하다. 연구 방식research method은 오랜 시간 노력과 인내에 의한 상품개발 방식을 말하므로 고객에 대한 상품고유 가치가 명확해야 한다. 따라서 상품 근본적 가치가 자주 변하면 고유 고객이 이탈할 수 있기 때문에 신중히 접근해야 하고, 영업력과 서비스를 통해 고객 가치를 극대화시킬 수 있어야 높은 경쟁력을 유지할 수 있다. 실제 상품개발에 관한 것은 <그림 2-5>를 참고하기를 바라며, 1단계를 이어서 2단계와 접목하여 <그림 4-8>에서 보듯이 린 방식 상품개발 시장Lean method Product development market, 연구 방식 상품개발 시장Research method Product development market, 린 방식 상권 개발 시장Lean method Market area development market, 연구 방식 상권 개발 시장Research method Market area development market으로 구분하여 파악한다.

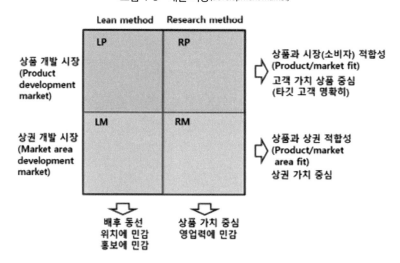

<그림 4-8> 개발 시장(development market)

린 방식 상품개발 시장Lean method Product development market

린 방식 상품개발 시장LP은 상품과 시장 적합성product/market fit이 중요한 시장에서 린 방식이 적용되는 시장을 말한다. 상품을 꾸준히 업그레이드 하거나 신메뉴를 보완하여 시장의 크기에 민감하지 않은 상품중심 시장에 진입하는 경우를 말한다. 90% 이상이 기존시장이지만 경쟁보다 상품 가치에 집중하며 창업 상품성에 따라 시장 유형을 선택한다. 전략적으로 틈새시장 전략으로 진입할 수 있다.

시장 규모에 관계없이 상품이 중심이므로 수요층이 있어야 하지만 상품력이 수요층보다 우위에 있어야 생존율을 높일 수 있다. 소비자 포지션이 가장 애매하고 유동적이기 때문에 창업 상품의 방향성을 잡기가 가장 애매할 수 있다. 특히 동네 상권 중에서 초·중·고등학교가 있으며 업종 선정이 불안정한 상권은 상품 인지성을 충분히 고려하여 창업을 해야 한다. 학생 등의 고객 매출이 높지만 객단가가 낮고 변심이 잦기 때문에 상품고객 가치가 명확한 상품을 준비한 후 창업하는 것이 유리하다. 그렇지 않고 무턱대고 창업하는 경우 상품력을 앞세운 경쟁점이 진입하게 되면 기존 창업자의 수요를 흡수하여 모두가 어려운 창업이 될 수 있기 때문이다. 어린이 블록방이 린 방식 상품개발 시장에 진입하는 경우 블록방이 필요하거나 있으면 좋은 상권에서 어떤 방식으로 운영하는지가 중요하다. 즉 상권 중심이 아니고 니즈 소비자에게 어떤 상품 서비스를 제공하느냐가 중요한 창업이므로 꾸준한 서비스 업그레이드가 중요하다. 〈사진 2-1〉에서 보듯이 서비스 업종인 어린이 블록방의 경우 유치부 또는 초등학생이 많은 주택가 배후형 상권이 적합하다고 볼 수 있다. 주 이용자는 어린이들이지만 비용은 부모님이 지출하므로 어린이와 부모의 니즈를 반영하여 부모님이 함께할 수 있는 공간 확보하여 리모델링하였다. 또한 평소 고객 관찰로 부모님이 담소를 나눌 수 있고 아이들 케어 할 수 있는 공간으로 공사하여 커피 등 음료 제공하였다, 몇 개월이 지난 후엔 식사 등 부가적 상품개발하여 더 오래 머물 수 있도록 서비스를 제공하였다. 꾸준히 어린이 참여를 높일 수 있는 행사 및 포상 등 서비스 업그레이드로 단골 고객 확보로 객단가를 높일 수 있도록 노력하고 있다. 이렇게 린 방식은 고정된 상품이나 서비스가 아니라 사용자의 이탈을 줄이기 위해 꾸준히 개발하는 것이 중요하다.

〈사진 4-4〉 린 방식 상품개발 시장 사례(단계별 고객 서비스 개발 제공)

연구 방식 상품개발 시장 Research method Product development market

　연구 방식 상품개발 시장RP은 상품과 시장 적합성product/market fit이 중요한 시장에서 연구 방식이 적용되는 시장을 말한다. 시장 규모에 관계없이 상품이 중심이므로 수요층이 있어야 하지만 상품력이 수요층보다 우위에 있어야 생존율을 높일 수 있다. 상품 고유 가치가 명확해야 하므로 상품의 본질이 바뀌면 안 된다. 즉 처음부터 고객은 그 상품을 신뢰했기 때문에 오픈 전 충분히 준비하는 것이 중요하며 상품 성격을 충분히 반영할 수 있는 상품 콘셉트, 매장 콘셉트, 홍보 콘셉트, 고객관계 콘셉트 등을 미리 고려하는 것이 좋다. 단가가 높은 편이므로 고급 외식업, 고급 디저트 등이 여기에 해당하고 단가가 낮은 상품은 김밥 등이 여기에 해당 한다고 볼 수 있다. 사업형 창업인지 단순 상권 창업인지에 따라 상품개발과정과 비용이 증가할 수 있는데 대체로 기존시장을 진입할 경우 확실한 경쟁우위의 상품력이어야 하고, 신규시장을 진입할 경우 완전히 새로운 가치를 제공할 수 있어야 하므로 수준 높은 경험을 바탕으로 소비자 가치 제공에 중점을 두어야 성공할 수 있는 방식이므로 린 방식 상품보다 영업력에 민감한 편이다. 예를 들어 용산구 용문동에 있는 A김밥 집이 있다. 한 가지 김밥만 판매하며 한 줄에 2,000원으로 '부담 없이 저렴하고 맛있게 즐길 수 있는 가치'를 제공하는 상품개발시장에 해당된다. 처음 제공하던 맛을 고수하며 한 가지 상품만을 판매하는 연구 방식에 해당한다고 볼 수 있기 때문에 고유의 맛을 유지하는 것이 중요하다. 경기도 일산에 일산칼국수라는 닭칼국수 전문점이 있다. 일산에서도 중심을 벗어난 주택가에 있으면서 닭칼국수 한 메뉴만으로 부담 없는 가격으로 맛있는 외식을 제공하고 있다. 단일 메뉴만 판매하므로 회전률이 중요하고 포장 판매를 통해 집에서도 즐길 수 있도록 하고 있다. 이상으로 보면 연구 방식 상품개발 시장은 작은 상권의 매출을 기대하기보다는 상품력에 맞는 잠재적 수요층이 확보될 수 있는 지역에 진입해야 한다.

린 방식 상권 개발 시장 Lean method Market area development market

린 방식 상권 개발 시장LM은 기본적으로 상품과 상권 적합성product/market area fit 이 중요한 시장에서 린 방식이 적용되는 시장을 말한다. 상권가치가 중심이므로 상권에서 상품 검색에 민감하며 상품에 대한 꾸준한 개발과 업그레이드가 중요하므로 고객 접근성이 좋아야 상품 경쟁력이 유지가 될 수 있기 때문에 위치에 민감한 편이다. 대학가 상권이나 융복합 상권에서 볼 수 있다. 대학가 상권인 경우 대학가 디저

<사진 4-5> 연구 방식 상품개발 시장 사례 사진(자료: 일산칼국수)

트 전문점, 간편 음식점 등이 여기에 해당하며 배후 수요보다 유동인구에 민감한 경우 브랜드 생존율을 고려한 메뉴를 선정하여 상품개발과 업그레이드가 충분히 반영되어야 한다. 대학가에서는 순수 개인이 자체 상표로 창업하여 성공하기에 매우 어려운 창업이므로 프랜차이즈 본사의 안테나 숍의 진입이 많은 편이며, 개인 창업인 경우 통행량 중심 입지보다 안정된 배후 수요를 확보한 입지에서 창업해야 생존율을 높일 수 있다. 망리단길, 샤로수길, 경리단길, 성수동 카페거리 등과 같은 융복합 상권은 젊은 층의 유입이 높은 편이며 단순히 먹거리 위주 상권이 아니고 볼거리를 기대하는 수요자가 유입되므로 남다른 볼거리를 제공하는 창업가들이 꾸준히 유입되는 상권이다. 디저트, 음료 전문점 창업인 경우 상품의 변화와 신메뉴 개발은 꾸준히 이루어져야 하며 유입되는 소비자의 1차 소비(상권 내 방문하는 최초 소비) 또는 최종 소비(상권을 떠나기 전 마지막 소비로 외식 후 소비에 해당)를 유도하기 위해서 홍보에 대한 방안도 함께 고려되어야 한다. 따라서 상품 콘셉트와 매장 콘셉트로 상권에 맞는 최적의 경험을 제공할 수 있도록 노력해야 한다.

연구 방식 상권 개발 시장 Research method Market area development market

연구 방식 상권 개발 시장RM은 상품과 상권 적합성product/market area fit이 중요한 시장에서 연구 방식이 적용되는 시장을 말한다. 상권가치가 중심이므로 상권에서 상품 검색에 민감하며 상품고유 가치가 명확해야 하므로 상품의 본질이 바뀌면 안 된다. 즉 처음부터 고객은 그 상품을 신뢰했기 때문에 오픈 전 충분히 준비하는 것이 중요하며 상품 성격을 충분히 반영할 수 있는 매장크기, 콘셉트, 고객 편리성 등이 중요하다.

예를 들면 수제 햄버거 맛집이라고 할 경우 대학가 상권이나 융합상권에는 적합하나 단순 주택가 배후상권에는 어울리지 않는다. 특히 성수동에 있는 100% 리얼 수제버거 전문점이 있다. 평범한 동네에서는 상품가치를 전달하기에 충분한 고객 확보가 어렵다. 그러나 상권의 특별한 가치를 지닌 성수동, 이태원이나 홍대 상권에서는 햄버거 맛집을 검색하여 방문하는 소비자가 많다. 따라서 고객이 찾아오는 형태가 많기 때문에 점포의 입지적 위치보다 상권 본래의 가치와 상품의 적합성이 중요하다. 그러나 수제 햄버거는 비교적 단가가 높은 편이므로 상품에 대한 충분한 연구로 상품 고유 가치와 상품 고객 가치를 명확히 할 수 있도록 준비해야 한다. 진입하기에 적합한 상권을 선택해야 하므로 상품을 어떤 콘셉트로 진입할지 파악하는 것은 매우 중요하다.

또 다른 예로 교외의 테마가 있는 나들이 상권에서 고객은 맛집을 검색한다. 예를 들어 〈사진 4-4〉는 경기도 파주 마장저수지 주변 맛집 검색에서 효자관 중화요리 전문점을 찾을 수 있다. 탕수육이 널리 알려진 중화요리 전문점이다. 메뉴 특성이 자주 바뀌지 않기 때문에 상품 고유 가치가 중요하므로 연구 방식이며 나들이 상권에 적합한 창업 상품성이라고 할 수 있다. 중화요리에 혁신성으로 승부하기에는 어려운 상권이지만 상품고객 가치 측면에서 탕수육을 상추쌈, 무쌈, 풋고추를 곁들어 먹을 수 있는 차별적 가치를 제공하고 있다. 〈사진 4-7〉은 대학가 복합 상권인 숙명여대 상권 초입에 한입소반이라는 김밥 전문점이다. 한 줄에 4,000원이지만 건강, 맛, 든든함이라는 상품 가치가 명확한 김밥 전문점이다. 김밥이상의 김밥으로 고객이 김밥 한 줄을 먹었다는 인식보다 좋은 음식을 먹었다는 인식을 줄 만큼 명확한 고객 가치를 제공한다. 이렇게 상품에 대한 가치가 명확해야 하므로 처음부터 연구 중심의 창업이어야 한다.

개발 시장 단계에서 상권 스케치는 내가 하고자 하는 업종의 창업 상품성을 토대로 잠재 고객, 잠재 상권, 감재 위치를 페르소나들 통해서 미리 스케치를 해보며 가상의 창업 지도를 그려본다. 물론 창업 상품성을 완벽할수록 더욱 정확히 그릴 수 있지만 어떤 가정을 하여 그려 본다. 이때 무작정 그리는 것이 아니라 개발 시장에 맞는 상품에 대해 그리기 때문에 다음의 순서가 중요하다.

<사진 4-6> 파주 효자관 외관 모습

<사진 4-7> 한입소반 외관 모습

- 업 캔버스

4) 개발 시장

타깃으로 하는 개발시장을 4단계로 구분하여 적는다.

- 상권 스케치

4) 개발 시장

첫 번째로 우측 방향의 시장 고객이나 상권 고객 페르소나를 작성하고 그려본다. 상품과 시장의 적합성이 중요한 시장은 시장 고객을 그리며, 상품과 상권의 적합성이 중요한 시장은 상권 고객을 작성하고 그려본다. 두 번째로 아래 방향의 위치나 상권에 대한 페르소나를 작성하고 그려본다.

제5원칙 창업 상권 방향성

상권의 가장 기본적인 개념을 중심으로 점포를 선정하기 전에 창업가가 추구하는 상권 방향성을 점검하는 단계이다. 따라서 제4원칙에서 상품개발에 적합한 시장 선정을 통해 상권 공략 방향성을 정하는 단계이다.

3강에서 상권의 기원에 따라 market, market location, market area, trade area로 구분하였다. 본서에서는 창업 상권은 창업 목적에 따른 상권으로 상권에 진입하는 방향성에 따라 market area, trade area, local market area, market power area, business market area, market value로 나눌 수 있다.

market area는 상품의 확장성 중심으로 상권 방향성을 설정하는 상권으로 상권의 성격과 범위를 중요하게 여긴다. 상권의 범위에 관한 점은 경쟁점 또는 상생점의 관계에서 영업적 측면에서 전략적으로 출점하는 것이 중요하다. 주로 배달로 인한 상품 도달거리를 중요시하는 창업에 해당한다.

trade area는 개별 market location과 배후지 소비자와 거래에 의한 상권 개념이다. 경쟁점과 입지적 경쟁보다 상품 중심의 거래횟수를 중요하게 여긴다. 도매업이나 전문품이 적합하며, 집적효과에 의한 집재성 점포가 몰려있는 상권에서 창업이 적용될 수 있다. local market area는 작은 동네 상권에서 배후분석법에 따라 배후민의 이동목적 동선에 의해 매출을 기대하는 상권을 말한다. 생활밀착시설이나 규모가 작은 점포 창업이 적합하므로 매장 적합률도 충분히 고려해야 한다. market power area는 상권 힘에 의해 매출을 기대할 수 있는 상권을 말한다. 초보 창업가에게 매우 어려운 상권이므로 쉽게 접근해서는 안 되며 상권 성격에 맞는 상품력과 그에 따른 마케팅도 중요한 창업이 될 수 있다. business market area는 일반적인 입지적 요인 외에 상품성, 배달, 이커머스 등 다양한 비즈니스적인 마케팅의 차이와 온라인 영역의 확대로 상권 영역이 파괴될 수 있는 상권이다. 그러나 단순 배달의 영역은 음식의 보존과 배달 수수료의 문제가 있기 때문에 반경 1킬로미터를 넘기는 경우 경쟁력이 떨어지지만 중첩되는 공간적 범위 외에 경쟁점의 입지적 독점 상권에도 상권의 영향이 미칠 수 있다. 이 부분은 상품 콘셉트와 마케팅 영역이 보완되어야 경쟁력이 있기 때문에 처음부터 전략적인 접근이 필요하다. 특히 미래 드론, 자율주행 등 기술적 발전과 it기술과 융합된 신소매 환경에서는 더욱 경계가 모호해질 수 있다. 따라서 이러한 오프라인 매장은 배달에 최적화된 위치와 매장 여건을 고려해야 한다. market value는 창업가가 제공하고자 하는 상품가치와 가장 부합하는 상권의 내재된 가치가 있는 상권을 말한다. 상권의 고유 가치를 파악하는 데 중점을 두면서 창업가는 그들의 상품 고유 가치에 충실하여 시장진입 시 상권가치와 상품가치의 접합성이 중요하다. 즉 현재 상권 주변의 보이지 않는 현안을 통해 잠재적 발전가능성과 창업 상품의 지속적인 발전 가능성을 염두에 두고 상품의 가치를 반영하여 창업 상권 방향성을 점검한다. 상권을 바라보는 가장 기본적인 가치이기도 하기 때문에 가장 중요한 부분이라고 할 수 있다. 이 부분은 〈표 4-22〉를 참고하기 바란다.

- 업 캔버스

5) 상권 방향성

market area, trade area, local market area, market power area, business market area, market value 중 하나를 적는다.

- 상권 스케치

5) 상권 방향성

market area라면 2) 개발 시상의 스케치를 토대로 창업 상품성에 따른 상권의 형태와 거주 배후세대, 오피스 등을 중심으로 스케치할 수 있다.

trade area라면 2) 개발 시장의 스케치를 토대로 창업 상품성에 따른 상권의 형태와 거주 배후세대, 오피스 등과 점포와 접근성을 고려하여 스케치할 수 있다.

<표 4-18> 상권분석 구분

구분	항목	내용
상권조사 기법	상권 평가적 관점	상권 가치, 시점 상권분석, 3관찰을 통한 정성적 관찰에 의한 기법,
	상권분석적 관점	서베이법, 수학적 기법, 통계적 기법, 통합 정보 프로그래밍 기법
활용 목적	창업	창업을 위해
	FC 지점 출점	효과적인 지점개설
	기업 활용	마케팅 등
수익창출 과정	부동산/도시계획	투자, 개발
	창업	처음부터 끝까지 창업 활동 중심
	유통 서비스	투자와 생산 활동
적용 시점	사전적 상권분석	창업 전 공간기반 데이터에 근거한 분석
	사후적 상권분석	창업 후 고객 행동과 판매 데이터에 근거한 분석
상권 정보 가공 수준	공공데이터	누구나 활용할 수 있는 데이터로 직접 가공
	가공데이터	QGIS정보시스템 활용 데이터 가공(기업 컨설팅, 프랜차이즈 본사 구축 등)
		소상공인상권정보 시스템, 나이스 비즈맵 등
상권 진입 방향성 (고객 지향을 위한)	market area	상권 확장성과 고유 가치
	trade area	소비자와 상품 중심의 거래 횟수 중요
	local market area	경쟁입지와 이동목적 동선에 의해 매출 기대
	market power area	상권의 힘에 의해 매출 기대
	business market area	상권 경계 파괴
	market value	상권의 내재된 가치를 중심으로 가치제공
분석 적합성	상권분석	창업 상권 적합성 분석
	입지분석	수요 흡수 극대화 요인 분석
	배후분석	점포 위치 생존 적합성 분석

local market area라면 개발 시장의 스케치를 토대로 창업 상품성에 따른 상권의 형태와 거주 배후세대, 오피스 등의 고객 동선과 경쟁점 입지와 비교하여 스케치할 수 있다.

market power area라면 개발 시장의 스케치를 토대로 창업 상품성에 따른 상권의 형태를 중심으로 스케치할 수 있다.

business market area라면 개발 시장의 스케치를 토대로 창업 상품성에 따른 상권의 형태와 거주 배후 세대, 오피스 등의 고객 동선과 경쟁점 입지와 비교하여 스케치할 수 있다. 배달이 가능한 범위를 고려하여 충분히 넓은 척도로 그려본다.

market value는 고유의 상권가치를 통한 상품 전달을 극대화시킬 수 있는 상권의 독특한 특징을 표현한다.

제6원칙 분석 방법에 따라

상권 조사기법에 따라 평가적 관점과 분석적 관점을 선택하며, 시장진입 솔루션 측면에서 전 단계까지 선택한 시장에서 배후분석적 방식과 상권분석적 방식을 선정하는 단계이다. 배후분석적 방법은 배후분석에 의해 경쟁입지를 고려한 최적의 위치를 선정하여 시장에 진입하는 방식으로 상품의 동질성이 높은 편의점과 같은 업종에 최적화되어 있다. 제 12원칙인 점포 선정 5대 요소(배후, 동선, 입지, 경쟁입지, 매장여건)를 고려하여 배후 성격, 배후유형, 입지유형을 분석하여 가장 적합한 점포의 위치를 선정한다. 자세한 것은 배후분석을 참고하기를 바란다.

제7원칙 창업 상권평가

창업상권평가는 본격적으로 해당 상권에서 상품과 상권 적합성product/market area fit과 진입 시점에 대한 평가를 말한다.

크게 창업 상권 적합성과 시점 상권 적합성으로 판단한다. 〈표 4-26〉에서 보듯이 창업 상권 적합성은 1단계로 상권 가치, 2단계로 4개발시장과 3단계 가치 영역 점검, 3단계로 4N 피라미드 matrix, 경쟁사 CSA 기법을 통해 적합성을 평가한다. 시점 상권 적합성은 상권관찰과 시점 상권 및 배후분석을 통해 적합성을 판단한다. 이 두 가지를 고려하여 종합 평가한다. 자세한 것은 제3절에서 자세히 다루겠다.

- 업 캔버스

  7) 창업상권평가

  〈표 4-16〉에 해당하는 사항을 표시한다.

- 상권 스케치

  7) 창업상권평가

  상권 내 업종을 표시하고 가장 적합한 업종을 표시하고 4N 피라미드 matrix 퍼널을 통해 구분하여 본다.

제8원칙 창업 상권획정

상권획정은 내가 창업하는 점포의 상품이 일상적으로 소비될 수 있는 범위를 파악하는 것을 말한다. 즉 제7원칙에서 창업 적합성 측면의 상권 평가를 하였다면 구체적으로 판매가 가능한 상권을 획정할 수 있어야 한다. 윤종식(2007)은 '매출분석과 상권분석을 활용한 GIS기반의 소상공인 신용평가 모형 연구'에서 '상권획정은 과거의 거래추이, 현재의 시장동향, 미래의 전망에 이르기까지 사용되어 매출액 추정에 따른 수익성 분석과 부동산관련 의사결정에 커다란 영향을 미친다고 하였다.'즉 매출과 점포의 위치 중요성이 가장 중요한 요소라는 말이다. 그러나 현재 창업가가 접할 수 있는 상권분석 기법에서 상권획정은 본인이 직접 설정하여 측정하여야 하기 때문에 창업가가 얼마나 정확히 상권을 획정하느냐에 따라 수익과 점포의 위치는 달라진다. 따라서 창업가는 상권획정에 영향을 주는 요인에 대한 이해와 기준이 필요하다. 민규식, 정승영(2001)은 상권획정에 영향을 주는 요인으로 지리적 측면, 경제적 측면, 지리적 및 경제적 측면의 상호 관계, 소매점의 이미지, 상권의 중첩, 소매점의 군집화, 인지적 거리, 심리적 거리, 다목적 쇼핑으로 9가지 측면에서 구분하였다.

현장에서는 일반적인 상권획정 기준은 대체로 애플바움의 1차 상권, 2차 상권, 3차 상권으로 구분하는 것이 일반적이다. 그러나 이는 3개월 이상의 소비자 위치와 판매 데이터가 확보되어야 외미기 있는 구획을 나눌 수 있으며, 실제 cst기법을 적용한 샘플점포 확보가 충분하지 않은 한계가 있다. 따라서 간편히 1차 상권, 2차 상권, 3차 상권에 대해 정성적인 매출을 파악하여 획정하고 있는 실정이다. 고전적 상권경계는 컨버스 분기점 모형, 수정 허프모형 활용, 애플바움 cst 기법, 티센다각형 측정 등이 있다. 이들 모형은 개별적인 적용에 한계가 있어 이를 보완하여 업종, 상권 형태, 공간획정 방법 등에 따른 상권획정법으로 Jones & Simmons(1993)는 『Location, Location, Location: Analyzing the Retail Environment』에서 공간 독점법spatialmonopoly, 시장 침투법marketpentration, 분산시장 접근법dispersedmarket으로 나누어 정의하였다.

<표 4-19> 업종에 따른 상권획정법

구분	공간 독점법	시장 침투법	분산시장 접근법
업종	편의점, 체인점, 식당, 우체국	선매품, 전문상점, 백화점, 마트	고급 가구점, 주방용품점, 혼수품점
상권 형태	1. 주거지역 2. 1개 시설에 절대적 할당	1. 가구 수 비율에 의한 확률상권	1. 특별한 특징을 지닌 인근 지역만 공급하는 불영속 상권
공간 획정	1. 상권다각형 2. 드라이브 시간 3. 1차 상권	1. 고객 산정 2. 1, 2차 상권 구분 3. 거리 체감 수요 함수	1.시장 분화를 전제로 통일 지역 내 그룹별 차이를 둠 2. 소비자 형동 연구
적용 사례	입지선정 및 시장구성	상권평가 및 전략수립	신규입지 및 관측전략
관련 절차	1. 시장 profile 2. 공백법 3. 상권 예측	1. 시장점유모형 2. 회귀분석 3. 허프모형 4. 유추법	중심성 연구

자료: Jones, K. & Simmons, J.(1993), Location, Location, Location: Analyzing the Retail Environment, 2nd ed., Neilson Canada, Scarborough, Ontario. 윤종식(2007), 「매출분석과 상권분석을 활용한 GIS 기반의소상공인 신용평가 모형」, 동국대학교 대학원 박사학위논문, 재인용.

공간 독점법은 상권이 좁은 업종이며 상품 독점성과 상품동질성이 높은 업종이므로 티센다각형 법을 활용한 상권획정이 직합하다. 시장 침투법은 업종 상권이 넓은 편이며 선매품, 전문품, 매장이 넓은 마트가 적합하므로 컨버스 분기점 모형, 수정 허프모형을 활용한 상권획정이 적합하다. 분산시장 접근법은 중심가에서 벗어난 지역이나 도심 외곽에 형성되는 상권이므로 도시 공간구조 측면에서 접근한다. 그러나 도심 중심부에서 벗어난 집재성 상권이나 지방의 대규모 점포는 이런 상권획정이나 호텔링의 입지상호의존 이론과 연관 지을 수 없는 경우가 많다. 즉 멀리서 소비하기 위해 찾아오기보다는 주변 관광이나 특정 목적으로 방문한 경우 유입되는 경우가 더 많기 때문이다. 예를 들어 강원도 홍천의 화로구이 타운 등 경우는 관광객 비중이 90% 이상이다. 서울 소비자가 일부러 찾아가기 쉽지 않을뿐더러 서울 시내에도 맛집이 많을 뿐 아니라 맛집 닭갈비를 택배로 주문하여 받아볼 수 도 있기 때문이다. 따라서 관광지 주변의 맛집들은 반경 10킬로미터를 넘지 않는 지역에 충분한 관광지가 있어야 하고 이들이 특별한 경험을 제공할 수 있어야 한다. 입지적으로는 도시진출형에 있는 경우 이동 고객의 검색수요를 유도할 수 있어야 한다. 반면 전주의 화심순두부도 엄청난 규모의 매장으로 이루어져 있다. 이 점포는 단순히 관객객의 수요로 규모를 유지할 수 없다. 왜냐면 화로구이와 다르게 상품의 단가가 낮기 때문에 단순히 관광객의 유입으로 유지할 수 없기 때문이다. 따라서 이 점포는 전주라는 대도시를 배후로 주변의 중소도시가 충분히 배후가 형성되어 있기 때문에 가능하다. 이렇게 맛집이라도 상품의 단가에 따라 배후도시 크기, 관광지 발달에 따른 업종의 규모가 경쟁력이 될 수가 있다.

위 사항은 참고로 활용하고 본서에서는 시장진입 방법의 일관성을 유지하기 위해 다음과 같이 제시하고 있다. 상권 방향성이 market power라면 상권획정은 큰 의미가 없다. 상권가치에 맞는 상품 콘셉트와 그에 따른 판매 전략이 우선이기 때문이다. trade area의 경우 왕십리 곱창, 신당동 떡볶이 등 집재성 상권에 의한 고객 유입율을 기대하기가 어렵다. 주변에서도 훌륭한 맛집을 찾아볼 수 있기 때문이다. 따라서 공구 등 용품점의 경우에 적용하기에 적합하다. 반면 market area, local market area인 경우 점포 기준 반경 섹터 획정, 티센다각형, 배후 응용 다각형에 입지유형을 중첩하여 실질적인 동선을 고려하여 상권을 획정하는 다각 입지유형polygon location types overlap으로 획정할 수 있다. 실전에서는 소상공인진흥공단의 상권 정보시스템을 활용하여 상권획정을 하며 필요할 경우 본서에서 적용하는 입지유형을 대입하여 상권을 획정하며 기본적인 상권 조사를 할 수 있다. 추가로 현장에서 심리적 거리, 인지적 거리, 경쟁점 중첩 등을 고려하여 유기적으로 획정할 수 있다.

특히 개인 브랜드의 확장성과 공유 주방의 성장에 따른 배달 전문 업종의 증가는 경쟁 환경의 변화로 비즈니스 상권business market area으로 변화가 증가하고 있어 매출 예측이 어려워지고 있다. 따라서 매장에서 최대로 높일 수 있는 매출을 기준으로 상권을 획정한다. 더 구체적인 획정은 제9원칙인 상권 조사이후 정확한 상권 규모 측정 후 2차로 획정하고 오픈 이후는 포괄적 홍보(오프라인 홍보와 온라인 홍보)를 병행하면서 소비자 접점 지역을 파악하여 3차로 상권을 재조정 한다.

이 단계에서는 구체적인 매출을 측정하기 위한 획정 단계가 아니므로 대략적인 획정으로 접근하면 충분하다.

• 업 캔버스

8) 상권획정

1차 상권획정이므로 지도를 통해 정성적으로 상권을 획정한다. 상품 중심 창업인 경우 1차, 2차, 3차 상권을 구분한다. 최초 반경 상권을 획정 후 필요에 따라 티센다각형과 입지유형법을 활용한다.

별도로 배달 가능 최장 상권을 구분한다. 사람(동선)에 민감한 경우 다각 입지 유형법으로 상권을 대입하여 획정한다.

• 상권 스케치

8) 상권획정

제1 경쟁, 제2 경쟁점을 표시하며 상권을 그린다. 주요 타깃 고객을 글로서 표시한다.

제9원칙 창업 상권조사

창업 상권조사는 창업 상선 평가를 거친 상권에서 창업자가 준규모(매장 면적 150평방미터 미만) 미만의 점포를 개설하기 위해 해당 상권의 현황을 조사하는 것을 말한다. 〈표 4-20〉에서 보듯이 일반적인 상권조사 항목은 크게 상권의 현황 정보와 소비자 활동 정보로 나눌 수 있다. 전자는 보편적 현황과 특정 현황이 있고 후자는 소비자가 인터넷을 통해 검색할 수 있는 활동 정보, 맛집 정보, 소셜 정보로 나눌 수 있다. 보편적 현황 중 인구통계학적 정보는 인구수(거주/상주), 유동인구, 연령, 남녀 비율, 직업/직종, 소득(남/녀, 주거인구/직장인구, 연령대별 소득 등), 소비(남/녀, 주거인구/직장인구, 연령대별 소비 등), 주거형태, 직종 형태(공무원, 대기업, 벤처기업 등)등을 말한다. 이 부분은 소상공인 상권정보시스템을 활용하는 것이 가장 간편하다. 일반적인 인구 통계학적 데이터로는 매출을 추정하기 어려우므로 상권의 특색에 따라 세분화하여 파악할 필요가 있다. 일반적으로 생계형 창업은 매출이 낮은 편이기 때문에 실전에서는 조사 정보에 대한 관찰적 해석이 더욱 중요하다. 따라서 업종과 지역 특징을 반영하여 대상 소비자의 집중 소비시간대, 주중 및 주말 인구 특성을 고려하여 구체적으로 지역 소비자를 세분하여 조사해야 한다. 소비자 입지행태 측면의 인구정보는 소비자의 구매 패턴이 목적성인지, 충족성인지, 충동성인지 구분하여 조사하는 것을 말한다. 이것은 직접 해당 상권에서 직접 점포 관찰로서 조사할 수 있으며 편의점 업종을 중심으로 주거시설 상권에서 예로 설명하면 다음과 같다. 일반적으로 소비자는 지역 즉 상권 내 거주민(거주시설에 거주하는 주민)이나 상주민(오피스/판매시설 및 소비시설 종사자)을 배후민이라고 하고 그렇지 않고 방문하는 잠재적 소비자를 외부인이라고 한다. 외부인은 크게 배달, 운송 등 시설 방문자와 쇼핑이나 식음료 시설에 방문하는 소비자로 나눌 수 있다. 주거시설 배후민의 목적 구매는 집에 머물다가 특정 제품을 구매하기 위한 목적으로 편의점에 방문하는 경우를 말한다. 가장 고정적인 소비자로서 이들의 이동 목적 동선은 거주 동선에 해당하며 구매 객단가가 가장 높다고 볼 수 있다. 이들의 충족 구매는 집에서 나가는 경우와 집으로 돌아오는 경우 동선에 충족하는 경우 특정 상품에 대한 구매 목적을 가지고 소비하는 경우를 말한다. 즉 집에서 또는 집으로 돌아오는 김에 구매하므로 동선상에 있어야 한다. 따라서 이목목적 동선은 출근동선 또는 퇴근 동선에 해당한다고 볼 수 있다. 이들의 충동구매는 집에서 지나가는 경우와 집으로 돌아오는 경우 목적 구매 의사 없이 충동적으로 소비하는 경우를 말한다. 편의점 입장에서 예측할 수 없는 수요에 해당한다고 볼 수 있으며 날씨, 계절, 개인적인 이유 등에 따라 소비가 비낄 수 있다. 최근에는 배후 시설 진입하기 전 교통시설 초입 상권에 정육판매점이 진입하여 배후 시설 소비자의 충족구매를 유도하고 있다. 마찬가지로 주거시설 외에 오피스 시설, 의류 매장이나 식음료업 등 판매 소비 시설 상권에서도 적용할 수 있다.

외부인 중 배달, 운송 등 시설방문자의 목적성 구매는 업무 중에 특정 제품을 구매하기 위한 목적으로 편의점에 방문하는 경우를 말한다. 소비 간격이 일정하지 않으며 일반적으로 식음료 휴게장소를 잘 갖춘 곳에서 소비하는 경우가 많다. 이들의 충족 구매는 업무 중에 구매 목적을 가지고 있다가 지나가는 동선에 있는 경우 지나가는 김에 소비하는 경우를 말한다. 이들의 충동구매는 목적 구매 의사 없이 지나가다가 충동적으로 소비하는 경우를 말한다. 계절과 날씨에 가장 민감하므로 시원한 음료나 따뜻한 음료를 구매하는 경우가 일반적이다. 외부인 중 쇼핑이나 외식 등 목적으로 판매시설이나 소비시설에 방문한 소비자가 특정 제품을 구매하기 위한 목적으로 편의점에 방문하는 경우를 말한다. 주로 주류를 판매하는 매장에서 숙취해소나 담배 등을 구매하기 위해 방문하는 경우에 해당한다. 이들의 충족구매는 매장에서 나가는 경우와 매장으로 오는 경우 동선에 충족하는 경우, 특정 상품에 대한 구매목적을 가지고 소비하는 경우 등을 말한다. 따라서 매장으로 오고가는 주동선에 있어야 한다. 충동구매는 매장에서 지나가는 경우와 매장으로 오는 경우 목적 구매 의사 없이 충동적으로 소비하는 경우를 말한다. 이 경우 객단가가 낮은 상품을 구입하는 경향이 강하다. 외부인 중 불특정 통행인의 목정성 구매는 편의점을 보지 못한 상태에서 어떤 목적을 가지고 편의점에 방문하는 경우를 말한다. 즉 갈증이 생길 경우 편의점에서 물을 구매할 목적으로 편의점을 찾는 경우를 말한다. 이들의 충족구매는 목적 구매 의사를 가지고 있다가 지나가는 동선에 점포가 있는 경우 지나가는 김에 소비하는 경우를 말한다. 이들의 충동구매는 목적 구매의사 없이 지나가다가 충동적으로 소비하는 경우를 말한다. 계절과 날씨에 민감하다고 할 수 있다. 위와 같은 방식으로 외식업도 적용하여 볼 수 있다. 이렇게 행태적 측면의 조사는 같은 소비자라도 업종 성격, 배후 성격에 따라 나를 수밖에 없다. 특히 동선에 민감한 업종은 입지유형을 면밀히 파악해야 한다.

　배달 업종의 경우는 실제 통행과는 무관하다고 볼 수 있기 때문에 배달 음식을 주문하는 상황을 파악해야 한다. 보통은 목적 구매와 충동구매로 구분할 수 있다. 목적구매는 배달을 목적으로 인터넷이나 전화로 주문을 하는 경우를 말하고 충동구매는 구매의도 없이 갑자기 인터넷이나 전화로 주문을 하는 경우를 말한다. 충동구매는 정적 상황에서 구매와 동적 상황에서 구매로 구분할 수 있다. 동적 상황에서 주문하는 경우는 이동 중에 충동적으로 주문하는 경우로 집으로 돌아오는 길에 치킨 등 주문하는 경우가 있지만 일반적인 상황으로 볼 수는 없다. 정적 상황에서 주문하는 경우는 집 등에서 머물면서 충동적으로 야식 등을 주문하는 경우와 회사에서 점심 식사나 간식을 먹기 위해 배달 음식을 주문하는 경우가 있다. 세대 구성원의 경우 다양한 객층에서 주문이 발생하지만 오피스 경우 비교적 안정적인 직장이며 업무의 자율도가 높은 벤처형 기업 등에서 활성화되어 있다. 배달 주문의 경우 상당히 높은 비중을 차지한다고 볼 수 있다. 이렇게 배달 주문에 의한 구매는 상품성과 창업 방향성에 따라 그 비중이 다를 수 있지만 안정적인 매출 포트폴리오 측면에서 창업 전 충분히 고려한 상품 콘셉트가 필요하다. 앞서 동선에 의한 소비자 행태와 다르게 배달 주문을 하는 소비자의 행태를 파악하는 것은 불명확하기 때문에 인구 통계학적인 정보를 통해 유사 사례 점포와 상권에서 직접 조사하는 방법이 유효하다고 볼 수 있다. 따라서 배달 업종의 경우 오픈 이후 배달 수요 규모와 배달 섹터를 효과적으로 측정하기 위해 마케팅 측면에서 접근하는 것이 더욱 효과적이라고 할 수 있다. 사회경제적 정보는 산업변화, 정부 과제 및 계획, 소비 트렌드 등 지역 개발 계획 등 시정 관할 사항을 말한다. 업종 현황 정보는 프랜차이즈와 비프랜차이즈, 업종 생애주기(성장단계), 매장증감, 업력정보, 브랜드 정보 등 업종의 현황에 대한 정보를 말한다. 지역 현황 정보는 임차료, 권리금, 도시계획 및 정책, 주요시설(학교, 교통시설 등) 등에 대한 정보를 말한다. 경쟁현황 정보는 경쟁점수, 경쟁정도, 경쟁력(상품성, 상품 콘셉트, 매장 콘셉트, 가격 콘셉트, 홍보 등), 경쟁점 매출, 경쟁점 주요 고객, 잠재적 경쟁 등 경쟁점에 대한 일련의 정보를 말한다. 작은 상권, 배후 중심 창업인 경우 대략적 경쟁 상품과 입지적 경쟁상황(배후분석법의 경쟁입지)을 말한다. 직접 경쟁하는 점포의 고객 데이터 등을 조사하는 것으로 상품 경쟁이 명확할 경우는 특히 중요한 조사사항이다. 특정 현황 중 상권 성격은 상권 가치와 기타 입지적 특성을 밀하여 상권 난계는 상권 형상 과정상 현재의 시점을 말한다. 상권 발달도는 상권의 현재 발달 정도를 말하고 상권 활성도는 발달도와 관계없이 현재를 말한다. 온라인 정보는 소비자의 온라인 활동 검색, 맛집 검색, 소셜 검색 정보 등에 관한 정보를 말한다. 구글 셀프 서비스 광고 프로그램 google ADwards, 구글 트렌드, 네이버 트렌드, 텍스트톰textom 등에서 스포츠, 여행 등 소비자 활동과 관계된 키워드, 맛집, 맛집과 관련된 소비자 선호 트렌드 등 키워드, 인지도 등 소비자의 평가와 관련된 감성적인 소셜 키워드 등에 대해 집중도, 연관관계 등을 조사할 수 있다. 특히 이러한 온라인에서 고객 경험에 대한 조사는 특정 상권 가치를 파악하는 데 중요한 자료가 될 수 있기 때문에 철저히 조사해야 한다.

조사방법은 관찰법, 조사법, 경험법이 있다. 관찰법은 가장 기본적이면서 평소에 얼마나 충실히 관찰했느냐에 따라 조사법과 경험법을 극대화시킬 수 있다. 상품 관찰, 점포 관찰, 상권 관찰을 말하며 상권 관찰의 경우 시점 상권분석기법이 여기에 해당한다고 할 수 있다. 이 단계는 매우 중요한 단계이므로 한 번의 관찰로 지나가는 것이 아니라 프로젝트가 완료될 때까지 진행한다. 관찰에 대한 구체적인 방법은 해당 페이지를 참고하기 바란다. 조사법은 직접 조사법, 간접 조사법, 경험 조사법이 있다. 직접 조사법은 면접법과 방문조사법, 가두면접법, 우송법, 추적조사법, 고객카드분석법이 있다. 면접법은 체크리스트를 활용하여 개별고객이나 대상자와 직접 대면하여 조사하는 방법이다. 방문조사법은 체크리스트를 활용하여 현장에서 개별고객이나 대상자를 방문하여 조사하는 방법이다. 단지 상권 타깃이 대학생, 특정 회사 등 집단일 경우 이들을 대상으로 표적집단을 설정하여 표적집단 심층면접기법 Focus group interview: FGI 기법을 활용하는 것이 타당하다. 또한 상권분석기법을 설명하면서 체크리스트법과 유추법을 기술적(서술적)기법으로 설명하기도 한다. 그러나 체크리스트법, 유추법의 활용은 매우 광범위하다. 분석의 최초 단계(대략적인 점검)나 마지막 단계에서 매출을 추정하기 위한 방법 중 하나로 활용하는 것이 일반적이므로 본서는 특별히 상권분석기법의 하나로 포함하지는 않는다. 간접 조사법은 대표적인 상권정보시스템인 소상공인상권정보시스템을 활용하여 상권분석, 경쟁분석, 입지분석, 수익분석을 할 수 있다. 〈표 4-19〉의 상권 조사 항목중에서 상권 성격, 상권 단계, 일부 온라인 현황에 대한 정보를 제외하고 대부분 정보는 소상공인상권정보시스템을 중심으로 필요한 정보를 취합하는 형태로 조사한다. 경험조사법은 간접 경험 조사법과 직접 경험 조사법이 있다. 간접 경험 조사법은 지인의 점포에서 업종 운영현황 등을 간접적 경험을 통해 조사하는 것을 말하고 직접 경험법은 직접 경험 데이터를 활용하는 방법을 말한다. 특히 직접 경험법은 린 방식의 상품개발이 적용되는 경우 상품 피봇, 매출 향상을 위한 영업활동을 하면서 경험하는 것이 가장 효과적일 수 있다.

<표 4-20> 상권 조사 항목

구분	조사 내용										
	현황 정보								소비자 활동 정보		
	보편적 현황						특정 현황				
	인구 통계 학적 정보	입지행태 측면 인구정보	사회 경제적 정보	업종 현황 정보	지역 현황 정보	경쟁현황 정보	상권성격, 상권생애 주기	상권 발달도/ 상권 활성도	활동검색 정보	맛집검색 정보	소셜검색 정보
조사 항목	인구수 (거주/상주), 유동인구, 연령, 남녀 비율, 직업/직종, 소득(남/녀, 주거인구/ 직장인구, 연령대별 소득 등), 소비(남/녀, 주거인구/ 직장인구, 연령대별 소비 등), 주거형태, 직종 형태(공무원, 대기업 등) 등	샵인 점포의 목적/충족/ 충동구매 인구, 배달형 점포의 목적/충족/ 충동구매 인구	산업 변화, 정부 과제 및 계획, 소비트렌드 등	프랜차이즈와 비프랜차이즈, 업종생애주기 (성장성), 업소증감, 업력정보, 브랜드 정도 등	임차료, 권리금, 도시계획 및 정책, 주요시설 (학교, 교통시설 등) 등	경쟁점수, 경쟁정도, 경쟁력 (상품성, 상품 콘셉트, 매장 콘셉트, 가격 콘셉트, 홍보 등), 경쟁점 매출, 경쟁점 주요 고객, 잠재적 경쟁 등	상권가치, 배후 성격, 배후유형, 입지유형, 상권 성장 단계 등	통행량, 스테이 타임, 주평균 밀도률, 상권크기, 중심성, 상권확장률, 매장분포도, 업종발달도, 접근성, 전환율, 소비력, 인지도, 입지 권리금, 리드점포 등	스포츠(탈 것 등), 등산, 수영(물놀이), 캠핑, 만들기, 볼거리, 숙박, 데이트, 드라이브 등	음식 맛집, 커피 맛집, 동네 맛집, 지역민 맛집, 아침식사 등	인지도, 감성분석, 인플루언서 영향력 지수 등
조사 방법	조사법	관찰법, 조사법	조사법	조사법, 경험법	조사법, 경험법	조사법, 경험법	관찰법, 조사법, 경험법	관찰법, 조사법, 경험법	조사법	조사법	조사법

참고로 중소규모 점포와 다르게 현장에서는 대규모 점포나 준대규모 점포를 개설하는 경우는 건전한 상거래 질서를 확립하기 위해 지자체에 상권 영향평가서를 제출하여야 한다.

상권 영향평가서는 '유통산업발전법' 제8조에 따라 대규모 점포(매장 면적 3,000평방미터 이상)를 개설하거나 제13조의3에 따른 전통상업보존구역에 준대규모 점포(매장면적 330평방미터 이상)를 개설하려는 자가 특별자치시장·시장·군수 또는 구청장에게 인근상권에 미치는 영향을 조사하여 작성하는 것을 말한다. 이를 통해 해당 지자체는 전통상업보존구역내에 설립하는 대규모 점포와 준대규모 점포가 지역경제에 불공정 경쟁이나 부정 거래를 유발할 수 있는 사업인지, 소비자후생을 현저히 감소시키는 사업인지, 지역 사업자에게 과도한 경제적 부담을 주거나 자유로운 영업활동을 방해하는 사업인지 검토한다. 따라서 유통산업의 효율적인 진흥과 균형 있는 발전을 꾀하고, 건전한 상거래질서를 세움으로써 소비자를 보호하고 국민경제의 발전에 이바지함을 목적으로 한다. '유통산업발전법'상 상권 영향평가서 작성을 위한 상권평가요소는 사업개요, 상권 영향분석 지정 범위, 인구통계현황, 기존 사업자 현황, 상권의 특성, 상권 영향기술서 항목으로 이루어졌다. 상권 영향평가서는 일정규모 이상 점포시설이 창업할 경우 해당 상권 영향에 관한 사항을 중점적으로 제시하므로 기존 사업자 현황을 중점적으로 조사하고 그에 따른 상권 영향을 제시한다.

<표 4-21> 상권 영향평가서 작성 항목

항목		작성 기준 및 방법
사업 개요	가. 개설자 나. 개설지역 다. 추진일정 및 영업개시 예정일 라. 대규모 점포 등의 종류 마. 매장 면적(㎡)	• 라목은 대규모 점포와 준 대규모 점포를 구분하고, 대규모 점포인 경우 법 별표의 대규모 점포의 종류 6가지(대형마트, 전문점, 백화점, 쇼핑센터, 복합쇼핑몰, 그 밖의 대규모 점포)중에서 선택
상권 영향 분석의 범위	가. 공간적 범위 나. 위치도 또는 지형도	• 가목의 공간적 범위는 다음과 같이 정함 - 대규모 점포의 경우 개설지역의 반경 3㎞ - 매장 면적 330㎡ 이상인 준 대규모 점포의 경우 개설지역의 반경 500m - 매장 면적 330㎡ 미만인 점포의 경우 개설지역의 반경 300m • 나목의 지도에 개설 예정지와 상권 영향분석의 공간적범위를 표시

항목	작성 기준 및 방법
인구 통계 현황 분석	가. 거주인구수 나. 거주세대수 다. 거주인구 연령분포 라. 거주인구 소득분포 마. 유동인구 현황 바. 종합적 분석	• 가목부터 마목까지는 국가통계포털(http://kosis.kr) 및 상권정보시스템(http://sg.seda.or.kr), 지방의 경우 국가통계포털(http://kosis.kr) 등을 참고하여 작성
기존 사업자 현황 분석	가. 소규모점포 현황 나. 준규모점포 현황 다. 전통시장 현황 라. 전통상점가 현황 마. 소매점 현황 바. 종합적 분석	• 가목과 나목은 점포 수를 기술하되, 대규모 점포는 법 별표의 6가지 종류별로 구분하여 점포 수를 작성 • 다목과 라목은 전체수, 시장 및 상점가 내 점포 수, 주요 판매품목, 시장 및 상점가 특이사항 등을 작성 • 마목은 한국표준산업분류표상 소분류 종합 도소매업(471) 중 세분류 음식료품위주 종합소매업(4712)에 해당하는 슈퍼마켓(47121), 체인화 편의점(47122) 및 기타 음식료품 위주 종합소매업(47129) 각각의 현황을 작성
상권의 특성	가. 상권 내 주거형태 나. 상권 내 교통시설 현황 다. 상권 내 집객시설 현황 라. 상권 내 그 밖의 사업자 현황 마. 종합적 분석	• 가목은 아파트와 비 아파트의 세대수 등을 작성 • 나목은 지하철역, 버스정류장, 철도역 개수 등을 작성 • 다목은 관광, 여가, 오락, 교통, 운송, 생활, 개인 서비스, 소매. 유통, 숙박, 스포츠 시설 개수 등을 작성 • 라목은 한국표준산업분류상 소분류 종합소매업(471) 중 대형종합소매업(4711) 및 그 외 기타 종합 소매업(472), 기타 가정용품 소매업(476), 기타 상품 전문 소매업(478) 각각의 업종과 연관이 있는 경우 특이사항을 작성
상권 영향 기술서	상권 영향기술서	기존 사업자에 대한 영향, 지역의 고용에 대한 영향 등 해당 상권에 미치는 긍정적, 부정적 영향을 모두 고려하여 객관적·종합적으로 작성

대규모 점포 개설은 일반인이 해당사항이 없지만 만약 초기 프랜차이즈 체인 본사가 출점하는 경우는 특별히 상권 영향평가서를 작성하여 지자체에 제출하여야 한다. 프랜차이즈 본사가 준대규모 점포(매장 면적 330평방미터 이상)의 규모로 출점하여 직영하는 경우 영업시작 전 상권 영향평가서, 지역협력계획서 등 서류를 지자체에 제출한다. 지자체는 영업시작 60일 전(준대규모 점포 30일 전)에 지자체 홈페이지에 개설계획을 예고하여, 지역 주민과 상인들이 사전에 알 수 있도록 하고 있다. 보존구역 외 지역에는 출점제한이 없지만 전통상업보존구역 내 개설하는 경우 출점제한 할 수 있기 때문에 출점을 계획하고 있는 업체는 상권조사를 철저히 하여야 한다.

- 업 캔버스

9) 창업 상권조사

관찰법, 조사법, 경험법을 구분하여 조사하여 오프라인 정보와 온라인 정보의 핵심 정보를 기입하다

- 상권 스케치

9) 창업 상권조사

오프라인과 온라인 핵심 정보에 대한 특이사항을 스케치한다.

제10원칙 매출 생성 방향성과 시장 규모 측정(1차 매출예측)

<표 4-22> 매출 생성 방향성

매출 생성	시장 성격		배후 성격	시장 규모
파이 파괴형	동종 업종	재분류시장-틈새시장 (9의1), 기존시장	배후형 상권	인구기준법, 경쟁매출합, 업종비교유추법, 매장한계공급법, 경쟁매출비교법, 가치제안법 등
	이종 업종	기존시장	배후형 상권	
파이 확장형	동종 업종	기존시장	확장 배후형 상권, 소비형 상권	
	이종 업종	기존시장	배후형 상권, 확장 배후형 상권, 소비형 상권	
파이 창출형	동종 업종	신규시장, 재분류시장 -틈새시장(9:1)	유동형 상권, 소비형 상권	
	이종 업종	기존시장, 신규시장	유동형 상권, 소비형 상권	

상권 방향성을 파악하면서 자연스럽게 함께 고려해야 할 것이 매출 방향성이다. 매출 방향성은 내가 시장에 진입할 경우 해당 상권에서 매출이 어떻게 형성되는지 파악하는 것으로 파이 파괴형, 파이 확장형, 파이 창출형으로 구분할 수 있다.

파이 파괴형은 시장 성격 측면에서 9의 1 틈새시장에 해당한다고 볼 수 있다. 즉, 한정된 파이에서 경쟁 파이를 빼앗아 매출을 생성하는 형태이기 때문에 보통은 높

은 매출을 기대하지는 않는다. 배후가 한정된 동네 상권에서 동일업종이나 유사 아이템을 판매하는 경우 경쟁성과 잠식성이 높아 서로 매출을 빼앗기 때문이다. 기존 시장에서 동일 상품은 아니지만 고객 가치에 대한 경쟁으로 기존 파이를 파괴하는 경우도 있다. 주로 점심 상권에서 맛집 앞에 맛집이 생기게 되면 맛집이라는 카테고리로 인해 기존시장의 파이는 줄어들게 된다. 점심을 두 번 먹지 않기 때문이다. 그러나 장기적으로 집재성 효과를 볼 수도 있기 때문에 적극적인 파이 파괴형이라고 볼 수는 없다.

파이 확장형은 시장 성격 측면에서 기존시장에 해당한다고 볼 수 있다. 확장 가능한 배후 세대가 넓거나 소비형 상권이기 때문에 높은 매출을 기대할 수 있다. 즉 파이가 늘어나는 것은 한 소비자가 더 많은 소비를 하거나 또 다른 소비자가 생기는 경우를 말한다. 확장형 상권에서 동일업종인 경우 집재성 효과가 기대되고 이종업종인 경우 가치 확장과 양립성 효과가 기대되는 경우에 해당한다고 볼 수 있다. 소비형 상권에서 점포 활성화에 따른 상권 발달로 소비자가 늘어나는 경우가 여기에 해당한다. 경쟁점 또는 비교 대상 점포가 존재하므로 매장 유추법, 비율법, 입지유형 유추법 등을 활용한다.

파이 창출형은 시장 성격 측면에서 신규시장에 해당한다고 할 수 있다. 파이 창출형은 동종이나 이종 구분 없이 상품/고객 가치가 중요하다. 따라서 가망 수요는 존재해야 하므로 배후세대가 풍부한 지역이 가능성이 있다. 가장 시장의 불확실성이 높기 때문에 손익분기점 매출, 목표매출, 기대매출을 설정하여 매출 달성을 위해 노력해야 한다. 따라서 초기 시장진입 시 경쟁사 의식보다 고객 가치를 추구하며 상품 완성에 집중해야 빠른 시일에 목표수익에 도달할 수 있다.

예를 들어 관광지가 아닌 농촌지역에 카페를 창업하는 것은 매출 예측이 불가능하다. 순전히 운에 맡길 수밖에 없지만 고객 가치는 명확히 정해야 한다. 질 좋은 커피로 승부하기보다는 본능적 가치에 충실할 필요가 있다. 지역민과 친숙한 커피로 고려할 수 있다. 물론 이 경우 의외의 결과를 기대하기 위해서는 커피문화가 존재하지 않아야 한다.

이상에서 보듯이 점포 창업을 하는 경우 내가 진입하고자 하는 상권에서 매출방향성을 파악한 이후 시장 규모를 측정해야 한다. 그래야 내 상품의 포지션을 명확히 이해할 수 있고 점포가 확보할 수 있는 매출 범위를 파악하여 시장을 공략할 수 있기 때문이다. 스타트업의 경우 넓은 시장을 목표로 하므로 〈표 1-2〉에서 보듯이 TAM, SAM, SOM으로 구분하여 상향식 계산법과 하향식 계산법을 활용하여 예상 시장 규모를 측정한다.

초기 점포 창업인 경우 다음의 방법 중 적합한 방식을 선정하여 시장 규모를 측정해 본다.

첫째, 인구기준법에 의한 시장 규모 측정은 1인당 인구가 지출할 수 있는 소비액의 합으로 측정할 수 있기 때문에 하향식 방식으로 TAM을 계산한다. 상권이 한정되어 있기 때문에 무리하게 SAM, SOM까지 구체화할 필요는 없다. 경쟁매출을 통해 1인당 인구 지출금액을 파악하기 수월한 경우 상향식으로 TAM을 구할 수 있다. 인구기준법은 가장 기본적인 사항이므로 해당 시장의 상권획정을 명확히 하는 것이 중요하다. 둘째, 경쟁매출합에 의한 시장 규모 측정은 양립성의 성격이 높은 상권과 점포가 있는 경우 해당한다. 이때 상권의 변화 등에 따른 추가 업종 진입에 따른 점포 영향평가를 병행하여 시장 선점, 확장, 이전 등을 고려할 수 있다. 단지 창업 상품에 따라 경쟁점의 대상을 어디까지 설정해야 할지 애매할 수 있다. 대략적으로 점포 매출 합의 20%를 추가 규모로 측정할 수 있으며 시장이 좁은 지역에 한정한다. 예를 들어 동네 중고등학교 앞 주택가 상권의 분식점이 있는 경우 새로운 분식점이 진입하는 경우 고려해볼 수 있다. 이 경우 지역한계 매출을 넘지 못하고 경쟁에 도태되는 점포는 폐점을 하게된다.

셋째, 업종비교 유추법에 의한 시장 규모 측정은 시장이 좁고 유사업종이 없는 경우 비교업종의 매출을 파악하여 그에 따른 예상 가능한 매출을 통해 시장의 규모를 측정할 수 있다. 이 경우 업종의 관련성이 높고 배후가 한정된 상권이어야 한다. 〈표 13-1〉의 매출 추정 기법을 참고하기 바란다. 넷째, 매장한계공급법에 의한 시장 규모 측정은 상권 발달market power도가 높고 불특정 지역의 유입인구가 높은 경우 상권에서 측정방법이다. 예를 들어 이태원상권과 같이 유명클럽에 인구가 유입되는 경우로 해당 매장이 최대로 올릴 수 있는 수요의 합으로 시장 규모를 측정한다. 〈표

13-1〉의 매출 추정 기법에서 종업원 할당법과 평당 할당법을 적용하여 전체적인 투자투익률을 고려하여 측정할 수 있다.

다섯째, 경쟁매출비교법에 의한 시장 규모 측정은 상품의 동질성이 높은 업종의 시장진입 시 매출을 추정하는 기법중하나이다. 특정 유형의 입지에서 경쟁점의 매출을 통해 유효수요를 파악하는 기법으로 편의점이나 슈퍼마켓과 같은 소매업에 최적화되어 있다. 여섯째, 가치제안법에 의한 시장 규모 측정은 초기 점포창업에서는 아무것도 없는 지역에 창업하는 경우도 흔히 볼 수 있다. 아무것도 없는 지역의 시장 규모 측정은 수익이 담보되는지 자체가 의문이므로 시장 규모 측정은 의미가 없다. 따라서 상품가치에 초점을 맞춰 타깃 고객을 선정하는 방식으로 측정할 수 있다.

이외에도 카드사 데이터와 인구통계학적 데이터가 반영된 상권분석 통합정보 프로그램을 활용하여 측정하는 방법이 있으나 다른 기법과 혼용하여 적용하는 것이 바람직하다. 이상에서 보듯이 점포 창업을 하는 경우 내가 진입하고자 하는 상권에서 매출이 어느 정도 기대되는지 파악하는 것은 반드시 해야 하고 중요한 부분이다. 그러나 그전에 내 아이템이 해당 상권에서 새로운 매출을 창출할지 다른 점포의 매출을 빼앗아 매출을 창출할지 다른 점포와 매출이 함께 늘어날지 고려할 필요가 있다. 그래야 내 상품의 포지션을 명확히 이해할 수 있고 시장을 공략할 수 있기 때문이다.

- 업 캔버스
  10) 창업 상권 규모 측정
  케인 비율법이나 간이 산출법을 통해 전체 규모를 파악한다.

- 상권 스케치
  10) 창업 상권 규모 측정
  상권 캔버스에 해당 상권의 유사 업종, 동일 업종 점포의 매출액을 기입한다. 예상 상가 시설 진입에 따른 상권 영향, 상권 생존을 기입한다.(대략적이어도 무방)

제11원칙 점포 (영향)평가

점포 (영향)평가는 상권 영향평가보다 작은 개념으로 어떤 상권에 특정 점포가 들어섬으로써 다른 점포와 소비자에게 미치는 영향에 관한 평가를 말한다. 동네 상권에 진입하는 창업가가 상권 내 경쟁뿐 아니라 협력과 상생을 위해 자율적으로 조사하고 평가하는 사항이다. 따라서 상권 영향평가서 항목보다 더욱 구체적인 항목을 점검하여 함께 성장하는 방안을 모색하는 데 목적이 있다. 특히 2022년 4월 28일 시행된 지역상권법이 적용되는 상권에서 더욱 면밀히 살펴볼 필요가 있다. 〈표 4-21〉 상권 영향평가 항목 외에 고객에게 제공하고자 하는 제품경험과 〈표 2-11〉의 점포기능, 〈표 2-22〉의 점포관계성 등을 통해 개별 창업가가 생존, 상생, 경쟁 등 다양한 요인에 대한 조사를 한다.

<표 4-23> 점포 영향평가서 작성

항목		작성 기준 및 방법
사업 개요	가. 개설자 나. 개설지역 다. 추진일정 및 영업개시예정일 라. 소규모점포 등의 종류 마. 매장여건 바. 창업 상품 사. 판매 유형	• 라목은 소규모 점포와 준규모 점포를 구분하고, 선택 • 마목은 매장 면적(㎡), 전면길이, 층수, 점두 공간, 주차유무, 로드파킹 유무 • 바목은 핵심 상품의 가치 작성 • 사목은 홀, 테이크아웃, 배달, 택배를 구분하고, 선택
점포 영향 분석의 범위	가. 공간적 범위 　-거리 　-시간 나. 위치도 또는 지형도	• 가목의 공간적 범위는 다음과 같이 정함 　- 극소규모(50㎡ 미만) 점포의 경우 개설지역의 반경 150미터 　- 소규모(50㎡ 이상 100㎡ 미만) 점포의 경우 개설지역의 반경 200미터 　- 준소규모(100㎡ 이상 150㎡ 미만) 점포의 경우 개설지역의 반경 300미터 • 나목의 지도에 개설 예정지와 점포 영향 분석의 공간적 범위를 표시
인구 분석	인구 통계 현황 분석 가. 거주인구수 나. 거주세대수 다. 주거형태 라 거주인구 연령분포 마. 거주인구 소득분포 바. 유동인구 현황 사. 종합적 분석	• 가목부터 바목까지는 국가통계포털(http://kosis.kr) 및 상권정보시스템(http://sg.seda.or.kr), 지방의 경우 국가통계포털(http://kosis.kr) 등을 참고하여 작성 • 다목은 아파트와 비 아파트의 세대수 등을 작성
	인구 행태 측면 소비 분석 가. 목적 구매 인구수 나. 충족 구매 인구수 다. 충동구매 인구수	• 가, 나, 다목의 샵인 점포 인구는 유사사례점포를 통해 직접 조사 작성 • 가, 나, 다목의 배달 점포는 유사사례점포를 통해 직접 조사 및 마케팅 측면에서 오픈 후 조사 작성

항목		작성 기준 및 방법
기존 사업자 현황 분석	가. 소규모 및 준대규모 점포 현황(규모에 따라 구분) -동종업종 -유사업종 -프랜차이즈와 비프랜차이즈 나. 대규모 점포 현황 다. 전통시장 현황 라. 전통상점가 현황 마. 종합적 분석	• 가목과 나목은 점포 수를 기술하되, 프랜차이즈와 비프랜차이즈 구분하고, 극소규모, 소규모, 준소규모, 준대규모 점포의 농송 및 유사 업종에 대한 정보 작성 • 나목은 대규모 점포의 진입 전후 영향 등을 작성 • 다목과 라목은 전체수, 시장 및 상점가내 점포 수, 주요 판매품목, 시장 및 상점가 특이사항 등을 작성
상권 특성	가. 상권 가치 나. 가치 현황(4N) 다. 상권 내 교통시설 현황 라 상권 내 집객시설 현황 마. 상권 발달도/활성도 바. 상권 주요 검색 정보 현황 사. 상권 시점 및 성장단계 아. 종합적 분석	• 가목은 해당하는 가치 상권을 파악하여 공통된 가치를 찾아 작성 • 나목은 해당 상권 내 점포에 대해 4N으로 구분하여 작성 • 다목은 지하철역, 버스정류장, 철도역 개수 등을 작성 • 라목은 관광, 여가, 오락, 교통, 운송, 생활, 개인 서비스, 소매. 유통, 숙박, 스포츠 시설 개수 등을 작성 • 마목은 상권의 발달도와 활성도를 작성 • 바목은 소비자 활동 검색, 맛집 검색, 소셜 검색 등에 민감한 점포의 정보 작성 • 사목은 창업 특성에 따른 상권의 시점 및 성장단계 작성
점포 영향 특성 (배후분석적 점포 영향 특성)	가. 배후 성격 나. 배후 유형 다. 입지 유형 라. 배후 범위 마. 입지 4요소(접근성) 바. 입지 3요소(행태적) 사. 이동목적동선 아. 경쟁입지 자. 점포선정 변화율 차. 점포관계성 카. 종합적 분석	• 가목은 7가지 배후 성 • 나목은 8가지 배후 유형 • 다목은 19가지 입지 뉴형 • 라목은 배후 범위(근접 1차 배후, 1차 배후, 2차 배후) • 마목은 건널목 접근성, 주배후 접근성, 교통시설 접근성, 경쟁적 입지 접근성 • 바목은 충동성, 목적성, 충족성 • 사목은 거주(상주, 소비) 동선, 출근 동선, 퇴근 동선, 식사 동선, 여가 동선, 차량 동선 • 아목은 현재 또는 미래 제1경쟁점 접근성 비교 • 자목은 30가지 점포선정 변화율 • 차목은 보완성, 대체성, 가치성, 잠식성, 연계성, 양립성, 독립성, 전략성
소규모 점포 영향 기술서	소규모 점포 영향기술서	기존 사업자에 대한 영향, 상권 내 소비자의 가치와 편의에 미치는 영향, 상권 발전 용에 대한 영향 등 해당 상권에 미치는 긍정적, 부정적 영향을 모두 고려하여 객관적. 종합적으로 작성

• 업 캔버스

11) 점포 (영향)평가

상권 영향평가를 기반으로 해당 점포의 점포 영향평가를 작성한다.

• 상권 스케치

11) 점포 평가

점포 위치, 주요 경쟁 사업자 위치, 중요 시설물과 도로 현황을 글이나 그림으로 표시한다.

제12원칙 점포신정

점포선정 5대 요소와 점포선정 변화율, 점포관계성으로 최적의 위치를 선정한다. 배후 성격, 배후 유형, 입지 유형에 맞는 지역에 5대 요소인 배후, 동선, 입지, 경쟁입지, 매장여건으로 구체적 위치를 선정한다. 이 부분은 배후분석법을 참고하기를 바란다. 제6원칙인 분석방법에서 편의점과 같이 상품 동질성이 높고 접근성에 민감한 업종은 제7~10원칙을 건너뛰고 제12원칙인 점포선정 단계부터 진행할 수 있다.

- 업 상권 캔버스

  12) 점포선정 5대 요소

  배후, 동선, 입지, 경쟁입지, 매장여건을 적는다(배후분석 테이블 활용).

- 상권 스케치

  12) 점포선정 5대 요소

  배후, 동선, 입지, 경쟁입지, 매장여건 중 특히 경쟁입지를 구체적으로 표시한다. 점포선정 변화율과 점포관계성을 점검한다.

제13원칙 매출추정과 수익 흐름

매출추정과 수익 흐름은 조정된 3차 상권획정으로 최종적인 2차 매출추정을 말한다. 구체적 점포 위치에 따른 매출 변화가 발생하므로 경쟁점 매출을 고려하여 철저히 입지적인 측면에서 배후분석적 매출 추정법을 따른다. 제10원칙의 매출추정보다 적극적이며 구체적으로 매출을 점검하는 절차이다. 또한 최종적으로 창업에 따른 수익 흐름을 파악한다.

- 업 캔버스

  13) 매출추정과 수익 흐름

  배후분석적 매출추정 기법을 적는다.

- 상권 스케치

  13) 매출추정과 수익 흐름

  제10원칙을 보완하여 표시한다.

제14원칙 판매전략

판매전략은 상품 콘셉트, 매장 콘셉트, 홍보 채널을 확정하는 것을 말한다. 상품 콘셉트는 지금까지 완성한 상품을 타깃 상권에 적합한 상품으로 콘셉트를 확정하는 것을 말한다. 매장 콘셉트는 싱품 콘셉트에 맞게 인테리어, 시설물 배치, 홍보물 표시, 소품 구성 등을 고객 가치를 극대화시킬 수 있도록 매장의 콘셉트를 잡는다. 위 사항을 통해 상품의 고객 가치를 극대화시킬 수 있는 홍보채널을 점검한다.

- 업 상권 캔버스

  14) 판매전략

  상품 콘셉트, 매장 콘셉트, 홍보 채널을 작성한다.
- 상권 스케치

  14) 판매전략

  가장 이상적인 매장의 사례의 사진이나 그림으로 표시한다.

제15원칙 사업화 및 출구전략

사업화 및 출구전략은 오픈을 위해 본격적인 마케팅과 고객 서비스를 준비하여 사업을 안정화 시키는 단계이다. 기본적인 맛과 점포가 준비되어 있다면 나머지는 창업자의 몫이다. 다양한 마케팅 기법과 고객 서비스로 사업을 완성시킨다. 그 어떤 단계보다도 중요하므로 이 부분은 해당 분야의 마케팅 기법과 고객 서비스를 통해 지속적인 고객 가치를 제공하기 위해 별도로 준비해야 한다. 특히 일부 상품은 고객 가치에 부합하는 상품의 완성도를 높이기 위해 지속적인 고객 피드백과 관찰로 업그레이드해야 하고 최적의 상권을 확정해야 마케팅 효과를 극대화할 수 있다. 특히 배달 매출이 높은 경우 타깃 상권확정을 위한 마케팅은 오픈 이후 일정 기간 동안 지속적인 모니터링이 필요하다.

출구전략은 점포의 일정 기간 이상 손실이 지속될 경우 점포 매각 또는 업종 변경을 통한 회생전략을 말한다. 특히 점포 매각 건은 점포평가 단계에서 고려해야 한다.

- 업 상권 캔버스

  15) 출구전략 및 사업화

  창업 목표에 대한 사업계획을 적는다.

- 상권 스케치

  15) 출구전략 및 사업화

  출구전략 및 사업화를 글이나 그림으로 표시한다.

창업 상권 평가

Section 3

창업 상권 평가는 시장진입 제7원칙으로 상권획정과 상권조사 전 단계로서 상권 분석 단계에서 가장 중요한 부분이다. 크게 창업 상권 적합성과 시점 적합성으로 구분하여 평가한다. 창업 상권 적합성은 〈그림 4-11〉의 창업 상권 적합성에서 보듯이 3단계로 구분하여 평가한다. 따라서 1단계(표 4-27)는 해당 상권이 제공하는 가치를 이해한다. 상권 가치는 상권의 공간적 밀도, 상권 발달성, 상권 형성 형태, 상권 고객에서 개발시장 측면에서 창업가의 상품으로 진입하기에 적합한지 평가 및 실행을 하는 단계이다. 유인성, 매출 발생 속도, 상권 확장성, 상권 형성시기, 전략적 목적, 틈새시장, 고객 접근 패턴에 따른 융합성, 공유가치 등에 따라 구분할 수 있다. 2단계(표 4-28)는 해당 상권이 어떤 가치를 제공하는지 이해하고 제4원칙의 개발시장 측면에서 해당 상품의 3단계 가치영역을 파악한다. 3단계(표 4-30)는 4N 피라미드 matrix 퍼널과 경쟁사 CSA를 통해 최종적으로 상권에서 진입하는 데 적합한지 평가한다. 제3원칙의 창업 적합성은 창업가의 해당상품에 대한 CSA를 파악하고 평가 단계에서는 경쟁사의 상품에 대한 CSA를 파악한다.

시점 적합성은 상권관찰 및 시점 상권 및 배후분석이다. 3대 관찰과 시점 상권 및 배후분석을 통해 상권변화 사항인 상권 확장성, 상권 발전성(상권 활성도, 상권 발전도), 상권 범위, 제압력, 상권 내 성과(매출)에 미치는 요소 등을 점검하는 것이다. 창업은 단순히 상권의 수치화된 분석과 안목으로 적합한 상권을 평가하는 것은 한계가 있기 때문에 상품 가치에 따른 상권 가치를 이해하여 창업의 본질적인 측면에서 접근해야 분석적 오류를 벗어나 시장진입을 할 수 있다. 이 절에서는 상권 가치를 이해하는 데 중점을 두며 여러 상권가치가 중복될 수 있음을 염두에 두고 상권을 점검한다.

<그림 4-11> 창업 상권 평가 모형

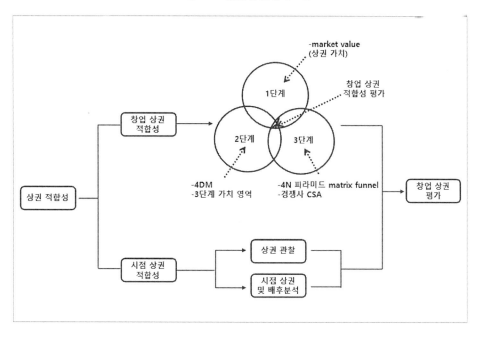

1. 창업 상권 적합성

1단계: 상권가치 파악하기

1단계에서 해당 상권의 가치를 정의한다. 아래 표에서 보듯이 〈표 4-24〉에서 볼 수 있는 12가지 상권에서 하위의 해당 상권을 선정하여 먼저 줄의 빈칸에 기입한다. 다음으로 상권 핵심 키워드를 선정하고 3가지 키워드로 압축하여 기입한다. 마지막으로 해당 상권이 소비자에게 제공할 수 있는 상권고객 가치와 상권고객고유 가치를 정의한다. 상권가치에 대한 자세한 것은 뒤에서 다시 다루겠다.

<표 4-24> 상권가치

상권고유 가치				상권고객 가치	상권고객 고유 가치
구분	상권 선정 (해당 칸에 표시)	핵심 키워드	상권 압축		
상권 공간적 밀도					
상권 발달성					
상권 형성 형태					
상권 고객 유인					
매출 발생 속도					
상권 확장성 유형			구분의 상권 중에서 3가지로 압축	정의	정의
상권형성 시기적 관점					
전통(친밀성) 소비 관점					
전략적 목적					
틈새시장					
고객 접근 패턴에 따른 상권					
융합상권					

2단계: 개발시장과 상품가치 영역 파악하기

1단계 해당 상권의 가치를 파악한 후 2단계에서는 개발시장과 3단계 가치 영역을 통해 상권과 창업 상품의 적합성을 파악한다. 즉 개발시장은 〈그림 4-8〉에 해당하는 사항이고, 상품가치 영역은 〈표 4-22〉의 매출 생성 방향성을 기준으로 〈표 4-25〉와 같이 상품의 시장 방향성과 해당 상권과 부합하는 가치 영역을 단계별로 파악한다.

<표 4-25> 상품가치 영역

구분	상품영역			상품가치			브랜드가치	
분야	1영역 (업종)	2영역 (업태)	3영역 (가치 제공)	상품 고유 가치	상품 고객 가치	고객 고유 가치	외적 가치	내적 가치
내용								

만약 〈사진 4-8〉에서 1번이 만약 탐앤탐스 커피 전문점이라면 개발시장측면에서 린 방식의 상권 개발시장에 해당하는 브랜드라고 할 수 다. 즉 린 방식의 다양한 신상품개발이 중요하며 상권과 적합성이 중요하다. 시장유형은 기존시장에 해당하며 차별화전략이 유효할 것이다. 상품기치 영역에서 민서 상품 영역을 점검하면 '카페(식음료점) – 서비스업 – 가치 제공'이 될 수 있을 것이다. 따라서 카페 업종으로 고객 서비스를 제공하며 구체적으로 서비스 측면에서 어떤 점을 소비자에게 제공하는지에 대한 것을 제시한다. 본 사례에서 카페가 제공하는 가치는 만남, 공부, 커뮤니티 등의 장소를 제공하므로 편히 대화하고 공부를 할 수 있는 콘셉트로 인테리어를 제공하였다. 이렇게 해당 브랜드의 상품 영역을 명확히 정의한다. 그리고 3 product value 피라미드에 의해 상품 고유 가치, 상품 고객 가치, 고객 고유 가치를 점검한다. 탐앤탐스라면 상품 고유 가치는 신선한 커피로 최상의 로스팅 기술일 것이고, 상품 고객 가치는 산지에 따라 다양하고 신선한 커피가 제공하는 풍부한 맛과 향일 것이고, 고객 고유 가치는 향기로운 커피와 갓 구운 프레츨의 만남이 차별적 가치에 해당한다고 할 수 있다. 이상의 가치가 해당 상권과 적합한지 점검을 한다. 브랜드가치 단계에서는 현재 상권 내 유사 아이템을 판매하는 업종의 현황과 현재 상권 가치에 부합하는 수요뿐 아니라 배후 수요를 점검해야 한다. 그 이유는 현재 상권 현황과 상품의 가치만으로 적합성을 판단하기 어렵기 때문에 상권현황과 배후 수요를 토대로 브랜드 가치(정체성)을 점검한다. 〈사진 4-8〉 사례의 탐앤탐스 커피는 탐앤탐스 classic으로 탐앤탐스 본사 기준으로 모두가 편하게 즐길 수 있는 대중적인 캐주얼 브랜드로 문화 커뮤니케이션을 추구하고 있다. 즉 외적가치는 부르기 쉽고 편안한 이름으로 표현함으로써 내적가치는 좋은 사람들이 만나 편하게 즐기며 소통할 수 있는 공간을 추구하고 있다. 〈사진 4-10〉에서 1위치의 탐앤탐스 커피가 반경 100미터 내에 이미 10여 개가 넘는 카페 및 커피 전문점들이 영업 중인 상권에 출점한 사례이다. 즉 1단계를 점검하면 이미 카페공급과 커피공급은 충분했고 2단계를 점검하면 가성비 커피 전문점뿐 아니라 질 좋고 맛있는 커피를 제공하는 '경성커피'라는 개인브랜드도 자리 잡고 있었고, 이미 유사한 규모의 커피 전문점이 영업을 하였지만 이미 폐점을 한 상권이다. 2단계까지만 본다면 해당 상권에 진입하기에 적합하

<사진 4-8> 커피 전문점 현황 지도(자료: 카카오 맵)

<표 4-26> <사진 4-8>의 커피 전문점 현황

구분	브랜드	기타	특징
1	탐앤탐스	프랜차이즈	중규모
2	아마스빈 버블티	프랜차이즈	소규모
3	경성 커피	개인 커피 전문점	극소규모(테이크아웃 전문)
4	커피 온리	프랜차이즈	극소규모(테이크아웃 전문)
5	이디야	프랜차이즈	극소규모
6	데미타스 커피	프랜차이즈	극소규모
7	그레이 허나 로스터리	개인 카페	소규모
8	오톤커피	개인 카페	소규모
9	카페 365	개인 카페	소규모
10	비울컵들	개인 카페	소규모
11	아리스타 커피	프랜차이즈	소규모
12	절묘한 커피	개인 카페	극소규모
13	빽다방	프랜차이즈	소규모
14	커피하우스	프랜차이즈	중규모

지 않을 수 있으나 해당상권의 배후 수요는 20대 대학생 이상의 소비자가 많이 거주하였고 편안하게 만날 수 있고 오랜 시간 함께할 수 있는 공간에 대한 니즈가 필요했기 때문에 상권의 규모에 비해 큰 매장으로 진입하였음에도 불구하고 성행할 수 있었다.

3단계: 4N 피라미드 matrix funnel로 적합성 파악하기

3단계는 4N 피라미드 matrix funnel경쟁사 CSA를 통해 최종적으로 상권에서 진입하는 데 적합한지 평가한다. 제3원칙의 창업 적합성은 창업가의 해당상품에 대한 CSA를 파악하지만 평가단계에서는 경쟁사의 상품에 대한 CSA를 파악한다.

가. 4N 피라미드 matrix funnel

해당 상권 가치측면에서 4N 피라미드 matrix funnel을 활용하여 상권 방향성에 따라 가능성 있는 업종을 선별한다. 다른 업종의 적합성을 함께 고려하여 상권에 진입하는 업종이나 창업 방향을 결정하는 데 있어 경쟁력이 높은 업종과 그렇지 않은 업종을 퍼널funnel하여 창업하고자 하는 상품의 적합성을 판단하는 근거로 적용한다. 크게 배후형 상권과 소비형 상권인 경우로 나누어 점검할 수 있다. 배후형 상권인 경우 점포나 업종의 범위 파악이 쉽고 수요가 비교적 명확하므로 〈그림 4-12〉와 같이 반드시 필요한 업종부터 기입하며 마지막 단계에서 이익률이 높은 경우부터 기입한다. 이는 배후형 상권은 한정된 배후민만을 상대하므로 진입가능성이 높은 업종부터 파악하기 위함이다.

1단계로 상가권내 피라미드에 주요 업종(브랜드)를 기입한다. 2단계로 최상위 칸에는 반드시 필요한 업종(브랜드)를 기입한다. 3단계로 다음 아래 칸에는 있으면 좋은 업종(브랜드)를 기입한다. 4단계로 그 다음 아래 칸에는 가끔 필요한 업종(브랜드)를 기입한다. 5단계로 맨 마지막 칸에는 없어도 그만인 업종(브랜드)를 기입한다. 6단계에서는 지역 소비자 입장에서 실제 이익률이 높은 업종(브랜드)부터 4단계로 나누어 하향식 기입한다. 그리고 다음과 같이 해석할 수 있다.

<표 4-27> 배후형 상권(4N)

구분	꼭 필요한		있으면 좋은		가끔 필요힌		없어도 그만	
매출 이익률	높은 경우	낮은 경우	높은 경우	낮은 경우	높은 경우	낮은 경우	높은 경우	낮은 경우
업종 (브랜드)								
판단 (O,△,X)	O	△	△	△	△	△	△	X

　꼭 필요한 상품이면서 매출 이익률인 높은 경우 위치 고려 시장진입을 고려할 수 있다. 꼭 필요하면서 이익률이 낮은 경우 신중하게 시장진입을 고려할 수 있다. 있으면 좋은데 매출 이익률이 높은 경우 상품력으로 시장진입을 고려할 수 있다. 있으면 좋은데 매출 이익률이 낮은 경우 위치력으로 시장진입을 고려할 수 있다. 가끔 필요한데 매출 이익률이 높은 경우 위치력과 기타 힘으로 진입 고려할 수 있다. 가끔 필요한데 이익률이 낮은 경우 진입을 신중히 하는 것이 좋다. 없어도 그만인데 매출 이익률이 높은 경우 시장진입을 매우 신중히 한다. 없어도 그만인데 이익률이 낮은 경우 시장진입을 고려하지 않는 것이 좋다.

<그림 4-12> 4N 피라미드 Martrix funnel(배후형)

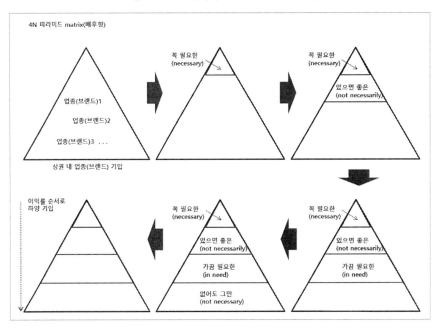

소비형 상권인 경우 점포나 업종의 범위 파악이 어렵고 정보 습득이 어려우므로 수요가 불명확한 경우가 많으므로 〈그림 4-13〉과 같이 필요하지 않은 업종부터 기입하며 마지막 단계에서 이익률이 낮은 경우부터 기입한다. 이는 소비형 상권은 불특정 소비자에 의한 매출이 높기 때문에 안 되는 업종부터 써널하기 위함이다.

1단계로 상가권내 피라미드에 주요 업종(브랜드)을 기입한다. 2단계로 최하위 칸에는 없어도 그만인 업종(브랜드)을 기입한다. 3단계로 다음 위 칸에는 가끔 필요한 업종(브랜드)을 기입한다. 4단계로 그 다음 위 칸에는 있으면 좋은 업종(브랜드)을 기입한다. 5단계로 맨 위 칸에는 꼭 필요한 업종(브랜드)을 기입한다. 6단계로 이렇게 지역 소비자 입장에서 기입한 이후 실제 이익률이 높은 업종(브랜드)부터 4단계로 나누어 하향식 기입한다.

<표 4-28> 소비형 상권(4N)

구분	없어도 그만		가끔 필요한		있으면 좋은		꼭 필요한	
이익률	낮은 경우	높은 경우	낮은 경우	높은 경우	낮은 경우	높은 경우	낮은 경우	높은 경우
업종(브랜드)								
판단	X	○	X	○	△	△	△	○

없어도 그만인데 이익률이 낮은 경우 진입을 고려하지 않는 것이 낫다. 없어도 그만인데 이익률이 높은 경우 시장진입을 신중히 고려할 수 있다. 가끔 필요한데 이익률이 낮은 경우 시장진입을 고려하지 않는 것이 낫다. 가끔 필요한데 이익률이 높은 경우 신중히 시장진입을 고려할 수 있다. 있으면 좋은데 이익률이 낮은 경우 시장진입을 신중히 해야 한다. 있으면 좋은데 이익률이 높은 경우 신중히 시장진입을 고려할 수 있다. 꼭 필요한데 이익률이 낮은 경우 시장진입을 신중히 한다. 꼭 필요한데 이익률이 높은 경우 적극 시장진입을 할 수 있다. 추후 경쟁점 진입에 대비하여 위치나 상품 경쟁력을 높일 수 있는 준비는 충분히 해야 한다.

<그림 4-13> 4N 피라미드 Martrix funnel 모형(소비형)

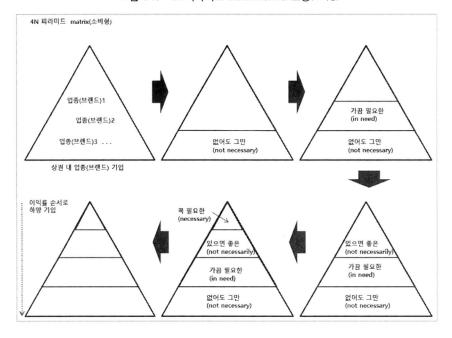

나. 경쟁사 CSA 기법 및 최종 평가

앞의 1단계(상권 가치), 2단계(개발시장과 상품가치영역)의 내용과 3단계인 〈그림 4-12〉, 〈그림 4-13〉의 4N 피라미드 matrix funnel와 〈표 4-14〉의 경쟁사 CSA를 참고하여 아래 〈표 4-29〉에 각각에 맞는 내용을 기입하고 최종적으로 평가한다.

2. 시점 상권 적합성

시점 상권 적합성은 창업가 상품으로 시장진입 시기를 파악하는 것으로 평소 해당 상권에 대한 3대 관찰로 상권 관찰을 한다. 이어서 해당 상권의 시점 상권 및 배후분석으로 가장 적합한 진입 시기를 평가한다. 자세한 것은 해당 페이지를 참고하기 바란다.

<표 4-29> 창업 상권 적합성 3단계 평가

1단계	2단계(개발시장과 상품 가치영역)		3단계(4N피라미드 matrix funnel)			평가
상권 가치 <4-26> 참고	4DM <그림 4-8> 참고	상품가치 영역 <표 4-22> 참고	4N 피라미드 matrix funnel 업종 퍼널	경쟁사 CSA	당사 진입 여부	
			필요한 necessary	완성도 높고, 만족도 높음	적합	
				완성도 높고, 만족도 낮음	보완	
				완성도 낮고, 만족도 낮음	부적합	
				완성도 낮고, 만족도 높음	보완	
			있으면 좋은 not necessarily necessary	완성도 높고, 만족도 높음	적합	
				완성도 높고, 만족도 낮음	부적합	
				완성도 낮고, 만족도 낮음	부적합	
				완성도 낮고, 만족도 높음	보완	
			필요한 때가 있는 in need	완성도 높고, 만족도 높음	전제 적합	
				완성도 높고, 만족도 낮음	부적합	
				완성도 낮고, 만족도 낮음	부적합	
				완성도 낮고, 만족도 높음	보완	
			없어도 그만인 not necessary	완성도 높고, 만족도 높음	전제 적합	
				완성도 높고, 만족도 낮음	부적합	
				완성도 낮고, 만족도 낮음	부적합	
				완성도 낮고, 만족도 높음	보완, 전제 적합	

* 만족도: 적합, 전제 적합, 보완, 부적합 순서

이렇게 창업 상권 적합성과 시점 상권 적합성을 통해 상권에 진입하기에 적합한 가장 적절한 시기를 파악한다.

3. 상권 고유 가치market area unique value

　상권 가치는 〈표 2-21〉에서 보듯이 상권의 형성과정과 현재 발달상황을 통해 상권이 제공하는 고유의 가치로 3가지로 구분해 볼 수 있다. 우선 상권 고유 가치는 최초 자연스럽게 형성된 이유와 도시계획적인 이유로 초기에 상권이 형성된 고유의 성격을 말한다. 상권 고객 가치는 고객(배후민, 불특정통행인 등)상권의 볼거리, 먹거리, 회식, 모임, 만남, 여가, 업무 등 상권 고유 가치에 부합하는 만족스런 편익을 제공하는지에 대한 것을 말한다. 상권 고객 고유 가치는 상권 고객 가치 측면에서 고객에게 어떤 차별적이고 특별한 혜택을 제공하는지에 대한 것을 말한다.

　상권 변화모델에서 보듯이 상권은 항상 변화하려는 속성이 있고, 본래 가치를 반영하지 못하는 경우도 있기 때문에 상권의 고유 가치를 파악하는 것이 중요하다. 따라서 〈표 4-5〉에서 보듯이 상권의 다양한 분류를 이해하고 접근해야 한다. 그러나 상권은 그자체가 중요한 것이 아니라 창업과 적합성에 따라 나름대로 다양한 개별성이 합쳐져서 상권의 성격이 결정되므로 어느 상권이든 같은 상권은 없다. 단지 구분하기 편하게 대학가 상권, 오피스 상권 등 명칭이 있지만 이는 우리가 부르기 편하게 구분한 것일 뿐 실전에서는 특정 상권으로 정의할 수 없기 때문에 창업 관점에서 여러 가지 가치 상권을 통해 상권의 성격을 파악하는 것이 중요하다. 창업가의 개별성, 창업의 개별성, 점포의 개별성, 소비자의 변화, 트렌드 등으로 전문가라도 항상 올바른 상권 가치를 평가할 수 있는 것이 아니므로 창업가 스스로 창업 방향에 맞게 평가할 수 있는 안목을 길러야 한다. 따라서 본서는 〈표 4-30〉와 같이 상권 고유 가치를 크게 12가지 항목을 기준으로 각각을 세분화하였으며 이를 통해 상권 고객 가치와 고객 고유 가치를 찾아 상품과 상권 적합성product/market area fit을 차분히 점검하기 바란다.

구분	상권			정의
1. 상권의 공간직 밀도	수평 상권			저밀도로 넓게 형성되어 있음
	수직 상권			고밀도로 좁게 형성되이 있음
	밀집 상권			밀도와 응집률이 높음
2. 상권 발달성	핵심 상권	대핵심		상권이 커질수록 중심은 더욱 발달한 상권
		중대핵심		
		중핵심		
		중하핵심		
		하핵심		
	다핵 상권			핵심상권에서 분리되어 발달
	위성 상권			핵심상권과 별개로 발달
	브릿지 상권			상권과 상권 연결선상에 발달
	에그 화이트 상권			상권의 포화로 대핵심의 주변에
3. 상권의 형성 형태	점포 중심 상권	집심성 상권		업종 성격에 따른 집심성 점포에 의한 상권
		집재성 상권		집재성 점포에 의한 상권
		산재성 상권		산재성 점포에 의한 상권
		국부적 집심성 상권		국부적집심성 점포에 의한 상권
	상권 중심 상권	독립 상권		독립시설의 독립 상권
		형태	구분 단지형 상권	배후 시설 단지에 구분된 상권
			스트리트 단지형 상권	배후 시설의 아래층 일부에 보행로 편의성을 고려한 상권(신도시)
			접근 단지형 상권	단지민 접근성, 편의성을 고려한 상권(도심)
		특수 상권		대학가 병원 등 특수시설내 상권
3. 상권의 형성 형태	상권 중심 상권	복합 상권	주거 복합	주거 중심 일체형 복합 상권
			오피스 복합	오피스 중심 일체형 복합 상권
			주거/오피스 복합	주거/오피스 일체형 복합 상권
			쇼핑 복합	쇼핑 중심 일체형 복합 상권
			통합 복합 상권	통합 일체형 상권
		몰 상권		쇼핑, 먹거리, 체험 등 대규모 시설 상권
		융복합 상권		저층 중심의 쇼핑에 가치를 더한 상권

구분	상권			정의
4. 상권 고객 유인	동선형 상권	입지형 상권	수거형	점포의 위치와 접근성에 의해 매출이 발생하는 상권, 입지요소 중요
			오피스형	
			소비형	
		배후형 상권	주거형	안정된 배후에 의해 매출이 발생하는 상권, 배후규모 중요
			오피스형	
			소비형	
		유동형 상권	주거형	통행량에 의해 매출이 발생하는 상권
			오피스형	
			소비형	
	배달형 상권			배달 극대화
	체험형 상권			체험 극대화
5. 매출 발생속도	수요성 상권			소비자 특성이 반영된 상권
	시요성 상권			시간이 지나면서 매출 상승, 주로 배후 중심

구분	상권				정의
6. 상권 확장성 유형	고정형 상권				상권 범위 한정
	확장형 상권	확장 배후형 상권			배후민 수요가 확장 가능
		확장 우물형 상권			특정 지역 내에서 상권형성
		확장 유동형 상권			불특정인 수요가 확장 가능
7. 상권 형성 시기적 관점	기존상권				상권 완성도 90이상인 상권
	신규 상권	도시 상권	도시리모델링상권		도로나 철도 정비
			주택가변형상권		주태가 상가 전환
			도심재개발상권		도심재개발에 의한 상권
		신도시 상권	계획도시 상권	신도시 집중상권	독립집중	배후근접, 배후분산
				복합집중	배후근접, 배후분산
			신도시 배후 시설 상권	독립 배후 시설	배후와 독립적 분리
				근접 배후 시설	배후와 근접
			도시 개발 상권	민간도시개발상권	비계획적 상권
8. 전통 (친밀성) 소비 관점	지역 전통 상권	지역 대표 상권			지역 기반 대표 상권
		재래시장 상권(전통시장 상권)			지역 지반 전통 상권
	근접 상권	재래시장(전통시장) 주변 상권			지역 근접 래시장 주변
		지역 밀착 상권(확장배후형상권,골목상권)			배후민 소비집중형 지역 밀착 상권

	소통 상권	콘텐츠 상권	지역 특산물 기반 상권
		커뮤니티 상권	커뮤니티 기반형 업종
	브랜드 상권	홍보형 상권	젊은 층 유입이 높은 홍보 최적 상권
		빌드형 상권	상권 성장성 높은 상권
9. 전략적 진입 목적	상권 제압	도미넌트 상권	도미넌트 전략 적합상권
		스크랩 앤 빌드 상권	스크랩앤빌드 전략 적합상권
		허브 앤 스포크 상권	허브앤스포크 전략 적합상권
		포인트 투 포인트 상권	포인트투포인트 전략 적합상권
		원 웨이 어트랙션 상권	원웨이 어트랙션 전략 적합상권
		만다라트 상권	만다라트 전략 적합상권
	점포 특성	집심성 상권	중심지에 모이는 것이 유리한 업종의 상권
		집재성 상권	동종업종이 모여있어 시너지 형성되는 상권
		산재성 상권	서로 분산되어 입지하는 것이 유리한 업종의 상권
		국부적 집중성 상권	동일업종이 국부적으로 중심지에 입지하는 것이 유리한 상권
9. 전략적 진입 목적	점포 관계성	보완성 상권	보완관계 업종이 진입하기에 적합한 상권
		대체성 상권	대체관계 업종이 진입하기에 적합한 상권
		가치성 상권	업종 측면에서 가치측면에서 진입하기에 적합한 상권
		잠식성 상권(부분 흡수경쟁)	경쟁점 일부 매출 흡수하기에 적합한 상권
		연계성 상권(2차 흡수경쟁)	2차 소비 흡수하기에 적합한 상권
		양립성 상권	교차, 교환관계로 시너지가 형성되는 상권
		독립성 상권	독립적 운영이 적합한 상권
		전략성 상권	전략적 진입에 적합한 상권
10. 고객 접근 패턴에 따른 상권	대학가 상권	대학가 복합 상권	교통, 쇼핑, 먹거리 복합
		대학가 배후세대 상권	배후 중심
	도심형 상권	도심관광형 상권	도심 관광 명소 위치
		도심중심가형 상권	도심 오피스가

구분	상권				정의
10. 고객 접근 패턴에 따른 상권	스트리트 상권			워킹스트리트 상권	도보 이용 상권
				로드스트리트 상권	차량 이용 상권
				로드 접근 군집 상권	교외 외곽 로드에 형성된 상권
				접근스트리트 상권	전면 대로 변형 상권
		복합 스트리트상권		소비형 복합 스트리트 상권	소비 중심
				배후형 복합 스트리트 상권	배후중심
	분산 상권			주배후 분산 상권	주배후와 근접한 상권
				독립 분산 상권	주배후에 독립적 확보 상권
	교통시설 상권	역세권 상권	배후역세권 상권	주거역세권	역세권 주거 배후 확보한 상권
				오피스역세권	역세권 오피스 배후
				소비형역세권	역세권 소비형 상권
			환승 역세권 상권	도시환승역세권 상권	도심 중심가 환승 상권
				경계환승역세권 상권	도시 간 경계에 있는 상권
				복합환승역세권상권	도시 환승과 경계 환승 복합
		버스 테이킹 상권	배후버스 테이킹 상권	주거버스 테이킹 상권	주거 배후 확보한 상권
				오피스버스 테이킹 상권	오피스 배후 확보한 상권
				소비형버스 테이킹 상권	소비형 배후 확보한 상권
			환승버스 테이킹 상권	도시환승버스 테이킹 상권	도시 중심가 환승상권
				경계환승버스 테이킹 상권	도시 간 경계에 있는 상권
				복합환승버스 테이킹 상권	도시 환승과 경계환승 복합
	나들이 상권	도시 나들이 상권		관광소비 나들이 상권	관광객 유입 높은 먹거리, 쇼핑 연계된 상권
				도시 공원 나들이 상권	시내의 공원 연계된 상권
				도시 배후 나들이 상권	도시 배후세대와 연계된 상권
		교외 상권		교외 나들이 상권	교외 나들이의 상권, 융복합몰 연계
				교외 테마 상권	교외 쇼핑과 나들이 복합
				교외 쇼핑 테마 상권	교외 쇼핑 시설 중심 복합 상권
				교외 융복합몰 상권	대규모 복합 상권
11. 융합 상권	재생 상권			도시재생 상권	도시 재생 상권, 전통시장 상권
				혁신 상권	혁신 가치 제공 상권
				개척 상권	소상공인의 주도 신규 개발 상권
	자연 상권			융복합 상권	외식, 여가, 문화 복합 상권
				가지 상권	확장형 상권
				자생 상권	재래시장 주변 상권
	공유 상권			공유 주방형 상권	단일 제공 공간에서 수요창출 가능 상권
				공유 매장형 상권	단일 체험 공간에서 수요창출 가능한 상권
				공유가치 제공형 상권	빈 점포 활용으로 공유가치 제공하는 상권
12. 상호영향 관계				골목상권	주거지 인근 골목을 따라 형성된 상권
				발달상권	교통시설이 발달하였고, 오피스, 주거 시설 등이 넓게 분포되어 있는 상권

3.1. 상권의 공간적 밀도에 따른 구분

수평 상권, 수직 상권, 밀집 상권을 구분한다. 수평 상권은 저밀도로 넓게 형성된 상권이다.

이런 곳은 배후 응집률(凝集律)과 밀도(密度)가 낮아 배후분석에 민감한 업종보다는 각자 개성을 살릴 수 있는 업종이 적합하다. 주로 판매시설을 기반으로 형성된 곳이 많다. 수직 상권은 건물 용적률이 높기 때문에 주로 도심에 있다. 강남역 일대 같은 곳으로 상부 층은 학원, 병원 등 서비스업 시설이 많고 저층과 지하층은 소비시설 위주로 형성되어 있다. 밀집 상권은 응집률과 밀도가 높은 상권을 말한다. 대체로 8미터 이내의 도로에 형성된 소비형 상권이 많다. 즉 도로는 좁은 편이지만 배후가 가장 융합되기 쉬운 형태이다.

3.2. 상권 발달성에 따른 구분

핵심 상권, 다핵 상권, 위성 상권, 브리지 상권, 에그 화이트 상권으로 구분한다.

핵심 상권central trade area은 비교적 규모가 큰 상권의 핵심을 말하는데 핵심의 중심성과 상권 크기에 따라 대 핵big centrality, 중대 핵pass middle centrality, 중 핵middle centrality,중하 핵middle and low centrality, 하 핵small centrality로 나눌 수 있다. 홍대 상권, 건대 상권 등과 같이 상권의 대 핵 상권을 중심으로 다핵 상권extended central trade area이 뻗어나갈 수 있는 상권을 말한다. 다핵 상권extended central trade area은 핵심 상권의 확장extend에 따라 창업 환경의 영향으로 주변의 틈새를 공략하는 상권을 말한다. 대개 중심성이 중하 이상 일 때부터 다핵으로 진출하는 경우가 시작이 된다. 위성 상권satellite trade area은 핵심 상권에서 조금 더 떨어진 경우도 있다. 위성 상권은 중심성이 대핵인 상권에서 다핵상권으로 확장될 수 없거나 중심성이 대핵인 상권이 두 곳 이상인 경우 주변 지역에서 별개로 상권이 형성되는 상권을 말한다. 대핵 상권의 인지도와 영향력 하에 있지만 대개는 독립적으로 상권력이 유지되는 편이다. 즉 홍대 상권의 위성 상권인 상수동 상권은 홍대 상권에서의 소비가 상수동으로 바로 연결되지 않는 것을 말한다. 브리지 상권bridge trade area은 핵심 상권과 핵심 상권 또는 핵심 상권과 다핵 상권이 연결되는 동선에 있는 상권을 말한다. 에그 화이트 상권egg white trade area은 대핵 상권의 포화로 대핵 상권 주변에 형성된 상권이다.

3.3. 상권 형성 형태에 따른 구분

상권 형성 형태에 따라 점포 중심상권과 상권 중심상권으로 구분할 수 있다. 점포 중심상권은 집심성 상권, 집재성 상권, 산재성 상권, 국부적 집심성 상권으로 구분할 수 있다. 집심성 상권은 배후지나 도심의 중심부에 위치하는 것이 유리한 점포로 이루어진 상권을 말한다. 대체로 백화점, 고급음식점, 고급 악세사리점, 화장품점 등으로 이루어진 상권으로 서울 명동이 대표적인 사례이다. 집재성 상권은 동종 유사 업종이 모여 서로 시너지가 생기는 상권을 말한다. 집재성 점포인 의류, 귀금속, 가구 상권이 여기에 해당한다. 따라서 집중적으로 형성될 수 있는 지역이어야 하므로 지리적 여건이 까다롭다. 외식업의 경우 노시에 형성된 경우로시 단일 업종으로 형성된 곳은 응암동 감자탕, 신림동 순대볶음 등이 있고 지방은 춘천 닭갈비촌, 홍천 화로구이 등이 있다. 외식업은 의류, 공구, 귀금속 등 상권에 비해 가격 경쟁력이 낮고 어디에서나 맛있는 음식을 즐길 수 있기 때문에 집재성 상권의 흡입력은 기대에 미치지 못하고 있다.

특히 지방 로드에 있는 외식촌은 주변 관광지가 풍부해야 유입율을 높일 수 있기 때문에 고속도로나 외곽도로에서 멀리 떨어지지 않은 곳에 입지해야 경쟁력이 있다. 집재성 상권으로 고객 유입은 한계가 있기 때문에 원조 점포를 제외하면 남다른 경쟁력이 없다면 상권의 힘에 의존할 수밖에 없는 단점이 있다. 따라서 지자체의 적극적인 지원과 행사유치로 유입율을 높여야 한다. 산재성 상권은 개별 점포가 서로 분산되어 입지하는 것이 유리한 점포들이 있는 상권을 말한다. 흔히 동네 상권에 이발소, 목욕탕, 세탁소, 부동산 중개업소, 편의점 등과 같이 독립성이 강한 업종이 여기에 해당하며, 특히 배후가 고정된 고정형 배후가 더욱 적합하다. 국부적 집중성 상권은 중심도시 외곽에 국부적으로 집중적으로 모여 있는 것이 적합한 점포가 있는 상권을 말한다. 지방 중소도시 시내나 로드사이드 상권으로 산업단지 주변의 기계,

공구점 등이 모여 있는 상권을 말한다. 점포 중심 상권은 현장에서 크게 의미를 두지 않기 때문에 이해를 하는 정도이면 충분하다.

상권 중심상권은 독립 상권, 단지형 상권, 특수 상권, 복합 상권, 몰 상권, 융복합 상권으로 구분할 수 있다. 독립 상권은 일정 규모의 배후 세대나 오피스를 수요로 하는 배후형 상권을 말한다. 동네 창업이 여기에 해당하며 오피스텔 빌딩, 단독 아파트 빌딩 등 자체 배후수요를 타깃으로 이루어진 상권을 말한다. 기본적으로 자체 수요를 우선으로 하는 상권이다. 단지형 상권은 주로 아파트 등 주거시설 중심으로 단지에 부수적으로 형성된 상권으로 구분 단지형과 스트리트 단지형, 접근 단지형 상권으로 구분할 수 있다. 구분 단지형 상권은 아파트 단지 내에 독립된 상가시설의 상권을 말한다. 고객 접근 패턴에 따라 분산 상권이라고도 한다. 독립적으로 분산되어 있는지 주변 상권과 연계되어 형성되었는지에 따라 상권 활성화와 업종의 다양성이 달라질 수 있다. 스트리트 단지형 상권은 전면도로를 따라 주거단지의 아래층에 1개 내지 2개 층이 상가시설로 형성되어 고객의 동선을 고려한 상가시설의 상권을 말한다. 일산 킨텍스 힐스테이트/위시티의 상가시설의 상권이나 위례신도시의 스카디 몰과 같은 상가시설의 상권을 말한다. 상가시설이 1~2층으로 형성되기 때문에 비교적 분양가가 높다. 따라서 학원 등 교육시설의 입점이 적기 때문에 어린이 중심의 업종이 발달하지 않기 때문에 학원, 병원 등 시설은 중심 상권으로 이동해야 한다. 보통은 수익성이 높은 업종이나 생활편의 중심의 업종이 진입한다. 상가시설이 외부에서 유입될 수 있는 고객 접근성과 동선에 따라 상권 내부 지향적 시설이나 외부 지향적 시설의 입점이 결정될 수 있다. 〈사진 4-9〉 일산 킨텍스 포스코 더샵의 경우 넓은 보행로와 공원과 연결에 따른 시너지를 고려하여 단순 판매업보다는 외식업, 애견숍 등이 발달할 수 있다. 위례신도시의 스칸디몰에서 보듯이 주변 산책로와 연결로 보행자 중심의 상권이 형성되는 것을 볼 수 있다. 이와 같은 상권은 아파트 사업 기획자 최초 상가배치와 입점 업체에 대한 기획에 따라 활성화에 중요한 영향을 미칠 수밖에 없다. 대체로 신도시나 신규 대단지에서 볼 수 있는 상권으로 충분히 준비된 창업이 아니라면 어려울 수 있다.

<사진 4-9> 일산 킨텍스 포스코 더샵(좌)과 위례 신도시 스칸디몰(우)

접근 단지형 상권은 주로 대규모 아파트 단지의 상권 중에 통행량이 많은 도로에 2~3층 높이로 집중적으로 상가를 배치한 형태이므로 단지 거주민들의 편의성과 접근성을 고려하여 다양한 업종이 진입할 수 있도록 배치한다. 따라서 단지 이외의 고객들의 수요도 흡수하므로 2~3층은 병원이나 학원 등 교육시설이 집중적으로 형성되는 편이고 도보년은 나양한 연령대를 고려한 업종이 진입할 수 있다. 따라서 도심 아파트 단지에 있기 때문에 별도로 중심 상권으로 이동이 필요하지 않다. 〈사진 4-12〉에서 보듯이 서대문구 경희궁자이 아파트나 이대역 그랑자이 아파트 상가시설이 여기에 해당하는 상권이다.

<사진 4-12> 서대문 경희궁자이(좌)와 이대역 신촌 그랑자이(우) 자료:카카오 로드뷰

특수 상권은 빌딩 내 독립된 수요를 대상으로 하므로 쇼핑몰이나 오피스 빌딩 내

에 있는 상권을 말한다. 크리스탈러의 고차 중심지내에 있는 상권이다. 수요예측이 명확한 편이나 쇼핑몰이 활성화되는 시점이나 오피스 상주민이 완전히 입주하기 전까지 기간이 안정적인 매출을 기대하기 어려운 단점이 있다. 특히 도심형 쇼핑몰의 경우 경쟁 쇼핑몰 간 경쟁과 안정적인 배후민을 확보하지 못한 경우 2.0점포 회전률 시점부터 안정적인 매출을 기대할 수 있으므로 초기 진입 업종은 상당히 불안정하다. 실제 용산 아이파크 몰의 경우도 역사내에 있는 쇼핑몰 이었지만 미약한 백화점 인지도와 역사 내 쇼핑몰의 한계로 상당 기간 임차인은 어려움을 겪었다.

복합 상권은 주거 또는 오피스 복합시설이 일체형으로 함께 있는 시설에서 상가들이 모여 있는 상권으로 상업시설의 기능이 강화된 상권을 말한다. 즉 주거복합건물, 오피스 복합건물, 주거 오피스 복합건물, 쇼핑복합건물의 상가시설 단지를 말한다. 주거복합건물은 상업지역의 주거복합건물로서 판교 에비뉴 프랑이 여기에 해당한다. 오피스 복합건물은 도심 재개발 지역의 상가시설이 여기에 해당하며 종로 광화문 D타원의 상가시설 상권을 말한다. 주변 배후 시설의 규모와 교통시설 접근성, 주변 상권의 활성화 정도에 따라 출점 점포들의 성격이 결정된다. 대체로 임차료가 높기 때문에 외부 보행 동선과 연계성, 배후 시설에 종사하는 종사자의 성격과 수에 매우 민감하다. 그러나 이와 같은 상권의 시설은 남다른 테마와 색깔로 보행 동선을 고려한 점포 배치로 쇼핑의 재미를 더한 배후형 복합 스트리트 상권과는 구분된다.

주거오피스 복합건물은 주거시설과 오피스 시설, 상업시설이 복합적으로 형성된 상가시설의 상권을 말한다. 용산역 앞의 효성 헤링턴이 여기에 해당한다. 임대료가 높고 대규모 쇼핑몰이 아니므로 창업가는 상가시설의 구성과 규모 등을 충분히 고려하여 진입해야 한다. 몰 상권은 판매시설, 먹거리, 체험 등 다양한 시설이 혼합된 시설물이 대규모로 모여 있는 상권을 말한다. 동대문 의류 쇼핑 단지처럼 쇼핑 중심형은 집재성 상권으로 형성된 경우가 있다. 경기변화, 관광객의 유입율에 따라 몰 뿐아니라 주변 상가 시설 상권의 활성화에 많은 영향을 미친다. 스타필드, 롯데몰과 같은 대형 몰 상권은 그 자체적으로 모든 쇼핑, 체험 욕구를 제공하지만 개인 창업가의 경우 단순히 수익적 관점에서 접근하기에는 무리가 있다. 융복합 상권은 저층 주거중심 지역에서 주거시설 등의 리모델링으로 상가시설이 독자적으로 형성되지 않고 주변 시설과 조화롭게 형성된 상권을 말한다. 즉 비교적 규모가 작은 스몰 창업가들이 많기 때문에 상권의 색깔이 명확하나. 따라서 볼거리 즐길 기리 먹거리가 풍성하여 젊은 층이나 가족 단위의 소비층이 많다. 최근 뜨는 상권은 중심엔 이런 융복합 상권의 성격이 강하며 단순히 융복합 업종들이 모여서 형성되는 상권을 넘어 창조적 사업주가 소비 트렌드를 리드하는 업종이 시도하고 완성되는 상권이다. 따라서 이미 상권 발달한 역세권 상권과 같은 전통적인 입지적 상권과는 분위기가 다른 새로운 개념의 상권이다. 거리는 복잡하지만 질서가 있고 거리가 한산하더라도 생기가 있다. 소비자 또한 새로운 것을 맞이할 준비가 되어 있기 때문에 매우 생기 있는 고객들이 모여든다. 이렇게 융복합 상권은 상권의 단순한 개념이 아니고 상권이 형성된 곳에서 다양한 문화, 독특한 문화, 자기만의 문화가 있어 이것을 뽐내는 디자인 상권을 말하기 때문에 상권이 형성되어 가는 과정이 지루하지 않는다. 그러나 융복합 상권의 한계는 지나친 확산이다. 지나친 관심과 확산은 프랜차이즈 진출, 상권 형성 순환 과정에 프랜차이즈 진출에 따른 권리금이나 임차료 인상으로 인해 상권의 디자인이 무너지게 된다. 그럼 새로운 상권으로 디자인되는데 이 과정에 1세대 창업자는 사라지고 자본과 시스템에 익숙한 창업자들의 진출이 늘어나게 된다. 최근 융복합 상권으로 형성된 대표적인 곳이 이태원 경리단길, 이태원 사잇길, 이태원 우사단길, 마포구 상수동, 마포구 합정동, 종로구 서촌, 성수동 수제화거리, 샤로수길 등이 있다. 신사동 가로수길도 초기는 융복합 상권으로 형성되었으나 지나친 확산으로 대기업 매장의 진출로 상권의 색깔이 완전히 바뀌어 시장에 익숙한 트렌드나 대기업 브랜드관이 늘어나 상권의 색깔이 약해졌다. 이렇게 신사동 가로수길은 지리적으로 강남권 있지만 강북권과도 접근성이 좋아 강남 상권의 한계를 넘은 것이 너무 과했다. 따라서 모든 창업 트렌드는 이곳으로 몰렸다. 특히 이곳은 강남권에 있어 지리적으로 평지였고 넓은 평형의 건물들이 많았기 때문에 대형 매장을 바라던 대기업 진출을 가시화 시켰고 그 결과 과도한 권리금과 임차료 인상으로 중소 상인들은 새로운 터전을 찾아 이동을 하였다. 융복합 상권은 형성되기 위한 조건도 까다롭지만 융복합 상권으로 유지되는 것도 매우 까다롭다. 한번 대기업 자본이 밀려들면 다시는 본래의 모습으로 돌기는 쉽지 않다. 따라서 융복합 상권이 오랜 기간 형성이 되기 위해서는 상가 주민, 건물주, 자치구가 하나가 되어 상권을 지키기 위한 노력이 병행되지 않으면 오래가지 않는다. 따라서 제 기능을 유지하며 오래 형성되기 위해서는 다음의 조건이 맞아야 가능하다.

융복합 상권convergence trade area **의 형성 조건**

가. 충분한 배후 세대가 형성되어 있어야 한다.

소비시설이 형성된 곳을 기준으로 사이드 배후가 주택가로 형성되어 있어야 한다. 주택을 개조한 상가들은 임차료가 낮고 권리금이 낮아 멋스럽게 투자할 수 있다. 또한 찾아오는 고객만을 상대로 영업하기에는 상권 발달이 약하다. 그래서 주택가는 안정된 배후민을 확보할 수 있고 상권이 확장될 수 지리적 여건을 갖추어야 한다. 예를 들어 이태원 경리단길 상권과 같이 갇힌 상권에서 한정된 배후세대로 형성된 지역은 상권의 확장이 어렵다.

나. 중·소 규모의 저밀도 상권이어야 한다.

상권의 도로는 협소하다. 따라서 주차공간도 부족하여 멀리서 차량을 주차하고 걸어서 이동한다.

걸어서 이동하는 시간이 긴 상권이 볼거리도 발달하고 소비도 증가한다.

다. 개인 브랜드 상권이어야 한다.

창조적이고 개성 있는 개인이 운영하는 점포가 많아야 한다. 이들은 자본의 논리보다는 멋과 맛으로 승부하므로 자본의 논리로 승부하는 대기업 브랜드 진입이 까다로워야 한다.

라. 먹거리와 볼거리가 적절히 혼재되어 있어야 한다.

융복합 상권 초기는 몇몇 작은 점포들이 창업하기 때문에 눈에 띄지 않다. 점차 점포가 늘어나지만 상권에 오래 머물러 있어야 상권이 활성화되고 생기가 생겨야 하기 때문에 단순 먹거리보다는 테마가 있는 먹거리나 볼거리가 같이 혼재되어야 한다. 자신의 문화와 콘텐츠를 공유하고자 하는 창업자이므로 매우 개성이 강한 편이다.

마. 대표 상권 주변에 있다.

인지도가 있는 상권의 주변에서 발달한다. 그러나 상권의 핵에서 뻗어나가는 것이 아니고 작은 다핵 상권이나 상권 형성 초기 단계의 상권에서 주택가로 뻗어나가면서 발달한다. 즉 샤로수길은 서울대입구역 상권, 망리단길은 홍대 상권, 경리단길은 이태원 상권, 서촌은 경복궁역 상권, 성수동 거리는 건대 상권처럼 대표 상권과 함께 연계하여 상권이 발달하게 된다.

바. 초기 시세는 저렴해야 한다.

아무리 주택가라도 고급 주택이 많고 교통여건이 좋고 주차 여건이 좋은 곳은 임차료가 높다. 따라서 고급 주택가보다는 고밀도 다가구, 다세대 난시가 유리하다.

특히 세대가 분리된 고급 빌라 형은 용도변경이나 개발이 어렵기 때문에 많이 있는 지역은 좋지 않다. 각자 색깔을 입히기 위해 건물을 수리해도 티가 나지 않는다. 따라서 건물을 개조하여 업종과 어울리는 형태로 리모델링하여 외관이 볼 것이 있어야 한다. 너무 위압감을 주는 건물은 돈 있는 소비자만 이용한다.

사. 작은 건물로 이루어진 낡은 상권이어야 한다.

건축년도가 짧고 잘 지어진 복합건물엔 창조적인 업종이 맞지 않습니다. 가로수길 상권은 넓은 부지가 도로를 따라 넓은 부지가 많아 대기업 진출이 용이하다.

아. 학생 유입이 적은 상권이어야 한다.

융복합 업종의 특징은 저렴한 제품보다는 양질의 상품을 추구하므로 학생들이 지불하기에 부담이 크다. 따라서 직장인이나 30, 40대의 방문율이 높은 상권이어야 한다.

중고등학생의 비중이 높은 상권은 가격경쟁이 심하여 상권의 질이 떨어지게 된다.

자. 지역민이 하나가 되어야 한다.

사업주, 건물주, 자치구 모두 하나가 상권을 지키기 위한 노력을 해야 한다. 상권을 만드는 것은 사업주가 하고 지키고 활성화시키는 것은 건물주와 자치구가 함께 해야 한다. 상권이 조금만 활성화되면 건물주는 세를 올리는 데 정신이 없고 자치구는 각종 민원에 대해 융통성 있는 대처를 해야 하는데 무조건인 민원성 단속만 하니 상가가 활성화될 리가 없다. 단속 권자도 업무 효율이 낮아진다.

차. 접근성이 좋아야 한다.

차량 이동이 많지 않기 때문에 대중교통시설 이용이 쉬워야 한다. 특히 상권이 발달한 곳은 차량 정체가 심하기 때문에 지하철을 이용한 교통이 좋아야 소비자 유입이 늘어난다. 그러나 삼청동 상권은 차량 이용 고객도 불편하고 대중교통도 불편하여 상권의 성격이 명확하지 않은 상태로 머물러 있다.

이 중에서 가장 중요한 것은 자 항목의 사항으로 융복합 상권으로 성장하기 위해서는 지역 상권과 함께 발전할 수 있어야 한다. 너무 기존 세입자와 충돌이나 기존 건물주가 너무 새로움만 추구하는 경우 지역 소비자는 이동하고 그에 따른 불편으로 지역민도 이수하는 현상이 발생한다. 더 악화될 경우 젠트리피케이션이 발생하여 상권의 상업화가 심하게 발생하여 상권의 상생적 기능은 없어지고 경기변동에 민감하게 작동되어 지역 경제 전반적으로 악영향을 미치게 된다.

3.4. 상권 고객 유인에 따른 구분

동선형 상권, 배달형 상권, 체험형 상권으로 구분한다.

3.4.1. 동선형 상권

동선형 상권은 배후민이나 불특정 통행인에 의한 이동목적 동선과 단순 통행에 따라 입지형 상권, 배후형 상권, 유동형 상권으로 구분한다. 배후분석법의 배후 유형의 넓은 개념으로 상권 섹터전체를 기준으로 한다. 입지형 상권은 배후 확보, 고객 접근성, 교통시설 접근성이 좋아 점포의 위치와 고객의 접근성에 의해 매출이 발생하는 상권으로 배후분석에 민감한 업종이 적합하다. 따라서 상권의 주변은 교통시설이 발달하고 고객 접근성이 좋은 지역에 있다. 배후형 상권은 안정된 배후를 바탕으로 고정 고객에 의해 매출이 발생하는 상권을 말한다. 매출의 대부분이 고정 배후민이지만 이동 목적 동선은 명확히 파악하는 것이 중요하다. 유동형 상권은 불특정 통행인에 의한 매출이 높은 상권을 말한다. 따라서 상권 발달도 B등급 이상으로 임차료와 권리금이 적정기준을 초과하므로 개인보다는 법인의 진출이 높다. 따라서 프랜차이즈 본사나 자금력이 풍부한 개인의 창업이 주류를 이루고 있다. 각각은 주거형, 오피스형, 소비형 상권으로 구분하며 이 부분은 배후 성격을 참조하기를 바란다.

3.4.2. 배달형 상권

배달형 상권은 주거형, 오피스형 배후에서 배달형 업종이 성행할 수 있는 상권을 말한다. 주거 배후라면 야간이나 주말에 배달 업종이 성행할 수 있고, 오피스 배후라면 아침 식사나 간식 등 업종이 성행할 수 있는 상권을 말한다.

배달형 상권은 첫 번째가 그 수요가 많아야 하지만 두 번째로 얼마나 효율적으로 배달을 할 수 있느냐가 중요하다. 이것은 점포를 중심으로 배달 상권을 네 개의 상권으로 구분할 경우 직영 배달과 대행 배달 시스템 중에서 어느 시스템에 최적화되는지 찾아 상권에 맞게 집중하여 운영해야 한다. 따라서 점포를 중심으로 배후 세대의 상권획정은 주문비율이 최적화될 수 있게 획정되어야 한다. 배달형 상권의 규모가 커질수록 배후형 입지에 있는 점포의 매출은 타격이 불가피하다. 그러나 편의점에서도 배달 서비스를 시행하고 있는 것을 보듯이 앞으로 배달에 대한 상품 최적화와 이를 고려한 창업은 더욱 중요해질 것이다.

3.4.3. 체험형 상권

체험형 상권은 주거 배후, 오피스 배후, 소비형 배후에서 소비자에게 새로운 경험을 제안하는 업종이 성행할 수 있는 상권을 말한다. 예를 들어 용산 전자랜드는 전자제품, 로봇 용품, 홈인테리어 매장 등이 고객에게 새로운 체험을 제공하며, 이태원 경리단길엔 장진우 대표의 스핀들 푸드 마켓이 다양한 맛집 음식을 한 매장에서 즐길 수 있게 제공하며, 전주 한옥마을은 한복 체험, 스쿠터 체험 등으로 즐겁게 쇼핑할 수 있는 체험을 제공한다. 따라서 체험형 상권은 지역 전통 시설이나 문화와 연계되어 소비자 체험 제공이 극대화될 수 있는 상권을 말한다. 대체로 워킹 스트리트 상권으로 형성된 경우가 많기 때문에 관광객 식사나, 체험 매장, 간식거리 업종 등이 성행하게 된다. 대체로 통행량이 많은 편이므로 임차료에 민감하다. 따라서 창업 전 충분한 준비한 창업가나 경험이 많은 창업가의 진입이 바람직하다.

3.5. 매출 발생 속도에 따른 구분

수요성(需要性) 상권, 시요성(時要性) 상권을 구분한다. 수요성 상권은 특정 업종에 대한 수요가 잠재되어 있거나 높아지고 있는 상권을 말한다. 즉 어떤 업종이 신규오픈을 하는 경우 잠재 수요가 폭발하여 단기간에 목표 매출에 도달하게 된다. 그러나 이런 지역은 상권 규모에 비해 매장 여건과 입지여건이 부족하다면 금세 경쟁점 진입으로 매출하락이 우려되므로 처음부터 지역 소비자의 요구, 업종 트렌드 등을 복합적으로 고려하여 진입하기 전에 고려해야 한다. 이것은 점포 선정 변화율 중 수요율(需要律)과 일치하기도 한다. 그러나 주의해야 할 것은 업종 성격 측면에서 수요성 업종(업종 과다와 관계없이 수요가 있는 곳이면 무조건 몰리는 업종)이 있다. 이것은 업종의 성격 중 하나로 특정 업종은 어느 지역에서 장사가 잘 되면 배후 수요와 관계없이 무조건 진입하고 보는 성격이 강하다. 가령 커피의 경우 커피 판매가 잘 되면 금세 경쟁점들이 들어선다. 따라서 수요성 상권과는 관계가 없다.

시요성(時要性) 상권은 시간이 흐를수록 매출이 서서히 오르는 상권을 말한다. 보통 두 가지 측면에서 오른다. 첫 번째는 상권 발달과정의 매출 상승이다. 신규 상권의 상권 확장은 상권 배후 세대 입주에 따른 상가 입주에 따른 과정이므로 매출 상승 요인뿐 아니라 매출 하락요인도 동시에 발생할 수 있으므로 창업가의 입지 선정과 상품성을 충분히 준비하여야 한다. 기존 상권의 확장은 상권 성격이 반영된 확장이므로 불확실성이 적기 때문에 매출 상승이 선순환적으로 발생한다. 두 번째는 배후형 상권에서 배후분석에 최적화 업종인 편의점 창업에서 2차 배후의 잠재 소비자의 소비가 활성화되기까지는 매출이 오른다. 대체로 상가시설이 발달하지 않거나 통행량이 많지 않은 배후형에서 관찰해 볼 수 있다. 이런 상권은 눈에 띄지는 않지만 자리를 잡으면 안정적인 매출이 기대되는 상권이다. 따라서 이런 지역은 업종 매칭성이 매우 중요하며 일정 시점 까자는 매출이 오른다는 믿음을 가지고 기다리는 자세가 필요하다. 그러나 첫 번째 경우는 상권 형성 또는 발달 과정에 시장진입 측면에서 적절한 시점을 찾는 타이밍이 중요하므로 적극적인 관찰자세가 중요하다.

3.6. 상권 확장성 유형에 따른 구분

고정형 상권fixed type trade area, 확장 배후형 상권expanded rear type trade area, 확장 우물 유동형 상권expanded pool floating type trade area, 확장 유동형 상권expanded floating type trade area을 구분한다.

고정형 상권은 상권 범위가 명확히 한정되어 있다. 주로 배후형에 있으며 주택가인 경우는 저매출 업종이 많으며 오피스가 중에서 밀도가 높은 곳은 대형 프랜차이즈나 규모가 큰 업종의 창업 빈도가 높은 편이다. 확장 배후형 상권은 배후 수요로 인해 상가 시설이 증가하여 확장될 수 있는 상권을 말한다. 즉 역세권을 기반으로 배후가 넓은 지역에 많다. 주로 공덕 역세권, 사당 역세권 등이 여기에 해당한다. 이런 곳의 창업은 주거 배후와 오피스 배후 타깃을 정확히 정하는 것이 중요하다. 두 가지 수요가 혼재해 있지만 두 마리 토끼를 다잡는 것이 어려운 상권이기도하기 때문이다. 확장 우물 유동형 상권은 더 상권이 활발하다. 따라서 주점이 많기 때문에 젊은 층 유입률이 높다. 대표적인 곳이 사당 역세권이 있다. 확장성보다는 핵심 지역의 발달성이 더 높아 높은 임차료가 부담이 될 수 있다. 따라서 조금 떨어진 상권에서 지역성을 등에 업고 상품력으로 승부하면 헐 쉰 유리할 수 있다. 확장 유동형 상권은 역세권에 있으며 대학가와 함께 발달하여 젊은이들의 유입률이 꾸준한 상권이다. 임차료가 높아 개인 창업보다는 프랜차이즈형 창업이나 본사의 전략적 진입이 높은 편이다. 홍대 상권 중에서도 지하철 출구 이면 도로 상권이 여기에 해당한다.

3.7. 상권 형성 시기적 관점에 따른 구분

기존 상권, 신규 상권으로 구분한다. 기존 상권은 5년 동안 상권 변화가 없는 상권이거나 신규 상권의 유지단계 이후의 시점부터 기존 상권으로 구분할 수 있다. 보통 신규 상권 형성된 후 5년 이후부터 기존 상권으로 본다. 신규 상권은 새롭게 형성되기 시작한 상권을 말한다. 신규 상권 형성 후 5년 내 상권이므로 일정 시점이 지나게 되면 기존 상권이 되는 것이다. 이것을 구분하는 이유는 창업 상권에서 매우 중요한 것 중 하나가 시점 상권분석의 중요성 때문이다.

시점 상권분석은 기존 상권이 아니라 상권이 형성되기 전 단계, 상권이 새로 형성되기 시작한 단계, 상권이 형성되고 있는 단계를 나누어 업종과 사업주의 방향, 상권 성격에 따른 최적의 시점을 선택하는 것을 말한다.

신규 상권은 크게 도시 상권과 신도시 상권으로 나눌 수 있다. 도시상권은 도시 리모델링 상권, 주택가 변환상권, 도심 재개발 상권으로 나눌 수 있다. 신도시 상권은 계획신도시 상권인 신도시 집중 상권, 배후 시설 상권과 도시개발 상권인 민간도시개발 상권으로 나눌 수 있다. 신도시 집중 상권은 상권이 생활밀착시설 중심으로 형성되어 독립적인지 다양한 먹거리와 볼거리와 함께 복합적인지에 따라 독립 집중 상권과 복합 집중 상권으로 구분한다. 예를 들어 판교 신도시의 경우 판교역 일대는 복합 집중 상권이며, 아파트 밀집지역인 판교 삼평동 봇들마을 3단지 일대 상업시설 상권은 독립 집중 상권이라고 할 수 있다. 추가로 배후 근접형인지 배후 분산형인지에 따라 독립 집중 근접 상권과 독립 집중 분산 상권으로 구분할 수 있다. 마찬가지로 복합 집중 근접 상권과 복합 집중 분산 상권으로 구분할 수 있다. 자족형 신도시가 아닌 경우는 주로 신도시 복합 집중 근접 상권으로 발전하는 경우가 많다. 예를 들어 김포한강신도시 운양지구는 아파트 단지로 근접하여 생활편의시설, 볼거리, 먹거리가 함께 형성된 케이스이다. 신도시 배후 시설 상권은 배후를 안정적으로 확보한 신도시 독립 배후 시설 상권과 안정적인 배후를 확보하지 못하고 배후 단지와 접근성이 떨어진 신도시 분산 배후 시설 상권으로 구분할 수 있다.

신도시 배후 시설 상권은 주로 저층 근린상업시설로 이루어졌기 때문에 상권이 활성화되기 위해서는 주거배후를 안정적으로 확보하거나 상권 테마가 갖춰져야 경쟁력이 있다. 신도시 독립 배후 시설 상권을 예로 들면 안산 한양대 앞 배후 시설 상권이 해당한다. 주거배후와 한양대 배후를 안정적으로 확보하고 있으며 안산은 대형 융복합 몰이 없기 때문에 더욱 활성화되어 있는 편이다. 신도시 분산 배후 시설 상권은 일반적으로 신도시에서 교통시설 접근성이 조금은 떨어진 주거지역에 형성되는 편이다. 일산 국립암센터 앞 배후 시설 상권처럼 지리적 여건상 주변 배후 단지와 접근성이 떨어지고 도로가 넓어 도보 접근성도 어려운 경우 더욱 상권이 발달하기 어려운 측면이 있다. 근래 개발된 사례를 보면 1만 가구 이내의 중소형 신도시 상권은 집중상권과 배후 시설 상권의 연결로 상권의 공생을 위해 노력하고 있다.

민간 도시개발 상권은 민간이 개발한 상업시설에 의한 상권으로 상권 외 배후와 도로의 편리성이 떨어지므로 독립형에 가깝다.

3.8. 전통 소비관점에 따른 구분

지역 전통 상권과 근접 상권이 있다.

3.8.1. 지역 전통 상권region traditional market area

지역이 발전하면서 오래전에 형성된 상권으로 지역 대표 상권과 전통시장 상권이 있다. 2022년 4월 28일 시행된 지역상권법상 지역생생구역이나 자율상권구역으로 지정될 경우 상권의 다양한 변화가 예상된다.

가. 지역 대표 상권region representative market area

지역을 대표하며 인지도가 높은 상권으로 지역에서 가장 오래전부터 상권이 활성화된 상권이기 때문에 대체로 지역에서 교통이 가장 발달한 곳에 있다. 서대문의 연신내 상권, 강북구의 수유동과 미아 상권, 용산구의 남영동 상권, 동작구의 사당역 상권 종로 관철동 상권 등을 말한다. 융복합 상권의 발달로 주변의 지역 대표 상권이 쇠퇴하는 경우도 있다. 예를 들어 종로 관철동 상권은 피마골과 같은 종로 도심 재개발 상권에 밀려 상권이 위축된 경우에 당한다. 지역 대표 상권은 과거부터 사람들이 가장 많이 몰려서 발전한 상권이므로 상권의 색깔보다는 습관적으로 만남이 이루어지는 매우 단순한 상권이다. 따라서 프랜차이즈 업종이 발달하며 가성비가 높은 상품의 창업이 유리하다. 오피스가 많으면 오피스를 타깃으로 하는 업종이 발달하고 사당역 일대나 서울대입구역 상권처럼 확장 배후형 상권이나 중고등학교가 많은 지역은 젊은 층이 선호하는 업종이 발달한다. 부도심 지역으로 주택가로 향하는 도로는 일정치 않아 상권 내 동선의 차이가 크기 때문에 전환 포인트에 있거나 통행량이 가장 많은 곳만 장사가 되는 편이다. 그러나 상권의 전통이 있기 때문에 상권이 금세 쇠퇴하지는 않는다. 또한 1990년대 이전에는 지역민이 자연스럽게 인식된 만남의 장소가 있는 상권으로 전통적인 대학가 상권인 홍대, 이대, 건대, 숙대 등 대학가 주변 상권을 말한다.

나. 전통시장 상권traditional market area

전통시장은 '전통시장 및 상점가 육성을 위한 특별법' 제2조 제1호에 의한 시장을 말한다. 보통 과거의 재래시장 상권 중 3~5개 행정구역의 지역민을 소비자로 현대화를 통해 식재료, 기초생활품을 저렴하게 판매하는 상가시설 집단이라고 할 수 있다.

전통시장 상권은 이들이 있는 권역이라고 할 수 있다. 이전에는 전통재래시장 내 다양한 먹거리가 지역민들의 다양한 욕구를 충족시켜주었으나 쇼핑형 대형마트, 온라인 쇼핑몰의 등장으로 전통시장은 활력을 잃어 다시 활기를 찾기 위해 다양한 재생사업으로 기회를 모색하고 있다.

이 법을 살펴보면 다음과 같다.

제1조(목적)에서 전통시장과 상점가의 시설 및 경영의 현대화와 시장 정비를 촉진하여 지역상권의 활성화와 유통산업의 균형 있는 성장을 도모함으로써 국민 경제발전에 이바지함을 목적으로 한다. 이 법 제2조제1호(정의)에 의한 '전통시장'이란 자연발생적으로 또는 사회적, 경제적 필요에 의하여 조성되고, 상품이나 용역의 거래가 상호신뢰에 기초하여 주로 전통적 방식으로 이루어지는 장소로서 다음 각목의 요건을 모두 충족한다고 특별자치시장, 특별자치도지사, 시장, 군수, 구청장(구청장은 자치구의 구청장을 말한다. 이하 "시장, 군수, 구청장"이라 한다)이 인정하는 곳을 말한다.

가. 해당 구역 및 건물에 대통령령으로 정하는 수 이상의 점포가 밀집한 곳일 것 "대통령령으로 정하는 수"란 도매업·소매업 또는 용역업을 영위하는 점포 50개를 말한다. 〈개정 2013. 6. 11.〉

나. 유통산업발전법 시행령 제2조에 따른 용역 제공 장소의 범위에 해당하는 점 포가 전체 점포 수의 2분의 1 미만일 것

다. 그 밖에 "대통령령으로 정하는 기준"에 맞을 것

"대통령령으로 정하는 기준"은 다음과 같다.

1. 도매업·소매업 또는 용역업을 영위하는 점포에 제공되는 건축물과 편의시설 (주차장·화장실 및 물류시설 등을 포함하며, 도로를 제외한다. 이하 같다)이 점유하는 토지면 적의 합계가 1천 제곱미터 이상인 곳)

2. 상가건물 또는 복합형 상가건물 형태의 시장인 경우에는 판매·영업시설과 편 의시설을 합한 건축물의 연면적이 1천 제곱미터 이상인 곳을 말한다.

이 법 제2조 제2호(정의)에 의한 "상점가"란 일정 범위의 가로(가로) 또는 지하도에 대통령령으로 정하는 수 이상의 도매점포, 소매점포, 또는 용역점포가 밀집하여 있 는 지구를 말한다. 대통령령은 유통산업발전법 시행령 제5조(상점가의 범위)에서 정의 하는 상점가는 다음과 같다.

가. 2천 제곱미터 이내의 가로 또는 지하도에 30개 이상의 도매점포, 소매점포 또 는 용역점포가 밀집하여 있는 지구를 말한다.

나. 상품 또는 영업활동의 특성상 전시, 판매 등을 위하여 넓은 면적이 필요한 동 일 업종의 도매점포 또는 소매점포(이하 이 조에서 "특성업종도소매점포"라 한다)를 포 함한 점포가 밀집하여 있다고 특별자치시장, 시장. 군수. 구청장이 인정하는 지구로서 다음 각 목의 요건을 모두 충족하는 지구를 말한다.

가) 가로 또는 지하도의 면적이 특성업종도소매점포의 평균면적에 도매점포 또는 소

매점포의 수를 합한 수를 곱한 면적과 용역점포의 면적을 합한 면적 이내일 것

나) 도매점포. 소매점포 또는 용역점포가 30개 이상 밀집하여 있을 것

다) 특성업종도소매점포의 수가 나목에 따른 점포 수의 100분의 50 이상일 것

이렇게 전통시장은 낡은 상업기반시설과 유통기능이 취약하여 경영 개선 및 상거래 현대화를 통해 상권을 활성화시키는 데 목적이 있는 상권을 말한다.

소상공인지원공단에서는 시장 상권의 활성화를 위해 다음과 같은 지원 사업을 진행하고 있다.

<표 4-31> 2020년 전통시장 활성화 사업

구분	지원 규모	지원 대상	지원 내용
시장경영 바우처 지원	전국 350 곳 내외, 1곳당 최대 6천만 원	「전통시장 및 상점가 육성을 위한 특별법」 제2종에 의한 전통시장, 상점가, 상권활성화구역으로서 다음 중 어느 하나에 해당하는 사업주체를 보유한 곳 - 전통시장 및 상점가 육성을 위한 특별법 제65조에 따른 시장 상인회 - 유통산업발전법 제18조에 따른 상점가 진흥조합 - 중소기업협동조합법에 따라 시장.상점가 상인을 조합원으로 설립한 (사업)협동조합 - 민법에 따라 시장상인이 설립한 법인 - 전통시장 및 상점가 육성을 위한 특별법 제67조에 따른 시장 관리자 동법 제66조에 의한 상인연합회의 시.도 지회	• 공동마케팅, 시장 매니저, 배송 서비스 등의 운영에 소요되는 사업비의 30~90%를 지원 • 선정 등급별 바우처 지원 한도(가: 6천만 원, 나: 4천만 원, 다: 3천만 원)

구분	지원 규모	지원 대상	지원 내용
온누리 상품권 발행	2020년 2.5조 원 규모 계획	전국 전통시장 및 상점가 가맹점에서 현금과 동일하게 사용	상인(개별가맹점)은 상품권 판매, 회수, 카드 수수료 국비 지원 상인회(환전대행가맹점)는 상품권 환전대행 시 수수료 지급
전통시장 주차환경 개선사업	2019년 지원현황(1,469억 원): 73곳(주차장 건립 지원), 28곳 (공공·사설주차장 이용 보조)	「전통시장 및 상점가 육성을 위한 특별법」 제2조에 의한 전통시장·상점가·상권 활성화구역 중 임대인과 임차인간 상생협약이 체결된 곳	• 주차장이 부족한 전통시장 및 상점가에 주차장 건립, 개보수 지원 • 부지확보 등으로 주차장 건립 곤란 시 전통시장 인근 공공·사설주차장 이용 보조
상권 르네상스 사업 (상권활성화 사업)	상권활성화 구역당 5년간 총사업비 80억 원 내외 (국비 50%, 지방비+자부담 50%)	전통시장 혹은 상점가를 포함한 상권 활성화구역 - 상권활성화구역 지정 요건(전통시장법 제2조 제4호) 참조	• 지자체·상인회 주도로 상권의 특색이 반영된 구역을 조성하고, 쇼핑·커뮤니티·청년창업, 힐링(문화·예술) 등이 이루어지는 상권 조성 • 상권환경개선사업(H/W)과 상권활성화사업(S/W)을 추진

구분	지원 규모	지원 대상	지원 내용
전통시장 화재알림 시설 설치사업	2.3만 점포 (132억 원)	「전통시장 및 상점가 육성을 위한 특별법」 제2조 제1호에 따른 전통시장 및 제2조 제4호에 따른 상권활성화구역(상점가 및 지하도상점가 제외)	• 개별점포별 화재감지시설(불꽃, 연기, 온도감지기 등) 및 공용 부분 화재 감시용(방범 기능 포함) CCTV 설치 등 지원 • 개별점포형(골목형): 개별점포에 유·무선 주소형감지기, 공용부분에 감시 CCTV를 설치하고, 상인 및 관할 소방서와 연계된 자동화재속보시스템 구축 • 오픈점포형(건물형): 유·무선 주소형감지기 및 감시 CCTV를 공용부분 일정 간격 9감지 범위 고려)으로 설치하고, 상인 및 관할 소방서와 연계된 자동화재속보시스템 구축

구분	지원 규모	지원 대상	지원 내용
득성화 시장 육성사업	• 전통시장 및 상점가 139곳 내외(2020년도 예산 292억 원) 희망사업 프로젝트(지역선도형시장) 사업: 2년간 시장당 최대 20억 원 이내(2020년 신규 2곳 이내) • 희망사업 프로젝트(문화관광형시장) 사업· 2년간 시장당 최대 10억 원 이내(2020년 신규 44곳 내외-첫걸음시장사업에서 도약하는 시장 포함) • 특성화 첫걸음시장(기반조성)사업: 1년간 시장당 3억 원 이내(2020년 신규 30곳 내외) • 특성화 첫걸음시장(컨설팅) 사업: 최대 6개월 이내 시장당 15백만 원 이내(2020년 신규 20곳 내외)	「전통시장 및 상점가 육성을 위한 특별법」 제2조에 의한 전토이장, 상점가 중 상인조직을 보유한 곳으로서 특성화 역량이 충분한 시장	• 희망사업 프로젝트(지역선도형시장) 사업: 지역 대표시장 및 특성화 성과 우수시장을 선별하여 지역 거점시장이자 롤모델로 육성 • 희망사업 프로젝트(문화관광형시장) 사업: 지역 문화.관광자원을 연계하여 시장 고유의 특장점을 집중 육성하는 상인중심의 프로젝트 지원 • 특성화 첫걸음시장(기반조성) 사업: 희망사업 프로젝트(특성화)추진 전, 전통시장 5대 핵심과제를 중점 수행하여 시장의 기초역량 강화 • 특성화 첫걸음시장(컨설팅) 사업: 기초역량이 일정수준 이하인 곳을 대상으로 서비스혁신 전략수립, 상인조직 역량배양 등 종합컨설팅 지원
전통시장 노후전선 정비사업	2019년 지원현황: 50개 시장(2019년 신규사업)	「전통시장 및 상점가 육성을 위한 특별법」 제2조 제1호에 따른 전통시장 및 제2조 제4호에 따른 상권활성화구역(상점가 및 지하도 상점가 제외)으로서 개별점포 노후전선정비를 희망하는 시장(점포)	전통시장 개별점포 내 전기설비 개선(노후 배선, 배관, 전등 및 콘센트 등)

구분	지원 규모	지원 대상	지원 내용
청년몰 조성 및 활성화 지원사업	복합 청년 몰 조성 3곳 내외(22.5억 원), 기존 청년몰 활성화·확장지원 17곳 내외(53.5억 원), 청년상인 도약지원 200명 내외(20억 원)	• (청년몰) 전통시장 및 상점가 육성을 위한 특별법에 따른 전통시장 및 상점가 중 임대인과 임차인 간 상생협약이 체결된 곳 • (청년상인) 만39세 이하로 청년몰 입점의 경우 신청일 기준 사업자등록을 하지 않은 예비 청년상인이며, 도약지원의 경우 전통시장 내 영업 중인 청년상인	• 청년몰 조성(몰당 2년 10~30억 원): 전통시장 내 일정구역 안에 청년상인 집적단지 조성을 위한 기반시설 및 환경개선, 휴게실 등 공용공간 조성 등을 지원 • 창업지원(청년몰 입성): 상업교육, 임지료 인데리어비보조, 컨설팅, 홍보-마케팅 등 청년상인 청년몰 입점 및 창업지원 • 청년상인 도약지원(1명당 최대 1.0백만 원): 청년상인 자생력 강화(전문가 컨설팅 및 시작품 제작·상품·포장 디자인 개선 등)지원 • 청년몰 활성화(몰당 3억 원 이내)지원: 조성 완료된 청년몰의 공동마케팅, 컨설팅, 교육, 조직화 지원 등 SW중심의 활성화 지원 • 청년몰 확장(몰당 10억 원 이내)지원: 조성 완료된 청년몰의 고객편의 시설, 공용공간(휴게실 등), 진입환경(엘리베이터·에스컬레이터 등),지역민 소통공간(공공어린이집, 공용카페 등) 조성 등 HW지원
전통시장 화재공제 사업	공제사업 운영	• 가입대상: 전통시장 특별법상 전통시장(등록, 인정) • 가입단위: 시장(상인회) 및 개별점포 등	• 상인이 납부한 공제료로 공제기금을 조성하고 사업 운영비용을 정부에서 지원하여 저가의 보장성 화재 공제사업운영 • 대형화재 발생가능성이 상존해 있는 전통시장의 사회재난 안전망 구축과 화재발생 시 신속한 복구 및 서민생활 안정 지원
전통시장 및 상점가 화재안전 점검	562개 시장(상점가) 내외(예산 2,458백만 원, 국비 100%)	전국 전통시장 및 상점가 대상 3년 단위 주기적 점검(무등록 시장 포함)	전통시장 및 상점가의 공용부분·개별점포 시설물에 대한 분야별 화재안전점검 및 개별 점검결과보고서 작성·제공

자료: 소상공인진흥공단 '소상공인마당' 내용을 재정리

상권 르네상스 사업의 경우 국가와 지자체가 함께 5년간 지원하는 사업으로 시장 상권 활성화뿐 아니라 주변 상권에도 영향을 미치게 된다. 청년몰 조성 및 활성화 지원사업은 대형 쇼핑몰이 열악하거나 없는 시에 입점하는 경우 상권의 파급력이 높고 지역민의 커뮤니티 참여률 유도하므로 평상시에도 시장 상권의 활성화를 기대할 수 있다.

행정안전부의 경우 2013년부터 시행하고 있는 '전통 야시장 사업'이 있다. 특히 야시장 매대 운영은 청년 창업 비중을 50% 이상으로 높여 단순 활성화가 아닌 창업 공간을 넓혀 국가 경제에 이바지할 것을 목표로 한다. 현실적으로 야시장의 활성화는 주말과 방학 기간 중에 집중되는 취약점이 있다.

구분	장소
2013년	부평 깡통야시장, 전주 남부야시장
2014년	부여, 목표, 경주
2015년	광주, 울산
2016년	인천 송현시장, 울산 수암상가시장, 동해 중앙시장, 제주 동문재래시장
2017년	대구 북구 칠성야시장, 강원 춘천시 번개야시장, 전남 장흥군 장흥토요야시장, 경남 하동군 하동공설야시장
2018년	안양시 남부시장, 충북 충주시 자유시장, 전북 군산 명산시장, 전북 남원 공설시장, 경북 포항 중앙상가

자료: 행정안전부

3.8.2. 근접 상권contiguous market area

거주지를 기준으로 근접하여 편안하게 방문할 수 있는 상권을 말한다. 재래시장 주변 상권과 지역 밀착 상권으로 나눌 수 있다.

가. 재래시장 주변 상권surrounding traditional market area

보통 주거 밀집지역과 주요교통시설 사이에 형성되어 있다. 지역의 배후 성격에 따라 유흥, 회식 등이 함께 발달하여 소비자를 유입한다. 주택가 배후가 넓고 쇼핑몰이 발달하지 않은 지역은 지역민의 외식문화를 제공하는 상권이므로 편안히 제공할 수 있고 가성비가 높은 업종이 유리하다. 주거지역에 근접한 재래시장 주변 일수록 통행량에 비해 임차료가 낮은 편이지만 주거지역 소비자만을 타깃으로 하는 업종보다는 업무시설 고객을 흡수할 수 있어야 경쟁력이 있다. 이렇게 배후세대를 기반으로 하는 시장은 배후세대로 향하는 동선과 민감하게 발달하지만, 서울 광장시장과 같이 배후세대 시장이 아니고 시내 중심가에 형성된 시장 주변 상권이나 속초 중앙시장과 같이 관광객 중심의 시장 주변 상권은 시장 내 소비에 집중하므로 유입된 소비자로 인해 주변 상권으로 발전을 기대하기 어렵다.

나. 지역 밀착 상권region neighboring market area

주요교통시설과 주거 밀집지역 사이에 형성되는 상권으로 주요교통시설에 더욱 근접한 경우와 주거 밀집지역에 더욱 근접한 경우가 있다. 보통 전자는 발달상권의 범주에 있다고 볼 수 있으며 확장 배후형 상권으로 형성되어 주말 거주민의 가족 외식 수요를 흡수한다. 후자는 골목상권으로 평일에 간단히 저녁 식사를 해결하는 경우가 많으므로 간편한 식사 위주로 상권이 형성되는 편이다. 주변 상권과 입지적 영향으로 다양한 형태로 형성되어 있다. 김현철, 안영수(2019)는 골목상권은 주요 대로변보다 주거지 인근의 골목을 따라 형성되는 상권으로 대형 유통시설의 상권 범위 밖에 있으며 주거시설이 밀집지역에 형성되어 있고, 도소매업이나 음식점 등 골목 점포의 밀집도가 높은 상권이라고 하였다. 김범식, 최봉(2012)는 서울시 자치구별로 소매업의 창업 및 폐업활동을 통해 골목상권을 순환형, 쇠퇴형, 정체형, 성장형으로 나누었다. 순환형은 창업률과 폐업률이 모두 높아 개별 점포의 생존기간은 짧고, 시장경쟁률이 높은 유형이다. 쇠퇴형은 창업률은 낮고 폐업률은 높아 유효수요 등은 부족하고 창업여건이 열악하여 창업이 적고, 폐업이 많은 유형이다. 정체형은 창업률과 폐업률이 모두 낮아 지역의 활력이 전체적으로 떨어지는 유형이다. 성장형은 창업률은 높고 폐업률은 낮아 유효수요가 많아 신규 점포의 진입이 증가하는 유형이라고 하였다.

3.9. 전략적 목적 상권strategy purpose market area에 따른 구분

전략적 목적 상권은 수익적 관점보다 소통, 브랜드 빌드, 상권제압, 점포특성, 점포관계성 등을 고려하여 전략적 목적에 부합하는 상권을 말한다. 소통은 주로 콘텐츠 창업과 커뮤니티 창업에 적합한 상권을 말한다. 콘텐츠 상권content trade area은 지역 특색 또는 특산물 등 지역 특화 기반산업과 연계된 업종의 창업을 말한다. 따라서 지역을 잘 이해하고 상품 타깃에 맞는 상권에서 창업해야 한다. 속초 중앙시장 상권은 시장의 특징이 있지만 지역 특산물을 활용한 다양한 먹거리를 선보이고 있어서 속초를 방문하는 여행객은 반드시 방문하는 상권이다. 커뮤니티 상권community trade area은 상권 자체의 특징보다는 상권 내 수요자와 소통을 중요시하는 형태의 창업이 적합한 상권을 말한다. 가령 기구 필라테스나 공방의 경우는 단순히 지나가는 사람들이나 동네 분들만 상대하여 창업하기에는 너무 상권이 좁을 수 있다. 그러나 주거지역 소비자나 직장인 등 명확한 타깃을 선정하여 창업할 수 있다면 커뮤니티 상권이 될 수 있다. 좋은 위치보다 편리하게 찾아올 수 있고 주차가 편리하다면 적합하다. 이상권이 확장되면 좀 더 많은 고객에게 사회적 가치를 제공하게 된다. 이두 상권의 공통점은 업소 간 그리고 소비자 또는 지역민과 소통을 기반으로 한다는점에서 전형적인 상생권(相生權)으로 볼 수 있다.

브랜드 상권brand trade area은 브랜드 홍보publicity와 브랜드 빌드build로 나눌 수있다. 브랜드 홍보 상권은 가장 통행량이 많거나 시인성이 뛰어난 상권에서 브랜드를 알리는 데 중점을 둔 상권이다. 브랜드 빌드 상권은 주로 신규로 시장에 진출하는 체인점이 빠르게 비교적 효율적으로 상품을 알리고 홍보할 수 있는 상권으로 대체로 융합 상권에서 적합하다. 제압 상권은 상권 내 세력을 확고히 하는 상권으로 도미넌트 상권dominant trade area, 스크랩 앤 빌드 상권scrape and build trade area, 허브 앤스포크 상권hub and spoke trade area, 포인트 투 포인트 상권point to point trade area, 원웨이 어트랙션 상권one way attraction trade area, 만다라트 상권 등이 있다. 전략적 목적 상권은 특정 상권이 정해진 것이 아니라 이러한 목적으로 확대될 수 있거나 본사가 그렇게 추진을 한다면 그런 상권이 되는 것이다. 따라서 어떤 상권이 창업 방향성과 일치하면 된다. 자세한 것은 9강을 참조하기를 바란다.

점포특성에 따른 상권은 집심성 점포, 집재성 점포, 산재성 점포, 국부적 집중성점포의 특징을 가진 업종이 진입하기에 적합한 상권을 말한다. 집심성 상권은 중심지에 모여 있어 시너지가 형성되는 상권으로 대체로 귀금속 등 고가의 상품을 취급하는 점포들로 형성되는 것이 적합하다. 집재성 상권은 동종업종이 모여서 시너지가 형성되는 상권으로 특별한 지역, 특산물, 테마 등 떡볶이, 감자탕, 순대볶음, 닭갈비 등과 같이 특별한 업종이 함께 모이기에 적합한 상권을 말한다. 산재성 상권은 서로 분리되어 입지하는 것이 유리한 상권으로 보통은 상가시설이 없는 주택가 밀집지역 등에서 생활 필수품이나 독립성 업종이 진입하기에 적합한 상권을 말한다. 국부적 집중성 상권은 부속품, 육류 등 원자재나 재료들을 취급하는 업종이 모여있는 것이 적합한 상권이므로 주로 도시 근교나 도심지에서 떨어진 지역에 적합한 상권을 말한다.

점포관계성에 따른 상권은 점포관계성에 따라 구분한 상권으로 보완성 상권, 대체성 상권, 가치성 상권, 잠식성 상권, 연계성 상권, 양립성 상권, 독립성 상권, 전략성 상권으로 나눌 수 있다. 보완성 상권은 보완관계 업종이 진입하기에 적합한 상권을 말한다. 대체성 상권은 대체관계 업종이 진입하기에 적합한 상권을 말한다. 가치성 상권은 업종 측면에서 가치를 고려하여 진입하는 것이 적합한 상권을 말한다. 즉 상품과 브랜드 가치를 반영하기 때문에 상권가치와 경쟁업종의 운영현황을 고려하여 진입여부를 판단하므로 유기적인 판단이 필요하다. 잠식성 상권은 경쟁점의 매출을 흡수하여 매출을 발생시키기에 적합한 상권으로 소화율인 높은 상권이나 경쟁점의 입지가 열악한 상권이 여기에 해당한다. 연계성 상권은 1차 소비후 소비자의 2차 소비를 흡수하기에 적합한 상권을 말한다. 즉 소비자 유입율이 높은 상권중에서 1차 소비가 밀집되어 있어 2차 소비 업종이 적은 상권이 여기에 해당한다. 양립성 상권은 교차, 교환관계로 매출 시너지가 형성될 수 있는 상권을 말한다. 일반적으로 마트를 배후로 하는 상권이므로 주거지를 배후로 하는 상권이 여기에 해당한다. 독립성 상권은 독립적 운영이 적합한 상권으로 보통은 상가시설이 없는 주거밀집지역 상권을 말한다. 전략성 상권은 전략적 진입이 적합한 상권으로 대체로 점포 규모가 큰 형태로 대로변에서 소비자 집객을 유도할 수 있고 차량이동이 월활한 상권을 말한다. 자세한 것은 점포관계성을 참고하기를 바란다.

3.10. 고객 접근 패턴에 따른 상권 성격

상권은 크게 소비자 이동 유형에 따라 워킹walking 상권과 스테이stay 상권으로 구분할 수 있다. 워킹 상권은 말 그대로 걸어 다니면서 소비를 하는 상권이고, 스테이 상권은 한 곳에 머물면서 소비를 하는 상권을 말한다. 전자는 주로 판매, 간단한 테이크아웃과 같은 식음료가 주류를 이루기 때문에 대학가 상권, 도심형 상권, 스트리트 상권, 역세권 상권, 지역 대표상권, 재생 상권, 자연상권, 교외형 상권 등에 있디.
후자는 주점 등과 같은 유흥 시설이 주를 이루기 때문에 대학가 로데오, 도심 유흥형
상권 등이 있다.

3.10.1. 대학가 상권university town trade area

대학가 상권은 대학가 복합 상권과 대학가 배후 상권으로 구분할 수 있다.

가. 대학가 복합 상권university town complex trade area

대학가 상권이 쇼핑, 먹거리 등이 함께 발달한 상권을 말한다. 대학가 상권 중에
지역 중심성, 교통 여건, 다양한 배후 시설 등의 요인으로 대학가의 확장성이 높아
형성된 상권이다. 따라서 학생들의 거주시설 즉 원룸촌이 함께 확장되면서 이들의
안정적인 수요를 기반으로 형성된 상권이다. 보통 홍대, 건대 상권을 말하며 상권 중
심성이 대핵인 상권이 여러 곳인 상권이므로 다양한 형태가 혼재되어 있어 일괄적
으로 말하기 어렵다. 따라서 소비의 주체는 대학교 학생이기도 하지만 외부에서 유
입되는 학생 또는 직장인들의 비중도 높아 주말에도 유입률이 높기 때문에 유흥시
설 위주로 발달하였다. 대학가는 크게 두 가지 측면에서 소비를 한다. 하나는 쇼핑이
고 다른 하나는 유흥이다. 쇼핑을 테마로 소비하는 경우 먹고 보고 즐기는 형태로 소
비를 한다. 대학가를 중심으로 형성된 대형 상권이므로 중심부 일수록 학생 유입이
높아 맛집을 찾는 기준은 비용 문제이다. 즉 먹는 것이 비용과 직결되는 항목인데 이
를 단계별로 구분하면, 첫째, 가장 저렴하게 즐기려는 이들은 편의점이나 분식점에
서 끼니를 해결하고 보고 즐긴다. 둘째, 볶음밥 집이나 돈가스 등 비교적 저렴하게
끼니를 해결하고 보고 즐긴다. 셋째, 비용을 더 지불할 준비를 한 소비자는 홍대 맛
집인 구슬함박 사례에서 보듯이 부담 없는 맛집에서 먹고 보고 즐긴다. 넷째, 서가앤
쿡(중고가)과 같은 맛집에서 먹고 보고 즐긴다. 이후 로드 쇼핑을 즐기므로 다양한 디
저트나 먹거리를 체험하기 때문에 디저트 업종이나 간편 먹거리가 발달한다. 유흥
을 목적으로 소비하는 경우 오후나 저녁에 방문하므로 클럽이나 주점에서 소비를
하므로 이와 연계된 커피 전문점, 편의시설 등이 발달한다. 홍대 상권이나 건대 상권

은 대핵 상권뿐 아니라 에그 화이트 상권이 함께 공존하는 큰 상권이므로 상권 중심
성 측면에서 다양한 상권이 형성되기도 한다.

나. 대학가 배후 세대 상권 university town househole trade area

비교적 규모가 작은 대학가 상권 배후와 함께 성장하는 상권이다. 일반적으로 순
수 배후 상권은 스테이 타임이 길지 않다. 여기에 해당하는 대학가 상권은 주로 흑석
동 중대 상권, 숭실대 상권, 숙명여대 상권이 그렇다. 이들 상권은 오피스 밀집된 도
심과 떨어져 있으며 주택가가 밀집되어 있지만 단일 상권으로 형성되어 있어 상권
력이 높지 않다. 역세권이라도 상권 밀착률이 낮아서 상가시설이 모여 있는 곳과는
떨어져 있고 입지유형도 막다른 배후형이나 부채꼴형과 같이 형성되어 있어 외부
유입률이 낮아 학기 중과 주중엔 활발하지만 상대적으로 방학과 주말에 매우 한산
한 편이다. 따라서 인건비나 임차료 부담이 적은 테이크아웃이나 간단 식사 전문점
이 적합하다. 신규 프랜차이즈는 비용적 측면에서 가장 적극적으로 공략하는 상권
이지만 대학생 수요자 특성에 맞게 낮은 가성비(가격이 저렴한 상품의 가성비)를 추구하는
상품이 적합하다. 유흥가보다는 브랜드 인식률이 빠르고 확산도 빠르기 때문이다.

<사진 4-13> 중앙대 상권 맵 지도

자료: 카카오 맵

〈사진 4-13〉에서 보듯이 흑석동 중앙대학교는 경사진 상부쪽에 있어 상권 접근성이 떨어지고 워킹 상권으로 발전하였다. 접근성이 떨어진 워킹 상권이므로 위치에 따른 업종 선택은 매우 중요하다.

중앙대 상권은 교문을 중심으로 아래로 물이 흐르듯 지나가는 상권이므로 교문에서 가까운 쪽일수록 테이크아웃 매장이 발달해 있고 평지부터 이면 도로를 따라 음식업이 발달하기 시작한다. 여대가 아니고 동네 재래상권과 혼합된 지역이므로 상권 색깔이 명확하지 않아 대학가 상권의 특징보다는 배후 세대 상권의 특징과 업종 위주로 형성되어 있다. 〈사진 4-15〉의 숙명여대 상권도 정문을 기준으로 위쪽으로는 효창공원 방향으로 통행량이 드물어서 숙대전철역 방향으로 흐르는 상권이다. 역시 막다른 배후형의 성격이 있다.

정문과 가까운 곳(1)은 학생이 필요로 하는 것을 판매하는 업종(서점, 문구점 등)이나 음식업을 제외한 대형 커피 전문점처럼 고이는 업종은 비용대비 입지적으로 불리하므로 상대적으로 테이크아웃이 유리하다. 특히 숙대 상권은 정문에서 아래로 주요 도로를 따라 흐르는 상권이므로 주로 충동 유발동선과 1차 동선으로 막연히 통행량

<사진 4-15> 숙명여자 대학교 상권 맵 지도(자료: 카카오 맵)

<사진 4-16> 숙명여자 대학교 상권 점포 사진(자료: 카카오 로드뷰)

이 흘러갈 수 있다. 따라서 정문 가까운 곳은 단순 음료보다는 상대적으로 강력한 식욕을 자극할 수 있고 가성비 높은 등 테이크아웃 분식류가 유리하다. 이렇게 학교 정문 앞은 학업관련 업종이나 학교 수업 후 요기를 해결하고자 하는 학생을 타깃으로 할 수 있는 업종을 선택한다면 나쁘지 않다. 단지 학생 접근성외 배후 접근성이 떨어

지면 방학 기간엔 매출에 미치는 영향이 크므로 업종 소비 간격과 충분한 상권 범위를 설정하여 창업해야 한다. 여기에 연계구매를 염두에 둔 테이크아웃 음료 점이 함께 발달하게 된다. 주의할 것은 이 포인트는 대학가에서 가장 점포 전환이 활발히 이루어지는 지점이므로 단순히 통행량에 의존하거나 현재의 주변 점포의 매출을 보고 진입하는 것은 바람직하지 않다. 가맹 본사의 전략적 출점이 많기 때문이다. (2) 위치와 같은 전환 포인트connected point가 되는 곳은 가장 비싼 자리이기도 하므로 스몰창업small skill이 가능한 업종 중에 상대적 마진율이 높아야 유지할 수 있다. 특히 프랜차이즈 업체의 전략적 출점 전략이 이루어지는 위치이므로 가장 다양한 브랜드를 경험할 수 있지만 (1) 지점에서 먹고 마시고 지나가는 소비자는 (2) 지점에서 간단히 쇼핑을 하므로 뷰티숍 등이 발달한다. 그러나 학생 숙소와 접근성이 좋아야 하므로 매장 위치는 매우 신중히 선택해야 한다. 간혹 뒤 늦게 테이크아웃 업종이 진입하기도 하나 이는 (1) 지점의 업종 발달과 업종성을 염두에 두고 진입해야지 단순히 통과 동선이 될 경우 더욱 어려워 질 수 있으므로 충분히 상권 변화를 예측하고 출점해야 한다. (3) 위치는 정문에서 2/3 지점이다. 일반적인 상권이라면 발달도가 떨어질 수 있으나 이곳은 숙명여대 상권의 2번째 전환 포인트connected point가 되는 곳이다. 즉 또다시 다양한 맛보기를 기대할 수 있는 포인트이므로 테이크아웃 등 먹을거리가 형성되어 있으나 (2) 전환 포인트와는 다른 업종이 주류를 이룬다. 또한 (3) 위치처럼 거주지 접근성도 좋을 경우 음식업과 드럭스토어 같은 화장품점 등 업종이 성행하게 된다. 그러나 (4) 위치처럼 정문과 떨어질수록 테이크아웃 업종에 대한 매력도가 낮아지므로 약국 등 희소성 높은 업종, 쇼핑과 뷰티 관련업, 조용하고 편안하게 보내고자 하는 소비자들을 타깃으로 하는 업종이 유리하다. 따라서 매장에서 소비할 수 있는 퓨전 음식점이나 주점 등과 같은 업종은 학교에서 떨어져 있으며 귀가하기 편한 위치를 선호하므로 (4) 위치에서 발달하게 된다. 또한 학생이 헤어숍을 이용하는 경우는 정문 앞보다는 조금 떨어진 곳이 유리하고 창업자 입장에서는 넓은 매장을 필요로 하므로 임차료도 상대적으로 저렴한 곳을 찾기 때문에 (4) 위치에서 성행하게 된다. 이렇게 여대 상권은 스테이stay 유형보다는 더욱 워킹walking 유형이 많아서 유행에 민감하고 테이크아웃이 발달하여 객단가가 낮고 양질의 상품을 선호하므로 상권 출점 측면에서 매우 까다로운 편이기 때문에 테이크아웃이 가능한 저렴한 상품이 주를 이룬다. 또한 영업측면에서 운영 기획 또한 특별해야 경쟁력이 있다. 특히 여대 상권은 다음의 세 가지 이유로 점포 전환율이 높다. 첫째, 프랜차이즈 가맹본사는 선략적인 측면에서 석극적으로 공략하는 상권이다. 소비자의 입소문, 마케팅을 가장 극대화시킬 수 있는 상권이며 까다로운 입맛을 테스트하기에 좋은 상권이다. 따라서 프랜차이즈 가맹본사는 적극적인 점포 개설을 추진하므로 무리한 권리금도 감수하는 편이다. 특히 실패를 하더라도 안정적인 입지 권리금으로 인해 투자 손실을 최소화할 수 있다. 둘째, 여대 상권은 너무 과감하게 이목을 집중시키거나 큰 규모의 매장은 상권의 성격에 맞지 않다. 특히 숙명여대 상권처럼 배후형 상권이며 아래로 흐르는 상권은 정문 가까운 위치는 규모를 유지하기가 쉽지 않다. 가장 핵심적인 위치에 진입하지 않을 경우는 큰 규모에 비해 평범한 상품으로 입점하거나 비대중적인 아이템은 성공하기 쉽지 않다. 대체로 객단가도 낮은 편이므로 이익률도 낮기 때문이다. 셋째, 상권의 힘을 지속시켜주는 것은 단순히 다니는 대학생을 상대로 하기보다는 배후민들의 소비가 함께 이루어져야 하므로 음식업이 함께 발달한 곳은 더욱 활성화될 수 있으나 음식업이 적은 지역은 대학생 소비에 치우치게 되므로 계절, 방학 기간에 따른 불안정한 소비가 발생하게 된다. 여대 상권은 악세사리, 헤어숍 등이 발달하므로 통행량이 많은 편이지만 임차료 상승이 높거나 권리금이 과도할 경우 안정적인 영업을 보장할 수 없게 되어 전반적으로 이익률이 낮아질 확률이 높다. 전반적으로 여대 상권은 상품 위치성이 낮은 편이지만 브랜드 전략적으로 진입하는 경우가 많고 트렌드에 예민한 편이므로 점포 전환율(轉換律)이 높은 편이다. 따라서 비교적 희소력이 높은 업종의 브랜드나 상품력이 높은 업종은 한자리 업종 유지율(業種 維持律)이 높은 편이다. 〈사진 4-17〉에서 보듯이 숭실대 상권은 도로를 사이에 두고 상권을 마주보고 있는 형태이며 주요 도로변을 따라 경사진 지형으로 막다른 배후형의 성격이 있다.

<사진 4-17> 숭실대 상권 맵 지도(자료: 카카오 맵)

<사진 4-18> 숭실대 상권 점포 사진(자료: 카카오 로드뷰)

　즉 대학생의 이동에 제약이 있는 상권이다. 따라서 소비를 하기 위해서 길을 건너며 도심과 떨어져 있으며 주택가 배후여건이 상권이 확장되기에는 좋지 못하므로 상권이 성장하는 데 한계가 있다. 또한 남녀 공학이고 규모가 큰 대학이 아니기 때

문에 더욱 그렇다. 특히 숭실대 상권은 경사진 일면을 따라 형성되어 있으므로 학생의 흡인율(吸引律)이 낮아 테이크아웃이 발달하지 못하고 지역 소화률(消化律)에 적합한 업종(희소성 업종, 독점성 업종)이나 상권을 넓힐 수 있는 배달형 업종이 발전하게 된다. 먹기리기 꿍₩하지 못하기 때문에 삽인 매상으로 무담 없이 해결할 수 있는 업종이 적합하다. 상권이 도로를 따라 경사져 있지만 a 위치는 동선 시작형에 적합한 업종의 진입이 가능하나 b 위치처럼 주배후 접근성도 나쁘고 이동 목적 동선이 취약한 지점은 일반적인 상품성으로 창업하는 것은 적합하지 않는다. 즉 설사 창업하더라도 배후분석적으로 전환포인트가 아니기 때문에 전환포인트에 있는 경쟁업체를 이길 수 없어 고전하게 된다.

3.10.2. 도심형 상권urban core trade area

가. 도심 관광 상권urban core sightseeing trade area

도심은 경제적, 문화적 중심을 말하며 그곳의 관광 상권을 도심 관광 상권이라고 한다.

명동이나 인사동 거리와 같은 상권으로 음식보다는 쇼핑에 중점을 두기 때문에 비교적 단가가 낮고 간단히 해결할 수 있는 소비를 선호한다. 따라서 식사 후 즐길 수 있는 스트리트 식음료가 발달한 편이나 검증된 아이템이 진입하며 조리가 간편해야 하므로 융복합 상권에서 즐길 수 있는 상품보다는 식음료 제공이 간편한 테이크아웃이나 프랜차이즈 음식업이 주를 이룬다. 불특정 통행량이 많기 때문에 음식점 방문의 목적성이 낮은 편이므로 익숙한 메뉴나 프랜차이즈 음식점 방문율이 높다. 그러나 인사동처럼 전통이 특화된 상권은 프랜차이즈보다는 개별업종이 더욱 발달한 편이다.

나. 도시 중심가형 상권center of a city trade area

종로, 강남역, 신천역 일대의 상권처럼 시내의 번화한 상권을 말한다. 직장인이 많고 학원가가 많기 때문에 전형적인 밥집과 식후 유흥주점이 발달한다. 따라서 디저트류보다는 노래방, 2차 주점 등 유흥 시설이 발달한다.

3.10.3. 스트리트 상권street trade area

스트리트 상권은 직선도로를 따라 형성된 상권을 말한다. 워킹 스트리트 상권과 로드 스트리트 상권, 접근 스트리트 상권, 몰 스트리트 상권으로 나눌 수 있다.

가. 워킹 스트리트 상권walking street trade area

워킹 스트리트 상권은 도로를 따라 길게 형성된 상권으로 차량이동이 원활하지 않은 경우가 많기 때문에 주차를 하고 소비를 해야 하는 상권을 말한다. 서울은 가로수 거리나 한남동 거리, 삼청도 거리는 유흥 상권이 아닌데도 임차료가 높다. 따라서 식음료만으로 형성되기에는 무리가 있고 쇼핑 시설이 함께 발전하므로 스테이 타임이 긴 편이다. 그러나 워낙 상권이 넓어 고객이 분산되는 경우가 많고 날씨에 매우 민감하다. 따라서 상권의 강력한 콘텐츠에 따른 상당한 유입률이 없는 경우 소보 창업가가 출점하기에는 매우 어려운 상권이다.

나. 로드 스트리트 상권load street trade area

예전에 집재성 형태로 발전한 대로변의 가구거리가 이에 해당하였으나 개별 상권 측면에서는 시내 중심가보다는 부도심권이나 도시외곽에 있으며 식품업이 주를 이루고 있어 차량으로 이동으로 주차한 후 소비를 하고 이동하는 형태의 상권이다. 분당 정자동 카페 거리, 한남도 꼼데가르송 메인거리, 신사도 가로수길 등이 이에 해당하며 융복합 형태로 발전하는 경우는 스테이 타임이 긴 편이지만 쇼핑 성격은 매우 낮기 때문에 식음료, 외식업 위주로 발달한다. 점포 개별성이 높은 점포만 살아남을 수 있기 때문에 전체적으로 퀄리티가 높은 편이므로 객단가는 높은 편이다. 객단가가 높은 대신 상품의 질이 높지 않다면 고객 유인력이 떨어져 경기가 나쁘거나 계절에 민감하여 매출이 오르기 쉽지 않다. 특히 상업지역보다는 주거지역이나 준 주거지역이므로 유흥상권이 아니고 배후 세대를 주배로 하므로 이들의 수요와 친밀한 업종이 함께 발달한다. 따라서 스테이 타임이 길지 않다.

다. 로드 접근 군집 상권load search cluster trade area

도시와 도시 경계도로의 로드를 따라 형성된 스트리트 상권을 말한다. 판교와 죽전 간 23번 국도처럼 도시를 경계로 연결되어 있고 인터체인지로 연결된 도로를 말한다. 주로 업종이 다른 상가시설이 비교적 큰 규모로 함께 모여 있고 진출입과 주차가 용이해야 한다. 햄버거체인, 외식체인, 편의점 등 대중적인 인지도가 높은 브랜드의 체인점이 함께 형성되는 편이다. 주변의 점심 식사 고객 유입이나 불특정 차량 통행인을 타깃으로 하므로 휴게소와 유사한 성격을 지닌다.

라. 접근 스트리트 상권search street trade area

접근성이 좋은 상권을 말하는 것이 아니고 양재대로나 남부 순환대로처럼 주로 시내의 대로변을 따라 스트리트로 형성된 상권을 말한다. 이때 도로는 배후 단절 효과가 큰 대로이며 점포라인은 눈에 띄지 않는 형태가 대부분이므로 점포 개별적인 영향력으로 고객의 접근을 유도하여야 하는 상권을 말한다. 따라서 서치search 업종이나 희소력이 높은 업종, 브랜드력이 강한 업종이 유리하며 접근성이 중요하므로 비교적 규모가 커야 인지율을 높일 수 있어서 찾아오기 쉽다.

마. 복합 스트리트 상권complex street trade area

주거복합건물의 상가시설이 단지 내 스트리트를 따라 판매시설과 식음료 시설이 모여 있는 상권을 말한다. 일반적인 쇼핑몰은 수직적 개념이 강하지만 복합 스트리트는 수평적 개념의 상권이며 넓은 부지를 확보해야 하므로 지역 대표 상권으로서 자리 잡을 수 없다면 창업가에게 어려운 상권이 될 수 있다. 답답한 수직 공간 구조보다는 수평적으로 길게 형성되어 실내 워킹 스트리트 상권의 성격이 강하다. 소비형 복합 스트리트 상권과 배후형 복합 스트리트 상권으로 구분할 수 있다. 〈사진 4-18〉에서 보듯이 소비형 복합 스트리트 상권은 일산 라페스타나 웨스턴 돔, 송도 트리플 스트리트라는 쇼핑몰처럼 몰을 따라 직선으로 상가가 형성된 형태의 상권으로 보통 신도시 상업지에 형성되어 있다. 라페스타나 웨스턴 돔의 경우 쇼핑 테마가 한정되어 있어 수요층이 넓지 않다. 그러나 트리플 스트리트는 다양한 아울렛과 함께 다양한 편의시설이 있어 고객층이 다양하다. 따라서 지역 대표 상권이 될 수 있다.

<사진 4-19> 소비형 복합 스트리트 상권(송도 트리플 스트리트)

배후형 복합 스크리트 상권은 신도시 형과 도심형이 있다. 상부에 주거나 오피스 배후를 확보한 형태로 주변은 거주시설과 오피스가 안정적으로 갖춰져 있다. 신도시형은 신도시 상권의 일부이므로 배후민의 흡인력을 높일 수 있는 테마가 있는 콘셉트로 개발이 중요하다. 즉 <사진 4-19>의 위 사진은 판교 에비뉴 프랑이라는 주거 복합상가이다. 분양가가 높아 판매점들의 객단가가 높아야 활성화되므로 입점업체의 질적인 수준이 높은 편이므로 평범한 프랜차이즈 창업은 고전할 수 있다. 그러나 아래 사진은 신도림 역세권에 있는 배후형 복합 스트리트 상권으로 지하엔 대형마트가 있다. 마트 소비자의 유입이 높고 역세권 유입 인원이 타깃이므로 가성비를 앞세운 창업 발달한 편이다. 즉 배후형 복합 스트리트상권은 자체 배후 중심이기보다는 통행량 유입이 수월한 입지적 여건과 주변의 배후세대를 고려한 상권이다.

<사진 4-20> 배후형 복합 스트리트 상권(위: 판교 주거복합 상가, 아래: 신도림역 주거복합 상가)

자료:카카오로드뷰

3.10.4. 분산상권dispersion trade area

분산 상권은 주배후 분산 상권과 독립 분산 상권으로 나눌 수 있다.

가. 주배후 분산 상권main rear dispersion trade area

배후를 기반으로 하는 상권으로 주배후라고 할 수 있는 지역의 상가 밀집지역 또는 단일 상가시설에서 떨어져 상권이 형성된 상권을 말한다. 예를 들면 <사진 4-15>에서 보듯이 대단지 아파트 주상가가 있는 지역 주변의 상가 밀집지역이 분산 상권이 된다. 주상가 이외의 독립된 상가는 분산 상가라고 할 수 있다. 주상권이 되는 메인상가를 제외한 나머지 상가 밀집지역이 될 수 있다. 그러나 창업 관점에서 보면 주상가 시설과 업종이 겹치지 않고 주배후민과 주변 포괄 배후를 주 고객으로 할 수 있어야 좋은 창업이 될 수 있다. 가령 아래의 지역은 약 2,000세대 아파트 배후를 등지고 있는 주상가가 있다.

보통 배후형 주상가는 음식점의 경우 분식점 수준의 일반음식점의 진입이 많다. 그러나 제1 분산상권인 지역에서 a위치는 중식점이 있었으나 경쟁에 밀리고 기사식당으로 전환되었으나 현재는 일반 음식점이 진입하였다. 이 음식점은 상가시설 종사자와 배후민을 타깃으로 돈가스와 수제비를 주메뉴로 하고 있다. 현재 주상가에 없으며 배후민의 동선으로 매출을 극대화할 수 있는 상권인 배후 창업을 방향으로 진입한 사례이다.

<사진 4-21> 주배후 분산상권 지도

자료: 카카오 맵, 사진 자료: 카카오 로드뷰

나. 독립 분산 상권independent dispersion trade area

주배후 단지를 배후로 하는 단일 상가단지와 상가시설이 형성된 지역의 상권을 말한다. 즉 상가단지가 다른 상권과 떨어져 있거나 고립되어 형성된 상권을 말한다. 규모에 따른 업종 진입이 가능하다. 따라서 입지 유형적으로 독립 배후형의 성격이 강하므로 세대수와 인구 비율에 따른 단순 창업 비율이 높은 편이다.

<사진 4-22> 독립 분산상권 지도

자료: 카카오 맵

3.10.5. 교통시설 상권traffic equipment trade area

가. 역세권 상권station influence trade area

역세권 상권은 역을 중심으로 형성된 상권을 말한다. 역세권 배후 상권과 환승 상권으로 구분할 수 있다. 역세권 상권은 배후를 기반으로 하는 상권으로 통행량보다는 배후에 중점을 둔 상권으로 주거형, 오피스형, 소비형으로 구분할 수 있지만 성격은 완전히 다르다. 환승 상권은 통행량에 중점을 둔 상권이다.

(가) 배후 역세권 상권behind station influence trade area

• 주거형 역세권 상권households or residential station influence trade area

상권에서 역세권은 상권 발달도가 일정 수준 이상이므로 완벽한 주거 시설만이 배후인 경우는 많지 않고 오피스나 상업시설이 함께 형성되어 있다. 단지 대규모 주거시설이 배후 단지를 형성하고 있을 뿐이다. 주거 배후 상권이므로 퇴근 동선과 거주 동선이 발달하여 쇼핑 판매시설이 발달하지 않기 때문에 복장이 자유로운 편이므로 고깃집과 같이 구이류, 찌개, 탕류, 뷔페를 선호한다. 지역 특성에 따라 디저트를 즐길 수 있겠으나 통상적인 소비 수준을 넘기지 않기 때문에 디저트류의 업종은 발달하지 않는다. 디저트보다는 동선 배후형 업종인 빵집, 만두 전문점의 진입률이 높고 비교적 대중적 창업이 발달한 편이다.

- 오피스형 역세권 상권(office station influence trade area)

역세권이며 오피스를 배후로 형성된 상권으로 출근 동선, 상주동선, 식사동선이 발달하고 주로 빌딩 틈에 형성되어 있기 때문에 주변 지역이 테마가 없다면 주말엔 공동화로 매우 한산한 상권이다. 여의도 일대가 그렇다. 반면 중구 무교동은 청계천, 광화문 광장의 활성화로 주말 공동화가 상당 부문 해소되었다. 빌딩 숲 사이에는 접근성이 좋아 음식업이 발달하며 고객 미팅 등이 찾아 낮에 손님이 집중되는 읍인 형태의 대형 커피 전문점이 발달한다. 동선이 활발한 곳은 임차료가 높아 테이크아웃 매장이 발달한다.

- 소비형 역세권 상권

역세권이며 소비시설 중심으로 형성된 역세권 상권을 말한다. 대체로 지방 중소 도시에 해당한다고 볼 수 있다. 지방은 배후 규모가 작기 때문에 역세권에 오피스와 소비시설이 함께 형성된 곳이 많기 때문이다. 따라서 다양한 업종이 공존한다.

(나) 환승 역세권 상권transfer station influence trade area

2개 이상의 지하철 노선이 만나고 광역 버스로 이동이 가능한 상권을 말한다. 도시 환승 상권, 경계 환승 상권, 복합 환승 상권으로 구분할 수 있다.

- 도시 환승 역세권 상권(city transfer station influence trade area)

시내 중심지에 있는 환승 상권을 말한다. 을지로역, 시청역 등 상권을 말한다.

인구가 밀집되어 있고 통행량이 많은 지역이다. 환승 상권이어서 인구와 통행량이 밀집된 것이 아니라 인구와 통행량이 늘어서 교통시설이 증가하여 발달한 상권을 말한다. 통행 속도가 가장 빠른 편이며 주로 오피스가 발달하여 야간 소비는 경계 환승 상권보다 약한 편이나 점심시간 내는 매우 발달되어 있다. 주변의 유흥상권과 함께 발달한 경우는 저녁에도 활발한 움직임이 있으나 업종 다양성이 떨어진 경우가 많다.

- 경계 환승 역세권 상권(city limits transfer station influence trade area)

도시와 도시 간 경계의 기점에 형성된 상권을 말한다. 사당역, 양재역, 연신내역 등 일대를 말한다. 이런 곳은 아침, 점심, 저녁 통행량이 꾸준하다. 특히 중심도시를 중심으로 외곽 도시가 발달할수록 경계 환승 상권은 더욱 발달한다. 사당역은 과천, 안양, 의왕 등 외곽 도시의 발달로 그렇고 양재역은 성남, 분당 등 외곽 도시의 발달로 그렇다. 따라서 외곽 도시가 베드타운이 많은지, 산업 오피스 시설이 많은지, 대학교 등이 많은지에 따라 유입인구 구성이 차이가 있지만 이런 환승 역세권 주변도 오피스가 풍부하므로 업종이 다양하게 발달하게 된다.

- 복합 환승 역세권 상권(complex transfer station influence trade Area)

도시 환승과 경계 환승의 역할이 모두 있는 상권으로 도시 간 경계에 있는 경우 아닌 경우는 광역 열차가 다니는 서울역, 영등포역, 용산역 역세권을 말하며 그렇지 않은 경우는 잠실역, 강남역, 신촌역 역세권 등이 그렇다. 소비시설이 발달하고 외곽 도시로 가는 광역 노선이 발달하여 늦은 시간까지 상권이 활성화되어 있다. 따라서 지역민의 단순한 소비보다는 통방객이 대부분이므로 패스트푸드나 24시간 업종 등 가성비가 높은 상품의 창업이 많은 편이다.

나. 버스 테이킹 bus taking trade area

버스정거장 중심으로 형성된 상권을 말한다. 배후 버스 테이킹 상권과 환승 버스 테이킹 상권으로 구분할 수 있다. 배후 버스 테이킹 상권은 배후를 기반으로 하는 상권으로 통행량보다는 배후에 중점을 둔 상권으로 주거형, 오피스형, 소비형으로 구분할 수 있지만 성격은 완전히 다르다. 환승 상권은 통행량에 중점을 둔 상권이다.

(가) 배후 버스 테이킹 상권behind bus taking trade area

- 주거 버스 테이킹 상권(households bus taking trade area)

상권 발달도가 일정 수준 이상이므로 완벽한 주거 시설만이 배후인 경우는 많지 않고 오피스나 상업시설이 함께 형성되어 있다. 단지 대규모 주거시설이 배후 단지를 형성하고 있을 뿐이다. 주거 배후 상권이므로 퇴근 동선과 거주 동선이 발달하여 쇼핑 판매시설이 발달하지 않기 때문에 복장이 자유로운 편이므로 고깃집과 같이 구이류, 찌개, 탕류, 뷔페를 선호한다. 지역 특성에 따라 디저트를 즐길 수 있겠으나 통상적인 소비 수준을 넘기지 않기 때문에 디저트류의 업종은 발달하지 않는다. 디저트보다는 동선 배후형 업종인 빵집, 만두 전문점의 진입률이 높고 비교적 대중적 창업이 발달한 편이다.

- 오피스 버스테이킹 상권(office bus taking trade area)

오피스를 배후로 형성된 상권으로 출근 동선, 상주동선, 식사동선이 발달하고 주로 빌딩 틈에 형성되어 있기 때문에 주변 지역이 테마가 없다면 주말엔 공동화로 매우 한산한 상권이다. 여의도 일대가 그렇다. 반면 중구 무교동은 천계천, 광화문 광장의 활성화로 주말 공동화가 상당 부문 해소되었다. 빌딩 숲 사이에는 접근성이 좋아 음식업이 발달하며 고객 미팅 등이 잦아 낮에 손님이 집중되는 숍인 형태의 대형 커피 전문점이 발달한다. 동선이 활발한 곳은 임차료가 높아 테이크아웃 매장이 발달한다.

- 소비형 버스 테이킹 상권

기차역에 없는 지방의 중소도시의 상권을 말한다. 주로 규모가 작은 군단위 이하에 있기 때문에 상권의 규모가 작기 때문에 지역민을 생활에 편의를 높여주는 업종이 발달한 상권이라고 할 수 있다.

(나) 환승 버스 테이킹 상권transper bus taking trade area

버스는 환승의 개념이 교통 중심지로서 풍부한 노선을 확보한 권을 말한다. 도시 환승 버스 테이킹 상권, 경계 환승 버스 테이킹 상권, 복합 환승 버스 테이킹 상권으로 구분할 수 있다.

• 도시 환승 버스 테이킹 상권(city transper bus taking trade area)

시내 중심지에 있는 환승 상권을 말한다. 을지로역, 시청역 등 상권을 말한다. 인구가 밀집되어 있고 통행량이 많은 지역이다. 환승 상권이어서 인구와 통행량이 밀집된 것이 아니라 인구와 통행량이 늘어서 교통시설이 증가하여 발달한 상권을 말한다. 통행 속도가 가장 빠른 편이며 주로 오피스가 발달하여 야간 소비는 경계 환승 상권보다 약한 편이나 점심시간 대는 매우 발달되어 있다. 주변의 유흥상권과 함께 발달한 경우는 저녁에도 활발한 움직임이 있으나 업종 다양성이 떨어진 경우가 많다.

• 경계 환승 버스 테이킹 상권(city limits transfer bus taking trade area)

도시와 도시 간 경계의 기점에 형성된 상권을 말한다. 사당역, 양재역, 연신내역 등 일대를 말한다. 이런 곳은 아침, 점심, 저녁 통행량이 꾸준하다. 특히 중심도시를 중심으로 외곽 도시가 발달할수록 경계 환승 상권은 더욱 발달한다. 사당역은 과천, 안양, 의왕 등 외곽 도시의 발달로 그렇고 양재역은 성남, 분당 등 외곽 도시의 발달로 그렇다. 따라서 외곽 도시가 베드타운이 많은지, 산업 오피스 시설이 많은지, 대학교 등이 많은지에 따라 유입인구 구성이 차이가 있지만 이런 환승 역세권 주변도 오피스가 풍부하므로 업종이 다양하게 발달하게 된다.

• 복합 환승 역세권 상권(complex transfer bus taking trade Area)

도시 환승과 경계 환승의 역할이 모두 있는 상권으로 도시 간 경계에 있는 경우 아닌 경우는 광역 버스가 다니는 서울역, 영등포역, 용산역 역세권을 말하며 그렇지 않은 경우는 잠실역, 강남역, 신촌역 역세권 등이 그렇다. 소비시설이 발달하고 외곽 도시로 가는 광역 노선이 발달하여 늦은 시간까지 상권이 활성화되어 있다. 따라서 지역민의 단순한 소비보다는 통방객이 대부분이므로 패스트푸드나 24시간 업종 등 가성비가 높은 상품의 창업이 많은 편이다.

3.10.6. 나들이 상권outskirts trip trade area

관광객 등 불특정 소비자나 배후민의 나들이에 의해 시너지가 형성된 상권을 말한다. 크게 도시 나들이 상권과 교외 상권으로 구분할 수 있다.

가. 도시 나들이 상권city trip trade area

관광 소비 나들이, 공원 나들이, 배후 나들이 상권으로 구분할 수 있다.

(가) 도시 관광소비 나들이 상권city tourism spending trip trade area

도시에 있는 관광소비 나들이 상권은 관광객 또는 불특정 나들이객을 중심으로 하는 소비 중심의 상권을 말한다. 대체로 서울의 명동, 이태원, 홍대 등 외국인 관광객의 유입이 많은 상권을 말한다. 로드 스트리트 상권으로 발달하여 먹거리와 쇼핑을 동시에 충족하며 시내 중심가 주변에 형성되므로 임대로가 높은 편이다. 위치적인 업종이나 상품의 개성이 높은 업종은 내국인의 유입으로 유지가 되지만 그렇지 않은 업종은 외국인의 유입에 따라 매출에 상당한 영향을 받기 때문에 단순히 점포의 위치에 치중하여 진입하는 것은 위험하다. 따라서 상품 성격과 그에 맞는 입지에 매우 신중하게 접근해야 하는 상권이다.

(나) 도시 공원 나들이 상권city park trip trade area

도시에 있는 공원 나들이 상권은 배후 세대를 수요민으로 보지 않고 관광, 쇼핑 등 이유로 시내 나들이 상권을 말한다. 대체로 서울의 경복궁 일대, 청계천 일대 상권을 말한다. 그러나 보통 이런 공원 여가만을 즐기기 위해 방문하기보다는 주변의 연계된 시설에서 쇼핑, 먹기리를 함께 해결하는 편이며 나들이가 목적이므로 비교적 특색 있는 먹거리를 요구한다. 따라서 평범한 상품이나 콘셉트의 매장의 진입은 주의해야 한다. 특히 도심 오피스가에 있기 때문에 주말엔 상권이 단절된 곳이 많아 목적형 고객이 많기 때문에 단순히 위치에 의해 고객을 유입시키는 것은 지향해야 한다.

(다) 도시 배후 나들이 상권city rear trip trade area

도시에 있는 배후 나들이 상권은 배후세대를 중심으로 하는 시내 나들이형 상권을 말한다. 배수세대 사람들이 외식을 한 이후 멀리서 산책이나 나들이를 하기보다 외식후 도보로 여가를 즐길 수 있는 상권을 말한다. 서울의 한강 주변의 역세권인 합정동, 상수동, 마포역 일대의 상권과 공원 주변에 먹거리가 형성된 용인시 보정도 카페거리와 그 주변 하천 공원일대 상권 등을 말한다. 대체로 지역민을 1차 수요자로 하므로 중저가의 대중적인 상품 위주로 형성되는 편이다.

나. 교외 상권outskirts trade area

나들이객의 증가로 발전한 상권으로 수도권 외곽에 있는 상권을 말한다. 나들이가 가능해야 하므로 비교적 상권(운집 범위)이 넓은 편이다. 교외 나들이 상권, 교외 테마 상권, 교외 쇼핑 테마 상권, 교외 융복합 몰 상권이 있다.

(가) 교외 나들이 상권outskirts trip trade area

주로 서울이나 대도시권에서 가깝고 경치가 좋은 곳에 형성되므로 청계산, 백운호수, 시흥 물왕리 저수지 등과 같은 곳에 형성된 상권을 말한다. 입지적인 여건으로 인해 소비 간격이 긴 편이고 집재성 상권으로 발전한다. 가족이나 연인이 외식을 목적으로 방문하므로 비교적 객단가나 전체 소비 금액은 높은 편이다. 경기 변화에 민감하므로 비교적 규모가 큰 빅 창업이 주류를 이루지만 콘텐츠를 명확히 하여야 한다. 특히 주변의 다양한 테마가 있는 지역이 더욱 안정적인 수요가 몰려들게 된다. 즉 광명처럼 동굴 체험 공원, 이케아 등 쇼핑 단지가 있기 때문에 관광과 쇼핑 후 외식은 나들이 상권에서 즐기는 것이다. 실제 주말 광명 상권의 매출의 30%는 이런 시설에 방문한 고객이 방문한다고 한다. 단지 이케아의 주변 상권이 살기 위해서는 몰내 업종과 콘텐츠가 다르고 중복되지 않는 업종들이 모여 있어야 시너지 효과를 기대할 수 있다.

(나) 교외 테마 상권outskirts theme trade area

경기도 파주의 프로방스 마을과 헤이리 예술 마을이 여기에 해당한다. 체계적으로 완성이 되면 볼거리가 많지만 이런 상권은 활성화되기가 쉽지 않고 활성화까지 오랜 시간이 걸리는 단점이 있다. 경쟁 업종 수가 작아야 하며 어쩌다 방문하는 나들이이므로 가족, 연인의 방문율이 높기 때문에 계절과 날씨 주말과 주중 매출포트폴리오가 매우 불규칙하여 소비 간격은 의미가 없다. 따라서 시내에서 흔히 맛볼 수 있는 프랜차이즈 창업은 불리하며 평일에도 유지할 수 있는 적절한 테마가 있어야 한다. 맛집이 진출하기 어렵고 간단 식음료도 대중성 높은 커피류 외에 발달하기 어려운 상권이다.

(다) 교외 쇼핑 테마 상권outskirts shopping theme trade area

광명 이케아, 신세계 샤이먼 프리미엄 아울렛, 롯데 프리미엄 아울렛 등과 같이 교외에 쇼핑을 테마로 이루어신 상권을 말한다. 독립 시설 내에 쇼핑에 중점을 두므로 고급 먹거리에 치중하지 않는 편이다. 교통비를 줄이고 땅이 좁은 우리나라에서 더욱 발전할 수 있는 형태이다. 그러나 비교적 임차료가 높아 일반 개인 업체보다는 검증된 프랜차이즈 업체가 주를 이룬다.

(라) 교외 융복합 몰 상권outskirts convergence mall trade area

완전 복합형 상권으로 모든 것이 하나로 집중되어 시너지를 일으키는 상권으로 엔클로즈 몰이라고도 한다. 개별적인 몰 규모로는 가장 규모가 클 수밖에 없다. 신세계의 스타필드 하남, 롯데의 롯데 몰이 이에 해당한다. 먹을거리, 볼거리, 체험거리 등이 복합적으로 구성하므로 본사의 몰에 대한 관리가 철저하여 유지비용이 많이 든다. 점포는 개인에게 분양하는 형태가 아니므로 전체적인 아이템선정과 입점 업체 선정은 회상에서 선별하므로 이미 대내외적으로 인정받은 업체만 진입할 수 있다.따라서 검증된 업체가 진입하므로 매우 높은 자본이 투입된다. 본사가 단순히 트렌드를 반영하기보다는 리드해야 하므로 매우 고차원적인 상권이므로 상권 반경이 넓고 높은 흡입력을 보인다. 또한 핵점포anchor tenant or key tenant가 잘 갖춰진 몰에서 모든 것을 해결하므로 몰 외곽의 상권에서 2차 소비를 기대하기 힘들기 때문에 주변의 중소 상권은 융복합 몰 상권과 공생상권처럼 성장하는 것은 어려운 단점도 있다.

3.11. 융합상권fusion market area

상권의 본래의 기능인 창업뿐 아니라 지역 경제 활성화, 회사의 사회적 기여, 고객 사회적 참여, 일자리 창출 등 복합적인 사회 경제적 요인이 함께 어우러져 지역경제 및 사회 발전에 기여하는 상권을 말한다. 특히 재생 상권은 상권이 다시 살아나거나 활성화되는 측면의 상권으로 상권에 국한된 개념으로 지자체나 관 주도의 도시 재생 상권, 혁신 상권과 민간이 스스로 상가시설을 개선하여 확장시키는 개척 상권으로 구분할 수 있다. 이들 상권은 주로 신규 상권으로 형성되는 관점에서 보면 도시 상권에 해당한다. 현장에서 보면 많은 많은 융합상권은 신규 상권인 경우가 많지만 단점이 있다. 민철기, 강창덕(2021)이 「상권의 공간적 확산에 따른 상업시설 생존율과 생존요인 비교」에 관한 연구에서 신흥상권은 점포운영기간이 길어질수록 폐업 위험률은 높게 나타난다고 보여 주었듯 신규 상권에서 상권이 자리를 잡기 전 초기는 점포 전환율(점포 소유주의 이전)이 높을 수밖에 없다. 따라서 이러한 신규 상권은 사회에 긍정적인 기여를 제공함에도 불구하고 개성이 매우 강하기 때문에 자리를 잡기까지는 많은 사회적 비용과 고통이 따를 수 있다.

3.11.1. 재생 상권regeneration trade area

재생 상권은 도시 재생에 따른 상권 활성화를 기대할 수 있는 상권을 말한다. 도시 재생 상권, 혁신 상권, 개척 상권으로 나눌 수 있다.

(가) 도시 재생 상권urban regeneration trade area

도시 재생 상권은 다음의 '도시 재생 활성화 및 지원에 관한 특별법'에 의해 새롭게 형성된 상권이라고 할 수 있다. 도시재생 상권은 기존 시설 활용성 측면에서 바라보므로 위의 항목 중에서 가, 나, 다, 아, 카, 파 항이 여기에 해당한다고 볼 수 있다. 특히 창업가는 근린재생형 사업의 상권이 활성화되기 전 선제적으로 입지를 선정하여 도시재생 유형별 특징에 맞는 콘셉트로 상품을 준비하여 진입해야 한다. 도시재생사업과는 별개로 지역 불균형을 해소하기 위해 미아, 응암, 면목, 오류·수궁, 온수 서울시 5개 지역생활권 계획을 발표하였다. 이들 지역에서는 3개 분야에 걸쳐 33개 사업이 추진되며, 33개 사업 중 2022년까지 3,100억을 투입하여 총 21개 사업을 완료할 예정이다. 주로 도서관, 주차장, 공원 등 주민의 삶의 질 향상을 위한 시설에 집중 투자하므로 지역생활권 추진사업의 방향에 맞는 상품으로 선제적으로 진입하는 것도 좋은 전략이 될 수 있겠다.

더 자세히 상권을 이해하기 위해서는 국토부의 도시재생과 도시재생 뉴딜 사업을 이해해야 하므로 다음의 내용을 참고하기를 바란다.

도시재생

도시 재생은 인구의 감소, 산업구조의 변화, 도시의 무분별한 확장, 주거환경의 노후화 등으로 쇠퇴하는 도시를 지역역량의 강화, 새로운 기능의 도입·창출 및 지역 자원의 활용을 통하여 경제적 사회적 물리적 환경적으로 활성화시키는 것을 말한다.(도시재생 활성화 및 지원에 관한 특별법 제2조)

도시 환경을 변화시켜 삶의 질을 높이고 경제적 기반을 높이기 위한 사업에서의 말한다. 법률에 의한 도시 재생과 자발적 상생형 도시 재생으로 구분할 수 있으며, 특별히 법률에 의한 도시 재생은 「도시재생 활성화 및 지원에 관한 특별법」에 의해 추진한다.

이 법 제1조(목적)에서 도시의 경제적. 사회적. 문화적 활력 회복을 위하여 공공의 역할과 지원을 강화함으로써 도시의 자생적 성장기반을 확충하고 도시의 경쟁력을 제고하며, 지역 공동체를 회복하는 등 국민의 삶의 질 향상에 이바지함을 목적으로 한다. 이 법 제2조(정의)에 의한 "도시재생"이란 인구의 감소, 산업구조의 변화, 도시의 무분별한 확장, 주거환경의 노후화 등으로 쇠퇴하는 도시를 지역역량의 강화, 새로운 기능의 도입. 창출 및 지역자원의 활용을 통하여 경제적. 사회적, 물리적, 환경

<그림 4-14> 도시재생 사업 지정 절차(자료: 국토부)

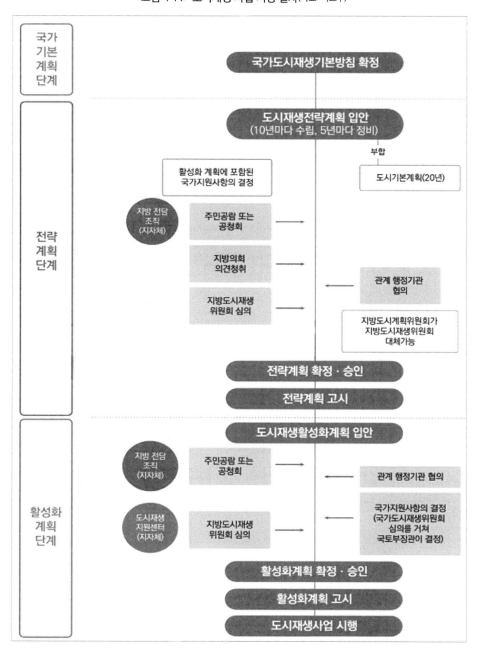

적으로 활성화시키는 것을 말한다.

특별히 이 법률에 의한 도시재생사업은 「도시재생 활성화 및 지원에 관한 특별법」 제2조 7항에 따른 "도시재생사업"을 정의하고 있는데 다음과 같다.

가. 국가 차원에서 지역발전 및 도시재생을 위하여 추진하는 일련의 사업

나. 지방자치단체가 지역발전 및 도시재생을 위하여 추진하는 일련의 사업

다. 주민 제안에 따라 해당 지역의 물리적. 사회적. 인적 자원을 활용함으로써 공동체를 활성화하는 사업

라. 「도시 및 주거환경정비법에 따른 정비사업 및 도시재정비 촉진을 위한 특별법」에 따른 재정비촉진사업

마. 「도시개발법에 따른 도시개발사업 및 역세권의 개발 및 이용에 관한 법률」에 따른 재정비촉진사업

바. 「산업입지 및 개발에 관한 법률」에 따른 산업단지개발사업 및 산업단지 재생사업

사. 「항만법」에 따른 항만재개발사업

아. 「전통시장 및 상점가 육성을 위한 특별법」에 따른 상권활성화사업 및 시장정비사업

자. 「국토의 계획 및 이용에 관한 법률」에 따른 도시. 군계획시설사업 및 시범도시(시범지구 및 시법단지를 포함한다) 지정에 따른 사업

차. 「경관법」에 따른 경관사업

카. 「빈집정비사업 및 소규모주택 정비에 관한 특례법」에 따른 빈집정비사업 및 소규모주택정비사업

타. 「공공주택 특별법」에 따른 공공주택사업

파. 그 밖에 도시재생에 필요한 사업으로서 대통령령으로 정하는 사업

"도시재생활성화지역"이란 국가와 지방자치단체의 지원과 역량을 집중함으로써 도시재생을 위한 사업의 효과를 극대화하려는 전략적 대상지역으로 그 지정 및 해제를 도시재생전략계획으로 결정하는 지역을 말한다. 즉 도시재생사업이 확정된 지역을 말한다.

도시재생은 기존의 전면 철거 방식(도시 및 주거환경정비법)과 기반시설을 재정비하는 방식(빈집 및 소규모주택정비에 관한 특별법)으로 구분할 수 있으며 그에 따른 법이 2018년 2월 9일 이후 이와 같이 개편되어 시행되고 있다.

구분	주거환경 개선사업	주거환경 관리사업	주택 재개발사업	도시환경 정비사업	주택 재건축사업	가로주택 정비사업
기존 대상 지역	저소득자 집단거주	단독주택 및 다세대 밀집	노후·불량 건축불 밀집 • 주택부대 복리시설 및 오피스텔 건설공급 • 조합 단독 또는 시장·군수·LH 등과 공동시행	상업· 공업지역 • 건축물 건설 공급 • 토지 등 소유자 조합 단독 또는 시장·군수·LH 등과 공동시행	공동주택 지역 • 주택부대 복리시설 및 오피스텔 건설 공급	노후불량주택 밀집가로구역
통 폐 합	주거환경개선사업(통합)		재개발사업(통합) • 주택정비형 (조례상구분) ｜ • 도시정비형 (조례상 구분) 건축물 건설공급/환지공급 사업시행자 - 조합 단독 또는 시장·군수·LH 등과 공동사업시행 - 20인 미만의 토지등소유자 단독 또는 시장·군수·LH 등과 공동시행		재건축 사업 주택부대 복리시설 및 오피스텔 공급	• "빈집 및 소규모주택 정비에 관한 특별법"으로 이관 신설 • 빈집정비법 • 가로주택정비사업 • 자율주택정비사업 • 소규모재건축사업

자료: 2017.2.8. 도시정비법 법률 제14567호, 전부 개정(2018.2.9.)

도시재생뉴딜사업

도시재생뉴딜사업이란 기존의 도시 및 주거환경 정비사업 영역을 포함하되 기존의 재건축, 재개발과는 달리 노후지역을 물리적으로 전부 철거하는 것이 아니라, 쇠퇴한 도시환경의 노후화된 기반시설(인프라)을 재정비하여 지역특성에 맞게 경제적 사회적, 문화적으로 도시를 부흥시키기 위한 사업을 말한다.

정책 목표	3대 추진 전략	5대 추진 과제
주거복지 및 삶의 질 향상 도시 활력 회복	1. 도시 공간 혁신	1. 노후 저층거주지의 주거환경 정비 2. 구도심을 혁신거점으로 조성
일자리 창출	2. 도시재생 경제 활성화	3. 도시재생 경제 생태계 조성
공동체 회복 및 사회 통합	3. 주민과 지역 주도	4. 풀뿌리 도시재생 거버넌스 구축 5. 상가 내몰림 현상에 선제적 대응

자료: 국토부 도시재생 종합정보체계

〈표 4-36〉에서 보듯이 국가의 도시재생뉴딜사업의 유형에 따라 도시경제기반형, 근린재생형(중심시가지형, 일반근린형, 주거지지원형)으로 나눌 수 있다. 지원법률에 따라 구분하면 경제기반형, 중심시가지형, 일반근린형, 주거지지원형은 도시재생 활성화 및 지원에 관한 특별법이 적용되고, 주거환경개선사업은 도시 및 주거환경정비법이 적용되며, 도시활력증진사업, 새뜰마을사업, 우리동네살리기는 국가균형발전특별법에 적용이 된다. 서울은 특별히 거점확산형을 추가하여 서울형 도시재생사업은 개별법에 따라 추진되며 골목길재생사업은 서울시 골목길 지원조례를 따른다.

우리 동네 살리기와 주거지 지원형은 주거 재생형 중심이며 일반 근린형은 주거와 상권 기능 개선, 중심시가지형은 지역 경제 중심의 공공기능 회복, 경제 기반형은 국가. 도시 차원의 산업기반 사업이다. 특히 우리동네 살리기와 주거지 지원형은 작은 지역 단위의 공공시설 공급과 노후 주거지의 시급한 주거환경 개선을 시급히 추진하기 위해 신설된 사업으로 「빈집 및 소규모주택 정비에 관한 특례법」 등 개별법이 적용되는 사업이다. 따라서 일반 소상공인과 가장 직접석이고 밀접한 재생사업은 생활중심지특화형인 중심시가지형, 주거지재생형 중에서 일반근리형과 주거지원형 그리고 도시활력증진사업, 새뜰마을사업, 우리동네살리기가 있다. 거점확산형 중에서 서울형 도시재생사업과 골목길재생사업이 있다. 특별히 서울시는 소상공인의 활성화를 위해 골목길 재생에 중점을 두는 정책을 실시하고 있다. 골목길 재생사업은 '서울특별시 골목길재생 활성화 및 지원에 관한 조례(제정)'를 바탕으로 2018년도 11곳, 2019년도 12곳 등 25곳을 지정하여 폭넓은 지원을 하고 있다. 기존의 재생사업은 일정 구역을 정하여 '면' 단위로 사업을 진행하지만 이 사업은 폭 4미터 이내의 생활 골목길이나 10~12미터 이내의 골목상권을, 1킬로미터 내외의 보행중심 골목을 대상으로 하는 '선'단위 재생사업이다. 즉 지역 간 연결 통로를 만들어 자연스럽게 소외된 지역과 소통하여 도시재생 사업의 효과를 극대화시키고자 한다. 또한 '2025 서울시 도시재생 전략계획'에 포함된 '서울형 도시재생 실현을 위한 20대 과제'의 하나로 쇠퇴한 전통시장과 낙후된 저층주거지역을 연계한 재생사업을 시범적으로 실시하고 있다. 시장 활성화와 주거지 재생을 동시에 개발하여 시장 상인과 지역주민의 벽을 허물어 시너지를 일으켜 지역중심지로 개발하고자 한다. 서울시는 최근 성북구 장위전통시장, 성동구 용답 상가시장, 강서구 화곡 중앙골목시장을 선정하여 2023년까지 각 100억 원 내외의 사업비를 지원한다고 발표하였다. 서울시는 기존 대학가 상권도 획일적인 사업 방식에서 벗어나 사업을 추진하고 있다.

내각가 상권은 유흥성 업송이 함께 발달하며 확장되기도 하지만 무리한 유흥성 위주의 확장은 오히려 상권 쇠퇴를 비롯한 여러 가지 부작용 불러올 수 있다. 따라서 서울시는 융복합 도시재생 상권으로 재탄생시키기 위해 대학가 주변 상권이 무차별적인 유흥상권으로 변질되는 것을 막고 청년 일자리를 만들고 문화가 살아나는 '청년특별시 창조경제 캠퍼스 타운' 사업을 지원하고 상권을 특성화하여 양질의 상권으로 발전할 수 있는 계기도 마련하고 있다. '창조경제 캠퍼스타운'은 대학이 자원을 제공하고 서울시가 계획수립부터 재정지원까지 공공지원을 해 대학과 지역사회가 어우러지는 마을을 만들고 활력을 높이는 구상이다. 서울시는 2025년까지 1520억 원을 투입해 지역 창조형 10곳, 프로그램형 50곳을 추진할 계획이다. 캠퍼스타운의 계획은 핵심 목표인 창업육성에다 주거안정, 문화특성화, 상권활성화, 지역협력이 더해지는 '1+4' 구조다. 유형별로 지역 창조형은 핵심 목표를 종합한 도시재생활성화사업이다. 사업당 50~100억 원이 지원된다. 단순히 이들의 입주나 유입을 참여하는 데 그치지 않고 자체적으로 21세기 새로운 비즈니스를 시험하고 확산시키는데 의미가 있다. 서울도시재생 사업에 관한 자세한 것은 서울도시재생포털https://uri.seoul.go.kr을 참고하기 바란다.

<표 4-35> 도시재생 유형별 특성

구분	법정유형			
	도시경제 기반형	근린 재생형		
		중심 시가지형	일반 근린형	주거지 지원형
서울형 도시재생 유형	일자리 거점 육성형	생활중심지 특화형	주거지 재생형	
사업 규모	산업,국가(지역)경제	지역 특화산(상)업, 지역상권	주상혼재, 골목상권	주거
대상 지역	역세권 산단, 항만, 공공기관 이전적지 등 기반시설 기능 고도화가 필요한 지역	지역 특화산(상)업, 창업, 역사, 관광, 문화예술특화지역	골목상권과 주거지	저층주거 밀집지역
기반 시설 도입	중규모 이상 공공·복지·편의시설	중규모 공공·복지·편의시설	소규모 공공·복지·편의시설	골목길 정비+주차장, 공동이용시설 등 기초생활 인프라

구분	법정유형			
	도시경제 기반형	근린 재생형		
		중심 시가지형	일반 근린형	주거지 지원형
권장 면적	50만㎡ 내외	20만㎡ 내외	10~15만㎡ 내외	5~10만㎡ 내외
국비 지원 한도/집행 기간	250억 원/6년	150억 원/5년	100억 원/4년	100억 원/4년
파급 범위	서울시 전체	서울시 또는 권역단위	자치구또는 지역 단위	자치구 또는 지역 단위
관련법	서울시 차원의 공모 선정		도시재생 활성화 및 지원에 관한 특별법	

구분	법정유형				비법정유형	
	주거환경 개선사업	도시활력 증진사업	새뜰마을 사업	우리동네 살리기	-	
서울형 도시 재생 유형	주거지 재생형				거점확산형	
					서울형 도시재생사업	골목길재생사업
사업 규모				소규모 주거	필지 및 소규모	필지 및 소규모
대상 지역	낙후 도시지역	낙후지역	구도심 주거 환경개선	소규모 저층 주거밀집지역	유휴 국공유지 등 주변으로 파급효과가 큰 필지 및 구역단위	
기반 시설 도입	주택, 공공시설 정비 등	주민쉼기, 실버체육시설, 마을공동체 시설 등	빈집 정비, 담장·축대 정비, 소방도로 확충 등	주차장, 공동이용시설 등 기초생활 인프라		보행환경 개선, 생활인프라 확충 등
권장 면적				5만㎡ 이하	필지, 소규모 구역단위	필지, 소규모 구역단위
국비 지원 한도/집행 기간				50억 원/3년		
파급 범위				자치구 또는 지역 단위	점차 파급·확산	점차 파급·확산
관련법	도시 및 주거 환경정비법	국가균형발전 특별법			개별법에 따라 추진	서울시 골목길 지원조례

자료: 서울시도시재생포털(www.uri.seoul.go.kr), 국토부 도시재생종합정보체계(www.city.go.kr) 참조

이상의 도시재생사업에서 강조하는 것은 준비단계에서 주민의 자발적 참여와 공감대 형성을 통해 추진하는 것이다. 그래야 사업완료이후 자발적 재생이 가능하다고 보기 때문이다. 따라서 사업지 선정 기준을 보면 도시재생유형에 맞게 계속적 재생을 중심으로 보기 때문에 단순히 상권활성화나 주거지 개선이 목적이 아니라 역사, 문화 등 지역적 컨텐츠의 활용과 지역 거버넌스 측면이 강조되고 있다.

<표 4-36> 도시재생 활성화지역 선정 기준

구분		기존(2015)	변경(2018)	
경제 기반형	정량적 (30%)	• 법정쇠퇴 기준 • 복합쇠퇴 기준	쇠퇴기준(30%)	• 법정쇠퇴 기준
	정성적 (70%)	• 신성장 동력확충, 지역균 형발전 • 도시기본계획 등 관련계 획 및 시책 • 민간투자효과, 일자리 창 출 등	거버넌스 역량(20%)	• 공공, 민간, 관계부처 간 행정 거버넌스
			잠재력 및 실행 가능성(50%)	• 가용부지 등 토지여건상 활용가능성 • 광역·지역 교통망(계획)과의 관련성 • 도시계획사업 연계 가능성 • 일자리 창출, 광역파급효과
중심 시가지형	정량적 (50%)	• 법정쇠퇴 기준 • 복합쇠퇴 기준	쇠퇴기준(40%)	• 법정쇠퇴기준 • 핵심사업 집적도, 주요 역사자산 유무
	정성적 (50%)	• 지역경제활성화, 정체성 강화 • 도시계획차원의 타당성 • 지역자산, 상위 및 관련계 획 부합성	거버넌스 역량(30%)	• 상생협약 체결여부 • 공공~상인~소유자 참여 및 협력정도 • 외부 전문기관, 사회적기업 참여현황
			잠재력 및 실행 가능성(30%)	• 명확한 핵심산업/역사자산 특화가능성 • 상위계획, 시책등과의 연관성
일반 근린형	정량적 (70%)	• 법정쇠퇴 기준 • 복합쇠퇴 기준	쇠퇴기준(50%)	• 법정쇠퇴기준 • 지적불부합, 위법건축물(10% 이상) • 범죄율, 안전, 재난 등 주거환경 여건 • 상하수도, 도시가스등 기초생활 인프라 여건
	정성적 (30%)	• 공동체 회복, 지역정체성 강화 • 지역자산, 녹색환경개선 가능지역	거버넌스 역량(40%)	• 주민, 자치구의 의지 • 지역 거버넌스 구축현황 및 역량 • 도시재생대학 활성화 정도
			잠재력 및 실행 가능성(10%)	• 역사, 경관, 환경 등 지역특성

(나) 혁신 상권innovation trade area

집재성 상권이 활성화되어 지역 경제에 이바지하는 상권을 말한다. 지역 대표 업종이 협업과 소통을 통해 장기적으로 자생력을 높여서 다양한 분야와 협조로 새로운 산업을 장려하는 상권을 기대한다. 대표적으로 물회 점포가 모여 있는 '포항 물회 지구'가 여기에 해당한다. 혁신 상권은 대도시 형과 지방 중소도시 형으로 나눌 수 있다. 대도시형은 도시 재생 사업의 하나로 정부나 지자체의 주도로 기존의 민간 컨텐츠를 살려 혁신적인 도시 재생 문화를 창출하는 사업의 상권이다. 예를 들어 2017년 2월 서울시가 지정한 수제화 성수동, 주얼리 종로의 도시형 소공인 집적지구 사업이나 청주의 인쇄출판 집적지구가 여기에 해당한다. 관할 시·도지사가 소공인 집적지의 활성화 계획을 수립해서 집적지구로 지정을 요청하면 중기청장이 지정 타당성 등을 고려, 최종 결정하여 활성화 지원하는 사업이다. 단순히 지역 경제 활성화의 개념을 넘어 소공인 집단에 글로벌 경쟁력을 함양시키는 사업이므로 정부의 지원이 적극적이므로 상권의 활성화도 기대되는 상권이다. 중요한 것은 상권 활성화보다는 시장 확대가 중요하므로 지자체 지원으로는 한계가 있고 각종 창업 정책부서의 기술적 지원과 판로를 병행한 지원이 꾸준한 성장을 유도할 수 있다. 지방 중소도시형은 도시 재생 측면보다는 지역의 문화 체육 등 체험형 시설을 지역 특화된 환경과 조화로 개발하여 인구 유입률을 높여 지역 경제 활성화를 이끄는 상권을 말한다. 예를 들어 광명동굴 테마 파크는 주변의 상권 활성화에 도움을 주고 있다. 실제로 광명동굴 테마파크 완료 후 주변 상권 유입률이 40% 이상 증가하였다고 한다. 이런 이유로 경상북도 김천시도 최장 짚 라인 등 천혜의 자연환경을 활용한 다양한 테마파크 건설에 집중하고 있다.

(다) 개척 상권 pioneer trade area

개척 상권은 주택을 상가시설로 전환하거나 상가시설이 거의 없는 지역 또는 매우 낙후된 지역을 민간인이 개척하여 형성된 상권을 말한다. 그런 의미에서 융복합 상권으로 발전한 도시리모델링 상권이나 주택가 변환 상권도 무에서 유를 창조하는 것과 유사하여 넓은 의미의 개척 상권으로 볼 수 있다. 그러나 이들 상권은 대핵 상권의 확장, 교통여건 등 영향으로 발달한 경우가 많아 어느 정도 주변의 기반 시설은 갖춰져 있는 편이다. 그러나 개척 상권은 상가시설이 전혀 없거나 단순히 주택가가 변하는 것이 아니라 낙후된 지역이 상권의 색깔을 찾거나 공장 등이 새롭게 상가시설로 변하여 생기는 상권을 말하므로 창업가의 전략에 의한 출점보다는 자신만의 색깔을 가지고 창업하는 스몰 창업이 많다. 예를 들어 용산구 문배동 인쇄소거리는 인쇄공장이 밀집되어 있었으나 점차 쇠퇴하여 빈 점포들이 많았다. 열정감자로 유명한 김윤규 청년장사꾼이 열정도(島)라는 문구에서 알 수 있듯이 열정이 있는 청년이 모인 섬이라는 의미로 2014년 개척한 상권이다. 정부나 지자체 주도의 사업의 가장 큰 한계인 적극적 참여와 양질의 창업가의 참여 측면에서는 부족한 점이 있다. 특히 행안부 주도의 전통 야시장 지원 사업은 사업 규모가 작아 지속적인 활성화를 기대하기 어려운 점이 있다. 따라서 순수 창업가 주도의 시스템이 절실하다. 그러나 문배동 열정도 거리는 2018년 3월부터 매월 마지막 주 토요일에는 지역 커뮤니터와 함께 협업, 공유로 자발적으로 열정 야시장을 개최하여 실질적 소비자인 지역민과 함께하는 진정한 협업의 마당을 선보이고 있다.

문래동 창작촌 거리는 철강단지로서 이들이 나가고 빈자리에 예술인들이 참여하여 생긴 거리로 간단 식음료가 발달하였고 성수동 카페 골목도 제화 공장들이 모여 있는 곳으로 카페들이 하나 둘씩 모이면서 형성된 상권이다. 이태원 우사단 길은 매우 낙후된 지역으로 지리적 여건이 나쁘고 건물이 노후되어 임차료가 저렴하여 개성 있는 창업가의 진입이 많기 때문에 상권 성격은 융복합 상권과 비슷하게 발전한다. 상권 특성상 대형 매장이 없기 때문에 목적성 방문객이 높고 스몰small skill 창업이나 커뮤니티형skill community 창업이 주를 이루며 상권에 스토리가 형성된 상권이라고 할 수 있다. 이 상권에 진입하는 창업가의 창조적 마인드가 지역 사회와 소비자의 참여SNS의 발달, 공유가 함께 잘 융합이 된다면 낙후되고 회피하는 지역을 발전시켜 상생과 공존이 가능한 매우 미래 발전적인 상권으로 발전할 수 있을 것이다. 이상으로 보면 이런 융합상권에서는 실력이 있다고 성공하는 것도 아니고 실력이 부족하다고 실패하는 것도 아니다. 따라서 내 창업 정체성과 상권 정체성을 파악하여 스토리를 형성할 수 있다면 충분히 의미 있는 창업이 될 수 있다. 다만 일반적인 프랜차이즈 창업이나 충분한 준비를 하지 않고 진입하는 것은 개인 창업가뿐 아니라 상권 활성화 측면에서도 바람직하지 않다.

3.11.2. 자연 상권natural trade area

상권이 어떤 목적에 의해 발달하기보다는 창업가 성장과 이전 등에 의해 개인 창업이 자연스럽게 발전한 형태의 상권을 말한다. 융복합 상권, 가지 상권, 자생 상권이 여기에 해당한다.

(가) 융복합 상권convergence trade area

개별점포의 특성보다 상권 중심상권으로 볼거리 먹을거리가 풍부한 워킹 상권의 하나이지만 발생 과정은 주변의 저임차료 상권으로 찾아 이동하거나 개척 상권의 형태로 발전한다. 창업가의 적극적인 참여로 형성되는 자연발생적인 상권이기도 하지만 상권 발달 속도가 빠른 편이므로 상권 발달 측면에서 부정적인 요인도 많이 나타나는 편이다. 이태원 경리단길, 연남동 상권 등이 여기에 해당하며 식음료, 외식업이 주류를 이룬다. 대체로 인터넷 검색 등으로 방문지를 정하고 소비를 한다. 오전에 브런치를 위주로 하므로 객단가가 높지는 않지만 저녁은 좀 더 다양하며 색다른 서비스를 경험해보고자 하는 소비자의 방문율이 높아 비교적 단가가 높은 편이다.

(나) 가지 상권branch trade area

주로 핵 상권 주변에서 핵상권의 포화와 과도한 비용으로 인해 주변으로 자연스럽게 밀려나가서 형성된 상권을 말한다. 일종의 상권 확장으로 볼 수 있기 때문에 넓게는 위성 상권이 좁게는 다핵 상권이 여기에 해당한다고 볼 수 있다. 위성 상권은 홍대 상권을 중심으로 위로는 상수동, 아래로 합정동, 연남동, 망원동으로 뻗은 상권이 여기에 해당하며 다핵 상권은 홍대 대핵 상권을 중심으로 조금 떨어져서 생긴 상권을 말한다. 대체로 상권 형성과정의 상권이므로 일정 규모이상의 상권이 형성되려면 상당한 시간이 걸릴 수 있으므로 상권의 변화를 기대하고 창업하는 것은 바람직하지 않다. 상권 확장에 따른 상권이므로 기존 대핵 상권에서 창업한 이후 옮겨 온 창업가나 처음부터 대핵상권을 타깃으로 준비를 한 창업가가 이동하므로 상품성이 높고 특색이 있지 않다면 창업 적합성 측면에서 반드시 필요한 상품인 편의점과 같은 업종이 선점하여 창업하는 것이 적합하다.

(다) 자생 상권autochthonic trade area

전통재래시장을 둘러싼 주변 상권을 말한다. 전통적 재래상권의 기본적인 수요로 자생적으로 활성화되어 발전하는 상권을 말한다. 상권의 기본적이 수요가 존재하므로 선순환적인 진출로 상권의 잠재적 성장을 기대할 수 있는 상권을 말한다. 자생상권은 그자체로 상권의 기능을 발휘하기보다 자생상권의 확장성, 교통여건, 배후민 이동경로, 배후 접근성 등에 따라 상권 경쟁력은 차이가 크기 때문에 재래상권과 시너지가 있는 업종인지, 별개의 상권인지 명확히 구분하여 창업 상권에 진입하는 것이 중요하다. 대체로 재래 상권이 확장되면서 가지 상권이 생기기도 하는데 이 경우 배후 방향, 도로면 방향은 구분되어 상권이 확장되는 것을 볼 수 있다. 배후 방향은 식료품 위주가 형성되고 도로면은 외식업이나 희소성 업종의 진출이 많다.

3.11.3. 공유 상권share trade area

(가) 공유 주방형 상권shared kitchen type trade area

단일 제공 공간에서 공유 주방 형태로 제공하는 데 적합한 상권으로 주택가나 오피스가의 배달형 업종이나 동선형 업종에 적합한 상권을 말한다. 편리성을 중요시 여기고 상품 단가에 크게 민감하지 않은 소비자가 많은 지역이 적합하다. 상품 고유 가치. 상품 고객 가치, 고객 고유 가치를 위해 꾸준히 노력하는 창업가에게 적합한 상권이다. 앞으로 더욱 배달 시장은 확대되고 그에 따른 공유 주방은 더욱 활성화 될 것이므로 배달 상권과 동선 상권을 명확히 정의한 후 창업하는 것이 중요하다.

(나) 공유 매장형 상권shared restaurant type trade area

단일 체험형 매장에서 남다른 경험을 제공하는 매장이 있는 상권을 말한다. 이태원 경리단길에 장진우 대표의 스핀들 푸드 마켓이 여기에 해당한다. 충분히 경쟁력이 있는 업소가 매장에 입점하여 한 곳에서 다양한 음식을 즐길 수 있는 콘셉트이다. 대형 쇼핑몰에 있는 것과 다른 것은 처음부터 식당 방문 목적성이 높다는 것이다. 단순히 음식을 판매하여 수익을 내기 위한 목적이기보다 사회적 가치 제공에 기여한다는 측면이 전제되어야 하기 때문에 건물주, 공유 업소가 함께 상생을 테마로 운영되어야 한다. 상권 내 방문 소비자도 가치에 대한 인식이 높은 소비자가 많이 유입될 수 있어야 한다.

(다) 공유가치 제공형 상권share value proposition type trade area

집단 매장이 모여 있는 상권에서 공유 가치를 제공하는 상권을 말한다. 주로 지자체나 관주도로 이루어지며 상생적 측면의 상권이다. 예를 들어 청년몰이 있는 전통시장 상권처럼 시장 활성화와 일자리 창출을 목적으로 하는 상권을 말한다. 그러나 운영 형태는 초기 점포 창업의 상품개발 측면과 판매 활로를 지원하는 다양한 교육이 꾸준히 병행되어야 성공할 수 있다. 이렇게 공유 상권은 상생권(相生權)을 기본으로 공유가치를 제공한다.

3.12. 골목상권

3.12.1 골목상권

골목상권은 주요 대로변보다 주거지 인근의 골목을 따라 형성되어 있는 상권 중 하나로, 대형 유통시설의 범주에 포함되지 않고, 도소매업이나 음식점업 등 골목점포의 밀집도가 높은 상권을 말한다(김현철, 안영수, 2019). 특히 골목상권은 점포 밀도(또는 점포 수 밀도), 업종 다양성이 골목상권의 발전과 쇠퇴에 가장 중요한 영향을 미치므로 시점 상권관점에서 많은 연구가 이루어지고 있다. 김현철, 안영수(2019)는 골목상권 유형을 점포 수 밀도, 업종 다양성을 사분면으로 구분하였으며, 포트폴리오 분석porfolio analysis 방법으로 〈표 4-37〉과 같이 제안하였다. 이렇게 골목상권은 단순히 영세한 상권을 의미하지 않고 다양하게 구분할 수 있기 때문에 지리적 특징을 고려하여 상권을 이해할 필요가 있다.

<표 4-37> 골목상권 유형

구분		특징
1사분면	밀도 ↑, 다양성 ↑	상권의 양적인 규모가 크고 다양한 업종의 점포가 있어 유효수요가 많은 강남, 신촌 등의 발달상권과 유사함
2사분면	밀도 ↓, 다양성 ↑	작은 규모 업종으로 구성되어 있고 저개발지의 이면도로에 형성되어 옷가게 음식점 등으로 형성되어 있으나 활력이 크지 않음
3사분면	밀도 ↓, 다양성 ↓	규모가 작고 일부 소수 업종으로 구성되어 있는 소규모 동네 상권으로 영세한 소매업, 편의점, 세탁소 등 초밀접 업종 지역상권임
4사분면	밀도 ↑, 다양성 ↓	상권 규모가 일정 수준이상으로 크지만 소수의 업종으로 이루어져 일부 업종을 중심으로 규모를 갖춰 음식점 거리와 같은 특화상권으로 형성되었음

자료: 김현철 & 안영수(2019), 「상점 밀도와 업종 다양성을 이용한 서울시 골목상권의 동태적 변화 모니터링 연구」, 『서울도시연구』, 20(4), 149-170.

3.12.2. 발달상권

골목상권이 아닌 상권으로 교통시설이 발달한 대로변 등 주요 도로를 따라 형성되어 있는 상권 중 하나로, 주거지와 오피스 시설 등이 복합적으로 형성되어 있는 상권을 말한다. 그러나 발달상권을 통해 골목상권으로 연결이 되므로 비교적 상호작용이 큰 상권이라고 할 수 있다. 이는 정동규(2017)의 "발달상권과 골목상권에 위치한 음식점 생존과 폐업 비교 분석" 연구에서 프랜차이즈 여부, 상권별 1년 전 대비 당해 연도 개업 및 폐업 증감률, 연평균 소비자 물가짓수는 두 상권 상호간 폐업 증감에 영향을 주는 변수로 입증하였다. 특히 프랜차이즈 음식점 여부는 모든 상권 유형에서 다른 음식점에 비하여 낮은 폐업률을 보였고, 주목할 점은 발달상권보다 골목상권에서 폐업위험도가 낮게 나타났다. 이는 프랜차이즈 업체 진입에 따라 상권 활성화 측면보다는 임대료 인상 등으로 기존 개인 영업점의 경쟁력의 약화로 폐업을 하게 되어 추가적인 매출 상승을 이끌었기 때문인 것으로 보인다. 〈표 4-38〉는 정동규(2017)가 시간가변 콕스–비례위험 모형을 통해 발달상권과 골목상권에 위치한 음식점의 생존과 폐업을 비교한 연구를 표로 정리한 것이다. 표에서 보듯이 발달상권과 골목상권은 음식점 개폐업에 따른 상호영향력이 높음을 알 수 있었다. 특히 골목상권 음식점의 1년 전 대비 당해 연도 개폐업률은 발달상권의 폐업위험도에 영향을 미쳤고, 발달상권 음식점의 1년 전부터 3년 전의 개폐업률은 골목상권의 폐업위험도에 영향을 미친 것으로 보아 골목상권은 발달상권에서 더 포괄적인 영향을 받는 것으로 추측해볼 수 있다. 입지영향력은 골목상권은 창업가 개성이 높고 골목길의 특화된 개성으로 새로운 재미에 대한 소비자의 갈망과 고객의 sns 활동 등으로 인해 자생력이 높기 때문에 발달상권에 비해 적게 받는 것으로 해석할 수 있다.

<표 4-38> 골목상권과 발달상권

구분	골목상권	발달상권
음식점 생존율	상대적으로 높음	상대적으로 낮음
고유 폐업 위험 변수	주간선도로까지의 거리, 경사로 여부, 점포 크기, 지하철까지의 거리 등	Reach, Straightness, 점포 1층 입점 여부, 주차 여부 등
입지 영향력	작은 편	높은 편
상호 영향력	높음	높음
종속 관계	나중에 형성	먼저 형성

자료: 정동규(2017), 「발달상권과 골목상권에 위치한 음식점 생존과 폐업 비교 분석」의 본문 내용 일부 재정리.

Chapter 5.

상권 관찰

· 가 치 창 업 ·

상권 관찰

앞서 여러 연구에서 보듯이 상권은 늘 변화하고 있다. 이런 상권 변화는 창업 성공과 실패에 큰 영향을 미치기 때문에 상권을 관찰하는 것은 시기를 두고 꾸준히 관찰하는 것이 중요하다. 영국 철학자 토마스 홉스Thomas Hobbes는 그의 저서『리바이어던Leviathan』(1651)에서 물체뿐 아니라 인간도 끊임없이 움직이려는 성질이 있는데 이것을 자연법칙이라고 하였다. 즉, 모든 사람은 생명을 유지하기 위해 계속 움직이게 되고 이때 이익을 추구하려는 권리인 힘이 필요하다고 하였다. 따라서 사람에 의해서 움직이는 창업 환경도 변화하고 있기 때문에 우리는 고정된 시선으로 바라봐서는 안 되고 늘 관찰해야 한다.

1. 창업 상권 관찰

시장진입 전에 '상권 꿰뚫기'를 하기 위해서는 〈그림 2-10〉의 3 관찰모델 observation model에서 보듯이 평소 이것이 습관화되어야 한다. 즉, 상품 관찰, 점포 관찰, 상권 관찰을 말한다. 중요한 것은 이 세 가지 관찰은 소비자 중심의 관찰이어야 한다는 것을 잊으면 안 된다. 점포 관찰은 2강을 참조하고 상품 관찰은 4강의 창업 상품성을 참조하기 바란다.

1.1. 상권 관찰

상권 관찰은 방법적으로 추적 상권 관찰과 모니터링 상권 관찰로 나눌 수 있다. 상권관찰은 상품 관찰과 점포 관찰에 대한 넓은 시야의 관찰로 특정 지역을 타깃으로 창업 정보를 통한 업종변화, 점포변화, 소비자 변화, 상권변화 등에 대한 관찰을 말한다. 이미 운영 중인 창업가라면 up(業) 상권 변화 모델에 대한 점검을 통해 상권 변화에 대응한다.

1.1.1. 추적 상권 관찰

단순히 현재의 모습을 보는 것이 아니라 과거의 상권을 토대로 현재의 상권을 비교하여 관찰하는 것을 말한다. 주로 지도 검색 업체에서 제공하는 정보를 통해 과거의 업종 과거 상권에 대한 탐문을 통해 조사한다. 인터넷 정보 제공 업체나 소상공인 상권정보 시스템에서 과거 점포 이력을 조사한다. 직접 탐문을 통해 과거 상권에 대해 조사한다. 이렇게 확보한 정보로 현재 상권 가치를 파악하는 데 중점을 둔다.

1.1.2. 모니터링 상권 관찰

모니터링 상권 관찰은 특정 지역의 상권을 일정 기간 동안 집중 관찰하는 것을 말한다. 완벽하게 갖춰진 상권에서 전환(점포의 주인이 바뀌는 것)되는 것을 관찰하는 것은 상권 변화보다는 업종 변화, 권리 변화가 중심이므로 창업을 준비하는 과정에서는 올바른 접근법이 아니다. 현재 상권이 미미하거나 전무한 곳 중에 상권이 확장될 수 있는 지역을 선택하여 주택의 개조나 생활밀착 시설이 전환되는 것을 관찰한다.

(1) 모니터링 상권을 정한다

비교적 역과 가까운 지역 중에 저층 주택으로 이루어진 상권을 선정한다. 이에 해당하는 상권은 확장 배후형 상권 중에 역세권의 호재가 예상되는 상권으로 공덕역 주변처럼 환승 역세권으로 발전하고 있는 지역을 말한다. 또한 주택가를 배후로 하고 있는 다핵 상권으로 보통은 핵심 상권이 있고 그 주변에서 별도로 작게 발전하는 상권을 말하며 핵심 상권이 강력해야 하므로 홍대 상권처럼 이곳을 기준으로 상수동이나 합정동 상권으로 확장된 상권을 말한다. 융복합 상권으로의 변화가 예상되는 상권으로 이태원 경리단, 해방촌, 우사단 길, 이태원 사잇길, 뚝섬공원 상권과 같이 주택가를 침투하여 신규로 상권이 형성되는 지역을 말한다. 대학가나 학원가 상권 중에 역세권에 있으면서 주택가 주변으로 상권이 뻗어가는 상권을 말한다. 대학가 상권이라도 이미 확장률이 높은 흑석동 중앙대, 숙명여대 상권 등을 말하고 학원가는 대방동, 노량진 일대를 말한다.

(2) 입지적 모델링 점포를 선정한다.

관찰 대상 지역을 선정하였다면 상권 변화의 중심이 될 수 있는 입지적 관찰 대상 점포를 선정한다. 보통 입지적 리모델링 점포는 모니터링 상권에서 상권의 확장 시작점이나 전환점이 되는 위치의 점포를 말한다. 따라서 그 지역에서 입지적으로 가장 중요한 곳과 입지적 종착점을 선정하여 꾸준히 관찰한다. 〈사진 5-1〉은 신규 상권 중에서 주택을 허물고 도로를 연결하는 신규 도시 상권의 하나인 도시리모델링 상권이다. 〈사진 5-2〉는 위 사진 상권이 공사 후 6개월이 지난 시점으로 점포가 형성되는 초기 상권이다.

<table>
<tr><td>〈사진 5-1〉 상권 형성 전</td><td>〈사진 5-2〉 상권 형성 초기</td></tr>
</table>

〈사진 5-3〉의 상권은 〈사진 5-1〉과 〈사진 5-2〉가 있는 상권으로 상권 내에서도 발전이 시작된 곳이 있고 전혀 영향이 미치지 않은 곳이 있다. 그런 위치를 선정하여 꾸준히 관찰하기 위한 입지적 리모델링 점포(상권이 확장되는 기점이 되는 점포)를 설정한다.

<사진 5-3> 모니터링 상권 지도

자료: 카카오 맵

이 중에서 상권이 형성되기 시작한 곳의 점포와 전혀 변화가 없는 곳a, b, c의 점
포를 선택한다. 전자는 주로 입지적으로 좋은 위치d에 있으며 후자는 현재 메인 거
리와 떨어진 곳을 말한다. 〈사진 5-4〉에서 우측 사진은 a, b, c 위치의 점포가 상권
이 완성된 후 3년 이후의 바뀐 모습이다.

d 위치의 점포는 메인 상권의 완성률이 80%로 2년 차에 바뀐 모습이다

그렇게 하여 두 부류의 점포를 동시에 관찰하여 주변 상권의 발달도와 상권 형성
과정을 관찰한다. 전혀 영향을 미치지 않는 곳이 변할 경우 메인 상권은 완성되어 상
권은 이미 성숙기에 접어들었기 때문에 전체적인 권리금이나 임차료는 매우 높은
시기이므로 상권 진입타이밍을 관찰한다. 만약 상권 발달 초기를 지난 지역일 경우
잘 아는 지역이 아니라면 과거 지역 모습을 파악하기 어렵다. 이때는 카카오 맵 등
포털 사이트에서 지도 보기 방법을 활용하면 최근 데이터가 반영되지 않은 경우 최
소 1년 전의 모습을 관찰할 수 있다.

<사진 5-4> 입지적 리모델링 점포

(3) 특정 업종을 정한다

그 업종의 발달 과정을 중점적으로 관찰한다. 상권 관찰하며 제대로 보지도 못하고 별로 남는 게 없는 것은 업종에 대한 이해가 부족한 상태에서 막연히 상권을 관찰하기 때문이다. 따라서 특정 업종을 이해하고 그 업종을 중심으로 다른 업종의 연관성을 관찰해야지 전문 지식이 부족한 상태에서 전반적인 그림을 그리려고 해도 되지 않는다. 이 과정에서 처음에는 상권에 진입하였다가 나중에 들어오면 되는 경우도 있고 처음에 잘 되었다가 시간이 지나면서 쇠퇴하는 업종도 있다. 즉 상권에 대한 고정 관념을 가지고 보면 절대로 올바른 관찰을 할 수 없게 된다. 가령 어떤 점포의 특정 업종이 망해서 나갔을 경우 다시 똑같은 업종으로 들어올 수 없다고 생각하거나 집 앞의 상권이나 내가 자주 가는 상권은 잘 안다고 생각을 하기 때문에 당연한 시야로 바라본다. 그러나 등잔 밑이 어두운 것이다. 그러다 보니 특정 업종이 오픈하여 고전하고 문을 닫는 것을 보면 금세 그 업종은 안 된다고 하고 제외해 버린다. 그러나 운영력이 뛰어난 사업주가 인수하여 살아나는 경우도 있고 상권은 변하므로 누군가 상권과 매칭 되는 시점에 창업하여 성공하는 경우도 있을 수 있다. 이렇게 상권은 변하기 때문에 내가 본 것을 머릿속에 넣어두는 것보다 시점 별 상권 과정을 이해하려는 자세가 중요하다.

(4) 직접 이용한다

눈으로만 관찰하는 것은 껍데기에 불과하다. 해당 점포를 일정 주기별로 직접 방문하여 영업력을 관찰한다. 점포가 잘되어 더 넓은 곳으로 이전하기도 하고 버티다가 이전하기도 한다.

따라서 직접 해당 점포에 방문하여 사장님과도 얘기를 나누며 점포 현황을 파악하여 간접 경험을 한다. 이렇게 스킨십을 많이 할수록 상권과 점포의 특성을 이해할 수 있고 상권의 장단점을 파악할 수 있다.

(5) 모든 사항은 사진과 동영상을 담아 둔다

사진과 동영상 등을 잘 정리하여 특이사항을 기록한다. 장기간에 걸쳐 관찰해야 하므로 단순히 머릿속에 기억하는 것과 보는 것만으로는 데이터를 축적할 수 없기 때문이다. 위의 사항을 아래의 기준을 정하여 기간 별로 중점적으로 관찰한다. 그러나 상권이나 배후의 성격에 따라 기간은 짧아질 수도 있고 길어질 수도 있다. 급변하게 변하는 지역은 3~6개월 단위와 6개월~1년 단위로 관찰하며 매우 느리게 변하는 곳은 6개월~1년 단위와 1~2년 단위로 관찰한다.

가. 6개월 단위로 관찰

주로 눈에 보이는 것을 관찰하므로 진입하는 업종, 점포의 규모를 관찰한다. 특정 점포의 내 외부 공사현황 등을 관찰한다. 자리를 못 잡은 점포는 자주 변화를 주기 때문이다. 진입하는 업종의 매칭성을 관찰한다. 따라서 가장 많은 업종과 그렇지 않은 업종의 조화를 관찰한다. 주의해야 할 것은 부조화가 부적합 한 것은 아니므로 그렇지 않은 업종도 관찰한다.

나. 1년 단위로 관찰

주로 점포 내적인 요인을 관찰한다. 따라서 주로 임차료, 권리금 등의 변화를 관찰한다. 전반적으로 늘어나는 업종과 줄어드는 업종을 파악하고 그에 따른 폐점률을 파악한다. 이때 단순 폐점률이 아니라 생존 주기를 구분하여 어느 업종이 어느 정도 영업을 하는지 구체적인 데이터를 수집한다.

다. 3~5년 단위로 관찰

신규 상권은 전환율이 높아서 2차 전환까지 3년에서 5년이 걸린다. 이때는 상권의 모양이 갖춰지는 시기이기 때문에 금세 눈에 뜬다. 따라서 이런 상권에 창업해야지라는 막연한 생각하기보다 이런 상권에서 어떻게 살아남고 영업하는지 사업주의 운영 능력, 마케팅, 제품 퀄리티 등을 관찰한다. 상권의 변화를 관찰하는 것은 점포선정 측면이지만 실제 오래 운영하신 사업주의 큰 애로 사항중 하나는 '내 점포를 오래 운영할 수 있도록 지키는 것'이다. 간혹 매출도 잘 나오고 실력도 좋은데 문을 닫고 나가는 경우도 있다. 대부분 임대인과의 관계에 소홀하여 과도한 임차료 인상, 경쟁점과의 대응 등에 소홀히 하여 이런 일이 발생하기 때문이다. 따라서 완성된 상권을 지키는 노력을 간접 체험한다. 이렇게 장기적으로 관찰하는 것은 단순히 창업을 여러 번 하는 것보다 낫다. 어떤 분은 유동인구 조사와 같이 통계적 데이터 수집에 7~8년을 허비하는 이도 있다. 아직도 변하는 통계만 파악할 뿐 창업을 하지 못하고 있다.

겉으로 드러난 숫자만 중요한 것이 아니다. 그 내부를 보는 법이 중요하다. 이렇게 상권을 장기적인 관점에서 관찰하게 되면 어떤 상권을 보더라도 그 상권의 현재의 모습만 보지 않게 되어 미래를 예측하고 준비를 할 수 있게 된다.

2. 상권 꿰뚫기

상권 꿰뚫기는 상권분석 전 우선적으로 관찰해야 할 것이기도 하고 평소에 습관적으로 쌓여야 하는 시야이기도 하다. 대부분의 초보 창업가는 상권분석이라는 차원에서 통행량 조사, 매출 조사 등 수치화 할 수 있는 것에 집중한다. 그래서 뉴스나 지인을 통해 가장 핫 한 상권에 대한 정보에 민감한 편이다. 그러나 이런 상권은 빠른 시일에 급변하는 상권이거나 매우 오랜 시간에 거쳐 만들어진 상권이다. 즉 형성된 이유가 있기 때문에 하루아침에 그런 상권이 형성된 것이 아니라는 것이다. 따라서 상권 성장 과정은 무시하고 현재 잘 발달된 모습을 보고 판단하는 것은 어불성설이다. 이런 곳에서는 잘되는 점포의 잘 되는 모습만 보기 때문에 올바른 관찰을 할수 없다. 상권 전환율에 따른 과정에서 이미 다양한 점포가 바뀌었기 때문에 그 과정을 이해하지 못하면 올바른 상권 전략을 세울 수가 없다. 특히 신규 상권에서 창업은 더욱 그렇다. 개인적 모방도 그 깊이는 쉽게 보이지 않는 법인데 눈앞에 보이는 것으로 그것을 판단하게 되기 때문에 상권을 이해하는 데 무리가 있다. 따라서 상권 꿰뚫기의 의미는 창업자의 능동적 측면과 상권분석의 수동적 측면을 모두를 가지고 상권의 과거와 현재의 모습을 바라보는 것을 말한다. 즉 창업가 또는 전문가가 특정 목적을 가지고 어떤 업종을 어떤 지역에서 창업하고자 할 때 지역 형성 과정을 이해하여 업종의 적합성과 최적의 위치를 판단하는 과정을 말한다. 따라서 상권을 꿰뚫기 위해서는 지역을 이해해야 하는데 지역을 이해하기 전에 전제조건이 필요하다. 업종에 대한 이해가 되어야 하다 최소한 내가 하고자 하는 업종에 대한 이해는 한 상태에서 지역의 특성을 찾고 상권을 이해하는 것이 의미가 있기 때문이다. 상권 꿰뚫기와 관련한 업종 이해(업종성 이해, 구조적 이해, 핵심적 이해)에서 가장 중요한 것은 업종 운영 주기를 이해하는 것이다. 즉 기본적인 업종의 운영주기와 사업주의 의지로 인한 운영을 이해해야 실제 운영 효율성을 점검할 수 있기 때문이다.

어떤 신생 프랜차이즈는 지역 내 가장 손 바뀜이 많고 장사가 안 되는 점포를 타깃으로 점포 개발(점포 선정 과정)을 진행하여 성장하고 있는 가맹본사도 있다. 그러나 더 냉정히 바라보면 그 누구보다 해당 상권에 대해 이해를 하고 있고, 본사의 상품 경쟁력을 이해하고 있기 때문에 가능한 전략인 것이다. 그래서 창업 업종에 대한 구체적인 결정은 못했어도 기본 업종은 이해를 하고 있어야 한다. 시작부터 잘못되면 헛고생하게 된다. 예를 들어 이것은 어떤 환자가 심한 엘러지를 앓고 있다고 가정하자.

바로 답이 나오는 병도 있을 수 있지만 정확한 병명을 알아야 처방을 할 수 있으므로 과거의 생활 습관이나 식습관 등을 통찰하지 않고서는 완치시킬 수 없는 것과 같은 것이다.

공자는 "앞날을 결정 짓고자 하면 옛것을 공부하라."라고 말했다. 즉 과거에 어떤 상황에서 지금의 시대까지 변하고 있는지 이해를 하고 보지 않으면 미래는커녕 현재의 상황을 예측하는 것도 어렵다는 것을 말한다. 상권분석도 마찬가지이다.

창업은 단순히 현재의 상권을 계산하여 지금 당장의 업종의 적합성이 문제가 아니라 과거 상권의 변화(상품 관찰, 점포 관찰, 상권관찰)를 토대로 앞으로 나의 발전성을 전제하에 창업해야 창업시장에서 오래 살아날 수 있기 때문이다. 그렇지 않고 창업하게 되면 엄청나게 많은 자금 손실이나 불필요한 시행착오를 거치게 된다. 그래서 상권 꿰뚫기의 핵심은 다양한 상권을 돌아다니고 보는 것보다 하나의 상권을 꿰뚫어 볼 수 있는 시야를 가지는 것이 가장 중요하다.

3. 상권 활성도trade area activity와 상권 발달도trade area development

상권 활성도는 시기적 관점에서 현재 상권의 형성 정도를 말하는 것으로 상권형성 단계에 맞는 적정 수준까지 활성화되었는지 구분한 것이다. 가령 신규 상권을 측정할 경우 상권 발달 정도와 관계없이 상권 개별적인 성격에 맞게 상권이 완성되어 가는 과정을 기준으로 시점별 어느 정도 완성되어 있는지를 말한다. 따라서 상권 개별적인 범위 내에 한정하여 평가하기 위한 시점 상권을 분석하는 과정에서 활용된다. 상권의 여건으로 볼 때 상권 완성률(完成律)이 100%인 경우 상권 활성도가 높다고 하고 상권이 아직 완성되지 못한 경우 활성도가 낮다고 한다. 즉 객관적인 근거에 의한 것이기보다는 상권 개별적인 여건에 의한 평가를 말하므로 신규 상권의 형성 단계별 상권에서 말할 수 있다.

상권 발달도는 상권 활성도가 높은 상권 즉 상권이 완성된 상권에서 상권의 객관적인 평가요소에 따른 현재 상권의 발달 정도를 말한다. 상권의 객관적인 발달 정도를 말하므로 전체 상권을 놓고 평가할 수 있다. 따라서 상권의 객관적인 정보인 데이터를 통해 창업 등 구체적 행위를 하는 데 활용할 수 있으며 매우 능동적인 측면이 강하다. 상권 발달도는 상권분석 시 아래의 요소들을 통칭하여 부르는 용어이다.

현재 일반적으로 눈에 보이는 형태인 통행량, 스테이 타임, 주 평균 밀도율, 상권 크기, 중심성, 매장 분포도 등 19가지의 요소를 종합적으로 믹싱 한 조합을 말한다.

각각 요소는 1~5단계로 나눌 수 있고 전체를 합쳐서 A, B, C, D, E 등급으로 구분하여 상권 발달도를 평가할 수 있다. 또한 상권 발달 측정 요소들은 상권의 외형적 측면을 판단하는 근거일 뿐 업종에 따른 수익성과는 전혀 별개의 요소인 점은 분명히 이해를 해야 한다. 즉 창업의 성공과 상권 발달도와는 별개이기 때문에 발달도가 높아도 돈을 많이 버는 것은 아니라는 것이다. 따라서 현장에서 상권 발달도의 활용은 상권 형성 단계에 따른 통계적 상권을 파악하는 데 있다. gis 상권분석처럼 위치 기반의 분석을 위해서는 최소 C등급 이상인 지역이어야 적용 가능한 데이터를 신뢰할 수 있고 통계적 정보의 활용성이 높기 때문이다.

• 상권 발달도 측정 요소

① 통행량passing amount

1등급은 분당 약 30명 이상이 지나다니는 깃을 밀하며 5등급은 분당 3명이 지나다니는 것을 말한다. 이것은 배후분석법적으로 1등급은 분당 20명이 넘게 다니는 지역을 말하며 2등급은 분당 약 15명이 다니는 지역을 3등급은 분당 약 8명이 다니는 지역을 4등급은 분당 약 5명이 다니는 지역을 5등급은 분당 3명 이하가 다니는 지역을 말한다. 1등급과 2등급은 보통 유동형을 말하며 5등급은 고정 배후형을 말한다. 따라서 1등급은 불특정 통행인이 많은 반면 5등급은 고정 배후민의 통행이 대부분이다. 즉 통행량이 많은 지역이라고 매출이 높게 비례하고 그렇지 않은 지역이라고 낮은 것도 아니다.

업종의 성격과 입지 유형에 따른 차이가 크기 때문이다.

② 스테이 타임stay time

소비자가 상권에 머물러 소비하는 시간을 말한다. 즉 바로 지나가는 통행량이 많은 곳은 만남의 장소가 많으므로 커피 전문점, 편의점, 드럭스토어 등이 많은 편이다. 소비자가 머무는 시간이 긴 경우는 소비형(완전 소비형, 불완전 소비형)인 우물 유동형에서 가장 높은 편이다. 주로 음식, 주점을 동시에 해결할 수 있는 업종이 몰려있다. 이런 곳에서 1차, 2차 또는 2차, 3차를 한 지역에서 소비하는 경우가 스테이 타임이 길다. 이런 곳의 편의점은 늦은 시간까지 끊이지 않지만 오전에 매우 한산하다. 반면 스테이 타임이 짧은 지역은 오전, 오후 통행량이 많지만 야간은 한산하다. 즉 스테이 타임이 길다고 발달도가 높다는 것은 상권 내 소비자가 오래 머물어 객단가를 높이고 충동구매 효과가 높기 때문이다. 어떤 상권에 가면 통행량은 전무하고 객단가가 높은 지역이 있다. 이런 곳까지 상권 발달도가 높다고 하지는 않는다. 따라서 스테이 타임은 통행량이 4등급 이상이며 쇼핑위주로 형성된 상권은 제외하기 때문에 꾸준히 소비가 이루어져야 하는 상권이다. 1등급은 콘텐츠형 유흥주점 위주로 형성된 상권이고 2등급은 유흥주점과 먹거리가 혼재된 상권이고 3등급은 일반음식점위주로 형성된 상권이고 4등급은 커피숍 등 만남의 장소로 활용되는 상권이고 5등급은 커피숍등 만남의 장소로 이용되는 시설과 마트, 헤어숍 등 같은 생활편의시설이 모여 있는 상권을 말한다.

③ 주 평균 밀도률a week average sales density

주중 5일과 주말 2일간의 매출 비율을 표시한 것을 말한다. 1등급은 주말 2일간의 매출이 주중 5일 간의 매출 비율이 4:6의 비율로 이루어졌고 5등급은 주말 2일 매출과 주중 5일간의 매출 비율이 2:8의 비율로 이루어졌다. 그러나 무조건적인 비율을 의미하는 것은 아니고 평일 매출이 업종 평균 매출 이상인 지역일 경우 기준으로 한다. 또한 편의점의 경우 완전 상주형(오피스가)은 주말 평균 매출이 주중 평균 매출의 30%에도 미치지 못하는 경우가 있는데 이 경우 측정 대상에서 제외한다. 업종의 특성을 고려해야 하므로 주중매출뿐 아니라 주말 매출도 업종 평균 매출 이상인 지역에 한정한다.

④ 상권 크기trade area size

상권의 크기에 따라 5등급으로 나눈다. 그러나 크기 자체가 중요한 것이 아니라 핵이 있는 상권인 경우가 전제가 되어야 하므로 1등급은 중심성이 1등급인 상권이 2개 이상인 상권을 말하며 2등급은 중심성이 1등급인 상권이 하나인 상권을 말하며 3등급은 중심성이 2등급인 상권을 말하며 4등급은 중심성이 3등급인 상권을 말하며 5등급은 중심성이 4등급인 상권을 말한다.

⑤ 중심성centrality

중심성은 상권의 크기와 관계가 있지만 상권의 핵심을 5등급으로 구분한 것을 말한다. 즉 상권이 발달한 지역의 중심성을 말하므로 매우 발달도가 높은 지역을 전제로 한다. 1등급은 중심성이 대핵심 상권big centrality, 2등급은 중심성이 중대 핵심 상권pass middle centrality, 3등급은 중심성이 중핵심 상권middle centrality, 4등급은 중심성이 중하인 상권middle and low centrality, 5등급은 중심성이 하인 상권low centrality을 말한다. 중심성을 평가하여 수치화할 수는 없다. 단지 중심성의 역할은 중심 상권의 발달한계를 넘어 다핵상권extended central trade area을 형성시키는 힘을 말한다. 따라서 중하 핵심의 기준은 주변으로 조금씩 상권이 이동하기 시작하면서 중 핵심 이후부터는 본격적으로 다핵상권으로 이동하는 시기로 볼 수 있다. 이 부분은 브릿지 상권(8강 참조)을 참고하기를 바란다.

⑥ 상권 확장률(擴張律)

상권 확장률은 일반적으로 배후민이나 통행량이 늘어나면서 상가시설이 늘어나는 현상을 말한다. 이것은 엄밀히 말하면 미래의 상태를 예측하는 것이나 현재 상태에서 이것의 가능성도 상권 발달도에 영향을 준다. 주로 융복합 상권으로 발전할 가능성이 높은 상권이나 대학가 배후 상권, 역세권 상권이 확장률이 높다. 확장되는 속도와 범위에 따라 5등급으로 구분한다. 1등급은 융복합 상권으로 본 궤도에 오른 상권이고 2등급은 융복합 상권 초기 상권이고 3등급은 대학가 배후 상권이고 4등급은 신규 시설 호재가 있는 상권이고 5등급은 발전성 높은 역세권 상권이라고 말할 수 있다. 〈사진 6-1〉은 홍대 상권처럼 융복합 상권과 대학가 상권이 복합적으로 형성된 상권을 기준으로 확장되는 사진이다. 중심성이 하인 상권이 대핵심 상권으로 확장되는 과정과 핵심 상권으로 형성되면서 다핵상권으로 확장되는 경우로 나누어 보여주고 있다. 사진에 나와 있지는 않지만 대핵심 상권 형성된 후 더 이상 확장되기 어렵거나 대핵심 상권이 둘 이상이 형성되면 좀 더 넓은 의미의 다핵상권인 위성상권satelite trade area이 형성되기 시작한다.

⑦ 매장 분포도store size distribution

매장의 크기가 적절히 혼재되어 있는 정도에 따라 5등급으로 구분한다. 1등급은 작은 매장(1단위)과 넓은 매장(2단위, 3단위)의 비율이 8:2의 비율인 경우이고 2등급은 6:4, 3등급은 5:5, 4등급은 4:6, 5등급은 2:8인 경우이다. 그러나 주점이나 외식업이 발달한 소비형은 1단위에서 2단위의 중간에 해당하는 매장이 많은 편이며 야간 시간에 방문객이 집중된다. 판매시설이 발달한 곳은 의류와 액세서리가 주를 이루며 주간 시간에 방문객이 집중된다. 이렇게 작은 매장이 더 많은 경우에 더 높은 등급을 책정하는 것은 넓은 매장은 객단가가 높은 편이며 작은 매장이 넓은 매장보다는 매장이 효율성이 높고 더 많은 고객이 방문한다고 보고 전체적으로 고른 시간에 걸쳐 방문한다고 보기 때문이다.

⑧ 업종 발달도type of business development

업종 발달도는 개성 있는 업종의 발달한 정도에 따른 구분으로 일반적으로 개성 있는 업종은 개인 브랜드가 대부분이고 개성이 적은 업종은 빅 프랜차이즈인 경우가 많다. 따라서 보통 중심성 1등급은 개성 있는 업종의 비중과 그렇지 않은 업종의 비율이 8:2 이상인 경우이고 2등급은 7:3, 3등급은 6:4, 4등급은 5:5, 5등급은 4:6인 경우이다. 1등급은 골목상권 중에서 융복합 상권에 많은 편인데 이태원 우사단길 같은 경우 매우 작은 평수로 형성되어 있으며 95% 이상이 개인 업종으로 이루어진 곳이다.

5등급 하인 경우는 주로 프랜차이즈 업종 위주로 형성된 곳으로 명동 핵심 상권은 관광형 상권으로 통행량은 많지만 대부분 대기업 프랜차이즈이므로 이런 상권은 개인 창업가의 접근성 측면에서는 매우 떨어져 있기 때문에 업종 발달도 측면에서는 매우 낮다고 할 수 있다.

⑨ 접근성accesibility

주로 배후분석적 입지의 4요소 중 주배후 접근성,건널목 접근성과 교통시설의 접근성에 따른 구분으로 1등급은 세 가지가 높은 곳을 말하며 2등급은 두 가지는 높고 나머지 하나는 평균인 경우이고 3등급은 세 가지 중 하나는 높고 나머지는 평균인 경우이고 4등급은 모두 평균인 경우이고 5등급은 셋 중하나만 높고 나머지는 평균 이하인 경우를 말한다. 특히 이연수 외(2014)는 점포 밀도가 높은 캠퍼스 상권에서는 대중교통의 접근성은 상권 발달에 더 큰 영향력을 미친다고 하였다. 이는 작은 규모의 점포가 많은 상권은 소비자 접근성에 더욱 민감하다는 것을 볼 수 있다.

⑩ 전환율(轉換律)

업종이 선순환되는 구조를 말하며 기존 상권에서 적용한다. 즉 적절한 점포 전환은 상권 발달에 긍정적인 영향을 미치지만 과도한 전환이나 전혀 전환이 발생하는 않는 상권은 오히려 도태되기 쉬울 수 있다. 기존 상권은 3% 이내 신규 상권은 상권 활성도에 따라 5~15%의 전환율이 발생할 수 있다.

⑪ 소비력spending power

소비력이 높고 낮음을 방문 객층을 기준으로 판단하는 경우와 단순히 소비층을 기준으로 하는 것이 아니라 방문 지역에 따른 방문 객층 소비 범위를 기준으로 하는 경우로 나누어 볼 수 있다. 전자는 대학가 유흥과 주점 위주의 상권이라도 홍대 상권이 신촌 상권보다 객단가가 더 높다. 이것은 단순히 해당 대학교 학생들의 주머니 사정의 차이가 아니라 학생 이외의 외부 방문객의 차이가 크기 때문이다. 그러나 돈 많은 직장인이 방문한다고 삼겹살은 더 많이 주문하지는 않는다. 따라서 외부 방문객의 대상은 중고등학생의 비중과 대학생의 비중으로 한정하여 나누는 것이 바람직해 보인다.

후자는 직장인이 직장 근처에서 유흥을 즐긴다면 소비에 일정 제한을 두지만 이태원처럼 융복합 상권에서 소비를 하고자 한다면 소비폭을 더 높게 준비하고 즐기는 경향이 많다. 이것은 상권 특성에 따른 소비 패턴이 다르기 때문이다 이렇게 같은 소비층이라도 어디에서 소비를 하느냐에 따라 소비력의 차이가 발생한다. 결국 창업 측면에서 보면 케이스 바이 케이스case by case이다. 소비력을 단정지을 수는 없기 때문에 특정 상품과 업종의 평균 단가를 지불할 의사가 높냐의 기준으로 접근하는 것이 바람직해 본 인다. 이것을 전제로 1등급은 평균 2배 이상의 소비력을 보이는 경우 2등급은 평균 보단 50% 이상의 소비력을 보이는 경우 3등급은 평균 소비력을 보이는 경우 4등급은 평균 낮은 경우 5등급은 평균보다 50% 이하의 소비력을 보이는 경우로 구분해 볼 수 있다.

⑫ 인지도recognition

이것은 상권 크기와 중심성과 밀접한 관련이 있다. 따라서 1등급은 도시 대표 상권인 경우로 명동, 홍대 상권, 강남역 상권 등이 해당한다. 2등급은 확장률이 높은 상권으로 경리단 상권, 성수동, 상수동 상권을 말한다. 이런 상권은 비교적 낮은 연령층의 인지도가 높다. 3등급은 대표 역세권 상권으로 공덕역, 사당역 상권, 서울역 상권 등 역을 기준으로 한 상권을 말한다. 이런 상권은 비교적 높은 연령층의 인지도가 높다. 4등급은 동네의 시장 주변의 상권으로 주로 1차 소비시설과 함께 발달한 상권을 말한다. 5등급은 배후를 기반으로 하는 상권으로 주로 생활밀착시설로 형성된 상권을 말한다. 마포구청 역, 망원역 상권처럼 주택가를 기반으로 하는 상권을 말한다. 이렇게 인지도 그 자체는 매출과 영향이 있는 것이 아니고 얼마나 많은 사람에게 알려져 있는지를 나타낼 뿐이다.

⑬ 상가권리금location premium

사업자가 영업을 통해 형성된 영업권리금과 사업자가 투자한 내외장 인테이어 등 시설물 투자로 인한 시설권리금, 점포 고유의 입지에서 형성된 바닥 권리금을 통칭하는 말한다. 상가권리금은 점포 투자와 관련하여 중요하게 점검해야 할 사항으로〈표 2-12〉를 참고하기 바란다. 입지권리금은 일반적으로 1등급은 1층 기준 평방미터당 250만 원 이상(약 평당 800만 원)인 경우이고 2등급은 평방미터당 150만 원(약 평당 500만 원)인 경우이고 3등급은 평방미터당 100만 원(약 평당 300만 원)인 경우이고 4등급은 평방미터당 70만 원(약 평당 200만 원)인 경우이고 5등급은 평방미터당 30만 원(약 평당 100만 원)인 경우이다. 이러한 입지 권리금 대표상권을 중심으로 형성된 것으로 가장 기본적인 권리금 평가 기준이 된다. 그러나 실제 상가 권리금은 사업주의 영업 매출에 의해 형성되는 것이 기본이며 이는 상권 발달과 관련이 높다. 실제로 전광성, 정승영(2018)은 "상권의 경제기반이 상가권리금에 주는 효과 연구"에서 조사기간(시간), 특정업체수의 변화, 보완 및 대체관계가 있는 사업체수가 상가권리금 상승에 큰 영향을 미친다고 하였다. 조사기간(시간)은 창업가의 노력에 따라 매출이 증가하기 때문이며, 특정업체수의 변화는 편의점이나 프라이드 치킨음식점은 소비자의 소비를 촉진하기 때문에 지속적인 증가로 권리금이 상승하게 된다. 대체로 대표적인 생활밀착업종인 편의점, 프라이드 치킨점과 대표 식재료인 육류점은 상가권리금 증가에 영향을 미쳤으며, 수리업체 등 서비스업종 증가는 상가권리금 형성과 부(-)의 상관관계를 보여주었다. 또한 보완 및 대체관계가 있는 사업체수 증가는 편의점이 군집된 상권에는 치킨점, 육류소매점, 미용실 등 수도 증가하였다. 점포 이에 대한 추가적인 사항은 〈표 4-24〉 점포관계성을 참고하기 바란다.

⑭ 점포 밀도(업종 집적도)

상권 내 전체 토지 면적(건축물 연면적) 대비 상권 내 점포 토지 면적(점포 건축물 연면적)로 산출할 수 있다. 김지원(2018)은 상권 매출에 영향을 미치는 영향요인 분석에서 유동인구, 상주인구, 점포 수 등은 통제하고, 업종 다양성 변화와 점포 밀도 변화를 중심으로 연구하였다. 또한 김현철, 안영수(2019)는 상권의 통태적 특성을 파악하기 위해 점포 수 밀도와 업종 다양성을 중요변수로 연구하였다. 따라서 상권 발달도를 점검하는 데 있어 점포 밀도와 점포 수는 업종다양성과 함께 매우 중요하게 점검해야 할 요소이다.

⑮ 업종 밀집률(업종 특화지수) 및 업종 다양성

점포 수 밀도와 업종 다양성을 반영한 변화율을 말한다. 김현철, 안영수(2019)는 업종 밀집률을 골목상권에서 업종별 점포 연면적의 합을 해당 골목상권 구역면적으로 나눈 값으로 산출하였고, 골목상권의 업종구성에 따른 다양성을 개별적으로 측정하기 위해 Shannon의 다양성지수를 이용하였다. 따라서 업종 밀집률은 주거시설 비율이 많은 골목상권이나 대학가 상권에서 더욱 민감하게 파악할 필요가 있다. Duranton & Puga(2000)은 특화지수와 다양성지수의 개념으로 구분하여 업종다양성을 산정하는 방법론을 정리하였다. 절대적 특화지수는 지역 내 비중이 가장 높은 업종 비율을 나타내고, 상대적 특화지수는 전국 대비 지역의 상대적 업종 특화 정도를 나타내고, 절대적 다양성지수는 지역 내 전체 업종이 고르게 분포한 정도를 나타내고, 상대적 다양성지수는 전국 대비 지역의 업종 별 편중 정도 차이를 나타낸 것으로 지역의 상대적 업종다양성을 나타낸 것을 말한다.

⑯ 필지 크기

이연수 외(2014)는 캠퍼스 상권은 소규모 업종의 매출이 대규모 업종의 매출보다 높다고 하였듯이, 필지 크기는 상권 발달에 영향을 미친다고 볼 수 있다.

⑰ 보도율 및 보도폭

이연수 외(2014)는 업종밀도가 높은 캠퍼스 상권의 경우 소규모 단위 점포가 많기 때문에 보도의 폭이 좁아도 상권의 매출은 증가할 수 있다고 하였다.

⑱ 업종 경쟁성

김동준 외(2019)는 "서울시 발달상권과 골목상권의 일반음식점 생존특성에 관한 연구"에서 상대적 특화에 따른 업종의 과당경쟁은 일반음식점 생존에 부정적인 요인으로 나타났다고 하였다. 특히 서로 다른 이종업종의 다양성은 부정적인 영향을 미치지만, 골목상권의 경우 유사업종 다양성이 높다면 생존에 유리한 환경을 조성한다고 하였다. 따라서 골목상권과 발달상권 모두 집적효과와 유사업종의 다양성이 상권 발달 측면에 유리하다고 할 수 있다.

⑲ 상권 상호작용

정동규(2017)는 발달상권과 골목상권은 밀접한 상호작용으로 상권 발달과 쇠퇴에 영향을 미친다고 하였다. 〈그림 6-1〉에서 보듯이 핵상권간 상호작용으로 상권확장에 따른 상권 발달에 영향을 미치는 것을 볼 수 있듯이 해당상권의 상권 발달도를 측정함에 있어 상호작용에 따른 영향력 정도를 파악할 필요가 있다. 이태원 메인상권의 경우 대로변 발달상권은 판매시설중심으로 형성된 대로변 발달상권은 코로나로 인해 매우 위축되었으나, 이면도로에 있는 이태원 음식문화거리는 상대적으로 상권 발달도가 높은 점은 선행연구와 다른 측면이 있다. 이는 코로나로 인한 특수한 상황으로 젊은이들의 관계개선에 따른 보복소비가 단순 쇼핑보다는 식음료 등 즐기는

쪽에서 두드러지게 나타난 것으로 볼 수 있다.

위의 19가지 요소들을 합하여 평가하며 이들을 합한 것이 상권력trade area power 이다.

Section

시점 상권분석 및 시점 배후분석

1. 상권 사업

상권을 계획하는 과정은 크게 도시 상권 측면(도시 계획 측면)과 개별 상권 측면(상업 시설, 창업시설 측면)으로 구분할 수 있다. 도시 상권 측면 사업은 도시계획에 의한 신노 시 건설, 대규모 도시개발, 재개발, 재건축 등 사업시 상업시설에 대한 계획은 규모 가 커서 사회 경제적 영향이 크기 때문에 부동산뿐 아니라 취업 및 창업시장에도 영 향을 미친다. 그 영향은 인근 지역에까지 영향을 미친다. 도시는 시간이 지나면서 성 장기(개발기)는 10년에서 20년에 걸쳐 발전이 된다. 성숙기는 20~30년 되는 시기에 질적으로 안정되는 기간이라고 한다. 쇠퇴기는 물건도 감가상각 되듯이 도시 내용 연수가 다 되어 가는 시기로 본다.

즉 도시 전체적으로 건물이 노후화되어 지가는 정체되기 때문에 성숙기 때보다 낮은 수준의 주민들의 이주가 높아진다. 천이기(과도기)는 도시계획에 따라 달라지며 성장기 때는 주민의 이탈이 많아지며 하위 계층의 활발한 이전으로 부분적인 지가 상승이 이어질 수 있다고 본다. 악화기는 쇠퇴기와 천이기에서 도시 재생 사업이 실 패할 경우 도시기능이 악화된다. 개별 상권 측면 사업은 크게 관주도와 개인 주도로 나눌 수 있다. 관주도는 큰 틀에서 도시 생성과 기능에 대한 것으로 거시적 관점에 서 도시 재생 사업, 지자체의 도시계획에 따른 도로 확장 사업, 지역 재건축, 지역 융 복합 시설 같은 대규모 쇼핑 시설의 출점 등은 도시 소비 기능의 구조에 영향을 미친 다. 개인 주도는 특정 지역 또는 특정 건축물의 상가시설이나 신도시 내의 개별 상업시설 건축이 여기에 해당한다. 이런 상권에서 창업은 경험적 계획 시설이 들어서므로 사업 초기부터 창업 전문가의 상권 상생 방안과 방향 모색 등 지역 경제와 부합하는 개발이 주류를 이룬다. 다음에서 설명할 시점 상권분석은 주로 전자의 상권 사업에서 창업 측면에서 어떤 시기에 창업이 적절한지 판단하는 근거로서 활용되기 때문에 매우 경험적 관찰법이다.

2. 시점 상권분석 및 배후분석 개요

시점 상권분석 및 배후분석은 상권의 형성 시기 및 변화에 따라 창업기업 성장단계, 브랜드 수명주기 등을 고려하여 적합한 진입 시점인지 평가하는 것을 말한다. 상권 형성 시기 및 변화는 소상공인 창업 생존에 있어 매우 중요한 영향을 미치므로 정동규(2017), 김지원(2018), 김현철, 안영수(2019), 민철기, 강창덕(2021) 등 많은 연구에서 상권의 시간에 따른 상권 동태적 변화를 연구하였다. 이혜영, 김진수(2018)는 창업기업은 성장단계별로 사업 실패에 선제적으로 대응할 수 있는 핵심 성공요인을 미리 파악하고, 그러한 요인들을 확보, 통제할 수 있는 성장 잠재력에 집중하여 미래를 대비한다는 관점에서 접근할 필요가 있다고 하였다. 마찬가지로 상권 진입 시기가 중요한 것은 창업가 역량을 상권 성장단계별로 요구 되는 업종변화와 자신의 역량 간 갭을 줄이고 개선해 나가야 성공할 수 있기 때문이다. 따라서 상품과 외식기업 브랜드의 생애주기를 통한 시장진입 시기가 적합한지 평가 한다. 예를 들어 상품의 경우 1988년 일본의 도토루라는 스페셜티 전문점이 시장에 진입하였으나 한국 커피시장은 믹스커피가 발전하던 시기이므로 시장 안착에 실패하였던 경험이 있다. 그러나 현재 커피 창업의 경우 스페셜티는 매우 활성화되어 있고 창업가는 당연히 염두에 두어야 하는 상품이 되었다. 실제로 카페 뎀셀브즈, 테라로사, 커피 리브레, 프릳츠, 박이추 커피공장 등이 질 좋은 원두와 차별화된 로스팅으로 소비자 커피 취향을 이끌고 있다. 이외에도 바게뜨, 샐러드 등 여러 식품에서 유사한 사례를 찾아볼 수 있기 때문에 반드시 창업 전 내 상품이 지금 진입하기에 너무 이르지 않은지 또는 너무 늦지는 않았는지 파악할 필요가 있다. 이것은 기술창업에서도 매우 중요하게 다루고 있다. 실리콘벨리의 유명한 투자자인 빌 그로스는 그의 연구에서 스타트업의 성공에 가장 중요한 영향을 미치는 요소로 idea, team, business model, funding, timing 다섯 가지를 제시 했다. 연구 참가 기업 중 42%는 timing, 32%는 team/execution, 28%는 idea, 24%는 business model, 14%는 funding 이중에서 1위가 timing이라고 하였을 정도로 제품의 시장진입 시기는 매우 중요하다고 할 수 있다. 또한 브랜드가 프랜차이즈라면 외식기업 수명주기를 적용하여 해당 브랜드의 수명주기가 도입기, 다점포확장기, 성장기, 성숙기, 쇠퇴기 또는 재생기에 있는지 파악하고 해당 상권에서 가장 적합한 진입 시기를 평가한다. 위의 상품이나 브랜드의 수명주기를 통해 개별 창업 점포가 특정 상권의 형성과정에서 어떤 시기에 진입하기에 적합한지 관찰적 방법으로 상권 평가적 관점에서 적절한 상권 진입 시기를 파악하기 위한 것이다.

시점 상권분석은 주로 신규 상권이나 상권 변화가 예상되는 지역에서 적용한다. 상권 형성 시기에 따라 기존 상권과 신규 상권으로 구분할 수 있다. 기존 상권은 신축비율 10% 미만이거나 신규 상권 형성된 후 5년이 지난 상권을 말한다. 신규 상권은 상권 내 주택의 상가 변환율이 50% 이상이거나 신축률이 50% 이상인 상권을 말한다. 크게 도시 상권과 신도시 상권으로 구분할 수 있다. 도시 상권은 골목상권 범주에 있는 도시 리모델링 상권, 주택가 변환 상권과 발달상권 범주에 있는 도심 재개발 상권으로 구분할 수 있다. 신도시 상권은 계획 신도시 상권과 도시 개발 상권으로 구분할 수 있으며 계획 신도시 상권은 국가나 지자체 주도 상권으로 신도시 집중 상권과 신도시 배후 시설 상권으로 구분할 수 있다. 민간 도시개발 상권은 비교적 규모가 작은 미니 신도시 형태의 민간 개발을 말한다. 그러나 도시개발지의 주변에 고차 중심지가 있다면 매우 정적인 상권으로 형성될 확률이 높기 때문에 동네만을 대상으로 하는 창업이 주류를 이루게 된다. 따라서 작은 신도시 집중상권이나 배후 시설 상권과 유사하므로 시점 플로어는 생략하겠다. 재생 상권은 엄밀히 말해 재생 전은 매우 상권이 열악하거나 아무 것도 없는 상권이므로 재생 이후는 신규 상권으로 볼 수 있다. 따라서 도시 재생 상권과 개척 상권으로 구분할 수 있으며 넓은 의미의 신규 상권으로 볼 수 있다. 최근 신규 상권의 성장을 보면 나 홀로 잘해서 발전하는 경우는 드물다. 모든 것이 잘 갖춰진 곳이 아니므로 별다르게 눈에 띄지 않는다. 따라서 창업을 해본 분이나 젊은 층의 창업가들이 많이 진출한다. 특히 이런 곳은 준비기간이 길고 충분히 검토하여 장기적인 전략으로 창업을 하기 때문에 상권 형성 과정이 쉽게 눈에 띄지 않는다. 이것은 기존 상권의 상권 확장률에서도 볼 수 있다. 확장률(擴張律)은 기존의 핵심 상권을 토대로 새롭게 뻗어나가는 확장을 말하며 신규 상권은 상가시설이 불완전하게 형성되어 있는 곳이 완전한 상권으로 변하는 과정의 상권을 말한다. 따라서 핵심 상권에서 새롭게 확장하여 신규로 형성된 상권(위성 상권, 다핵 상권, 브릿지 상권 등)도 신규 상권으로 볼 수 있다. 시점 플로어는 주택가 변환 상권과 비슷하므로 생략하겠다.

시점 배후분석은 주로 상권 범위가 작은 기존의 동네 상권에서 진입 시점을 분석하는 것을 말한다. 따라서 창업에 대한 전반적인 이해를 기본으로 특정 업종을 내 것으로 이해하고 상권 형성 과정을 분석하고 창업해야 성공 가능성을 높일 수 있다. 따라서 단순히 전문가의 관점에서 성공 확률을 높이기보다는 특정 지역을 선정하여 창업가 관점에서 꾸준한 관찰적 자세가 중요하다. 이점은 전문가보다는 내가 더 잘 알 수 있기 때문이다.

3. 시점 상권분석 기법

3.1. 주택가 변환 상권/도시 리모델링 상권

주택가 변환상권은 기존의 상가시설이 없는 지역에서 주택이나 기타 시설이 상가시설로 바뀌면서(상권 확장과 관계가 깊음) 형성되는 상권을 말하며 재생 지역의 낙후된 것과는 구분한다. 도시 리모델링 상권은 도로가 넓혀지면서 상가 시설이 형성되는 경우, 도로가 뚫려서 상가시설이 형성되는 경우, 철도 시설 등의 개발로 일종의 도시 재생의 일환으로 주변이 상가시설이 활성화되는 경우의 상권을 말한다.

이런 곳은 기존에 상가 시설이 어느 정도 존재한 경우도 있지만 경의선 철도 주변의 연남동 일대처럼 공사 이후에 급격히 발전하는 모습을 보이기도 한다. 대표적인 곳이 용산구 행방촌, 이태원 베트남 퀘논길, 한남동 꼼데가르송 거리 뒷길, 뚝섬 제화 거리, 상수동, 합정동, 연남동, 망원동 등 최근 가장 핫한 상권들이 속해있다. 보기에 따라서는 무에서 유를 창조하는 것이므로 초보 창업자보다는 실력과 창업 경험자나 탄탄한 사업계획을 토대로 창업을 철저히 준비한 창업가, 전문 프랜차이즈 업체의 진출이 많으며 시점에 따라 운영 강도와 진입 시기에 따른 투자금액의 차이가 크기 때문에 매우 주의 깊게 관찰해야 한다. 주택가 변환 상권과 도시 리모델링 상권이 형성되는 과정은 〈그림 5-1〉과 같은 매우 체계적인 단계를 거치므로 사업주의 창업 방향과 업종 성격에 맞게 진입 시기를 판단해야 한다.

<그림 5-1> 주택가 변환/도시 리모델링 상권 시점 플로어

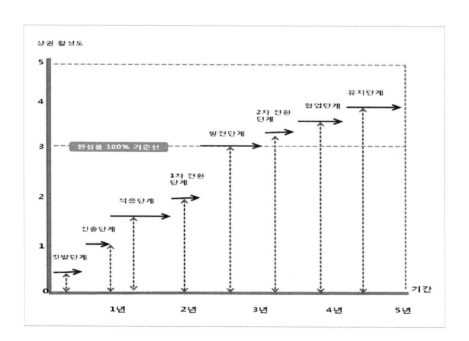

(1) 깃발 단계

첫 점포와 초기에 진입하는 점포의 성격과 성공은 상권에 큰 영향을 미친다. 대체로 교통여건이나 인지도 있는 지역에서 아무도 진출하지 않는 곳에 상품력을 앞세워 최초로 진출한다. 이때 리드 점포가 될 수 있는 점포라면 상권의 색깔은 더욱 명확해져서 빠른 속도로 변하게 된다. 지금까지는 메이저 편의점(a)이 이런 역할을 하였으나 지금은 편의점의 증가로 이런 역할은 줄어들게 되었다.

단순히 일반 프랜차이즈인 경우는 드물고 개성이 강한 점포(b)가 독립하여 생존한다.

<사진 5-5> 1단계 리드점포

(2) 진출 단계

형성된 지 1년 이내로 서서히 알려지기 시작하면서 다른 업종들이 들어서기 시작한다.

이미 포인트 위치는 입점한 시기이므로 배후분석에 민감한 업종의 진입 시기는 아니다.

즉 편의점이 이미 깃발 단계에 진출하였다면 더욱 그렇다. 이후 점포 개설은 보기보다 소극적인 측면이 강하여 관망하게 되고 동일 업종이라도 유사한 형태로 진입하지는 않고 또 다른 상품력으로 진입한다.

(3) 적응 단계

상권에 적합한 형태로 생존할 수 있는 최적화된 콘셉트를 찾는 과정이므로 적응단계는 1년 전후로 보기 때문에 긴 편이며 관망하는 자세에서 벗어난 시기이다. 2년 재계약 이내의 시기이고 상권이 형성되는 초기 형태이므로 상대적으로 투자금이나 임차료가 저렴한 시기이므로 창업 층이 다양해진다. 그러나 실력이 풍부하기보다는 개척 정신이 높은 창업가의 진출이 많기 때문에 단순 데이터보다는 큰 그림을 그려 진출하는 사례가 많다.

(4) 1차 전환

이 기간은 보통 임대차 재계약이 일어나는 2년 전후로 이미 진출한 창업가가 상권의 색깔을 시험하였으므로 서서히 상권의 색깔이 형성되기 시작한다. 외식업종과 옷 가게가 양립하여 형성되는 것은 쉽지 않다. 특히 상권의 규모가 작은 경우는 더욱 그렇다. 이때는 시기적으로 활성화되는 단계가 아니므로 통행량에 민감한 업종이나 단순 판매 시설이나 단순 모방 점포, 경험이 부족한 창업가들은 상권에 적응하지 못하고 실패하여 점포를 전환할 확률이 높다. 그러나 이시기에 업종이 전환되는 동안 이미 깃발단계나 진출 단계에 진출한 편의점, 커피 전문점처럼 배후분석에 민감한 업종은 유입률의 증가로 가장 많은 이득을 보게 된다.

(5) 발전 단계

보통 2~3년의 시기로 상권의 색깔이 명확해지는 시기이며 적응 단계와 함께 가장 기간이 길다. 그러면서 일반인들의 눈에 띄기도 하지만 창업하기 가장 어려운 시기이기도 하다. 따라서 발전성만 보고 무턱대고 창업해서는 안 된다. 이때는 아직 상권의 색깔이 명확한 시기가 아니며 상권의 발전성이 보이기 시작하므로 다양한 업종이 진입할 수 있는데 상권에 어색한 업종이 진입하기도 한다. 가령 상권 방향은 식음료이나 가구점과 어울리는데 애견숍 등이 진입한다. 따라서 애견숍 창업이라도 각자의 색깔을 마음껏 펼쳐 영업을 하며 점포의 경쟁력을 극대화시키더라도 상생할 수 있는 창업을 시도해야 한다. 또한 상권 완성률이 90~100%이므로 이때부터는 기존 상권이 자리를 잡아가기 시작하면서 임차료나 권리금에 부담을 느끼게 되는 창업가들이 상권의 확장을 노려 주변으로 진출하기도 하다. 상권 확장률적 측면에서 이 시기는 1차 확장이라고도 한다. 〈사진 5-6〉과 같이 근접 입지적 리모델링 점포(신규 메인 상권에서 상권이 확장되는 최근접 시작점의 점포)의 전환이 이시기에 진행이 된다.

〈사진 5-6〉 근접 입지적 리모델링 점포

동시에 〈사진 5-7〉에서 보듯이 입지적 리모델링 점포 중에서 한계 점포(상권 확장성의 전환 포인트 점포)의 전환이 시작된다.

<사진 5-7> 근접 입지적 리모델링 점포 사진

자료: 카카오 로드뷰

(6) 2차 전환

상권의 모습이 구체적으로 정해지므로 어색한 점포나 발전단계에 무리하게 진입했던 점포나 상권의 성향과 소비자에 맞는 콘셉트나 틈새를 공략하지 못한 점포는 도태된다.〈사진 5-8〉에서 보듯이 1차 전환 시기나 발전 단계에 진입한 애견 샵은 상권의 변화에 맞지 않아 도태되어 식음료 전문점으로 전환된다.

이시기를 2차 전환기를 맞는다. 이미 경쟁력이 있고 경험이 풍부한 외부 창업가가 진출한다.

보통 이 시기는 임대인과 재계약 전 3~4년 사이에 일어나기 때문에 권리금이 높고 인테리어도 독창적으로 하기 때문에 투자금도 높게 되고 점포 시설 투자도 높은 업종이 진출한다. 〈사진 5-9〉에서 보듯이 상권의 색깔이 명확해지는 시기이므로 명확한 업종이 구석구석을 파고든다.

<사진 5-8> 애견숍에서 커피숍으로 사진

자료: 카카오 로드뷰

<사진 5-9> 상권 구석구석 파고들고 있는 모습

(7) 협업 단계

상권 내 업주끼리 왕래를 하여 상권의 색을 입힐 수 있도록 노력한다. 따라서 외식업과 단순 판매업이 어울리는 거리에 애견미용숍이나 병의원이 입점하는 것은 발전 측면에서 바람직하지 않기 때문에 상권 색깔이 형성되는 데 저해되는 업종이 들어서지 않도록 관심과 협업이 필요하다. 상권 확장의 역기능(비발전 적합률)으로 유입률에 비해 지나친 임차료 인상은 수익성 악화로 상권을 위축시킬 수 있다.

즉 매출이 잘 나온다고 무리한 금액을 수용하는 경우 오히려 독이 되는 경우가 있으므로 서로 정보를 공유하여 적정 임차료가 유지될 수 있도록 노력해야 한다. 지역의 테마를 살릴 수 있도록 지자체나 협의체의 움직임도 활성화가 필요하며 지역 특성에 맞게 다양한 고객 유입 행사를 병행해야 한다.

<사진 5-10> 이태원 플리마켓

(8) 유지 단계

상권이 안정기에 접어든 시기이므로 데이터 수집이 용이한 시기이므로 상권 창업이 용이한 편이다. 협업을 하여 상권의 색깔이 명확해지며 상권이 알려지게 되면 더 많은 고객이 유입이 된다. 상권이 유지될 있도록 하기 위해서는 무리한 독점이나 경쟁은 오히려 상권 발달의 저해가 되므로 상권의 발전을 위한 확장을 도모해야 한다. 특히 융복합 상권으로 발전하는 곳은 지역 테마를 설정하여 지자체와 협의체를 통한 적극적인 대내적인 홍보활동을 해야 한다. 이렇게 상권은 단순히 형성되고 안정기에 접어들고 쇠퇴하는 과정을 거치는 거시적인 과정을 관찰해서는 실전 감각이 떨어지기 때문에 창업 타이밍을 잡기가 어렵다. 그러나 위와 같은 신규 상권 형성과정은 상권의 성격과 상권 내 업장의 성격 등 전반적인 여건에 따라 조정기간이 다르고 진행되다가 멈출 수 도 있다. 하지만 상권의 선순환적인 과정만 놓고 본다면 위의 과성은 반느시 이해하고 상권 진입 시기를 판단하는 훈련을 필요로 하다.

3.2. 도심 재개발 상권

신규 상권 중에서 도시 상권의 하나이다. 도심 재개발 상권은 도심의 용적률이 높은 고층건물로 주거 복합시설이 들어서는 지역의 상권을 말한다. 도심이나 부도심에 있기 때문에 교통시설이 발달하거나 오피스가 밀집 지역에 있다. 따라서 시기의 문제일 뿐 상가 시설이 잘 활성화될 확률이 높다. 단지 업종에 따라 기대 이익의 차이가 클 수는 있다. 상권 자체로는 계획 신도시 집중 상권이 도시에 있는 것과 유사하다. 큰 차이는 주변 지역의 배후여건이나 상권이 이미 형성되어 있느냐의 유무이다. 즉 집중 상권은 주변 배후 세대 입주와 밀접한 관련이 있으며 도심 재개발 상권은 주변 여건이 이미 형성되어 있다. 상권 형태로는 사업 규모에 따라 단독 건물의 도심 재개발 상권(도심 독립 상권)일 수도 있고 여러 건물이 모인 형태의 도심 재개발 상권(도심 집중 상권)일 수도 있다. 단지 도심 재개발 상권은 건물의 특성상 도심이나 부도심에 있으므로 크게 아파트, 오피스텔형 복합건물이나 오피스형 복합건물로 들어서게 된다. 단독 건물 도심 재개발 상권인 경우 아파트, 오피스텔 규모와 면적에 따른 수요를 주배후로 창업을 하게 된다.그러나 규모가 작은 경우 주변 상권이나 배후와 연계되어 관찰해야 한다. 그러나 〈사진 5-11〉처럼 단지 규모에 비해 상가시설은 주변 상권과 잘 융합되지 못하여 상권도 애매하고 아파트도 애매한 모양새이다. 자체 수요를 타깃으로 할지 주변 상권과 연계를 최우선으로 고려할지 명확히 하지 못하여 상권이 활성화되지도 고급화되지도 못하였다. 따라서 업종도 매우 제한적이므로 매우 어려운 창업이 되기 쉽다.

여러 건물이 집중되어 있는 경우도 분양과 입주에 이르는 과정이 주변 상권과 잘 융화될 수 있다면 선분양에 따른 입주율과 창업률이 예측이 가능하다. 그러나 〈사

<사진 5-11> 도심 재개발 상권 사진(자료: 카카오 로드뷰)

진 5-12>에서 보듯이 직접적인 환승 상권이 아니고 주변 상권과 잘 융화될 수 없는 여건이고 규모에 비해 상가 시설이 적다면 자체 배후를 우선으로 창업할 수 있는 업종이나 상품력, 브랜드력에 의해 대형 프랜차이즈 진출 가능성이 높다. 이런 업종은 기본적인 배후를 확보하며 상권 범위를 넓게 가져야 사업성이 있기 때문이다.

<사진 5-12> 도심 재개발 상권 사진(자료: 카카오 로드뷰)

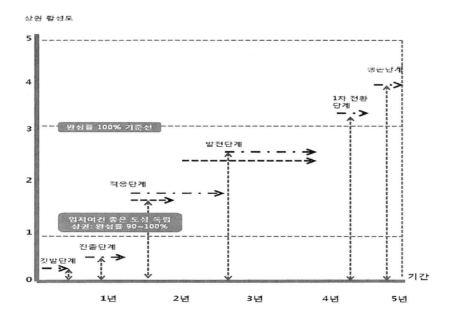

<그림 5-2> 도심 재개발 상권 시점 플로어

(1) 깃발 단계

신도시 집중상권이나 배후 시설 상권은 기본적으로 배후 세대 수요민의 유입에 의한 상권이지만 규모가 크고 상가 시설이 많아 창업 후 안정적이 매출이 나오는 데 시간이 오래 걸린다. 그러나 도심 재개발 상권은 보통은 한정된 오피스나 주거시설이 주배후로 하며 규모가 작은 편이므로 입주율에 따라 입점 시점의 타이밍을 빨리 잡아야 한다.

가. 도심 집중 상권

대부분의 도심 집중 상권은 여러 건물의 복합적으로 이루어졌지만 입지 여건과 시설 여건에 따른 차이가 크다. 앞의 사진에서 보듯이 교통시설 접근성과 떨어지고 주거시설과 오피스만 혼재된 경우는 상가시설이 진입이 매우 불규칙적이다. 상가시설의 분양가가 낮아 분양이 빨리 되었다면 상대적으로 입점이 빨라지겠지만 분양가가 높아 수익성을 담보하기 어렵다면 점포 창업은 매우 느리게 진행이 된다. 그러나 어느 경우이건 입주는 되므로 일반적으로 가장 먼저 출점하는 점포는 편의점, 휴대폰 대리점, 커피숍, 부동산 중개업소 등이다. 이들은 배후 세대를 타깃으로 하기 때문이다. 또한 편의점은 거리 제한과 위치가 중요하므로 가장 경쟁력 있는 자리에 선입점한다. 만약 용산 역세권 앞처럼 입지여건이 뛰어나고 주거 배후와 오피스를 확보한 도심 집중 상권인 경우처럼 소매 측정 등급이 AAA 이상이 예상되는 경우는 진출 단계 초기에 선점할 경우 매우 유리한 고지에 점하기도 한다. 따라서 이 시기의 진출로 성공하기 위해서는 선점이 중요하므로 일일 점검하는 자세로 상권을 관찰할 필요가 있다.

나. 도심 독립 상권인 경우

독립 시설의 규모와 입지 유형에 따라 상권의 발전 방향이 매우 명확히 구분된다. 오피스 비율이 높은 곳은 더욱 그렇다. 아래 사진처럼 오피스 비율이 높고 기존 상권이 활성화된 곳의 연장선상에 있는 상권은 깃발단계 전에 이미 계약이 완료되기도 하며 진출 단계 전에 완성률 90% 이상을 보이기도 한다. 특히 독립시설의 규모가 일률적인 평가를 내리기 매우 어렵지만 공통적으로 주변 여건에 따른 임차료를 비교하여 과도하게 높지 않을 경우 선점 효과를 적극적으로 노려 창업하는 경우가 많다. 보통은 스몰 창업이 주류를 이루지만 프랜차이즈 업체의 진출이 적극적인 지역이며 처음부터 휴대폰 대리점 등의 업종은 규모의 창업을 하는 경우도 많다.

(2) 진출 단계

역세권이나 오피스 상권이면서 상권의 연장선상에 있는 곳을 제외하고는 대체로 입주율이 느리기 때문에 진출 단계가 활성화되지 않는다. 입주율이 부족한 경우 아무리 좋은 상권으로 발전한다고 해도 진출 단계는 개점률이 40%를 넘기는 것은 매우 어렵다. 특히 고정 배후형인 경우는 더욱 그렇다.

일부 선점성 차원에서 무리하게 이른 창업을 시도하지만 편의점의 경우도 목표 매출이 도달하는 경우는 오픈 후 1년 이후이므로 이 업종도 진입여부를 쉽게 판단하지 못한다.

<사진 5-13> 도심 재개발 상권

　반대로 적정한 임차료라면 목표 매출 도달 기간이 길더라도 장기적인 관점에서 선점 효과를 기대해 볼 수 있다. 거주형을 기반으로 하는 경우 입주 이후 1년이 지난 시점부터 안정적인 수요가 기대되므로 진출 단계에서는 쉽게 창업하기 어려운 단점이 있다. 따라서 부동산을 거래하고자 하는 부동산 중개업소의 진입률이 높다. 상주형을 기반으로 하는 경우 거주형보다는 소비자 반응이 빠른 편이다. 따라서 편의점처럼 소비 간격이 짧은 업종의 진출은 가능하다. 그러나 주의해야 할 것은 다중 건물의 규모에 비해 1층 상가 시설이 부족한 경우가 있다. 이런 곳은 상권이 활성화되지 못하는 곳이므로 개인 업종이 무작정 진입하는 것은 매우 위험하다. 그렇다고 상품력으로 고객을 유인하기에도 리스크가 높다. 따라서 업종은 극히 제약되기 때문에 배후분석에 민감한 업종 중 편의점, 커피 전문점이나 부동산 중개업소 등의 입점이 주류를 이룬다.

(3) 적응 단계

진출 단계가 싣고 선 단계가 명확하지 않기 때문에 적응단계 또한 명확하지 않다. 특히 도심 재개발 상권에서는 임차료가 높을수록 상당히 긴 눈치 보기가 진행된다. 이것은 침체기라고 보기는 어렵고 어떤 업종을 언제쯤 창업하면 좋을지 가늠하는 기간이 길어지기 때문이다. 따라서 적응 단계는 눈치 보기로 상당 기간 정적으로 흐르다가 갑자기 입점률이 높아지기 시작한다. 가령 이 시점은 대체로 대표 브랜드의 입점이나 대박 점포의 등장으로 입점 심리가 증대되는 것이다.

가. 도심 집중 상권인 경우

일반적으로 편의점과 같은 소매업은 깃발 단계나 진출 단계에 입점하지만 다중 집중 상권 중주거형과 오피스 비중이 적절히 혼재되어 있지 않은 경우는 편의점과 같은 소매업 진입도 늦어진다. 단순히 오피스 수요만을 기대어 높은 임차료를 감당할 수 없기 때문이다. 따라서 적응단계는 입주율과 눈치 싸움이 치열하기 때문에 관심이 가는 상권이라면 일일 점검을 통해 적절한 시점을 파악하는 것이 중요하다.

오피스 수요의 질을 가늠할 수 있어야 하므로 〈사진 5-14〉에서 보듯이 편의점 입점도 적응 단계에 입점하는 경우가 있지만 경쟁점이 존재하는 경우가 대부분이므로 처음부터 입지유형적 장점이 명확한 자리를 선정해야 한다.

사진에서 보듯이 연계 상권과 단절되고 상가시설이 많이 구성되지 않은 경우는 오피스나 거주시설 배후민을 타깃으로 한 음식점의 진출보다는 편의점이나 커피숍과 같이 기호로 즐길 수 있는 식음료점의 창업이 많다. 특히 희소력이 높은 업종이 많을수록 상권 활성화에 도움이 되지는 않는다. 따라서 한자리 업종 유지율이 높아 쉽게 전환되지도 않기 때문에 이 단계까지 소비 시설 업종이 늘지 않으면 초보 창업자에게 매우 어려운 상권이 될 수 있다.

나. 도심 독립 상권인 경우

독립 상권은 소매업 측정 등급이 약 BAB 등급 이상인 경우 소비욕구가 높기 때문에 매우 다양한 업종이 분포되어야 하고 업종성 평가에서 배후 친화적인 업종이

<사진 5-14> 도시 집중 상권

<사진 5-14> 도시 집중 상권

유리하다. 따라서 초보 창업자보다는 유경험자의 진출이 바람직하다. 소매업 측정 친화 등급이 BBB 정도인 경우는 초보 창업자의 진출도 가능하지만 프랜차이즈 창업이 적절하다. 반면 소매업 측정 등급이 CCC로 낮은 상권인 경우는 안정성 위주의 사이드 창업(6가지 창업 관점 중 하나)형태가 적절하다. 창업 방향은 상권인 배후 창업 BLM이 적절하다.

(4) 발전 단계

뒤에서 설명할 신도시 집중 상권과 마찬가지로 초기 입점률이 매우 낮아 1차 전환 단계를 거치지 않고 발전단계로 진입하는 대신 발전 단계는 매우 긴 편이다. 이 시기는 비교적 상권의 색깔이 명확해지고 있고 권리금이 형성되기 시작한 시점이므로 안정적인 프랜차이즈 창업 중심으로 형성된다. 프랜차이즈라도 상품력의 등급을 명확히 파악하여 거기에 적합한 상권인지 평가하는 것이 중요하다. 입주는 분위기를 타는 것이 중요하므로 이 단계는 매우 빠르게 지나가는 편이다.

가. 도심 집중 상권인 경우

입주가 완료된 시점부터 본격적으로 상권이 형성된다. 대체로 상가 시설이 많지 않은 경우 발전 단계라도 상권 형성이 매우 미미할 수 있어 점포 개별성에 따라 장사 유무가 결정이 되는 경우가 많다. 따라서 적응단계가 길고 발전 단계는 짧아질 수 있다.

나. 도심 독립 상권인 경우

주변 상권이나 배후와 바로 연결된 곳은 발전 단계에 상권 완성률이 100%가 나오는 곳은 발전 단계도 빠르고 매우 길게 형성이 된다.

(5) 1차 전환 단계

신도시 집중 상권이나 신도시 배후 시설 상권에서 적응 단계가 2단계가 있는 이유는 상가시설이 형성된 범위가 넓기 때문이다. 도시 리모델링 상권에서 전환 단계가 2단계가 있는 이유는 상권이 매우 다이나믹하고 전환 속도가 빠르기 때문이다. 그러나 도심 재개발 상권은 넓지도 않고 다이나믹 하지도 않기 때문에 다른 상권에 비해 상권의 색깔이 명확하지 않아 상권 형성이 매우 불규칙해서 적응 단계와 전환 단계가 한 차례씩밖에 없는 것이다. 환승 상권이나 연계 상권이 발달한 도심 독립 상권은 깃발 단계나 진입단계에서 상권 완성률을 100%보이기도 한다. 교통 여건과 연계 상권이 단절된 도심 집중 상권인 경우는 진입 시기가 늦기 때문에 자리 잡는 기간도 길어지게 되므로 되는 업종은 되고 그렇지 않은 업종은 진입 자체를 꺼리는 경우가 많아 경우에 따라서는 공실이 오래 지속되기도 한다. 따라서 1차 전환은 발전 단계 이후에 나타나는 경우가 많으며 상권의 규모가 작은 편이므로 전환 단계를 구분하는 것도 무의미한 경우도 많다. 결국 상권마다 케이스 바이 케이스이므로 점포의 개별적인 창업 방향이 중요하다.

(6) 생존 단계

상권이 개척에 의한 경우보다는 계획 상가이므로 번영회 형성에 소극적이므로 빌딩 관리 회사의 운영이 중요하다. 또한 단일 건물인 경우 건물 자체의 관리 위원회에 역할 이 위임되어 협업적 비중이 크지 않다. 따라서 전환 단계가 이루어진 이후라도 상권의 색깔보다는 개별적 생존력이 중요하므로 창업 관점에서 창업 방향을 명확히 하기 위해 정확한 상권 평가가 중요하다. 이상의 설명에서 보듯이 시점 플로어가 명확하지 않고 매우 짧은 편이며 단순하다. 즉 도심 재개발 상권은 케이스 별로 분위기가 중요하며 그 분위기는 매우 빠르게 진행이 된다. 따라서 배후를 타깃으로 하지 않는 이상 무리한 개인 창업은 피하는 것이 좋고 진출 단계 이전에 무리한 창업보다는 발전 단계 이후에 타이밍을 잡는 것이 안정적일 것이다.

3.3. 신도시 집중 상권

계획 신도시 상권은 정부나 지자체의 주관으로 하는 신도시의 상권을 말하며 주택가 변환 상권과 도심 재개발 상권 중간적인 상권의 성격이 강하다. 신도시 신규 개발에 따른 상권은 〈그림 15〉에서 보듯이 도시 계획에 의해 형성된 상권으로 크게 대로변 상업 지역의 중심 상권과 주거지역의 저밀도 배후 시설 상권으로 구분할 수 있다.

도시개발 상권은 민간이 대단위로 개발하는 지역의 상권을 말하며 배후 세대와 기반 여건에 따라 상권의 가치가 달라지는 상권이다. 민간 중심개발이므로 도시계획적 상권 형성률이 낮기 때문에 자체적인 수요에 따른 상권이므로 상권의 규모가 배후 세대 규모와 불균형을 이룰 수 있고 경쟁 집중 상권의 경쟁력에 밀려 집중 상권 역할보다 단순 배후 상권으로 전락할 우려도 있다. 따라서 주변 신도시나 도시의 기능과 조화를 이룰 수 있는 형태의 상가 시설이 형성되어야 한다. 신도시 중심 상권은 신도시 상업지역 내 상가시설의 상권을 말한다. 대체로 상업 지역의 상가시설은 임차료가 높고 바닥 권리금이 형성된 곳도 많기 때문에 브랜드 중심의 창업에 민감하다. 따라서 위치에 따라 대중적인 브랜드, 서치 업종(찾아오는 업종, 희소성 높은 업종), 통행량에 민감한 업종의 진출이 높다. 상업시설의 성격에 따라 다르지만 생활 밀착 시설 위주로 형성된 곳은 상권력과 상품력의 영향이 매우 크기 때문에 자리를 잡는 기간이 매우 길다. 특히 배후 세대의 입주율이 낮을 경우 그 여파는 더욱 크기 때문에 신도시 상업시설 상권은 확신이 서지 않은 상태에서는 창업하는 것은 바람직하지 않다. 그러나 상업시설의 규모와 배후 세대 입주율, 상업시설 입주율에 따른 수요 예측은 비교적 수월하므로 배후분석에 민감한 업종 즉 편의점, 베이커리, 커피 전문점, 휴대폰 대리점 등의 입점은 매우 빠른 편이다. 배후 시설 즉 아파트나 주거시설로부터 떨어져 별도의 상업 지역에 건설되어 있으므로 배후민의 접근성이 취약한 편이다. 또한 〈사진 5-15〉에서 보듯이 임차료가 높은 상권은 공공시설 성격이 강한 은행은 굳이 임차료가 높은 1층보다 2층에서 영업하는 경우도 비일비재하다. 대체로 상가시설 입주는 배후 시설의 입주에 맞춰 들어선다. 그러나 배후 시설의 입주율이 50% 이상은 되어야 상가시설의 선순환 출점이 가능하게 된다. 따라서 상가시설 형성은 배후 시설 입주가 우선인데 이는 배후 시설의 분양률이 큰 영향을 미친다. 분양률 80% 이상이고 상가시설 입주율이 50% 이상 이어야 안정적인 상권이 형성될 수 있다. 이때 상가시설 분양율은 준공 검사일 기준 1층 기준 최소 60~70%는 되어야 한다. 따라서 어떤 지역이건 아파트 분양률을 토대로 상가 사전 분양률을 파악하는 것이 중요하다.

<사진 5-15> 신도시 집중 상권(사진 자료: 카카오 로드뷰)

다음 플로어는 위의 조건이 예상될 때 전제로 한다.

<그림 5-3> 신도시 집중상권 시점 플로어

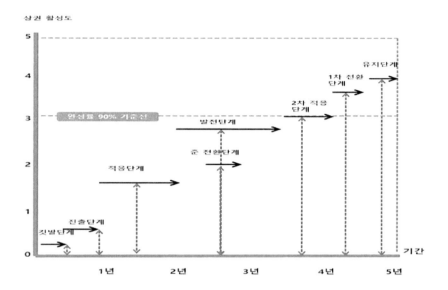

(1) 깃발 단계

깃발 단계의 시점은 상가 입점이 가능한 시기에서 6개월 이내의 시점을 말한다. 배후세대의 입주율이 낮을 경우 이 시기는 지나치는 경우도 있다. 대체로 1층부터 입주가 시작되는 시점이다. 이 단계는 전반적인 분위기를 잡을 수 있는 매우 중요한 시기이다. 따라서 이 시기에 어떤 분위기로 창업률이 높아지냐에 따라 상권 완성률 시점이 빨라지고 느려지게 된다. 그러나 신도시 집중 상권에 창업하고자 하는 창업가는 도시 상권보다 전문성과 개성이 떨어지므로 상권이 평범해진다. 반대로 상품력의 퀄리티가 높게 진입한다면 성공률은 더 높아진다. 따라서 가장 분양이 먼저 이루어진 입지형인 자리나 주동선에 있는 자리부터 입주를 시작한다. 〈사진 5-16〉에서 보듯이 주로 업종은 배후민이 일반적으로 필요로 하는 대중적인 상품을 취급하므로 편의점, 베이커리 전문점, 분식점, 약국, 휴대폰 전문점 등과 같은 배후분석에 민감한 업종이 출점한다.

다음으로 배후분석과 상권분석을 고려한 업종 중에 대중적이며 브랜드 인지도가 강한 배스킨라빈스31, 던킨도넛 등의 프랜차이즈 업종이 가장 먼저 진출한다. 이런 업종은 선점 효과가 크고 손익매출 도달률이 다른 업종보다 높기 때문에 상권초기 단계에 진입이 가능하지만 이 시기에 진출한다면 상권 발달도가 C등급 이상은 되는 곳으로 볼 수 있겠다. 다음은 희소력이 높은 업종이 상권분석적 관점에서 출점한다. 배후민의 소득분위가 5이상인 지역은 웰빙 전문점의 소비에 적극적이므로 〈사진 5-17〉에서 보듯이 웰빙 식재료 전문점이 상가시설을 선확보하여 출점을 준비한다. 서치 업종이므로 반드시 입지가 중요하지는 않지만 접근성이 좋은 위치이며 가시율이 높은 대로변이 유리하다.

(2) 진출 단계

진출 단계는 깃발 단계 진출 업종 이후 배후민의 입주율에 따른 상가 상층부 입주율과 입주 업체의 성격에 따라 진입하는 단계이다. 1만 가구 이상을 배후로 하는 경우의 진출 단계라도 저층부는 활발한 모습을 보이지만 1만 가구 미만을 배후로 하는 경우 진출 단계라도 상대적으로 집중 상권의 역할이 낮아지기 때문에 활성화되

<사진 5-17> 신도시 중심 상권 분양 중인 사진

는 기간이 더 오래 걸릴 수 있다. 따라서 이시기에 너무 희소 업종으로 너무 이른 창업을 하는 것은 바람직하지 않다. 커피 전문점은 객단가가 낮기 때문에 수요가 충분하지 않을 경우 입점하기 어렵지만 소규모인 경우 일부 선입점을 하기도 한다. 1층에 마트 외에 대형 매장으로 입점할 수 있는 업종은 많지 않다. 따라서 이런 매장은 쉽게 진입하지 못하지만 상권 가치가 충분할 경우 상권 형성 전에도 스타벅스와 같은 브랜드가 진입하기도 한다. 또한 2층이나 3층의 상가 창업이 시작된다.

주로 아파트 밀집 지역은 병의원, 학원이 입점하며 대학교나 기업이 많은 곳은 외식업, 헤어숍 등이 입점한다. 1만 가구 이상인 도시는 비교적 규모가 큰 병의원의 입점이 많고 각층마다 헬스, 뷰티 업종의 진출이 높다. 사진처럼 사무실 용도가 많지 않고 동물 병원처럼 서치 업종이 상층부에 입점하는 경우는 상권력이 높은 입지이며 배후세대가 풍부하다는 증거이므로 질 좋은 상권으로 발전할 확률이 높다. 따라서 저층부도 상층부와 연계되는 업종이 함께 진입한다. 이 시기에 저층부의 입주율이 60%를 넘게 되면 비교적 상권 형성 시기가 빨라질 수 있지만 30% 이하의 입점률을 보일 경우 상층부 입점도 늦어지게 된다. 따라서 적응단계는 매우 길어지게 되어 상권 정체기가 오래 진행되기가 쉬우므로 특히 상권 창업은 매우 주의 깊게 분석해야 한다. 단지 도시계획적으로 상권과 배후 세대의 접근성이 떨어진 형태가 많았는데 최근엔 <사진 5-18>의 김포 운양 신도시처럼 집중 상권을 배후세대 접근성이 좋은 곳으로 설계하고 있다. 이 경우 배후세대와 가까운 곳은 매우 입점률이 높아질 수 있고 조금 떨어진 곳은 너 오랜 시간이 걸릴 수 있으므로 주의해야 한다.

<사진 5-18> 김포 운양 신도시 집중 상권의 접근성 높은 상권과 떨어진 상권

(3) 적응 단계

적응 단계는 진출 단계 이후 약 1년에서 2년 사이의 단계이다. 대중적 상품 취급점의 진입이 완료된 시점이므로 비대중적인 업종의 진입이 늘어나게 되고 이미 들어 올만한 업종은 모두 진입하였기에 잘 되는 업종의 중복 경쟁점이나 틈새 업종의 진입이 눈에 띄게 된다. 또한 좋은 자리나 저렴한 자리는 이미 입점이 마무리된 시점이다. 따라서 적응 단계에 상층부 입점률이 낮게 되면 추가 입점이 매우 느리게 된다. 적응 단계에 상층부 입점률과 연관성이 높은 업종이 빠르게 진입하게 된다면 발전 단계로의 진입이 빠르게 된다. 이때는 배후민의 성격과 소비 성향에 따라 친환경 식품점처럼 소비 성향이 명확한 업종이 창업을 한다. 그리고 지역의 소비력이 충분하다는 판단이 서게 되면 지역 마트가 적극적으로 입점한다. 지역 중형 마트는 소비력을 입증하는 매우 중요한 입점이지만 입지적 여건에 따라 편의점이나 소규모 과일 야채가게는 큰 타격을 받을 수 있으므로 초기 진입할 때 경쟁입지competitive location를 철저히 파악해야 한다. 다만 분양받은 자가 과도한 임차료를 원할 경우 적합 업종 입점이 늦어지는 경우가 있다. 이때는 모싸리 상사의 임시 창업이 있을 수 있다.

(4) 준전환 단계

준전환은 상권이 선순환되어 가는 과정을 말하지만 도시 리모델링 상권이나 주택가 변환 상권처럼 1차 전환 단계가 빠르게 오지 않는다. 즉 상권이 완료되는 시점이 길기 때문에 상층부는 장기적인 관점에서 창업하는 업종이 진입하기 때문에 저층부도 이와 마찬가지로 진행이 된다. 따라서 준전환 기간은 도시 리모델링 상권의 경우보다 더 길기 때문에 발전단계와 겹치며 발전하는 경우가 많고 발전 단계 이후에 나타나기도 한다. 또한 초기 단계는 프랜차이즈 창업이 많기 때문에 전환율이 매우 낮아 1차 전환 단계가 생기지 않을 수 있다.

(5) 발전 단계

상가 입주율이 높게 되면 발전 단계에 빨리 진입하게 되며 일부 점포 전환이 생기지만 미미하다. 도시 리모델링 상권과 다르게 발전단계는 상가 입주율이 70~90% 정도의 완성률을 보이는 기간으로 약 1년에서 2년간의 기간을 말한다. 상권이 잘 발달된 경우는 여전히 중복 업태의 진출도 늘어나면서 미입주 상가시설은 줄어들 것이며 그렇지 않은 경우 미입주 상가시설은 기존 창업 점포의 활성화 정도에 따라 다양한 아이템 업종의 진입이 시도되지만 매우 더디게 발전할 수 있다. 따라서 발전 단계가 끝날 때쯤 되면 짧게는 3년에서 길게는 4년의 기간이 걸린다.

(6) 2차 적응 단계

적응 단계에 진입한 업종 중에 본격적인 매출이 향상되기 시작하는 발전 단계를 거치며 제2의 적응을 시작하는 단계를 말한다. 즉 상권 완성률이 90%인 경우이므로 집중 상권에서 잘 되는 업종과 그렇지 않은 업종이 명확히 드러나는 시점이다.

(7) 1차 전환 단계

발전 단계에서 업종의 매출이 명확히 나타나지 않고 고전하게 되는 경우 본격적인 1차 전환단계를 거치게 된다. 약 4년이 넘는 시점이지만 도시 리모델링 상권과 다르게 상권 활성도가 높게 되면 전환율이 더욱 낮게 된다. 따라서 자연스럽게 업종 운영 주기가 길게 형성된다. 이것은 상권 형성이 늦게 되고 처음부터 장기적인 관점에서 창업하기 때문에 생기는 현상이다.

(8) 유지 단계

도시 리모델링 상권은 지역이 살아야 개인 점포도 살기 때문에 점포 간 협업이 매우 중요하다. 그러나 신도시 도시개발 상권은 대형 집합 건물로 이루어진 상권이므로 협업보다는 상가 관리가 중요하므로 현 상권의 발전을 도모하고 유지하는 단계이다. 정리하면 신도시 집중 상권은 매우 넓고 상가시설이 많다. 따라서 배후 세대와 시설의 입주율에 따라 업종의 성격에 맞게 타이밍을 잡고 업종의 성격에 맞는 자리에 출점하면 된다. 단지 집중 상권이 어려운 것은 상가 완성되지 않은 추가 상가시설이다. 특히 배후세대에 비해 상업지가 넓은 경우 더욱 어려울 수 있다. 이런 건물은 테마가 있지 않다면 이미 포화상태인 업종과 경쟁이 되지 않는다. 따라서 〈사진 5-19〉에서 보듯이 대형 프랜차이즈 업체나 브랜드력이 높은 업종의 출점도 제한되는 편이므로 key tenant 업종인 영화관이 함께 입점할 경우 안김 전략으로 출점이 가능하다. 운양지구와 같이 1만 세대 미만의 미니 신도시의 집중상권은 발전성에 한계가 있다. 주말 쇼핑과 외식을 목적으로 나들이를 가고자 하는 고객은 업종 선택과 경험을 충분히 제공할 수 있는 상권으로 이동을 한다. 따라서 지나치게 주말 장사에 치중하는 업종은 지양해야 한다.

<사진 5-19> 신도시 집중상권의 key tenant 건물

3.4. 신도시 배후 시설 상권

신도시가 생기면 신도시 중심 상업지역, 아파트 지역, 저층 주거 지역 등이 함께 형성된다. 배후 시설 상권은 저층 주거 지역에 저층 상가시설이 집중적으로 형성되는 상권을 말한다. 즉 저층 주거지역에서 개인이 토지를 분양받아 건물을 짓는 것이다. 이런 곳은 노후 대비하여 입주하는 경우가 많아서 건물 전체를 임대하는 경우보다는 건물 상층부는 자신이 거주하는 경우가 많다. 그리고 근린 생활시설은 임대를 놓거나 직접 창업을 한다. 배후분석법에 민감한 업종 즉 슈퍼, 편의점, 약국 등은 직접 자기 건물에서 개업하는 경우가 많으며 상권분석에 민감한 업종이면서 일반 음식점, 주점인 경우는 직접 개업하는 경우보다 세입자가 개업하는 경우가 더욱 많다. 만약 신도시 내 주거 비중이 높거나 신도시 외곽에 배후 주거 세대가 충분하다면 저층 주거 지역은 1층을 중심으로 근린 상가 시설이 발달한다. 특히 집중 상가가 학원 등 교육적 입주 업체가 많고 저층 주거 지역의 상권 여건이 좋은 경우 상권 발달로 지역의 먹거리 촌으로 형성되는 경우가 많다. 그러나 이런 신도시 상권은 정부 정책에 의한 신도시(분당, 일산 등)와 지역 도시개발 공사나 도시 개발사업자에 의한 신도시(민간도시개발 사업)는 기존 상권과 연계성을 염두에 두지 않기 때문에 상권의 반경이 다르므로 창업 환경도 다르다. 수요자 특성을 보면 분당 신도시나 일산 신도시와 같이 서울이나 수도권의 중산층을 공략한 신도시와 경기도 광교, 동탄 신도시처럼 대기업 산업 단지의 배후에 건설되는 신도시는 직주, 교통, 생활 편익시설이 완벽하여 새로운 도시 성격이 강하여 수요층의 예측이 명확한 편이다. 따라서 부동산 구입에 적극적인 계층이기 때문에 기존의 수요성을 그대로 이전한 경우이므로 소비가 크게 위축되지 않는다. 이 말은 창업가 입장에서는 이들의 수요 욕구를 충족시켜야 하므로 매우 까다로운 창업이 될 수 있다. 따라서 검증되지 않은 브랜드 진입으로 성공하기는 쉽지 않다.

이들 지역의 배후 시설 상권은 비교적 고퀄리티의 업종 위주로 형성된 곳이 많은 편이다. 그러나 김포 장기 지구와 양촌 지구같이 대기업 산업 단지의 배후에 있지 않고 신도시의 위성 신도시는 정부 주도 신도시의 상권보다는 협소하다. 위 신도시는 보통 1만 가구 미만의 신도시로 대도시민의 이전이 적극적이지 않은 이주민이나 어쩔 수 없이 이주하게 되는 이주민이 많기 때문에 도시와 지방의 중간형태 소비 성격을 갖고 있다. 즉 지역 내에서 이전하는 세대나 대도시의 전세난이나 부동산 구입 비용에 부담을 느끼는 세대의 이전이 많다. 따라서 자신의 여건을 이해하고 이전한 주민이므로 지역 생활에 빠르게 적응을 하게 된다. 이들은 도시에서 경험한 브랜드에 연연하지 않기 때문에 신규 브랜드에 대한 거부감이 적은 편이다. 또한 신규 상권이므로 권리금이 없거나 낮고 임차료가 높지 않은 편이다. 따라서 새롭게 도전하고 시도하는 창업가의 진출 비중이 높다. 창업가는 브랜드 인지도에 구애받지 않고 창업을 하게 되므로 도시보다 개인 브랜드나 인지도가 낮은 브랜드의 진출 비중이 높다. 따라서 개인이 추구하는 다양한 먹거리를 형성하게 된다. 입지적으로 도로에 둘러싸인 경우가 많고 상권 진출입로가 다양하여 입지유형적으로 산재배후형이 대부분이다. 대부분의 신도시 배후 시설 상권은 직접 배후 상권이 아니므로 배후분석적 창업은 물론이고 상권분석적 창업도 쉽지 않다. 따라서 배후 세대의 입주율, 중심 상권의 입점률을 고려하여 장기적인 관점에서 창업을 고려해야 한다.

<그림 5-4> 신도시 배후 시설 상권 시점 플로어

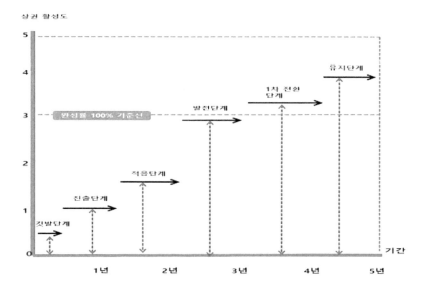

(1) 깃발 단계

상가시설의 입점이 더디고 직접 배후세대가 적다. 특히 응집률이 낮은 지역일 경우 직접 배후 수요가 적기 때문에 초반에는 배달 가능 업종의 창업률이 높다. 〈사진 5-20〉에서 보듯이 자전거 수리 판매점처럼 선점성 업종이 희소력을 앞세워 창업하기도 한다. 그러나 임차료가 비싼 도로변보다는 상대적으로 저렴한 배후 안쪽에 진입한다.

<사진 5-20> 신도시 배후 시설 상권 깃발 단계

(2) 진출 단계

집중 상권 광범위하며 복합적인 요인이 작용하지만 배후 시설상권은 소비시설 위주로 형성된다. 따라서 집중 상권보다 형성되는 시기가 늦어져 1년 전후에 생기지만 집중상권보다는 폭넓게 출점이 이루어진다. 깃발 단계엔 상권을 예측하기 막막하여 편의점도 쉽게 진출하지 못하기 때문에 진출 단계 진입한다. 〈사진 5-21〉에서 보듯이 초입과 코너형 매장 위주로 오픈하면서 진입이 이루어지므로 전체적으로 집중상권보다 진출 단계는 길어지게 된다. 상권의 특성이 먹자골목을 지향한다면 접근성이 좋은 쪽이 먼저 활성화된다. 대체로 직접 배후세대가 많지 않기 때문에 코너형 점포라고 무리하게 진입하는 것은 초보 창업가에게 맞지 않다. 임차료에 대한 부담이 적은 자가 건물주의 직접 창업이 시작된다. 이는 처음부터 분양을 받아 건물을 짓고 창업하는 수요가 늘어났기 때문이다. 특히 담배 소매인지정권과 같은 허가를 얻어야 하는 업종은 더욱 빠르게 진입하여 깃발 단계에 진입하기도 한다. 일부 상품력에 자신감이 있는 창업가가 좋은 위치를 선점하여 창업을 한다. 이들은 처음 창업하는 경우보다는 이미 경험을 한 후 처음부터 전략적으로 진입하는 경우가 많다. 따라서 초보자의 창업보다는 유경험자의 창업이 많다.

<사진 5-21> 신도시 배후 시설 상권 진출 단계

배후 시설 상권은 산재 배후형 형태를 하고 있고 〈사진 5-22〉에서 보듯이 상권의 도로변 라인은 통행량이 많은 곳이 아닌 접근 스트리트 상권으로 상권 범위가 넓은 업종(설렁탕 등)이나 비음식업종 중에서 희소성 업종이나 서치 업종이 주로 출점한

다. 따라서 상권 창업을 기반으로 하므로 진입 시기에 크게 민감하지 않지만 가장 가시율이 좋은 곳을 선점한다. 반면에 상품력이 떨어지면 창업하기 어려운 자리이므로 초보 창업자에게는 부적합하다.

<사진 5-22> 신도시 배후 시설 상권 대로변

(3) 적응 단계

진출 단계에서 코너 점포 위주로 진입을 하였으므로 적응단계에서 후미진 곳이나 단순 일면 점포의 진출이 늘어나지만 진출 단계가 길었기 때문에 집중상권보다 적응 단계는 짧아진다. 교통이 발달한 곳이 아니다 보니 초기에 야간은 공동화 현상이 심하며 특히 상권 내 배후 세대에 입주가 더딘 경우 더욱 그렇다. 이미 진출한 업종의 발달 상황을 지켜보며 관망하던 창업가들이 본격적으로 진출한다. 만약 고깃집이 많다면 회전문점 등과 같이 차별화된 업종이 진출한다. 적응 시기이므로 장사가 잘 되는 업종을 지켜보고 유사 업태로 적극적으로 진출하기도 한다. 1만 가구 미만의 신도시는 집중 상권의 발달도가 5만 가구 이상의 신도시 집중 상가보다 발달도가 낮다. 따라서 상권의 색깔이 짙은 배후 시설 상권으로 흡수되어 더욱 발달하기도 한다. 김포 양촌 지구보다 적은 송산그린시티 동측 시범지구의 경우 약 8천 세대로 이루어졌지만 양촌 지구 중심상권과 다르게 배후 시설 상권과 중심상권의 접근성을 높여 상권 집중화를 유도하도록 설계되었다. 송산그린시티 시범지구는 안산 시내 상권과 인접하였기에 고객 유출을 줄일 수 있도록 상권의 경쟁력을 높여 더 빠른 적응력을 보여 줄 수 있다. 그러나 주말 나들이 고객이나 학생들의 만남의 장소로서 활성화되기는 어렵기 때문에 지나치게 화려히거나 빅 창업은 지양하는 것이 좋다.

(4) 발전 단계

발전 단계는 상권 내와 배후 세대 입주율에 따라 급격히 달라질 수 있다. 상권 내 창업이 활발해지는 시기이므로 장사가 잘되는 업종 위주로 유사업태가 들어서게 되어 상권 내 경쟁이 치열해질 수 있다. 소득수준이 높은 지역은 비교적 규모가 큰 업종의 성공 확률이 높기 때문에 상권 제압력을 높이는 형태로 진입한다. 개인 업종이 많기 때문에 깃발 단계나 진출 단계에 진입한 창업가는 발전단계에 일부 전환이 이루어지기도 한다.

(5) 1차 전환 단계

집중 상권에 깃발 단계나 진출 단계에 수요 유입 예측에 실패한 창업가의 전환이 이루어지기 때문에 일찍 1차 전환이 이루어지기도 한다. 그러나 배후 시설 상권은 관망 창업가의 비중이 높아 적응 단계가 길어지기 때문에 일반적인 1차 전환 단계는 매우 늦어지게 된다. 따라서 발전단계를 거치면서 1차 전환이 시작되기 때문에 전환율이 높지 않다. 특히 초보 창업자의 비중이 높은 편이므로 다시 적응 단계를 거치게 되어 상권이 완료되는 데 다른 상권보다 훨씬 오래 걸린다.

도시의 융복합 상권처럼 특색이 있는 경우보다는 지역민의 단순 소비시설 상권으로 발전할 확률이 높다. 따라서 업종 운영 주기가 길어 전반적인 상권의 시기별 입점 시점을 정하기보다는 상품력으로 장기적인 관점에서 진출하는 것이 가장 안정적이다.

(6) 협업 단계

상권의 기선 제압이 중요하다. 상권 내 잘 되는 집이 많아야 상권으로 배후민의 유입이 늘어난다. 반면 잘 되는 집이 적으면 유입은 매우 더디게 되어 다른 상권으로 수요를 빼앗기게 된다. 배후 시설 상권은 한번 침체되면 좀처럼 상권이 살아나기 어려운 단점이 있기 때문에 이른 단계부터의 협업이 중요한 상권이다.

4. 시점 배후분석 기법

시점 상권분석 기법은 주로 신규 상권이나 상권이 확장되고 있는 상권에서 더 자주 적용된다. 시점 배후분석 기법은 주로 미래 경쟁섬의 진입에 대해 배후분석적으로 시기별로 예측해 보는 기법으로 주로 지역이 좁은 동네 상권에서 적용된다. 〈사진 5-23〉 지역은 a 점포를 중심으로 아파트와 주택가, 여중고 후문, 위로는 초등학교가 있다. a점포를 중심으로 보면 배후 성격은 거주형이며, 배후 유형은 우물형이며 입지 유형은 방사형에 해당하는 지역이 있다. a점포 앞은 문구점(b)이 있고 좌측 30미터 거리에는 작은 베이커리와 커피 음료점(c)이 있다.

<사진 5-23> 시점 배후분석 기법(지도 자료: 카카오 맵)

수제 베이커리점이지만 상품 가짓수가 적고 저가의 일반적 상품성으로 배후민 이동동선에서 충족적 요건에 의해 매출이 발생한다. 베이커리점 길 건너편에는 백반집(d)이 있다. 현재 a 점포는 전 업종은 분식점이었으나 현재는 새로운 경영주가 인

수를 하여 전문 분식업으로 창업하였다. 수요가 부족하여 식사 중심의 분식업으로 좋지 않은 위지였고 상품 위치성에 비해 낮은 매출을 나왔다. c위치에서 70미터 떨어진 곳에 김밥집이 들어왔으나 상품 가치가 애매했고 오래 운영하지 못하였다. 이후 추로스와 아이스크림을 파는 체인점(e)이 들어왔으나 호기심 수요가 잠시 이동하였을 뿐 이 역시 상품개발 시장 측면에서 애매한 창업이므로 분식점, 베이커리, 백반집은 별다른 영향을 주지 못하였다. 오히려 추로스 매장은 장사가 안 되어 생맥주를 함께 판매하는 시도도 하였으나 새로운 고객을 흡수하기에는 역부족 이었고 얼마 전 세탁소로 바뀌었다. 현재 베이커리 전문점은 간단한 베이커리와 음료를 함께 판매하여 고군분투하고 있다. 이렇게 배후에서 배후 창업이 몰려 있는 지역에 배후를 타깃으로 한 창업은 서로가 힘들어 진다. 여기에 얼마 전 문구점은 문을 닫고 커피 전문점이 들어섰다. 한정된 배후에 한정된 커피 수요가 있는 지역에 커피점이 들어섰으니 베이커리점의 타격은 불가피하다. 이렇게 시점 배후분석은 배후분석법의 경쟁입지를 말하는 것으로 상품의 동질성이 높을 경우 더욱 중요하다. 위 사례처럼 여러 업종이지만 중복성이 높은 업태이고 상품성의 차이가 크지 않은 경우 신규 상권이나 상권이 확장되는 상권이 아닌 특별히 상가 시설이 활성화되지 않은 지역에서는 한계 매출을 인지하고 배후 내 창업 이력과 업종과 업태 간 경쟁입지competitive location를 염두에 두고 창업을 하는 것이 중요하다. 즉 상권에 적합한지 단순한 관점이 아니라 비록 좁은 배후이지만 소비자를 만족시킬 수 있는 창업이 되지 않는다면 경쟁점은 계속 생길 수밖에 없다는 것이다. 현재 창업 전문가들은 신도시 상권에서는 쉽게 창업하기를 권하지 않는다. 이는 부동산 투자 측면도 마찬가지이다. 따라서 도시계획 전문가는 이를 충분히 고려하여 신도시를 계획하고 있다. 여러 사례에서 그러한 노력이 보인다. 일반적으로 신도시 계획에 있어서 첫 번째로 중요한 것은 가장 중요한 것은 수요 즉 세대수 대비 적절한 근린시설 공급이다. 두 번째로 중요한 것은 직주 근접 즉 지식산업단지와 같은 고급 일자리를 함께 고려하여야 한다. 세 번째는 주거지역의 가치와 상업시설의 활성화를 고려하여 접근성 측면에서 계획을 반영하는 것이다. 네 번째는 단순히 상권에 한정되지 않고 지역 테마를 고려한 도시계획이다. 첫 번째와 세 번째 사항은 자체적인 의지로 가능하지만 두 번째 사항은 여러 부처, 지자체, 기업 등과 협의를 거쳐야 하므로 확정지을 수 없는 점이 한계가 있다. 네 번째도 여러 부처, 지자체, 기업 등과 협의를 거쳐야 하지만 장기적인 측면을 고려한다면 차별화를 통한 도시계획이어야 성공할 수 있다. 현재까지 이를 구체적으로 고려한 신도시는 위례 신도시 정도로 볼 수 있다. 즉 트램 설치를 고려한 도시계획으로 도시의 특색을 극대화 시키는 것이다. 이것은 도로 폭과 상업시설의 형태 등에 영향을 미치기 때문에 처음부터 고려하는 것이 중요하다. 아직 시설이 들어서지 않았지만 이와 같은 시도는 단순히 수요와 공급 측면으로는 신도시 활성화에 한계가 있기 때문에 좋은 사례가 될 것이다.

이상에서 보듯이 시점 상권분석은 오랜 시간을 두고 봐야 하는 관찰적 기법으로 시장진입 시기를 업종 성격, 창업 방향 등을 고려하여 유동적으로 봐야 한다. 따라서 그 자체로 완성된 분석이 아니라 상권분석의 한 과정으로 봐야 하므로 창업가적 관점에서 충분한 시간을 가지고 관찰하기를 바란다.

Chapter 6.

상권 변화

Section   상권 확장   1

1. 상권 심리trade area psychology

소비자는 항상 이동한다. 개인 의지에 의해서 또는 무의식적으로.

창업은 그런 사람들을 모이게 하거나 이동시키므로 창업도 변한다. 따라서 상권도 변한다. 창업가는 상권을 관찰하고 평가하는 기준이 필요한데 그 변화는 창업을 오픈하는 날을 기점으로 전은 관찰적 상권분석이 필요하고 후는 심리적 상권분석이 필요하다. 관찰적 상권은 창업 전까지 상권의 형성 과정을 말하므로 상권 과거history를 파악하는 것이다. 즉 올바른 상권을 평가하여 현재의 시점뿐 아니라 미래 경쟁력이 확보될 수 있는 최적의 창업을 하는 것이다. 상권 심리는 이미 형성된 상권, 신규 상권에서 현재 창업가의 심리, 소비자의 심리에 의해 불규칙적이고 유동적으로 변하는 속성을 말한다. 이동현 외(2020)는 상권의 성장, 쇠퇴기 상업시설의 생존 및 폐업과 밀접하게 관련되어 있기 때문에 상업시설의 생존에 관한 연구에서는 시간의 흐름에 다른 상권의 변화를 고려해야 한다고 하였다. 이처럼 상권의 발전과 쇠퇴에 관한 연구가 활발히 이루어지고 있다. 이러한 상권의 발전 과정(신규 상권 등)과 쇠퇴 등은 자연스런 발전 형태로 예측이 가능하므로 이를 토대로 상권의 변화 심리를 예측하여 가장 안정적이고 꾸준한 창업을 유지해야 한다.

2. 상권 확장

이정란(2017), 민철기, 강창덕(2021)은 상권의 공간적 변화는 점포 개점률과 폐점률에 영향을 미친다고 하였듯이, 상권 확장은 창업에서 매우 중요하게 점검해야 할 사항이다. 상권의 공간적 확산은 상권 확장률(擴張律)은 상권이 넓어져서 상가시설이 늘어나고 고객 유입률이 높아진다는 것을 말한다. 이것은 신규 상권이 확장되는 것과 기존 상권이 확장되는 것으로 구분한다.

2.1. 신규 상권의 확장

신규 상권은 도시 재개발이나 신도시 상권처럼 전혀 없는 곳에 새롭게 일정 부분은 상가시설로 건설하는 상권과 주택가 변환 상권이나 도시리모델링 상권처럼 얼마나 더 생기고 확산될지 모르는 상권으로 구분할 수 있다. 전자의 상권은 상권이 자리를 잡기 위한 과정의 확장으로 어찌 보면 확장이기보다는 자리 잡는 기간으로 볼 수도 있다. 따라서 확장률의 본래 의미와는 거리가 있다. 후자의 주택가 변환 상권이나 도시 리모델링 상권(도로 확장 등)도 마찬가지이다. 어느 시점부터 기존 상권으로 봐야 하느냐이다. 신도시 상권은 5년이 지난 이후로 보지만 주택가 변환 상권 등은 성격이 달라서 상권 완성률이 90% 넘는 3년 전후 시점부터는 기존 상권으로 보는 것이 맞을 것 같다. 이 시점은 1차 전환(사업주 손바 뀜)이 이루어지고 발전 단계를 지나고 있기 때문이다. 또한 상권 확장이 예상되는 지역이므로 비록 현재는 열악해도 이런 상권에 진입하는 창업가는 상권 확장률에 대한 기대치를 가지고 창업하기 때문에 도전적인 창업가에 적합하다.

2.2. 기존 상권의 확장

기존 상권이 확장되는 경우는 대핵 상권big centrality trade area이 있는 지역에서 상권의 힘에 의해 형성되는 경우와 교통 환경적 입지적 여건에 의해 확장되는 것으로 구분할 수 있다. 기존 상권이 상권의 힘에 의해 형성되는 경우는 상권 확장률에서 언급했듯이 중심성이 핵심 상권으로 발전하는 과정과 핵심 상권에서 다핵 상권으로 확장되는 것을 말한다. 〈그림 6-1〉에서 보듯이 중심성이 하(下)인 상권이 점차 소비자가 몰리면서 중심이 상해시면 핵심 상권으로 발전하게 된다. 그러나 이 과정은 지역 발전, 입지적 여건이 모두 일치해야 가능하다. 홍대나 건대 상권 같은 대학가 복합 상권이 이렇게 발전한다. 이때 최초의 핵심 상권은 중대핵 상권pass middle centrality trade area 이상으로 발전할 경우 다핵 상권이 생기며 이후 형성된 다핵 상권 extended centrality trade area부터는 중핵 상권middle centrality trade area이상으로 발전하게 되면 이 상권 기준으로 추가로 또 다른 다핵 상권이 형성된다.

이미 상권 변화에 따른 학습효과로 선제적으로 다른 상권으로 이동하기 때문이다. 다핵 상권 중에서 일부는 확장률이 높게 나타나며 핵심 상권과 1차 다핵 상권의 브리지 효과로 핵심 상권과 다핵 상권은 더욱 확장된다. 이때 중간 연결 지점에 형성되는 상권이 '브리지 상권bridge trade area'이라고 한다.

이 상권은 상권의 색깔이 명확하지 않지만 핵심 상권의 임차료나 권리금에 부담을 느낀 창업가가 진출한다. 상품력에 자신이 있는 창업가는 다핵 상권에 진입하기보다는 과감히 1차 브리지 상권에 진입하여 승부한다. 그러나 브리지 상권도 일부 지역은 전환 포인트가 되어 상권의 중요한 지점이 될 수 있다. 2010년대 초 이태원 메인 상권과 경리단 상권이 연결되는 녹사평역 언덕길은 지리적 여건(독창적 위치)으로 인해 강력한 브리지 상권이 되기도 한다. 또한 앞서 언급했듯이 일정 시점(보통은 중핵 상권이 된 이후)부터 1차 다핵 상권을 중심으로 또 다른 다핵 상권이 형성될 수 있다. 이때도 브리지 효과로 1차 다핵 상권과 2차 다핵 상권이 함께 확장되면서 상권이 넓어진다. 이때 1차 다핵의 중심성은 중하(中下)급 핵심으로 앞서 언급한 상권 변화 학습효과로 선제적으로 이동한다. 이렇게 가지치기처럼 형성되는 상권을 상권 가치 측면에서는 가지 상권branch trade area라고 한다. 이때 1차 다핵 상권과 2차 다핵 상권의 중간지점을 2차 브리지 상권이라고 한다. 일반적으로 이 브리지는 상권력이 약하기 때문에 4차선 이상의 도로로 배후가 갈라진 경우는 상권 브리지 효과(상권이 연결되어 확장되는 효과)를 기대하기 어렵고 전혀 다른 상권으로 봐야 한다. 결국 2차 다핵 상권도 커져서 포화되거나 부담을 느끼는 창업가는 새로운 다핵 상권으로 뻗어가기도 하지만 보통 2차 다핵 상권으로 마무리되고 다시 다른 핵심 상권과 연결되면서 그림과 같이 상권의 큰 틀이 형성된다.

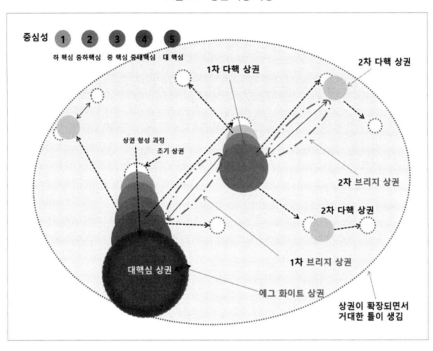

<그림 6-1> 상권 확장 과정

이때 두 가지 현상이 생긴다.

다시 대핵 상권으로 회귀하거나 새로운 위성 상권satelite trade area으로 뻗어나가는 경우이다. 핵심 상권으로 회귀하는 경우는 아주 자연스럽게 생긴다. 이때는 그림과 같이 핵심 상권의 핵에 진입하기보다는 대핵과 중대핵 사이의 상권 중에서 브릿지 상권으로 연결되지 않는 테두리로 진입을 한다. 이 핵심의 둥근 테두리 상권이 계란의 노른자처럼 핵은 아니고 좀 뜨는 느낌이 들기 때문에 계란의 흰자에 비유하여 '에그 화이트 상권egg white trade area'이라고 한다. 이곳은 핵심 상권의 주변 중에서 소외된 지역이지만 의외로 임차료나 권리금이 높고 그것에 비교하여 상권력이 약하므로 쉽게 진입하지 못 한다. 그러나 일부 초보 창업가는 '썩어도 준치'라도 심정으로 핵심 상권으로 진입하기도 하지만 매우 위험한 발상이다. 다시 말해 이런 상권은 엄밀히 말하면 핵심 상권, 다핵 상권, 브리지 상권도 아닌 임차료만 높은 애매한 상권이다. 따라서 초보 창업자에게는 적합하지 않다. 특히 홍대처럼 고객 유입률이 높고 넓은 지역은 경기나 사회적 반응 즉 세월호 사건이나 메르스 같은 전염병이 돌게 되면 그 여파를 직격으로 받기도 하고 상품력이 A클래스이거나 특별한 상품 콘셉트를 가지고 있지 않는 이상은 경쟁력이 떨어지기 때문이다. 이 경우 오히려 상권분석보다 배후분석적 비중을 더욱 높이는 편이 낫다. 대핵 상권을 영역을 벗어나 〈사진 6-1〉에서 보듯이 홍대 상권에서 홍대대로 건너편 서교동, 연남동 상권이나 합정동과 강변 방향의 상수동 상권처럼 독립적으로 형성된 상권은 대핵 상권의 다핵 상권이기보다는 대핵 상권에서 분리된 위성 상권으로 봐야 한다. 위성 상권satelite trade area은 대핵이 있는 거대 상권과는 대도(넓은 도로)나 기타 여건으로 입지가 완전히 분리되어 대핵 상권과 다핵 상권의 포화와 임차료 등의 과도한 비용에 밀려 새롭게 형성된 상권을 말한다. 때로는 대핵이 있는 상권과 위성 상권 사이에 브릿지 상권이 형성되기도 하지만 임차료가 과도하게 오르거나 높은 비용이 든다면 브릿지로서의 의미가 없다. 그러나 이런 위성 상권satelite trade area은 서서히 변하고 자연스럽게 확장되므로 비교적 규모가 작고 기술력이 높은 스몰 창업(사회 경기 변화에 탄력적인 창업)이 많고 융복합 상권의 성격으로 변하는 경우가 많다. 이 위성 상권이 발달하기 위해서는 입지 여건이 좋고 평지여야 발달 속도가 빨라진다. 예를 들어 마포구 상수동 일대는 경사져 있고 아파트 등 신축 주택이 많아 확장에 제약이 있으나 마포구 망원동 일대는 평지이고 확장성이 좋아 꾸준히 넓혀지고 있다. 그러나 당인리 발전소 상부 공원화가 완료되면 상권의 변화는 일어날 것이다.

<사진 6-1> 상권 확장 사례(지도 자료: 카카오 맵)

　기존 상권이 입지적인 요인으로 확장되는 경우는 대체로 핵심 상권이 있는 지역이나 교통시설이 발달한 확장 배후형 상권에서 형성된다. 확장 배후형 상권에서 확장되는 경우는 주로 배후를 확보하면서 교통시설이 발달한 도심이나 부도심에 있다. 이런 곳은 교통여건과 주택 수요가 늘어남으로써 발달하므로 교통여건이 더 좋아지고 각종 개발 호재로 인해 상권이 확장되는 곳이다. 예를 들어 사당역 일대나 마포구 공덕역은 환승역으로 변하면서 통행량이 늘어나고 그와 함께 철도공원이 개발되면서 상권이 적극적으로 확장되고 있는 모습을 보이고 있다. 〈사진 6-2〉는 공덕 환승 역세권에서 상권이 주택가로 뻗어가는 지역의 모습이다.

　이런 상권에서는 배후를 기반으로 하므로 상권과 배후를 정확히 파악한다면 비교적 초보자도 창업하여 실패할 확률을 낮출 수 있다. 이상에서 보듯이 상권 형성과정과 확장은 매우 복잡하다. 특히 상권이 확장되는 과정은 실시간으로 눈에 띄는 것이 아니고 일정 기간을 두고 변한다. 신규 상권이 형성되는 과정에서 보듯이 상권 형성과정과 확장되는 단계를 이해하고 장기적인 관점에서 창업 전략을 세우는 것이 중요하다.

<사진 6-2> 환승역세권 상권, 확장 배후형 상권

3. 상권 확장 대응

앞의 상권 확장률과는 별개로 매출은 전혀 다른 측면을 보여주고 있다. 핵심 상권의 매출은 다핵 상권이 생김으로서 일정 시점까지는 매출이 증가한다. 상권 확장률이 높아지게 되면 보통 임차료도 증가하게 된다. 임차료 증가는 수익이 감소하게 된다는 것을 의미한다. 확장으로 경쟁점이나 유사 업태 점포의 증가로 매출은 떨어지게 된다. 즉 소비자 유입률은 한정되어 있는데 계속 점포만 늘어나게 되니 나눠먹기가 되는 것이다. 이 일정 시점의 기준이 매우 복잡하다. 다핵이 생긴 초기는 우선 상권의 유입률이 늘어나지만 다핵 상권이 자리를 잡아갈수록 유입률에 따른 진성(眞成) 수요는 분산이 되기 시작한다. 즉 매출이 분산되는 것이다. 〈사진 6-1〉에서 보듯이 중간 연결 지점(브리지 상권)의 점포가 늘어나면서 점포 공급은 수요를 초과하는 현상이 벌어 저서 핵심 상권에 있는 점포도 경쟁력이 높은 점포가 아니라면 매출은 상당히 많기 떨어지게 된다. 실제로 이태원 경리단길 초기는 전체적으로 점포가 활황이었지만 지금은 유입인구 수에 비해 너무 많은 상점이 생겨서 수익이 현저히 떨어지고 있는 실정이다. 이시기 점포를 잘 관찰해보면 눈에 띄게 어려운 점포와 그렇지 않은 점포는 확실히 차이가 난다. 상품력이 아주 높거나 창업 상품성이 최적화된 입지에 있지 않고 단순 위치에 치중한 업종은 매우 고전하는 것을 볼 수 있다. 따라서 상권이 발달한 지역일수록 상품 가치에 따라 개발 시장을 명확히 정하고 진입하는 것이 중요하다.

배후분석법에 민감한 업종 대응

배후분석법에 민감한 업종인 편의점이 핵심 상권에 있다고 가정한다. 편의점은 상권이 확장될수록 인구가 늘어나서 가장 먼저 수해를 보게 된다. 특히 좋은 위치에 있을수록 그 매출은 더욱 늘어날 것이다. 핵심 상권을 거쳐서 다핵 상권으로 이동하기 때문이다. 물론 편의점의 특성상 해당 점포의 매출이 일정 매출 이상으로 나오게 된다면 소화율(消化率)이 낮아지기 때문에 경쟁입지에 취약해질 수는 있다. 〈사진 6-3〉에서 보듯이 편의점뿐 아니라 위치에 민감한 테이크아웃점은 경쟁점 진입이 더욱 적극적일 수 있으므로 상권 확장률이 높은 지역에서는 경쟁입지를 충분히 고려한 입지에 창업해야 한다. 특히 융복합 상권처럼 주말 상권 유입률이 높은 상권은 매장이 작다고 임차료가 저렴하지 않다. 매출 대비 임차료가 현저히 높기 때문에 프랜차이즈 창업이나 본사의 전략적 차원에서 접근하는 경우가 많다.

〈사진 6-3〉 도로변의 린 방식 테이크아웃 매장

상권분석에 민감한 업종 대응

핵심 상권의 메인도로에 있더라도 외식업은 상권 확장에 매우 민감하다. 따라서 2차 확장까지는 매출이 오르지만 3차 확장부터는 본격적인 매출 분산효과가 나타나게 된다. 핵심 상권의 도로변에는 경기 변화에 민감한 대형점포나 고단가의 상품은 확장률로 마냥 좋아할 수 없는 것이 현실이다. 또는 다핵 상권의 중심성이 중하(中下) 정도 되더라도 매출 분산 효과가 나타나게 된다. 경쟁력이 떨어지는 점포 즉 상품력이 약한 점포는 살아남기 어렵게 된다. 이때부터는 되는 점포만 되는 시기임에도 불구하고 초보 창업가나 상권 형성 과정을 정확히 이해하지 않고 진입하는 창업가는 높은 권리금과 시설비만 들이고 매우 고전하게 된다. 특히 '상권이나 상품력에 치중한 업종'은 넓은 상권에서는 경기 변화에 민감하여 경기하락기엔 매출하락으로 인해 더욱 운영하기 어렵게 된다. 이후 상권은 전략(마케팅)상권으로 바뀌거나 기약 없는 정체기를 지나 다시 회복되기까지는 최소 1~2년 이상 걸리므로 이 기간에 버티는 업종은 살아남게 되고 그렇지 않은 업종은 도태하게 된다. 따라서 특별한 마케팅과 영업력을 확보한 점포만 살아남는다. 지금까지의 상권 확장은 주로 수도권의 도시에 해당하는 사항으로 지방에서는 조금 다른 형태로 발전하는 경우도 있다.

·가 치 창 업·

Section 상권 발전과 쇠퇴 2

상권 발전 유형은 크게 두 가지로 구분해 볼 수 있다. 신규 상권의 발전과 기존 상권의 발전이다. 앞서 5강 제3절에서 시점 상권분석 및 배후분석에서 설명하였듯이 신규 상권은 도시 상권과 신도시 상권으로 구분할 수 있으며 상권 변화의 큰 틀은 입주율에 따라 다르기 때문에 기간의 문제일 뿐 비교적 규칙적으로 발전하는 편이다. 기존 상권 발전 유형은 자체 주도적 요인과 정부나 지자체 주도 유인으로 나눌 수 있다. 민간 주도 발전 유형은 주로 대학가, 역세권(발달상권), 관광상권 등은 자체 협의회에서 발생하므로 자생적인 요인에 의한 작용이 크기 때문에 상대적으로 상권 발전 변화를 예측하기 어렵다. 정부나 지자체 주도의 발전 유형은 주로 재래시장 상권, 구도심 골목상권 등에서 계획에 의해 진행하므로 어느 정도 상권 발달을 예측할 수 있다. 간혹 신규 상권에서도 주택가 변환상권이나 도시 리모델링 상권은 기존 상권의 범주에 들어가는 경우도 있는데 이 경우 주로 융복합 상권으로 발전하는 경우가 많으며 서울 해방촌 일대와 같이 자자체 주도와 함께 겹치는 상권은 자연적 발전과 지자체 주도가 충돌하여 선순환적 발전을 저해할 수도 있다.

1. 기존 상권 발전 유형

1.1. 상권의 융복합 상권convergence trade area으로 발전

융복합 상권은 점포 개별적인 경쟁력이 모여 하나의 상권 힘이 발생하는 상권으로 개인의 주도로 상권이 발전해가는 재생 상권이기도 하다. 융복합 상권은 이면도로에 위치한 골목상권이 중심이므로 개별 점포는 사회변화에 덜 민감한 스몰 창업이 주를 이룬다. 류준영 외(2014)는 상권의 업종 다양성의 변화는 상업시설의 생존율에 유의미한 영향을 미친다고 하였다. 대부분 상가시설이 열악하거나 지역이 낙후된 지역이 주택가 변환상권이나 도시 리모델링 상권 형태로 발전하므로 일반적인 골목상권의 발전 유형에 포함이 된다고 할 수 있다.

1.2. 대학가 상권 university town trade area

일반적인 기관 중에서 발전성이 가장 높은 것은 대학교이다. 즉 학교가 커지고 학생 수가 증가하여야 대학이 살기 때문에 상권도 커진다. 특히 대학가 상권은 트렌드에 민감한 젊은 세대의 기호를 파악하고 테스트하기에 최적의 상권이므로 신규 프랜차이즈 기업이나 독창적인 창업가의 진입률이 높다.

따라서 대학가 곳곳을 파고들어 상권이 형성되기 쉽다. 특히 숙명여대 상권처럼 대학교의 규모와 입지적 여건으로 상권의 범위가 커지는 데 한계가 있는 경우는 상권 발달도가 일정 수준까지 높아지면 더 발전하기 어렵기 때문에 권리금이 무분별하게 상승하지 않아 선순환 전환되는 경우가 많다. 반면에 도심에 있으며 상권 확장성이 높은 곳은 창업의 성패와 관계없이 창업가가 밀려오기 때문에 수익적 증가에 따라 권리금 상승보다는 지역성과 무분별한 전환에 의한 권리금 상승이 많아 선순환 되지 않고 상권이 확장되는 경우가 많다.

1.3. 역세권 상권 station influence trade area

역세권은 이미 크고 작은 상권이 형성되어 있다. 그러나 역세권의 발달 측면에서 보면 근본적으로 거주민이나 상주민 증가와 통행량 증가로 발달한다. 거주시설이 많은 곳에서 상권이 확장되는 경우는 보통 확장 배후형 상권이다. 즉 상권이 커질 수 있는 수요가 충분한 배후를 확보한 배후를 말한다. 가장 자연스럽게 상권이 발달할 수 있는 상권이나. 통행량 증가는 오피스 건물이 생기거나 대학가의 상권 활성화로 늘어나는 경우가 대부분이다. 따라서 오피스 시설이 증가할 수 있는 지역인 미개발된 상업지역이 넓어야 한다. 대학가 역세권인 경우는 대학가 자체 상권보다는 융복합 상권처럼 테마가 형성될 수 있어야 발달하게 된다.

1.4. 재래시장 주변 상권

정부 정책에 의한 시장뿐 아니라 상인 연합회는 자체적으로 시장을 활성화하고자 하는 노력을 하고 있다. 상품권 발급, 택배서비스, 운반 보관 서비스, 주차 서비스 등 자체적으로 고객에게 편리하고 다양하게 쇼핑할 수 있도록 방안을 모색하고 있다. 이렇게 재래시장이 활성화되면서 재래시장 주변 또는 시장 내 맛집이 생김으로써 상권이 확장되는 경우가 많다. 서울 용산구에 있는 용문시장은 해장국, 고깃집, 족발집, 오뎅집, 김밥 전문점 등 음식 먹거리가 발전하여 주변 상권도 덩달아 활성화 된 케이스이다. 특히 〈그림 8-9〉에서 보듯이 재래시장 주변은 지리적 여건의 영향으로 상권라인이 배후로 뻗어감으로서 도보로 이동하는 사람들이 증가한다. 특히 재래시장을 둘러싼 도로 면에 상가의 활성화는 더욱 재래시장을 활성화시켜서 상권이 발전하게 한다.

<사진 6-4> 전통시장 사진 자료: 용산구청 　　　　<사진 6-5> 재래시장 주변 상권 지도자료: 카카오 맵

1.5. 도시재생 사업

도시재생 사업은 정부 지원금의 집행 시기와 지자체의 적극적인 의지에 따라 사업 진행 속도가 달라지지만 개인의 참여가 중요하므로 얼마나 적극적이며 실증적인지에 따라 상권 발달은 차이가 난다. 또한 상권 자체의 활성화가 목적이 아니므로 급격한 발전보다는 장기적인 계획에 의해 진행되므로 일반적인 창업(단순 생계 목적)보다는 지역 재생사업 취지에 융합할 수 있는 융복합 창업(생계, 지역 경제, 문화 등이 융합된)이 적합하다.

1.6. 도시계획 영향

정부와 지자체가 장기적인 비전으로 도시 계획 사업을 진행하므로 가장 장기적이고 투입자금이 높지만 시행기간이 길게 되거나 불명확한 것이 단점이 있다. 통합 도시계획에 의한 사업과 단일 도시계획에 의한 사업으로 나눌 수 있다. 전자는 대단위 경제를 반영하는 용산 역세권, 창동 역세권, 마곡지구, 상암지구, 삼성동 종합운동장 종합개발 등이 여기에 해당한다. 후자는 마포구 연남동 철도공원 조성 사업(일명 연트럴 파크 일대), 서울역 고가 조성사업처럼 단일 시설물의 사업이 여기에 해당한다.

1.7. 리드 점포lead store 상권

리드 점포는 고객을 끌어들이는 힘이 높은 중소형 규모(330㎡) 이하의 점포를 말한다. 즉 그 점포로 인해 주변 상권이 변할 정도의 점포를 말한다. 그 리드 점포는 두 가지로 구분할 수 있다. 리드 점포가 처음부터 강한 인지도가 있는 경우와 서서히 알려지는 경우의 점포가 있다. 전자처럼 처음부터 강력한 인지도가 있는 리드 점포가 출점할 경우 그 정보 자체만으로도 상권에 기본적인 영향을 미칠 수 있다. 주로 연예인 점포, 기존 맛집 확장이나 이전 등이 여기에 해당한다. 따라서 핵점포key tenant와 다르게 창업 관점의 점포이므로 리드 점포가 될 수 있는 자리는 변하지 않지만 리드 점포의 업종은 바뀔 수 있다. 이런 리드 점포의 성공 유무가 상권의 변화를 주도할 수 있게 되지만 핵 점포보다는 작고 상권의 공생적 측면이 강하다. 도시계획적으로 보면 핵 점포key tenant도 리드점포로서 상권에 긍정적인 영향을 미치기도 하지만 상황에 따라서 오히려 주변 상권의 발전이 저해되는 경우도 있다.

긍정적인 영향을 미치는 경우는 핵 점포가 도심에 있는 경우 주변 상권으로 소비자 유입도 함께 높아지게 되는 것이고 부정적인 영향을 미치는 경우는 핵 점포가 도시 외곽에 있는 경우 상권이 단절되어 소비자는 핵 점포 내에서 소비를 끊고 바로 다른 목적지로 이동하는 것이다. 따라서 핵 점포 주변 상권은 핵 점포와 상권의 성격이 전혀 달라야 하고 비교적 규모가 큰 점포가 집단적으로 형성되어 있어야 시너지 효과를 낼 수 있다. 그렇지 않으면 핵 점포 내에서 먹거리 등을 해결하기 때문에 외부의 주변 상권에서 소비를 하지 않기 때문이다. 또한 연예인 점포라는 점만으로 상권에 큰 영향을 미치지는 않고 상품력이나 기타 다른 요소로 입소문이 날 경우 그런 영향이 발생한다. 오히려 연예인이 매입했다는 이유로 주변 부동산이 들썩이는 효과가 먼저 나타나 상권 발달에 악영향을 미칠 수도 있다.또한 기존 맛집의 넓히거나 옮기는 경우 어느 정도 상권에 영향을 미치지만 이미 잘 형성된 곳인 경우 크게 변하기는 어렵고 리드점포의 집객유도시설 역할로 일부 주변 점포 중 편의점이나 테이크아웃 매장은 고객 유입률이 높아질 수 있다. 강한 인지도가 있지는 않지만 서서히 맛집으로 인정받으며 입소문이 나게 되면 서서히 주변에 유사업종 내지 상권에 안겨 발전을 도모하고자 하는 업종이 들어서게 된다. 이 경우 주로 융복합 상권으로 발전하는 경우가 많다.

이상에서 보면 상권 발전 유형은 신규 상권을 제외하고 보면 뒤에서 언급할 상권 쇠퇴 유형보다 다양하지 않다. 즉 상권이 쇠퇴할 수 있는 여지는 많고 발전할 수 있는 가능성은 낮다는 것을 보여주는 것이다.

2. 상권 쇠퇴 유형

상가 시설이 모여 있는 곳은 그대로 유지되기도 하지만 장기적으로 쇠퇴하거나 발전하기도 한다. 따라서 이에 대한 이해를 통해 내가 창업하고자 하는 지역은 어떤 유형에 속하는지 한 번쯤 짚어보고 합리적인 창업을 위해 장기적인 전략을 세우는 데 도움이 되고자 한다.

2.1. 융복합 상권의 프랜차이즈화

단순히 대기업의 진출을 말하는 것이 아니다. 융복합 상권이나 이와 유사한 형태의 색깔이 있는 상권은 개인 창업가의 개성과 열정으로 고객이 유입된다. 그러나 융복합 상권으로 명성이 나기 시작한 이후에 신규 프랜차이즈의 진출이 시작된다. 이들은 젊은 층을 공략할 수 있는 지역을 선호하므로 융복합 상권의 발전 단계에서 무리한 임차료나 권리금을 투자하고 진입한다. 이들의 진입으로 상권은 더욱 활발해져 자금력을 앞세운 프랜차이즈의 진입이 시작된다. 그러나 브랜드를 알리고자 하지만 무리하게 투자한 업체나 상권 내 독특함이 부족한 업체는 금세 도태하게 되고 개성 있는(상품이나 매장 콘셉트 등) 세입자는 이탈하거나 유입이 끊기는 현상이 생겨서 상권의 색깔이 없어지게 된다. 이시기는 이미 임차료나 권리금이 급상승한 이후이므로 교통시설 접근성이 떨어진 지역 중에 너무 급격히 상권이 발달한 곳은 상권 쇠퇴 유형도 빨리 나타나는 편이다.

2.2. 학생 유입 증가

학생 유입 특히 중, 고등학생의 유입이 늘어나는 지역은 소비 단가가 낮아질 수밖에 없다. 따라서 점점 이들의 가격과 수준에 맞는 상품을 팔 수밖에 없게 된다. 그러나 이들을 타깃으로 하는 아이템은 한정되어 있고 금액도 한정되어 있어 양질의 상품을 기대하기 어렵기 때문에 직장인이나 연인들의 유입은 더욱 줄어들게 된다. 즉 상권 내 유입되는 소비자들이 실제 방문할 수 있는 소비자의 통방률(通房律)이 높고 테이블 회전률(回轉律)이 뛰어난 업체만 살아남게 된다. 이런 대표적인 지역이 신촌 상권이다. 신촌 상권은 수십 년 전부터 고깃집, 주점 등이 주류를 이루었다. 그 시기는 융복합 상권도 없었고 상권의 색깔이 들러나지 않는 시기였기 때문에 소위 말하는 시내에 근접한 대학가 상권이 최고의 상권이었다. 서울 서북 권엔 거의 모든 학생들이 몰리는 상권이었으나 볼거리와 다양한 먹거리 등 개성 있는 매장의 진입은 홍대 상권에 빼앗겨 단순 먹자 위주의 상권으로 변질되어 과거의 신촌 상권보다는 쇠퇴한 측면이 있다.

2.3. 급격한 속도의 지역 개발(젠트리피케이션)

소비자 유입이 상승하면 점포가 증가하게 되고 자연스럽게 임대가격 상승으로 건물 가격은 상승하게 된다. 이런 현상이 반복되어 매입가격이 일정 수준의 가격을 넘게 되면 매입비용의 수익률을 맞추기 위해 급격하게 임차료가 상승하는 시기가 온다. 따라서 기존 세입자는 이탈하고 이를 지불할 수 있는 업체의 진입으로 상권은 일시적으로 활성화되면서 건물의 소유권도 바뀌면서 외지인의 진입이 급격히 증가하는 현상이 발생하는 데 이를 '젠트리피케이션'이라고 한다. 그러나 개별 점포들을 합쳐 넓은 매장이 들어서고 프랜차이즈 업체의 증가로 상권의 볼거리와 먹거리가 줄어들어 상권의 색깔은 점차 퇴색되어 진다.

주로 경복궁 일대의 삼청도 상권과 천안의 지중해 마을이 여기에 해당한다. 특히 지중해 마을은 배후민의 접근성이 낮은 배후 시설 상권 현태로 형성되어 상권의 활력을 잃은 케이스이다. 근래는 대기업 프랜차이즈 업체의 진출이 아니어도 신생 프랜차이즈 기업이나 사업화를 준비하는 업체의 무리한 진출이 잦은 편이다.

이들 중 일부는 장기적인 발전성을 보기보다는 단기적인 마케팅과 홍보효과로 체인점 확장에 목적이 있기 때문에 오래 운영하지 않고 떠나게 된다. 그러나 뒤 늦게 상권에 진입한 개인 창업가는 의욕이 앞선 나머지 투자금 회수가 어렵게 되고 높은 임차료에 대한 부담으로 떠나게 되면서 건물 공실이 늘어나게 되어 상권은 쇠퇴하게 된다.

2.4. 예측 불가능한 경제상황

경기가 하강 국면에 진입하게 되면 특히 자리를 잡지 못한 신규 상권에서 발전 단계에 진입하던 경우 발전이 멈추거나 더디게 되어 정상적인 상권힘을 받지 못하게 되어 쇠퇴하게 된다. 이 경우 상권 활성도에 비해 경기가 하강하는 국면에 있기 때문에 건물주는 이와 상관없이 임차료를 올리는 게 되고 경기 하강에 따른 중개업자는 중개물건 확보를 위해 무리한 거래를 추진하게 된다. 이 경우 비 정상적인 점포 전환이 일어나게 되어 상권을 지탱하던 세입자는 이전을 하게 된다. 이후 상권을 형성한 원 세입자는 나가고 상권의 겉모습만 보고 진입하는 세입자가 늘어나게 되어 상권은 선순환적으로 발전하지 못하게 되고 쇠퇴하게 된다. 그러나 일반적인 경기 하강과 다르게 2015년 메르스 사태, 2020년 현재의 코로나 사태와 같이 바이러스 전염에 의한 경우 실물 경기에 미치는 영향이 더욱 크다. 외출자체를 꺼리기 때문이다. 이 경우 이미 상권이 위축된 지역은 급격히 쇠퇴하여 그 기능을 상실하게 되고 신규 상권은 장기간의 공실로 선순환적인 발전을 기대하기 어렵게 된다.

2.5. 지역 연속성이 떨어진 재개발, 재건축 상권

재개발은 삶의 질을 높여준다. 그 말은 지역이 깨끗해지고 상가는 가지런해진다는 말이다. 도심권의 도심재개발은 연계상권과 함께 발전하는 경우가 많다. 그러나 부도심이나 대학가 중에 주거시설이 밀집된 상권은 도로변에서 주택가로 상권이 확장된 케이스이므로 주택가가 통합 개발되면 아파트 단지 내 상가시설로 주변상권과 연계되어 개발되는 경우가 드물다. 〈사진 6-6〉은 중앙대가 있는 동작구 흑석동 구 상권 일대의 재개발 지역으로 도로변을 따라서 주택가로 확장된 상권이다. 재개발로 도로면을 따라 신규 상가 라인이 형성되면 기존 상권은 쇠퇴가 우려된다. 따라서 이 부분은 설계단계에서 세대민의 편의와 기존 상권과 연계된 상권 활성화 설계가 필요해 보인다.

<사진 6-6> 재개발로 상권 쇠퇴가 우려되는 지역 사진 자료: 카카오 로드뷰

2.6. 신도시 배후 시설 상권

신도시 배후 시설 상권은 일반적으로 신도시에 집단적으로 형성된 저층 상가시설 밀집지역을 말한다. 대부분 상가시설 위주로 형성되지만 대규모 신도시는 곳곳에 주택가와 결합하여 소규모로 근린상가시설이 들어섬으로서 형성되기도 한다. 기본적으로 배후 시설 상권은 안정된 배후를 확보해야 하는 데 집중상권이나 큰 규모 배후 시설 상권으로 수요가 분산되어 유입률 저하로 상권이 활성화되기 어렵다.

〈사진 6-7〉에서 보듯이 일산 암 센터 건너편의 중소 배후 시설 상권처럼 상권의 색깔이 명확하지 않고, 개성 있는 창업가의 진입이 없다면 좀처럼 활성화되기 어렵다.

2.7. 에그 화이트 상권egg white trade area의 확장

에그 화이트 상권은 대핵 상권의 팽창으로 핵상권과 사이에 공백이 생기는 상권을 말한다. 즉 상권의 색깔이 명확하지 않기 때문에 대핵 상권에 묻어가는 상권이므로 그 자체로 경쟁력이 없는 상권이다. 따라서 이런 상권이 커지는 경우는 경기가 활성화되거나 지역 호재로 인해 대핵 상권이 확장되어 창업가나 신규 프랜차이즈가 무분별하게 몰리게 되어 발생하기 때문이다. 이렇게 형성된 곳은 상권 발달도에 비해 임차료도 높아 특별한 경험, 자본, 실력이 뒷받침 되지 못한다면 성공하기 어렵게 되어 세입자의 전환율은 높지만 거래는 활성화되지 못하기 때문에 상권이 쇠퇴하게 된다.

2.8. 신도시 집중 상권 주변의 기존 소형 상권

도시 외곽의 독립 분산상권이나 신도시가 생김으로서 집중상권을 중심으로 기존

도시의 경계에 있는 상권 중에서 규모가 작은 기존 상권은 상당히 위축되기 쉽다. 특히 단순 생활밀착시설이 아니고 상권 창업 업종이 많은 경우 고정 고객의 이탈로 이어져 상권 내 생활밀착시설 위주로 재편되거나 공실이 늘어나게 업종의 다양성은 줄어들게 될 수 있다. 가령 한정된 고객을 타깃으로 오픈한 애견병원, 의료센터, 외식업 등은 신도시의 경쟁력 높은 점포에 고객을 빼앗겨 상권은 더욱 배후형으로 바뀌어 매우 정적인 상권으로 재편되게 된다.

2.9. 접근성이 떨어진 골목상권

초기 이태원 경리단길의 발달로 장진우 거리도 발달할 수 있었다. 정동규(2017) 연구에서 밝혔듯이 골목상권 쇠퇴에 영향을 미치는 변수로 주간선도로까지의 거리, 경사로 여부, 점포 규모, 지하철까지의 거리 등이라고 하였다. 이태원 장진우 거리는 주간선도로에서 상당히 떨어져 있고, 일부 경사가 높아 상권이 활성화되기에 어려운 단점이 있다. 이태원 경리단길도 골목상권으로 연결되는 부분은 경사로가 높아 상권단절 효과도 발생하여 상권 발달에 마이너스 요인이 되고 있다.

1. 상권 범위(商圈)를 결정하는 요소

개별 점포의 상권의 범위를 결정하는 상권의 범위는 소비자가 매장에 찾아올 수 있는 통상적 범위에 있는 상권을 말한다. 여기서 통상적 범위란 소비 간격이 월 단위 이내로 일어날 수 있는 거리를 말한다. 예를 들어 서울에 있는 맛집에 대구에서 찾아오는 고객은 통상적인 범위에 있는 고객으로 볼 수 없는 것이다. 상권의 발달도에 따른 상권 인지도의 결과일 뿐이므로 지역 방문객이 방문하거나 특별한 목적을 갖고 계신 분이 일정 간격을 두고 방문하여 소비해야 한다.

(1) 매장 면적store size

상권 모델 중 규범적 모델인 애플바움의 상권분석 모형은 레일리와 컨버스의 법칙에서 쓰이는 거리, 인구 변수를 이동시간, 매장 면적으로 바꾸어 계산한 방식이다. 위 이론 중 애플바움의 매장 면적은 현재의 상권 범위를 결정하는 가장 큰 요소 중 하나인 매장 규모와 일치한다. 그러나 이 역시 매장 콘셉트나 영업적인 점포 개별성이 포함되지 않아 실제는 케이스 바이 케이스로 분석해야 한다.

<표 6-1> 상권 범위를 넓히는 요소

순서	구분		특징
1	매장 면적store size		수학적 기법
2	매장 콘셉트	차별성distinction	독특한 인테리어 등
		니즈needs	지역 고객 니즈 반영
3	영업력 slaes power	홍보public relations	인터넷, 커뮤니티, 전단지 등 광고매체 활용
		운영 기획operative planning	상품권, 회원제 등
		서비스 운영operation service	편리성과 편의성
		관리 서비스facility management	쾌적한 환경
		상품개발product development	전략적 신상품개발 및 출시 (특히 린 방식 상품개발 시장)
4	상품력product power		상품력 평가
5	브랜드력brand power		스타벅스, 빽다방, subway 등
6	서비스력true kindness		친절, 만족, 감동
7	상권 공간적 변화		숲길조성, 교통시설 개통 등

허프 수정 확률적 모델mci model은 오늘날 고객 흡입력을 측정할 때 가장 유용하게 활용하고 있는 이론이다. 즉 고객 흡입력은 매장 면적 크기에 비례하고 거리의 제곱에 반비례한다는 이론이다. 거리를 중요시 여기면서 매장 크기를 반영한 이론이다. 따라서 이론대로 볼 때 점포별 개별 변수(서비스, 점포 모양 등)와 상품의 질적인 차이, 가격, 소비자의 성격에 따른 변수는 반영되어 있지 않기 때문에 거시적인 분석 환경을 파악하는 데 매우 적합하게 활용할 수 있다. 또한 거리와 매장 면적이라는 변수 외에 반영하고 있는 수치가 없으므로 상품의 동질성이 높거나 서비스의 동질성이 높은 업종에 한정할 수밖에 없다. 따라서 대형 슈퍼, 대형 음식점, 병원 등의 상권을 측정하는 데 가장 많이 활용하고 있다. 이렇게 학문적 상권분석(수학적 기법) 요소에서 상권의 범위를 결정하는 요소는 매장의 규모가 공통적으로 들어가 있다. 매장 규모는 현재도 일치한다. 특히 매장 규모가 큰 대형 마트, 백화점 등은 더욱 그렇다. 매장 면적은 과거나 지금이나 매우 중요한 측정요소이지만 작은 개별 창업에서는

구체적으로 세분화시킬 필요가 있다. 업종 평균 매장 면적 기준으로 하며 단위 내에서도 매장 면적에 따른 상권 범위가 차이가 나는 업종도 있고 별다른 차이가 없는 업종도 있기 때문이다. 경제학에서 한계생산 체감의 법칙이 있듯이 점포 창업도 일정 면적을 넘어가도 유의미하게 매출이 증기되지 않는다. 이것은 상품 구색과 서비스 제공의 한계와 상권이 한정되어 있기 때문이다. 〈그림 8-15〉는 업종과 면적에 따른 상권 범위가 어떻게 다른지 구분한 것으로 실제 출점할 때 경쟁 요소를 고려하는 데 참고하면 된다.

단위는 매장 크기에 따른 것으로 다섯 가지로 나누며 1, 2, 3, 4, 5 단위로 구분하며, 각각 단위에 해당하는 일반적인 업종이 존재하는 것을 인지해야 한다. 단위 군은 100평방미터 기준으로 하며 크기에 따른 상권 민감도도 다르다.

1단위는 매장 면적이 30제곱미터 이하인 경우를 말한다.
매우 적은 평형이므로 구분하는 것은 큰 의미가 없다.
2단위는 매장 면적이 30~100제곱미터 이하인 경우를 말한다.
이 면적에 해당하는 점포가 주를 이루는 업종을 말한다.
3단위는 매장 면적이 100~200제곱미터 이하인 경우를 말한다.
이 면적에 해당하는 점포가 주를 이루는 업종을 말한다.
4단위는 매장 면적이 200~300제곱미터 이하인 경우를 말한다.
이 면적에 해당하는 점포가 주를 이루는 업종을 말한다.
5단위는 매장 면적이 300제곱미터 이상인 경우를 말한다.
이 면적에 해당하는 점포가 주를 이루는 업종을 말한다.

대표적인 1단위 업종은 복권방, 테이크아웃 전문점 등이 있다. 이들 업종은 단위 내에서는 면적에 따른 상권의 범위가 큰 차이가 없다. 단지 상권 발달도에 따른 입지적인 영향력이 높을 뿐이다. 즉 통행량에 따라 매출이 높을 수밖에 없다.
대표적인 2단위 업종은 편의점, 분식점, 동네 문구점, 배달 치킨점. 피자점, 세탁소 등이 있다. 이들 업종은 단위 내에서는 면적에 따른 상권의 범위가 큰 차이가 없다. 편의점은 10평이나 30평 매장 모두 주요 품목은 모두 갖출 수가 있고 편리성에 중점을 둔 업종이기 때문이다. 분식점 또한 메뉴가 한정되어 있고 배달 업종은 배달 위주이므로 단위 내에서는 매장 면적에 따른 상권의 크기가 차이가 없다. 배달형 치킨점이나 피자 전문점도 마찬가지이다. 따라서 단위 내에서 면적의 차이는 고객의 편의성의 차이로 경쟁률에 따른 고객 내방률을 높일 수 있을 뿐이다. 커피 전문점은 1단위, 2단위, 3단위, 4단위 모두에 분포되어 있다. 상품이 유사하며 단일 품목이므로 단위 내에서도 면적에 따른 상권의 차이가 있고 단위군에 따른 차이도 있지만 현실적으로 매장의 유지를 고려한다면 상품력과 영업력이라는 변수가 더 크다. 베이커리 전문점은 2단위, 3단위에 해당하며 각 단위 내에서도 최소 면적과 최대 면적은 차이가 있고 단위군도 상권 범위의 차이가 있다. 이는 매장 면적에 따른 고객 편의성은 물론 상품 다양성을 보강할 수 있기 때문이다. 문구점은 1단위, 2단위에 해당하며 2단위 내에 있는 동네 문구점(초중고)은 단위 내 상권 범위 차이가 크지 않다. 오피스 문구는 3단위, 4단위 5단위에 해당하며 단위 내 상권 범위차이가 크지 않으나 단위군에 따른 상권 범위의 차이가 큰 편이다. 쇼핑 편리성의 차이는 있지만 상품 구색으로 멀리 있는 고객을 유인하지 못하기 때문이다. 헤어숍은 1단위에 해당하는 동네 헤어숍과 2단위, 3단위, 4단위 모두 해당하는 지역 헤어숍으로 구분할 수 있다. 1단위와 2~4단위는 규모로 인해 상권 범위의 차이가 있으나 2단위, 3단위, 4단위 단위군 차이보다는 영업력과 스킬에 의한 차이가 있을 뿐이다. 5단위 업종인 대형 문구, 마트, 대형 커피 전문점, 외식 체인점 등이 있다. 5단위 이상은 면적에 따른 상권 범위가 민감하며 규모의 경제 범위에서는 상권 제압력이 높을 수 있다. 스타벅스나 맥도널드가 큰 규모로 출점하여 상권 제압력을 높이고 있다. 희소성이 높은 업종 중 다양성에 따른 구매력의 차이가 많은 애견숍, 완구 전문점, 자전거 대리점 등은 상품의 다양성으로 인해 단위군에 따른 상권 범위가 차이가 크다.

결국 상품 동질성이 높은 업종은 단위에서는 상권 범위의 차이가 크지 않고 단위군에 따른 상권 제압력을 높일 수 있을 뿐이다. 개별 음식업, 헤어숍은 매장 면적에 의한 상권 범위보다는 상품력과 스킬의 차이가 더욱 상권 범위를 넓혀주고 있다. 희소성 높은 업종은 다양성이 중요하므로 단위군에 따른 상권 범위가 차이가 크다.

(2) 매장 콘셉트store concept

매장 콘셉트는 상품에 대한 차별성distinction과 고객의 니즈needs로 나눌 수 있다. 차별성은 매장 내 인테리어 등 경쟁점과 차별화로 고객을 유인하는 것을 말한다. 니즈는 지역 고객의 니즈에 적극 반영한 형태의 모든 것을 말한다. 즉 지역민이 필요로 하고 요구하는 것은 매장에 적극 반영하는 것이다.

(3) 영업력sales power

가. 홍보public relations

도로변의 애견숍은 고객 접객 방식에 따른 매출에 상당한 영향을 준다. 특히 온라인에서 상품의 우수성과 서비스를 강조하면 이용 빈도가 높아진다. 홍보를 어떻게 하느냐에 따라 상권의 범위는 더 넓어질 수 있다. 특히 애견숍처럼 희소성까지 높은 업종은 영업력의 영향을 가장 많이 받는다. 그러나 단순 홍보 마케팅에 의한 한계는 있기 때문에 시기적으로 적절히 활용해야지 지나친 의존은 위험하다. 따라서 본질적인 커뮤니케이션을 통해 상품의 본질성을 알리고 공유하는 노력을 지속하는 것이 중요하다. 편의점처럼 상품의 동질성이 높은 업종은 같은 상품을 구매한다면 고객 접객력이 높은 점포를 이용한다. 그러나 편의점은 배후분석에 최적화된 업종이므로 영업력이 상권의 범위를 넓힌다고 볼 수 없다. 단지 근접한 경쟁점보다 우위를 차지할 수 있을 뿐이다.

나. 운영 기획operative planing

기획은 서비스 업종인 경우 매우 중요하다. 초기 오픈 시점부터 모든 서비스를 준비하기보다 핵심 서비스를 준비하여 점차 늘려가는 것이 중요하다. 가령 〈사진 4-2〉의 블록방처럼 특정 고객을 타깃으로 한다면 어린이의 내방률이 높을 수 있는 위치에 있어야 하고 부모의 친화률을 높여야 꾸준한 방문이 이루어진다. 이 블록방은 아이들이 학원과 연계되어 쉽게 이용할 수 있는 위치에 있으며 부모가 일일이 결제하지 않고 월 단위로 충전형식으로 사용할 수 있게 끔 했다. 즉 아이들이 방과 후 또는 학원 수업 등을 하고 잠시 이동하는 중간 이용할 수 있게 하고 아이들이 건전하고 유익한 시간을 보내는 동안 부모의 개인 시간을 보장할 수 있다. 또한 충전 후 사용하지 못한 금액은 양도가 가능하여 부모의 부담을 덜어 주었다. 또한 방학기간을 제외하면 오전에 상대적으로 한가할 수밖에 없기 때문에 오전에는 학부모를 타깃으로 저렴한 브런치를 준비하여 오전 매출도 훌륭히 소화하고 있다. 고객의 참여를 유도하기 위해 블록 쌓기 경진대회를 열어 참여의식과 집중력도 높여 고객에게 신선한 긴장감도 주고 있다. 또한 레고는 부품을 잃어버리는 경우가 많고 사용한 레고는 잘 보관하지 못하는 경우가 있다. 잃어버린 부품은 교환해주고 사용하지 않는 레고는 그램으로 환산하여 이용권을 충전해 주는 식으로 끊임없이 고객 관계에 노력하고 있다. 결국 사용자 공유경제를 활용한 전략이다. 최근엔 간단히 식사를 할 수 있게 조리 시설도 갖춘 모습을 볼 수 있다. 이렇게 객단가를 높이고 사용자 참여를 통한 가치 제안과 교육 기회를 제공하는 기획력은 프랜차이즈보다는 개인 업종이 독자적인 영업 방법으로 실행해야 하므로 창업가가 매우 부지런해야 하고 창의적이어야 한다.

다. 서비스 운영operation service

프랜차이즈 베이커리 전문점은 단일 품목이면서 상품의 다양성을 어떻게 활용하여 운영하느냐에 따라 고객이 늘어나고 줄어든다. 즉 고객 편리성과 편의성 위주의 서비스를 말한다. 특히 일 평균 매출이 100만 원 이내인 경우 〈그림 4-4〉의 '10단위 수익 민감도'(하루 평균 10만 원 매출이 월 단위로 돌아오는 이익금 정도)에 민감하기 때문에 사업주의 운영력은 매우 중요하다.

라. 관리 서비스facility management

관리 서비스는 쾌적한 환경과 세심한 배려를 위한 시설물의 체계적인 관리를 말한다. 가령 편의점의 정수기는 수시로 고객이 사용하므로 일정시기엔 필터를 교체해야 하고 에어컨 등과 같은 냉난방 시설은 일정 시점에 교체와 세척을 해야 한다.

가장 일반적인 사항이나 대부분 시설물은 3년이 지나면 노후 정도에 따른 시설물의 작동력이 차이가 크다. 따라서 얼마나 잘 관리를 했느냐에 따라 고객은 쾌적한 환경에서 서비스를 제공받을 수 있는 것이다. 이것은 고객이 꾸준히 방문하면서 느끼게 되어 브랜드력과 신뢰에 반영이 된다. 〈사진 6-8〉은 스타벅스의 한 매장에서 천정에 있는 냉난방기의 필터를 수시로 세척하기 위한 작업을 진행하고 있는 모습이다. 이것은 고객이 그 브랜드를 신뢰할 수 있는 가장 기본적인 서비스이다.

<사진 6-8> 정기적으로 필터 청소 시행

마. 상품개발product development

린 방식 상품개발 시장에서 일정 기간(계절별, 6개월 단위)을 단위로 꾸준히 신상품을 출시하여 고객 가치를 극대화시켜야 한다. 특히 유동인구가 많은 상권이나 젊은 층을 고객이 타깃인 경우 더욱 철저히 준비해야 한다.

(4) 상품력product power

상품력에 의해 먼 곳에서 찾아오기도 하지만 통상적인 범위를 넘는 경우와 소비 간격이 최대 3개월을 넘기는 경우는 상권의 범위에서 제외한다. 또한 과거보다 맛도 평준화되어 녹보석인 상품력에 의한 영향력은 더욱 줄어들고 있다. 의외로 대박 맛집에 가보면 맛과 비법은 평범한 경우도 흔히 접할 수 있다. 이것은 상품력과 다른 요소가 최상의 궁합이 맞아 떨어졌기 때문이다. 따라서 똑같은 콘셉트로 현재 다른 지역에서는 그런 결과를 장담할 수 없다. 이것은 창업 상권에서는 평균 이상의 경쟁력으로 표현하기도 한다. 창업 9력이 모두 고르게 평균을 넘겨서 경쟁력이 있는 경우를 말한다.

또한 이동 갈비를 먹으러 굳이 포천까지 가지 않아도 서울에서도 맛집은 많기 때문이다. 따라서 지방의 경우 충분한 배후 수요를 확보하지 못한 지역은 지역 관광과 같은 테마가 없는 맛집의 경쟁력은 계속 떨어지고 있다. 지역 특성에 따른 맛집은 지역민보다 관광객이나 외지인의 방문이 높기 때문이다. 포천 이동 갈비 타운은 성수기는 대부분의 갈비 전문점이 장사가 잘 되지만 비수기엔 특정 몇 집만 된다.

따라서 이런 동일 업종이 모여 상권의 인지도를 높이는 집재성 상권은 상품 자체의 영향력보다는 지역 인지도에 따른 관광객 유도가 더욱 중요하다.

〈사진 6-9〉의 떡볶이 전문점이 있는 지역은 각기 다른 콘셉트를 활용한 상품력으로 상권의 범위를 넓히고 있다. 한 집은 즉석 떡볶이 점이며 다른 한집은 일반 떡볶이 점이다. 떡볶이 집재성 상권은 아니나 두 점포의 강력한 상품력으로 인해 상권의 범위를 넓히고 있다. 이 업종의 매출은 배후분석적 범위는 차량으로 5~10분이지만 소비 간격이 일정하지 않아 매출은 20% 정도 차지한다. 반면 상권분석적 범위는 맛집의 영향력으로 1시간 이내 소비자의 방문이 높아 매출의 70%정도 차지한다. 주말에 더욱 높은 비중을 차지하며 방문객의 소비 간격은 더욱 짧기 때문에 상권 범위는 넓다.

이외에도 양립한 두 떡볶이 점은 양립성 효과가 발생하여 매출 상승효과가 있다. 오른쪽 사진에서 보듯이 같은 지역에 전골 떡볶이라는 콘셉트로 방송을 타고 난 이후 유명해져서 세 점포가 교차 양립성이 발생하여 집적 효과도 발생하였다. 이것은 각각 상품의 콘셉트가 명확히 다르고 일정 수준 이상의 상품력이므로 가능한 사례이다.

<사진 6-9> 양립 점포 <사진 6-10> 교차 양립 점포

(5) 브랜드력brand power

같은 자리의 커피 전문점이라도 평범한 브랜드의 커피 전문점이 있는 경우보다 스타벅스가 영업하는 경우가 훨씬 상권 범위가 넓다. 같은 자리에 단독형 편의점 voluntary chain cvs이 있는 경우보다 대기업 프랜차이즈 편의점major franchise chain cvs 이 영업하는 경우가 헐 쉰 상권 범위가 넓다.

한국의 경우 동일 조건인 경우 단독형 편의점과 메이저 편의점 매출 차이는 약 25~30% 차이가 난다고 추론하고 있으나 그림 〈8-23〉에서 보듯이 일본의 편의점 은 35.7%의 차이가 난다고 한다. 일본 메이저 편의점의 브랜드력이 더 높다는 것을 보여주고 있다.

<표 6-2> 일본의 메이저 프랜차이즈(FC) 편의점과 볼런터리(VC) 편의점 차이

구분	메이저 프랜차이즈 체인(FC)	볼런터리 체인(VC)
차이	경영 노하우 제공	공동 매입
매출	135.7%	100%
매출 총 이익률	28.6%	24.7%
경영자 이익률	7.9%	4.1%

자료: 일본 프랜차이즈 협회(2018)

(6) 서비스력true kindness power

서비스는 모든 영업의 기본이지만 그 기본이 잘 지켜지고 있지 않다. 이런 환경에서 진실한 서비스로 고객을 유인하여 상권 범위를 넓히는 브랜드가 있다. 스타벅스는 전 점포가 직영점이며 전 점포가 정직원으로 근무를 하는 이유는 고개 서비스에 대한 남다른 철학이 있기 때문이다. 그로인해 고객이 가장 편안하게 마실 수 있는 커피 전문점으로 자리를 잡았다. 이점은 맥도널드 가맹점 경영주 교육을 9개월이나 하는 것도 같은 맥락이다. 따라서 지금과 같은 고임금 시대에는 더욱 질 높은 서비스를 위한 교육이 절실하므로 창업 또한 질 높은 서비스true kindness service를 염두에 둘 필요가 있다.

(7) 상권 공간적 변화

이정란(2017)은 상권의 공간적인 변화는 점포의 개점률과 폐점률에 영향을 미친다고 하였다. 서울 강서구 염창동에 9호선 개통, 연남동 경의선 숲길, 도로 확장, 대로변의 횡단보도 신설, 재개발, 맛집 등장 등은 소비자 인구유입에 따라 점포의 생존율을 높여 상권의 확장에 영향을 미친다고 할 수 있다.

2. 상권 제압력을 높이는 요소

개별 점포의 상권 제압력은 수요민이 겹치는 한정된 상권(배후)에서 매장의 우월한 경쟁력으로 경쟁점의 진입의지를 꺾어 상권 독점률을 높일 수 있는 힘을 말한다. 따라서 일정 범위 내에서는 상권의 범위를 넓히는 요소와 겹치는 점도 있으나 매장을 이용한 입지적 우월성, 매장 자체 경쟁력 등에 중점을 두므로 단순히 매장 사이즈만 중요시하지는 않는다. 왜냐면 포천 이동갈비, 춘천 닭갈비 촌과 같은 집재성 상권에서는 규모의 경제로 상권을 제압하지는 않기 때문이다. 왜냐면 상권 제압력은 상품의 성격이 추가적인 경쟁점 진입의지를 꺾기 위한 것이므로 한정된 상권에 스타벅스 매장이나 맥도널드 매장이 진입하는 경우가 그렇다고 볼 수 있다. 즉 상권의 일반적 수요를 넘기는 규모로 진입하는 경우 완벽한 제압력을 확보할 수 있게 된다. 최근엔 소규모 점포도 창업시장에서 상권 범위를 넓히는 개념보다 제압력을 높이는 개념이 더욱 중요시 되고 있다. 따라서 작은 상권이라도 소비자 니즈에 확실히 부합하는 상품으로 창업하는 것이 더욱 경쟁력을 높일 수 있을 것이다.

<표 6-3> 상권 제압력(商權)을 높이는 요소

순서	구분		특징
1	매장 면적store size		수학적 기법
2	상권 제압	도미넌트	지역 제압(복수 점포)
		스크랩 앤 빌드	지역 제압(단일 점포)
3	영업력 sales power	홍보public relations	인터넷, 커뮤니티, 전단지 등 광고매체 활용
		운영 기획operative planning	상품권, 회원제 등
		서비스 운영operation service	편리성과 편의성
		관리 서비스facility management	쾌적한 환경
		상품개발product development	전략적 신상품개발 및 출시 (특히 린 방식 상품개발 시장)
4	상품력product power		상품력 평가
5	브랜드력brand power		스타벅스, 빽다방, subway 등
6	위치력location power		배후분석법

(1) 매장 여건(면적, 주정차 공간, 인지율, 가시율 등)

프랜차이즈 매장이 증가하며 지점 출점 전략 측면의 점포 개발이 많았다면 현재는 매장이 증가하고 어디를 가더라도 접할 수 있고 경쟁이 치열해지다 보니 다시 매장여건이 중요한 시대로 바뀌었다. 서비스업은 편안하고 상품성에 집중하기 위해 유통 소매업은 다양하고 편리함을 집중하기 위해 점차 매장의 대형화가 확산되고 있다.

예를 들어 편의점처럼 배후분석에 민감한 업종인 경우 같은 지역에서 한 점포는 다양한 좌식공간을 확보하여 고객 서비스 공간을 확보하여 식음료를 편히 해결하여 시식공간을 마련한다. 특히 경쟁률이 높은 지역은 좌식공간이 부족하거나 없는 점포보다 더 높은 경쟁력을 확보할 수 있다. 그러나 '10 단위 수익 민감도(1강 참조)'가 50만 원 정도 되는 업종이지만 일 평균 10만 원의 매출은 그렇게 낮은 매출이 아니므로 면적차이가 크지 않다면 큰 영향이 없을 수 있다. 또한 도로변 우물형 점포이거나 로드사이드 점포는 차량 고객의 편의점 이용 불편함을 해소해줄 수 있는 점포가 경쟁력에 우위에 있을 수 있다. 베이커리 전문점은 단일 상품이므로 다양성과 편의성이 중요하다. 따라서 커피나 음료와 함께 할 수 있는 편안한 좌식공간이 있는 점포와 그렇지 않은 점포의 경쟁력은 명확히 구분된다. 또한 가시율이 높고 매장이 안락하다면 경쟁점 방문 고객을 흡수할 수 있기 때문이다. 이 점은 사람들이 많이 몰리는 유동형에서는 더욱 중요하다. 들고 다니면서 먹지 않기 때문이다. 그러나 단순히 불특정 통행인의 흡수가 중요한 것은 아니다. 당연히 유동형이므로 통행량이 많아야 하지만 이들에 의한 매출은 변화가 심하고 예측하기 어렵다. 따라서 이런 곳에서 임차료를 감당할 수 있고 수익이 나기 위해서는 고정객의 매출이 얼마가 나오느냐가 헐 쉰 중요한 것이다. 〈사진 6-11〉는 이태원역 삼거리 상권이다. 이 상권은 이태원

<사진 6-11> 이태원 역 커피 매장 지도 자료: 카카오 맵

핵심 상권으로 출점한 프랜차이즈 커피 전문점 모두 매장 여건이 뛰어나다. 또 그렇지 않으면 임차료가 매우 높기 때문에 버티기 어려운 상권이다. 특히 소비형 상권에서는 집재성 효과가 발생하지 않기 때문에 c나 e 매장처럼 접근성이 떨어지고 2층에 위치하여 상대적으로 규모가 작은 매장은 여러 번 브랜드가 바뀌는 상황이 잦아지게 된다.

이외의 커피 전문점들은 테이크아웃 또는 틈새를 노린 형태의 매장이 대부분이다. 동일한 여건의 경쟁 매장이 있는 지역에서 차량 통행이 가능한 도로라면 주정차가 편리한 점포가 더욱 경쟁력이 높다. 배후형 상권에서 주정차의 편리성은 주행차량으로 인해 잠시 멈추고 소비할 수 있는 것을 말하지 드라이브 인(매장에 차량 주차)형태를 말하지는 않는다. 그러나 지방도시나 국도변 로드 사이드 입지인 경우는 드라이브인drive in형태로 주차가 가능해야 메이저 브랜드에 대응할 수 있다. 음식업인 경우 드라이브 인인 경우 매장이 안쪽으로 들어간 경우가 유리한 경우가 많지만 로드 사이드 점포를 제외하고 커피 전문점이나 편의점 같은 소매업은 가시율(佳詩律)과 인지율(認知律)이 중요하므로 드라이브 인보다는 로드 파킹load parking이 가능한 것이 더 낫다. 테이크아웃take-out이 편리한 점포가 더욱 유리하기 때문이다. 또한 배달 위주의 점포라면 크게 영향을 미치지 못한다. 최근 몇 년간 외국계 체인점인 맥도널드나 스타벅스는 시내 외곽, 교외, 지방의 중소 도시에 드라이브 쓰루drive thru 형태의 매장을 적극 공략하고 있다. 차량에 승차한 채 주문하고 바로 이동할 수 있는 편리함이 있다. 이런 형태의 매장이 있는 곳은 경쟁브랜드와 경쟁보다는 상권 몰입도가 낮기 때문에 넓은 상권을 타깃으로 공략하는 데 초점을 맞춘다. 따라서 자연스럽게 상권 제압력도 높이면서 상권 범위도 높이고 있다. 원 웨이 어트랙션 전략one way attraction strategy이 여기에 해당한다.

(2) 상권 제압 전략commercial supremacy strategy

상권(商圈)의 주도적 성격을 말하므로 商權commercial supremacy이라고 할 수 있다. 도미넌트 전략이나 스크랩 앤 빌드 전략scrap and build strategy으로 상권 제압력을 높일 수 있는 출점 전략의 하나이다.

(3) 영업력slaes power

상권 범위를 넓히는 요소와 중복된다. 홍보public relations와 운영 기획operative planing은 개별성이 강하고 개인의 경험과 역량에 따라 다르기 때문에 평범한 영업력으로는 상권 제압력을 높일 수 없다. 반면에 서비스 운영operation service은 일반적인 프랜차이즈나 일반적인 업종일 경우 차별화를 줄 수 있는 요소이다. 특히 상권이 한정된 장소에서는 상품의 동일성이 높은 편의점의 경우 더 질 좋은 서비스를 제공하는 곳으로 이용한다. 가령 〈사진 6-12〉의 지역은 불완전 소비형으로 유흥주점이 많은 상권에 편의점이 마주보고 있다. 야간에 상권이 발달한 지역으로 업소에서 거스름돈이 부족한 경우 충분히 거스름돈을 준비하고 잘 바꿔주는 점포로 방문하게 된다. 사례처럼 경쟁점이 근접하여 접근성에 큰 차이가 없는 경우 더욱 그렇다. 특히 응집률(凝集律)과 밀도(密度)가 높은 상권에서는 매우 중요하다.

상품개발product development은 린 방식 상품개발 시장에서 일정 기간(계절별, 6개월 단위)을 단위로 꾸준히 신상품을 출시하여 고객 가치를 극대화시켜야 한다. 특히 유동인구가 많은 상권이나 젊은 층을 고객이 타깃인 경우 더욱 철저히 준비해야 한다.

<사진 6-12> 불완전 소비형 상권 편의점 경쟁(지도 자료: 카카오 맵)

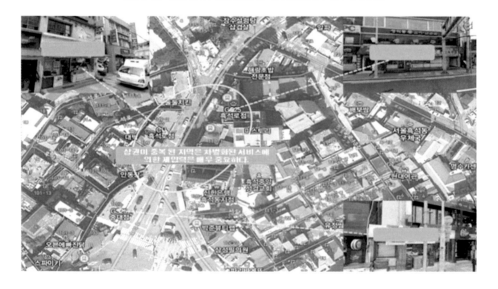

(4) 상품력product power

음식업인 경우 상권이 한정된 장소에서는 더 맛있는 집에 수요가 몰려서 다른 점포는 경쟁에서 밀리게 된다. 경쟁점이 생겨도 아이템 특성상 일정 매출을 넘기지 않으면 수익성도 높지 않다. 따라서 이렇게 나눠 먹기식의 상권에서는 많은 점포의 경쟁보다는 개별 경쟁으로 더 저렴하고 더 높은 상품을 제공하는 점포가 살아남는다. 일반적으로 야채와 과일은 상품이 나쁘면 구입하지 않기 때문에 상품의 동질성이 높은 편이다. 따라서 야채가게는 배후분석법에 민감한 편이다. 이렇게 배후분석법에 민감하며 상품력을 따질 때는 다음의 사항을 고려하여 매우 탄력적으로 볼 필요가 있다. 〈사진 6-13〉에서 1번 야채가게는 통행량이 가장 많은 위치에 있다. 그러나 상품력이 따라주지 않으면 위치에 따른 프리미엄은 작용하지 못할 수 있다. 2번 야채가게는 한쪽 배후민만을 상대하므로 상대적으로 통행량이 적다. 그렇다고 저가로 상대하기엔 통행량이 너무 적기 때문에 비교적 양질의 상품과 서비스를 강화해야 한다. 특히 1번과 3번 야채가게의 틈새 고객을 타깃으로 하는 것이 중요하다. 3번 야채가게는 도로변에 있지만 시장 중앙에 있지 않고 도로변에 있어 가시율(佳詩律)은 가장 좋다. 비교적 양질의 채소를 매우 저렴한 가격에 판매를 하는 점포로서 주변 야채 가게들에 비해 높은 경쟁력을 유지하고 있다. 주변 야채가게보다 100원이라도 더 저렴하다. 그러나 상품의 질은 조금 비싼 점포보다 조금 떨어지지만 먹는 데는 문제가 없다. 즉 가시율을 충분히 활용한 점포이다. 즉 이런 상품력은 단순히 양질의 상품을 말하는 것이 아니고 상품의 질과 가격이 적절히 조화를 이룬 것을 말한다. 창업에서 '창업 상품성 기준'은 창업 방향을 잡을 수 있는 매우 중요한 점이므로 반드시 명확히 정해야 한다.

<사진 6-13> 야채가게 사례(지도 자료: 카카오 맵)

(5) 브랜드력brand power

기존 커피 전문점이 있는 상권에 스타벅스가 진입하게 되면 명확한 콘셉트가 없는 점포는 경영상 어려움에 처하게 된다. 따라서 창업가는 브랜드력을 잘 이해하고 시장진입에 적용해야 한다. 예를 들어 스타벅스가 있는 점포 주변에 이디야 커피 전문점이 성행하고 있는 것을 볼 수 있다. 스타벅스의 상권 제압력이 높기 때문에 경쟁점은 비슷한 크기로 대응하지 않는다. 브랜드력의 차이를 인정하고 전략적인 위치선정과 전략적인 규모로 출점하여 틈새를 적절히 공략한다. 빽다방이라는 커피브랜드는 고퀄리티를 제공하는 브랜드가 이 나라 편안함과 차별화된 가성비로 고객에게 명확한 브랜드 가치를 제공하고 있다. 따라서 커피 전문점이 즐비한 상권이라도 독립적인 틈새 수요를 흡수할 수 있다. 단지 충분한 수요에 대한 검증은 필수이다. 이렇게 브랜드력은 브랜드 고유의 가치를 지닌 힘이 있다. 창업가는 이점을 명확히 파악하여 시장진입 측면에서 전략적으로 고려해야 한다.

(6) 위치력location power

상품력과 밀접한 요소로서 어느 정도 상품력을 갖췄다면 조금 더 고객 동선 확보에 유리하며 가시율이 높은 위치에 있는 점포가 더욱 경쟁력이 높다. 〈사진 6-14〉에서 보듯이 a위치(배후 유형: 농선 배우형, 입지 유형: 부채꼴형)에 브랜드편의점이 운영 중이었다. 사정상 b위치(배후 유형:동선 배후형, 입지 유형: 딱히 없음)로 이동하여 동일인이 동일 브랜드로 운영을 하였다. b위치는 a위치에서 불과 3평이 줄고 이면도로 안쪽 바로 옆 건물로 이전하였지만 매출은 40%가 줄어들었다. 이것은 a위치는 동선 배후형과 부채꼴형의 입지 유형에 최적화 된 자리에 있기 때문에 a위치의 상권 제압력과 상권 범위가 헐 쉰 높다는 것을 보여주는 사례이다.

유동형에서는 매장 여건과 위치가 중요하고 입지형에서는 상품과 서비스가 더욱 중요하므로 어떤 배후 유형인지에 따라 위치에 따른 상권 제압력은 차이가 발생할 수 있다. 이상에서 보면 상권 제압력은 최적의 입지유형을 선택하여 경쟁 우위를 차지하여야 극대화할 수 있다는 것을 말한다.

<사진 6-14> 점포 이동 사례 지도 자료: 카카오 맵

데이터를 활용한 각종 상권정보 분석기법 활용 (LBS[1], GIS[2] 등)

· 가 치 창 업 ·

1. 기술적 데이터를 활용한 상권분석 현실

앞서 언급한 학문적 상권분석을 보면 허프의 모델을 제외한 나머지는 거시 경제학적 분석이므로 도시 계획적으로 접근하는 경우나 대형 매장의 경우 외에는 적용하기 어려운 점이 있다. 그에 따른 상권획정법은 물품 소매업을 기준으로 한 방식으로 현재 업종의 다양성에 따른 상권 영역과 연관성을 찾기가 어렵고 상권분석 시스템 또한 데이터 부족과 다양한 매개변수를 어떻게 설정하느냐에 따라 결과는 천차만별이기 때문에 업종에 대한 전반적인 이해, 경험, 지역정보 등을 인지하지 못하면 개인이 적용하기에는 매우 어려운 일이다. 따라서 초기의 상권 정보는 애플바움의 기법에서 보듯이 매출을 측정하는 기준을 기존 소매업을 이용하는 소비자의 매출 정보와 방문 정보를 지도에 표시하는 방식인 CST기법으로 시작되었다. 즉 이러한 데이터가 축적되어 유사한 사례를 찾아 매출을 분석하는 것이다. 현재도 점포 개발 이후 지역 상권 현황을 파악하기 위해 활용하고 있으나 사전적 개념보다는 사후적 관점에서 접근하고 있는 실정이다. 이후 IT기술의 발전과 위성 항법 장치를 활용한 GIS 상권분석기법으로 더욱 정확한 인구, 점포 수, 점포 매출 등 상권 위치 정보를 제공하고 있다. 더 나아가 현재는 스마트 폰 앱을 활용한 고객의 위치 정보 등 사용

---

1 휴대폰 등과 같은 기기에 이동통신망과 위성항법장치(GPS: Global Positioning System) 등 IT기술을 활용하여 이용자에게 여러 가지 서비스를 제공하는 시스템.

2 위성을 활용하여 각종 지리 정보를 컴퓨터에 입력, 저장, 분석하여 실생활에 적용하는 시스템.

자 정보가 실시간으로 제공되어 LBS기법을 포함하여 더욱 현실감 높은 정보를 제공하고 있다. 미국을 포함한 선진국에서도 이를 활용한 상권분석은 80%가 넘는다. 특히 일본은 각종 데이터의 반영률이 높고 다양한 장비로 폭넓은 정보를 반영하고 있나. 사실 환성석으로 그고 삭은 지진에 노출되고 있기 때문에 소비자 생활에 미치는 영향이 매우 크다. 따라서 상권분석 또한 지진에 따른 인구 동향을 파악하여 정보를 제공할 정도이다. 그에 따라 창업시장도 전통과 스킬, 예측에 의해 진입하고 있어 매우 질서가 잡혀 있다. 그러나 한국은 다양한 Gis상권시스템을 활용한 분석 사이트가 있지만 데이터가 활용범위가 제한적이다. 창업은 단순히 정형화된 데이터에 의해서는 창업 방향을 잡기 어렵다. 따라서 상권 변화, 점포 변화 등 활성데이터에 의한 업종 현황에 맞게 맞춤형으로 접근하지 않으면 올바른 창업을 하기가 어렵다. 더구나 오픈 gis 시스템을 활용할 수 있는 전문 인력의 부재로 점포의 실질 데이터의 수집 범위는 한정되어 있어 이를 활용한 매출을 예측하기는 더욱 어려운 것이 현실이다.

더 큰 문제는 창업시장에서 창업에 대한 질서와 정확한 방향이다. 즉 시장이 예측이 가능해야 시스템이 의미가 있는 것이다. 현실은 창업시장 규모에 비해 단순히 창업을 장려하는 사회 분위기와 개별 창업가의 창업에 대한 인식 부족이 크기 때문에 학습효과가 전혀 되지 않아 창업시장이 혼탁해지고 있는 것이다. 유동 인구에 대한 데이터는 중요하지만 실제 그것이 중요한 지역과 업종, 창업 방향성에 따라 다를 수 있기 때문에 실제 활용은 매우 제한적이다. 특히 정보가 부족한 신규 상권에 거시적인 접근법으로는 창업이 엄두가 나지 않는다. 그나마 우리나라에서도 일 평균 매출이 수백만 원에서 수천만 원을 하는 스타벅스나 맥도널드 매장처럼 무분별한 개점이 많지 않고 브랜드력이 높은 경우는 어느 정도 추정할 수 있지만 소규모 업종은 상권이 좁고 소비자 변수가 너무 많아서 한국에서 상권분석은 매우 까다롭다. 실제 일본의 모 프랜차이즈 본사는 한국시장의 상권분석은 답이 없다고 하고 돌아갔다는 사례도 있다. 일본 프랜차이즈 협회는 상권분석과 점포 관련 세미나는 편의점을 기준으로 하고 있다. 일본 편의점은 우리나라보다 땅이 넓고(약 4배), 인구가 많다(약 2.5배). 일본은 일평균 방문 객수가 약 1,000명이며 일 평균 매출이 500만 원이 넘고 담배 구성비가 낮아 고객의 구매 패턴을 파악하는 데 기본이 되기 때문이다.

그러나 한국은 땅이 좁고 인구가 적어 1점포당 인구수가 1,000정도에 불과하다. 점포당 일 방문객수는 일평균 400명도 안 되며 일 평균 매출은 170만 원 정도이고 담배 구성비가 높아 상권분석의 기준이 되지는 못하고 있다. 더구나 점포간 거리가 짧아 경쟁적 변수가 너무 많아 인구통계학적 데이터 활용은 제한적이다 못해 적용할 수가 없는 경우도 있다. 더구나 한국에서 대다수 창업자의 매출은 일 평균 100만원 이하 임에도 불구하고 인건비와 임차료 등의 비용이 상대적으로 높아 현실적으로 수익률이 매우 낮다. '10단위 수익민감도'라고 하여 하루 평균 10만 원의 매출이 사업주의 수익에 미치는 영향이 큰 것도 이 때문이다. 그런 경계점에서 개점 여부를 판단하는 것은 쉽지가 않다. 따라서 저렴한 곳을 찾아 들어가다 보니 소위 말하는 동네 창업은 한번 해보자는 식으로 늘어나고 있다. 창업을 말릴 수도 없고 결국 대다수 소규모 창업은 최소한의 상권분석과 사업 계획, 영업에 치중할 수밖에 없는 것이 현실이다. 그러다 보니 상권분석이란 용어보다 시장에 진입하기 위한 상권 전략이 중요하고 적합해 보인다.

2. 데이터 상권분석 기법 활용

기초적인 관찰은 다음 지도나 네이버 지도를 통해 기본적인 사항을 확인할 수 있다.
상권 정보 이외의 인구, 주택 형태, 도로유형, 등고 등 현장 현황에 대한 사전 정보 수집은 부동산 정보제공 사이트를 참고하는 것이 좋다. 예를 들어 부동산정보제공업체인 호갱노노는 지형의 높낮이를 포함한 도로의 전반적 유형을 파악하는 데 편리하다. 동선에 따른 상권획정시 참고할 수 있겠다. 또한 유동인구 정보는 데이터 업체에서 유동인구 분석에 적합한 창업인 경우 우선적으로 점검해야 하지만 일반적인 창업에서 크게 중요시하지는 않는다. 오히려 해당 수요자 객층이나 주간 방문 밀도 등을 파악하여 상권의 성격을 파악하는 데 유용하다. 현재 시중에서 접할 수 있는 데이터 상권 정보 시스템은 다음 표에서 보듯이 부동산 상권분석보다는 유통 서비스 상권과 창업 상권분석을 위한 시스템이 주류를 이루고 있다. 이 시스템은 정보를 제공하는 업체의 정보의 양과 질, 시스템적 기술이 얼마나 충실한지가 중요하다. 무료 정보 제공업체도 있고 유료 정보 제공업체도 있다. 창업 전 최적의 창업 콘셉트, 최적의 상권, 최적의 위치를 선정하는 사전적 분석과 창업 후 매장 매출 증대 및 효율적 운영을 위한 사후적 분석으로 나눌 수 있다.

사전적 분석을 제공하는 시스템은 일반인이 쉽게 접할 수 있는 대표적인 창업 전문 상권분석 시스템인 중소기업 소상공인 상권정보와 서울시 우리 동네 상권분석 시스템 등은 무료이며 소상공인 상권분석시스템은 정보량이 방대하여 내가 필요로 하는 정보 위주로 취합하기에 적합하다. 우리 동네 상권분석 시스템은 서울을 기준으로 한다면 가장 깔끔하게 정보를 제공하고 있는 것이 특징이다. 나이스 비즈맵, 지오비전, 제로 웹 등 민간제공업체에서 제공하는 서비스는 일부는 무료이나 유료 보급을 목적으로 한다. 일반인의 접근성은 높으나 활용성은 낮은 편이며 유료 정보 제공업체의 정보는 일반인이 쉽게 접근하지 못하는 단점이 있어 프랜차이즈 본사나 기업에서 많이 이용을 한다. 특히 나이스 비즈맵은 업종의 지역별, 성별, 연령별 추정 데이터는 지역 선정 시 상당히 참고할 만한 수준이며 앞의 시스템과 다르게 결과에 대한 나름대로 서술적 데이터를 제공하고 있는 것이 특징이다. 이런 유료정보업체를 통한 구체적인 정보는 LBSLocation Based Service 기반의 빅 데이터가 강점이므로 소비자의 소비 위치와 이동 위치에 중점을 둔 창업이라면 더욱 눈여겨 볼 필요가 있다. 이외에도 다양한 창업 정보를 수집할 수 있는데 현대 카드 마이메뉴, 배달의 민족 등은 맛집 정보를 확인해 볼 수 있기 때문에 창업 상품성, 위치를 비교 점검해 볼 수 있다. 국가 공공 포털에서는 정부가 운영하는 각종 데이터 센터를 확인해 볼 수 있다. '규제 정보 포털'이나 국가 법령 정보센터를 통해 제도적 사항을 점검해 볼 수도 있다.

행안부의 공공데이터 포털은 데이터 1번가를 통해 공공데이터를 자유롭게 신청할 수 있는 데이터 소통창구를 제공하고 있다. 여기서는 관심 있는 분야의 민원인이 요청한 데이터가 공유되므로 적극 활용해 보기를 권한다. 로컬데이터LOCALDATA에서는 지방행정 인허가 사항과 건강, 문화, 식품, 동물, 자원 환경, 건강, 기타 등 세부

분양의 다양한 로컬데이터를 제공받을 수 있다. OPEN API를 포함하고 있기 때문에 구체적으로 데이터 활용할 수 있는 점도 장점이다.

서울열린 데이터광장은 서울 100대 통계 등 서울시와 관련된 모든 정보를 한눈에 알아볼 수 있도록 제공하고 있다. 서울특별시 빅 데이터 캠퍼스는 빅데이터 서비스뿐 아니라 강좌, 협업, 공모 등을 통해 빅데이터 인력 양성을 목적으로 한다. 한국정보화 진흥원 등을 통해 사회, 경제 등 전반적인 데이터를 수집할 수 있다. 한국정보화진흥원에서는 정책, 지능형인프라, 지능데이터, 공공데이터, 전자정부, ICT융합, 디지털포용, 글로벌 협력 본부에 따른 다양한 분야별 정책과 데이터를 확인해 볼수 있다.

공정거래위원회 가맹사업 가맹희망플러스에서 프랜차이즈 산업 현황을 파악할 수 있다. 특히 구체적으로 개별 브랜드의 현황을 볼 수 있으므로 업계 현황뿐 아니라 특정 가맹 본사의 현황도 파악할 수 있는 장점이 있다. 통계지리 정보 서비스는 통계청의 정보를 오픈 데이터를 이용하여 개인이 오픈 gis 분석 시스템www.qgis.org 을 활용할 수 있는 정보를 제공하므로 전국적 상권 전략이나 중심 상권 전략을 수립하는 데 유용하게 활용할 수 있다. 그러나 현장에서는 사업 배경적인 정적 공간 분석(수동적 분석)보다는 구체적 고객 세그먼트customer segments를 통해 상품 포지셔닝positioning을 하기 위한 동적 공간 분석(능동적 분석)의 필요성을 요구하고 있다. 즉 소비자(고객)와 생산자(판매자)의 구체적 만남을 추론할 수 없다면 현실감이 떨어진다. 따라서 일률적인 정보는 시장 상황을 파악하는 데 활용하고 업종 성격과 브랜드 정체성, 창업 방향에 필수적인 정보는 별도로 타깃 수집하여 반영하는 것이 중요하다. 크게 두 가지 측면에서 맞춤형 데이터 수집과 관찰이 필요하다.

하나는 사용자 소셜 데이터 수집이고 두 번째는 초미시적 관찰적 분석이다. 앞서 설명한 상권 정보 사이트는 자체 수집한 데이터에 의한 일률적인 정보이다. 빅 데이터 수집은 창업가의 방향성에 따라 소비자의 행태를 파악하기에는 무리가 있기 때문에 다양한 소셜 네트워크 서비스에서 맞춤형 데이터를 수집하는 것이 중요하다. 특히 한국 창업시장은 규모에 비해 다양성이 높다. 따라서 공급자는 넘치고 개별 점포의 매출은 낮고 상품력은 평준화되어 있다. 따라서 소비자를 보는 시야가 단순히 매출과 연관되어 바라보게 되면 차별성이 없기 때문에 고객의 마음을 사로잡을 수 있는 흐름을 읽어야 한다. 소셜 네트워크 분석을 통해 최근 소비자의 감성, 욕구를 이해하면 창업가에게 확장성과 시장성을 제공하는 기회의 장소임을 이해하고 접근할 수 있다.

구체적인 수집 과정은 전문 개발자의 몫이지만 그들이 분석한 데이터를 활용하여 창업 콘셉트를 준비하는 것은 창업가의 몫임을 인지해야 한다. 주로 네이버 검색광고 시스템, 네이버 데이터 랩, 구글 트렌드, 소셜 매트릭스social matrics 사이트, 한국정보화 진흥원(소셜 데이터 분석), 텍스트톰textom 등에서 소비자 원하는 상품의 연관 검색어 등을 통해 브랜드 네이밍, 상품 네이밍 등을 정하거나 틈새시장 파악, 공략 지역 선정, 사회 흐름 등을 읽어 소비자의 니즈needs를 이끌어 낼 수 있다. 운영적 관점에서 SNS의 발달은 상권 경계를 무너뜨려 창업 상권의 활성화를 이끌고 있기 때문에 소비자 행태와 관계된 분석은 반드시 이루어져야 한다. 소셜데이터 분석측면에서 특히 텍스트톰textom이라는 빅데이터 수집 정보 제공업체는 텍스트 마이닝[3] 기법으로 소비자가 검색하는 데이터의 본질을 분석하여 단어빈도, 연결 중심성, 밀도 등으로 시각화를 제공하므로 창업가는 상권 개발시장을 타깃으로 하는 경우 검색 지표를 활용하여 상권 전략에 적용하거나 브랜드 정체성을 수립하기 위해 브랜드 이름, 슬로건, 메뉴 콘셉트 등 명칭을 만드는 데 활용할 수 있다. 〈그림 6-2-1~6〉은 이 프로그램을 활용하는 절차를 간략히 소개한 것이다.

---

3 텍스트 마이닝(text mining)이란 비정형화된 인터넷상 정보를 수집하여 통계적으로 의미 있는 정보로 변환하는 기술을 말한다.

<그림 6-2> 텍스트톰(textom)의 텍스트 마이닝

1. 데이터 수집, 항목 기입

2. 데이터 요청 대기(2일 소요)

3. 데이터 전처리(정제, 형태소 분석)

4. 텍스트마이닝, 감성분석, 매트릭스

5. 시각화 유형

6. 시각화, 커스터마이징

자료: www.textom.co.kr

초미시적 관찰적 분석은 정량적으로는 파악할 수 없는 이동목적 동선에 따른 소비자 행태적 측면의 관찰적 분석을 말한다. 즉 배후의 소비자 동선과 점포의 관계성을 파악하는 것이다. 시장은 좁고 공급자는 많고 매출은 낮고 상품은 평준화되고 있기 때문에 대기업 편의점 업체와, 중소 커피 업체 등도 매우 정성적인 분석력 비중이 높을 수밖에 없다. 흔한 말로 눈에 보이는 사실과 주변 점포의 현황을 통한 분석법을 무시할 수 없는 것이다. 그러다 보니 부실 점포도 감수해야 하는 것이 현실이다. 따라서 현실적으로 창업 성공이 아니라 실패를 줄이기 위한 분석이 중요한 이유이다.

사후적 분석 시스템은 digital transformation[4]적인 관점에서 직접적인 소비자의 이동 동선과 행태 정보를 다양한 정보통신기술을 활용하여 수집하여 분석하는 시스템이다. 창업의 생존과 성과를 높이기 위한 측면에서 보면 상권변화PCSLM 모델과 운영점검MCSPMI 모델을 통해 각종 소비자 및 상품 데이터를 수집하여 매출 극대화와 매출 최적화를 이루는 데 활용할 수 있다.

상권분석은 창업 전보다 이후가 더 중요하다. 상권의 변화, 점포 변화는 고객의 변화와 관찰에서 시작되기 때문에 사후적 상권분석에 대한 전략은 UP(業) 상권 변화모델처럼 린 스타트업의 측정에 따른 학습과정과 마찬가지로 접근해야 한다. 데이터 상권 정보 시스템은 상권분석 툴의 하나이다. 단지 위치에 최적화된 즉 자리에 민감한 업종이 있고, 자리에 민감한 지역이 있고, 자리에 따라 전략이 달라질 수 있기 때문이다. 단지 내가 하고자 하는 창업 전략의 핵심에 맞는 정보는 구체적으로 파고들 수 있어야 한다. 따라서 표에서 보듯이 다양한 정보제공 사이트에서 목적과 절차에 맞는 정보를 취합하는 것이 중요하다. 더 자세한 것은 본서의 시장진입 방법에 대한 핵심이 아니므로 이와 관련된 교육이나 서적을 참고하기 바란다.

---

4 digital transformation에 대해 IDC(International Data Cooperation)는 '신규 기술을 프로세스, 경험 그리고 가치를 변화하는 데에 적용한 기술'이라고 정의하였다. 기술에 의해 패러다임 변화를 말하는 것으로 다양한 분야에서 적용할 수 있는 개념이다.

<표 6-4> 데이터 수집 및 상권 정보 업체

구분		명칭	특징	이용
기초 정보		카카오 지도	업종 현황, 상권획정, 면적, 거리 등	무료
		네이버 지도	업종 현황, 상권획정, 거리 등	무료
사전적 분석	상권분석 정보(가공 데이터 분석)	소상공인진흥공단	다양하고 매우 포괄적인 정보 제공, 창업 중심	무료
		서울시 우리 마을 상권정보	서울시 정보 구체적, 창업 중심	무료
		경기도 상권 영향정보 분석서비스	인구통계, 기존 사업자, 상권 영향업종,상권내특성 등	무료
		나이스 비즈 맵	구체적 서술적 보고서, 창업 중심	유료 중심
		지오 비전	LBS 강점, 창업 중심, 마케팅 중심	유료 중심
		biz-gis.com	주택(주거 형태 제공), 인구, 소득 등 사용자 범위 지정 분석	무료 중심
		제로 웹	유동인구 특화	유료
		현대카드 마이메뉴	맛집 현황 강점이나 한정됨	유료 중심
		신한카드 샵	기존 사업자 중심 맞춤형 정보 제공	유료 중심
		kt잘나가게	유동인구 특징과 업종비교 정보 제공	무료
		마이프차지도	프랜차이즈 브랜드와 업종 중심의 정보 제공	무료
	공공 빅데이터 제공	규제 정보 포털	국가 각종 규제 파악 용이	무료
		국가 법령 정보센터	국가 각종 법규 파악 용이	무료
		행안부 빅 데이터	정채가성 위주의 가공한 데이터 중심 제공	무료
		통계지리정보서비스	구체적 비 가공데이터, 통계청 정보를 주제도, 대화형 지도 등을 통해 제공	무료
		공공 데이터 포털	행정안전부 빅 데이터 서비스 제공, 데이터 제공신청	무료
		로컬데이터LOCALDATA	지자체 로컬 데이터, 지방행정 인허가 데이터 제공	무료
		서울특별시 빅 데이터 캠퍼스	서울시 세부 데이터 서비스 제공 및 교육 강점	무료
		서울 열린 데이터 광장	서울시 100대 통계 등 분야별 데이터 제공	무료

구분		명칭	특징	이용
		한국정보화진흥원	분야 정책 등 정보 제공	무료
		공정거래위원회 가맹사업	프랜차이즈 가맹보다 현황 파악 용이	무료
	사용자 소셜 정보	네이버 검색광고 시스템	자사 자료 중심시스템을 통한 검색 현황 파악	유료 중심
		네이버 데이터 랩 (네이버 트렌드 포함)	지역별 선호도 검색 정보 제공	무료
		구글 트렌드	세계적 트렌드 정보 파악 용이	무료
		소셜 매트릭스	트위터 기반의 정보 제공과 시각화 장점	유료
		한국정보화진흥원 (소셜 분석)	뉴스와 트위터 기반 정보 제공	무료
		textom	텍스트마이닝 기반의 빅데이터 분석 제공	무료, 일부 유료
	기타	구글링	방대한 정보를 별도의 기호를 표시하여 타깃 정보를 구할 수 있음	무료
사후적 분석	사용자 행동 분석 (오프라인)	워크 인사이츠 walk insights	와이파이를 이용한 소비자 정보 수집, 고객경험, 체류시간, 유동인구, 매장 동선 파악 등	유료
		리테일 트렌드 retail trend	영상기술 이용한 소비자 정보 수집, 고객경험, 체류시간, 유동인구, 매장 동선 파악 등	유료
		로플랫 loplat	비콘 기반 모바일앱 사용자의 실시간 위치 정보 활용 고객동선 분석	유료

자료: 해당 홈페이지, 저자 정리.

이상으로 가치창업 상권을 마치겠다. 하권에서는 개인 창업 출점과 프랜차이즈 가맹점 출점할 때 실질적으로 적용할 수 있는 전략을 중심으로 다루었다.

참고문헌

국내문헌

- 구정대(2009), 기업의 핵심역량과 비재무적 및 재무적 경영성과간의 관계, 관광연구, 23(4), 259-277.
- 권용석(2012), 편의점 성공전략, 지식더미.
- 권용석(2018), 점포의 입지유형이 5년 이상 생존에 미치는 영향: 편의점 사례를 중심으로, 연세대학교 석사학위 논문.
- 권용석(2020), 편의점 창업 성장단계에 따른 성공요인 적용 방안에 관한 연구, 벤처창업연구, 15(5), 261-276.
- 권용석(2021), 프랜차이즈 본부 지원서비스 및 가맹점주 기업가정신이 다점포운영의도에 미치는 영향, 단국대학교 대학원 박사학위 논문.
- 강재희 & 강진희(2017), 맛집에 대한 경험가치가 브랜드 연상과 재구매의도에 미치는 영향, 관광연구저널, 31(6), 109-126.
- 김금영 & 장병주(2017), 관광기업의 협력형 경쟁이 경쟁전략 및 경영성과에 미치는 영향, 관광레저연구, 29(8), 5-22.
- 김동준, 이창효 & 이승일(2019), 서울시 발달상권과 골목상권의 일반음식점 생존특성 연구, 국토계획, 54(5), 76-90.
- 김성호, 김지영, 서보경 & 허윤정(2011), 서비스스케이프와 인적 서비스가 고객 반응에 미치는 영향의 비교.
- 김승범 & 김연성(2014), 서비스 디자인과 운영 관리의 효과적인 결합을 통한 패스트 캐주얼 레스토랑의 성공 요인 분석: 블레이즈 피자 사례, 서비스경영학회지, 15(4), 63-84.
- 김우영(2013), 은평구 마을공동체로 바라보는 주민참여사업, 공공사회연구, 3(2), 5-35.
- 김용태(2017), 창업교육, 기업가적 역량 및 태도가 대학생 창업의지에 미치는 영향, 벤처창업연구, 12(2), 13-20.
- 김영길 · 박정수 · 서승범(2019), 공급사슬 CSR 실행, 상생협력과 기업성과 간의 관계에 대한 연구, 한국SCM학회, 19(1) : 71-80.
- 김재현(2021), 소상공인 창업성과 관련 변인들 간의 구조적 관계: 전통시장 청년몰 창업자 중심으로, 단국대학교 박사학위 논문.
- 김제범 & 정연승(2021), 무인편의점 환경적 특성과 이용고객 인적 특성이 정서적 경험, 감

정적 만족, 충성도에 미치는 영향, 유통연구, 26(3), 83-113.

- 김준희(2009), 외식사업 신상품개발과정에 대한 평가 척도에 관한 연구, 관광연구저널, 23(4), 293-311,

- 김지원(2018), 골목상권 매출변화에 영향을 미치는 상권 특성 연구Doctoral dissertation, 서울대학교 대학원.

- 김창봉 & 조경란(2021), 프랜차이즈 기업의 핵심 성공 요인이 경영성과에 미치는 영향 연구: 가맹점 수와 매출 규모의 조절효과, 대한경영학회지, 34(7), 1299-1320.

- 김태숙(2016), 베이커리카페 이용객의 라이프스타일, 경험가치, 고객만족 및 고객충성도의 구조적 관계, 영산대학교 대학원 박사학위논문.

- 김현철 & 안영수(2019), 상점 밀도와 업종 다양성을 이용한 서울시 골목상권의 동태적 변화 모니터링 연구, 서울도시연구, 20(4), 149-170.

- 남정민(2014), 업종별 창업 성공요인에 관한 탐색적 연구: 업종별 창업자의 사업소득 및 창업만족도 결정요인 분석, 벤처창업연구, 9(5), 13-20.

- 남정민 & 이환수(2017), 주요 국가의 기업가정신 교육 현황 및 효과 연구: 2016 년 글로벌 기업가정신 지수의 비교, 벤처창업연구, 12(6), 111-122.

- 남정민 & 이환수(2019), 아시아 주요 국가별 창업자들의 창업환경에 대한 인식과 창업태도에 대한 연구: 중국, 일본, 한국, 싱가폴 비교 분석, 기업가정신과 벤처연구JSBI(구 벤처경영연구), 22(3), 51-63.

- 로저마틴Roger Martin(2009), 디자인씽킹 바이블, 부산: 유엑스리뷰.

- 류준영, 남진, 이창효(2014), 서울지역의 어느 정도 과학원 학과에 대한 관심, 도시생학보, 27(4), 247-271.

- 민규식 & 정승영(2001), 쇼핑센타의 상권획정방법에 관한 연구-일산지역 쇼핑센타를 중심으로, 부동산학보, 18, 300-317.

- 민철기 & 강창덕(2021), 상권의 공간적 확산에 따른 상업시설 생존율과 생존요인 비교-홍대지역 음식점을 중심으로, 서울도시연구, 22(2), 17-38.

- 방경식(2011), 용어사전, 서울: 부연사 .

- 박삼옥(2007), 현대경제지리학, 서울: 아르케.

- 박영수 & 고재윤(2011), 외식업 예비창업자의 심리적 특성이 창업교육 만족도, 창업스킬, 창업의지에 미치는 영향, 외식경영연구, 14(1), 157-179.

- 박원석(2015), 부동산입지론, 서울: 양현사.

- 박일순 & 민성기(2009), 소자본 창업과 성과에 대한 탐색적 연구: 미용 산업을 중심(中心)으로, 벤처창업연구, 4(3), 23-38.

- 박재춘 & 김성환(2017), 예비창업자의 진로불확실성과 진로교육이 기업가정신 및 창업의

지에 미치는 영향: 자기결정성의 매개효과, 벤처창업연구, 12(1), 73-85.

- 백남길(2017), 상권 및 입지분석, 서울: 백산출판사.
- 변지유 & 이장희(2020), 기업가정신역량기반 교육 연구: 대학 창업교육 고도화를 위한 EntreCompEntrepreneurship Competence Frame 도출, 벤처창업연구, 15(6), 189-207.
- 빌 올렛(2018), 백승빈 옮김, 스타트업 바이블, 서울: 비즈니스북스.
- 사와우치 타카시(2004), 점포관리 노하우, 서울: 한솔.
- 서울특별시(2015), 서울시 골목상권 창업 위험도 보도자료, 서울특별시
- 신민식(2006), 대형마트의 물리적 특성과 소비자 점포 선택 속성이 소비자 행동에 미치는 영향에 관한 연구, 대구대학교 대학원 박사학위논문.
- 송기옥(2003), 외식업체의 메뉴결정 및 영향에 관한 연구-서울소재 패밀리 레스토랑을 중심으로, 외식경영연구, 6(1), 27-41.
- 스티브, 블랭크 & 밥도프(2014), 기업 창업가 매뉴얼, 경기도; 에이콘.
- 안성우(2013), 소비자의 점포 선택 요인분석을 통한 독립자영슈퍼마켓의 활성화 방안 연구, 동국대학교 박사학위 논문.
- 안성태(2018), 렛츠Let's 스타트업, 서울: 니케북스.
- 양윤(2008), 소비자 심리학, 서울: 학지사.
- 이동현, 이재경 & 천상현(2020), 서울시 성장상권과 쇠퇴상권 내 외식산업의 생존율 비교, 국토연구, 65-84.
- 이상윤(2009), 상권분석론, 서울: 두남.
- 이상윤(2018), 매장관리론, 서울: 두남.
- 이상조 & 남정민(2018), AERAsan Entrepreneur Review 사례를 통한 스타트업 기업의 성공요인 분석, 벤처창업연구, 13(2), 39-50.
- 이연수, 박현신, 유승환 & 강준모(2014), 캠퍼스상권 매출액에 영향을 미치는 입지요인 분석, 서울도시 연구, 15(1), 17-34.
- 이용희 & 박수홍(2014), 벤처기업 창업자의 성공요인 분석을 통한 창업교육에 대한 시사점 탐색, 벤처창업연구, 9(6), 231-244.
- 이정란(2017), 업종다양성에 따른 상권의 형성 과정 및 변화 특성Doctoral dissertation, 서울대학교 대학원.
- 이재웅(2010), 부동산개발기획론, 서울: 부연사.
- 이재왕(2017), 애자일 & 스크럼 프로젝트 관리, 서울: 길벗.
- 이지안 & 안영식(2018), 청년 창업자를 위한 창업역량 측정도구 개발, 벤처창업연구, 13(4), 197-209.
- 이주은(1998), 패션점포 선택과정에 영향을 미치는 소비자 특성과 점포속성에 관한 연구.

- 이혜영 & 김진수(2018), 초기 및 후기 기술창업기업 창업가의 역량 모델에 관한 연구, 벤처창업연구, 13⑷, 99-116.
- 이호병(2011), 부동산입지분석론(입지 및 상권분석의 이론과 실제), 서울: 형설출판사.
- 이홍규 & 김성철(2011), 뉴미디어 시대의 비즈니스 모델.
- 유동근ㆍ이용기ㆍ이성훈(2012), 지식공유, 상호의존, 상호이익공유가 프랜차이즈 정보시스템 성과에 미치는
- 영향, 지식경영연구, 13⑵ : 53-72
- 유익수(2018), 외식 프랜차이즈 가맹본부 특성과 경영성과간의관계연구: 가맹점관리지표의매개 효과, 숭실대학교 대학원 박사학위논문.
- 윤종식(2007), 매출분석과 상권분석을 활용한 GIS 기반의소상공인 신용평가 모형, 동국대학교 대학원 박사학위논문.
- 에릭 & 리스(2019), 린 스타트업, 서울: 인사이트.
- 에시모라이(2017), RUNNING LEAN, 서울: 한빛미디어.
- 장상은 & 정경운(2018), 국내 공유 주방 유형 및 특성 연구, 지역과문화, 5⑶, 25-48.
- 장세진(2000), 글로벌 경쟁시대의 경영전략, 서울: 박영사.
- 전광섭 & 정승영(2018), 상권의 경제기반이 상가권리금에 주는 효과, 부동산학보, 74, 75-84.
- 전우조(2011), 점포특성요인이 소매점 선택에 미치는 영향에 관한연구, 한성대학교대학원 석사학위논문.
- 전창진 & 이귀택(2016), 상권분석론, 서울: 부연사.
- 전창진, 이귀택, 노경섭, 김천태(2014), 점포개발론, 서울: 부연사.
- 전태유(2009), 아웃렛의 점포 선택속성이 소비감정, 관계품질, 충성도에 미치는 영향.
- 전태유 & 박노현(2010), 외식 프랜차이즈 시스템에서 브랜드 이미지가 충성도에 미치는 영향: 긍정적 감정과 관계품질의 매개적 역할, 상품학연구, 28⑵, 17-29.
- 정동규(2017), 발달상권과 골목상권에 위치한 음식점 생존과 폐업 비교 분석, 서울대학교 대학원, 석사학위논문.
- 정동규 & 윤희연(2017), 발달상권과 골목상권에 위치한 음식점의 생존과 폐업 비교: 이태원 지역을 중심으로, 대한건축학회 논문집-계획계, 33⑶, 57-68.
- 정용식(2019), 소규모주택정비사업 계획과 실무, 서울: 부연사
- 조성주(2014), 린스타트업바이블, 서울: 새로운 제안.
- 정진호(2015), 비주얼 씽킹, 서울: 한빛미디어.
- 최용훼 & 이강원(2018), 프랜차이즈 경영의 이해, 서울: 한경사.
- 최은홍(2018), 대규모 점포 상생의 기술, 서울: 아우름.

- 최유나(2012), 입지요인이 편의점성과에 미치는 영향에 관한 연구, 건국대학교 대학원, 석사학위논문.
- 피터 드러커(2006), 경영의 실제, Hankyung BP.
- 필립 코틀러(2010), 마켓 3.0, Time Content.
- 필립 코틀러, 허마원 카타자야, 이완 세티아완.(2021), 「마켓 5.0」, 더퀘스트.
- 한정화(2018), 벤처창업과 경영전략, 서울: 홍문사.
- 황규성(2014), 편의점 입지선정시 매출에 영향을 미치는 요인분석, 부동산학보, 한국부동산학회, 56.
- 황의서, 이홍구, 이윤재, 권명중, 신성휘, 남재현, 윤종인(2015), 경제학입문, 서울: 무역경영사.
- 황현철(2003), 외식사업에서 상품개발성과에 미치는 요인에 관한 실증연구, 경기대학교 대학원 석사학위논문: 18-19.
- 호리베 아쓰시(2018), 정문주 옮김, 거리를 바꾸는 작은 가게, 서울: 민음사.

국외문헌

- Alonso, W.(1964), Location and land use: toward a general theory of land rent, East-West Center Press, Honolulu
- Applebaum, W.(1961), Store Location and Development Studies, Clark University.
- Applebaum, W.(1966), Methods for determining store trade areas, market penetration, and potential sales, Journal of marketing Research, 3(2), 127-141.
- Applebaum, W. and Cohen, S. B.,(1966), Store Trading Area in a Changing Market, Journal of Retailing.
- Berry, S., Levinsohn, J. & Pakes, A.(1995), Automobile prices in market equilibrium, Econometrica: Journal of the Econometric Society, 841-890.
- Bitner, M. J.(1995), Building service relationships: It's all about promises, Journal of the Academy of marketing science, 23(4), 246-251.
- Blank, S. & Dorf, B.(2020), The startup owner's manual: The step-by-step guide for building a great company, John Wiley & Sons.
- Bloemer, J. & De Ruyter, K.(1998), On the relationship between store image, store satisfaction and store loyalty, European Journal of marketing.
- Bowen, D. D. & Hisrich, R. D.(1986), The female entrepreneur: A career

development perspective, Academy of management review, 11(2), 393-407.

- Bresnahan, T. F.(1989), Empirical studies of industries with market power, Handbook of industrial organization, 2, 1011-1057.
- Burgess, E. W.(1925), The growth ofthe city, The city, 47-62.
- Carman, J. M.(1978), Values and consumption pattern: A closed loop, Advanced in Consumer Research, 5, 403-407.
- Christaller, J. G.(1933), Dictionary of the Asante and Fante language called TshiTwi
- Cunningham, R. M.(1961), Customer loyalty to store and brand, Harvard Business Review, 39(6), 127-137.
- Darden, W. R., Darden, D. K., Howell, R. & Miller, S. J.(1981), Consumer socialization factors in a patronage model of consumer behavior, ACR North American Advances.
- De Loecker, J., Eeckhout, J. & Unger, G.(2020), The rise of market power and the macroeconomic implications, The Quarterly Journal of Economics, 135(2), 561-644.
- De Loecker, J. & Warzynski, F.(2012), Markups and firm-level export status, American economic review, 102(6), 2437-71.
- Dobson, P. W. & Waterson, M.(2005), Chain-store pricing across local markets, Journal of Economics & Management Strategy, 14(1), 93-119.
- Dollinger, S. M. C.(1995), Identity styles and the five-factor model of personality, Journal of Research in Personality, 29(4), 475-479.
- Drucker, P. F.(2004), What makes an effective executive, Harvard business review, 82(6).
- Duranton, G. & Puga, D.(2000), Diversity and specialisation in cities: why, where and when does it matter?, Urban studies, 37(3), 533-555.
- Durham, C.A., King, R.P. and Roheim, C.A.(2009), Consumer definitions of locally grown for fresh fruits and vegetables, Journal of Food Distribution Research, Vol.40, March, pp.56-62
- Engel, J. F., Blackwell, R. D. & Miniard, P. W.(1986), Consumer behavior, Dryden Press.
- Eyal, N.(2019), Indistractable: How to control your attention and choose your life, BenBella Books.
- Firey, W.(1947), Use in Central Boston.

- Greenberger, D. B. & Sexton, D. L.(1988), An interactive model of new venture initiation, Journal of small business management, 26(3), 1-7.
- Hakanson, L.(1979), Towards a theory of location and corporate growth.
- Hamel, G. & Prahalad, C. K.(1990), Strategic intent, Mckinsey quarterly,(1), 36-61.
- Harris, C. D. & Ulman, E.(1945), Thenature ofcities, Annals, American.
- Hartman Group(2008), Consumer understanding of buying local, available at: www.hartman-group.com/hartbeat/consumer-understanding-of-buying-local/accessed April 2, 2012
- Hotelling, H.(1929), Stability in Competition, Econmic Journal.
- Holbrook, M. B.(1994), The nature of customer value: an axiology of services in the consumption experience, in service quality: new directions in theory and practice, Roland T. Rust and Richard L. Oliver,Eds., Newbury Park, CA: Sage: 21-71.
- Hoyt, H.(1939), The structure and growth of residential neighborhoods in American cities, US Government Printing Office.
- Huff, D. L.(1964), "Defining and Estimating a Trade Area", Journal of Marketing, American Marketing Association, V ol.28, No.3: 34~38.
- Isard, W.(1956), Location and space-economy.
- Jones, K., and Simmons, J.,(1993), Location, Location, Location: Analyzing the Retail Environment, Nelson Canada, Ontario.
- Kearsley, G. W.(1983), Teaching urban geography: The Burgess model, New Zealand Journal of Geography, 75(1), 10-13.
- Kelly, R. F. & Stephenson, R.(1967), The semantic differential: an information source for designing retail patronage appeals, Journal of Marketing, 31(4), 43-47.
- Kotler, P.(1974), Marketing during periods of shortage, Journal of marketing, 38(3), 20-29.
- Kotler, P. & Keller, K. L.(2006), Marketing management 12e, New Jersey, 143.
- Lalonde, B. J.(1962), Differentials in Supermarket Drawing Power, Marketing and Transportation, Bureau of Business and Economic Research, Graduate School of Business Administration, Michigan State University, East Lansing
- Losch, A.(1954), Economics of location.
- Martin, R. & Martin, R. L.(2009), The design of business: Why design thinking is the next competitive advantage, Harvard Business Press.
- Martineau, P.(1958), The personality of the retail store.

- McGregor, J. & Tweed, D.(2001), Gender and managerial competence: support for theories of androgyny?, Women in Management Review, 16(6), 279-287.
- Megicks, P., Memery, J. and Angell, R.J.(2012), Understanding local food shopping: unpacking the ethical dimension, Journal of Marketing Management, Vol.28 Nos 3/4, pp.264-289.
- Mehrabian, A. & Russell, J. A.(1974), An approach to environmental psychology, the MIT Press.
- Monroe, K. B. & Guiltinan, J. P.(1975), A path-analytic exploration of retail patronage influences, Journal of Consumer research, 2(1), 19-28.
- Nelson, R. L.(1963), Concentration in the manufacturing industries of the United States, a midcentury report, New Haven: Yale University Press.
- Newlands, D.(2003), Competition and cooperation in industrial clusters: the implications for public policy, European Planning Studies, 11(5), 521-532.
- North, D. J.(1973), The process of locational change in different manufacturing organisations, Department of Geography, University College.
- Osterwalder, A. & Pigneur, Y.(2010), Business model generation: a handbook for visionaries, game changers, and challengersVol.1, John Wiley & Sons.
- Palander, T.(1935), Beitr ge zur standortstheorieDoctoral dissertation, Almqvist & Wiksell.
- Parr, J. B.(2002), Agglomeration economies: ambiguities and confusions, Environment and planning A, 34(4), 717-731.
- Peterson, R. A.(1974), "Trade Area Analysis Using Trend Surface Mapping", Journal of Marketing Research, Vol.11, No.3: 338~342.
- Plummer, Joseph T.(1985), "How Personality Makes a Difference," Journal of Advertising Research, 24December/January, 27-31.
- Pred, A.(1967), Behaviour and location, foundations for a geographic and dynamic location theory, Part I, Behaviour and location, foundations for a geographic and dynamic location theory, Part I.
- Quinn, J. A.(1940), The Burgess zonal hypothesis and its critics, American Sociological Review, 5(2), 210-218.
- Reichheld, F. F.(1996), Learning from customer defections, Harvard business review, 74(2), 56-67.
- Reilly, W. J.(1929) Methods for the Studying of RetailRel ationships, Monograph No.4, University of Texas, Austin.

- Ries, E.(2011), The lean startup: How today's entrepreneurs use continuous innovation to create radically successful businesses, Currency.

- Rogers, E. M.(1995), Diffusion of Innovations: modifications of a model for telecommunications, In Die diffusion von innovationen in der telekommunikationpp.25-38, Springer, Berlin, Heidelberg.

- Royce, J.(1908), The philosophy of loyaltyVol.10, Macmillan.

- Royce, J.(1982), The Philosophy of Josiah Royce, Hackett Publishing.

- Russell, J. A. & Pratt, G.(1980), A description of the affective quality attributed to environments, Journal of personality and social psychology, 38(2), 311.

- Schiffman, L. G., Dash, J. F. & Dillon, W. R.(1977), "The contribution of store-image characteristics to store-typechoice", Journal of Retailing, 53(2), 3-14.

- Schumpeter, J.(1934), The theory of economic developmentHarvard University Press, Cambridge, MA,

- Schwab, K. & Porter, M.(2008), The global competitiveness report 2008 - 2009, World Economic Forum.

- Schwartz, S. H.(1994), Are there universal aspects in the content and structure of values? Journal of Social Issues, 50, 19-45.

- Schwartz, S. H., Cieciuch, J., Vecchione, M., Davidov, E., Fischer, R., Beierlein, C. & Konty, M.(2012), Refining the theory of basic individual values, Journal of personality and social psychology, 103(4), 663.

- Sheth, J. N., Newman, B. I. & Gross, B. L.(1991), Consumption values and market choices: Theory and applicationspp.16-74, Cinicinnati, OH: South-Western Pub..

- Simon, H. A.(1957), Models of man : social and rational : mathematical ess on rational human behavior in a social setting, John Wiley & Sons.

- Shim, S. & Kotsiopulos, A.(1992), Patronage behavior of apparel shopping: Part I. Shopping orientations, store attributes, information sources, and personal characteristics, Clothing and Textiles Research Journal, 10(2), 48-57.

- Sinek, S.(2009), Start with why: How great leaders inspire everyone to take action, Penguin.

- Smith, D. M.(1981), Industrial location: an economic geographical analysis, John Wiley & Sons.

- Spiggle, S. & Sewall, M. A.(1987), A choice sets model of retail selection, Journal of Marketing, 51(2), 97-111.

- Stafford, H. A.(1974), The anatomy of the location decision: content analysis of case studies, Spatial Perspectives on Industrial Organization and Decision-making, 169-187.
- Thiel, P. A. & Masters, D.(2014), Zero to one: Notes on startups, or how to build the future, Currency.
- Timmers, P.(1998), Business models for electronic markets, Electronic markets, 8(2), 3-8.
- Timmons, J. A.(2001), Strategic entrepreneurship: a decision-making approach to new venture creation and management, Harlow: Pearson Education.
- Timmons, J. A., Spinelli, S. & Tan, Y.(2004), New venture creation: Entrepreneurship for the 21st centuryVol.6, New York: McGraw-Hill/Irwin.
- Thomas, N. A. G. L. E. & Reed, H.(2002), The strategy and tactics of pricing.
- Urban, G. L. & Hauser, J. R.(1993), Design and Marketing of New ProductsРазраб отка и маркетинг новых продуктов.
- Vance, J. E.(1964), Geography and urban evolution in the San Francisco Bay area, Institute of Governmental Studies, University of California.
- Vesper, K. H.(1980), New venture planning, Journal of Business Strategy.
- Woodside, A. G. & Pitts, R. E.(1976), Effects of consumer life styles, demographics, and travel activities on foreign and domestic travel behavior, Journal of travel research, 14(3), 13-15.
- Zepeda, L. and Li, J.(2006), Who buys local food?, Journal of Food Distribution Research, Vol.37 No.3, pp.5-15.
- Zeithaml, V. A., Berry, L. L. & Parasuraman, A.(1996), The behavioral consequences of service quality, Journal of marketing, 60(2), 31-46.